Zuckmayer-Jahrbuch

D1734065

Zuckmayer-Jahrbuch
Band 5 · 2002

Im Auftrag der Carl-Zuckmayer-Gesellschaft
herausgegeben von
Gunther Nickel, Erwin Rotermund
und Hans Wagener

Zur Diskussion:
Zuckmayers ›Geheimreport‹

und andere Beiträge zur Zuckmayer-Forschung

Redaktion: Ulrike Weiß

Wallstein Verlag

Gedruckt mit Unterstützung des Kulturdezernats der Stadt Mainz und des Ministeriums für Kultur, Jugend, Familie und Frauen Rheinland-Pfalz.

Die Carl-Zuckmayer-Gesellschaft verfolgt ausschließlich und unmittelbar kulturelle und wissenschaftliche Zwecke im Sinne der steuerrechtlichen Bestimmungen über Gemeinnützigkeit. Beiträge und Spenden sind laut Verfügung des Finanzamtes in Mainz steuerlich abzugsfähig.

Die Mitgliedschaft wird erworben durch Anmeldung beim Vorstand, Zahlung des ersten Jahresbeitrags und Bestätigung des Beitritts durch den Präsidenten. Beitrittserklärungen sind zu richten an die Carl-Zuckmayer-Gesellschaft, Postfach 33, D-55297 Nackenheim. Der Jahresbeitrag beträgt € 35,– für persönliche Mitglieder; Ehegatten vollzahlender Mitglieder, Studenten, Schüler und Auszubildende erhalten Ermäßigung. Korporative Mitglieder zahlen mindestens € 55,–. Öffentliche Bibliotheken, Schulen und Hochschulen zahlen den Satz für persönliche Mitglieder.
Die Mitglieder erhalten das Zuckmayer-Jahrbuch kostenlos.
Bankkonten: Sparkasse Mainz (BLZ 550 501 20) Nr. 150 000 651 und Volksbank Rhein-Selz e.G. (BLZ 550 619 07) Nr. 1 807 250.

Die Deutsche Bibliothek – CIP-Einheitsaufnahme

Ein Titeldatensatz für diese Publikation ist bei
Der Deutschen Bibliothek erhältlich

© Wallstein Verlag, Göttingen 2002
www.wallstein-verlag.de
Vom Verlag gesetzt aus der Sabon
Umschlaggestaltung: Steffi Riemann
Druck: Hubert & Co, Göttingen
ISSN 1434-7865
ISBN 3-89244-608-3

Inhalt

Texte und Dokumente

»Ich bange um die *Eiszeit* ›als wärs ein Stück von mir‹«.
Der Briefwechsel zwischen Carl Zuckmayer und Tankred Dorst
Ediert, eingeleitet und kommentiert von Heidrun Ehrke-Rotermund

Zur Diskussion: Zuckmayers ›Geheimreport‹

Aufsätze

Rezensionen

Texte und Dokumente

»Ich bange um die *Eiszeit*
›als wärs ein Stück von mir‹«

Der Briefwechsel zwischen Carl Zuckmayer und Tankred Dorst

Ediert, eingeleitet und kommentiert von
Heidrun Ehrke-Rotermund

Einleitung

Die mit sechzehn Briefen vergleichsweise schmale Korrespondenz zwischen Carl Zuckmayer und Tankred Dorst[1] begann 1966. Sie erstreckte sich – unterbrochen von großen Pausen – über insgesamt neun Jahre. Bis 1972 existieren lediglich zwei Briefe, die beide im Zusammenhang mit Dorsts »Zueignung[en]« seines Stückes *Toller* (vgl. S. 25; 27)[2] an den »berühmten Kollegen« (S. 30) stehen. Erst zu Beginn der siebziger Jahre entwickelte sich ein regelmäßigerer schriftlicher Austausch zwischen dem alten und dem jungen Dramatiker. Fünf der vorliegenden Briefe stammen von Zuckmayer, elf von Dorst. Obgleich beide Schreiber wiederholt den Wunsch zum Ausdruck brachten, einander kennenzulernen, kam es nie zu einer persönlichen Begegnung.[3] Der Ältere starb ziemlich genau zwei Jahre nach dem letzten Schreiben des Jüngeren vom Februar 1975.

Der geringe Umfang schmälert keineswegs die Bedeutung der hier mitgeteilten Korrespondenz. Diese beruht auf ihrer Aussagekraft als persönliches, aber auch als zeit- und literarhistorisches Dokument. Wie in einem Brennpunkt lassen die Briefe die Situation des alten und des jungen Autors erscheinen: Zuckmayer erlebte 1966 mit der Autobio-

---

1   Nicht alle Briefe sind erhalten: Es fehlt Dorsts eingangs von Zuckmayer erwähnte »Zueignung« des *kürbiskern* mit den *Szenen aus dem ›Toller‹*, die die Korrespondenz in Gang setzte. In Dorsts Schreiben vom 27. Oktober 1972 wird ein Brief erwähnt, den Zuckmayer an den Dramaturgen des Hamburger Schauspielhauses, Urs Jenny, schickte. In diesem wurde Dorsts neues Stück *Eiszeit* gelobt, das im April 1973 in Hamburg Premiere haben sollte. Der nicht vorliegende Brief, den Jenny in einer Kopie an Dorst weiterleitete, war der Beginn der eigentlich kontinuierlichen Korrespondenz. Im März 1973 beklagte Dorst während der Proben für sein Stück *Eiszeit* in Bochum dann in zwei Briefen, daß ein Schreiben Zuckmayers bei der Nachsendung seiner Post aus München abhanden gekommen sein müsse. Schließlich dankt Dorst am 29. Januar 1975 für einen nicht vorhandenen Brief Zuckmayers, den er am Morgen des gleichen Tages »aus Berlin zurückkehrend« in München vorgefunden habe.

2   Vgl. Dorst 1966.

3   Brief von Dorst an Erwin Rotermund vom 9. August 2000; vgl. auch S. 70, Anm. zu *besuche ich Sie*.

graphie *Als wär's ein Stück von mir*[4] seinen letzten großen Publikums-
erfolg, in den Jahren danach stand er nicht mehr im Rampenlicht der
Öffentlichkeit, suchte diese aber 1975 als Neunundsiebzigjähriger mit
seinem Stück *Der Rattenfänger* noch einmal zu erobern. Dem zu
Beginn des Briefwechsels einundvierzigjährigen Tankred Dorst dagegen gelang 1968 mit dem international beachteten Revolutionsstück
Toller[5] der Sprung zum Status eines von den Medien vielbeachteten
Autors, der in den folgenden Jahren für Theater, Film und Fernsehen
zur festen Größe wurde.

Über diese persönliche Komponente hinaus wirft die Korrespondenz
auch ein deutliches Licht auf die 1968 im Zuge der Studentenbewegung
grundlegend verwandelte Theaterlandschaft der Bundesrepublik. Der
alte Zuckmayer erweist sich als gut informierter kritischer Beobachter
der Szene, der mit »Neorealismus« à la Kroetz und Sperr, mit Fassbin-
derschem »Antitheater« oder Peter Weiss' »Knüppelvers-Moritaten«
vertraut ist (vgl. S. 28). Seine Würdigung von Tankred Dorsts Stücken
Toller und *Eiszeit* gibt Zuckmayer die besondere Gelegenheit, mit den
aktuellen Zeitströmungen auf dem Theater abzurechnen. Bezugspunkt
sind dabei neben den eigenen Stücken die Werke der ihm persönlich
bekannten Autoren der Weimarer Republik, auf die sich die Jungen
teilweise berufen, beispielsweise das sozialkritische Volksstück der
zwanziger Jahre. Vieles von der neuen Dramatikergeneration Produzierte erscheint Zuckmayer vor diesem Hintergrund »ungeheuer alt«,
als schwache Reprise Brechts, oder auch als »epigonal, missverstande-
ner Horváth und überschätzte Fleisser«. Neben Dorst, dessen *Toller*
und *Eiszeit* er für »meisterhafte Stücke« hält (vgl. S. 35), läßt er nur
noch Thomas Bernhards *Jagdgesellschaft* (1974) und Karl Otto Mühls
Rheinpromenade (1973) gelten (ebd.); für Peter Handkes Theater
meint er dagegen nicht zuständig zu sein, wenn er auch dessen gerade
veröffentlichte Selbstfindungsgeschichten schätzt (vgl. S. 28).

Aus Zuckmayers Lob der Dorstschen Stücke geht hervor, daß er
zwei grundsätzliche Einwände gegen die jungen westdeutschen Dramatiker der Gegenwart hat: Sie stellen seiner Meinung nach in ihren
Stücken die ideologischen Absichten über die Menschengestaltung
(ebd.), und sie glauben, Wahrheit und Authentizität im Theater durch

---

4 Zuckmayer, *Als wär's ein Stück von mir, Horen der Freundschaft*, Frankfurt am Main 1966, im folgenden zitiert nach der Ausgabe Frankfurt am
   Main 1997.
5 Dorst 1968 a/b.

die »*Dokumentar*-Mode« erreichen zu können (vgl. S. 26). Das auf diese Weise zustandekommende »Antitheater« sei etwas »sehr [T]heatralisch[es]« und »Künstliches« (vgl. S. 28). Mit diesen Postulaten traf Zuckmayer auf die volle Zustimmung seines jungen Briefpartners.[6] Es ist kein Zufall, daß beider Schriftwechsel in dem Moment reger wurde, in dem dieser Grundkonsens hergestellt war; denn Dorst fühlte sich dadurch in seinen eigenen Bestrebungen bestätigt:[7]

> große Freude habe ich gehabt, ja, darüber, daß Ihnen ›Eiszeit‹ gefällt und daß Sie es so sehen, wie ich es auch sehe! Nämlich, daß wir es in der Welt und im Theater mit Menschen zu tun haben, nicht mit öden Ideologien, und daß es gut und schön ist, wenn es einmal gelingt, oder auch nur halbwegs gelingt, ein paar Menschen auf der Bühne zu zeigen, ohne Hochmut und Besserwisserei. Das, meine ich, war ja auch die große Wirkung Ihrer Stücke auf dem Theater, damals bis heute. – Sie haben mir mit Ihrem Brief sehr geholfen, herzlichen Dank! (S. 27).

Daß es sich bei Dorsts Dank für Zuckmayers Unterstützung nicht um eine bloße Höflichkeitsformel handelte,[8] daß es dem jungen Dramatiker vielmehr ernst war, wenn er sich in eine Traditionslinie mit dem »Altmeister« (S. 34) stellte,[9] läßt sich aus einem im Januar 1975 ge-

---

6 Dorst hat sich auch bei anderen Gelegenheiten gegen den Vorrang der Ideologie auf dem Theater (Hensel 1981) und gegen das Dokumentartheater (Tankred Dorst, *Dialog. Etwas über das Schreiben von Theaterstücken [Dezember 1983]*, in: Erken 1989, S. 25) ausgesprochen.

7 Als der Briefwechsel zwischen Zuckmayer und Dorst intensiver wurde, hatte sich Dorst von Bertolt Brechts Vorbild gelöst und der Dramaturgie Zuckmayers in wesentlichen Punkten angenähert. Die Korrespondenz kam also nicht zufällig, sondern aus inneren Gründen in Gang (vgl. dazu Anm. 10).

8 Dorst bedankt sich nicht nur einmal, sondern wiederholt für Zuckmayers »freundschaftlich[en] und kenntnisreich[en]« Beistand für seine letzten Stücke, der ihm »eine große Ermutigung und Hilfe« gewesen sei (S. 34; vgl. auch S. 31; 33). Auch die Aufnahme des Stückes *Eiszeit* durch Zuckmayer hob sich für Dorst vorteilhaft von den meisten Kritiken der Presse ab: »Die schönste, eingehendste und sachkundigste Kritik habe ich also von Ihnen bekommen« (S. 33).

9 Mit der von ihm und Peter Zadek auf die Bühne gebrachten Fallada-Revue sah sich Dorst »auf dem Weg [...] zu einem neuen Volkstheater, der ja auch, meine ich, ein Weg zu Ihnen [Carl Zuckmayer] und zu Ihren Stücken ist« (S. 32). Er deutete überdies an, daß Gemeinsamkeiten zwischen Zuck-

führten Gespräch zwischen Dorst und Günther Rühle, dem Kritiker
der *Frankfurter Allgemeinen Zeitung*, zweifelsfrei entnehmen. Rühle
zeichnete eine Art Selbstfindungsprozeß Dorsts nach, der sich durch
entschiedene Abgrenzung gegen Vorbilder wie Piscator, Dürrenmatt,
Frisch oder Brecht[10] sowie »gegen eine bestimmte Gruppe zeitgenössischer Dramatiker« vollzog. Dabei stand für den Autor die Verweigerung politischer Parteilichkeit im Mittelpunkt:

> So waren seine [Tankred Dorsts] Stoffe aktuell, aber gegen den
> Strich, und zwar deswegen, weil sie Personen nicht um ihrer Ideolo-
> gien willen betrachteten (wie Weiss im ›Trotzki‹ und im ›Hölderlin‹),
> sondern darzustellen versuchten, wie sich Personen inmitten von
> Ideologien und Aversionen verhalten. ›Mir geht es um Personen‹,
> sagte er nun, ›nicht um Argumente‹.[11]

Diese »lebensentscheidend[e]«[12] Bestimmung der eigenen Position, die
sich nach dem Erfolg des *Toller* vollzog, verlangte in der Folge eine
schwierige Gratwanderung von Dorst. Seine Idee eines weltanschaulich
nicht festgelegten, dem Zuschauer die Freiheit zur eigenen Entscheidung überlassenden Theaters widersprach den zeitgenössischen Tendenzen, denenzufolge der Dramatiker zu gesellschaftskritischer Ein-
deutigkeit verpflichtet war. In diesem Sinne beschworen der Regisseur
Peter Palitzsch und der Frankfurter Dramaturg Horst Laube den Autor
1974 in einer Diskussion geradezu, sich zu einem parteiischen Theater
zu bekennen, was Dorst konsequent verweigerte:

mayers Zeitstück *Des Teufels General* und seinem ebenfalls die nationalsozialistische Schuld behandelnden Stück *Eiszeit* bestünden (S. 27). 1985
machte Dorst diese Beziehung dann auch öffentlich, als er, »in Abwand-
lung eines Bandtitels von Carl Zuckmayer« (*Die Deutschen Dramen*
[*Schinderhannes, Der Hauptmann von Köpenick, Des Teufels General*],
Stockholm 1947), den ersten Band seiner Werkausgabe *Deutsche Stücke*
(Frankfurt am Main 1985) nannte (vgl. Erken 1989, S. 149). Vgl. dazu
auch S. 63, Anm. zu *Familiengeschichte*.

10 Im Rückblick auf seine künstlerische Entwicklung stellte Dorst 1981 fest:
»Meine ersten Stücke [...] habe ich nach Einfällen geschrieben. Da wird die
Wahrheit der Personen aufgegeben zugunsten von Ideen. Bei der Parabel-
Dramaturgie Brechts oder Dürrenmatts ist zuerst der Einfall da: er be-
stimmt die Personen. Seit ›Toller‹ mache ich es umgekehrt: zuerst sind die
Menschen da, und sie bestimmen die Dramaturgie« (Hensel 1981).

11 Rühle 1975.

12 Ebd.

L.: Aber würdest du [Tankred Dorst] nicht sagen – das ist jetzt eine
Frage nach deinem moralischen Standpunkt –, daß in bestimmten
historischen Zeiten [...] Nicht-Parteinahme, gerade auf diesem her-
ausgehobenen Ort Bühne, Parteinahme *dafür* bedeutet.
D.: Wofür? Ich finde, das muß man nicht unbedingt sagen, daß man
die politische Haltung dieser Figur [der Alte] verabscheut. Das ist
ja eigentlich die Voraussetzung für so ein Stück [Eiszeit]. Ich wollte
einen Charakter zeigen, eine komplizierte Person, die mich irritiert
hat, und diese Irritation wollte ich an das Publikum weitergeben.[13]

Dorsts im Gespräch mit Palitzsch und Laube hervortretende Selbstsicherheit in der beharrlichen Wahrung der eigenen Überzeugungen
auch gegen den herrschenden Zeitgeist, dürfte ihren Grund nicht
zuletzt in den zwischen ihm und seinem Briefpartner bestehenden
Gemeinsamkeiten gehabt haben. Zuckmayer, dessen Produktion mittlerweile als »Opas Theater« abgetan wurde,[14] konnte Dorst Rücken-
stärkung für seinen eigenen Weg geben, demzufolge »das Politische
[...] nur über das Individuelle« vermittelbar sei.[15] Daher ist in den
Briefen des Jüngeren auch neben dem wiederholten Dank für »Ermunterung und freundschaftliche Teilnahme« (S. 33) geradezu von Hilfe
durch »Ermutigung« die Rede (S. 34). Dorst hatte nicht zuletzt im
Wissen um die Zustimmung des Älteren den Mut zum eigenen, in der
bundesrepublikanischen Kulturszene eher unpopulären Standpunkt gefunden. Der Briefwechsel stellte so etwas wie eine heimliche Bundes-

13 *Jede Figur hat ihre eigene Wahrheit. Aus Gesprächen zwischen Tankred
    Dorst, dem Herausgeber Horst Laube und dem Regisseur Peter Palitzsch,*
    in: Laube 1974, S. 64 f.
14 Brief von Zuckmayer an Günther Niemeyer vom 26. Juli 1974, zit. nach
    Martin 1982, H. 4, S. 204.
15 *Jede Figur hat ihre eigene Wahrheit,* in: Laube 1974, S. 75. Für Zuckmayer
    bedeutete die Betonung des Menschen in der Dramatik keineswegs eine
    Ausklammerung des Politischen. Vorausgesetzt, daß Politik nicht mit
    Parteipolitik gleichgesetzt wurde, hielt er sich selbst für »ein[en] politi-
    sche[n] Autor« und »alle [s]eine Stücke« für »politisch«: »mein erster
    großer Erfolg, das 1925 uraufgeführte Lustspiel ›Der fröhliche Weinberg‹,
    ist ein hochpolitisches Stück. [...] Sehen Sie, das eminent Politische liegt im
    ›Menschlichen‹. Damit will ich sagen, daß ein wesentliches menschliches
    Moment das der Staatenbildung und der Gruppenbildung ist. Aber ich
    glaube, daß es keinen Menschen gibt, der in seiner Zeit öffentlich wird,
    ohne eine politische Grundhaltung zu haben. Diese politische Grundhal-
    tung ist bei mir liberal« (Reif 1977, S. 4 f.).

genossenschaft zwischen den beiden Autoren her, auf die Zuckmayer auch seinerseits vertraute, als er »im 78. Lebensjahr [...] so wahnwitzig war, ein Stück [Der Rattenfänger] zu schreiben, und es auch spielen [zu] lasse[n], obwohl ich die Verrisse jetzt schon kenne« (S. 35).

Bereits die aus lediglich fünf Szenen und einem Epilog bestehende Vorfassung des Stückes *Toller*, die Dorst Zuckmayer 1966 zueignete,[16] weckte dessen »brennende[s] Interesse« (S. 25) und veranlaßte ihn, den jungen Dramatiker »zu [seiner] Arbeit [zu] beglückwünsch[en]« (S. 26). Zuckmayer deutete an, daß das vollendete Stück »ein grosser Wurf« werden könne, ein »Gegen-Stück« zu Georg Buchners *Danton*, wenn Dorst den einmal eingeschlagenen Weg weiterverfolge (S. 25). Natürlich fühlte er sich zunächst als Zeitzeuge angesprochen, der die Protagonisten im Stück seines Briefpartners – Ernst Toller, Erich Mühsam und Gustav Landauer – persönlich kannte und einzuschätzen vermochte. Sein Duzfreund Toller war für ihn nur ein »verunglückte[r] Volkstribun« (S. 26). Daher registrierte er beifällig, daß die diesem nachgebildete Titelfigur im Stück »nicht ›heroisier[t]‹« werden sollte (ebd.). Die »Atmosphäre« der Münchener »Revolutions-Illusion« schien ihm insgesamt präzise getroffen (S. 25). Aber solche »Details aus der ›Wirklichkeit‹« waren seiner Meinung nach für die Arbeit des Dramatikers eher unwichtig (ebd.). Zuckmayers Lob galt daher primär der Tatsache, daß der junge Autor im *Toller* keine dokumentarische Authentizität angestrebt hatte, sondern neben den bekannten historischen Gestalten der oberen Ebene auch erfundene Personen aus dem Volk auftreten ließ. Durch diesen Mut zur Erfindung allein gewann das Schauspiel in seinen Augen »Leben, dramatischen Atem, Theater-Wahrheit« und wurde zum positiven Gegenstück des auf untaugliche Mittel setzenden Dokumentartheaters der Gegenwart (S. 26).

In Dorsts folgendem Werk, *Eiszeit*, fand Zuckmayer diese Züge bestätigt und fortgeführt. Auch hier lobte er die Vermeidung des »Biographisch-Dokumentarische[n]« (S. 29). Der Rekurs darauf hätte im neuen Stück wieder nahegelegen, da dessen Protagonist, »der Alte«, von dem norwegischen Dichter und Nobelpreisträger Knut Hamsun[17] inspiriert worden war, der nach 1945 seiner Sympathien für Nazi-Deutschland wegen im Alter von achtundachtzig Jahren des Landesverrats angeklagt und vor Gericht gestellt wurde.[18] Zuckmayer schätzte

---

16 Dorst 1966.
17 Vgl. S. 51, Anm. zu *Hamsun*.
18 Zum Landesverratsprozeß gegen den hochbetagten norwegischen Schriftsteller Knut Hamsun vgl. S. 47, Anm. zu *Alten*.

besonders, daß Dorst nicht demonstrativ die Schuld des Kollaborateurs
in den Mittelpunkt gestellt hatte, und er fürchtete geradezu, daß ein
Regisseur dies nachholen und versuchen könnte, am Stück »etwas
Ideologisches [zu] beweisen [...], die Reaktion an sich, oder ›faschistoides Verhalten des bürgerlich liberalen Anarchismus‹« (ebd.). Statt
dessen stehe mit »dem Alten« ein komplexer Mensch in allen seinen
Widersprüchen auf der Bühne. Zu diesem gehörten neben seinem politischen Versagen als wichtige Charakteristika auch sein überragendes
Künstlertum und sein »Greisentum« (ebd.):

> Nicht weil Hamsun die Anregung war, sondern weil es eine mensch-
> liche Gestalt ist, finde ich es so famos, dass da ein ausgebrannter Kra-
> ter ist, aber man weiss: das war ein feuerspeiender Berg (ebd.).

Daß Zuckmayer in der Theaterfigur wirklich »eine menschliche Gestalt«
und nicht primär einen zu verurteilenden Täter sah, wird auch dadurch
deutlich, daß er, der Exilant, sich selbst mit dieser Figur identifizierte
und dem Briefpartner seinen Beistand mit den Worten anbot: »[...]
rechnen Sie auf Ihren ›Alten‹ Carl Zuckmayer« (S. 31). Wie die Rezen-
sionsüberschriften *Ohnmächtige Bewunderung für den Eiszeit-Greis*,[19]
Vom unangreifbaren Alter,[20] *Irgendwie toll, der alte Hamsun*[21] oder
Altersstarrsinn ohne Reue[22] verraten, lobte Zuckmayer mit der Ambivalenz der Titelfigur von *Eiszeit* gerade das, was die zeitgenössische
Kritik tadelte oder was sie zumindest irritierte.

Es gab aber noch mehr Gründe, aus denen Zuckmayer *Eiszeit* für
»das weitaus beste Stück« hielt, »das in den letzten Jahrzehnten in
Deutschland geschrieben worden ist« (S. 28). Sie kamen vom Theater-
praktiker, der das handwerklich gut gemachte Schauspiel mit der
»herrliche[n] Rolle« des »Alten« würdigte (ebd.):

> [...] ich glaube, durch ›Eiszeit‹ wird es publik werden, dass Sie heute
> der Dramatiker sind, der dem deutschen Drama wieder Form und
> Kontur gibt, nichts Künstliches sondern Gekonntes, aber durchaus
> künstlerisch komponiert, – vor allem: Menschen und Handlung [...]
> (ebd.).

19 Rischbieter 1973.
20 Karasek 1973.
21 Schmidt 1973.
22 Stauch von Quitzow 1973.

Zum »gute[n] Theater« rechnete Zuckmayer auch Dorsts »dramatische[n] Griff«, seiner Hauptfigur in dem jungen Widerstandskämpfer
Oswald »einen legitimen Gegenspieler« an die Seite zu stellen (ebd.).
Diese Figur, die seiner Ansicht nach ebensowenig im Recht war wie der
Protagonist, ermögliche die echte »Tragödie – und Katharsis« des Stük-
kes; denn »beide, der Partisan und der Landesverräter, [...] können
nicht anders sein, als sie sind« (ebd.). Für gelungen hielt Zuckmayer
überdies die komischen Szenen, die durch das »richtige[ ] Lachen« »das
richtige Schaudern« hervorriefen (S. 29). Das Gespräch zwischen dem
Alten und dem Landstreicher Kristian erschien ihm sogar als »eine[ ]
der schönsten [Szenen], die ich kenne« (S. 28). Um sie adäquat zu würdigen, fiel ihm nur »das verpönte Wort« »gedichtet« ein (S. 31). Fraglos
sah der alte Dramatiker in dem jungen den Nachfolger, der seine eigenen
Intentionen fortsetzte.

Der Briefwechsel zeigt, daß das Verhältnis der beiden Schriftsteller
im Laufe der Jahre eine Entwicklung durchmachte. Der an die Beziehung
von Meister und Schüler erinnernde Kontakt des Anfangs verwandelte
sich in eine gleichberechtigte Partnerschaft, in der auch der Ältere Urteil und Bestätigung des Jüngeren brauchte. Zunächst aber hatte Dorst
die »Schützenhilfe« des »berühmten Kollegen« ganz praktisch-konkret
nötig (S. 31; S. 30); denn er sah sich unversehens mit einem Plagiatsvorwurf gegen sein Stück *Eiszeit* konfrontiert. Tore Hamsun, der ältere
Sohn des norwegischen Dichters, hielt es für eine Bearbeitung des Tage-
buchs *Auf überwachsenen Pfaden* (1949/50), in dem sein fast neunzigjähriger Vater seine Erfahrungen als Häftling und Angeklagter verarbeitet hatte.[23] Ein Londoner Rechtsanwalt legte in Hamsuns Auftrag
Protest gegen die Aufführung von Dorsts Stück ein, nicht zuletzt weil
sein Mandant die Rechte am väterlichen Tagebuch bereits einer norwegischen Filmgesellschaft verkauft hatte.[24] Daraufhin beauftragte der
Suhrkamp Verlag einen Juristen und einen Germanistikprofessor[25] mit
der Sichtung der historischen Quellen und dem Vergleich der beiden

23 Zu Knut Hamsuns Tagebuch, vgl. S. 55, Anm. zu *Auf überwachsenen Pfa-
    den*. Der Plagiatsvorwurf wurde primär an der Landstreicher-Szene von
    Eiszeit (vgl. S. 56, Anm. zu *Kristian/Landstreicher-Szene*) und am Motiv
    der Gummischuhe (vgl. S. 57, Anm. zu *Gummischuhe*) festgemacht.
24 Vgl. S. 56, Anm. zu *das Hamsun-Buch verfilmen*.
25 Die Namen der Gutachter werden von Dorst nicht genannt. Laut Aus-
    kunft von Manfred Ortmann (Suhrkamp-Theaterverlag) vom 31. Januar
    2001 war der germanistische Gutachter Peter Wapnewski (vgl. S. 57,
    Anm. zu *Gutachten*).

Werke.[26] Dorst aber versprach sich mehr vom »Zeugnis« des Zuck-
mayer-Briefes (S. 30), der ihn fast gleichzeitig mit dem Plagiatsvorwurf erreicht hatte. Hier sah er die »dramatische[n] Qualitäten« seines
Stückes von einem Fachmann beurteilt (ebd.), dessen Name und Einschätzung nicht ohne Wirkung bleiben konnten. Und in der Tat lautete
die Quintessenz von Zuckmayers Urteil über *Eiszeit*, daß das Publikum
den Dichter Knut Hamsun nicht zu kennen brauche, um das Stück zu
verstehen.

Zuckmayer reagierte auf Dorsts Hilferuf durchaus positiv, wollte
aber seinen Text im Urheberrechtsstreit nur in Auszügen benutzt sehen:

> [...] die ganze Passage, die ich über andere Stücke und Theater-Rich-
> tungen geschrieben habe, welche mir weniger gefallen, lassen Sie bitte
> raus, – ich möchte Niemandem auf die Hühneraugen treten und bin
> auch kein Kritiker, dem sowas zusteht (S. 30).

Er hatte offensichtlich Vertrauen zu seinem Gegenüber; denn in den
Briefen sprach er kritische Meinungen direkt und ungeschminkt aus.
Öffentlich aber wollte er sich nicht auf diese Weise exponieren. Das
dürfte nur teilweise auf sein Bestreben zurückzuführen sein, niemanden
unnötig zu verletzen. Die Diskrepanz zwischen sehr scharfen internen
Urteilen über andere und einer äußerst wohlwollenden Haltung in der
Öffentlichkeit ist für Zuckmayer bezeichnend.[27] In einem Interview
vom November 1976 zum Beispiel äußerte er sich über »die zeitgenössische junge Dramatik« inhaltlich fast identisch wie an der gesperrten
Briefstelle Dorst gegenüber, aber nun drängte er – ohne Namensnen-
nungen – an den Rand, was er negativ sah, und betonte das in seinen
Augen Positive. Für das Image des versöhnlichen Vitalisten und Huma-
nisten Zuckmayer stellte der »Kritiker« Zuckmayer offenbar eine Störung dar:

> Was dazwischen [zwischen Thomas Bernhard und Peter Handke]
> liegt, schwankt zwischen rein ideologisch-politischem Theater, das

---

26 Das juristische und das germanistische Gutachten fielen – wie Dorst im
    Brief vom 16. Dezember 1972 berichtete – »zu [s]einen Gunsten aus«
    (S. 31).

27 Einschlägige Beispiele dieser unterschiedlichen Seiten Zuckmayers liefert
    sein 1943 entstandenes Dossier für den amerikanischen Geheimdienst OSS
    (vgl. besonders sein Urteil über Werner Krauß [Nickel/Schrön 2002,
    S. 146-152] und seine allerdings erst 1966 publizierten Memoiren *Als
    wär's ein Stück von mir*).

ich persönlich nicht bejahe, und dem Suchen nach ständig neuen
Formen die immer zunächst in die Irre gehen. [...]. Ich lehne es [das
politisch engagierte Theater] nicht ab, ich meine nur, daß es sehr selten auch Kunst hervorbringt.[28]

Im Anschluß an die »Eiszeit-Probleme[]« entwickelte sich der Briefwechsel immer mehr zu einem Erfahrungsaustausch und Experten-
gespräch (S. 31 ff.). Zuckmayer interessierte sich für die Fallada-Revue,
die Dorst zusammen mit dem Regisseur Peter Zadek[29] in Bochum auf
die Bühne gebracht hatte,[30] für die *Eiszeit*-Premieren in Bochum und
Hamburg,[31] oder Dorsts neue Komödie *Auf dem Chimborazo*.[32] Dorst
las im Gegenzug Zuckmayers Dankesrede anläßlich der Verleihung des
Heinrich-Heine-Preises der Stadt Düsseldorf[33] sowie seine Bearbeitung
des nachgelassenen Gerhart-Hauptmann-Fragments *Herbert Engelmann* von 1952.[34] Die jeweilige Beklommenheit der beiden Dramatiker vor ihren Premieren wurde ebenso thematisiert wie Dorsts weitere
künstlerische Pläne oder Zuckmayers Ärger über die »total versaut[e]«
Uraufführung von Thomas Bernhards[35] *Jagdgesellschaft* im Burgtheater[36] und die sich an ihr orientierenden Kritiken in der Presse (S. 35).
Überhaupt waren neben den Schauspielern die Kritiker ein wichtiges
Thema der beiden Bühnenautoren. Beide meinten jeweils schon im voraus zu wissen, daß die Uraufführungen ihrer Stücke – wie Zuckmayer
es formulierte – der Anlaß zu einer »Sauhatz« sein würden (S. 37). Allerdings kamen die schlechten Kritiken, die *Der Rattenfänger* wirklich
erhielt,[37] nicht mehr zur Sprache, weil der Briefwechsel nach der Ur-

---

28 Reif 1977, S. 7.

29 Vgl. S. 60, Anm. zu *Zadek*.

30 Zu Dorsts und Zadeks Bühnenadaption von Hans Falladas Roman *Kleiner Mann, was nun?* von 1932 vgl. S. 54, Anm. zu *Fallada*.

31 Vgl. S. 47, Anm. zu *Kopie Ihres Briefes* und S. 48, Anm. zu *Uraufführung*.

32 Dorst 1974; vgl. S. 63, Anm. zu *Familiengeschichte* und S. 67, Anm. zu
Fall Karasek.

33 Zur Verleihung des Düsseldorfer Heinrich-Heine-Preises an Zuckmayer
vgl. S. 58, Anm. zu *den Preis bekommen*; zur Dankesrede vgl. S. 63, Anm.
zu *Ihre Heinerede*.

34 Vgl. S. 68, Anm. zu *Herbert Engelmann*.

35 Zu dem mit Zuckmayer persönlich bekannten österreichischen Romancier
und Dramatiker Thomas Bernhard vgl. S. 64, Anm. zu *Bernhard*.

36 Vgl. S. 65, Anm. zu *Jagdgesellschaft*.

37 Vgl. S. 65, Anm. zu *Der Rattenfänger*; zur Kritik am *Rattenfänger* vgl.
S. 70, Anm. zu *Herrn von der Presse*.

aufführung des Stückes abbrach. Für *Eiszeit* und *Auf dem Chimborazo* dagegen wurde Dorsts Stoßseufzer »ich werde wohl die Kritiker zu Feinden haben, bis zum Ende« durchaus eindrucksvoll belegt (ebd.). Der Begründer von *Theater heute*, Henning Rischbieter,[38] sah in *Eiszeit* eine bloße Montage und Anverwandlung von Hamsun-Materialien, die notwendig zu »ohnmächtige[r] Bewunderung für [...] den alten starren Reaktionär« führen mußten.[39] In der *Welt* sprach Horst Ziermann Dorst sogar generell die Fähigkeit zum Dramatiker ab; sein abermals der »gerade gängigen Mode« folgendes »Nicht-Stück« werde nur durch Zadeks Inszenierung und exzellente Schauspieler über die Rampe transportiert.[40] Der in der *Zeit Eiszeit* noch differenziert behandelnde Hellmuth Karasek[41] schmähte *Auf dem Chimborazo* in satirischer *Spiegel*-Manier als »Tschechow geteilt durch Friederike Kempner. [...] Strindberg von Neckermann, [...] Karstadt-Beckett«.[42]

In der letzten Phase der Korrespondenz stand dann *Der Rattenfänger*, das Werk des achtundsiebzigjährigen Zuckmayer, und seine Uraufführung durch das Zürcher Schauspielhaus im Mittelpunkt.[43] Jetzt gab der jüngere Autor sein sachkundiges Urteil ab. Er verstand das Stück, das eine ungebrochene Schöpferkraft verrate, als »große Vision« mit »schöne[n] und wirkungsvolle[n] Situationen und Szenen« (S. 36). Dorst wagte aber auch Kritisches anzumerken: »manche[] Stellen« seien »unnötig wortreich«, oft wäre es besser, »*einen* Satz zu sagen, als zwei« (ebd.). Zuckmayer akzeptierte diesen Hinweis als zutreffend und hilfreich:

> Sie haben völlig recht, das Stück ist viel zu wortreich, – was bei mir immer eine Gefahr war. Ich habe es in gründlicher Arbeit mit Lindtberg um ein Drittel zusammengestrichen, und streiche immer noch Text auf den Proben (S. 37).[44]

Wie der Briefwechsel zwischen Zuckmayer und Dorst zeigt, gab es starke Gemeinsamkeiten des alten und des jungen Schriftstellers. Doch sind

---

38 Vgl. S. 62, Anm. zu *Rischbieter*.
39 Rischbieter 1973.
40 Ziermann 1973, S. 17.
41 Karasek 1973.
42 Karasek 1975.
43 Zum Stück und seiner Uraufführung in Zürich vgl. S. 65, Anm. zu *Der Rattenfänger*; S. 66, Anm. zu *eine Revue in Ihrem Sinne*; S. 67, Anm. zu *Uraufführung*; S. 69, Anm. zu *Premierenabende*.
44 Vgl. S. 69, Anm. zu *Lindtberg*.

auch Unterschiede nicht zu übersehen. Sie betreffen in erster Linie die jeweiligen Auffassungen von Autor und Autorschaft. Für Zuckmayer war der Künstler die alle Anregungen zu einer Einheit verschmelzende, zentrale Instanz des schöpferischen Prozesses.[45] Daher konnte er eine offene Anerkennung von »Mitarbeit«, wie sie Dorst seit etwa 1971 auf den Titeleien seiner Stücke praktizierte, nicht akzeptieren:[46]

> Sie waren so fair, für ›Eiszeit‹ eine Mitarbeiterin zu nennen, doch das Stück ist aus einem Guss und zeigt eine Handschrift, die ich im neueren Drama sonst nicht finde. Die ist schon im ›Toller‹ deutlich [...] (S. 29).[47]

Für den Jüngeren dagegen machte Zusammenarbeit einen unverzichtbaren Teil seiner künstlerischen Produktion aus. Der Schaffensprozeß wurde nicht vom allmächtigen Autor allein getragen, sondern entwickelte sich in und an der Diskussion mit kompetenten Partnern. Erst in diesem Gegeneinander gewann der Autor Dorst die endgültige Gestalt seiner Stücke. Daher gab es neben den Buchfassungen von Kooperation mit Regisseuren wie Palitzsch oder Zadek geprägte Bühnenfassungen. Auch Zuckmayer gegenüber wies Dorst auf die Bedeutung solcher Zusammenarbeit hin (S. 36), die er an anderer Stelle ausführlicher charakterisierte:

> So jemand wie Zadek war für mich sehr wichtig als Korrektiv, als Widerspruch sozusagen, als eine Möglichkeit der Auseinandersetzung und auch zur Selbstverteidigung, daß ich immer gezwungen war, die eigene Position zu halten oder zu korrigieren. Wir haben uns immer also von Szene zu Szene über das Stück auseinandergesetzt und aus dieser Zusammenarbeit ist dann auch etwas in das Stück

---

45 Auch ein Plagiatsvorwurf wie der Tore Hamsuns konnte nach Zuckmayers Ansicht das Kunstwerk und seinen Schöpfer nicht treffen: »Ich habe das Alterswerk Hamsuns ›Auf überwachsenen Pfaden‹ nie gelesen, wusste also nicht, dass es eine Art von Anregung für die Kristian-Szene gegeben hat, aber ich finde das egal, – die Szene, die Sie geschrieben haben, ist einfach schön, sie ist, um das verpönte Wort zu gebrauchen, gedichtet« (S. 31).

46 Zu Zuckmayers »Abneigung gegen Kollektivarbeit« vgl. auch Luise Dirscherl / Gunther Nickel, »*Loise flöhen meine Lieda ...*«. *Die Drehbuchentwürfe zum ›Blauen Engel‹*, in: Dirscherl / Nickel 2000, S. 23 f.

47 Die für *Eiszeit* genannte Mitarbeiterin ist Ursula Ehler (vgl. S. 54, Anm. zu *Mitarbeiterin*).

übergegangen, z.B. in die gedruckte Fassung von ›Toller‹. Dann habe ich mit Palitzsch zusammengearbeitet oder mit Frau Ehler.[48]

Möglicherweise ist es auch Dorsts Hochschätzung von künstlerischer Partnerschaft zuzuschreiben, daß der einzige Gruß, den er in elf Briefen an die Ehefrau seines Korrespondenzpartners, Alice Herdan-Zuckmayer, richtete, der »Autorin des ›Scheusal‹«[49] galt (S. 32).

48 *Deshalb schreibt man auch so ungern, ich jedenfalls. Gespräch zwischen Tankred Dorst und Rudolf Vogel*, in: Laube 1974, S. 219 f. Auch in der Zusammenarbeit mit Ursula Ehler waren für Dorst 1981 »Widerstand und Korrektur« zentral: »Wir sind vollkommen aufeinander eingespielt, […] wir reden über die Personen der Stücke, als ob sie richtige Menschen wären. Allein spinnt man sich zu sehr in eine Sache ein. Beim Erzählen aber fängt man schon an zu ordnen. Durch den Partner gibt es Widerstand und Korrektur. Man erkennt leichter die wichtigen Punkte. Beim Reden entsteht der Dialog« (Hensel 1981).
49 Vgl. S. 60, Anm. zu *die Autorin des Scheusal*.

Briefwechsel

1 Carl Zuckmayer an Tankred Dorst

Saas-Fee, 29. Juli 1966

Lieber Tankred Dorst,
seien Sie sehr herzlich bedankt für die Zueignung Ihrer Szenen aus dem
Toller, ich hab mich sehr darüber gefreut. Diesen *Kürbiskern* hatte man
mir schon vorher zugeschickt, vermutlich die Redaktion, – und ich
habe Ihre Szenen mit brennendem Interesse gelesen. Jetzt aber bin ich
ungemein begierig, cupidus geradezu, das ganze Stück kennen zu
lernen, und bitte Sie herzlich, mir ein Manuskript davon zu senden,
sobald Ihnen das möglich ist, falls Sie das gern tun. Natürlich wird das,
was ich Ihnen vielleicht dazu sagen kann, für Ihre Arbeit wenig Bedeutung haben, es kommt ja nur auf Ihre eigene Konzeption und Ihre Gestaltung an und nicht auf irgend welche Details aus der *Wirklichkeit*,
die einer, der die betreffenden Leute selbst gekannt hat, anzumerken
hat. Aber es wird interessant für Sie sein, die Reaktion eines Zeitgenossen kennen zu lernen. Ich habe Mühsam sehr gut, Toller ziemlich
genau, Landauer nur flüchtig gekannt. Mein Eindruck von den vorliegenden Szenen ist der, dass Sie den ganzen Vorgang der *Münchner
Räterepublik* mit grosser Präzision und zugleich mit dem Flair für diese
besondere Atmosphäre (aller Schichten, der Agierenden, des *Volks*,
der Konterrevolution) überblicken und dass Sie die Tragigroteske, oder
Tragikomödie, einer nicht zustande gekommenen, sehr sonderlich aus
Theatralik, Literatur, Pathetik, Idealismus, Brutalität, Simplizität und
Tragik gemischten Revolutions-Illusion darstellen, so wie Büchner im
Danton die Elegie auf eine real geschehene, zustande gekommene, aus
Geist, Blut und Versagen genährte Revolution, die ihre Kinder frisst.
Wenn Ihnen das gelingt, so kann es ein grosser Wurf sein, der dem
Danton (als totales Gegen-Stück) an die Seite zu stellen wäre.
　　Den Ernst Toller habe ich sofort kennen gelernt, als er aus der Haft
entlassen war und nach Berlin kam – wir waren gut bekannt, er hatte ja
sehr charmante Züge und war ein ehrlich kameradschaftlicher Mensch
(vielleicht das einzige, worin er ehrlich war), – aber wir wurden nie
Freunde, obwohl wir Du sagten und uns bis zu seiner Überfahrt nach USA

immer wieder sahen, besonders viel im letzten Jahr, das er zum Teil am Wolfgangsee verbrachte und in dem wir uns oft im Haus Jannings trafen.

In meinem Buch (das im September herauskommt, Erinnerungen, oder besser: Memoiren, eine in der deutschen Literatur wenig gepflegte Art des Lebens- und Zeitberichtes), – habe ich Toller ganz ausgelassen, denn ich hätte nur mit kritischer Distanz zu ihm schreiben können, das wollte ich nicht. Dazu hatte er sich mir persönlich gegenüber immer zu nett benommen. Aber im Grund war mir dieser verunglückte Volkstribun, der so gerne ein Kompositum aus Danton, Lassalle und Don Juan plus Büchner gewesen wäre, immer ganz fremd. Nichts gegen die Eitelkeit! Wer behauptet, dass er nicht eitel sei, schwindelt. Und für Künstler und Stückeschreiber gehört eine gewisse Eitelkeit zu den produktiv erregenden Kräften – eine gewisse. Die ist vielleicht sogar etwas Menschlicheres als der nackte Ehrgeiz. Aber bei Ernst Toller war das alles zu einer chemisch unsauberen Verbindung missglückt. Verunglückt. Als wir in New York ankamen, als Emigranten, fuhren wir an dem Hotel vorbei, Maiflower heisst es, (da wir auch am Central Park West wohnten,) – in dem er sich zwei Tage vorher erhängt hatte. Auf dem Clo. Jemand, der uns abgeholt hatte und fuhr, erzählte es uns, ich wusste es vorher noch nicht. Aber es löste bei mir nicht den Schrecken aus, den eine solche Nachricht einem ankommenden Emigranten einjagen sollte. Ich wusste sofort, dass Toller nicht an der Emigration, nicht an Hitler, nicht am Unglück über den Zusammenbruch der Welt, an die wir geglaubt hatten, zugrunde gegangen war sondern an sich selbst, – er konnte nicht ertragen, dass er weder als Volkstribun noch als Literat noch als *Mann* den Erfolg errungen oder gehalten hatte, den er für sich in Anspruch nahm. Eine Panne – kein stoischer Freitod. Genug. Hoffentlich stört Sie diese Charakteristik nicht, falls Sie noch an der Arbeit sind, – ich schliesse aus dem ersten Auftritt, den Sie ihm gegeben haben, und anderen Stellen, dass Sie ihn ohnehin nicht *heroisieren* wollen. Alle Szenen, die Sie veröffentlicht haben, finde ich grossartig! Das hat alles Leben, dramatischen Atem, Theater-Wahrheit, (eine besondere species der – an sich unteilbaren – Wahrheit in der Dichtung). Ich bin für Sie noch mehr eingenommen als nach allem was ich bisher von Ihnen kannte. Der Koch! Resl und Walter, der Weissgardist – wie gut, dass Sie sich nicht auf die öde *Dokumentar*-Mode einlassen sondern *erfinden*!!

Seien Sie herzlichst gegrüsst und zu Ihrer Arbeit beglückwünscht! Ihr Carl Zuckmayer

2 *Tankred Dorst an Carl Zuckmayer*

⟨München,⟩ 21. Oktober 1968

Lieber und sehr verehrter Carl Zuckmayer,
hier ist endlich das Stück, an dem Sie, als ich Ihnen die Auszüge schickte, so freundlich interessiert waren. Es ist, nach allen möglichen Veränderungen, so eine Art Revue geworden, *Szenen aus einer deutschen Revolution*, kein Lehrstück, hoffe ich, und hoffentlich nicht langweilig.
Mit herzlichen Grüßen!
Ihr Tankred Dorst

3 *Tankred Dorst an Carl Zuckmayer*

München, 27. Oktober 1972

Lieber und verehrter Carl Zuckmayer,
Urs Jenny, der Dramaturg vom Hamburger Schauspielhaus, hat mir eine Kopie Ihres Briefes geschickt, meinte »das Beiliegende würde mir vielleicht Spaß machen« – große Freude habe ich gehabt, ja, darüber, daß Ihnen *Eiszeit* gefällt und daß Sie es so sehen, wie ich es auch sehe! Nämlich, daß wir es in der Welt und im Theater mit Menschen zu tun haben, nicht mit öden Ideologien, und daß es gut und schön ist, wenn es einmal gelingt, oder auch nur halbwegs gelingt, ein paar Menschen auf der Bühne zu zeigen, ohne Hochmut und Besserwisserei. Das, meine ich, war ja auch die große Wirkung Ihrer Stücke auf dem Theater, damals bis heute. – Sie haben mir mit Ihrem Brief sehr geholfen, herzlichen Dank! – Nun hat ja das Stück noch eine besondere Beziehung zu ihrem Werk – wenigstens zwei von den Schauspielern, die heute den *Alten* spielen, haben damals Ihren Teufels-General gespielt!
Ich fände gern eine Gelegenheit zu einem Gespräch mit Ihnen, – vielleicht können Sie zur Uraufführung nach Bochum kommen, im Februar? Ich würde mich *sehr* freuen und bin mit den herzlichsten Grüßen Ihr Tankred Dorst

4 *Carl Zuckmayer an Tankred Dorst*

Saas-Fee, 6. November 1972

Lieber Tankred Dorst,
wie gut, dass Sie mir geschrieben haben! Denn ich wollte Ihnen längst
schon schreiben, aber da braucht es dann noch einen Anstoss, zumal
ich Ihre Adresse nicht wusste und ungern p.A. oder c/o schreibe.

Ich komme von Ihrer *Eiszeit* gar nicht los. Ich habe es mehrmals gelesen, es scheint mir das weitaus beste Stück zu sein, das in den letzten
Jahrzehnten in Deutschland geschrieben worden ist. Ich will es nicht
gegen andere ausspielen, aber die meisten, auch wenn sie Talent haben
und einer *Schule* anhängen, sei es der Grazer, sei es einem *Neorealismus*, kommen mir so absichtsvoll vor, und zum Teil epigonal, miss-
verstandener Horváth und überschätzte Fleisser. Dabei kommt dann
etwas heraus, was sich *Antitheater* nennt und sehr theatralisch ist. Für
Handkes Theater bin ich nicht zuständig, das liegt an mir, – seine letzten zwei Prosabücher haben mir grossen Eindruck gemacht. Und politische Knüppelvers-Moritaten kommen mir so ungeheuer alt vor, als
hätte ich sie vor 40 Jahren schon einmal gehört, aber besser, von Vater
Brecht zum Beispiel. Genug davon, – jetzt sind Sie dran, – und ich glaube, durch *Eiszeit* wird es publik werden, dass Sie heute der Dramatiker
sind, der dem deutschen Drama wieder Form und Kontur gibt, nichts
Künstliches sondern Gekonntes, aber durchaus künstlerisch kompo-
niert, – vor allem: Menschen und Handlung, (gerade da, wo es garkeine zu geben scheint, wie in der schönen Szene – einer der schönsten,
die ich kenne – zwischen dem Alten und Kristian.) Der Alte ist eine
grandiose Figur, und wenn ich an ein Publikum denke, das nie den Namen Hamsun gehört hat und nicht weiss, ob Quisling ein Mensch war
oder ein Fisch, so wird er noch besser. Eine herrliche Rolle und ver-
dammt schwer zugleich, wehe wenn da einer das Greisentum, das Sie
so gut nuanciert haben, Schwerhörigkeit, Vergesslichkeit usw., char-
giert, – und dreimal Wehe, wenn da ein Regisseur etwas Ideologisches
dran beweisen will, die Reaktion an sich, oder »faschistoides Verhalten
des bürgerlich liberalen Anarchismus« oder so, nur kein Deutestab,
nur den Menschen hinstellen, alles andere ergibt sich von selbst, wenn
es so gutes Theater ist. Denn Sie haben ja dem Alten einen legitimen
Gegenspieler geschaffen, das ist Ihr dramatischer Griff, und wer das
Stück inszeniert oder spielt, darf nicht denken: der Alte hat unrecht
und der Oswald hat recht, – sondern beide, der Partisan und der Landesverräter, haben unrecht und können nicht anders sein, als sie sind, –
nur daraus entsteht Tragödie – und Katharsis. Nicht weil Hamsun die

Anregung war, sondern weil es eine menschliche Gestalt ist, finde ich es
so famos, dass da ein ausgebrannter Krater ist, aber man weiss: das
war ein feuerspeiender Berg. Grossartig die Testszenen, auch die Verhandlungen, und Sie waren sehr klug, das Biographisch-Dokumentarische zu meiden, z.B. den asthmatischen Sohn und nicht die zwei Töchter, (von denen man sagt, dass sie die eigentlichen Nazissen waren, aber
das ist egal.) Und das Fest des Altersheims, schon die Vorbereitungen,
das muss auf dem Theater richtig komisch sein, (ich habe meiner Frau,
die vor einer Staroperation steht, das ganze Stück vorgelesen, sie hat
bei diesen Szenen sehr gelacht, – übrigens war ich besonders gut als
lettischer Koch.) Natürlich ist das ein makabrer Humor, – aber das
richtige Schaudern kommt mit dem richtigen Lachen. Sehr gern würde
ich zur Uraufführung kommen. Wer spielt dort den Alten? In Hamburg
wird es Werner Hinz sein, ein sehr guter Schauspieler, braucht wohl
etwas Phantasiezuschuss vom Regisseur. Unsereiner ist geneigt, mit
Toten zu besetzen, aber das hat keinen Sinn. – Derzeit bin ich, nach
einer schweren Krankheit, nicht reisefähig, – im Februar dürfte das
anders sein. Ich hätte sehr gern gesehen, was Ihr da aus dem armen Fallada gemacht habt, – ich werde sentimental, wenn ich an den Blechnäpfler und diese verteufelte und verrückte Zeit denke.

Sie waren so fair, für *Eiszeit* eine Mitarbeiterin zu nennen, doch das
Stück ist aus einem Guss und zeigt eine Handschrift, die ich im neueren
Drama sonst nicht finde. Die ist schon im *Toller* deutlich, – darüber ein
andermal, vielleicht mündlich.

Herzliche Grüsse, Ihr Carl Zuckmayer

5 *Tankred Dorst an Carl Zuckmayer*

⟨München, um 9./10.⟩ November 1972

Lieber und verehrter Carl Zuckmayer,
Sie haben mir mit Ihrem Brief eine sehr große Freude gemacht, gestern
kam er an, und ich habe ihn stolz mit mir herum getragen. Inzwischen
hat er für mich noch eine ganz besondere Bedeutung: heute morgen
nämlich rief mich der Suhrkamp-Verlag an, teilte mir mit, daß der Sohn
Hamsun gegen das Stück per Rechtsanwalt in London protestiert. Sein
Argument ist: das Stück sei eine Bearbeitung des letzten Hamsun-
Buches *Auf überwachsenen Pfaden* und der Hintergrund dieser ganzen
dummen Geschichte ist, eine norwegische Filmgesellschaft will das
Hamsun-Buch verfilmen, hat wohl Rechte von dem Hamsun-Sohn ge-

kauft, und will verhindern, daß Eiszeit ins Fernsehen oder Kino
kommt. – Nun finde ich die Behauptung *Eiszeit* sei eine Bearbeitung
zwar absurd, – ich habe, außer ein paar Sätzen in der Kristian/Land-
streicher-Szene, die auch eine erste Anregung dem Hamsun-Buch verdankt, nichts genommen, was nicht auch anderswo, in Zeitungen, Ge-
richtsprotokollen usw. auch veröffentlicht war: ich fürchte mich also
vor einem Prozeß nicht, komme aber jetzt in große Schwierigkeiten,
und mit mir der Verlag und das Theater – bis der Streitfall entschieden
ist, kann man wohl das Stück nicht herausbringen. (O.E. Hasse ist aber
schon für die Rolle engagiert). Worum ich Sie, lieber Carl Zuckmayer,
herzlich bitten möchte, ist: daß ich Ihren Brief an mich, der ja das Stück
Eiszeit als ein eigenes Stück und die Qualitäten des Stückes sehr gut
beschreibt, zeigen kann als ein kompetentes Urteil von einem berühmten Kollegen. Ich glaube, das ist jetzt wichtig. Über Details, Gummischuhe oder nicht, und ähnliches mögen sich die Rechtsanwälte auseinandersetzen, über dramatische Qualitäten, Wahrheit und Schönheit der
Szenen und was sonst ein Theaterstück ausmacht, müßten wohl, wenn
schon nicht das allgemeine Publikum, so doch *Leute vom Fach* urteilen. Man wird vom Verlag ein Gutachten von einem Germanistikprofessor einholen, der die beiden Werke vergleicht und sie an der eigentlichen Quelle: der Anklage gegen Hamsun, den zeitgeschichtlichen
Fakten, mißt.

Darf ich auch Ihr Zeugnis, Ihren Brief, vorweisen? Ich bitte Sie herzlich darum Ihr Tankred Dorst.

6 *Carl Zuckmayer an Tankred Dorst*

⟨Saas-Fee,⟩ 17. November 1972

Lieber Tankred Dorst,
das ist eine verfluchte Geschichte, und ich bange um die *Eiszeit* »als
wärs ein Stück von mir«. Wenn mein Brief Ihnen helfen kann, können
Sie ihn selbstverständlich vorlegen, mit einer Einschränkung: die ganze
Passage, die ich über andere Stücke und Theater-Richtungen geschrieben habe, welche mir weniger gefallen, lassen Sie bitte raus, – ich
möchte Niemandem auf die Hühneraugen treten und bin auch kein
Kritiker, dem sowas zusteht. Sie verstehen das natürlich und können
einen guten Übergang finden, von der Stelle, wo ich so ungefähr
schrieb, ich hielte Ihr Stück für das beste seit Jahrzehnten, ohne es
gegen andere ausspielen zu wollen, zum nächsten Absatz, der sich nur
mit Ihnen und Ihrem Stück beschäftigt. Bei einer Abschrift würde das

garnicht auffallen, im Fall einer Fotokopie lässt sich das wohl technisch machen. Auch wäre mir lieb, wenn der Satz über Werner Hinz, (der noch Phantasiehilfe brauchte), wegfiele. Am meisten könnte Ihnen vielleicht der Satz helfen, der dem Sinne nach besagt: wenn ich mir ein Publikum vorstelle, das nie den Namen Hamsun gehört hat, würde die Gestalt des Alten nur noch besser. Jedenfalls benutzen Sie alles, was ich Ihnen geschrieben habe, ausser den genannten Stellen über andere.

Ein Geständnis entre nous: ich habe das Alterswerk Hamsuns *Auf überwachsenen Pfaden* nie gelesen, wusste also nicht, dass es eine Art von Anregung für die Kristian-Szene gegeben hat, aber ich finde das egal, – die Szene, die Sie geschrieben haben, ist einfach schön, sie ist, um das verpönte Wort zu gebrauchen, gedichtet. Ich wusste auch nicht, dass es einen Sohn H. gibt, ich habe immer nur von den zwei Töchtern gehört.

Alles Beste für Sie und Ihr Stück. Bitte lassen Sie mich wissen, wie die Sache weitergeht, – und wenn Sie irgendwelche Schützenhilfe brauchen, rechnen Sie auf Ihren *Alten* Carl Zuckmayer

7 Tankred Dorst an Carl Zuckmayer

München, 16. Dezember 1972

Lieber Carl Zuckmayer,
nun haben Sie den Preis bekommen und ich gratuliere Ihnen ganz herzlich dazu! Ich hatte schon daran gedacht, Sie in Düsseldorf zu sehen, es wurde nichts daraus, Sie sind hinter den sieben Bergen geblieben, – vielleicht aber kommen Sie doch heruntergestiegen im Frühjahr zur Uraufführung der *Eiszeit*.

Da Sie so freundschaftlich und hilfegebend an meinen Eiszeit-Problemen teilnehmen, kurz das Neueste: der Verlag hat ein juristisches und ein literarisches Gutachten anfertigen lassen, beide sind zu meinen Gunsten ausgefallen, das literarische Gutachten eines Germanisten hat ergeben, daß *Eiszeit* nicht das Geringste mit dem Hamsun-Tagebuch zu tun hat (*ich* wußte das vorher), und so wird ⟨man⟩ also die Aufführungen riskieren in Bochum und Hamburg, Gott sei Dank! auch auf die Gefahr einer einstweiligen Verfügung hin. Premiere soll jetzt Anfang/Mitte März sein. –

Was die Familie Hamsun betrifft: ich wußte bisher auch sehr wenig darüber, sie hat mich auch nicht sehr interessiert – ich habe mich mehr für das Stück und für die Personen in dem Stück interessiert. Die Frau von Knut Hamsun war wohl eine richtige Nazitante und ich habe jetzt

gehört, daß einer der Söhne (den ich persönlich nicht kenne) in der norwegischen SS war. Der Sohn Tore, mit dem ich in der Eiszeit-Sache zu
tun habe, ist Maler, er hat in der Nazizeit in München Malerei studiert,
wo man wohl damals das Beste nicht gelernt hat – wie auch immer, die
Familie wird in diesem Stück sicher nicht denunziert und so hoffe ich,
daß schließlich von da keine größeren Schwierigkeiten mehr kommen.
Mit den anderen Seiten, mit den Kritikern und Ideologen und Aufklä-
rern werde ich dann später noch genug Ärger haben, – warum auch
nicht. Ich will nur selber auch sagen, was ich meine.

Und übrigens: Die Fallada-Revue würde Ihnen, glaube ich, Freude gemacht haben. Mißhandelt haben wir Fallada nicht: das ist eine vitale und
schöne Inszenierung, die den Leuten Spaß macht und auch den Intellektuellen, (zum Teil) und überhaupt auf dem Weg ist zu einem neuen Volkstheater, der ja auch, meine ich, ein Weg zu Ihnen und zu Ihren Stücken ist – !

Ich grüße Sie (und die Autorin des *Scheusal*, das ich gerade mit Vergnügen lese) sehr herzlich! Ihr Tankred Dorst

8 *Tankred Dorst an Carl Zuckmayer*

Bochum, März 1973

Lieber und verehrter Carl Zuckmayer,
von München ist mir einige Post hierher nach Bochum nachgeschickt
worden, die ich aber nicht erhalten habe; darunter muß auch ein Brief
von Ihnen gewesen sein. Ich weiß also nicht, was Sie geschrieben haben, vielleicht taucht aber der Brief wieder auf – auf jeden Fall möchte
ich Ihnen sagen, daß wir hier in Bochum am 17. März die Uraufführung von Eiszeit haben. Zadek inszeniert und ich sitze meistens dabei
und die Besetzung ist sehr gut, – ich hoffe also auf eine schöne Aufführung, habe natürlich, je näher das Datum kommt, ziemlich Angst, obs
gut geht, es sind im Ganzen sehr wenig Proben, nur 4 Wochen, die
nächsten 12 Tage wird unterbrochen wegen einer Fernsehaufzeichnung
von *Kleiner Mann was nun*, aber immerhin: ich möchte Sie sehr herzlich zur Premiere einladen! Ich würde mich sehr freuen, wenn Sie kommen könnten, – andere auch.

Die Hamburger Premiere wird etwas später sein. Ich war auch dort,
bei Werner Hinz zu Gast, und wir haben uns über das Stück unterhalten. Ich glaube, er wird das gut machen, vielleicht ein bißchen zu
weich, zu freundlich. Ein rechter harter Knochen muß der *Alte* schon
sein, das darf man nicht verschönern.

Es grüßt Sie herzlich Ihr Tankred Dorst

9 *Tankred Dorst an Carl Zuckmayer*

⟨Bochum,⟩ März 1973

Lieber und verehrter Carl Zuckmayer,
immer noch ist der Brief, den Sie mir vor einiger Zeit nach München
geschickt haben, und der mir nach Bochum nachgeschickt worden ist,
nicht aufgetaucht! Wenn ich nur wüßte, was Sie geschrieben haben,
und ob Sie vielleicht zur Premiere kommen können? Auf jeden Fall halte
ich mal 2 Karten bereit. Die Proben laufen jetzt gut, wunderbar sind
die beiden Schauspieler Mahnke + Hasse in der Kristian-Szene. (Die
Szene dauert allerdings 25 Minuten, das ist ja fast schon ein Einakter
für sich!)
   Nun kommt für mich noch eine Woche, die mich sehr nervös macht.
Halten Sie mir die Daumen?
   Herzlich grüßt Sie Ihr Tankred Dorst.
Premiere ist Samstag, 17.3. 20 Uhr.

10 *Tankred Dorst an Carl Zuckmayer*

⟨München,⟩ 23. Mai 1973

Lieber und verehrter Carl Zuckmayer,
ich möchte mich nun, nachdem zwei Aufführungen von *Eiszeit* laufen
und die dritte in Stuttgart vorbereitet wird, noch einmal herzlich für
Ihre Ermunterung und freundschaftliche Teilnahme bedanken. Schade,
daß Sie nicht kommen konnten! Beide Schauspieler, Hasse wie Hinz,
waren sehr gut, die Bochumer Aufführung war strenger, konzentrierter,
im Ganzen wohl besser als die Hamburger, das Publikum ging immer
sehr gut mit, es gab volle Häuser, die Presse war (Sie werden vielleicht
einiges gelesen haben) geteilter Meinung, und hat das Stück mit Kategorien gemessen, die nicht die meinen sind. Ganz böse *Die Welt* und
ziemlich persönlich gehässig Rischbieter – vor allem wärmte der die
Behauptung wieder auf, das Stück sei sozusagen von Hamsuns Tagebuch übernommen. Gott sei Dank war aber die juristische Schwierigkeit mit der Hamsun-family und mit der norwegischen Filmgesellschaft
aus dem Weg geräumt, der Text, wie er gedruckt ist, enthält nun mal
keine Zeile, die direkt aus dem Hamsun-Tagebuch entnommen ist. Da
konnte nun nichts mehr passieren. Nun ja. Die schönste, eingehendste
und sachkundigste Kritik habe ich also von Ihnen bekommen – ich
freue mich.
   Geht es Ihnen gut?

Ich hatte neulich in Frankfurt ein längeres Gespräch mit Dr. Rühle, dem Kritiker von der FAZ, da dachte ich schon, Sie zu besuchen. Er rühmte Sie so als Gastgeber. Jetzt gehe ich aber auf eine Australienreise und komme erst im August zurück. Sehr gern würde ich einmal länger mit Ihnen sprechen. (Ihre Heinerede las ich mit Freude).

An neuen Projekten stochere ich auch herum. Möchte eine lange bürgerliche deutsche Familiengeschichte schreiben, fürs Fernsehen oder auch so, (30er Jahre bis etwa 1960), und dann würde ich gern – seit Jahren schon – eine Schauspielergeschichte schreiben, ein Stück über Theater, die Hauptperson sollte so eine ähnliche Person wie Gründgens sein, ein Stück über Kunst, Verbindlichkeit von Kunst, und über das *Ausprobieren von Leben* – realistisch, aber vielleicht auch ein bißchen ins phantastische gehend, Show und Operette.

Ich denke an Sie in herzlicher Verbundenheit und grüße Sie sehr herzlich

Ihr Tankred Dorst

11 *Tankred Dorst an Carl Zuckmayer*

München, 14. Mai 1974

Lieber und verehrter Carl Zuckmayer,
– ich weiß nicht, ob es Ihnen lieb oder lästig ist, hier ist ein neues kleines Stück von mir; inzwischen erscheint es mir selbstverständlich, das neueste zu schicken, und wenn Sie es, was ich verstünde, nicht lesen mögen, dann sei es wenigstens ungelesen ein Gruß an Sie, den Altmeister dort auf dem Berg! Und ein Dank, daß Sie meinen letzten Stücken so freundschaftlich und kenntnisreich beigestanden haben, – mir eine große Ermutigung und Hilfe.

Herzlich grüßt Sie Ihr Tankred Dorst

12 *Carl Zuckmayer an Tankred Dorst*

Saas-Fee, 24. Mai 1974

Lieber Tankred Dorst,
seien Sie bedankt für die Sendung Ihres neuen Stückes. Ich wollte Sie
schon darum bitten, und bin sehr gespannt. Sie wissen ja, wie sehr ich
mich für Ihre Arbeit interessiere. Der *Alte* wurde von der Presse missverstanden und, trotz einer vermutlich sehr guten Aufführung, unter-
schätzt. Am meisten haute da der Rischbieter daneben.

Für mich sind und bleiben *Toller* und *Der Alte* meisterhafte Stücke, –
und man wird darauf zurückkommen. Jetzt ist ein grossartiges Stück
von Thomas Bernhard, weit besser als seine früheren, *Jagdgesellschaft*,
im Burgtheater offenbar total versaut worden, und darnach, nach einer
missglückten Aufführung, beurteilt. Merde. Können Sie sich vorstellen,
dass ich selber jetzt, im 78. Lebensjahr, noch mal so wahnwitzig war,
ein Stück zu schreiben, und es auch spielen lasse, obwohl ich die Verrisse jetzt schon kenne und gar nicht zu lesen brauche. Das Stück *Der
Rattenfänger*, das auf seine Art auch eine *Revue* in Ihrem Sinne ist,
wird jetzt vervielfältigt, sobald ich eine freie Copy habe, schicke ich sie
Ihnen. Sie sind keineswegs verpflichtet, es gut zu finden.

(*Gut* fand ich die *Rheinpromenade*) Leider kann ich Ihr Manuskript
erst in etwa 14 Tagen lesen, ich muss nächste Woche nach St. Gallen
zum Augenarzt, sehe derzeit sehr schlecht. Dann hören Sie von mir.
Alles Herzliche, Ihr Carl Zuckmayer

13 *Tankred Dorst an Carl Zuckmayer*

⟨München, 6. Juni 1974⟩

Lieber Carl Zuckmayer,
– ich hoffe, Sie sind heil wieder aus der Klinik zurück. Auf jeden Fall
warte ich mit großer Neugierde auf den Rattenfänger, auf das Manuskript und auf die Premiere, – wo?
Herzlich grüßt Sie Ihr Tankred Dorst

14 *Tankred Dorst an Carl Zuckmayer*

⟨München,⟩ 29. Januar 1975

Lieber und sehr verehrter Carl Zuckmayer,
heute morgen fand ich, aus Berlin zurückkehrend, einen Brief von Ihnen im Kasten, für den ich Ihnen herzlich danke! Und zugleich muß ich
mit einem ganz schlechten Gewissen herausrücken, wegen dem *Rattenfänger*, – ein so schlechtes Gewissen, daß ich Ihnen gar nicht mehr zu
schreiben wagte. Das Stück war nämlich angekommen, irgendwann im
letzten Sommer, oder wann war es, und es wurde von einer Wohnungsnachbarin zusammen mit anderen Sachen, die nicht in den Briefkasten
gingen und vor meiner Tür lagen, aufgehoben, für meine Rückkehr. Ich
war sehr lang nicht in meiner Wohnung, habe sie eigentlich nur als Arbeitswohnung und halte mich sonst woanders auf; war zudem längere
Zeit in Norwegen (um den *Eiszeit*-Film zu drehen) und dann in Italien,
und als ich zurückkam, war die Wohnungsnachbarin im Krankenhaus –
kurzum, ich habe das Stück zusammen mit anderer Post, erst vor kurzem bekommen, es war regelrecht vergessen worden. Und was jetzt
noch schreiben, – ich habe mir gedacht, ich komme auf jeden Fall zur
Uraufführung nach Zürich, um meinen Beifall zu geben, und, wenn Sie
Lust haben, zum Gespräch. Ich hoffe, das klappt, nach dem Premieren-
termin muß ich mich noch erkundigen. Inzwischen noch dies: daß es
mir als eine große Vision erscheint, ein großes Alterswerk, und daß ich
beim Lesen die Pranke des Löwen überall spüre. (Es macht mir Mut für
das Alter!) An manchen Stellen scheint es mir unnötig wortreich. Aber
das mag an mir liegen, an meiner eigenen Schreibart: so stelle ich mir
halt immer vor, wie *ich* dieses Stück geschrieben hätte, – wenn ich es
könnte – und da fand ich hier und da, daß Sie so große und schöne und
wirkungsvolle Situationen und Szenen haben, daß man ihnen vertrauen
kann, und daß es dann besser ist, *einen* Satz zu sagen, als zwei. Aber
solche Probleme lösen sich meiner Erfahrung nach bei der Arbeit mit
dem Regisseur von selbst, – sofern man mit dem Regisseur d'accord ist.
 Mit meinem *Chimborazo* ging es mir seltsam: die Aufführung ist
sehr brillant und sehr komisch, das Publikum geht sehr mit, es wird viel
gelacht, – ein bißchen *zu* viel, finde ich, denn eigentlich ist es ja eine
traurige Geschichte – aber die Presse, der größere Teil, glaube ich, hat
mich furchtbar beschimpft, so als ob sie sich für irgendetwas rächen
wollte, mit Wut und, im Fall Karasek, wahrhaft mit Haß. Ich verstehe
es nicht. Man nimmt mir wohl auch den Rückzug aus dem was sie *politisch* nennen, übel; dann, daß es zuvor als Hörspiel erfolgreich gesen-

det worden ist; und dann, daß es ein *kleines* Stück ist, ein differenzierendes Kammerspiel. Mir kamen diese Angriffe überraschend: dieses Stück und Eiszeit sind die einzigen von meinen Stücken, die mir am Herzen liegen, und wo ich meiner Sache sicher bin. Ich werds überstehen. Aber bös ist es doch, und ich werde wohl die Kritiker zu Feinden haben, bis zum Ende.

Ganz groß und wunderbar war übrigens Johanna Hofer als die alte Lehrerin Klara Falk, so eine naive Figur wie Christian in der Eiszeit: die mochte ich immerzu ansehen.

Lieber und verehrter Carl Zuckmayer, nun hoffe ich auf Ihren Erfolg in Zürich, hoffe, dabeizusein und dem Alten vom Berge endlich einmal die Hand zu drücken.

Herzlich Ihr Tankred Dorst

Zufällig las ich neulich Ihre Bearbeitung von Herbert Engelmann, die mir sehr gefiel. Könnte man das Stück nicht wieder spielen?

15 *Carl Zuckmayer an Tankred Dorst*

Zürich, 16. Februar 1975

Lieber Herr Dorst,

das wäre schön, wenn Sie zu einem der 3 Premierenabende nach Zürich kommen könnten. Es ist nicht ausgeschlossen, dass es eine ganz gute Aufführung wird, obwohl ich das derzeit, mitten in den Proben und nach einer Woche Krankheit des Hauptakteurs Lohner, kaum beurteilen kann. Sie haben völlig recht, das Stück ist viel zu wortreich, – was bei mir immer eine Gefahr war. Ich habe es in gründlicher Arbeit mit Lindtberg um ein Drittel zusammengestrichen, und streiche immer noch Text auf den Proben.

Leider werden wir an diesen *Premièren*-Tagen entsetzlich überlaufen sein, ich habe mir in meinem Leben zu viele Freunde angelacht, die alle daher kommen wollen wie zu einem Schlachtfest mit Metzelsupp. Die letztere werden die Herrn von der Presse nachliefern. Aber zu einem richtigen, ungestörten Gespräch, wie ich's mir mit Ihnen wünsche, werden wir in diesen Tagen der Sauhatz kaum kommen.

Herzlichst Ihr Carl Z.

16 *Tankred Dorst an Carl Zuckmayer*

⟨München,⟩ 22. Februar 1975

Lieber Carl Zuckmayer,

– jetzt muß ich also doch meine bestellte Karte verfallen lassen, ich liege seit Tagen mit einer Grippe herum, und ich mag heute abend nicht prustend und schnaubend in der Premiere sitzen (obwohl ich Lust hätte, einige Kritiker zu infizieren). Nun wenigstens ein paar Zeilen an Sie, die mir ein Freund nach Zürich mitnimmt, – einen Gruß und ein ganz herzliches toitoitoi!

Sehr gern, sehr gern wäre ich gekommen, um das Stück zu sehen (neugierig, wie es gemacht ist) und um Sie zu sehen.

Vielleicht besuche ich Sie aber mal auf Ihrem Berg in diesem Jahr?

Ihnen und Ihrem Stück wünsche ich den verdienten Erfolg und grüße Sie herzlich!

Ihr Tankred Dorst

Kommentar

Die Originale der Briefe Carl Zuckmayers befinden sich bei Tankred Dorst in München, die Originale der Briefe Tankred Dorsts im Deutschen Literaturarchiv Marbach (Nachlaß Carl Zuckmayer). Offenkundige Schreibversehen in den Briefen wurden stillschweigend verbessert. Unterstreichungen, Sperrungen oder sonstige Hervorhebungen wurden einheitlich kursiviert wiedergegeben. Verwendete Abkürzungen: Abb. = Abbildung; Anm. = Anmerkung; TD = Tankred Dorst; CZ = Carl Zuckmayer; eigenh. = eigenhändig; eigentl. = eigentlich; geb. = geboren; H. = Heft; hs. = handschriftlich; masch. = maschinenschriftlich; Z. = Zeile. Biographische Angaben zu Personen wurden nur bei der ersten Erwähnung kommentiert.

1 Masch. Brief mit eigenh. Unterschrift auf Bogen mit gedrucktem Briefkopf: *Carl Zuckmayer / Saas-Fee / Schweiz.* Form der Datumsangabe auf der Vorlage: *29.7.1966.*

Szenen aus dem Toller] Dorst 1966. Dieser Vorabdruck der *Toller*-Szenen war die erste Veröffentlichung einer Reihe von Vor-Fassungen des Stückes. Er bestand aus fünf Szenen (erstes, fünftes, dreizehntes, vierzehntes und sechzehntes Bild), die 1968 verändert ins fertige Stück übernommen wurden, und einem »Epilog an der Feldherrnhalle« (ebd., S. 41-43), der wegfiel.

ein Manuskript davon zu senden] Das Stück *Toller* hatte eine lange Entstehungszeit. Seine frühesten Anfänge reichen bis 1964/65 zurück, aber es wurde erst am 9. November 1968 im Württembergischen Staatstheater Stuttgart (Kleines Haus) unter Peter Palitzschs Regie uraufgeführt. Im Sommer desselben Jahres war es in der Spectaculum-Reihe des Suhrkamp Verlages (Dorst 1968 a, S. 187-243) sowie in gleicher Version in der edition suhrkamp (Dorst 1968 b) erschienen (nach dieser Taschenbuchausgabe wird im folgenden zitiert). CZ erhielt am 21. Oktober 1968 vom Autor ein Exemplar zugesandt (vgl. S. 27); im Manuskript, um das er 1966 gebeten hatte, bekam er *Toller* wohl nicht zu sehen, vielleicht, weil TD in dieser Zeit bereits sehr eng mit dem Regisseur Peter Zadek zusammenarbeitete. Zur Entstehung von *Toller* vgl. Erken 1989, S. 106 f.

Mühsam] Erich Mühsam (1878-1934) war Revolutionär und sozialistisch-anarchistischer Schriftsteller jüdischer Herkunft. Er engagierte sich insbesondere gegen Krieg und Militarismus. 1918 nahm er aktiv an der Novemberrevolution in Bayern teil und wurde im Februar 1919 Mitglied des Zentralrats der »Münchner Räterepublik«. Nach deren Scheitern inhaftierte man ihn und verurteilte ihn am 12. Juli 1919 zu 15 Jahren Festungshaft. Ende 1924 wurde er vorzeitig entlassen. In dem Buch *Von Eisner zu Leviné*

(1929) legte Mühsam Rechenschaft über die »Revolutionsereignisse in München vom 7. November 1918 bis zum 13. April 1919« ab. Er arbeitete als Journalist, verfaßte satirische Gedichte und Balladen, Dramen sowie Essays, die alle revolutionär-agitatorischen Zielen zu dienen hatten. Obwohl CZ Mühsam nach eigener Aussage »sehr gut« kannte, erwähnt er ihn in seinen 1966 veröffentlichten Erinnerungen *Als wär's ein Stück von mir* mit keinem Wort. Nach TD ist »der Literat Erich Mühsam […] ein kleiner, zappeliger, witziger Mann. Er liest der Versammlung den Aufruf vor, den er mit Landauer gerade in einem Café verfaßt hat: Baiern ist Räterepublik!« (Dorst 1968 a, S. 330).

Toller]   Ernst Toller (1893-1939) war Schriftsteller und Politiker jüdischer Herkunft. Er ging als Kriegsfreiwilliger in den Ersten Weltkrieg, wurde aber 1916 unter dem Eindruck der Kämpfe um Verdun zum Pazifisten. Durch Kurt Eisner kam er zum Sozialismus, trat in die USPD ein, die ihn nach Eisners Ermordung zu ihrem Vorsitzenden machte, und nahm 1918/19 an der bayerischen Novemberrevolution teil, zunächst als Vorsitzender des Zentralrats der Arbeiter-, Bauern- und Soldatenräte, dann als Abschnittskommandeur der Roten Armee bei Dachau. Am 16. Juli 1919 wurde Toller zu fünf Jahren Festungshaft in Niederschönenfeld verurteilt (nicht in Landsberg, wie CZ in seinen Memoiren schreibt [Zuckmayer, *Als wär's ein Stück von mir*, S. 386]), wo ein Großteil seiner expressionistischen Dichtung entstand. 1924 kam er vorzeitig frei. Tollers Name taucht in CZs Autobiographie zwar einige Male, aber nur beiläufig auf (ebd., S. 315, 386, 405).

Landauer]   Gustav Landauer (1870-1919) war philosophisch-politischer Schriftsteller und Journalist jüdischer Herkunft. Er hing einem sozialistischen Anarchismus eigener Prägung an. Während des Ersten Weltkriegs engagierte er sich als Pazifist. Im November 1918 schloß sich Landauer, auch jetzt noch strikte Gewaltlosigkeit propagierend, der Münchener Revolution an und wurde Volksbeauftragter für Volksaufklärung (= Kultusminister) in der Regierung Eisner. CZ charakterisiert Landauer in seinen Erinnerungen kurz als »Shakespeareforscher« und »wohlmeinenden Idealisten«, der von den Truppen des Generals von Epp »mit Knüppeln erschlagen« worden sei (Zuckmayer, *Als wär's ein Stück von mir*, S. 306). Nach TD ist Landauer ein »großer, hagerer, etwas gebückter Mann, abgeschabter altmodischer Mantel, Christuskopf mit Kneifer. Das ganz ernste pathetische Engagement eines Gymnasialprofessors, der die Schule haßt«. Er setzt sich für »eine Revolution der Liebe« ein (Dorst 1968 a, S. 330).

Münchner Räterepublik]   TD hat sich intensiv mit den seinem Stück *Toller* zugrundeliegenden historischen Ereignissen beschäftigt. 1966 bereits legte er in der edition suhrkamp einen Band mit einschlägigen Quellen vor, *Die Münchner Räterepublik. Zeugnisse und Kommentar*. 1968 gab er in *Arbeit an einem Stück* einen »vereinfacht[en]« kurzen Abriß des Geschehens: »Im Frühjahr 1919 wurde von Männern, die links von den Sozialdemokraten standen, in Bayern eine Räterepublik ausgerufen. Ihre geistigen Exponenten waren die Anarchisten Landauer und Mühsam; Volksbeauftragter für Finanzen Silvio Gesell, der die Goldwährung abschaffen und durch das sogenannte Schwundgeld ersetzen wollte; für Heerwesen Reichert, ein ehemaliger Kellner; für Verkehrswesen der Streckenarbeiter Paulukum; für das Auswärtige ein gewisser Dr. Lipp, der einen Henri-Quatre-Bart trug, kompliziert formulierte und, wie sich später herausstellte, irrsinnig war; Vorsitzender des Vollzugsrats und in gewissem Sinn Symbolfigur für diese von Idealisten, Schwärmern und Intellektuellen gegründete Räterepublik war der Student Ernst Toller: Pazifist, engagierter Dramatiker, effektvoller Redner, sensibler Schauspieler seiner selbst und, wie alle die Männer, denen dieser historische Augenblick gehörte, kein Politiker. Seine Handlungen waren effektvolle Improvisationen. Er hatte, wie diese Männer, kein oder nur ein sentimentales Verhältnis zur Macht: als er sie besaß, scheute er davor zurück, sie zu gebrauchen. Für die Kommunisten, die in Leviné einen begabten, realistisch denkenden revolutionären Führer besaßen, war Toller der schwärmerische Jüngling kleinbürgerlicher Gesinnung, der mit seiner politisch nicht definierten Menschheitsliebe der Sache des Sozialismus nur schadete. Wollte man Erfolg, mußte man ihn beseitigen. Toller wurde von Leviné kaltgestellt. Er ging, um seine Solidarität mit der Arbeiterklasse zu beweisen, an die Front nach Dachau, wo er wieder versagte. Aber auch die radikalen Kommunisten konnten sich nicht halten. Weiße Garden und Freikorps eroberten München und liquidierten die Räterepublik. Leviné wurde hingerichtet, Landauer erschlagen, Toller, der sich einige Wochen in Schwabing versteckt halten konnte, vor ein Standgericht gestellt und zu fünf Jahren Haft verurteilt. Etwa 1000 Menschen kamen bei der Aktion ums Leben, die Mehrzahl davon Arbeiter. [...] Natürlich ist es wichtig zu wissen, daß alle diese Revolutionäre Juden waren. Landauer, Mühsam, Toller, Leviné, vorher auch Eisner. [...] Sozialismus und Judentum standen für diese Juden wie auch für die Antisemiten im unmittelbaren Zusammenhang. Wer gegen die Juden war, war auch gegen den Sozialismus« (Dorst 1968 a, S. 330 f.).

wie Büchner im Danton] Georg Büchners vieraktiges Schauspiel *Dantons Tod* thematisiert die Spätphase der französischen Revolution, in der die Revolutionäre statt gegen den äußeren Feind gegeneinander kämpften. Das Stück entstand Anfang 1835 und wurde noch im selben Jahr gedruckt, seine Uraufführung fand aber erst am 5. Januar 1902 in Berlin statt. Büchner schildert die letzten beiden Wochen vor Georges-Jacques Dantons Hinrichtung am 5. April 1794 in Paris (vgl. S. 42, Anm. zu *Danton*). Danton und seine Anhänger haben den Machtkampf gegen die Jakobiner, die von dem fanatischen Dogmatiker Maximilien de Robespierre (1758-1794) und Louis-Antoine de Saint-Just (1767-1794) angeführt werden, verloren. Büchner stellt Danton als gebrochene, problematische Gestalt mit vital-hedonistischen Zügen dar, rund ein Sechstel seines Dramentextes entnahm er historischen Quellen. Diese Ähnlichkeiten dürften CZ zu der Verknüpfung der Stücke *Danton* und *Toller* veranlaßt haben. Sie bedeutete ein hohes Lob für TD. Denn Büchners Drama, das letztlich erst im 20. Jahrhundert für das Theater entdeckt worden war, hatte eine Art Vorbildfunktion für andere

Revolutionsstücke gewonnen. TD hat die Bezüge der Münchener Räterepublik und ihrer Protagonisten zur französischen Revolution selbst herausgestellt: »Etwas wird hier inszeniert nach einem Vorbild, das die Anwesenden, die Literaten unter ihnen, kennen: die französische Revolution. Desmoulins hat so den Stuhl bestiegen. Danton trat so auf. [...] Der Robespierre dieses Dramas, Leviné, ist nicht gekommen« (Dorst 1968 a, S. 330).

Revolution, die ihre Kinder frisst] In Akt I (Szene 5) von *Dantons Tod* sagt der Titelheld: »[...], – die Revolution ist wie Saturn, sie frißt ihre eignen Kinder«. Büchner hatte diesen Satz aus Alphonse de Lamartines (1790-1869) *L'histoire des Girondins* (1847, S. 349) übernommen, welche ihn ihrerseits als Ausspruch des französischen Revolutionärs Pierre Vergniaud (1753-1793) überlieferte: »Alors, citoyens, il a été permis de craindre que la Révolution, comme Saturne, dévorât successivement tous ses enfants«.

Den Ernst Toller habe ich sofort kennen gelernt, als er aus der Haft entlassen war] Am 15. Juli 1924 wurde Ernst Toller (vgl. S. 40, Anm. zu *Toller*) aus der Haft entlassen und aus Bayern ausgewiesen. In Berlin kämpfte er früh gegen die Nationalsozialisten und wurde nicht zuletzt seiner Rednergabe wegen von Goebbels als der »Jude Ernst Toller« zu einem Hauptgegner stilisiert. Nur durch Zufall entging er am Tage des Reichstagsbrands (27./28. Februar 1933) einer Verhaftung, seine Werke fielen der Bücherverbrennung vom 10. Mai zum Opfer und schon im August 1933 erfolgte die Ausbürgerung. Tollers Exilleben war von dauernden Ortswechseln geprägt. Im Oktober 1936 reiste er in die USA. Die Begegnungen mit CZ, der von 1933 bis 1938 im österreichischen Exil (Henndorf bei Salzburg) lebte, müßten also im Sommer 1936 stattgefunden haben.

Jannings] Vgl. Nickel/Schrön 2002, S. 342-344.

meinem Buch] CZs Memoiren *Als wär's ein Stück von mir* kamen 1966 heraus.

Danton] Vgl. S. 41, Anm. zu *wie Büchner im Danton*. CZ dürfte beim Vergleich von Ernst Toller mit Georges-Jacques Danton (1759-1794) vor allem auf die Popularität und mitreißende Rednergabe des französischen Revolutionärs abzielen, aber auch auf dessen politisch gemäßigte Haltung. Danton sprach sich ab November 1793 gegen die Ideologie der Robespierreschen Terreur aus. Ein Ende des Blutvergießens sollte das durch die Revolution Erreichte sichern. Auch von seinem Freund Walter Mehring ist Ernst Toller mit Danton verglichen worden (Mehring 1952, S. 155 f.).

Lassalle] Ferdinand Lassalle (1825-1864) war sozialdemokratischer Politiker jüdischer Herkunft, der sich aktiv in der Revolution von 1848 engagierte. 1863 entwarf er ein sozialistisches Programm, das die Beteiligung der Arbeiter an der Produktion, die Schaffung von Produktivassoziationen und das allgemeine Wahlrecht forderte. Auf dieser Basis begründete er im gleichen Jahr in Leipzig die erste große deutsche Arbeiterorganisation »Allgemeiner Deutscher Arbeiterverein« und wurde zum Präsidenten dieser Partei gewählt. Lassalle wollte anders als Karl Marx und Friedrich Engels die gesellschaftlichen Veränderungen eher durch Reformen als durch Revolution erreichen. Er war rednerisch begabt und hatte literarische Ambitionen. 1859 erschien seine vom Bauernaufstand handelnde Tragödie *Franz von Sickingen*, die Marx und Engels scharf kritisierten, weil sie eine »Individualtragödie statt eines Revolutionsdramas« sei und die Bauernpartei unter Münzer nicht ins Zentrum rücke (Raddatz 1969, S. 17). CZs Vergleichspunkte zwischen Lassalle und Toller sind das politisch-revolutionäre Engagement, das Rednertalent und die literarischen Bestrebungen.

Don Juan] Anspielung CZs auf Tollers spektakuläre Erfolge bei Frauen jeder Gesellschaftsschicht. Auch die Rettung vor der mörderischen Soldateska nach der Niederwerfung der »Münchener Räterepublik« soll er der Hilfe einer Frau, nämlich der Schauspielerin Tilla Durieux, verdankt haben, die ihn versteckte (Niekisch 1958, S. 99 f.). Tollers Leben war von wechselnden Liaisons bestimmt, er schien zu einer festen Bindung unfähig. 1934 reiste die siebzehnjährige Christiane Grautoff dem Vierzigjährigen ins Schweizer Exil nach, ein Jahr später heiratete er sie. Die Verbindung ging 1938 auseinander, was nicht unwesentlich zu Tollers bald darauf erfolgendem Selbstmord beigetragen haben dürfte. Auch die beiden anderen von CZ in diesem Zusammenhang genannten Persönlichkeiten, Georges-Jacques Danton und Ferdinand Lassalle, waren ausgesprochene Frauenlieblinge.

Büchner] Georg Büchner (1813-1837) war zugleich Schriftsteller (Dramatiker, Erzähler) und politischer Revolutionär mit Rednergabe. Während seines Medizinstudiums in Straßburg lernte er die im Frankreich der Juli-Revolution aktuellen politischen und sozialen Ideen kennen. In Gießen gründete er im März 1834 die »Gesellschaft der Menschenrechte« und verfaßte zusammen mit dem Butzbacher Rektor Friedrich Ludwig Weidig (1791-1837) eine später von diesem *Der Hessische Landbote* betitelte Flugschrift. Diese wurde anonym unter die Leute gebracht. Aber Büchners Autorschaft blieb nicht verborgen. Er entzog sich 1835 im letzten Augenblick einer Festnahme und gerichtlichen Untersuchung durch Flucht nach Straßburg und später Zürich. In Hessen wurde er steckbrieflich gesucht. Auch in seiner Dichtung beschäftigte sich Büchner mit den Möglichkeiten einer Revolution und spiegelte zu diesem Zweck in seinem Drama *Dantons Tod* die Situation von 1834 in der von 1794. Während bei Danton und Lassalle die politische Praxis des Revolutionärs und das Rednertalent im Vordergrund stehen, verkörpert Büchner in erster Linie den genialen Dichter. CZs Behauptung, Toller wolle ein »Kompositum« aus den drei genannten sein, soll dessen Streben nach Höchstleistung auf allen Gebieten (»Volkstribun«, »Literat«, »Mann« vgl. S. 26) als Hybris kennzeichnen.

Als wir in New York ankamen] Nach seiner Ausbürgerung aus Deutschland (8. Mai 1939) landete CZ mit Frau und Tochter Winnetou am 5. Juni 1939 im Hafen von New York. Ernst Toller hatte sich bereits am 22. Mai, also nicht zwei Tage, sondern knapp zwei Wochen vorher, an der Badezimmertür seines Appartements im »Mayflower Hotel« am Central Park erhängt (vgl. Erwin Piscator an Hans Sahl, New York, 1. Juni 1939, in: Frühwald / Spalek 1979, S. 229 f.).

Eine Panne – kein stoischer Freitod] CZ wertet im Einklang mit seiner kritisch distanzierten Meinung über Toller dessen Selbstmord im Bad des »May-flower Hotels« durch den Hinweis, er habe »auf dem Clo« stattgefunden, deutlich ab. Er hält den Autor als Menschen und Politiker für »verun-glückt[ ]«, weil er gleichzeitig auf allen Gebieten, dem politischen, litera-rischen und erotischen, erfolgreich sein wollte (»chemisch unsaubere[ ] Verbindung«). Sein Freitod erscheint daher nur als die Konsequenz aus unangemessenen Ansprüchen an sich selbst und die Umwelt, nicht aber als Ausdruck einer legitimen Verzweiflung über die Zeitumstände und das Emi-grantenschicksal. CZs Anerkennung für TDs *Toller*-Szenen ist unter ande-rem darauf zurückzuführen, daß der Protagonist darin nicht »heroisier[t]« wird, vielmehr an seinem Beispiel die problematische Existenz des sich auch in der Realität unentwegt in Szene setzenden Schauspielers thematisiert wer-den soll. In scharfem Gegensatz zu CZs negativer Einschätzung stand Tho-mas Manns Reaktion auf Tollers Selbstmord. Dieser sah in dem Toten einen »Märtyrer der Zeit, ein Opfer der von uns allen verabscheuten Mächte der Zerstörung« (Thomas Mann, *Writers in Exile*, 1939, zit. nach Rothe 1983, S. 141).

Der Koch! Resl und Walter, der Weissgardist] Neben den aus der Geschichte der »Münchner Räterepublik« bekannten Protagonisten treten in TDs *Szenen aus »Toller«* auch erfundene, in die unteren Ränge der Konfliktpar-teien gehörende Figuren auf. Im 5. Bild versucht der revolutionäre junge Arbeiter Walter [Eggert], seiner Freundin, dem Dienstmädchen Resl, in der großbürgerlichen Wohnung ihrer Herrschaft ihre Rechte als Arbeiterin und Frau zu erklären (Dorst 1966, S. 26-32). Im »Epilog an der Feldherrnhalle« läßt sich dieselbe Resl mit dem »Weißgardisten« ein, der an der Nieder-schlagung der Räterepublik teilgenommen hat. Dabei ist auch der »rote« Walter erschossen worden (ebd., S. 41 f.). Ein als »Koch« im Gefängnis Sta-delheim fungierender Unteroffizier, der »in die bürgerliche Ordnung zu-rückgefunne [!]« hat (ebd., S. 35), sieht im 14. Bild befriedigt der Ermor-dung des »Kommunisten« Gustav Landauer zu (vgl. S. 40, Anm. zu *Lan-dauer*). Abgesehen vom Koch kommen die bei CZ erwähnten Figuren auch in den Szenen 20 und 33 der endgültigen Fassung von *Toller* vor (Dorst 1968 b, S. 61-65 und 99-100).

öde Dokumentar-Mode] CZ setzt sich und TD hier vom bundesrepublika-nischen Dokumentartheater der 1960er Jahre ab. Zeitstücke wie Rolf Hochhuths *Der Stellvertreter* (1963), Heinar Kipphardts *In der Sache J. Robert Oppenheimer* (1964) oder Peter Weiss' *Die Ermittlung* (1965) hatten auf die eine oder andere Art historisch-politische Quellen integriert, um der Wirklichkeit näher zu kommen. Weiss sprach 1968 in seinen *Noti-zen zum dokumentarischen Theater* (in: Weiss 1971, S. 91) von einem »Theater der Berichterstattung«, das auf »jede[ ] Erfindung« verzichte. Das übernommene »authentische[ ] Material« werde nur »in der Form bearbei-tet«, bleibe aber »im Inhalt unverändert«. Kritiker des dokumentarischen Theaters sahen darin vielfach eine rein ideologische Indoktrination oder wie

Martin Walser ein »Illusionstheater«, das »Wirklichkeit mit dem Material
der Kunst« nur vortäusche (Reinhard Döhl, *Dokumentarliteratur*, in:
Borchmeyer/Žmegač 1987, S. 82). TD grenzte sich, obwohl er große Men-
gen von dokumentarischem Material in sein Werk einbrachte, dezidiert
vom Dokumentartheater ab. Er bestritt, daß das Dokumentarstück überhaupt existiere: »Es gibt das Dokument, und es gibt das Stück. [...] Ich habe
die Dokumente nicht verwendet, um authentisch zu sein, nicht um damit zu
beweisen: so war es, das ist damals so gesagt worden. Mir kam es auf eine
andere Authentizität an: Ich wollte den Gestus von Personen finden, den
pathetischen Humanismus des großen Landauer, die verzwackte Denkart
des Hausmeisters usw. Um Belegbarkeit ging es mir nicht« (Tankred Dorst,
Dialog. Etwas über das Schreiben von Theaterstücken (Dezember 1983),
in: Erken 1989, S. 25).

2 Hs. Brief. Form der Datumsangabe auf der Vorlage: *21. Okt. 68.*

hier ist endlich das Stück] Vermutlich handelte es sich um die Ausgabe des
Stückes *Toller* in der edition suhrkamp (Dorst 1968 b).
so eine Art Revue] TD fordert schon im Vorspann zu seinem Schauspiel *Toller*:
»Das Ganze als Revue« (Dorst 1968 b, S. 6). Auch in *Arbeit an einem Stück*
beschreibt er das übergreifende Strukturprinzip von *Toller* als »offene,
revueartige Form« (Dorst 1968 a, S. 332). Er setzt sich damit sowohl
von der »geschlossenen Fabel« des klassischen Handlungsdramas als auch
vom »Dokumentarstück« ab (ebd., S. 332 f.). Die »Leitvorstellung ›Revue‹« ging auf die Anregung des Regisseurs Peter Zadek zurück (Erken
1989, S. 107), mit dem der Autor während der Entstehung seines Stückes
eng zusammenarbeitete. Sie basierte ihrerseits auf der von Erwin Piscator
(1893-1966) in den 1920er Jahren entwickelten Revueform, eine Beziehung, deren TD sich bewußt war: »Er [Piscator] hatte seine [Ernst Tollers]
Stücke inszeniert: ›Hoppla, wir leben‹ – das hat ja auch eine offene, revueartige Form. Für mich war dies einfach wichtig, weil das eine Möglichkeit
gibt, viel mehr in ein Stück reinzuholen als es durch eine dramaturgisch geschlossene Handlung möglich wäre. Sie können eine Szene mit Arbeitern
machen oder eine Szene in einem Schwabinger Kabarett, ohne gezwungen
zu sein, da jetzt eine dramaturgische Verflechtung zu bringen, wo diese
Nebensächlichkeiten dann nur so ein Appendix wären. Und so hat sich die
offene, revueartige Form entwickelt. Weil sie realistischer ist. [...] Natürlich
verstehe ich unter offener Form nicht, daß das Stück jetzt beliebig ist [...].
Das war für mich eine sehr langwierige Arbeit, die richtige Folge zu kriegen,
so daß es, für mich jedenfalls, rhythmisch stimmt und die Aspekte ein Ganzes ergeben« (*Aus einem Gespräch mit Heike Hurst am 12.9.1969*, zit. nach
Erken 1989, S. 114). Allerdings sollte Piscators Revue anders als bei TD der
politischen Aufklärung und der sozialistischen Agitation dienen (vgl. Piscator 1929). TD hatte im *Toller* zunächst nur das individualpsychologische

Problem eines rein rollenhaften Verhaltens kritisch gestalten wollen. Parallel zur Entstehung seines Stückes vollzog sich jedoch die Politisierung des öffentlichen Bewußtseins in der Bundesrepublik vor 1968 und wirkte auch auf das Werk ein. Indem es die Rolle des Dichters Toller in der »Münchener Räterepublik« weitgehend authentisch dokumentierte, gewann es gesellschaftlich-politische Relevanz. Die Revue wurde mit ihren »realistischen« Möglichkeiten zur geeigneten Form für seine Inhalte.

Szenen aus einer deutschen Revolution] Der Untertitel des Schauspiels *Toller. Szenen aus einer deutschen Revolution* fehlt sowohl in der Spectaculum- als auch in der edition suhrkamp-Ausgabe. Er geht auf einen Vorschlag des Regisseurs der Uraufführung, Peter Palitzsch, zurück, den TD übernahm.

kein Lehrstück] TD distanziert sich von Bertolt Brechts 1929/30 entwickelten »Lehrstücken«, die dezidiert Aufklärung und »richtiges Verhalten« im sozialistischen Sinne bewirken sollten (Bertolt Brecht, *Das Lehrstück »Die Maßnahme«*, in: Hecht u.a. 1988-2000, Bd. 24, S. 96). 1975 erinnerte er sich: »Mit Toller kam ich heraus aus der Modelldramaturgie. Ich war damals dabei, das Opfer vorhandener Dramaturgien zu werden, von Dürrenmatt, Frisch und Brecht. ›Toller‹ war mein Versuch[,] von den Vorbildern und den abgeschlossenen Weltmodellen wegzukommen« (zit. nach Rühle 1975). Schon im *Kölner Stadt-Anzeiger* vom 4. Januar 1969 hatte er darauf beharrt, daß sein *Toller* keinerlei ideologische Beeinflussung beabsichtige: »Als Dramatiker ist es nicht meine Aufgabe, für bestimmte Tendenzen Partei zu ergreifen. Ich verfechte keine Ideologie. Ich zeige ein Dilemma auf, das unlösbar ist. Wenigstens ich kann es nicht lösen. [...] ich habe kein ›Lehrstück‹ geschrieben, wenngleich man aus der Darstellung meines Modells Lehren ziehen sollte. [...] Die ›O Mensch!‹-Lyrik ist eine Sache, eine ganz andere die Realität einer revolutionären Situation. Die Linke muß endlich lernen, sich genauer zu artikulieren. In Dachau war Toller Kommandant der Roten Armee – weiß ein Literat um seine Verantwortung in einer solchen Stunde? [...] die Tragödie liegt bei denen, die in einer revolutionären Stunde von einem Literaten oder poetischen Schwärmer angeführt werden« (zit. nach Erken 1989, S. 111).

3 Hs. Brief mit hs. Adressenangabe in der linken oberen Ecke: *München 40/ Schleißheimer Straße 182* und einem hs. Vermerk CZs: *erl. C.Z.*; Form der Datumsangabe auf der Vorlage: *27. Okt. 72.*

Jenny] Der Kritiker und Dramaturg Urs Jenny wurde am 26. April 1938 in Essen geboren. Er war von 1964 bis 1969 Theater-, Film- und Literaturkritiker bei der *Süddeutschen Zeitung* in München. Dann ging er als Chefdramaturg an das Bayerische Staatsschauspiel München (1970-1972) und an das Deutsche Schauspielhaus Hamburg (1972-1979). Seit 1979 arbeitet Jenny in der Kulturredaktion des Hamburger Nachrichtenmagazins *Der Spiegel*.

Kopie Ihres Briefes] Diesmal war es CZ, der den Kontakt mit TD – allerdings indirekt – wieder aufnahm. In einem Brief an den Dramaturgen des Hamburger Schauspielhauses, Urs Jenny, äußerte er sich zustimmend über das Stück *Eiszeit*, das dort kurz nach der Uraufführung in Bochum (vgl. die übernächste Anm. zu *zwei von den Schauspielern*) am 6. April 1973 unter der Regie von Dieter Hackemann ebenfalls Premiere haben sollte. Jenny leitete CZs Brief an TD weiter. Wie aus CZs Schreiben vom 6. November 1972 hervorgeht, war ihm die Adresse des Autors abhanden gekommen.

Eiszeit] TD, *Eiszeit. Ein Stück*, Mitarbeit: Ursula Ehler, Frankfurt am Main 1973 (im folgenden: Dorst 1973).

zwei von den Schauspielern] Der Alte in TDs *Eiszeit* wurde in der Bochumer Uraufführung von O.E. Hasse, in der Hamburger Inszenierung von Werner Hinz gespielt. Natürlich sollte TDs Rekurs auf CZs Erfolgsstück *Des Teufels General* von 1946/47 auch eine gewisse Verwandtschaft zwischen dessen Problematik und der seines eigenen Stückes andeuten.

Alten] Die Hauptfigur des Stückes *Eiszeit* ist laut Personenverzeichnis » ›Der Alte‹ Ein neunzigjähriger Schriftsteller«. Dazu heißt es am Schluß des Stückes erläuternd: »Das Stück nimmt die Situation Hamsuns [i.e. der norwegische Romanautor und Nobelpreisträger Knut Hamsun, vgl. dazu S. 51, Anm. zu *Hamsun*] in seinem letzten Lebensjahr zum Anlaß für eine erfundene Handlung mit erfundenen Personen« (Dorst 1973, S. 120). Die Zeitangabe »in seinem letzten Lebensjahr« stimmt nicht mit den Fakten überein. Knut Hamsun lebte nach seinem Prozeß, der am 16. Dezember 1947 stattfand, noch mehr als vier Jahre: Zu diesem Zeitpunkt war er 88 Jahre alt, er starb mit 92 Jahren. Die von TD erwähnte »Situation Hamsuns« ergab sich aus der gegen ihn nach dem Ende des Zweiten Weltkrieges und der deutschen Besetzung Norwegens erhobenen Anklage wegen Landesverrats vom 23. Juni 1945 (vgl. S. 52, Anm. zu *Landesverräter*). Man legte dem Dichter die Mitgliedschaft in der norwegischen NS-Partei »Nasjonal Samling« (vgl. S. 53, Anm. zu *die eigentlichen Nazissen*), diverse die deutsche Besatzungsmacht unterstützende, antibritische Zeitungsartikel und Aufrufe während des Krieges (Hansen 1985, S. 12, 71 f., 95 f., 183, 451, 460) sowie Besuche bei Goebbels und Hitler im Mai und Juni 1943, die von der nationalsozialistischen Propaganda ausgeschlachtet wurden (ebd., S. 102-104, 117-128), zur Last. Noch einen Tag vor Kriegsende hatte Hamsun einen huldigenden Nachruf auf Hitler veröffentlicht (7. Mai 1945). Am 14. Juni 1945 wurde er zunächst im Krankenhaus von Grimstad, am 2. September dann im Altersheim von Landvik interniert. Vom 15. Oktober 1945 bis zum 11. Februar 1946 untersuchte man ihn in der Psychiatrischen Klinik Oslo auf seinen Geisteszustand hin (vgl. S. 52, Anm. zu *Testszenen*). Die Anklagebehörde wollte gegen Hamsuns ausdrücklichen Wunsch mildernde Umstände für seine unerklärliche Parteinahme finden oder den peinlichen Fall wenigstens durch Verzögerung lösen. Dementsprechend bescheinigte der untersuchende Chefarzt Professor Dr. Gabriel Langfeldt auch »nachhaltig geschwächte seelische Fähigkeiten« des Patienten (ebd., S. 390). Aber

in Wirklichkeit waren es der viermonatige Zwangsaufenthalt in einer An-
stalt für Geisteskranke und die dort erfahrene Behandlung, die den hochbetagten Autor an den Rand eines Zusammenbruches brachten. Im Altenheim
von Landvik wartete er dann auf seinen Prozeß, der erst Mitte Dezember
1947 in Grimstad stattfand. Hamsun wurde aufgrund seines geschätzten
Vermögens zu hohen Entschädigungszahlungen verurteilt (ebd., S. 485), er
kehrte bankrott auf sein Gut Nörholm zurück. Am 23. Juni 1948 bestätigte
das Oberste Gericht in Oslo in zweiter Instanz das Urteil von Grimstad,
reduzierte aber die vom Autor zu zahlende Summe leicht. Zehn Jahre nach
dem Krieg jedoch fanden die Bücher des toten Hamsun wieder denselben
Absatz wie vorher, die mit ihnen erlösten Einkünfte brachten Millionen ein
(ebd., S. 598).

Ihren Teufels-General] CZ, *Des Teufels General. Drama in drei Akten*, Stockholm 1947 [Frankfurt am Main 1954]. Die Uraufführung des Stückes fand
am 14. Dezember 1946 am Zürcher Schauspielhaus mit Gustav Knuth in
der Rolle des Fliegergenerals Harras statt, in der deutschen Erstaufführung
am 8. November 1947 in Hamburg spielte Robert Meyn die Hauptrolle.
Weitere Interpreten des Harras waren Martin Held (Frankfurter Städtische
Bühnen, Dezember 1947), O.E. Hasse (Steglitzer Schloßpark-Theater, Berlin, Juli 1948), Paul Dahlke (München), Willy Birgel (Mannheim), René
Deltgen (Köln) und Curd Jürgens (in Helmut Käutners Film-Version von
1955). Für Werner Hinz ließ sich die Rolle nicht nachweisen (vgl. Glauert
1977, S. 250).

Uraufführung] TDs Stück *Eiszeit* wurde nicht im Februar, sondern am 15./17.
März 1973 im Bochumer Schauspielhaus unter Peter Zadeks Regie uraufgeführt.

4   Hs. Brief mit gedrucktem Briefkopf auf beiden Bogen: *Carl Zuckmayer /
3906 Saas-Fee / Schweiz*. Form der Datumsangabe auf der Vorlage: *6.11.1972*.

Schule ... sei es der Grazer] Unter dem Namen »Forum Stadtpark« (»Grazer
Gruppe«) hatten Alfred Kolleritsch und andere 1958 in Graz eine avant-
gardistische Künstler- und Literatengruppe gegründet, die die Zeitschrift
manuskripte herausgab. Sie war als Gegenpol zum offiziellen restaurativen
Kulturbetrieb im Nachkriegsösterreich gedacht. Ihr gehörte neben Peter
Handke (vgl. S. 49, Anm. zu *Antitheater*) auch der Dramatiker Wolfgang
Bauer an, der in Erfolgsstücken wie *Magic Afternoon* (1968) und *Change*
(1969) illusionslos gesellschaftliche Zustände entlarvte, ohne sozialkritische
Intentionen zu verfolgen.

Neorealismus] Seit 1965 hatte sich in der Bundesrepublik ein kritisch-
realistisches Volksstück, das sogenannte neue Volksstück, herausgebildet,
dessen Hauptvertreter Martin Sperr (*Jagdszenen aus Niederbayern*, 1966;
Landshuter Erzählungen, 1967; *Münchner Freiheit*, 1971), Rainer Werner

Fassbinder (*Katzelmacher*, 1968; *Anarchie in Bayern*, 1969) und Franz Xaver Kroetz (*Stallerhof*, 1971; *Geisterbahn*, 1971) waren. Diese Dramatiker
beriefen sich auf die Tradition des sozialkritischen Volksstücks der Weimarer Republik (vgl. auch die nächsten drei Anm. zu *Horváth*, *Fleisser* und
Antitheater). Sie stellten in realistischer Dialektsprache das Außenseiter-
und das Kleinbürgermilieu dar, seine Sprachunfähigkeit, Vorurteile, Ablehnung des Andersartigen, Doppelmoral und insgesamt seine Anfälligkeit für
faschistische Denkmuster.

Horváth] Ödön von Horváth (1901-1938) war neben Marieluise Fleißer und
CZ ein Exponent des sozialkritischen Volksstückes der Weimarer Republik.
Insbesondere stellte er den kleinbürgerlichen »Spießer« und seine linken
und rechten Ideologien dar. Den ersten großen Bühnenerfolg hatte er 1931
mit *Italienische Nacht*. Im gleichen Jahr erhielt er auf CZs Vorschlag hin
»die höchste literarische Auszeichnung für junge Dramatiker«, den Kleist-
Preis. Horváth wird in CZs Erinnerungen als »persönliche[r] und literarische[r] Freund[]« – vor allem der Henndorfer Exil-Zeit – mehrfach erwähnt
(Zuckmayer, *Als wär's ein Stück von mir*, S. 61, 405 f.). Ende der 1960er
Jahre begann in der Bundesrepublik Deutschland eine Horváth-Renaissance
(vgl. S. 48, Anm. zu *Neorealismus*).

Fleisser] Marieluise Fleißer (1901-1974) verfaßte in den 1920er Jahren unter
dem Einfluß Bertolt Brechts kritische Volksstücke wie *Fegefeuer in Ingolstadt* (Berlin 1926) und *Pioniere in Ingolstadt* (Berlin 1929), in denen sie die
Hetze auf Außenseiter im Kleinbürgermilieu bzw. militaristische Zwänge
darstellte. Ende der 1960er Jahre beriefen sich die bundesrepublikanischen
Autoren Franz Xaver Kroetz und Martin Sperr sowie der Filmregisseur
Rainer Werner Fassbinder auf das Vorbild der inzwischen vergessenen
Autorin (vgl. S. 48, Anm. zu *Neorealismus*). Auf Kroetz Anregung hin
brachte Günther Rühle 1972 im Suhrkamp Verlag eine dreibändige Ausgabe von Fleißers *Gesammelten Werken* heraus. In CZs Erinnerungen wird
die Autorin nicht erwähnt.

Antitheater] Der Regisseur und Autor Rainer Werner Fassbinder hatte 1968
das Münchener »Action-Theater« zum »antiteater« umgebildet (Fassbinder
nannte auch seine eigenen Stücke »Antiteater«), das unter Mitarbeit von
Franz Xaver Kroetz Projekte wie *Zum Beispiel Ingolstadt* nach Marieluise
Fleißers Volksstück realisierte. Fassbinder, Kroetz und Sperr wurden in dieser Zeit zu Erneuerern des bundesrepublikanischen Theaters. »Antiteater«
sollte den experimentellen Charakter dieses Theaters bezeichnen. Aber auch
Peter Handkes jedes politische Engagement ablehnende Stücke galten als
»Antiteater« (vgl. die folgende Anm. zu *Handkes Theater*).

Handkes Theater] Peter Handke (geb. 1942) hatte 1966 mit dem »Sprech-
stück« *Publikumsbeschimpfung*, das die Erwartungshaltungen der Zuschauer brüskierte, einen Sensationserfolg. In *Kaspar* (1968) thematisierte
er Sprache als Mittel zu Dressur und Unterdrückung. Sprachkonventionen,
Klischees und Gestik verdecken – wie der Einakter *Der Ritt über den Bo-
densee* (1971) zeigte – die Wirklichkeit und machen aus Menschen zwang-

haft reagierende Automaten. Handke distanzierte sich in seinen handlungs-
losen frühen Stücken von der aktuellen, politisch engagierten Literatur nach
dem Vorbild Bert Brechts. Seine auf der Bühne betriebene Sprachkritik führte
zu einem stark stilisierten Theater, das die Kritiker vielfach als Formalismus
ablehnten. CZ sah in Handke einen Dramatiker, »der im Grunde genommen immer wieder nur sich selbst sucht« (Reif 1977, S. 7).

seine letzten zwei Prosabücher] Es dürfte sich um Handkes Selbstfindungsgeschichten *Der kurze Brief zum langen Abschied* (1972) und *Wunschloses
Unglück* (1972) handeln. In den 1970er Jahren schrieb der Autor zunehmend autobiographische Prosa, in der im Gegensatz zum dramatischen
Frühwerk ein Zugang zur Wirklichkeit gefunden wird. Die Sprache erhielt
jetzt einen positiven Stellenwert. Handke galt als Exponent der »Neuen In-
nerlichkeit«.

politische Knüppelvers-Moritaten] CZ will mit diesem Begriff wohl Peter
Weiss (1916-1982) engagiertes, formal vielfältiges Theater, insbesondere
das Revolutionsstück *Die Verfolgung und Ermordung Jean Paul Marats
dargestellt durch die Schauspielgruppe des Hospizes zu Charenton unter
Anleitung des Herrn de Sade* (1964) oder auch den antikolonialistischen
Gesang vom Lusitanischen Popanz (1968) charakterisieren. In der zeitgenössischen Kritik war es üblich, von der »Marat-Moritat« zu sprechen und
Weiss in Beziehung zu Brecht zu setzen (Jacobi 1970, S. 58 f.): »Die Figuren
[im Marat] äußern sich mal in Knittelversen, mal in Arien, mal in Gebeten
und dann wieder in freier, rhythmischer Sprache« (ebd., S. 60). Auch im
Lusitanischen Popanz spielen Knittelverse eine wichtige Rolle. Sie dienen
der Verspottung und Schmähung des die Unterdrückung in Portugal und
seinen afrikanischen Kolonien allegorisch versinnbildlichenden Popan-
zes (Henning Rischbieter, »*Gesang vom lusitanischen Popanz*«, in: ebd.,
S. 101).

Vater Brecht] Vermutlich denkt CZ hier an Bertolt Brechts (1898-1956)
»Opern« *Aufstieg und Fall der Stadt Mahagonny* (1929) und *Die Dreigro-
schenoper* (1929). In letzterer singt ein Moritatensänger im Vorspiel die
»Moritat von Mackie Messer«. Im Ganzen gesehen war Brecht für CZ »ein
Beispiel dafür, daß auch auf der rein politisch engagierten Seite Kunst ge-
schehen *kann*« (Reif 1977, S. 7).

Szene [...] zwischen dem Alten und Kristian] Gemeint ist die achte Szene von
Eiszeit, »Im Park«, in der der »Alte« überraschend auf den »alte[n] Landstreicher« trifft (Dorst 1968 b, S. 85-91). TD beschrieb die Funktion der
Kristian-Szene folgendermaßen: »Ich suchte noch eine Szene, die nach dem
Weggang Oswalds [vgl. S. 52, Anm. zu *legitimen Gegenspieler*], vor den
Familienszenen stehen sollte. Diese Szene sollte, der Dramaturgie des Stückes
entsprechend, nichts mit den anderen Szenen zu tun haben, eine Unterhaltung über Leben und Tod, und Schuld, wenn möglich ›komisch‹, vielleicht
mit der Komik von Mißverständnissen« (TD, *Notizen zur Entstehungsgeschichte von ›Eiszeit‹*, zit. nach Erken 1989, S. 139). Vgl. auch S. 56,
Anm. zu *Kristian/Landstreicher-Szene*.

Hamsun] Knut Hamsun, eigentl. Knud Pedersen (1859-1952), war das vierte
von sieben Kindern eines armen Schneiders und Landwirts, der sich im
äußersten Norden Norwegens, in Hamaröya, angesiedelt hatte. Er verdiente seinen Lebensunterhalt mit Gelegenheitsarbeiten in den unterschiedlichsten Berufen und begann ab 1877 zu publizieren. Zweimal versuchte er
sein Glück in Amerika (1883/84, 1886-88), das er jedoch ablehnte, weil die
dort fortgeschrittene Industrialisierung und Kommerzialisierung ihm die
Natur zu zerstören schien. 1890 hatte Hamsun sein literarisches Debut mit
dem avantgardistischen Großstadtroman *Hunger*, der das Psychogramm
eines modernen Intellektuellen entwirft (1891 auf deutsch bei S. Fischer,
Berlin). In Paris lernte er zwischen 1893 und 1895 Albert Langen kennen,
der von Hamsuns zweitem Roman *Mysterien* (1892) an dessen Werke verlegte. Der »Zutritt zu der großen deutschen Sprachgemeinschaft« erschien
dem Autor als »Tor zur Welt« (K. Hamsun 1940, S. 54). Im Ersten Weltkrieg ergriff er Partei für Deutschland, das zu seinem Entsetzen von den
Engländern mit einer Hungerblockade bekämpft wurde. 1920 erhielt Hamsun den Literaturnobelpreis für seine erfolgreichen zivilisationskritischen
Romane *Segen der Erde* (1917) und *Die Weiber am Brunnen* (1920). Seine
finanzielle Lage hatte sich grundlegend gewandelt. Er erwarb für sich und
seine Familie das Gut Nörholm bei Grimstad in Südnorwegen (1918) und
wurde erster und größter Aktionär des Norwegischen Gyldendal Verlags
(1924). An seinem 70. Geburtstag 1929 konnte er weltweite Ehrungen ent-
gegennehmen. Deutschland behielt auch unter nationalsozialistischer Herrschaft Hamsuns Sympathien; denn er glaubte – wie er sich später erinnerte –
den ihm von dort gemachten Versicherungen, »daß Norwegen einen hohen,
einen hervorragenden Platz in der großgermanischen Weltgemeinschaft erhalten solle« (K. Hamsun 1950, S. 170). Da er sehr schwerhörig geworden
war und die englischen Radiosendungen nicht mehr verstehen konnte, lebte
er während der Besetzung und des Krieges auf Nörholm weitgehend in Unkenntnis der deutschen Verbrechen (vgl. dazu S. 59, Anm. zu *eine richtige
Nazitante*). Seine Schaffenskraft war zu dieser Zeit erlahmt, aber er äußerte
sich in zirka zwanzig scharfen prodeutschen Zeitungsartikeln und Aufrufen
gegen den norwegischen Widerstand und die angelsächsischen Alliierten
(Hansen 1985, S. 12, 70 ff., 95 f., 183). Die Nationalsozialisten suchten die
Parteinahme des Nobelpreisträgers propagandistisch auszunutzen. Insbesondere seine Treffen mit dem deutschen Statthalter in Norwegen, Josef Terboven (1941), mit Joseph Goebbels und Adolf Hitler (1943) sowie seine
Teilnahme am »Ersten Vollkongreß der internationalen Presse« in Wien
vom 23. Juni 1943 gaben dazu Gelegenheit. Jedoch bemühte sich Hamsun
auch bei diesen und anderen Gelegenheiten, verfolgten Landsleuten zu helfen. Nach 1945 wurde der Dichter des Landesverrats angeklagt (vgl. dazu
S. 52, Anm. zu *Landesverräter*).

Quisling] Vidkun Quisling wurde 1887 in Fyresdal (Norwegen) geboren und
am 24. Oktober 1945 wegen Hochverrats in Oslo erschossen. Am 17. Mai
1933 gründete er die faschistische Partei »Nasjonal Samling«. Als ihr Füh-

rer unterstützte er 1940 die deutsche Besetzung Norwegens. Am 1. Februar
1942 machte Adolf Hitler ihn zum Ministerpräsidenten einer Marionetten-
regierung, die in Wahrheit vollständig vom deutschen Reichskommissar Josef Terboven (1898-1945) abhängig war. Für die norwegische Exilregierung
in London und ihre Alliierten wurde der Name Quisling zum Synonym für
Kollaboration.

legitimen Gegenspieler] Der von TD in *Eiszeit* dem »Alten« an die Seite ge-
stellte Gegenspieler ist der zweiundzwanzigjährige Student Oswald. Die Anregung zu dieser Figur könnte eine in Marie Hamsuns Erinnerungen berichtete Begegnung ihres Mannes vom Mai 1945 gegeben haben: »Eines Tages
erschien ein forscher, junger Mann in einer Art Uniform und verlangte, mit
Hamsun zu reden; weiterhin befahl er, ihm alle Schußwaffen auszuliefern.
Knut schlurfte in sein Zimmer hinauf und suchte zwei alte Pistolen hervor
[...]. Knut meinte wohl, er müßte es dem gestrengen jungen Mann genau
erklären und bat ihn, sich mit ihm auf seine Lieblingsbank unter dem Gold-
regen zu setzen. Vom Fenster aus konnte ich beobachten, wie er ihm die
Schlösser und die etwas verrosteten Läufe zeigte. ›Und da‹, rief er, ›haben
wir auch noch ein wenig Munition! Die nehmen Sie wohl am besten auch
gleich mit. Auf Wiedersehen, leben Sie wohl, junger Mann!‹ Ich hatte den
Eindruck, daß nicht Knut es war, der aus dieser Begegnung am meisten ent-
waffnet hervorging« (M. Hamsun 1961, S. 64). In *Eiszeit* distanziert sich
Oswald von den mit den deutschen Besatzern kollaborierenden Vätern, seinem eigenen, einem Reeder, und von dem großen alten Dichter, der produt-
sche Aufrufe schreibt. Oswald geht zu den Partisanen, aber er findet zweimal nicht die Kraft, den Dichter, wie beabsichtigt, zu töten. Stattdessen
sprengt er sich selbst mit der für diesen bestimmten Handgranate in die
Luft. Für den »Alten« steht Oswald in einer Linie mit »Jugend, Natur,
mögliche[r] Freiheit« (TD an Tore Hamsun, 22. Oktober 1972, zit. nach
Erken 1989, S. 141). Daher trägt er auch nach dessen Selbstmord, um ihn
zu ehren, eine schwarze Armbinde und kommentiert seine Tat positiv: »Dieser Tod ist besser als ein langes nutzloses Leben« (Dorst 1973, S. 106).

Landesverräter] Am 15. Dezember 1944 hatte die norwegische Exilregierung
in London eine geheime Landesverräterverordnung (»Landssvikanord-
ning«) erlassen, die nach Kriegsende rückwirkend in Kraft trat. Dieses Ge-
setzeswerk besagte u.a., daß die Mitgliedschaft in der nationalsozialistischen »Nasjonal Samling« (= Nationale Sammlung) vom Zeitpunkt der
deutschen Besetzung an strafbar sei (vgl. S. 51, Anm. zu *Quisling*). Auf dieser
Grundlage wurde Knut Hamsun am 23. Juni 1945 wegen Landesverrats
angeklagt (Hansen 1985, S. 13, 160, 162 f., 191). Aufgrund desselben Vor-
wurfs wurden auch Marie Hamsun (ebd., S. 418 ff., 437, 481) und ihre beiden Söhne (ebd., S. 16, 26) vor Gericht gestellt.

Testszenen] Die zweite und die sechste Szene von *Eiszeit* sind mit »Test« über-
schrieben. »Der Alte« muß unter der Aufsicht wechselnder Psychiater auf
»Fragen und Anweisungen« »reagieren«, die auf eine Leinwand projiziert
werden (Dorst 1973, S. 15, 72). Während der Untersuchungshaft vor sei-

nem Landesverratsprozeß am 16. Dezember 1947 wurde der sechsundacht-
zigjährige Knut Hamsun vier Monate lang in einer psychiatrischen Klinik in
Oslo auf seinen Geisteszustand hin untersucht. Der Psychiater Gabriel
Langfeldt machte unter anderem »eine Reihe von Versuchen mit dem Patienten«, in denen dieser »Zahlen wiederholen«, »Assoziationen« angeben
und Begriffe definieren mußte (T. Hamsun 1993, S. 373; Hansen 1985,
S. 236, 393). Rückblickend sah sich Hamsun »als Versuchsobjekt für die
psychiatrische Wissenschaft« (K. Hamsun 1950, S. 117).

den asthmatischen Sohn und nicht die zwei Töchter] TD nimmt in *Eiszeit*
wirklich eine Veränderung im Vergleich zum realen Hamsun vor, wenn er
dem »Alten« lediglich den einen Sohn Paul an die Seite stellt. Aber anders
als CZ meint, hatte das reale Vorbild insgesamt vier Kinder. Neben den beiden Töchtern Ellinor (geb. 1915) und Cecilia (geb. 1917) gab es die älteren
Söhne Tore (geb. 1912) und Arild (geb. 1914).

die eigentlichen Nazissen] Ironische Bezeichnung für fanatische Anhängerin-
nen Hitlers und der nationalsozialistischen Partei. Sie trifft wohl weniger
auf Knut Hamsuns Töchter Ellinor und Cecilia als auf seine Frau Marie zu.
Diese hatte 1936 zum ersten Mal die norwegische NS-Partei »Nasjonal
Samling« gewählt und war im Herbst 1940 deren Mitglied geworden (Hansen 1985, S. 360 f.). Hamsuns Mitgliedschaft konnte dagegen vor Gericht
nicht eindeutig festgestellt werden. 1942 hatte der Autor in einem Fragebogen der »Nationalen Sammlung« auf eine diesbezügliche Frage kryptisch
geantwortet: »Bin nicht Mitglied gewesen, aber ich habe Quislings Partei
angehört« (ebd., S. 87; vgl. ebd., S. 157). Er trug jedoch gelegentlich das
Parteiabzeichen am Rockaufschlag. Hamsuns Sohn Tore trat schon 1934
als Gymnasiast in die Partei ein (ebd., S. 27). Der zweite Sohn Arild, ebenfalls
Mitglied (ebd., S. 15), meldete sich im Januar 1943 freiwillig zum Kampf an
der Ostfront, wurde als Kriegsberichterstatter der Waffen-SS zugeteilt und
erhielt für seine Tapferkeit das Eiserne Kreuz (ebd., S. 16, 93, 420).

das Fest des Altersheims] TDs Stück *Eiszeit* spielt ausnahmslos »in einem
Altersheim in *Norwegen*« (Dorst 1973, S. 6). Der »Alte« wird anders als
der reale Hamsun dort auch psychiatrisch untersucht und zu diesem Zweck
nicht für vier Monate in eine Osloer Klinik gebracht. Er wird ebenfalls in
diesem Rahmen von einer Untersuchungskommission verhört und vor Gericht gestellt (vgl. S. 47, Anm. zu *Alten*). Das im Stück stattfindende Garten-
fest der Heiminsassen hat keine Entsprechung in Hamsuns Tagebuch *Auf
überwachsenen Pfaden* von 1949.

lettischer Koch] Boris, der »Koch des Altersheims«, tritt in Szene fünf und elf
von *Eiszeit* auf. TD konzipierte ihn als Gegengewicht zu den »Leute[n] im
Altersheim«, in denen der »Alte« »Feinde, Bürger, Spießer, Dummköpfe«
sieht (TD an Tore Hamsun, 22. Oktober 1972, zit. nach Erken 1985,
S. 141). Er stellt mit seinen roten Haaren, dem »struppige[n]« Aussehen
(Dorst 1973, S. 49), der Vorliebe für Alkohol, seinem Gesang und seiner
Freundlichkeit gegenüber dem »Alten« einen heiteren Kontrast zur Haupt-
handlung und ihren rechthaberischen Protagonisten dar. Das wird beson-

ders in Szene elf deutlich, in der sich Oswald in die Luft sprengt (ebd., S. 101-103). CZ identifizierte sich gerade mit dieser menschlich-allzu-menschlichen Figur.

Hinz] Werner Hinz (1903-1985) war von 1932 bis 1939 am »Deutschen Schauspielhaus« in Hamburg, von 1939 bis 1944 an der »Volksbühne Berlin« engagiert; ab 1935 wirkte er auch in Filmen mit. Er wurde im ›Dritten Reich‹ in einer »Gottbegnadeten-Liste« geführt. 1941 spielte er eine Rolle in dem NS-Propagandafilm *Ohm Krüger* (Wulf 1966, S. 412). Im November desselben Jahres erlebte er in Berlin den Doppelselbstmord seines Kollegen Joachim Gottschalk und dessen jüdischer Frau. Von 1955 an war Hinz am Deutschen Schauspielhaus Hamburg tätig, in der dortigen Inszenierung von TDs *Eiszeit* spielte er am 6. April 1973 den »Alten« (vgl. S. 47, Anm. zu *zwei von den Schauspielern* und *Alten*).

mit Toten zu besetzen] CZ spielt hier wohl auf große (Film-)Schauspieler wie Emil Jannings (vgl. Nickel/Schrön 2002, S. 342-344) oder Werner Krauß (1884-1959) an, mit denen er befreundet war (Zuckmayer, *Als wär's ein Stück von mir*, S. 40 ff.). Krauß hatte 1931 in der Uraufführung von CZs *Der Hauptmann von Köpenick* die Titelfigur verkörpert. Aber er spielte 1940 auch mehrere jüdische Charaktere in dem rassistischen NS-Film *Jud Süß*. CZ hat sich in seinem 1943/44 für den amerikanischen Geheimdienst verfaßten Report kritisch mit den Verstrickungen seiner Schauspieler-Freunde im ›Dritten Reich‹ auseinandergesetzt (vgl. Nickel/Schrön 2002, S. 146-152 und S. 347-353).

Fallada] TD brachte am 22. September 1972 zusammen mit Peter Zadek eine Bearbeitung von Hans Falladas Erfolgsroman *Kleiner Mann – was nun?* von 1932 auf die Bühne des Bochumer Schauspielhauses. Er ließ in seiner »Revue« neben den einfachen Angestellten der Vorlage auch die Showstars der Weimarer Zeit und den anglo-amerikanischen Autor und Berlin-Chronisten Christopher Isherwood auftreten (Dorst 1972). Es war die erklärte Absicht TDs und Zadeks, den Zuschauern »etwas an[zu]bieten, worin sie sich erkennen, was sie interessiert und woran sie Spaß haben« (*Dorst im Gespräch mit Thomas Thieringer*, in: *Stuttgarter Nachrichten* vom 11. Mai 1972, zit. nach Erken 1985, S. 133).

Blechnäpfler] Hans Fallada, eigentl. Rudolf Ditzen (1893-1947), war Ende der 1920er Jahre einer der bekanntesten Romanautoren der »Neuen Sachlichkeit«. 1934 veröffentlichte er den Gefängnisroman *Wer einmal aus dem Blechnapf frißt*, in dem er eigene Erfahrungen verarbeitete. Fallada war alkohol- und drogenabhängig und hatte in den 1920er Jahren zweimal selbst im Gefängnis gesessen.

Mitarbeiterin] Seit 1971 lebte und arbeitete TD mit der aus Bamberg stammenden Autorin und Übersetzerin Ursula Ehler zusammen. Ihre Bekanntschaft ging auf die Münchener Studienjahre zurück, als Ehler im Schwabinger Marionetten-Studio »Das kleine Spiel« mitwirkte, für welches TD seine ersten Stücke schrieb (1953-1959). Auf den Titel *Eiszeit* folgt in Klammern die Angabe »Mitarbeit: Ursula Ehler«. Dieser Hinweis findet sich schon

1971 im Drehbuch *Sand* und kehrt nach *Eiszeit* bei nahezu allen Stücken wieder. TD sprach von »eine[r] symbiotische[n] Beziehung, auch in der Arbeit« (zit. nach Bekes 1991, S. 45). Heute sind Ursula Ehler und TD verheiratet.

5 Hs. Brief. Form der Datumsangabe auf der Vorlage: *Nov. 72*. Links daneben ein hs. Vermerk von CZ: *gekabelt!*

der Sohn Hamsun] Tore Hamsun (geb. 1912), der älteste Sohn Knut Hamsuns (vgl. S. 53, Anm. zu *den asthmatischen Sohn und nicht die zwei Töchter* und *die eigentlichen Nazissen*), war Maler und Schriftsteller. Er wuchs nach eigener Aussage »in einem national gesinnten Elternhaus« auf (Hansen 1985, S. 27), studierte 1934/35 an der Kunstakademie in München und wurde dort SS-Sturm-Mann (Baumgartner 1997, S. 112 f.). Während der deutschen Besetzung Norwegens leitete er den Gyldendal-Verlag als kommissarischer Direktor und wirkte dabei deutscher Einflußnahme entgegen. Auf seine Bitte hin entließ Reichskommissar Josef Terboven den eigentlichen Direktor dieses Verlags aus dem KZ Grini (Hansen 1985, S. 26 f.). 1945 wurde Tore Hamsun wie sein Bruder Arild, seine Mutter und sein Vater wegen Landesverrats angeklagt und inhaftiert. Von den Geschwistern stand er dem Vater wohl besonders nahe. Das verrät seine Darstellung des Dichters aus der familiären Perspektive, die 1940 unter dem Titel *Mein Vater* (Leipzig 1940) erschien. Diese ging in die große Biographie *Knut Hamsun – min far* (*Mein Vater Knut Hamsun*) ein, welche im Todesjahr 1952 herauskam und auch von TD gelesen wurde (Rühle 1975, S. 19). Tore Hamsun fühlte sich offensichtlich für das väterliche Werk und dessen Nachleben verantwortlich. So suchte er beispielsweise 1963 im »Nachwort« zur Neuausgabe seiner Biographie den Antisemitismus-Vorwurf gegen Hamsun zu entkräften (T. Hamsun 1993, S. 387-396).

Auf überwachsenen Pfaden] Hamsuns letztes Werk *Auf überwachsenen Pfaden* (K. Hamsun 1950) bewies, daß der fast neunzigjährige Häftling im vollen Besitz seiner geistigen Kräfte war, obwohl die norwegischen Behörden und die psychiatrischen Gutachter alles daran setzten, das Gegenteil zu beweisen (vgl. dazu S. 47, Anm. zu *Alten* und S. 52, Anm. zu *Testszenen*). Das Tagebuch schildert, Beobachtungen, Reflexionen, Erinnerungen und Geschichten kunstvoll montierend, Hamsuns Erlebnisse zwischen seiner Verhaftung am 14. Juni 1945 und der Urteilsverkündung des Obersten Gerichts in Oslo am 23. Juni 1948. Es enthält u.a. die vom Dichter selbst am 16. Dezember 1947 vor dem Schöffengericht in Grimstad gehaltene Verteidigungsrede (K. Hamsun 1950, S. 167-177) und stellt insgesamt eine komplexe, aber widersprüchliche Rechtfertigung seiner Parteinahme für das nationalsozialistische Deutschland, insbesondere während der Besetzung Norwegens, dar. Darüber hinaus gibt das Buch eine minutiös beobachtete Darstellung des Altseins mit allen seinen Implikationen.

das Hamsun-Buch verfilmen] Tore Hamsun hatte die Filmrechte an Knut Hamsuns Tagebuch *Auf überwachsenen Pfaden* an eine norwegische Gesellschaft verkauft. Da er im Stück *Eiszeit* eine »Bearbeitung« des Buches vor sich zu haben glaubte, protestierte er über einen Londoner Anwalt gegen die Uraufführung von TDs Werk. Der Streit wurde Ende 1972 mit einem Coproduktionsvertrag in Oslo beigelegt (Erken 1985, S. 140; vgl. auch TD an CZ, 23. Mai 1973, 10,14 ff.). Die Polyphon Hamburg, die Norskfilm Oslo und der WDR produzierten im Sommer 1974 in Norwegen den Kino- und Fernsehfilm *Eiszeit*, in dem, wie in der Bochumer Uraufführung unter Peter Zadeks Regie, O.E. Hasse (vgl. die übernächste Anm. zu *Hasse*) die Hauptfigur und Ulrich Wildgruber seinen jungen Gegenspieler Oswald verkörperten. TD war auch an der Produktion beteiligt (Anm. zu 14,12 f.), das Drehbuch stammte von ihm und Zadek. Der Film kam am 8. Juli 1975 in die Kinos, am 30. November 1975 ins Fernsehen (ARD).

Kristian/Landstreicher-Szene] In *Auf überwachsenen Pfaden* erzählt Hamsun von Begegnungen mit einem alten Wanderprediger namens Martin aus seinem Heimatort (K. Hamsun 1950, S. 42-57, 128-141, 145). In der achten Szene von *Eiszeit* trifft der »Alte« im Park auf den »alte[n] Landstreicher« Kristian (Dorst 1973, S. 85-91), mit dem ihn gemeinsame Jugenderinnerungen, die Außenseiterrolle und das Alter verbinden. Insbesondere auf diese Szene bezog sich der Vorwurf Tore Hamsuns, es handele sich bei TDs Stück um »eine Bearbeitung« des Buches seines Vaters. In einem Brief vom 22. Oktober 1972 an Tore Hamsun und in den *Notizen zur Entstehungsgeschichte von ›Eiszeit‹* bestritt TD den Plagiatsvorwurf. Demnach waren die in der Landstreicher-Szene übernommenen Stellen als Zitate erkennbar, in einen völlig anderen Zusammenhang eingefügt und mit diversen anderen Anregungen vermischt worden (Erken 1985, S. 140f.). »Der Wanderprediger in den ›Überwachsenen Pfaden‹ gab mir [TD] die Anregung für meine Szene mit Kristian. Einige Sätze habe ich aus dem Buch übernommen, es sind in dem jetzt fertigen Stück ungefähr anderthalb Seiten. Die Szene habe ich neu geschrieben, so wie ich sie im Zusammenhang des Stückes brauchte. Die in dieser Szene beschriebenen alten Leute, der Mann mit dem Fahrrad und andere, haben wir [TD und Ursula Ehler] in dem Ort am Gardasee, wo wir arbeiteten, gesehen, [...]« (ebd., S. 139 f.). Der gedruckte Text enthielt dann – wie TD gegenüber CZ betonte – »keine Zeile [mehr], die direkt aus dem Hamsun-Tagebuch entnommen ist« (vgl. S. 33, TD an CZ, 23. Mai 1973).

Hasse] O[tto] E[duard] Hasse (1903-1978) spielte am 15./17. März 1973 den »Alten« in der Bochumer Uraufführung des Stückes *Eiszeit* unter Peter Zadeks Regie (vgl. auch S. 47, Anm. zu *zwei von den Schauspielern*). Der Schauspieler fing seine Laufbahn 1924 in München an und war dann in Berlin (1925/26, 1927-1930), Breslau (1927-1929), München (1930-1939) und Prag (1939/40) engagiert. Seine eigentliche Erfolgskarriere begann erst nach dem Krieg, den er als Luftwaffensoldat mitmachte (1940-1945); als solcher spielte er 1941 in dem Kriegspropaganda-Film *Stukas* die Rolle des

»Militärarzt[es] und Zauberer[s] der Fliegerstaffel« (Jacobsen u.a. 1993, S. 162). Nach 1945 war Hasse am Jürgen-Fehling-Theater (1945/46), am Hebbel-Theater (1946-1949) und am Schiller-Theater (1950-1954) in Berlin beschäftigt. Danach ging er kein festes Engagement mehr ein, sondern gastierte an deutschen, schweizerischen und österreichischen Bühnen. Berühmt wurde er durch Filme wie *Canaris* (1954), *08/15* (1954/55), *Der Arzt von Stalingrad* (1958) und *Die Ehe des Herrn Mississippi* (1961).

Gummischuhe] In Knut Hamsuns Tagebuch (vgl. S. 55, Anm. zu *Auf überwachsenen Pfaden*) ist leitmotivartig von kaputten und neuen Gummischuhen die Rede (Hamsun 1950, S. 77 f., 86 f., 92 f., 131). In TDs Stück *Eiszeit* taucht dies Motiv in der dritten Szene kurz auf (Dorst 1973, S. 24). Offenbar wurde auch dieser Tatbestand von Tore Hamsun und seinem Londoner Rechtsanwalt als Indiz dafür gewertet, daß TD nur »eine Bearbeitung« von Hamsuns Text vorgelegt habe.

Gutachten] Das vergleichende Gutachten über TDs *Eiszeit* und Knut Hamsuns *Auf überwachsenen Pfaden* (vgl. S. 55, Anm. zu *Auf überwachsenen Pfaden*) wurde von dem Literaturwissenschaftler Peter Wapnewski, der in der fraglichen Zeit ordentlicher Professor für Deutsche Philologie an der Universität Karlsruhe war (1969-1979), angefertigt (Auskunft von Manfred Ortmann, Suhrkamp-Theaterverlag, vom 31. Januar 2001).

6 Masch. Brief mit eigenh. Unterschrift. Form der Datumsangabe auf der Vorlage: *17.11.1972.*

die Eiszeit] Vgl. S. 47, Anm. zu *Eiszeit* und *Alten.*

als wärs ein Stück von mir] Anspielung CZs auf den Titel seiner Erfolgs-Memoiren von 1966 (vgl. Zuckmayer, *Als wär's ein Stück von mir*). Da der Untertitel des Buches *Horen der Freundschaft* heißt, unterstreicht das Zitat CZs Anteilnahme für die Gefährdung der Uraufführung von TDs Stück *Eiszeit* durch die urheberrechtlichen Probleme mit Tore Hamsun und der norwegischen Filmgesellschaft Norskfilm (vgl. S. 56, Anm. zu *das Hamsun-Buch verfilmen* und *Kristian/Landstreicher-Szene* sowie auf dieser Seite die Anm. zu *Gummischuhe*).

die ganze Passage, die ich über andere Stücke und Theater-Richtungen geschrieben habe, welche mir weniger gefallen] CZ erlaubte TD, seinen das Stück *Eiszeit* »als eigenes Stück« würdigenden Brief vom 6. November 1972 im urheberrechtlichen Streit mit Tore Hamsun zu verwenden. Doch nahm er von dieser Erlaubnis ausdrücklich die Zeilen 8-18 aus, in denen er sein kritisches bis ablehnendes Urteil über die junge Dramatikergeneration der Bundesrepublik geäußert hatte, sowie die Bemerkung über den Schauspieler Werner Hinz. *Eiszeit* schien CZ im Vergleich dazu »das weitaus beste Stück zu sein, das in den letzten Jahrzehnten in Deutschland geschrieben worden ist«.

Werner Hinz] Vgl. S. 54, Anm. zu *Hinz.*

Hamsun] Vgl. S. 51, Anm. zu *Hamsun*.

die Gestalt des Alten] Vgl. S. 47, Anm. zu *Alten*.

Auf überwachsenen Pfaden] Vgl. S. 55, Anm. zu *Auf überwachsenen Pfaden*.

die Kristian-Szene] Vgl. S. 50, Anm. zu *Szene [...] zwischen dem Alten und Kristian*; S. 56, Anm. zu *Kristian/Landstreicher-Szene*.

Sohn H.] Vgl. S. 55, Anm. zu *der Sohn Hamsun*.

den zwei Töchtern] Vgl. S. 53, Anm. zu *den asthmatischen Sohn und nicht die zwei Töchter* und *die eigentlichen Nazissen*.

auf Ihren Alten] Vgl. S. 47, Anm. zu *Alten*. Daß CZ die Benennung des Protagonisten aus dem Stück *Eiszeit* auf sich selbst anwendet, zeigt seine durchaus positive Haltung dieser problematischen Figur gegenüber. Für ihn und TD war der »Alte« nicht nur der Landesverräter, sondern auch ein hochbetagter Mann von erstaunlicher Vitalität und Schöpferkraft: »Ich [TD] hatte vor allem den Kern, daß da einer sein Leben revidieren soll und sich dagegen verteidigt« (Rühle 1975, S. 19). »Das Stück ist die realistische Beschreibung eines Greises, der die Narrenfreiheit des Alters genießt: keiner kann ihm was anhaben, alle Gegner sind ihm gegenüber von vornherein in der schlechteren Position, auch die Gerichte: er ist so alt, daß er unangreifbar wird« (*Aus einem Zeitungsbericht von Barbara Bronnen*, in: *Abendzeitung* [München] vom 22. April 1972, zit. nach Erken 1985, S. 142).

7   Hs. Brief. Form der Datumsangabe auf der Vorlage: *München 16. Dez. 72.*

den Preis bekommen] Am 13. Dezember 1972 verlieh die Stadt Düsseldorf CZ ihren neu gestifteten Heinrich-Heine-Preis. Statt des kranken Autors nahm sein Freund Kurt Bittel (1907-1991), Professor für Archäologie und Kanzler des »Ordens Pour le Mérite für Wissenschaften und Künste«, den Preis entgegen und verlas eine Kurzfassung von CZs Dankesrede (vgl. S. 63, Anm. zu *Ihre Heinerede*). Alice Herdan-Zuckmayer nahm ebenfalls teil. Im Vorfeld der Verleihung war Kritik laut geworden, weil die Stadt Düsseldorf den traditionellen Immermann-Preis in Heine-Preis umbenannt und CZ kurz zuvor in einer Umfrage seine Distanz zu Heine und seinem Werk bekannt hatte (vgl. dazu Leonhardt 1999). Dabei wurde allerdings übersehen, daß der Autor 1969 zusammen mit anderen namhaften Schriftstellern, Künstlern und Wissenschaftlern öffentlich für die umstrittene Benennung der Düsseldorfer Universität nach Heinrich Heine plädiert hatte (Nickel/Weiß 1996, S. 461 ff.).

hinter den sieben Bergen geblieben] Im Juli 1958 war CZ aus Woodstock in den USA (1951-1957) nach dem von Viertausendern umgebenen »Höhenort Saas-Fee« im Schweizer Ober-Wallis übergesiedelt (CZ, *Als wär's ein Stück von mir*, S. 567 ff.), wo er das Haus Vogelweid erwarb. Dort, nicht aber in Deutschland, konnte sich der 1939 Ausgebürgerte wieder zu Hause fühlen. Bereits 1958 erhielt CZ die österreichische Staatsbürgerschaft, die Schweizer wurde ihm erst 1966 verliehen.

Uraufführung der Eiszeit] Vgl. S. 48, Anm. zu *Uraufführung*.

meinen Eiszeit-Problemen] Vgl. S. 56, Anm. zu *das Hamsun-Buch verfilmen*.

das literarische Gutachten eines Germanisten] Vgl. S. 57, Anm. zu *Gutachten*.

in Bochum und Hamburg] Vgl. S. 47, Anm. zu *Kopie Ihres Briefes*; S. 48, Anm. zu *Uraufführung*.

eine richtige Nazitante] Marie Hamsun, geb. Andersen (1881-1969), die ihrem Mann zuliebe ihren Schauspielerberuf aufgegeben hatte, ließ es nicht bei der Mitgliedschaft in der norwegischen NS-Partei (vgl. S. 53, Anm. zu *die eigentlichen Nazissen*) bewenden. Sie engagierte sich vielmehr im Krieg eindeutig für die deutschen Besatzer und wurde dementsprechend 1941 anläßlich ihres 60. Geburtstages von allen gleichgeschalteten Zeitungen des Landes gefeiert (Hansen 1985, S. 361 ff.). In den ersten vier Kriegswintern kam sie zu monatelangen vielbeachteten Vortragsreisen nach Deutschland (M. Hamsun 1940). Diese wurden von der 1921 gegründeten Nordischen Gesellschaft in Lübeck unter Alfred Rosenbergs Schirmherrschaft veranstaltet (Hansen 1985, S. 363 ff.). Marie las dabei aus ihren eigenen Kinderbüchern (*Die Langerudkinder, Die Langerudkinder im Winter, Ola Langerud in der Stadt, Die Langerudkinder wachsen heran*), vorrangig aber aus Knut Hamsuns Werken, in dessen Namen sie zu sprechen vorgab. In Wirklichkeit aber waren sie und ihr Mann zu dieser Zeit einander entfremdet. Hamsun lehnte die Intensität ihrer Parteinahme ab. Der schwerhörige Dichter, der nicht mehr Radio hören konnte, wurde von seiner Frau über die Nachrichten aus London nicht informiert und blieb auf die von den Deutschen zensierten Zeitungen beschränkt (Hansen 1985, S. 370). Als er nach dem Krieg von den nationalsozialistischen Verbrechen erfuhr, distanzierte er sich vom Nationalsozialismus, während Marie – wie ihre Briefe beweisen – lebenslang an ihren Überzeugungen festhielt.

in der norwegischen SS] In Norwegen gab es die faschistische Partei »Nasjonal Samling« unter ihrem Führer Vidkun Quisling (vgl. S. 51, Anm. zu *Quisling*), aber keine SS. TD meint wohl Arild Hamsun, der sich im Januar 1943 freiwillig an die Ostfront meldete und als Kriegsberichterstatter der Waffen-SS zugewiesen wurde (vgl. S. 53, Anm. zu *die eigentlichen Nazissen*). Vielleicht handelt es sich aber auch um Tore Hamsun, der sich in München zum SS-Sturm-Mann machen ließ (vgl. S. 55, Anm. zu *der Sohn Hamsun*).

Sohn Tore] Vgl. S. 55, Anm. zu *der Sohn Hamsun*.

Fallada-Revue] Vgl. S. 45, Anm. zu *so eine Art Revue*.

Mißhandelt haben wir Fallada nicht] Vgl. S. 54, Anm. zu *Fallada*.

einem neuen Volkstheater] TD beansprucht hier, den Bestrebungen der zeitgenössischen Dramatik entsprechend, sich mit der Fallada-Revue *Kleiner Mann, was nun?* um eine Neubelebung des Volkstheaters bemüht zu haben. Im Gegensatz zur Gruppe um Rainer Werner Fassbinder will er aber nicht bei Fleißer und Horváth (vgl. S. 49, Anm. zu *Horváth* und *Fleisser*), sondern bei CZ anknüpfen. Es geht ihm vor allem darum, »ein großes Publikum« zu erreichen (*Deshalb schreibt man auch so ungern, ich jedenfalls.*

Gespräch zwischen Tankred Dorst und Rudolf Vogel, 23. November 1973, in: Laube1974, S. 212): »Seit der Fallada-Revue ›Kleiner Mann was nun‹ – mit der Zadek sein Bochumer Theater eröffnete – haben wir einen gemeinsamen Begriff ›Volkstheater‹, ein Theater der einfachen Stoffe« (zit. nach Rühle 1975, S. 19).

die Autorin des Scheusal] Alice Herdan-Zuckmayer (1901-1990), CZs Ehefrau, trat als Verfasserin autobiographischer Erzählprosa hervor. In *Das Scheusal. Die Geschichte einer sonderbaren Erbschaft* (1972) schildert sie die Schwierigkeiten des Emigrantenlebens anhand eines der Familie testamentarisch aufgezwungenen Mischlingshundes namens Mucki, der in der Fremde überraschenderweise die Heimat verkörpert.

8 Hs. Brief mit einem hs. Vermerk CZs: *erl.* Form der Datumsangabe auf der Vorlage [von CZ?]: *März 1973.*

München Wie TD im Brief vom 29. Januar 1975 ausführte (S. 36), hatte er eine »Arbeitswohnung« (8 München 40/Schleißheimer Str. 182; vgl. die Briefköpfe von Brief Nr. 3 und 11) in München, wo er seit 1952 als Student, dann als freier Schriftsteller lebte.

Bochum] Im März 1973 wohnte TD den vierwöchigen Proben für die Uraufführung seines Stückes *Eiszeit* am Bochumer Schauspielhaus bei (vgl. S. 48, Anm. zu *Uraufführung.*

Zadek] Peter Zadek (geb. 1926) mußte 1933 seiner jüdischen Herkunft wegen mit seinen Eltern nach England emigrieren. Ab 1946 war er dort als Regisseur – zunächst in der Provinz, dann in London – tätig. Ab 1958 arbeitete er überwiegend in der Bundesrepublik Deutschland. Seine Zusammenarbeit mit TD begann schon 1960 (vgl. dazu S. 45, Anm. zu *so eine Art Revue*; S. 54, Anm. zu *Fallada*; S. 56, Anm. zu *das Hamsun-Buch verfilmen*; S. 67, Anm. zu *Arbeit mit dem Regisseur*), als er einen Fernsehfilm nach dessen Durchbruchsstück *Die Kurve* drehte. Von 1963 bis 1967 war Zadek Schauspieldirektor am Bremer Theater, von 1972 bis 1975 Intendant am Schauspielhaus Bochum und von 1985 bis 1989 Intendant am Deutschen Schauspielhaus in Hamburg. 1992/93 wurde er Mitdirektor des »Berliner Ensembles«.

Fernsehaufzeichnung von Kleiner Mann was nun] Vgl. S. 54, Anm. zu *Fallada*. Die ARD sendete die stark gekürzte Aufzeichnung des Westdeutschen Rundfunks von TDs und Peter Zadeks Bochumer Revue *Kleiner Mann, was nun?* erstmals am 29. Dezember 1973.

Hamburger Premiere] Vgl. S. 47, Anm. zu *Kopie Ihres Briefes.*

bei Werner Hinz zu Gast] In seinem Brief vom 6. November 1972 hatte CZ angedeutet, daß Werner Hinz seiner Meinung nach für die Rolle des »Alten« nicht ganz der richtige Interpret sei, er auf alle Fälle für ihre Bewältigung »etwas Phantasiezuschuss vom Regisseur« nötig haben werde (S. 54, Anm. zu *Hinz*). Diese kritische Bemerkung sollte laut Brief vom 17. No-

vember 1972 keinesfalls an die Öffentlichkeit dringen (S. 31). Auch TD
fürchtete, daß Hinz den »Alten« »ein bißchen zu weich, zu freundlich« spielen und dadurch eine falsche Harmonisierung ins Stück bringen könnte
(Brief vom März 1973, S. 32). Aber seine Bedenken bewahrheiteten sich
nicht (Brief vom 23. Mai 1973, S. 33).

der Alte] Vgl. S. 47, Anm. zu *Alten*.

9 Hs. Brief mit einem Vermerk CZs: *erl. Telegramm 15.3.73*. Form der Datumsangabe auf der Vorlage: *März 1973*.

Brief] Vgl. TDs vorhergehenden Brief vom März 1973 (S. 32)

Premiere] Es handelt sich um die Premiere von TDs Stück *Eiszeit* (vgl. S. 47,
Anm. zu *Eiszeit*).

Mahnke] Hans Mahnke (1905-1978) erhielt seine schauspielerische Ausbildung bei Albert Bassermann in Berlin. Danach war er in Köslin (1925/26),
Dessau (1928-1931), Stralsund (1932-1934), Mainz (1936-1938), Hamburg (1939-1948) und Frankfurt, Kleines Theater am Zoo (1948-1950),
engagiert. Ab 1950 spielte Mahnke lange Zeit am Staatstheater Stuttgart,
wo er mit Peter Palitzsch zusammenarbeitete. 1972 holte Peter Zadek ihn
ans Schauspielhaus Bochum. Ab 1975 war er wieder in Stuttgart. Seine Interpretation des Kristian aus *Eiszeit* wurde von der Kritik ganz besonders
gelobt: »O.E. Hasse womöglich noch überlegen ist der großartige Hans
Mahnke, der sich von Zadek nach fünfzehnjährigem Stuttgart-Engagement
nach Bochum holen ließ, als barfüßig schlürfender alter Landstreicher Kristian, [...]. So schwer es ist, diese Figur noch anders als durch Mahnke verkörpert sich vorzustellen, so gerne erwartet man Werner Hinz oder Minetti
als Variationen und neue Auslegungsmöglichkeiten des Alten [...]« (Peter
Hamm, *Notwendige Provokation*, in: Laube 1974, S. 177).

Hasse] Vgl. S. 56, Anm. zu *Hasse*.

Kristian-Szene] Vgl. S. 56, Anm. zu *Kristian/Landstreicher-Szene*.

10 Hs. Brief. Form der Datumsangabe auf der Vorlage: *23. Mai 73*.

zwei Aufführungen von Eiszeit] Vgl. S. 47, Anm. zu *Kopie Ihres Briefes*;
S. 48, Anm. zu *Uraufführung*.

die dritte in Stuttgart] Am 12. Juli 1973 kam im Württembergischen Staatstheater Stuttgart, Kleines Haus, Fritz Zechas Inszenierung von TDs *Eiszeit* heraus. Sie war nach Bochum und Hamburg die dritte Produktion des
Stückes. *Eiszeit* wurde dann noch in Innsbruck (11. Mai 1974) und Berlin
(10. September 1974), danach aber »auf keiner deutschsprachigen Bühne
mehr gespielt« (Erken 1989, S. 137).

Hasse wie Hinz] Zu O.E. Hasse vgl. S. 56, Anm. zu *Hasse*; zu Werner Hinz
vgl. S. 54, Anm. zu *Hinz*; S. 60, Anm zu *bei Werner Hinz zu Gast*.

die Bochumer Aufführung] Vgl. S. 48, Anm. zu *Uraufführung*.

die Hamburger] Vgl. S. 47, Anm. zu *Kopie Ihres Briefes*.

Die Welt] Horst Ziermanns Besprechung von *Eiszeit* in der Tageszeitung *Die Welt* ging über eine Kritik von TDs Text weit hinaus. Der Rezensent bestritt generell die Fähigkeit des Autors zum Dramatiker. Er folge vielmehr »jeder gerade gängigen Mode« und ahme in seinem neuesten Werk wenig überzeugend Arnold Weskers *Die Alten* sowie Friedrich Dürrenmatts *Der Meteor* nach. *Eiszeit* wurde als »Nicht-Stück« charakterisiert, das allein durch Regisseur und Schauspieler »über die Rampe zu transportieren« sei. Das Thema des Alters werde politisch überfrachtet, die »beklemmende[n] Parallelen zu unserer Gegenwart« blieben unbearbeitet: »Dorsts Text, der so viele Fragen antippt und nicht eine einzige klärt, ist allzu locker, allzu unverbindlich gefügt« (Ziermann 1973).

Rischbieter] Der Theaterkritiker Henning Rischbieter (geb. 1927) gründete 1960 mit anderen in Berlin die einflußreiche Zeitschrift *Theater heute*, deren Redaktion er seitdem angehörte. Er gab Nachschlagewerke wie *Welttheater. Bühnen, Autoren, Inszenierungen* (1962, mit Siegfried Melchinger) oder eine Darstellung von Gustaf Gründgens (1963) heraus, veröffentlichte Bücher über die *Deutsche Dramatik in West und Ost* (1965, mit Ernst Wendt) sowie über Bertolt Brecht (1968). Seine Rezension von *Eiszeit* erschien in der *Süddeutschen Zeitung* (Rischbieter 1973). Rischbieter warf TD darin vor, er habe *Eiszeit* »in der Wirklichkeit gefunden, montiert, zusammengespielt, anverwandelt«: »Ohne den Fall Hamsun […], ohne die Berichte und Aufzeichnungen darüber (vor allem die Hamsuns selbst: ›Auf überwachsenen Pfaden‹, 1949) gäbe es Dorsts Stück nicht«. Insgesamt verliere der Autor »das politische Thema über dem Alters-Thema aus dem Auge«; »sein verletzlicher, aber auch schwächlicher Wahrheitsbegriff« verhindere »Einsicht«.

Hamsuns Tagebuch] Vgl. S. 55, Anm. zu *Auf überwachsenen Pfaden*.

die juristische Schwierigkeit mit der Hamsun-family] Vgl. S. 56, Anm. zu *das Hamsun-Buch verfilmen* und zu *Kristian/Landstreicher-Szene*.

der norwegischen Filmgesellschaft] Vgl. S. 56, Anm. zu *das Hamsun-Buch verfilmen*.

Dr. Rühle] Der Journalist Günther Rühle (geb. 1924) gehörte ab 1954 dem Feuilleton der *Frankfurter Neuen Presse* an. Im Oktober 1960 begann er als Feuilletonredakteur bei der *Frankfurter Allgemeinen Zeitung*, wo er sich in der Sparte Theaterkritik einen Namen machte. Er veröffentlichte Standardwerke wie die Rezensionen-Sammlung *Theater für die Republik 1917-1933. Im Spiegel der Kritik* (1967) und die kommentierte Anthologie *Zeit und Theater* (3 Bde., 1972-1974); auch gab er Marieluise Fleißers (vgl. S. 49, Anm. zu *Fleisser*) sowie Alfred Kerrs Werke heraus.

Australienreise] Im Sommer 1973 reiste TD nach Australien und Neuseeland, wo er an Universitäten las. Im Jahr darauf inszenierte er dort sein Stück *Eiszeit* (*Ice Age*) beim Adelaide-Festival. Es war seine erste Regiearbeit.

Ihre Heinerede] Vgl. S. 58, Anm. zu *den Preis bekommen*. Es handelt sich
wohl um den Sonderdruck *Heinrich Heine und der liebe Gott und ich* (Rede
zur Verleihung des Heinrich-Heine-Preises in Düsseldorf, 13. Dezember
1972), St. Gallen 1972. Die Rede ist auch zu finden in: Zuckmayer, *Aufruf
zum Leben*, S. 303-317.

Familiengeschichte] Im Gegensatz zum Gründgens-Plan (vgl. die folgende
Anm. zu *Gründgens*) wurde das hier angekündigte »multimediale[] Groß-
projekt« weitgehend realisiert (Erken 1989, S. 147 ff.). Zwischen 1975 und
1985 erschien eine Chronik von sechs relativ selbständigen Prosa- und
Theaterstücken, Fernseh- und Filmszenarien, die die Geschichte der bürgerlichen Familie im Zusammenhang mit der deutschen Zeitgeschichte von
etwa 1926 bis zum Anfang der 1970er Jahre gestalteten. Es handelte sich
um den »fragmentarischen Roman« *Dorothea Merz* (1976), die Erzählung
Klaras Mutter (1978), das Stück *Heinrich oder die Schmerzen der Phantasie*
(1984), das Theaterstück *Die Villa* (1980), den Fernsehfilm *Mosch* (1980)
und die Komödie *Auf dem Chimborazo* (1975). Alle genannten Werke wurden jeweils in mehreren Medien herausgebracht, teilweise auch vom WDR
für die ARD verfilmt. TD faßte sie im ersten Band seiner »Werkausgabe«
(Frankfurt am Main 1985) unter dem Titel *Deutsche Stücke* zusammen. Er
hatte schon 1975 erklärt, »über Deutschlands Zustand gebe es […] kein
Stück« (Rühle 1975, S. 19). Das letzte Stück der Reihe *Auf dem Chimborazo* (vgl. S. 67, Anm. zu *Rückzug aus dem was sie politisch nennen*) – von TD
als »ein Epilog auf die bürgerliche Familie« bezeichnet (Dorst 1977, S. 140)
– entstand zuerst, von ihm ist in den Briefen an CZ wiederholt die Rede (vgl.
S. 64, Anm. zu *ein neues kleines Stück von mir* und *die Sendung Ihres neuen
Stückes*; S. 67, Anm. zu *Chimborazo*).

Gründgens] Gustaf Gründgens (1899-1963) war sowohl Bühnen- und Film-
schauspieler als auch Regisseur und Theaterleiter. 1934 wurde er Intendant
des Staatlichen Schauspielhauses am Gendarmenmarkt in Berlin. Hermann
Göring betraute ihn bald darauf mit der Generalintendanz der Preußischen
Staatstheater (1937-1945). Gründgens' Karriere setzte sich im westlichen
Nachkriegsdeutschland fort, obwohl sein Verhalten während des ›Dritten
Reiches‹ umstritten blieb. Klaus Mann beispielsweise stellte in seinem Exil-
roman *Mephisto* (1936) den ehemaligen Schwager als verantwortungslosen
Karrieristen dar. Nach dieser Vorlage, die erst 1981 in der Bundesrepublik
veröffentlicht wurde, plante TD am Beginn der Zusammenarbeit mit Peter
Zadek ein Drama (vgl. dazu: Bekes 1991, S. 47). Die Parallelen der Figur
Gründgens zu dem in den Nationalsozialismus verstrickten Dichter Knut
Hamsun und zum »Alten« in *Eiszeit* sind unverkennbar. Das Projekt eines
Stücks über Gründgens, das TD im Brief an CZ erneut in Betracht zog, kam
jedoch nicht zur Ausführung. Vgl. auch CZs Urteil über Gründgens im *Ge-
heimreport* (Nickel/Schrön 2002, S. 131 f., 153 f.)

11 Hs. Brief mit aufgestempelter Absenderangabe in der linken oberen Ecke: *Tankred Dorst / 8 München 40 / Schleißheimer Str. 182 / Tel. 300 31 93 u. 300 64 32.* Form der Datumsangabe auf der Vorlage: *14. Mai 74.*

ein neues kleines Stück von mir] Gemeint sein dürfte das Stück *Auf dem Chimborazo* (Eine Komödie, Mitarbeit Ursula Ehler, Frankfurt am Main 1975), das TD im Brief vom 29. Januar 1975 ebenfalls, wenn auch in Anführungszeichen, als »kleines« Stück bezeichnet (S. 37). Das mag damit zusammenhängen, daß das Stück als das letzte einer lose zusammenhängenden Folge geplant war (vgl. S. 63, Anm. zu *Familiengeschichte*). Der Autor muß CZ im Mai 1974 das Bühnenmanuskript des Suhrkamp Verlages von *Auf dem Chimborazo* (1974) zugeschickt haben. Im Juli desselben Jahres – also noch vor Uraufführung und Buchausgabe – wurde eine Hörspielfassung produziert und im September gesendet (vgl. S. 68, Anm. zu *Hörspiel*). Zu weiteren Informationen über *Auf dem Chimborazo* vgl. S. 67, Anm. zu *Rückzug aus dem was sie politisch nennen*.
den Altmeister dort auf dem Berg] Vgl. S. 58, Anm. zu *hinter den sieben Bergen geblieben*.

12 Hs. Brief auf Bogen mit gedrucktem Briefkopf: *Carl Zuckmayer / 3906 Saas-Fee-Schweiz*. Form der Datumsangabe auf der Vorlage: *24. Mai 1974*

die Sendung Ihres neuen Stückes] Vgl. auf dieser Seite die Anm. zu *ein neues kleines Stück von mir*.
Der Alte wurde von der Presse missverstanden] Vgl. S. 47, Anm. zu *Alten* und S. 33, TD an CZ, 23. Mai 1973.
trotz einer vermutlich sehr guten Aufführung] Vgl. S. 48, Anm. zu *Uraufführung*.
Rischbieter] Vgl. S. 62, Anm. zu *Rischbieter*.
Toller] Vgl. S. 39, Anm. zu *ein Manuskript davon zu senden*; S. 40, Anm. zu *Toller*.
Bernhard] Thomas Bernhard (1931-1989) war ein österreichischer Romancier und Dramatiker, der seinen literarischen Durchbruch 1963 mit dem Roman *Frost* erlebte. Die Theaterstücke, die er ab 1975 vorrangig publizierte, rückten ihn ins Zentrum des öffentlichen Interesses. CZ kannte Bernhard seit seiner Kindheit. Er war mit dessen Großvater, dem Schriftsteller Johannes Freumbichler (1881-1949), befreundet, der ihn im Henndorfer Exil häufig besuchte. Als CZ den jungen Bernhard nach dem Krieg in Salzburg wiedertraf, ermutigte er ihn zum Schreiben und vermittelte ihm durch Josef Kaut den Posten eines »freien Journalisten« beim *Demokratischen Volksblatt*. 1963 setzte sich CZ entschieden für Bernhards Romanerstling *Frost* ein, den er in der *Zeit* besprach (CZ, *Ein Sinnbild der großen Kälte, in: Die Zeit* [Hamburg] vom 21. Juni 1963). Dies Engagement muß insofern überraschen, als Bernhards extrem pessimistisch-nihilistisches Weltbild in star-

kem Kontrast zu CZs Lebensbejahung steht. Die Korrespondenz Bernhards mit Alice Zuckmayer und CZ ist dokumentiert im Auktionskatalog Nr. 31 der Galerie Hassfurther, Wien 2001, S. 114-120.

Jagdgesellschaft] Thomas Bernhards Stück *Die Jagdgesellschaft* wurde am 4. Mai 1974 im Burgtheater in Wien unter der Regie von Claus Peymann uraufgeführt. Die Buchausgabe kam im gleichen Jahr bei Suhrkamp heraus (Frankfurt am Main 1974). CZs Begeisterung für das Stück dürfte darauf zurückzuführen sein, daß es die Kritik an einer mörderischen, macht- und vergnügungsbesessenen Gesellschaft in dezidierter Frontstellung gegen alle neo-realistischen Darstellungsweisen vorbrachte (vgl. S. 48, Anm. zu *Neo-realismus*). Vielmehr vollzieht sich die Entlarvung der diagnostizierten »Kunstnaturkatastrophe« in artifiziellen musikalisch-rhythmischen Ritualen, die trotz gelegentlicher Einsprengsel historisch-realer Fakten und einer an Ibsen gemahnenden Analytik den Gesamteindruck eines absurden Theaters hervorrufen. Im Interview rühmte CZ 1976 generell Bernhards »fast strindberghafte[] Besessenheit von einem bestimmten Thema, das er aber immer künstlerisch und musikalisch ausdrückt [...]«, und setzte ihn damit positiv von dem zeitgenössischen »rein ideologisch-politische[n] Theater« ab (Reif 1977, S. 7).

im 78. Lebensjahr] Am 22. Februar 1975 wurde CZs letztes vollendetes Stück, *Der Rattenfänger*, uraufgeführt. Der Autor war zu dieser Zeit schon weitgehend in Vergessenheit geraten. Sein letzter großer Erfolg mit der Autobiographie *Als wär's ein Stück von mir* (1966), zugleich sein größter Bucherfolg überhaupt, lag neun Jahre zurück. CZ war sich klar darüber, daß die aktuelle Theaterszene nicht mehr mit ihm rechnete, ihm vielmehr vorurteilsvoll gegenüberstand. Gerade deshalb wollte er sie noch einmal in Erstaunen versetzen und gewinnen: »Wenn diese Leute [Dramaturgen] den Namen Z. hören, sagen sie unbesehen: ›altmodisch‹, ›Opas Theater‹, – na sie werden sich wundern, der Urgreis wird ihnen noch mehr Temperament und Gestaltungskraft zeigen als hundert junge Experimentierer« (CZ an Günther Niemeyer, 26. Juli 1974, zit. nach Martin 1982, S. 204). Zwei Jahre nach der *Rattenfänger*-Premiere starb CZ am 18. Januar 1977.

Der Rattenfänger] Das Stück ging auf eine Anregung des Hamelner Verlegers und Stadtrats Günther Niemeyer zurück, den CZ im März 1964 bei einer Kur in Bad Wiessee am Tegernsee kennengelernt hatte. Dieser fragte den Autor, ob er nicht »eine Art von *Hamelner Festspiel*« für die »alljährlichen Rattenfängerspiele[]« schreiben wolle (CZ, *Stoff und Quellen*, in: Zuckmayer, *Der Rattenfänger*, S. 157). CZ erwärmte sich für diese Idee erst, nachdem er den Interpretationsansatz Rattenplage infolge von »Naturfrevel« gefunden hatte. Im Laufe der Zeit veränderte sich jedoch seine Konzeption in Richtung auf eine Brechtisch anmutende Sozialproblematik hin. Die aktuellen amerikanischen Jugendproteste und die deutsche Studentenbewegung von 1968 gingen in das Werk ein (Nickel/Weiß 1996 S. 467-471; Hofmann/Nickel 1998).

eine Revue in Ihrem Sinne] Vgl. S. 45, Anm. zu *so eine Art Revue. Der Rattenfänger* setzte sich aus »achtzehn Bildern« zusammen. Georg Hensel registrierte neben einer inhaltlichen auch eine formale Anlehnung an Bertolt
Brecht: »Episches Theater mit Songs und einem Erzähler« (*Zuckmayers
Zauberflöte. Uraufführung: »Der Rattenfänger« im Zürcher Schauspielhaus*, in: *Frankfurter Allgemeine Zeitung* vom 24. Februar 1975, zit. nach
Glauert 1977, S. 392).

die Rheinpromenade] *Rheinpromenade. Stück (in 30 Szenen)* war das erste
veröffentlichte Stück des fünfzigjährigen Industriekaufmanns Karl Otto
Mühl (geb. 1923). Es wurde von den Städtischen Bühnen Wuppertal am
9. September 1973 uraufgeführt und von *Theater heute* im Jahressonder-
heft 1973 erstmals gedruckt. Das Stück machte seinen Autor, der in den
siebziger Jahren weitere Dramen, Hörspiele und zwei Romane herausbrachte, mit einem Schlag bekannt. Es knüpfte mit seiner Darstellung des Klein-
bürgeralltags an das sozialkritische Volksstück von Marieluise Fleißer und
Ödön von Horváth in den 1920er Jahren an (vgl. S. 48, Anm. zu *Neorealismus*; S. 49, Anm. zu *Horváth*), worin es sich mit Bestrebungen des zeitgenössischen Theaters traf. Mühl wurde infolgedessen von der Kritik als
»rheinischer Kroetz« apostrophiert (vgl. Schreiber 1973, S. 7). Schon während der fünfjährigen Kriegsgefangenschaft in amerikanischen und englischen Lagern (1942-1947) hatte der Autor TD kennengelernt; beide gehörten nach ihrer Entlassung 1947 der von Paul Pörtner 1945 in Wuppertal
begründeten Künstlervereinigung »Der Turm« an. Wie in der *Frankfurter
Rundschau* ausführlich beschrieben, hatte TD großen Anteil daran, daß
Rheinpromenade erfolgreich auf die Bühne kam (ebd.).

13 Hs. Postkarte (Abb.: *The Barong Dance depicts the good and the evil
fighting without end*). Ohne Datumsangabe. Datum des Poststempels:
München 6.6.7[4]. Ohne Absenderangabe. Adresse: *SCHWEIZ / CARL ZUCK-
MAYER / 3906 SAAS FEE*. Zusatz CZs: *BÜHNEN-MANUSKRIPT GESANDT*.

aus der Klinik] In seinem Brief vom 24. Mai 1974 hatte CZ lediglich angekündigt, daß er »nächste Woche nach St. Gallen zum Augenarzt« müsse, weil er
»derzeit sehr schlecht« sehe (S. 35), von einem Krankenhausaufenthalt war
nicht die Rede. Davon muß TD auf anderem Wege erfahren haben.
Rattenfänger] Vgl. S. 65, Anm. zu *Der Rattenfänger*.
Premiere, – wo?] Vgl. S. 67, die Anm. zu *Uraufführung*.

14 Hs. Brief. Form der Datumsangabe auf der Vorlage: *29.1.75*. Hs. Zusatz
CZs: *erl.*

Berlin] Am 23. Januar 1975 hatte TD der Uraufführung seiner Komödie *Auf
dem Chimborazo* in Berlin beigewohnt (vgl. auch S. 63, Anm. zu *Familiengeschichte* und S. 64, Anm. zu *ein neues kleines Stück von mir*), die dort

unter Dieter Dorns Regie von den Staatlichen Schauspielbühnen, Schloßpark-Theater realisiert worden war.

Rattenfänger] Vgl. S. 65, Anm. zu *Der Rattenfänger*.

in Norwegen (um den Eiszeit-Film zu drehen)] Vgl. S. 56, Anm. zu *das Hamsun-Buch verfilmen*.

Uraufführung] *Der Rattenfänger* wurde am 22. Februar 1975 im Schauspielhaus Zürich uraufgeführt (vgl. auch S. 69, Anm. zu *Premierenabende*), die
deutsche Erstaufführung fand am 3. April 1975 im Schauspielhaus der
Städtischen Bühnen Dortmund statt.

Arbeit mit dem Regisseur] TD hat wiederholt betont, wie zentral die Zusammenarbeit mit kompetenten Partnern für die endgültige Gestaltung seiner
Stücke sei: »Nun, ich habe eigentlich immer mit Regisseuren zusammengearbeitet. Das heißt, nicht in dem Sinn, daß wir die Stücke zusammen geschrieben haben, aber es sind immer sehr große Impulse ausgegangen zum
Beispiel von Zadek, der mein erstes Stück ›Die Kurve‹ schon 1960 im Fernsehen mit Kinski und Qualtinger gemacht hat und auch das zweite Stück am
Schiller-Theater Werkstatt, dann den ›Toller‹ im Fernsehen und jetzt auch
die Uraufführung von ›Eiszeit‹. So jemand wie Zadek war für mich sehr
wichtig als Korrektiv, als Widerspruch sozusagen, als eine Möglichkeit der
Auseinandersetzung und auch zur Selbstverteidigung, daß ich immer gezwungen war, die eigene Position zu halten oder zu korrigieren. Wir haben
uns immer also von Szene zu Szene über das Stück auseinandergesetzt und
aus dieser Zusammenarbeit ist dann auch etwas in das Stück übergegangen,
z.B. in die gedruckte Fassung von ›Toller‹. Dann habe ich mit Palitzsch zusammengearbeitet oder mit Frau Ehler« (*Deshalb schreibt man auch so ungern, ich jedenfalls*, zit. nach Laube 1974, S. 219 f.).

Chimborazo] Vgl. S. 63, Anm. zu *Familiengeschichte*; S. 64, Anm. zu *ein
neues kleines Stück von mir*.

die Aufführung] Vgl. S. 66, Anm. zu *Berlin*.

Fall Karasek] Hellmuth Karasek (geb. 1934) promovierte 1958 zum Dr. phil.;
1960 begann er bei der *Stuttgarter Zeitung* und wechselte 1968 als Redakteur und Theaterkritiker zur Hamburger Wochenzeitung *Die Zeit*. Von
1974 bis 1996 war er verantwortlicher Redakteur im Kulturressort des
Magazins *Der Spiegel*. Heute ist er Mitherausgeber des Berliner *Tagesspiegel*. Karasek verfaßte zahlreiche Schriften zum Theater (Max Frisch [1969],
Carl Sternheim [1970], Bertolt Brecht [1978]) und Film des 20. Jahrhunderts. Sein Verriß der Uraufführung von *Auf dem Chimborazo* erschien im
Spiegel vom 27. Januar 1975 (Karasek 1975).

Rückzug aus dem was sie politisch nennen] In der Besprechung der *Frankfurter Allgemeinen Zeitung* von *Auf dem Chimborazo* spielt dieser Vorwurf
eine zentrale Rolle; denn seit *Toller* und *Eiszeit* galt TDs Dramatik als politisch: »Dorst bleibt an der Grenze nicht nur der Medien und nicht nur zur
DDR – auch zur Politik. Er beginnt mit der Idylle kleiner Familienstreitig-
keiten um die Vormacht der Mutter; und die Politik, die dann hineinspielt,
ist dem Thema der Illusionen untergeordnet, mit deren Zerstörung das

Stück schließt: Dorst arbeitet sich vom Biedermeier-Genre bis Ibsen vor«
(Hensel 1975). TD hatte demgegenüber »die Angst auf[ge]gebe[n], daß das
Private zu privat sei« (zit. nach Rühle 1975, S. 19): »Was ist privat, was ist
politisch? Vier Personen, die in ihren Beziehungen zueinander gefangen
sind: die Familie, die bürgerliche Familie, die große bürgerliche Illusion, das
ist doch ganz gewiß auch ein politisches Thema hier bei uns. Nur habe ich
das Stück ohne eine Ideologie geschrieben, ich wollte eine Geschichte von
Menschen schreiben« (Dorst 1977, S. 142 f.).

Hörspiel] *Auf dem Chimborazo* kam vor der Bühnen-Uraufführung am
23. Januar 1975 (vgl. S. 66, Anm. zu *Berlin*) bereits im Rundfunk als Hörspiel heraus. Bayerischer Rundfunk, Rias Berlin und Süddeutscher Rundfunk produzierten es im Juli 1974, die Erstsendung erfolgte am 27. September 1974 in Bayern 2. Hellmuth Karasek benutzte in seiner *Spiegel*-Rezension
die Tatsache der Vorab-Sendung des Stückes im Rundfunk als Beweis für
dessen mindere Qualität: »Der Autor selbst hat es [*Auf dem Chimborazo*]
als Neben-, Abfallprodukt einer anderen dramatischen Arbeit bezeichnet.
Trotzdem wurde die Uraufführung am Berliner Schloßpark-Theater in der
Erwartung zum ›Theaterereignis‹ hochstilisiert. Einmal, weil Tankred Dorst
seit seinem ›Toller‹ und seit seinem Hamsun-Lebensbogen ›Eiszeit‹ sich als
klimafeste Oase in allgemeiner Stücke-Dürre bewährt hat. Zum anderen,
weil es mit neuen Stücken eben so ist, wie es ist: Unter Blinden ist das Hörspiel König« (Karasek 1975).

Eiszeit] Vgl. S. 47, Anm. zu *Eiszeit* und *Alten*; S. 48, Anm. zu *Uraufführung*.

Hofer] Die Schauspielerin Johanna Hofer (1896-1988), eine Nichte von
Käthe Kollwitz, war nach Abschluß ihrer Ausbildung in Frankfurt am Main
(1916-1918) engagiert. 1918/19 kam sie zunächst an die Berliner Volksbühne, ab 1919 dann an das Staatstheater unter Leopold Jessner, wo sie bei
der Uraufführung von CZs Drama *Kreuzweg* am 10. Dezember 1920 die
Rolle der Madelon gespielt hat. 1924 heiratete sie den Schauspieler und
Regisseur Fritz Kortner, mit dem sie 1933 ihrer jüdischen Abkunft wegen in
die Emigration (London, USA) gehen mußte. Nach der Rückkehr 1948 trat
sie in München (Kammerspiele), in Bochum und West-Berlin (Hebbel-Theater, Schloßpark-Theater, Schaubühne) auf. Als Klara in der Uraufführung
von TDs *Auf dem Chimborazo* (1975) konnte sie einen großen Erfolg ver-
buchen. Sie spielte auch in diversen Filmen mit.

Christian in der Eiszeit] Vgl. S. 56, Anm. zu *Kristian/Landstreicher-Szene*.

Herbert Engelmann] Gerhart Hauptmann (1862-1946) hatte 1924 eine Roh-
fassung des in den unmittelbar zurückliegenden Inflationsjahren angesie-
delten Schauspiels *Herbert Engelmann* geschrieben, dessen gleichnami-
ger Protagonist, ein ehemaliger Frontsoldat und Schriftsteller, durch seine
Erfahrungen im und nach dem Ersten Weltkrieg in den Selbstmord getrieben wird. Nach einer kurzen Wiederaufnahme 1928 geriet das nicht ganz
vollendete Stück in Vergessenheit und wurde von Hauptmann erst am
19. September 1941 wiederentdeckt. Wie C. F. W. Behl, Hauptmanns Mitarbeiter an der Ausgabe letzter Hand seiner Werke (1942), überlieferte,
plante der Autor nun, den pazifistischen Schriftsteller Engelmann in einen

Bakteriologen zu verwandeln, um so das Stück im ›Dritten Reich‹ aufführbar zu machen, gab diese Absicht dann aber auf. Nach Hauptmanns Tod bat sein jüngster Sohn Benvenuto CZ 1949, das Drama zu vollenden (Hauptmann/Zuckmayer 1952). CZ hatte nicht nur freundschaftliche Beziehungen zu Hauptmann unterhalten, er kannte sich auch in dessen Werk aus. Zum 60., 70. und 100. Geburtstag (1922, 1932, 1962) hielt er Festreden. Seine Bearbeitung von *Herbert Engelmann*, in der der Protagonist Atomphysiker geworden war, erschien zu Hauptmanns 90. Geburtstag. Die Uraufführung vom 8. März 1952 am Akademietheater Wien hatte durchaus Erfolg, desgleichen die deutsche Erstaufführung vom 12. Mai 1952 am Nationaltheater Mannheim. Aber trotz CZs Respekt vor der »größte[n] Dichtergestalt des Jahrhunderts« (CZ, *Als wär's ein Stück von mir*, S. 420) machte seine aktualisierende Bearbeitung das nachgelassene Stück doch zu einem Werk eigener Ordnung (zu *Herbert Engelmann* vgl. Cowen 1980, S. 258-262). Zum Verhältnis zwischen Hauptmann und CZ vgl. Tschörtner 1999.

15 Hs. Brief mit gedrucktem Briefkopf: *Carl Zuckmayer / 3906 Saas-Fee Schweiz*. Hs. Hinzufügung CZs: *z. Zt. Zürich / Hotel Neues Schloss*. Form der Datumsangabe auf der Vorlage: *16. II. 75*.

Premierenabende] Das Schauspielhaus Zürich hatte die ersten drei aufeinanderfolgenden Aufführungsabende von CZs *Rattenfänger* zu Uraufführungen erklärt (22./23./24. Februar 1975), um die starke in- und ausländische Nachfrage nach Karten befriedigen zu können (Glauert 1977, S. 387).

Hauptakteurs Lohner] Der österreichische Schauspieler Helmut Lohner (geb. 1933) begann seine Karriere am Theater in der Josefstadt in Wien. Nach Engagements in Westberlin (Theater am Kurfürstendamm) und Hamburg (Thalia Theater) kam er in den frühen 1970er Jahren zu Karlheinz Stroux nach Düsseldorf, anschließend ans Schauspielhaus in Zürich, wo er 1975 bei der Uraufführung von CZs *Rattenfänger* die Titelfigur des Bunting spielte.

Lindtberg] Der Regisseur und Theaterleiter Leopold Lindtberg, eigentl. Lemberger (1902-1984), begann 1924 als Schauspieler am Dramatischen Theater Berlin. Sein Regiedebut hatte er 1926 unter Wilhelm Dieterle, danach arbeitete er bei Erwin Piscator. Wegen seiner jüdischen Abstammung und seiner linken Sympathien wurde Lindtberg 1933 vom Stadttheater Düsseldorf entlassen, konnte aber nach einer kurzen Zwischenstation in Paris am Schauspielhaus Zürich weiterarbeiten, das zwischen 1933 und 1945 zu einem Sammelpunkt der deutschen Emigranten wurde. In Zürich, wo er von 1933 bis 1948 als Regisseur und von 1965 bis 1968 als Direktor am Schauspielhaus wirkte, und am Habima Theater Tel Aviv inszenierte er so bedeutende Exil-Stücke wie *Professor Mamlock* von Friedrich Wolf (deutschsprachige Erstaufführung: 8. November 1934) oder *Mutter Courage* (1941) von Bertolt Brecht. Ebenfalls unter seiner Regie wurde am 17. November 1938 CZs Schauspiel *Bellman* in Zürich uraufgeführt (Zuckmayer, *Als wär's ein Stück von mir*, S. 115 f.). Lindtberg war überdies zwischen 1935 und 1953 mit zwölf Spielfilmen einer der erfolgreichsten Filmregisseure der Schweiz.

zu viele Freunde Diese kritische Bemerkung CZs über seine Freunde widerspricht dem sonst von ihm in der Öffentlichkeit gepflegten Selbstbild. Seine erfolgreiche Autobiographie *Als wär's ein Stück von mir* heißt nicht nur im Untertitel *Horen der Freundschaft*, sie erhebt auch die freundschaftlichen Beziehungen zum immanenten Strukturprinzip des gesamten Werkes. Allerdings hatte bereits die Nichterwähnung zahlreicher Namen in den Erinnerungen (vgl. dazu CZ über Ernst Toller S. 25 f.) Verstimmung und Enttäuschung bei Betroffenen, so beispielsweise bei Friedrich Torberg, hervorgerufen (vgl. Nickel/Schubert 1998, S. 9).

Herrn von der Presse] Wiederholt ist im Briefwechsel auch bei TD von verständnislosen oder sogar böswilligen Kritikern die Rede (vgl. S. 32 f., 36). Hier herrschte sichtlich Einverständnis zwischen den beiden Autoren (vgl. S. 35). Die Uraufführung von CZs *Rattenfänger* hatte beim Premierenpublikum am ersten Abend großen Erfolg, zum Schluß gab es eine Viertelstunde lang Ovationen für Autor und Hauptdarsteller (Glauert 1977, S. 390, 397). Die Kritiker äußerten sich dagegen überwiegend negativ. Dem Rezensenten der *Welt* beispielsweise erschien der *Rattenfänger* anläßlich der deutschen Erstaufführung als »ein wirres Konglomerat von historischen und märchenhaften Spurenelementen, aktuellen Assoziationen und künstlichen Konstruktionen ohne spürbare Dramatik und Dramaturgie« (Plunien 1975). Auch die Theater zeigten in der Folge wenig Interesse an einer Aufführung des Stückes.

16 Hs. Brief mit eigenh. Zusatz CZs: *erl.* Form der Datumsangabe auf der Vorlage: 22.2.75.

einige Kritiker zu infizieren] Vgl. auf dieser Seite die Anm. zu *Herrn von der Presse*.

Zürich] Vgl. S. 67, Anm. zu *Uraufführung*.

das Stück] Vgl. S. 65, Anm. zu *Der Rattenfänger*.

besuche ich Sie] TD hat CZ wiederholt zur Uraufführung seines Stückes *Eiszeit* in Bochum eingeladen (S. 27, 32 f.). Dieser reagierte interessiert und äußerte überdies den Wunsch, TDs und Zadeks Bearbeitung von *Kleiner Mann – was nun?* selbst zu sehen (S. 29). Aber CZ konnte weder an der *Eiszeit*-Premiere teilnehmen (S. 33) noch kam es zu einem Treffen anläßlich der Verleihung des Heine-Preises an ihn (S. 31). TD sprach auch die Absicht aus, CZ in Saas-Fee zu besuchen (S. 34), und als er von der Uraufführung des *Rattenfänger* hörte, erkundigte er sich gleich, wo diese stattfinden werde und kündigte sein Kommen an (S. 35; S. 67, Anm. zu *Uraufführung*), TD aber konnte wegen einer Grippe nicht nach Zürich kommen (S. 38). Trotz aller Bemühungen haben sich die beiden Briefschreiber also nie persönlich kennengelernt.

auf Ihrem Berg] Vgl. S. 58, Anm. zu *hinter den sieben Bergen geblieben*.

Literatur

Baumgartner 1997: Walter Baumgartner, *Knut Hamsun*, Reinbek 1997.

Bekes 1991: Peter Bekes, *Tankred Dorst. Bilder und Dokumente*, München 1991.

Borchmeyer/Žmegač 1987: Dieter Borchmeyer / Viktor Žmegač (Hrsg.), *Moderne Literatur in Grundbegriffen*, Frankfurt am Main 1987.

Cowen 1980: Roy C. Cowen, *Hauptmann-Kommentar zum dramatischen Werk*, München 1980.

Dirscherl/Nickel 2000: Luise Dirscherl / Gunther Nickel (Hrsg.), *Der blaue Engel. Die Drehbuchentwürfe*, St. Ingbert 2000.

Dorst 1966: Tankred Dorst, *Szenen aus »Toller«*, in: *kürbiskern. Literatur und Kritik*, hrsg. von Christian Geissler, Friedrich Hitzer, Yaak Karsunke, Hannes Stütz und Manfred Vosz, Jg. 2, 1966, H. 3 (Juni), S. 22-43.

Dorst 1968 a: Tankred Dorst, *Toller*, in: *Spectaculum XI. Sechs moderne Theaterstücke*, Frankfurt am Main 1968, S. 187-243.

Dorst 1968 b: Tankred Dorst, *Toller*, Frankfurt am Main 1968.

Dorst 1972: Tankred Dorst, *Kleiner Mann, was nun? Revue nach dem Roman von Hans Fallada*, Frankfurt am Main 1972.

Dorst 1973: Tankred Dorst, *Eiszeit. Ein Stück*, Mitarbeit: Ursula Ehler, Frankfurt am Main 1973.

Dorst 1974: Tankred Dorst, *Auf dem Chimborazo. Eine Komödie*, Frankfurt am Main 1974.

Dorst 1977: Tankred Dorst, *Neun Antworten auf neun Fragen*, in: *ARD-Fernsehspiel*, April Mai Juni 1977.

Erken 1989: Günther Erken (Hrsg.), *Tankred Dorst*, Frankfurt am Main 1989.

Frühwald / Spalek 1979: Wolfgang Frühwald / John M. Spalek (Hrsg.), *Der Fall Toller. Kommentar und Materialien*, München, Wien 1979.

Glauert 1977: Barbara Glauert (Hrsg.), *Carl Zuckmayer. Das Bühnenwerk im Spiegel der Kritik*, Frankfurt am Main 1977.

Hecht u.a. 1988-2000: Bertolt Brecht, *Werke. Große kommentierte Berliner und Frankfurter Ausgabe*, hrsg. von Werner Hecht, Jan Knopf, Werner Mittenzwei und Klaus-Detlef Müller, Berlin, Weimar, Frankfurt am Main 1988-2000.

K. Hamsun 1940: Knut Hamsun, *Über Deutschland*, in: *Ausritt 1940/1941. Almanach des Verlages Albert Langen-Georg Müller*, München 1940, S. 54.

K. Hamsun 1950: Knut Hamsun, *Auf überwachsenen Pfaden. Ein Tagebuch*, München, Leipzig, Freiburg i.Br. 1950.

M. Hamsun 1940: Marie Hamsun, *Die Reise meines Lebens*, in: *Ausritt 1940/1941. Almanach des Verlages Albert Langen-Georg Müller*, München 1940, S. 55-58.

M. Hamsun 1961: Marie Hamsun, *Die letzten Jahre mit Knut Hamsun*, München 1961.

T. Hamsun 1993: Tore Hamsun, *Mein Vater Knut Hamsun*, aus dem Norwegischen von Ingrid Sack, München 1993.

Hansen 1985: Thorkild Hansen, *Knut Hamsun. Seine Zeit – Sein Prozeß*, München, Wien 1985.

Hauptmann/Zuckmayer 1952: Gerhart Hauptmann / Carl Zuckmayer, *Herbert Engelmann. Drama in vier Akten. Aus dem Nachlaß von Gerhart Hauptmann. Ausgeführt von Carl Zuckmayer. Beide Fassungen,* München 1952.

Hensel 1975: Georg Hensel, *Luft aus der geplatzten Lebenslüge. Uraufführung der Komödie* »*Auf dem Chimborazo*« *von Tankred Dorst im Schloßparktheater Berlin,* in: *Frankfurter Allgemeine Zeitung* vom 25. Januar 1975.

Hensel 1981: Georg Hensel, *Ritter, Tod und Teufel nicht von Gestern. Besuch bei Tankred Dorst,* in: *Frankfurter Allgemeine Zeitung* vom 17. Oktober 1981.

Hofmann/Nickel: Katrin Hofmann / Gunther Nickel, *Carl Zuckmayers* »*Der Rattenfänger*« *– ein brechtisches Drama?* in: *Zuckmayer-Jahrbuch*, Bd. 1, 1998, S. 305-325.

Jacobi 1970: Johannes Jacobi, *Peter Weiss – ein Dramatiker von Weltrang? Seine Marat-Moritat im Spiegel der Theaterkritik und ein persönlicher Eindruck,* in: Volker Canaris (Hrsg.), *Über Peter Weiss*, Frankfurt am Main 1970, S. 58-63.

Jacobsen 1993: Wolfgang Jacobsen / Anton Kaes / Hans Helmut Prinzler (Hrsg.), *Geschichte des deutschen Films*, Stuttgart, Weimar 1993.

Karasek 1973: Hellmut Karasek, *Vom unangreifbaren Alter. Tankred Dorsts* »*Eiszeit*« *in Bochum,* in: *Die Zeit* (Hamburg) vom 23. März 1973, S. 24.

Karaseck 1975: Hellmuth Karasek, *Ab ins Tal.* »*Auf dem Chimborazo*«. *Stück von Tankred Dorst. Berliner Schloßpark-Theater; Regie: Dieter Dorn,* in: *Der Spiegel*, Jg. 29, 1975, Nr. 5, S. 105 f.

Laube 1974: Horst Laube (Hrsg.), *Werkbuch über Tankred Dorst*, Frankfurt am Main 1974.

Leonhardt 1999: Rudolf Walter Leonhardt, *Der Heine-Preis – eine traurige Geschichte,* in: *Zuckmayer-Jahrbuch*, Bd. 2, 1999, S. 549-555.

Martin 1982: Gerald P.R. Martin (Hrsg.), ›*Ganz neu aus meiner Phantasie*‹. *Der Weg zum* ›*Rattenfänger*‹, *dargestellt an Carl Zuckmayers Briefwechsel mit Günther Niemeyer in den Jahren 1964-1975,* in: *Blätter der Carl-Zuckmayer-Gesellschaft*, Jg. 8, 1982, H. 4, S. 173-211.

Mehring 1952: Walter Mehring, *Die verlorene Bibliothek. Autobiographie einer Kultur*, Hamburg 1952.

Nickel/Schrön 2002: Carl Zuckmayer, *Geheimreport*, hrsg. von Gunther Nickel und Johanna Schrön, Göttingen 2002.

Nickel/Schubert 1998: *Carl Zuckmayer – Paul Hindemith: Briefwechsel,* hrsg. von Gunther Nickel und Giselher Schubert, in: *Zuckmayer-Jahrbuch*, Bd. 1, 1998, S. 9-118.

Nickel/Weiß 1996: Gunther Nickel / Ulrike Weiß, *Carl Zuckmayer 1896-1976. »Ich wollte nur Theater machen«*, Marbach 1996 (Marbacher Kataloge 49).

Niekisch 1958: Ernst Niekisch, *Gewagtes Leben. Begegnungen und Begebnisse*, Köln, Berlin 1958.

Piscator 1929: Erwin Piscator, *Das politische Theater*, Berlin 1929.

Plunien 1975: Eo Plunien, *Wahlkampf mit Carl Zuckmayer. »Der Rattenfänger« jetzt in Dortmund*, in: *Die Welt* (Hamburg) vom 5. April 1975, S. 15.

Raddatz 1969: Fritz J. Raddatz (Hrsg.), *Marxismus und Literatur. Eine Dokumentation in drei Bänden*, Bd. 1, Reinbek 1969.

Reif 1977: Adelbert Reif, *Der Mensch ist das Maß. Ein Gespräch mit Carl Zuckmayer*, in: *Blätter der Carl-Zuckmayer-Gesellschaft*, Jg. 3, 1977, H. 1, S. 4-14.

Rischbieter 1973: Henning Rischbieter, *Ohnmächtige Bewunderung für den Eiszeit-Greis. Tankred Dorsts neues Stück unter der Regie von Peter Zadek im Bochumer Schauspielhaus uraufgeführt*, in: *Süddeutsche Zeitung* (München) vom 19. März 1973, S. 16.

Rothe 1983: Wolfgang Rothe, *Ernst Toller in Selbstzeugnissen und Bilddokumenten*, Reinbek 1983.

Rühle 1975: Günther Rühle, *Ein Mann, der nicht recht haben will. Ein Gespräch mit Tankred Dorst auf der Fahrt von E. nach F.*, in: *Frankfurter Allgemeine Zeitung* vom 17. Januar 1975, S. 19.

Schmidt 1973: Jochen Schmidt, *Irgendwie toll, der alte Hamsun. Dorsts »Eiszeit« in Bochum uraufgeführt*, in: *Deutsche Zeitung / Christ und Welt* (Stuttgart) vom 23. März 1973, S. 10.

Schreiber 1973: Ulrich Schreiber, *Ein rheinischer Kroetz: länger und kleiner. Karl Otto Mühls »Rheinpromenade« uraufgeführt*, in: *Frankfurter Rundschau* vom 12. September 1973.

Stauch von Quitzow 1973: Wolfgang Stauch von Quitzow, *Altersstarrsinn ohne Reue. »Eiszeit: Beifall in Bochum für das neue Theaterstück von Tankred Dorst unter Zadeks Regie*, in: *Deutsches Allgemeines Sonntagsblatt* (Hamburg) vom 25. März 1973, S. 21.

Tschörtner 1999: Heinz Dieter Tschörtner, *»Ein voller Erdentag«. Carl Zuckmayer und Gerhart Hauptmann (mit Briefwechsel)*, in: *Zuckmayer-Jahrbuch*, Bd. 2, 1999, S. 461-491.

Weiss 1971: Peter Weiss, *Rapporte 2*, Frankfurt am Main 1971.

Ziermann 1973: Horst Ziermann, *Der alte Mann und der Verrat. Tankred Dorsts Schauspiel »Eiszeit« in Bochum uraufgeführt*, in: *Die Welt* (Hamburg) vom 19. März 1973, S. 17.

Zuckmayer, *Als wär's ein Stück von mir*: Carl Zuckmayer, *Als wär's ein Stück von mir. Horen der Freundschaft*, Frankfurt am Main 1997.

Zuckmayer, *Aufruf zum Leben*: Carl Zuckmayer, *Aufruf zum Leben. Porträts und Zeugnisse aus bewegten Zeiten*, Frankfurt am Main 1995.

Zuckmayer, *Der Rattenfänger*: Carl Zuckmayer, *Der Rattenfänger. Eine Fabel*, Frankfurt am Main 1975.

Zur Diskussion:
Zuckmayers ›Geheimreport‹

Alle Verweise auf Zuckmayers *Geheimreport* beziehen sich auf den Band: Carl Zuckmayer, *Geheimreport*, hrsg. von Gunther Nickel und Johanna Schrön, Göttingen 2002.

Dagmar Barnouw

Gespenster statt Geschichte:
Kollektivschuld und Erinnerung

Die hier vorgetragenen Überlegungen zu den Zusammenhängen zwischen der Politik einer Kollektivschuld und der Steuerung einer kollektiven Erinnerung beziehen sich indirekt (Abschnitt 1-6) und direkt (Abschnitt 7) auf Carl Zuckmayers Report für den amerikanischen Geheimdienst Office of Strategic Services (OSS), verfaßt im Endstadium des Krieges. Es handelt sich hier um beschreibende Analysen – »Charakterologien« – des psychologischen und politischen Verhaltens einer beträchtlichen Anzahl von in der Weimarer Kultur bekannten deutschen und österreichischen Schriftstellern, Schauspielern, Regisseuren und Verlegern, die auf die eine oder andere Weise im nationalsozialistischen Kulturbetrieb tätig waren. Der Zweck dieser in der Substanz und Sprachgebung sehr unterschiedlichen Berichte waren Erwägungen, welche Rolle diese in der Begabung und im Temperament höchst verschiedenen Künstler und Intellektuellen nach dem bevorstehenden Zusammenbruch des ›Dritten Reichs‹ spielen dürften oder könnten. Meine Argumentation bezieht sich vor allem auf Zuckmayers spontane Urteilsperspektive, die in Zustimmung und Ablehnung oft voreingenommen sein konnte, die aber die Tatsache und die Bedeutung dieser Differenzen sehr deutlich herausbringt und damit schon vor dem Ende des Krieges das spätere Kernproblem einer deutschen Kollektivschuld anspricht.

1.

Die mehr als ein halbes Jahrhundert alten Forderungen einer deutschen Kollektivschuld haben sich in den letzten Jahrzehnten immer mehr Präsenz verschafft. Die Folge war nicht nur eine erstaunliche Vermehrung von verbalen und visuellen Holocaustdiskursen, sondern auch immer lautere Klagen über ihre schädlichen Folgen für eine »wirkliche« Erinnerung an die Opfer der Naziverbrechen.[1] Diese Klagen berühren aber auf keine Weise das Problem einer immer noch wachsenden Exklusivität

---

1 Vgl. Barbie Zelizer, *Remembering to Forget Holocaust Memory Through the Camera's Eye*, Chicago 1998.

der Erinnerung an die Opfer, die u.a. auch verantwortlich ist für das fast völlige Vergessen der Erfahrungen der 1945 kollektiv schuldig gesprochenen Deutschen. Dabei hat dieses dezidierte Vergessen es möglich gemacht, sich über Jahrzehnte hinweg pauschal von der »Tätergeneration« zu distanzieren und der Kriegsgeneration von Frauen, Männern, Kindern ihre historische Komplexität zu verweigern: in der kollektiven Erinnerung an die extremen Leiden der Opfer existieren sie nur als eine anonyme Masse von Gespenstern des absolut Bösen, nicht als einmal lebende Individuen mit Wünschen, Zweifeln, Ängsten, ihren unterschiedlichen Erfahrungen und Verhaltensweisen. Wie zu erwarten war, hat aber die »böse« deutsche Geschichte der »Täter«, die seit 1945 vor allem als Forderung ihrer »Bewältigung« durch identifizierende Erinnerung an das extreme Leiden »der« Opfer verstanden wurde, nicht nur die »Täter«-Generation zu Gespenstern gemacht, sondern auch die der Opfer. Im Chaos der unmittelbaren Nachkriegszeit war zwar das moralisch-politisch motivierte manichäische Szenario »des Guten« des siegreichen alliierten Kampfes für die Opfer gegen »das Böse« der besiegten »Täter« bis zu einem gewissen Grad verständlich.[2] Da diese surreal klare Scheidung zwischen Engeln und Teufeln von der historischen Realität der Kriegserfahrung stark abstrahiert, aber nie explizit korrigiert wurde und da sie sich ihrer Anlage gemäß nicht von selbst mit der Zeit ändern konnte, blieb sie immer potentiell virulent. Der aus einer Reihe von Gründen in den letzten dreißig Jahren immer noch wachsende Einfluß dieses Szenarios führte dazu, daß sowohl den Opfern in ihrer absolut unschuldigen (guten) als auch den »Tätern« in ihrer absolut schuldigen (bösen) Identität die Möglichkeit verweigert wurde, sich auf die realen komplexen Brüche und Widersprüchlichkeiten ihrer jeweils individuellen Erinnerungen einzulassen. Dieser kulturell außerordentlich wichtige Wirklichkeitsverlust wird in den Klagen über die Ritualisierung und Monumentalisierung der Erinnerungsdiskurse »des Holocaust« nicht angesprochen, weil die generelle sozialpsychologische Problematik solcher vorwiegend politisch verstandenen Kollektivität unreflektiert bleibt – ob sie nun die Opfer betrifft, oder die »Täter«.

Das von den Siegern mit einer zeitweilig fast totalen Erinnerungskontrolle erzwungene Schweigen der »Täter«-Generation über ihre »wirklichen« Erinnerungen, d.h. ihre ihnen in diesen Erinnerungen zu-

---

2 Dagmar Barnouw, *Ansichten von Deutschland 1945. Krieg und Gewalt in der Photographie*, Basel 1997, Kapitel 2: *Sehen, Ansehen, Einsehen: Evidenz und Identität.*

gänglichen Erfahrungen im ›Dritten Reich‹, war pädagogisch-politisch motiviert, unter anderem auch um den Erinnerungsgeschichten der überlebenden Opfer mehr Gewicht zu geben und so ein kollektives schlechtes Gewissen zu aktivieren, das unentbehrlich schien für die Versuche kollektiver Umerziehung. Aber die Durchführung dieser rigorosen Kontrolle am Ende eines nicht nur für die deklarierten Opfer schrecklichen Krieges, also zu einem für ein besseres Verständnis dieser traumatischen Vergangenheit besonders wichtigen Zeitpunkt, sollte das notorische deutsche Schweigen über eine schuldige Vergangenheit zur Folge haben. Es wurde »den Deutschen« von den Alliierten von Anfang an vorgeworfen, denn es besagte, daß sie ihre moralisch vorgeschriebene Erinnerungspflicht nicht erfüllt hatten: kollektiv zeigten sie nicht genügend Reue über ihre kollektiv kriminellen Taten; ihr Schweigen war nichts als kollektiv sündige Verstocktheit. Obwohl die Erinnerungsgeschichten der Opfer automatisch autorisiert und ermutigt wurden und die Erinnerungsgeschichten der Täter automatisch angezweifelt und unterdrückt, sollte doch das Schweigen der kollektiv verklagten Kriegsgeneration sich am Ende auch auf die Erinnerungen der Opfer auswirken. Die »Denazifizierung« sollte trotz ihres massiven Scheiterns ein psychologisch primitives Verständnis von Erinnerungsprozessen zurücklassen, denn die Annahme, daß die Opfer sich immer – zu jeder Zeit, in jeder Situation – richtig erinnerten, und die »Täter« immer falsch, entzog sowohl die gesprächigen Opfer als auch die schweigenden Täter der Zeitlichkeit und damit dem Bereich der Geschichte.

Die Erfahrung der Zeitlichkeit ist zentral für die moderne Geschichtsauffassung, und die Einsicht in die prozessuale Natur und damit Unstabilität der Erinnerung ist ein wichtiger Aspekt dieser Erfahrung. Wenn wir uns an vergangene Entscheidungen und Handlungen erinnern, dann sind wir nicht mehr die, die in vergangenen Situationen auf eine bestimmte Weise gedacht und gehandelt haben. Was uns damals richtig, möglich, unvermeidbar schien, kann sich mit der in der Zeit verlaufenden Erfahrung als zweifellos falsch herausstellen, aber nicht als zweifellos unmöglich oder vermeidbar, denn so ist es uns in der anderen, vergangenen Situation nicht erschienen. Die den Besiegten abverlangte »ehrliche Konfrontation« mit ihrer bösen Vergangenheit war von vornherein eine psychologische Illusion – wenn auch ein zu verschiedenen Zeiten auf verschiedene Weise wirksames politisches Machtinstrument. Denn diese »Ehrlichkeit« bezog sich nicht auf die Bedingtheiten der vergangenen Situation, sondern die unbedingte Forderung der Sieger, daß die Besiegten anders hätten handeln sollen und müssen. Die zentrale Frage bei Kriegsende »wie habt ihr das bloß tun können?« war zwar verständlich in der Situation des totalen Zusammenbruchs und der vollen Entdeckung der Kriminalität des Regimes; aber so war auch die Antwort »wir wußten nichts davon«, »wir können uns nicht erinnern« zu erwarten, von der die Sieger so enttäuscht waren, daß die absolute Kollektivschuld noch absoluter wurde. Wegen des Ausmaßes und der Art der Verfolgungen schien es den Siegern unmöglich, nach Erinnerungen an sich verändernde Situationen zu fragen: Zu welchem Zeitpunkt, in Reaktion auf welche Entwicklungen, unter welchen Umständen habt ihr angefangen die Dinge anders zu sehen, zu zweifeln, andere Möglichkeiten zu erwägen? Da das ›Dritte Reich‹ sich erst mit dem Sieg der Alliierten für alle und in vollem Ausmaß als grausige Dystopie enthüllt hatte, mußte es in der Sicht der Sieger von Anfang an absolut böse, konnte es niemals besser oder zumindest anders gewesen sein, und dieses urböse dystopische *nunc stans* betraf auch die erinnerten Erfahrungen »der Deutschen«.[3] Wenn sie nicht zu der kleinen Gruppe der von den Alliierten deklarierten »Guten Deutschen«[4] gehörten, d.h. sich offen vom Regime distanziert hatten, mußten ihre erinnerten Entscheidungen und Handlungen während der letzten zwölf Jahre alle falsch, also böse gewesen sein. Für Einwände, daß ein solches Böses, auch wenn es jetzt im Rückblick glasklar schien, in der erinnerten vergangenen Situation anders, obskurer gewesen sei, gab es keinen Raum. Wenn es in den Erinnerungsgeschichten der Opfer nichts gab als dieses absolute Böse ihres extremen Leidens, dann durfte das auch in den Erinnerungsgeschichten der »Täter« nicht anders sein.

---

3 Vgl. stellvertretend die Reakionen in Percy Knauths viel gelesenem Bericht *Germany in Defeat* (New York 1946). Knauth kriminalisierte alle Versuche, Erfahrungen im ›Dritten Reich‹ zu differenzieren, wozu auch jegliche Hinterfragung der Kollektivschuld gehörte. So verurteilte er den evangelischen Theologen und Führer der oppositionellen bekennenden Kirche, Martin Niemöller, der naiverweise bei seiner Befreiung aus langjähriger Nazi-Gefangenschaft amerikanischen Journalisten seine Sympathien für einige der sozialen Ziele im Anfangsstadium des Nazi-Regimes zu erklären gesucht hatte: der Mann sei »total unmoralisch in seiner politischen Auffassung« und deshalb niemand, »zu dessen Haltung als Demokrat, Antifaschist, oder Verbündeter in der politischen Rehabilitierung des Reiches – kurz, was einige von uns einen ›guten Deutschen‹ nennen, man auch nur das geringste Vertrauen haben konnte.« (S. 145; zit. nach Barnouw, *Ansichten von Deutschland 1945*, a.a.O. (Anm. 2), S. 174).
4 Barnouw, *Ansichten von Deutschland 1945*, a.a.O. (Anm. 2), S. 219 f. »Gute Deutsche« waren z.B. automatisch alle Menschen in Lagerkleidung.

Unter dem Druck der Sieger gaben »die« Deutschen das öffentlich zu und dann schwiegen sie. Mit diesem Schweigen wurde die Vergangenheit mehr und mehr zur *terra incognita,* von der man nichts wußte, als daß sie nichts als böse war.

Dieses nichts – oder alles – Wissen ist das Gegenteil der Unbestimmtheit und Unbestimmbarkeit der Vergangenheit, um die es Michael Frayn in seinem Drama *Copenhagen* geht.[5] Die Voraussetzung, daß solche Unbestimmtheit erst nach dem Tod aller Beteiligten möglich ist, wenn ihre Abwesenheit von der Gegenwart sie alle gleichermaßen substanzlos, geisterhaft, gespenstisch gemacht hat, unterliegt dem großen Erfolg des brillant konstruierten Dramas. Jetzt haben alle Vermutungen und Erklärungen ihre eigene Berechtigung, ob es nun Bohrs sind, oder die seiner Frau oder die des von ihr verdächtigten Heisenberg, der als Toter nicht mehr den für die »Täter«-Generation üblichen Entschuldigungszwängen und -ritualen unterworfen ist. Denn Urteile über die Vergangenheit werden nur von Lebenden in ihrer jeweiligen Gegenwart gefällt: die Autorität, damit die Macht, des Urteils kann nur in und von der Gegenwart her wirken. Die von keiner Urteilsautorität beschränkte Unbestimmtheit der Vergangenheit, wie sie für die Toten gilt, kann durchaus Wissenszuwachs über Vergangenes bringen. Denn sobald sich in der Gegenwart eine bestimmte Sicht der Vergangenheit durchsetzt, vor allem eine so moralisch gewisse wie die der deutschen Kollektivschuld, ist nichts weiter über diese Vergangenheit zu erfahren. Die historischen Bedingtheiten von Opfern und Tätern sind in dieser einfachen Bestimmtheit aufgehoben, neutralisiert. Man weiß von vornherein, was und wer sie sind, und so wird es, werden sie zumindest für den Rest ihres Lebens bleiben. Wenn die Besprechung der Aufführung von *Copenhagen* in der *New York Times* vom 12. April 2000 darauf verweist, daß die erstaunliche Vitalität der drei Geister, im heißen Streit über die Vergangenheit mit ihren endlosen Fragen und Revisionen, unter den (Noch-)Lebenden nur schwer zu finden wäre, so trifft das vor allem auch auf die deutsche Situation zu: Hier sind am Kriegsende alle spontanen Einwände und kritischen Fragen vom Sieger unterdrückt worden und haben sich gegen den psychologischen und politischen Druck der Kollektivschuld auch später nicht durchsetzen können. Aber die so lebendigen Debatten der Toten bringen keine Resolution, ihre Fragen finden, erwarten keine Antwort. Außerhalb der zeitlichen Bedingtheiten und Veränderungen können sie ewig weiter debattieren,

5 Michael Frayn, *Copenhagen.* London 1998.

spekulieren und fragen, solange ihr noch lebender Autor es ihnen erlaubt. Gerade die im überzeitlichen Bereich mögliche Vollständigkeit des Sprechens über die unbestimmte, unbestimmbare Vergangenheit verhindert partielle aber bestimmte, bestimmbare Einsichten.

Das ist zugleich die Stärke des Dramas und seine Schwäche. Einerseits konnte Frayn das Thema »Unbestimmtheit« und die Geisterdebatte nutzen, um Fragen aufzuwerfen, die von »wirklichen«, historischen Protagonisten in der heutigen Situation immer noch nicht oder nicht so offen gestellt werden können, selbst wo es sich ausdrücklich um Fiktionen handelt. Andrerseits ist die prinzipielle Unbestimmtheit als ein Aspekt der Physik nur eine sehr ungefähre Metapher für die prinzipielle Unstabilität der Erinnerung und Offenheit der Geschichte, denn hier handelt es sich eben um zeitlichen Veränderungen unterworfene Erfahrungen und Bewußtseinszustände, deren Bedeutungen sich nur in und mit der Zeit, d.h. prozessual und unvollständig enthüllen. Das interessiert die Toten nicht; sie wollen alles erfahren, das ganze Ausmaß der Unbestimmtheit. Aber auch den lebenden Siegern ging es bei Kriegsende nicht um teilweises Verständnis der Vergangenheit und allmähliche Veränderung, sondern um volles Geständnis, Reue, und sofortige radikale Veränderung. Ihre Begierde, so rasch und vollständig wie möglich zu urteilen und zu bestrafen, unterband Erinnerungsprozesse auf eine Weise, die Opfer und Täter kollektiv auf eine Identität gegenseitiger Abhängigkeit festlegen sollte: die absolute Reinheit des Opferstatus war bedingt durch das absolute Böse des »Täter«-Status. Damit mußten alle modifizierenden, hinterfragenden Erinnerungen von vornherein und auf Dauer als störend, »revisionistisch« verhindert werden. Das Schweigen der Deutschen wurde zwar als Verweigerung des korrekten Sprechens – des Versprechens von Reue und Sühne – routinemäßig gerügt, aber auch bald von den politischen und ökonomischen Entwicklungen überholt. Zum kulturpolitischen Machtinstrument wurde es erst für die nächste, zu einem Großteil vaterlose Generation, die nicht nur von der Kriegserfahrung ihrer Eltern, sondern auch deren Erinnerungs- und Identitätsproblemen verschont geblieben waren – was aber ihre Angriffe auf die zu »Tätern« gewordene Vätergeneration eher noch verschärfte.[6]

---

6 Dagmar Barnouw, *Opening and Closing the Past: Jünger, Köppen and the Critics*, in: Ernestine Schlant / J. Thomas Rimer, *Legacies and Ambiguities. Postwar Fiction and Culture in West Germany and Japan*, Washington, D.C. 1991, S. 227-248.

2.

Die Frage der deutschen Kollektivschuld wurde bei Kriegsende sofort in eine Zukunft projiziert, die unter dem Zeichen eines permanenten, kollektiven Nichtvergessens stand.[7] Sie bezog sich besonders auf die Kriegsführung an der Ostfront und die KZs, und hier vorzüglich Judeocid, trotz der Vernichtung zahlreicher anderer »Feindgruppen« des dystopischen ›Dritten Reiches‹. Frauen und Kinder waren bei Kriegsende die überwältigende Mehrheit der deutschen Zivilbevölkerung. So erscheinen sie auch auf den bei der Öffnung der KZs von den Photographieeinheiten des US Army Signal Corps aufgenommenen Bildern »der deutschen Zivilbevölkerung« in der Konfrontation mit den in ihrem Namen verübten Greueltaten (»atrocities«). Die viel gerügten »hölzernen« Gesichter der in diesen Situationen photographierten Frauen reflektierten auch die Perspektive der von den Anblicken entsetzten und moralisch entrüsteten, meist sehr jungen Armeephotographen. Ihnen war zudem auch sofort nach dem Bekanntwerden der ersten Photographien der »atrocities« die Wichtigkeit der Dokumentation gerade dieser Aspekte deutscher Schuld und Scham eingeprägt worden. Sie lieferten das beste Beweismaterial für die politische Notwendigkeit des von den USA geführten »heiligen« Krieges gegen das existentiell Böse (»evil«) des Naziregimes und der Umerziehung einer in ihrer Gesamtheit Nazi-verseuchten deutschen Zivilbevölkerung und Armee. Nach diesem kriminellen Krieg waren alle deutschen Frauen und Kinder suspekt und die Anti-Fraternisierungs-Richtlinien, die schon im Sommer 1944 von der Civil Affairs Division (CAD) an die amerikanischen Oberkommandeure gingen, sehr deutlich. »Der deutschen Zivilbevölkerung« mußte, wie es da hieß, mit allem Nachdruck eingeprägt werden, daß sie in ihrer Gesamtheit für schuldig befunden und von der ganzen Welt verachtet war. Sie mußte ihre »Verirrungen« einsehen, und man mußte sie »sich vom Leibe halten«,[8] bis sie »ihre Lektion« gelernt hatte.[9] Im Herbst 1945 beruhigte das einflußreiche amerikanische Magazin *Life* seine Leser, sie brauchten sich von den schrecklichen Photos der aus den östlichen Provinzen deportieren deutschen Frauen und Kinder nicht weiter stören zu lassen: »In den Augen der Welt haben diese Menschen sich selbst zu einem Grade erniedrigt,

---

7 Barnouw, *Ansichten von Deutschland 1945*, a.a.O. (Anm. 2), Kap. 2.
8 Das war wörtlich zu verstehen. Vgl. die Beispiele ebd., Kap. 4 und 5.
9 Earl F. Ziemke, *The U.S. Army in the Occupation of Germany 1944-1946*. Washington 1975, S. 97.

daß es der Welt angesichts ihres jetzigen Leidens schwerfällt, mit ihnen Mitleid zu haben.«[10]

Bei der Öffnung der Lager wurden also deutsche Frauen, oft in der zwangsweisen Begleitung ihrer verstörten Kinder, auf sehr graphische Weise als Augenzeugen von Verbrechen verwendet, für die sie von vornherein kollektiv verantwortlich gemacht worden waren. Es wurde z.B. streng darauf geachtet, und dann auch photographiert, daß sie und die Kinder nahe genug an die stark verwesten Leichen »ihrer« Opfer herangingen, nämlich sich der Evidenz »ihrer« Täterschaft nicht entzogen.[11] Dabei dienten solche Bilder auch gleich als Beweis »der« deutschen Unfähigkeit, Reue zu zeigen, der kollektiven »Unfähigkeit zu trauern«. Mit dieser automatisch kollektiven Verantwortlichkeit, also Schuld, für die Kriegführung, wurde auch die zum großen Teil aus Kriegsunfreiwilligen rekrutierte Armee belegt.[12] »Das deutsche Volk«, bestimmte General Eisenhower im ersten Heft der von der amerikanischen Besatzungsmacht herausgegebenen *Neuen Zeitung*, müsse einen »moralischen, geistigen und materiellen Wiederaufbau« als sofortige »aktive Säuberung der Regierung sowie des Geschäftslebens« leisten, und zwar nicht nur von ehemaligen Nazis, sondern allen »Nutznießern des Nationalsozialismus«. Dieser Text, der mit Ausdrücken wie »Säuberung«, »Ausrottung«, »Herdengeist«, »Aggression« nicht sparte, war zwar eine unmißverständliche Drohung an »die« Deutschen als unmündige, gefährliche Kinder, sich ordentlich zu benehmen, aber als konkrete Anleitung dazu war er höchst unklar: wer und wo war im Herbst 1945 »das« schuldige, sündhafte deutsche Volk?[13]

10 *Life* vom 15. Oktober 1945, S. 107. *Life* hatte den Bildteil eines Photo-Essays über Flüchtlinge auf Berliner Bahnhöfen von dem britischen *Illustrated* übernommen und mit einem neuen Text versehen, der ihre seit dem Frühling 1945 energisch betriebene Propagierung der deutschen Kollektivschuld reflektierte; vgl. Barnouw, *Ansichten von Deutschland 1945*, a.a.O. (Anm. 2), S. 240-251.

11 Vgl. die Photographien von Müttern, die ihre Kinder vor den grausigen Anblicken zu schützen suchten: Barnouw, *Ansichten von Deutschland 1945*, a.a.O (Anm. 2), S. 98-107.

12 Vgl. die Strafmaßnahmen in der unmittelbaren Nachkriegszeit gegen Offiziere aller Rangstufen und ihre Familien, gleichgültig wie sie sich im Krieg verhalten hatten, z.B. wurden ihnen, auch den Kindern, die so wichtige Lebensmittelzuteilung drastisch verkürzt: ebd., S. 346-364.

13 Unter Hans Habes Leitung tat denn auch die *Neue Zeitung* ihr bestes, sich zumindestens nicht mit dem Ton, und teilweise auch nicht dem Inhalt, dieser Instruktionen zu identifizieren: Hans Habe, *Im Jahre Null. Ein Beitrag*

Wer und wo ist es heute? Wo es sich um die deutsche Vergangenheit handelt, sind seit dem Ende des Zweiten Weltkriegs politische (und ökonomische) Machtfragen im Sinne moralischer Forderungen formuliert und damit auf meist schädliche Weise vereinfacht worden. Denn sie reflektieren die dauernde Identifizierung aller Deutschen mit einer Kollektivschuld, die ihnen mit dem dauernden Verbot der individuellen Erinnerung das dauernde Gebot der kollektiven Erinnerung – des Gedenkens – als Sühne auferlegt.[14] Zwar hatte der Hauptankläger Robert H. Jackson bei der Eröffnung des Nürnberger Tribunals im Spätherbst 1945 erklärt, es sei nicht dessen Absicht, »das ganze deutsche Volk zu beschuldigen«, das in seiner Majorität nicht für die Nazi-Partei gestimmt hatte: »nicht weniger als die Welt draußen«, hätten auch die Deutschen »mit den Angeklagten eine Rechnung zu begleichen« – eine Erklärung, auf die sich Karl Jaspers in seiner für die Diskussionen der unmittelbaren Nachkriegszeit sehr wichtigen Schrift *Die Schuldfrage* berief.[15] Jaspers hob hier hervor, daß es zwar individuelle kriminelle Deutsche seien, die in Nürnberg vor dem Richter stünden. Trotzdem müßten alle von der »deutschen Frage« Betroffenen überlegen, in welchem Ausmaß und auf welche Weise deutsche politische und administrative, wissenschaftliche und humanistische Kultur zum »aufhaltsamen« Aufstieg eines kriminellen Regimes beigetragen hatte, für dessen Greueltaten sie jetzt verantwortlich gehalten wurden.[16] Das

zur Geschichte der deutschen Presse, München 1966, S. 100: »Während die *Neue Zeitung* in Deutschland, wo man den Morgenthau-Plan fürchtete, lebhaften Widerhall fand, löste sie in offiziellen amerikanischen Kreisen eine erstaunt-ablehnende Reaktion aus.«

14 Hier bietet Moshe Zuckermanns scharfe Kritik an Martin Walser besonders gute Beispiele: als »prominenter Vertreter« der »deutschen Tätergeneration« kann Walser von Zuckermann keine »normale«, d.h. bis zu einem gewissen Grade offene, einräumende Diskussion seiner Argumente erwarten, sondern nur deren totale, durch Verweise auf die Judenverfolgungen präautorisierte Verwerfung (Moshe Zuckermann, *Von Erinnerungsnot und Ideologie*, in: Moshe Zuckermann, *Gedenken und Kulturindustrie. Ein Essay zur neuen deutschen Normalität*, Berlin 1999, S. 9-32.)

15 Karl Jaspers, *Die Schuldfrage. Ein Beitrag zur deutschen Frage*. Zürich 1946, S. 29 f.; vgl. dazu Barnouw, *Ansichten von Deutschland 1945*, a.a.O. (Anm. 2), S. 294-299.

16 Arendt war sehr viel weniger optimistisch als Jaspers, was die Chancen für eine ernsthafte Selbstbefragung anlangte, vor allem im Fall der akademischen Eliten; vgl. Dagmar Barnouw, *Visible Spaces. Hannah Arendt and the German-Jewish Experience*, Baltimore 1990, S. 164-167.

Problem in der unmittelbaren Nachkriegszeit war nicht, daß »die« Deutschen den Vorwurf zurückwiesen, sie hätten als Volk an den Naziverbrechen teilgehabt. Eugene Davidson hob zurecht hervor, daß außerhalb der Gerichtshöfe, wo die Frage der Kollektivschuld vermieden wurde, viele Deutsche die Bürde dieser Schuld auf sich nahmen: Kollektivschuld »lastete auf Millionen von Deutschen, trotz der philosophischen Debatten, daß es sie gar nicht geben könne«.[17] Bei aller Neigung zu Selbsttäuschung in der Nazizeit, akzeptierten »die Deutschen« doch ihre Teilhabe an der politischen und kulturellen Katastrophe des ›Dritten Reichs‹, und die »Schuldfrage« dominierte die Diskussion in der Publizistik der unmittelbaren Nachkriegszeit.

Diese Diskussionen, häufig bedeutend differenzierter und sozial intelligenter als es heute der Fall ist, waren aber auch von der Hoffnung geprägt, daß sich mit der Zeit bessere Antworten auf die Schuldfrage finden lassen würden. Die Intellektuellen, auch die Historiker, die um die Jahrtausendwende die Bedeutung der Vergangenheit für die Zukunft eines neuen Deutschland debattieren, zeigen relativ wenig Interesse und noch weniger Verständnis für die Zeitgenossen dieser Vergangenheit. Deren Versuche, aus ihrer uns heute unvorstellbar schwierigen Gegenwart einen möglichen Weg in die Zukunft zu finden, werden aus der Distanz dieser Zukunft, unserer Gegenwart, meist zu einfach als Beginn der »unbewältigten Vergangenheit« abgetan: als die dauernde Unfähigkeit »der« Deutschen, mit den Fragen kollektiver Verantwortlichkeit, Schuld und Sühne auf eine Weise umzugehen, die die Opfer krimineller Handlungen in der Vergangenheit auf Dauer befriedigen, *befrieden*, könnte. Nun ist aber die über ein halbes Jahrhundert lang geforderte »ehrliche Konfrontation« mit der »unbewältigten« deutschen Vergangenheit schon darum problematisch, weil sie mit der Erinnerungssteuerung ein ganz bestimmtes unveränderbares Ergebnis voraussetzt, nämlich die Sühne an »den jüdischen Opfern« in der adäquaten kollektiven Erinnerung »der Deutschen« als »Täter«. Solche Forderungen stehen in scharfem, wenn auch unter heutigen Bedingungen »unsäglichem«, Widerspruch zur historischen Realität der Vergangenheit, die dauernd im Wandel, porös und vielschichtig ist. Gegenwärtige Ereignisse können konfrontiert werden; die Vergangenheit kann und muß immer wieder besucht werden – aber nicht ohne das kritische Bewußtsein des Besuchers aus der Gegenwart, daß er die Vergangenheit niemals unverändert zurücklassen, d.h. immer, wenn auch zu verschiedenem Grade, auf seine Weise entstellt haben wird.

17 Eugene Davidson, *The Trial of the Germans*. New York 1966, S. 7.

Dieses Bewußtsein ist besonders rar, wo es sich um die Orte und Zeiten der Erinnerung an deutsche Kollektivschuld handelt. Unter der Überschrift »Ghosts of Berlin« beschrieb im Sommer 1999 der amerikanische Literaturhistoriker Stephen Greenblatt in der *New York Times* sein Gefühl, in Berlin von Gespenstern umgeben zu sein – ein Gefühl, das, wie er meint, viele Besucher der Stadt, sicherlich »alle Juden« teilten. Er ist irritiert von der Widmung »Dem Deutschen Volke« auf der Fassade des neu eröffneten deutschen Reichstags und dem »triumphalen« Brandenburger Tor. Und so scheint ihm beim Anblick des wüsten schlammigen Feldes des Mahnmalgeländes das Beste, diesen Ort im Herzen Berlins, Deutschlands, einfach der Natur zu überlassen. Die Leere des unkontrolliert, undifferenziert natürlich Wuchernden verlangte dann nur noch ein simples Schild mit der Aufschrift: »Trotz aller Versuche ist es dem deutschen Volk nicht gelungen, ein angemessenes Denkmal zu schaffen.« Das Mahnmal als Denkmal kollektiven Versagens, das Sühneversprechen einer gesteuerten Erinnerung adäquat einzulösen. In Greenblatts Perspektive sind die in der historischen Zeit möglichen Verwandlungen des »deutschen Volkes« rigoros und auf Dauer aufgehoben: der Anwuchs an historischem Wissen, an sozialer Einsichtigkeit, an politischer Vernunft. Mehr noch, diese Aufhebung betrifft die Verwandlungen der deutschen Vergangenheit 1945 bis 1999 sowohl wie die der deutschen Zukunft im neuen Millennium – auf immer.

Wer bestimmt in welcher Situation die »Angemessenheit« kollektiver Erinnerung? Die solipsistische Arroganz solcher Aufhebung der historischen Zeit sollte eigentlich erstaunen, hat aber die Diskussionen der deutschen Kollektivschuld von Anfang an bestimmt und ist aus einer Reihe von Gründen von einem großen Teil der deutschen Eliten internalisiert worden. (Die Idee des Schildes, die dem amerikanischen Juden Greenblatt so zusagte, stammte, wie er mitteilt, von einem seiner »deutschen Bekannten«). Hier liegt der Grund für die Tatsache, daß an der Jahrtausendwende unsere Sicht der Kulturkatastrophe des historischen Zweiten Weltkriegs fast ausschließlich von der Rückblicksperspektive des jüdischen »Holocaust« bestimmt ist, wie dann auch unsere Sicht der bereits historischen Repräsentationen dieses Krieges – in Romanen, Filmen, im Fernsehen, in der Publizistik, der Photographie, der bildenden Kunst. Dabei sind wir nicht mehr diejenigen, die den Krieg erlebten; wir sind auch nicht mehr die, die diese Erlebnisse aus ihrer jeweils späteren Sicht repräsentierten. Und der Fall der Mauer, der Zusammenbruch des Ostblocks, haben den Zeitfluß quasi beschleunigt und noch größere Unterschiede, Distanzen zwischen »uns«

und »ihnen« geschaffen. Zudem waren die Erlebnisse des Kriegs wie auch ihre Repräsentationen ihrerseits bereits zeitlichen Wandlungen unterworfen, wie es auch unsere sich darauf beziehenden Interpretationen sind. Die zeitlich vielschichtige Verwobenheit unserer gegenwärtigen Sicht auf die für Zeitgenossen kastrophalen Ereignisse bringt spezifische Beobachtungs- und Erkenntnisschwierigkeiten mit sich, die aber oft nicht wahrgenommen werden, eben weil das Urteil über das Beobachtete, die »Tätergeneration«, immer bereits festgestanden hat; weil wir wissen, was wir zu glauben und nicht zu glauben haben.

Diese prämoderne Vereinfachung hat sehr wichtige und dabei kaum reflektierte Folgen. Der phänomenale Erfolg von Binjamin Wilkomirskis Lagererinnerungen *Bruchstücke*, ihr sofortiger Status als Klassiker der Holocaust-Literatur, wäre z.B. nicht möglich gewesen ohne die gegenwärtige absolute Glaubwürdigkeit aller, auch der unglaubwürdigsten Erfahrungen, wo es sich um Erinnerungsgeschichten des Holocaust handelt – und gleichzeitiger Unglaubwürdigkeit jeglicher, vor allem nichtjüdischer Kritik dieser Diskurse. In den letzten Jahrzehnten haben diese individuellen Erinnerungsgeschichten des Opferstatus den immer größeren Einfluß der kollektiven Holocaust-Gedenkensdiskurse zugleich gestützt und sich auf sie berufen. Diese Prozesse einer unbefragten, gegenseitigen Autorisierung haben zunehmend die Normen des modernen Evidenzbegriffs verändert und damit das moderne Selbstverständnis der Historizität. So konnte kürzlich der akademische Historiker Norbert Frei für den jüdischen Holocaust die normativen, transhistorischen, theologischen Attribute einer für *immer* im kollektiven Gedächtnis zu bewahrenden, d.h. auch in die Zukunft zu projizierenden *Einzigartigkeit* und eines *radikal Bösen* in Anspruch nehmen und darüber hinaus andere Historiker auffordern, sich ihm anzuschließen.[18]

Die Ursache für diese in einer säkularen Kultur paradoxe Situation ist zum Teil in der Art und dem Ausmaß der historischen Verfolgungen zu suchen, die den Erinnerungsgeschichten und Gedenkensdiskursen des jüdischen Holocaust unterliegen. Wichtiger ist der sehr komplexe Zusammenhang von Identität und Erinnerung in der gegenwärtigen Kultur des »Danach«, an der auch andere Gruppen teilhaben: nach Unterdrückung und Verfolgung die neue kulturpolitische Identität in der selektiven Erinnerung an vergangenes Leiden. Der Erfolg von Wilkomirskis *Bruchstücken* ist ein extremes Beispiel dieser paradoxen

---

18 *Süddeutsche Zeitung* (München) vom 9/10. September 2000.

Situation, aber eben erst aus dem Rückblick, nach der Enthüllung der nichtjüdischen Identität des Autors. Bei dem Skandal dieser Enthüllung ging es nicht etwa um die groteske Natur der erinnerten Leiden. Denn es war gerade die erinnerte exorbitante Gewalttätigkeit, das erinnerte radikale Böse, das zunächst das Paradox der kulturell sanktionierten Glaubwürdigkeit des Unglaubwürdigen gestützt hatte. Es brach erst zusammen nach der Entwertung der Erinnerung des Autors durch den ihm von der Evidenz seiner Geburtsurkunde aufgezwungenen Identitätswechsel zu Bruno Doessekker. Erst danach wurde es dann auch möglich, »literarische Kriterien anzulegen«, beim Lesen des Textes sorgfältiger und kritischer auf die Art der Darstellung einzugehen. Genau das war vorher im deutschen Kontext durch die »Scham« der kollektiven Schuld, also der, zumindest von den Eliten propagierten, deutschen Identität eines kollektiven schlechten Gewissens verhindert worden. Diese Identität eines ebenso allgemeinen wie absoluten Schuldbewußtseins ist und bleibt in gegenseitiger Abhängigkeit der jüdischen Identität im Opferstatus einer einzigartigen Verfolgung verbunden – »schicksalhaft« nur insofern als es sich um höchst schwierige Fragen psychologischer und politischer Macht handelt. Instruktiverweise hat Doessekker als Autor seiner fiktionalen Erinnerungen für sein *alter ego* Wilkomirski keine andere Autorität beansprucht als die des erinnerten Kleinkindes, und er hat auch von der außerordentlichen Autorität aller Holocaust-Literatur, die sich natürlich sein Verlag von Anfang zunutze gemacht hatte, erst nach dem kritischen und kommerziellen Erfolg seines Buches profitiert. Das erklärt seine notorische scheinbare Gleichgültigkeit gegenüber den Anklagen einer gefälschten Identität und damit nichtauthentischer Erinnerungen: er wiederholt dann einfach »das *sind* meine Erinnerungen und damit meine Identität«. Und da seine Erinnerungen extrem, grotesk violente, wirklich »unglaubliche« Mißhandlungen, Torturen zurückrufen, *ist* er wirklich das reinste Opfer. Die Rezensenten reagierten so intensiv gläubig auf *Bruchstücke*, weil sie sich mit dem Drama der wieder gewonnenen Identität in der Erinnerung ihres totalen Verlustes konfrontiert wähnten – das Urdrama des *Danach*, nach der (totalen) traumatischen Verfolgung. Ihn mit kritischen Fragen seiner Erinnerungen zu berauben, hätte sein noch größeres, noch absoluteres Verlorensein bedeutet, seinen noch reineren Opferstatus. In der gegenwärtigen Kultur des Gedenkens, in der die Verfolgung der Juden im großen und ganzen unbefragt als ein einzigartiges, für die westliche Kultur zentrales und für immer so zu erinnerndes Ereignis gilt, ist Wilkomirskis erinnerter absoluter Selbst- und Weltverlust in gewisser Weise nicht zu unterscheiden von dem eines

Autors authentischer Holocaust-Erinnerungen, dem Opferstatus eines
ehemals verfolgten Juden. Die mit dem wachsenden Einfluß der Holo-
caustdiskurse zunehmende Enthistorisierung der Opfer und der »Täter«
wird getragen von einer identitätsstiftenden öffentlichen Erinnerung
vergangenen Leidens, welche die Scheidung zwischen authentischer
und inauthentischer Identität zu verwischen droht.[19]

3.

Der circulus vitiosus der Kollektivschuld hat seinen Grund in dem
durch die Erinnerungspolitik gestörten deutschen und jüdischen Ver-
gangenheitsverständnis. Nichts scheidet unerbittlicher als die Zeit.
Zwar ist unsere westliche Spätmoderne gegründet auf das Bewußtsein
unserer Historizität, aber die Folgen des Zweiten Weltkriegs, und hier
besonders die wachsende kulturpolitische Macht der Erinnerungsdiskurse des Holocaust, haben dieses Bewußtsein auf spezifische Weise
geschwächt. Moderne politische Differenzierungen aufgrund einer seit
dem 18. Jahrhundert wachsenden Offenheit für die zentral wichtige
Rolle, die Zufall, Zeitlichkeit und Veränderung in der Kultur spielen,
scheinen in der zweiten Hälfte des 20. Jahrhunderts, wo es sich um bestimmte Verfolgungen handelt, prämodern vereinfacht, auf manichäische Szenarien eines suprahistorisch Guten und Bösen regrediert.[20] Die
Toten sprechen immer zögernder zu uns, denn wenn wir uns auf ihre
Vergangenheit berufen, um unsere fragwürdigen Urteile in der Gegenwart zu rechtfertigen, berufen wir uns auf ihre monumentale Unschuld,

---

19 Philip Gourevitch, *The Memory Thief*, in: *The New Yorker* vom 14. Juni
   1999, S. 48-68. Für Gourevitch wurde Doessekker/Wilkomirski erst zum
   »Erinnerungsdieb«, nachdem sein Buch ihn bekannt und damit für den
   Holocaust-Betrieb interessant gemacht hatte, denn erst dann stellte sich
   wirklich die Frage der Authentizität.
20 In der amerikanischen Diskussion bei Kriegsende und in der unmittelbaren
   Nachkriegszeit wurde streng (und wörtlich) zwischen »good« und »bad«
   Germans geschieden (vgl. oben Anm. 3 und 4). Solche Scheidungen finden
   sich in vielen Situationen, wo Identitäts-Politik aufgrund vormaliger Verfolgung getrieben wird, oft unter Berufung auf das notorisch erfolgreiche
   Modell des Holocaust. In vielen »Black Studies« Kursen, auch an renommierten Universitäten, wird z.B. einfach verschwiegen, d.h. geleugnet, daß
   es je schwarze Sklavenhändler gegeben hat: alle Schwarzen sind als Sklaven
   oder Abkömmlinge von Sklaven absolut gut (und auch absolut schwarz);
   alle Weissen sind als Sklavenhalter oder Abkömmlinge von ihnen absolut
   böse – ergo kann es keine schwarzen Sklavenhändler gegeben haben.

unbefleckt von den Mehrdeutigkeiten, den Dunkelheiten ihres historischen Handelns. Es scheint, daß je größer der prinzipielle westliche »Respekt« für alle Unterschiede (Rasse, Ethnie, Geschlecht, Religion), desto geringer die Bereitschaft, sich einzulassen auf die mit der fließenden Zeit immer größeren kognitiven Differenzen und Entfernungen. Wir sind schnell bereit, andere des Sexismus und Rassismus (Antisemitismus) anzuklagen und lassen uns dabei selbst von solchen Anklagen sehr leicht einschüchtern. Denn wir neigen dazu, die Diskurse einer öffentlichen Erinnerung, von denen diese Anklagen gestützt werden, mit der oft noch nicht genügend verstandenen vergangenen Realität zu verwechseln, auf die sie sich beziehen. Zeitliche Diskriminierung ist wohl die einzige verbleibende ideologisch fundierte und geschützte Diskriminierung in der westlichen Kultur, und sie hat es uns bedeutend schwerer gemacht, die Vergangenheit geduldig zu befragen statt sie mit fertigen Urteilen von uns zu schieben.

Es mag sich in der Tat als nützlich erweisen, Erinnerungsmodelle teilweise aufzulösen und sich etwas weniger zu erinnern – zumindest weniger unbefragt monologisch. Denn nur so ist ein Gedenken möglich, das weniger ab- und ausgrenzt und deshalb vielstimmig und mitteilbar sein könnte. Individuelle Erinnerung ist sowohl chaotisch als auch strukturiert, fließend und fixierend. Gerade die selektive und zeitlich verschwimmende Abfolge vergangener Vorfälle in der Erinnerung macht diese auf die Verführungen der Fiktion anfällig. Nicht im Sinne einer bewußten Wahrheitsentstellung, sondern im Sinne des Verfassens einer Erzählung, die einer vorgefaßten Bedeutung, einer bestimmten Gestalt der Vergangenheit entsprechen soll. Wenn nach Augustinus Erinnerung die Gegenwärtigkeit des Vergangenen ist, dann ist sie das unter den gegenwärtigen Bedingungen desjenigen, der sich erinnert. Und diese Bedingungen werden je stärker Fiktionen fördern, je stärker und bleibender das Trauma der erinnerten Ereignisse. Wegen der extremen Natur der historischen jüdischen Verfolgung und ihrem damit verbundenen suprahistorischen Status, können, brauchen, sollen Erinnerungsgeschichten, die sich auf diese Ereignisse beziehen, nicht korroberiert werden. Wie fiktionaler Diskurs ist der kollektive Gedenkensdiskurs des Holocaust als Konstrukt von Erinnerungsgeschichten der Opfer zum Diskurs aufgehobener Ungläubigkeit geworden, d.h. automatisch autorisiert. Aber wo fiktionaler Diskurs prinzipiell keine Wahrheitsbehauptungen in Bezug auf eine mit anderen geteilte Lebenswelt macht, beansprucht der suprahistorische Diskurs des Holocaust eine außerordentliche Autorität in Bezug auf die allein wahrheitsgemäße Interpretation von vergangenen und gegenwärtigen Lebenswelten.

Je mehr die historische Einbildungskraft beschränkt ist, desto gespannter sind die Beziehungen zwischen privater (individueller) und öffentlicher (kollektiver) Erinnerung, weil die Diskurse öffentlicher Erinnerung am besten gedeihen, wo sie historische Differenzierungen unterdrücken oder zumindest kontrollieren können. Das Erinnerungskonstrukt der »unbewältigten« deutschen Vergangenheit ist hier besonders instruktiv, denn in den Nachkriegsdebatten der Bedeutungen dieser Vergangenheit war die Zensur derjenigen privaten Erinnerungen, die nicht in das dominierende Modell der öffentlichen Erinnerung paßten, fast total. Schweigen ist oft die Folge der Spannungen zwischen privater und öffentlicher Erinnerung und zwar im deutschen Kontext zu einem Grade, daß die Tatsache des Schweigens selbst unaussprechbar, »unsäglich«, Tabu geworden ist. Das hat über die Zeitspanne des letzten halben Jahrhunderts zu einer immer schärferen Scheidung zwischen privaten und öffentlichen Diskursen der Schuldfrage geführt. Und diese Scheidung wiederum ist zum großen Teil verantwortlich für die Redundanz, Ritualisierung und Zirkularität der Politik des Nichtvergessens, die für die deutsche politische Kultur seit Kriegsende so zentral gewesen ist und für die der Historikerstreit, die Mahnmaldebatte und die damit zusammenhängende Walser-Bubis Kontroverse deutlichste Beispiele bieten.

Dabei haben die Diskurse öffentlicher (kollektiver) Erinnerung ihre eigene machtvolle Dynamik. Öffentliche Erinnerung basiert auf privaten Erinnerungen, die sich in eine größere Geschichte von bleibender kultureller, politischer Bedeutung einpassen lassen und die deshalb das Konstrukt der öffentlichen Erinnerung eher bestätigen als befragen. Der Widerstand der öffentlichen Erinnerung gegen Veränderungen in der Zeit, die projizierte Gleichheit in die Zukunft, verläßt sich auf die Gleichheit oder Ähnlichkeit individueller Erinnerungsgeschichten über die Vergangenheit, die unter den Bedingungen der Gegenwart konstruiert wurden. Öffentliche Erinnerung verspricht nicht nur bleibendes Gedenken, sondern auch bleibende Identität aufgrund der präautorisierten Erinnerungsgeschichten, aus denen sie sich selbst konstruiert – hier die bleibende Identität des Opferstatus. Im Gegensatz dazu unterbinden die normalerweise fluiden und unzusammenhängenden, fragmentarischen privaten Erinnerungen, die nicht auf diese Weise präautorisiert sein können, die Konstruktion einer bleibenden Identität. Im Auftauchen und Versinken von Erinnerungsbildern holt diese Art von privater (individueller) Erinnerung Fragmente einer vergangenen Aktualität herauf, die die Vergangenheit von der Gegenwart so weit trennen, daß die Unterschiede stärker hervortreten als das Gleichbleibende. Gerade indem sie die Veränderungen in der Zeit und die vom Zeitfluß geschaffenen Entfernungen vermerken, entziehen sie sich dem dominierenden Diskurs der öffentlichen (kollektiven) Erinnerung.

Das geschieht z.B. in den spontanen, privaten Akten der Erinnerung, wie sie das Vietnam War Memorial in Washington ermöglicht, bei dem die Veränderungen in der Zeit, sogar der Rückzug in partielles Vergessen, bereits im Entwurf angelegt zu sein scheint. Denn die Menschen, die über die Jahre immer wieder kommen, um die Namen ihrer Toten zu finden, die unter denen vieler anderer in der lang ausgezogenen, zur Berührung einladenden Horizontale der Mauer eingegraben sind, werden sich mit der Zeit verändern. So werden sich auch ihre Akte der Erinnerung und des Gedenkens wandeln und schließlich aufhören, wenn die, die sich erinnern konnten, tot, damit abwesend und nun selbst des Gedenkens bedürftig sein werden. Die Erfahrung der durch den Tod verursachten Trennung, das Eingeständnis der endgültigen Abwesenheit, die begrenzte Lebenszeit ist wohl die kulturell grundlegendste Erfahrung der Moderne. Und so ist dieses Denkmal zur Erinnerung an die Toten auf merkwürdig bewegende und passende Weise zugleich ein Denkmal zur Erinnerung an die zeitliche Bedingtheit, die Vergänglichkeit von Erinnerung und Gedenken. Dagegen haben Diskurse des Holocaust, wo sie solcher Zeitlichkeit immer rigoroser entrückt, immer monumentaler geworden sind, ein Echo in Hitlers Lieblingsprojekt eines riesigen über Napoleons Arc de Triomph zu errichtenden neuen Triumphbogens, wie Speer es beschreibt. In die hochragenden Granitwände dieses Monuments von übermenschlichen, unmenschlichen Proportionen sollten die Namen all der im Ersten Weltkrieg gefallenen Soldaten eingegraben werden. Wer immer sie gewesen waren, wie immer sie gelebt hatten, sie sollten dem Schatz *seiner* Toten einverleibt und damit ein für allemal den gefürchteten Verwandlungen des historischen Gedächtnisses in der Zeit entrückt werden.

Es war denn auch im Zusammenhang mit Norman Finkelsteins Kritik fragwürdiger jüdischer Praktiken bei den Verhandlungen über zusätzliche deutsche Reparationen, also im Kontext einer durchaus historischen »Instrumentalisierung« des jüdischen Opferstatus, daß der Historiker Norbert Frei für die Naziverfolgungen der Juden, und nur für diese, emphatisch die normativen, transhistorischen, theologischen Attribute einer für *immer* im kollektiven Gedächtnis zu bewahrenden, d.h. auch in die Zukunft zu projizierenden *Einzigartigkeit* und eines *absolut Bösen* forderte: Wo vom absolut bösen jüdischen Holocaust die Rede ist, kann für die schuldigen Deutschen von relativ bösen (unehrlichen) jüdischen Rechtsanwälten nicht die Rede sein – wie bei der

Rede vom absolut bösen Sklavenhandel die kollektiv schuldigen Weißen nicht von relativ bösen schwarzen Sklavenhändlern sprechen dürfen. Das ist der Kern der deutschen Finkelstein-Debatte, die auf einem
eigentlich komischen Mißverständnis beruhte. Denn der Moralist Finkelstein hatte die jüdischen Praktiken gerade deshalb angegriffen,
weil sie den auch für ihn geltenden absoluten, reinen jüdischen Opferstatus befleckten, also genau das, was der Historiker Frei zu verhindern
suchte.[21] Wo die von Finkelstein kritisierten Akteure der Reparationsverhandlungen die für sie ökonomisch sehr günstige moralisch-politisch verquickte Situation weitgehend ungestört nutzen konnten,[22]
wurde Finkelstein sofort des jüdischen »Selbsthasses« verklagt, und
seine Kritik an einer offensichtlich in vielem fragwürdigen »Holocaust-
Industrie« vor allem in den deutschen Medien aufs schärfste verurteilt:
Volker Ullrich fand sie einfach »widerlich« (*Die Zeit* [Hamburg] vom

---

21 Freis Aufruf und Finkelsteins Antwort an seine Kritiker erschienen nicht
   nur in derselben Nummer der *Süddeutschen Zeitung*, sondern auch auf der
   Vorder- und Rückseite desselben Blattes.
22 Selbst die *New York Times*, die der deutsch-jüdischen Vergangenheit gegenüber sehr urteilsfreudig ist, brachte einen kritischen Bericht über die
   Rolle, die der amerikanisch-jüdische Rechtsanwalt Edward Fagan bei den
   Reparationsklagen gespielt hat; vgl. den Artikel *An Avenger's Path* in der
   New York Times vom 8. September 2000. Der vorher obskure Rechtsanwalt machte rapide Karriere mit Sammel-Klagen gegen Schweizer Banken
   und die deutsche Industrie, von denen er vier Millionen Dollar Honorar
   verlangte. Sein von seinen Kollegen beneideter Erfolg beruhte auf der
   Mischung von emotionaler Identifizierung mit dem Opfer-Status seiner
   Klienten und der Aggressivität, mit der er deren Ansprüche, oft mit falschen Versprechungen, sammelte und eintrieb – Praktiken, die ihm schließlich offizielle Beschwerden einbrachten. Trotzdem war er auch an der Sam-
   mel-Klage der Zwangsarbeiter beteiligt und brachte sogar Stuart E. Eizen-
   stat dazu, ihm seine »konstruktive« Rolle in diesem Unternehmen zu bestätigen – als eine Art von Teilzahlung seiner exorbitanten Honorarforde-
   rungen. Der Bericht beschreibt den hyperaktiven Rechtsanwalt, der, sein
   Handy ans Ohr geklebt, ständig auf der Suche nach neuen Klagen ist und
   aggressiv um Honorarbeträge feilscht. Seine Pläne für die Zukunft sind
   globale Sammel-Klagen von Opfern des Zweiten Weltkriegs, mit denen er
   die schuldigen Nationen auf die reuigen Knie zwingen will, z.B. das fette
   Japan. Diese Kritik des höchst zweifelhaften professionellen Gebarens
   eines der Star-Rechtsanwälte der Reparationsverhandlungen wurde am
   selben Tag in dem populären ABC Programm 20/20 gesendet – also einen
   Tag vor Freis Aufruf und Finkelsteins Antwort an seine Kritiker in der *Süddeutschen Zeitung*.

31. August 2000). Befürchtet wurde auch, daß Finkelstein durch »maßlose Übertreibung und mutwillige Fehlinformationen« antisemitische Ressentiments verstärken könne.[23] Finkelsteins Kritik an den Verhandlungen war heftig im Ton – gar nicht so sehr in der Substanz –, weil jede Andeutung von Kritik sogleich emphatisch als »antisemitisch« zurückgewiesen wird. Wenn irgend etwas »antisemitische Ressentiments« verstärkt, dann sind es solche Reaktionen, die sich auf die höhere Autorität »des Holocaust« berufen.

4.

Trotz der Spannungen zwischen privater und öffentlicher Erinnerung kann sich die zu Beginn des 21. Jahrhunderts so einflußreiche Politik der Erinnerung die moralischen Energien des Nichtvergessens zu Nutze machen, das es den Toten erlaubt, für eine Zeit im Gedächtnis der Lebenden zu bleiben. Die Endgültigkeit der Abwesenheit zu verneinen, ist ein primäres menschliches Bedürfnis, und aus diesem Grund spielt Erinnerung eine kulturell so wichtige, legitimierende Rolle, auf die sich auch die selektiven, exklusiven Erinnerungsdiskurse des Holocaust berufen. Das hat vielleicht dazu geführt, die mit der Selektivität verbundene Monumentalisierung, Ritualisierung und Politisierung der Verfolgungen zu tolerieren oder zu übersehen. In ihren Briefen an Karl Jaspers in der unmittelbaren Nachkriegszeit hatte Hannah Arendt wiederholt darauf hingewiesen, daß das Ausmaß und die Natur der Juden-Verfolgung einen absolut reinen Opferstatus geschaffen hatten, in dem alle Juden, gleichgültig wie sie vorher oder nachher handelten, in Permanenz unschuldig, von allen Nichtopfern auf die Dauer geschieden sein würden. In dieser Scheidung sah sie ein ernstes Problem für die deutsche und amerikanische Nachkriegskultur, weil sie alle Fragen an die Opfer als historisch Handelnde unterdrücken würde. Das wiederum sollte wichtige Folgen für die Historizität aller Nichtopfer bedeuten, die dann, wie die lange Reihe der Debatten über die deutsche

---

23 So Hans Mommsen in der *Woche*, zit. in Alexander Michel, *Ein Querdenker reizt jüdische Verbände*, in: *Stuttgarter Nachrichten* vom 23. August 2000. Mommsen mahnt hier auch, daß Opfer-Entschädigungen nicht pauschal verworfen werden sollten, nur weil es Probleme damit gegeben hat; aber das war nicht Finkelsteins Argument gewesen. Ihm ging es vielmehr darum, offener von den Problemen der Verhandlungen zu sprechen und die in der Tat ungute Mischung von Blut, Tränen und großem Geld zu kritisieren.

Vergangenheit aufs deutlichste zeigt, auf Dauer zur »Generation der
Täter« abstrahiert werden konnten. Da die debattierenden Intellektuellen sich in jedem Fall um jeden Preis von ihrem eigenen Konstrukt der
»Täter«-Generation abgrenzen wollen, müssen sie dauernd die ganze
Welt ihrer »Betroffenheit« angesichts der deutsch-jüdischen Vergangenheit versichern, statt zu versuchen, sie besser, d.h. kritischer zu verstehen – wozu übrigens endlich einmal auch die Einsicht in die exquisit
politische Natur ihrer moralischen Betroffenheit gehören würde.[24]

So geht es auch in der Walser-Bubis Debatte und ihren anhaltenden
Nachwirkungen um nichts als das Politikum von Walsers Einforderung
der Historizität der deutsch-jüdischen Vergangenheit: wie immer unge-
schickt seine Forderung gewesen sein mochte: sie war berechtigt, und
Bubis' einfache Verweigerung mit dem Argument eines suprahistorischen jüdischen Holocaust war unberechtigt. Walser beklagte die
Monumentalisierung und Ritualisierung der deutschen kollektiven Erinnerung und plädierte für eine zumindest partielle und bedingte Legitimität der Erinnerungen individueller Deutscher nicht trotz, sondern
wegen ihrer zeitlichen Fluidität. Unter halbwegs »normalen« Umständen – und es handelt sich hier eben nicht um das Plädoyer für eine im
Rückblick normalisierte Vergangenheit, sondern eine aus Gründen besserer Verständigung relative Normalisierung gegenwärtiger Vergangenheitsdiskurse – wären seine Überlegungen zur zeitlichen Natur der Erinnerung selbstverständlich gewesen: Derjenige, der sich jetzt an etwas
erinnert, was damals passiert ist, ist nicht mehr der, dem es damals passiert ist. In der Vergangenheit getroffene Entscheidungen – und das ist
die allen modernen Kulturen bewußte Tragödie der menschlichen Zeitlichkeit – sind nicht mehr zurückzunehmen. Andrerseits sind sie aber
auch nur unter den Bedingungen des zukünftigen Rückblicks auf eine
dann vergangene Gegenwart eindeutig richtig oder falsch und, da auch
diese zukünftige Gegenwart vergehen wird, auch das nicht auf Dauer.
In der Moderne gibt es keine »rein« moralischen Entscheidungen, da
alle Entscheidungen zeitlich und intersubjektiv bedingt sind. Historische
Rekonstruktionen der Bedeutungen solcher Entscheidungen sollten
also die Gewißheiten der Rückblicksperspektive zeitweilig suspendie-

---

24 Vgl. Ralf Dahrendorf im Gespräch mit dem *Spiegel* (Nr. 23, 2001): auf die
   Frage warum er sich aus fast allen deutschen Vergangenheitsdebatten her-
   ausgehalten habe, antwortete Dahrendorf, ein Grund liege »im deutschen
   Stil der Diskussionen: schrecklich viel Betroffenheit« – zu viel Emotion, zu
   wenig Information über die historischen Umstände.

ren, um der Historizität der Entscheidungen und Handlungen der
Vergangenheit gerecht zu werden. Das banalste aller Zugeständnisse,
daß man im Rückblick anders sieht, bedeutet in der deutschen Situation die problematische Synonymität von »anders« und »falsch«: jetzt
weiß ich, daß mein Urteil damals falsch war: falsch von der Zukunft
aus gesehen. Walsers Argument – und das ist das Zentrum der Kontroverse – deutete an, daß wenn man damals dieses Falsche geahnt, sogar
gefürchtet hätte, es immer noch eine andere Art von »falsch« gewesen
wäre, nämlich anders, als man es jetzt sehen, verstehen könnte. Die Erkenntnis dieses Unterschieds ist in der deutschen Nachkriegskultur
einer vorzeitig verhärteten Urteilsfreudigkeit nahezu unmöglich gewesen. Es ist aber die wichtigste Herausforderung an die moderne
Geschichtsschreibung, gerade wo es sich um historisch extreme Phänomene handelt, wie eben die letzten Jahre des Naziregimes.

Bubis sah Walsers Insistieren auf Differenzierungen selbst im stark
tabuisierten Bereich der Schuldfrage als existentiell schockierenden
Mangel an Respekt für die toten und überlebenden Opfer des Holocaust, denn er hatte damit etwas in Frage gestellt, was absolut unbe-
fragbar bleiben sollte: die permanente kollektive Erinnerungsgeschichte der Verfolgung, die alle anderen Erinnerungen dominiert, vor allem
die der Nichtopfer. Walser, so Bubis, wollte den Holocaust im »Orkus
der Geschichte« verschwinden lassen – eine Anklage, die noch merk-
würdiger scheint als die von Walsers angeblichem Rechtsradikalismus:
schließlich hat sich die moderne Geschichtsschreibung seit Kriegsende
vor allem im Falle der Judenverfolgung darum bemüht, daß so wenig
wie möglich verschwindet. Aber Bubis wollte prinzipiell keine mit anderen geteilte Geschichte, wie auch keine mit anderen geteilte Erinnerung.
Das zeigte sich besonders deutlich in seiner Rede zum 60. Jahrestag der
»Kristallnacht«, in der er Walsers Frankfurter Friedenspreisrede scharf
angriff und dessen Forderung nach Historisierung statt Instrumentalisierung von Auschwitz als »geistige Brandstiftung« anprangerte.[25]
Dazu klagte er »die Deutschen« an – die übliche Verallgemeinerung,
gegen die sich Walser in seiner Rede explizit gewehrt hatte – eine Auseinandersetzung mit ihrer schandhaften Geschichte weiterhin zu ver-

25 *Frankfurter Allgemeine Zeitung* vom 10. November 1998; jetzt in Frank
Schirrmacher (Hrsg.), *Die Walser-Bubis-Debatte. Eine Dokumentation.*
Frankfurt am Main 1999, S. 106-113. »Geistige Brandstiftung« hatte Bu-
bis Walser schon kurz nach der Rede vorgeworfen (*Frankfurter Allgemeine
Zeitung* vom 13. Oktober 1998), es ist also ein Selbstzitat in der späteren
Rede.

weigern und es den Juden in Deutschland zu überlassen, gegen Rassismus, Antisemitismus und allgemeine Fremdenfeindlichkeit zu kämpfen. Bubis Bemerkungen hier beweisen, daß im Szenario des suprahistorischen, singulären jüdischen Holocaust alle Verweise auf die Historizität, damit Relationalität, von Erinnerungsprozessen sogleich als antisemitisch, also »bösartig«, ja sündhaft, entwertet werden.[26] Von dieser Position war leicht zu übersehen, daß Walser nicht für Vergessen plädiert hatte, sondern für ein sich seiner Zeitlichkeit bewußteres, weniger ausschließendes Nichtvergessen. Dazu stellte auch, was er in der Diskussion mit Bubis sagte,[27] die permanente absolute Scheidung der Opfer von den »Tätern« in Frage, d.h. er bezog seine eigene Erfahrungen der Holocaust-Problematik auf die von Bubis. Darauf liegt in der gegenwärtigen Debatte das vielleicht mächtigste Tabu. Und so weist auch Moshe Zuckermann Walser als dem »exemplarischen Vertreter der Tätergeneration« *ex cathedra* einfach einen anderen existenziellen Erfahrungsstatus zu als dem Holocaust-Überlebenden Bubis: Walser scheine »nicht einmal zu ahnen«, deklariert Zuckermann, daß es zwischen den »Befindlichkeiten« beider »keine Symmetrie gibt, keine geben kann, ja, aufs Allgemeine bezogen: keine geben darf …«.[28] Das heißt, Kommunikation zwischen Opfern und der »Tätergeneration« ist *eo ipso* unmöglich; alle Versuche in dieser Hinsicht sind aufs Heftigste abzuwehren.

Bubis fand denn auch Klaus von Dohnanyis Vorschlag »bösartig«, daß jüdische Bürger in Deutschland sich individuell und ehrlich fragen sollten, »ob sie sich so viel tapferer als die meisten anderen Deutschen verhalten hätten, wenn nach 1933 ›nur‹ die Behinderten, die Homosexuellen oder die Roma in die Vernichtungslager verschleppt worden wären.« Zuckermann sah in dieser »apologetischen Relativierung« eine zutiefst unmoralische Verleugnung der absolut klaren Unterscheidung zwischen historischen Opfern und »Tätern«:

Wenn die historischen Opfer der abstrakten Austauschbarkeit der Opfer-Täter-»Rollen« ausgesetzt werden, dann werden auch das Ge-

---

26 Vgl. dazu Zuckermann, *Gedenken und Kulturindustrie*, a.a.O. (Anm 14), S. 27.
27 *Frankfurter Allgemeine Zeitung* vom 14. Dezember 1998. Vgl. hier die vernünftigen Bemerkungen bei Jan Ross, *Aus Auschwitz lernen? Das Gedenken ist nicht deshalb wichtig, weil es für die politische Moral nützlich wäre*, in: *Die Zeit* (Hamburg) vom 26. November 1998.
28 Zuckermann, *Gedenken und Kulturindustrie*, a.a.O. (Anm 14), S. 9 f.

fühl der Schande, das Bewußtsein von Schuld und das plagende Gewissen zu Luxus-Instanzen der Psyche [...], wobei die Angehörigen
des Opfer-Kollektivs und die des Täter-Kollektivs durch vermeintliche Symmetrien schon nicht mehr nur latent gleichgesetzt werden,
sondern es wird eine offene Fungibilität der »Rollen« (mithin der
Schuld, der Schande und des Gewissens) suggeriert.[29]

Zuckermanns Argument ist aber keineswegs interessiert an dem in der
Tat schädlichen, weil niemals kritisch hinterfragten Abhängigkeitsver-
hältnis zwischen kollektiv absolutem Opfer- und kollektiv absolutem
»Täter«-Status. Ohne die religiös-psychologische Dynamik zwischen
diesen beiden Kollektivitäten wäre der enorme Erfolg »des Holocaust«
als immer monumentaleres Konstrukt von Erinnerungsgeschichten
nicht möglich gewesen. Bei der Präautorisierung des erinnerten reinen
Opferstatus haben sich Erinnerungsgeschichten vergangenen Leidens
um so mächtiger erwiesen, je böser das absolute, mit nichts zu vergleichende »Böse« ist, das nur als es selbst gesteigert werden kann. Die
absolut bösen Nazis konnten denn auch im Verlauf des letzten halben
Jahrhunderts noch absoluter böse werden, weil die öffentlichen, kollektiven Gedenkensdiskurse des Holocaust, die sich auf diese Erinnerungsgeschichten stützen, zunehmend zur kollektiven Dämonisierung,
und damit Enthistorisierung, böser Handlungen im Nazi-Dystopia
führten. Zuckermann möchte, daß das auch in Zukunft so weitergeht,
denn er fürchtet vor allem eine »Zeitenwende« im Vergangenheitsdis-
kurs der kollektiv schuldigen Deutschen bei dem »späten öffentlichen
›Großauftritt‹ der immer mehr im Schwinden begriffenen Opfer-Täter-
Generation« am historisch signifikanten Beginn der »sogenannten
›Berliner Republik‹«.[30] Für ihn und Gleichdenkende ist die »Tätergeneration« sowohl im Schwinden begriffen als auch immer machtvoller –
ein sich auf das manichäische Böse beziehendes irrationales Szenario,
das eine halbwegs faire Einschätzung der Situation nicht gerade för-
dert. Dohnanyi dagegen ging es explizit um das Verhalten individueller
jüdischer Bürger in einer Gegenwart, in der solche Fragen gestellt werden dürften: in der die Opfer der historischen Verfolgungen diese als
vergangen ansehen und sich deshalb momentan in die Situation der
Nichtopfer versetzen können. Von »den Deutschen« ist über ein halbes
Jahrhundert lang erwartet worden, sich in die Situation der Opfer zu
versetzen und dabei auch sogleich die Unmöglichkeit jedes Verständ-

29 Ebd., S. 26 f.
30 Ebd., S. 29.

nisses, das absolut Inkommensurable dieser Erfahrung einzugestehen –
die Substanz der deutschen Erinnerung als Sühne für die Kollektivschuld. An der Jahrtausendwende sollten Akte der historischen Imagination möglich sein, in denen die Erfahrungen beider Gruppen gegenseitig bis zu einem gewissen Grad einsichtig gemacht und so der Stoff
einer ihrer Zeitlichkeit bewußten Geschichtsschreibung werden können.

5.

Die westliche kulturelle Sanktionierung einer einzigartigen, also suprahistorischen Bedeutung der historischen Ereignisse, die wir jetzt »Holocaust« nennen, hat dazu geführt, daß spezifische, zeitgebundene, also
relationale, soziale und politische Fragen immer selbstverständlicher
im Sinne absoluter moralischer Prinzipien gestellt werden. Bei der viel
beschworenen Hyperkomplexität der Spätmoderne kann das durchaus
seine Vorteile haben: die einfache Scheidung eines immer gültigen »Guten« vom »Bösen« der Vergangenheit erübrigt alle kritischen Diskussionen. Das belegt deutlich die erwähnte Serie von »Kontroversen«
über die deutsche Vergangenheit, die sich zuverlässig in der Solidarität
des konformen Guten aufzulösen pflegen. Da die Gedenkensdiskurse
des Holocaust die Historizität der jüdischen Verfolgungen radikal in
Frage stellen, entziehen diese sich als ›undenkbar‹ und ›unaussprechbar‹ jeder historischen Darstellung, und die Vergeblichkeit des Ver-
suches selbst wird absolut gesetzt. Allein das Argument für historische
Differenzierung auf diesem Gebiet kann dann des Antisemitismus und
der Holocaust-Verleugnung verdächtig sein und muß als Häresie abgelehnt werden, nämlich als Verletzung einer mit dem Erinnerungsdis-
kurs der Leiden gestifteten signifikanten jüdischen Gruppenidentität.
Hier erscheinen die Leiden auf eine Weise direkt in die Gegenwart
transponiert, die nicht nach historischer Information und Erklärung
verlangt, sondern nach Schuldbekenntnis und Sühneversprechen.

Die Gedenkensdiskurse des Holocaust stützen ihre Autorität auf das
anhaltende Entsetzen über die Art und das Ausmaß vor allem der jüdischen Verfolgungen. Trotzdem ist zu bedenken, ob nicht die daraus folgende direkte und permanente Identifizierung mit den Opfern eine
Lähmung der historischen Einbildungskraft mit sich gebracht hat, die
der historischen Erinnerung schädlich sein könnte. Denn die einfühlen-
de Beschwörung des Schrecklichen, Ungeheuerlichen durch unvermit-
teltes, immer gleiches Heraufholen aus der Vergangenheit hat über
Jahrzehnte hinweg die Rituale des Gedenkens vermehrt, aber wenig
beigetragen zu einem besseren Verständnis der historischen Umstände

der Verfolgungen. Von dieser Position aus ist es praktisch unmöglich einzusehen, daß sie in einer anderen Zeit geschahen, unter anderen Umständen, im teilweisen Zusammenhang, deshalb im möglichen teilweisen Vergleich mit anderen historischen Ereignissen – kurz, die Implikationen einer modernen Intersubjektivität in der Relativität und Temporalität politischen und sozialen Handelns. Es ist gerade die für die moderne Geschichtsschreibung zentral wichtige Erkenntnis der qualitativen Andersartigkeit der Vergangenheit, die Versuche einer absoluten Distanzierung von ihr unter den Umständen der Gegenwart so fragwürdig macht. Das notorisch umstrittene Mahnmal in Berlin will nicht inklusiv an alle Opfer des Zweiten Weltkriegs erinnern, sondern exklusiv an die jüdischen Opfer, weil nur so die absolute Distanz des neuen (jungen) Deutschland zum Nazideutschland gezeigt werden kann: so waren die, nicht wir. Aber wenn nicht verstanden wird, daß »die« unter sehr anderen Umständen »so« waren, dann führt das zwar zu der identitätsstiftenden Verfügbarkeit der Vergangenheit – wer wären wir denn ohne das absolut Andere, Nazi-Böse? – aber kaum zu dem rituell angerufenen »Aus-dem-Holocaust-Lernen«.

Für amerikanische Juden, von denen viele die Mahnmal-Debatten mit Interesse verfolgten, bedeutete die Exklusivität des Mahnmals den von einer großen und noch wachsenden Gruppe gewünschten Vorrang in der Hierarchie des Leidens. Peter Novicks materialreiche Studie *The Holocaust in American Life*[31] lehnt das grundsätzlich ab:

> Die Behauptung, der Holocaust sei einzigartig – wie auch die Beanspruchung seiner einzigartigen Unverständlichkeit und Undarstellbarkeit – ist praktisch eine Beleidigung. Denn das bedeutet nichts anderes als »eure Katastrophe ist im Vergleich zu unserer gewöhnlich; im Unterschied zu unserer ist sie verständlich und darstellbar«.[32]

---

31 Peter Novick, *The Holocaust in American Life*, New York 1999. Das erste Kapitel diskutiert das anfängliche Herunterspielen der Ernsthaftigkeit der Judenverfolgungen, das dann in sein Gegenteil umschlägt: die zeitgenössischen, zunächst »unglaublichen« und deshalb nur zögernd verbreiteten Nachrichten von den Verfolgungen verwandelten sich unter veränderten politischen Umständen in die apriori glaubwürdigen Erinnerungsgeschichten der Opfer. Und statt der allgemeinen Feindschaft gegen die Nazis während und am Ende des Krieges, wurde nun der Status der Juden als jedermanns Opfer betont.

32 Ebd., S. 9.

Novicks abgewogen kritische Perspektive auf die Faszinationen des Holocaust ist auch für den deutschen Kontext sehr wünschenswert, aber unwahrscheinlich. Denn im deutschen »Sonderfall« einer moralisch-politischen Symbiose von kollektiver Kriegsschuld und Kriegserinnerung scheint solche rationale Kritik leider immer noch fast unmöglich.[33]

Novick also wollte wissen, warum im Amerika der Jahrhundertwende das öffentliche Gedenken an die zeitlich und räumlich weit entfernten Judenverfolgungen eine so große Rolle spielt. Mit der detaillierten historischen Erforschung der Gedenkensdiskurse des Holocaust haben

---

33 Historisch uninformierte, dafür aber hoch moralische Forderungen an literarische Texte stellt Ernestine Schlant, *The Language of Silence: West German Literature and the Holocaust*. New York 1999. Schlants Studie ist durchaus konform mit der gegenwärtigen kulturpolitischen Orthodoxie hinsichtlich »der« deutschen Unfähigkeit korrekt zu trauern, ist aber darüber hinaus besonders rigoros im emotionalen Verwerfen westdeutscher Autoren, die ihre Erwartungen hinsichtlich der Trauerquote nicht erfüllen, besonders Grass. Da sie bei Schriftstellern generell eine in ihrer Sicht literaturspezifische »seismographische« Empfindlichkeit für die Bewegungen der (deutschen) Kollektivpsyche annimmt, erklärt sie die – ohne einsichtige Begründung – ausgewählten Autoren nicht nur einfach zu Stellvertretern für alle anderen Schriftsteller, sondern auch gleich für alle Deutschen. Alle sind – und alle auf die gleiche Weise – verantwortlich für »das« deutsche moralische Versagen, denn was sie zum Holocaust zu sagen haben, genügt Schlant nicht. Für sie ist das ein bedeutsames Schweigen, mit dem sie sich (alle) automatisch selbst verurteilen. Offensichtlich erwartet Schlant keinerlei kritische Fragen von Lesern: Wie genau stellt sie sich z.B. diese spezifisch literarische Seismographie vor? Aber wo es um »den Holocaust« geht, geht es eben nicht um spezifische Urteilsbegründungen, sondern generelle Verurteilung, gleichgültig ob rational einsichtig oder nicht. Der Mangel an historischer Information und methodologischer Reflexion in dieser Studie ist denn auch erstaunlich und so auch deren Veröffentlichung in einem angesehenen akademischen Verlag. Weniger erstaunlich, aber beunruhigender, ist die Tatsache, daß diese offensichtlich unqualifizierte Arbeit auf großes und überwältigend positives Interesse in den amerikanischen Medien stieß: Schlant ist verheiratet mit Bill Bradley, dem zur Zeit der Veröffentlichung des Buches erfolgreicheren der beiden demokratischen Kandidaten für das Amt des amerikanischen Präsidenten. Da sowohl Bradley als auch Gore die einflußreiche jüdische Wählerschaft umwarben, wobei es auch immmer um die finanzielle und militärische Unterstützung der vom Holocaust präautorisierten Politik Israels geht, war dieses Bekentnis zur kulturellen Zentralität des Holocaust ein wichtiges Politikum.

sich seine Zweifel an der Nützlichkeit des gegenwärtig so einfluß-
reichen Holocaust-Bewußtseins eher verstärkt als vermindert. Einer
seiner schärfsten Kritiker, Tony Judt, zeigte sich zutiefst »irritiert« von
Novicks »obsessiv« dokumentierter Analyse der Praxis und Politik der
Holocaust-Gedenkensdiskurse bei mangelndem Interesse an den existentiellen Fragen »des Holocaust selbst«. Vor allem stößt er sich daran, daß Novick nichts hält von der »Lehre« »des Holocaust« als des
»absolut Bösen«, die allen im »Meer ethischer und ideologischer Unsicherheit Dahintreibenden«[34] moralischen Halt geben könnte. Als Historiker und säkularer Jude ist Novick an spezifischen bösen Handlungen interessiert, nicht an einem aus den historischen Umständen zu
abstrahierenden absoluten Bösen. Judt dagegen unterstützt generell die
kulturelle Macht des Holocaust wegen der moralischen Sicherheit, die
dem absolut Bösen abzugewinnen ist. Dabei bezieht er sich aber ausdrücklich nur auf nichtjüdische Amerikaner, denn in seiner Sicht haben
(alle) Juden als kollektiv reine Opfer des Naziregimes eine sozusagen
eingebaute moralische Sicherheit, d.h. Überlegenheit. Das scheint zwar
»eigentlich« absurd, ist aber doch ein Argument, mit dem der Staat
Israel über viele Jahrzehnte auch die problematischsten Akte gegen die
palästinensische Bevölkerung gerechtfertigt hat.

Novick dagegen scheint die Bereitschaft, aus dem Holocaust erbauli-
che Lehren zu ziehen, eher symptomatisch für kulturelle Tendenzen der
Gegenwart denn gerechtfertigt durch die historischen Ereignisse. Mit
den Worten eines einsichtigen Rezensenten: »Novicks harte aber un-
vermeidliche Folgerung ist, daß der Holocaust überhaupt keine Lehren
bereit hält.«[35] »Der Holocaust selbst«, wie er allgemein als das zentrale
Ereignis des 20. Jahrhunderts beschworen und zum Prüfstein allge-
meingültiger moralischer Forderungen gemacht wird, existiert nicht
unabhängig von den spezifischen Gedenkensdiskursen und der Geden-
kenspolitik, die kritisch analysiert werden können und sollten. Das
wahrscheinlich größte Ärgernis, aber auch der wichtigste Beitrag von
Novicks in den USA im ganzen überraschend positiv aufgenommenen
Buches ist die Tatsache, daß er mit der historischen Dokumentation der
Gedenkensdiskurse des Holocaust auch die Historizität der erinnerten
Verfolgungen zur Diskussion frei gibt. Er sieht sie im Kontext des chao-

---

34 Tony Judt, *The Morbid Truth. In Defense of Holocaust Obsession*, in: *The
New Republic* (Washington, DC) vom 19./26. Juli 1999.
35 Jon Wiener, *Holocaust Creationism*, in: *The Nation* (New York) vom
12. Juli 1999.

tischen Endstadiums eines totalen Krieges von unerhörten Dimensionen und verweigert sich ausdrücklich der absurden Maxime »In extremis veritas«, von der die Poetik und Politik des Holocaustgedenkens so stark gezehrt hat. Für ihn – wie für alle moderne Historiographie – gilt die Historizität aller menschlichen Erfahrung, wie extrem auch immer. Die jüdische Verfolgung unter dem Nationalsozialismus ist im Kontext der historischen Zeit von großer aber nicht einzigartiger Bedeutung, und es ist gerade das Insistieren auf der relativen, zeitlichen eher denn der absoluten, der Zeitlichkeit enthobenen Natur dieser Ereignisse, die sie zumindest teilweise einer rationalen historischen Dokumentation und Argumentation zugänglich machen kann. Das Forschungsprotokoll der modernen Geschichtsschreibung hat als Basis den modernen Wahrheitsbegriff eines Prozesses des zunehmenden Vertrauens in Evidenz, einer größeren (eher denn geringeren) Plausibilität. In einer säkularen Kultur ist das alles, was Wahrheit sein kann, und deshalb für den Historiker eine außerordentliche Verantwortung. Wir vertrauen historischer Evidenz, gerade weil sie provisorisch, temporär, revidierbar ist. Wenn wir versuchen, uns über die Vergangenheit zu verständigen, dann stützen wir uns auf die teilweise, zeitlich begrenzte, relationale Autorität einer vielstimmigen kritischen Gemeinschaft von Historikern: Historische »Wahrheiten« ändern sich mit der Zeit, d.h. mit neuer Evidenz. Anklagen auf »Revisionismus« erheben sich nur dort, wo sich das Sprechen über die Vergangenheit auf eine suprahistorische, überzeitliche, absolute, einstimmige Autorität beruft – wie Norbert Frei im Falle des jüdischen Holocaust. Er hat dabei natürlich die Unterstützung eines Holocaust-Überlebenden wie Elie Wiesel, der alle Versuche einer »Desanktifizierung« und »Demystifizierung« des Holocaust als antisemitisch abwehrt und darauf besteht, daß »jeder einzelne Überlebende mehr über die Verfolgungen zu sagen hat als alle Historiker zusammen genommen«. Solche Behauptungen haben gegenwärtig eine »eigentlich« absurde Glaubwürdigkeit, und so beklagte sich auch der Direktor der Bildungsprogramme von Yad Vashem, der Überlebende sei »zum Priester geworden; wegen seiner Erinnerungsgeschichte ist er heilig«.[36] Das ist für professionelle Archivisten ärgerlich nicht nur wegen der damit verbundenen Ansprüche und Selbstinszenierungen professioneller Opfer wie Wiesel und Wilkomirski, sondern vor allem der Schwierigkeiten, historisch relevante aus der Überzahl historisch nicht relevanter Erinnerungsgeschichten auszusortieren. Die jeweils

36 Novick, *The Holocaust in American Life*, a.a.O. (Anm. 31), S. 201.

private Wichtigkeit aller solcher Geschichten ist mit dieser Kritik natürlich nicht angetastet.

Im deutschen Kontext wäre also daran zu erinnern, daß die von Frei und anderen Historikern so gefürchteten Versuche, die deutsche Vergangenheit zu »normalisieren«, ebenso die Evidenzprotokolle der modernen Geschichtsschreibung verleugnen, wie ihre eigenen Forderungen der Einzigartigkeit und absoluten, also sich niemals verändernden Gültigkeit des jüdischen Holocaust. Für den modernen Historiker ist (im Prinzip) eine in der Gegenwart aus politisch-ideologischen Gründen vorgenommene Normalisierung der Vergangenheit genau so unannehmbar wie deren theologisierende absolute Verdammung. Wünschenswert wäre dagegen eine aus Gründen besserer Verständigung relative Normalisierung gegenwärtiger Vergangenheitsdiskurse: daß wir uns darauf einigen, historisch informierter und psychologisch umsichtiger über die Vergangenheit nachzudenken und zu sprechen.

6.

Es gab solche vor allem auch im Rückblick sehr wichtigen Verständigungsversuche in der unmittelbaren Nachkriegszeit, unter ihnen die Texte des Exilanten Zuckmayer[37] und die Texte des in Deutschland gebliebenen Erich Kästner. Es sind Texte, die gerade in ihrer Zeitlichkeit, ihrer spezifischen vergangenen Aktualität zu uns sprechen können und sollten. Hier ist nun der Unterschied zwischen dem Exilanten und dem Nichtexilanten von großer Wichtigkeit. Wenn Zuckmayer schon damals, aber auch später vorgeworfen wurde, er habe es mit dem politisch klug differenzierenden und individualpsychologisch überzeugenden Drama *Des Teufels General* »den Deutschen« zu leicht gemacht, die moralische Verantwortung der Kollektivschuld beiseite zu schieben,[38]

---

37 Vgl. Gunther Nickel, »*Des Teufels General« und die Historisierung des Nationalsozialismus*, in: *Zuckmayer-Jahrbuch*, Bd. 4, 2001, S. 575-612. Nickels Studie rekonstruiert instruktiv den historischen Hintergrund für den großen Erfolg von Zuckmayers Drama, u.a. auch Zuckmayers Bewußtsein der sich wandelnden Zeitgemäßheit sowohl des Textes als auch seiner Dramaturgie.

38 Vgl. Gunther Nickel, *Zuckmayer und Brecht* in: *Jahrbuch der deutschen Schillergesellschaft*, Jg. 41, 1997, S. 428-459, hier: S. 449. Vgl. hier auch zu Brechts und Zuckmayers Argumenten gegen die These einer deutschen Kollektivschuld, die von Thomas und Erika Mann vertretene Notwendig-

so wurde doch damit noch nicht seine persönliche Haltung gegenüber dem verbrecherischen Naziregime in Zweifel gezogen. Schließlich gehörte er als Exilant zu den guten Deutschen, die ausdrücklich von der Kollektivschuld ausgenommen waren und blieben. Das ist anders bei Kästner, der nicht ins Exil gegangen war und deshalb immer »Ambivalenz«-verdächtig schien, heute noch stärker als damals.

Es ist bemerkenswert, daß solche Vorwürfe über ein halbes Jahrhundert nach den historischen Ereignissen eher noch im Wachsen sind. Dabei gehört zu den Problemen dieser Jahre und ihrem historischen Verständnis damals wie heute die 1945 von den verschiedensten Beobachtern geäußerte Befürchtung, daß man sich in diesem politischen und moralischen Chaos wahrscheinlich niemals zurecht finden würde.[39] Gerade die notorischen Schwierigkeiten heute, sich mit dieser dunklen Zeit kritisch auseinanderzusetzen, sich ihr mit spezifischen Fragen allmählich zu nähern statt sich generell urteilend abrupt von ihr zu distanzieren, verweisen auf die Nützlichkeit von Kästners Orientierungsversuchen damals. Als aufmerksamer Zeitgenosse sah, hörte und schrieb er Vorläufiges, Unvollständiges, Widersprüchliches, denn seine Ansichten entwickelten sich in der Zeit und mit der Zeit. In der unmittelbaren Nachkriegsperiode schienen die Ereignisse in ihren zeitlichen Abläufen besonders gestört: da ist der radikale Kulturbruch der Massenvernichtungen im Endstadium des totalen Krieges und damit verbunden die Erfahrung der »Stunde Null«. Da dauern aber auch für große deutsche Bevölkerungsgruppen – Vertriebene, Ausgebombte, Kriegsgefangene – die surrealen, zeitaufhebenden Wirren des totalen Krieges an. In dieser im wörtlichen Sinne außerordentlichen, heute weitgehend unvorstellbaren Situation des zeitweilig totalen Nichtfunktionierens einer hochkomplizierten technokratischen Organisation mit all ihren sozialen und politischen Institutionen machte Kästner seine in

---

keit einer langjährigen alliierten »Züchtigung« aller Deutschen (S. 445-447). Zuckmayer antwortete Erika Manns Generalverklagung aller Deutschen (*Eine Ablehnung*, in: *Aufbau*, Jg. 10, 1944, Nr. 16, S. 8) mit einem offenen Brief (ebd., Jg. 10, 1944, Nr. 19, S. 7 f.), in dem es u.a. heißt: »Ich sehe nichts Gutes darin, weder für Deutschland noch für die Welt, wenn als krasser Pendelausschlag gegen den Wahnwitz des Pangermanismus nun ein ebenso krasser Antigermanismus geschaffen wird, der den kleinherzigen und abergläubigen Zügen des Antisemitismus bedauerlich ähnelt.« (zit. nach Nickel, *Zuckmayer und Brecht*, S. 446).

39 Barnouw, *Ansichten von Deutschland 1945*, a.a.O. (Anm. 2), Einleitung: »Ansichten von Krieg und Gewalt«.

Notabene 45 gesammelten Aufzeichnungen[40] und schrieb er die Beiträge für die von der amerikanischen Besatzungsmacht herausgegebene
Neue Zeitung und seine Jugendzeitschrift *Pinguin*.[41] Zusammengenommen könnte man diese Texte als das Buch über das ›Dritte Reich‹
lesen, das Kästner versprochen, aber nie »geliefert« hat: geschrieben
von einem Zeitgenossen für andere Zeitgenossen dieser chaotischen
Jahre, der mit seinen Lesern die Folgen des über die Jahre als Dystopie
entlarvten und schließlich zerschlagenen ›Dritten Reiches‹ teilt.

Kästners Zeitgenossenschaft zur Nachkriegsperiode zeigt sich in seinem Zögern, sich vorzeitig festzulegen, seiner Toleranz für ungelöste
Konflikte und Auslassungen, seiner Offenheit für mit anderen geteilte
Hoffnungen und Resignationen, seiner Abstinenz von alles besser wis-
senden Hypothesen oder gar »Theorien«. Das war in den turbulenten
Weimarer Jahren nicht anders gewesen. Zwar hatte Walter Benjamin
1931 diese Zeitgenossenschaft als »Linke Melancholie« abgewertet:
»linksradikale Publizisten vom Schlage der Kästner, Mehring und Tucholsky« hatten dem messianischen Marxisten nichts zu bieten als die
»proletarische Mimikry des zerfallenden Bürgertums«.[42] Aber damit
unterstrich Benjamin nur die Marginalität seiner eigenen eklektisch
hermetischen und in vielem kulturkonservativen Position gegenüber
der neuen hyperkomplexen Weimarer Moderne.[43] »Postmodern« wird
diese damalige Marginalität heute gern in ihren konkreten politischen
und kulturellen Konsequenzen übersehen und in ihrer »theoretischen«
Signifikanz gefeiert. In beiden Fällen setzt man sich zu leicht darüber
hinweg, daß Benjamin auf eine der gefährlichsten Krisensituationen
der Moderne mit neoromantischen Erlösungsphantasien reagierte, weil

---

40 Erich Kästner, *Notabene 45* in: Erich Kästner, *Gesammelte Schriften für
Erwachsene*, München, Zürich 1969, Bd. 6, S. 55-238.

41 Später gesammelt in *Der tägliche Kram*, in: Kästner, *Gesammelte Schriften
für Erwachsene*, a.a.O. (Anm. 40), Bd. 7, S. 9-171 und *Neues von Gestern*,
ebd., Bd. 8, S. 9-190. Zu diesen Beiträgen und Kästners Schwierigkeiten
mit der Kulturpolitik der Sieger vgl. Dagmar Barnouw, *Inländische Differenzierungen: Kästner und die »Neue Zeitung«*, in: *Die Zeit fährt Auto –
Erich Kästner zum 100. Geburtstag*, Katalog des Deutschen Historischen
Museum Berlin 1999, S. 143-152.

42 Walter Benjamin, *Linke Melancholie*, in: *Die Gesellschaft*, Jg. 8, 1931,
S. 181-184 (jetzt in: Walter Benjamin, *Gesammelte Schriften*, Frankfurt am
Main 1972, Bd. 3, S. 279-283).

43 Vgl. Dagmar Barnouw, *Weimar Intellectuals and the Threat of Modernity*,
Bloomington 1988, Kapitel 4: *Marxist Creationism: Walter Benjamin and
the Authority of the Critic*.

er, im Unterschied zu den Angegriffenen, weder von »den Bürgern«
noch von »den Proletariern« seiner Zeit etwas sozialpolitisch Konkre-
tes wissen zu müssen glaubte. Eigentlich sollte das sein Urteil suspekt
machen. Aber gerade professionelle (intellektuelle, akademische) Leser
berufen sich siebzig Jahre später gern auf Benjamin, wenn sie Kästner
politische Naivität, Befangenheit, ja Unzuverlässigkeit bescheinigen
wollen. Dabei nehmen sie sowohl das »postmoderne« Privileg einer
Befreiung von Geschichte im allgemeinen in Anspruch – ihre dezidierte
Unkenntnis der sozialen und politischen Bedingungen, unter denen
Kästner schrieb – als auch ihre unbefragte ethische Verpflichtung zur
Verurteilung »der« deutschen Geschichte im besonderen.

Schon bei Kriegsende wurde bemängelt, daß Kästner die Jahre der
Naziherrschaft in Deutschland verbracht, also sich trotz der Verbrennung seiner Bücher, trotz des Publikations- und schließlich Schreibverbots nicht durch Emigration klar von dem verbrecherischen Regime
distanziert hatte – ein Vorwurf, dessen Virulenz er sich wohl bewußt
war. Gleich im ersten Heft des *Pinguin* (Januar 1946) kommt er auf die
Frage nach der unterbliebenen Emigration zu sprechen, die ihm von
»allen Amerikanern, die sich amtlich mit mir abgeben mußten«, gestellt wurde, und deren Beantwortung – die Möglichkeit der Augenzeu-
genschaft und der Dokumentation – von ihnen oft mißbilligt wurde:

> Ein Schriftsteller will und muß erleben, wie das Volk, zu dem er ge-
> hört, in schlimmen Zeiten sein Schicksal erträgt. Gerade dann ins
> Ausland zu gehen, rechtfertigt sich nur durch akute Lebensgefahr.
> Im übrigen ist es seine Berufspflicht, jedes Risiko zu laufen, wenn er
> dadurch Augenzeuge bleiben und eines Tages schriftlich Zeugnis ab-
> legen kann.

Das »interessanteste und traurigste« Buch über das ›Dritte Reich‹,
schreibt er in diesem Zusammenhang, würde sich mit der »Verderbung
des deutschen Charakters« beschäftigen müssen, dem von ihm selbst
erlebten unerhörten »Generalangriff auf die menschlichen Tugenden«:

> Nie zuvor sind Eigenschaften wie Zivilcourage, Ehrlichkeit, Gesin-
> nungstreue, Mitleid und Frömmigkeit so grausam und teuflisch
> bestraft, nie vorher sind Laster wie Roheit, Unterwürfigkeit, Käuf-
> lichkeit, Verrat und Dummheit so maßlos und so öffentlich belohnt
> worden.[44]

---

44 Erich Kästner, *Gescheit, und trotzdem tapfer*, in: *Pinguin*, Januar 1946,
   jetzt in: Kästner, *Gesammelte Schriften für Erwachsene*, a.a.O. (Anm. 40),
   Bd. 7, S. 24-27.

So ähnlich hatte er es auch ein paar Monate vorher, am 18. Oktober 1945, in der ersten Nummer der *Neue[n] Zeitung. Eine[r] Amerikanische[n] Zeitung für die deutsche Bevölkerung* gesagt, in der er sich mit dem Beitrag *Münchner Theaterbrief* als der Schriftleiter des für die Mission der Zeitung hochwichtigen Feuilletons vorstellte. Die Auswahl des Themas für dieses erste Feuilleton verweist auf Kästners große Liebe für das Theater gerade auch in seiner repräsentativen, öffentlichen Funktion, die für das Markieren des kulturellen Neubeginns so wichtig ist: »Man plant, gründet und redet ... Alle diese Versammlungen, die, von niemandem einberufen, trotzdem täglich stattfinden, gleichen einem Pantheon nur bis zu einem gewissen Grade; wir sind weniger berühmt und, das vor allem, viel weniger tot.« Es geht um Hoffnungen und Zukunft, »echte, schöne Begeisterung«, trotz aller privaten Sorgen, über das, »was nun, nach zwölf Jahren geistiger Fesselung und Bedrohung, endlich wieder winkt: die Freiheit der Meinung und der Kunst!« Kästner evoziert hier spontan die notorische intellektuelle Begeisterung dieses neuen Anfangs im Chaos, das von der Vergangenheit hinterlassen wurde. Dabei übersieht er nicht die »andere Triebfeder: de[n] eiserne[n] Vorsatz, nicht zu denen gehören zu wollen, die unter die Räder kommen werden«. Nach der Lähmung der Nazizeit ist das kulturelle Tätigsein der Überlebenden, das Überleben im Tätigsein besonders wichtig. Dazu gehört auch das seine Leser zunächst schockierende »ungescheute« Aussprechen, Austauschen von Meinungen.[45] Der im Land gebliebene Kästner hatte die zunehmende Einengung von Meinungsaustausch nicht nur beobachtet sondern auch an sich selbst miterlebt. Er gehört selbst zu denen, die erst wieder lernen müssen, mit »ungescheuter« Meinung umzugehen. Diese demokratische Inklusivität gegenüber dem gewöhnlichen, »common« Leser – eine seit der europäischen Aufklärung benutzte narrative Strategie zur Förderung von Lernvorgängen – sollte sich in den meisten der Texte finden, die Kästner für die *Neue Zeitung* schrieb, nicht zur Freude der amerikanischen Militärregierung.

Drei Jahrzehnte nach dem Krieg, zu Kästners 75. Geburtstag, sollte Marcel Reich-Ranicki den »Dichter der kleinen Freiheit« loben, dessen Dichtung niemals den Anspruch gestellt hatte, jemanden »zu erlösen«, oder »die Welt zu verändern«: »Er hatte nicht mehr und nicht weniger

---

45 *Die Neue Zeitung* vom 18. Oktober 1945, jetzt in: Kästner, *Gesammelte Schriften für Erwachsene*, a.a.O. (Anm. 40), Bd. 8, S. 11-15. Zur Wichtigkeit des Feuilletons vgl. Habe, *Im Jahre Null*, a.a.O. (Anm. 13), S. 91: »Die Kultur freilich – sie ist der deutsche Seismograph ...«.

zu bieten als Grazie und Esprit, Humor und Vernunft.« Aber das genügte anscheinend immer noch nicht für den Rückblick auf dunkle
Zeiten. 1933 bis 1945, schreibt Reich-Ranicki, hatte »der Mann zwischen den Stühlen« sich klar entschieden, und wenn er auch selbst
nicht emigriert war, so doch seine damals in der Schweiz erscheinenden
Bücher. Er ernennt also Kästner zu »Deutschlands Exilschriftsteller
honoris causa«, in »dankbarer und respektvoller« Anerkennung, daß
der von ihm als Schriftsteller Bewunderte in jenen Jahren nichts geschrieben hatte, »dessen er sich hätte später zu schämen brauchen«.[46]
Mit seinen verbotenen Büchern, seinem zivilisierten Verhalten in un-
zivilisierten Zeiten, war Kästner fast so gut wie ein echter Exilschriftsteller. Im Falle eines solchen aber – z.B. Brecht oder Thomas Mann –
hätte sich der Kritiker Reich-Ranicki wahrscheinlich 1974 sehr viel
unbefangener mit den wichtigen, hochkomplexen, nicht immer eindeutigen Verknüpfungen von moralischen und schriftstellerischen Qualitäten befaßt, und von »Scham« wäre erst gar nicht die Rede gewesen. In
Kästners nicht ganz so klarem Falle schien das nicht angebracht. Denn
wo es um »das Böse« des Naziregimes geht, ist der Wunsch nach Ein-
deutigkeit immer besonders groß gewesen und geblieben. Nichts genügt hier außer der glasklaren Scheidung »des« Guten vom Bösen, vorzüglich durch Emigration, und das besonders in Fällen, wo es sich nicht
um akute Lebensgefahr handelte, wo Weggang wirklich ein Akt der
Entscheidung war. Kästner war nicht gegangen, sondern geblieben; er
hatte die Verbrennung seiner Bücher, das Publikations- und Schreibverbot passiv hingenommen. Dreißig Jahre nach Kriegsende, in Kästners
Todesjahr, war der »Exilschriftsteller honoris causa« in der Tat ein ge-
neröses Geburtstagsgeschenk, weil es seine Passivität in der Nazizeit so
gut wie aufhob.

Diese sicherlich gutgemeinte Aufhebung war aber nur möglich aus
der von vornherein autorisierten Perspektive des Rückblicks, und sie
bedeutete die Verweigerung, sich auf die Historizität von Kästners Leben und Werk einzulassen. Wer war, wie lebte der Mann, der Schriftsteller damals, als er sich nicht entschließen konnte, aus dem geliebten
Berlin in die Schweiz zu emigrieren? Ein weiteres Vierteljahrhundert
später scheint es noch dringlicher – weil noch weniger selbstverständlich – diese Frage zu stellen. Wenn heute die »Ambivalenz« des Manns

---

46 Marcel Reich-Ranicki, *Erich Kästner, der Dichter der kleinen Freiheit
(1974)*, in: Marcel Reich-Ranicki, *Nachprüfung. Aufsätze über deutsche
Schriftsteller von gestern*, München 1977, S. 245-254, S. 253 f.

»zwischen den Stühlen« angesprochen wird, dann bedeutet das häufig
explizite Zweifel an Kästners politischer Intelligenz und Ehrlichkeit.
Dabei stützt man sich nicht auf spezifische neue Einsichten beim Wie-
derlesen seiner Texte, sondern auf eine generelle Problematisierung der
deutschen Geschichte, deren Zeitgenosse Kästner war. Der politische
Chic der »unbewältigten Vergangenheit« für die Enkelgeneration hat
auch das »outing« von immer mehr »Tätern« attraktiv gemacht. So
erklären sich Studenten der Literatur und Geschichte tief »betroffen«
von der Tatsache, daß Kästner 1942 das Drehbuch für den Erfolgsfilm
Münchhausen zum 25. Geburtstag der UFA geliefert hatte. Sie fragen
nicht, wer er damals war, wohl aber, warum er sich später niemals über
dieses »Vergehen« geäußert hat. Das Ausbleiben der erwarteten Selbstkritik des im Lande Gebliebenen wird als erschwerender Umstand
gewertet, etwas,was Kästner ihnen schuldig geblieben ist; als ob es für
sie, für ihr Verhältnis zur deutschen Geschichte, eine Zurücksetzung
bedeutete. Es geht ihnen, so sagen sie, um ein besseres Verständnis der
vergangenen »Unentschiedenheit« Kästners: zu bleiben, das Drehbuch
zu schreiben, später nicht darüber zu sprechen. Aus dem Rückblick der
Jahrtausendwende ist es ihnen aber unmöglich, hier etwas anderes
zu sehen als eindeutig falsche Entscheidungen. Ihre Fragen sind moralische Forderungen: Verurteilen statt Verstehen.

Der bemerkenswert vitale Kult des Gedenkens hat sich zu einfach
über die zeitliche, fluide Natur von Erinnerung und Identität hinweg-
gesetzt und damit die historische Imagination nivelliert und infantili-
siert. Nicht unerwartet zeigen die neuerlichen »Fragen« an Kästner ein
entschiedenes Desinteresse an der zeitlichen Bedingtheit, Wandelbar-
keit, Relativität der Positionen des Fragenden und des Befragten.[47]
Hätte sich Kästner in beruhigteren Nachkriegszeiten selbstkritisch über
sein »Vergehen« geäußert, so wäre damit noch lange nicht das Eindeutige, Endgültige zu seiner damaligen Entscheidung gesagt, wie es die
Enkel sich wünschen. Solche Selbstkritik hätte nur eine, wiederum temporäre, Positionsbestimmung aus dem Rückblick bedeutet. Der Kästner, der sich nach dem Kriege an das Drehbuch erinnerte, wäre nicht
mehr der gewesen, der es geschrieben hatte; und der Kästner, der das
Drehbuch schrieb, nicht mehr der, der sich 1933 entschieden hatte, in

47 Vgl. hier auch die historiographisch fragwürdige, mit »sehr gut« ausgezeichnete Dissertation von Andreas Drouve, *Erich Kästner – Moralist mit
   doppeltem Boden*, Marburg 1993 (Marburger Wissenschaftliche Beiträge 3),
   S. 128-173, 180-187, 219-224.

Berlin zu bleiben. Das Honorar, das der anonyme Autor (auch sein Pseudonym erschien nicht auf dem Vorspann) für den informell abgesprochenen Auftrag der UFA ausgezahlt bekam, war für den seit Jahren von den ausländischen Einkünften seiner Bücher abgeschnittenen Kästner existenzwichtig. Wichtig war vielleicht auch – obwohl er es damals verneinte – die Lust des für eine Weile unverbotenen Schreibens, Zauberns für ein Publikum.[48] Das, natürlich, ist kein Argument für die Enkel, die sich nicht auf die Erfahrungen gewöhnlicher Zeitgenossen ungewöhnlich dunkler Jahre einlassen wollen. Aber Kästner war einer von ihnen: wie sie erfuhr er die Härten des »totalen Kriegs«, die surrealen Wirren der unmittelbaren Nachkriegszeit.

Das Verständnis dieser Zeit, ihre Folgen, und das Verhalten zu ihnen ist eine andere Sache, und hier kamen Kästner seine pädagogischen Talente und seine Erfahrungen als Kinderbuchautor zugute. Wenn er seine jungen Protagonisten so verständig wie gewitzt in die zeitweilig verwirrte Welt der Erwachsenen eingreifen läßt, dann in dem Vertrauen darauf, sich trotz allem in dieser Welt zurechtzufinden. Die in manchem vielleicht »unkindlich« vernünftigen Kinder haben überraschende Einfälle zur Entwirrung, und die Erwachsenen, zunächst gefangen in den Folgen ihrer nicht immer vermeidbaren Fehler, können die Nützlichkeit dieser Einfälle einsehen. In der außerordentlich schwierigen Situation des Kriegsendes ging es Kästner vor allem um das Potential solcher Einsichtigkeit, das er für wichtiger hielt als die sofortige Lösung der »deutschen Frage« durch kollektive Verklagung. Dabei war eine seiner wichtigsten Strategien die Bestätigung der Zeitlichkeit der Erinnerung: seine Leser, er selbst, waren jetzt die, die sie während der zwölf Jahre dauernden Herrschaft des Naziregimes geworden waren. Um allmählich anders zu werden, mußten sie versuchen, sich an die Abfolge ihrer Erfahrungen bestimmter Ereignisse zu erinnern. Es ging nicht um die Frage, wie es hatte geschehen können – die Gretchenfrage der Sieger –, sondern wie es in ihrer jeweils zeitlich bedingten Sicht geschehen war.

Als im Lande Gebliebene hatten sie nicht ein suprahistorisches nunc stans des Naziregimes erlebt, eine Zeitaufhebung bei sofortigem Ein-

---

48 Klaus Kordon, *Die Zeit ist kaputt. Die Lebensgeschichte des Erich Kästner*, Weinheim, Basel 1994 benutzt zu Zwecken der »Rettung« das Argument der Subversion: Der Titel ist ein Zitat aus dem Film. So auch Helga Bemmann, *Humor auf Taille. Erich Kästner – Leben und Werk*, Frankfurt am Main 1985, S. 255-260, mit weiteren Zitaten und Angaben zu den »mysteriösen« Umständen der inoffiziellen Aufhebung des Schreibverbots und dessen bald danach erfolgter radikaler Wiedereinsetzung.

bruch des absolut Bösen, sondern vielmehr eine in der historischen Zeit verlaufende Verschärfung der Korrumpierung. Die zu einfache Fixierung auf im Rückblick korrektes Verhalten in der Nazizeit, die Reich-Ranickis »Rettung« Kästners in den »Exilschriftsteller honoris causa« unterlag, bedeutete auch die Abwertung seiner schriftstellerischen Leistung in der unmittelbaren Nachkriegszeit. Denn diese bestand gerade darin, daß Kästner anders und in vielem klarer sah als die Exilanten, gerade weil er nicht von »den«, sondern von »uns« Deutschen schrieb. Er hatte selbst die Wirkungen eines besonders virulenten totalitären Regimes auf eine Bevölkerung erlebt, die von den ökonomischen und politischen Krisen der Weimarer Zeit und der Erfahrung eines unerhört destruktiven Krieges zutiefst verunsichert war. Im Rückblick waren viele Deutsche in spezifischen Situationen zu passiv gewesen. Aber das bedeutete nicht, daß sie alle überall und zu jeder Zeit totalitär »infizierbar« gewesen waren oder sein würden. Wichtiger noch, die Anklage einer kollektiven Passivität mußte historisch differenziert werden, sonst würde sie – wie es dann ja auch geschehen sollte – in die Anklage des »Volkes der Täter« umschlagen.

Kästners Zeitgenossenschaft ist gerade deshalb so nützlich, weil sie über die graduelle moralische Inversion Auskunft gibt, die dieses totalitäre Regime mit seinem totalen Aggressionskrieg verursachte. Am Ende des Krieges, der auch so viele Deutsche »fraß«, war Deutschland für ihn ein »halbes Waisenhaus« und »halbes Massengrab«.[49] Als im Lande Gebliebener nahm er das Grauen des Krieges auf eine Weise ernst, die für seine Leser, mit der Verantwortlichkeit, auch den Wert ihres Überlebens bestätigte. Für die Vertreter der amerikanischen Besatzungsmacht dagegen gab es in seinen Argumenten zuviel Kritik dieses Krieges und nicht genügend Kriegsschuld »der Deutschen«. Judeocid war für Kästner nicht von diesem Krieg zu trennen,[50] und so mahnte er im Zusammenhang eines Berichts über die Nürnberger Prozesse, daß

---

49 Zit. Kordon, *Die Zeit ist kaputt*, a.a.O. (Anm. 48), S. 190; vgl. auch Erich Kästner, *Talent und Charakter*, jetzt in: Kästner, *Gesammelte Schriften für Erwachsene*, a.a.O. (Anm. 40), Bd. 7, S. 17-20, hier: S. 18: Der Krieg »verschlingt«, »frißt« die Menschen.

50 Instruktiv für die Art der Versuche Kästners, seinen Lesern die extreme Natur der Nazi-Vernichtungsmethoden zugänglich zu machen, ist der Aufsatz *Wert und Unwert des Menschen* in der *Neuen Zeitung* vom 4. Februar 1946, jetzt in: Kästner, *Gesammelte Schriften für Erwachsene*, a.a.O. (Anm. 40), Bd. 7, S. 64-68; vgl. dazu Barnouw, *Ansichten von Deutschland 1945*, a.a.O. (Anm. 2), S. 54-57.

im Unterschied zu Naturkatastrophen »die gewaltigste aller Katastrophen«, der von Menschen verursachte Krieg, mit allen Mitteln bekämpft werden »kann und soll und muß«. In seiner Sicht blieb da am Ende der Prozesse noch fast alles zu tun, aber »der Wunsch nach Friede ist bei den Überlebenden so groß, daß er zuweilen noch die lahmste Hoffnung beflügelt.«[51] So sah es der realistische Utopist, der hoffnungsvolle Skeptiker, widersprüchlich, in vielem unentschieden; nicht aber in der Einstellung gegen den Krieg.

Für die Diskussionen der unmittelbaren Nachkriegszeit war vor allem Kästners sozialpsychologischer Realismus wichtig, der am Unvermeidlichen das »fast« hinterfragte, und am Möglichen das »wirklich«. Konfrontiert mit den »von Anfang an mehrdeutigen« Prämissen der amerikanischen Pressepolitik und Pressepraxis, mußte er sich sowohl mit dem »die gesamte Politik bestimmenden Urteil der Kollektivschuld« befassen, als auch versuchen, die »in der unmittelbar gegebenen Situation schwer anwendbare und auch höchst vage Hoffnung auf ein demokratisches Deutschland in ferner Zukunft« zu stärken.[52] Hierbei kam ihm seine sowohl spontane als auch wohl dosierte »Sentimentalität« zu gute: die offen emotionale Reaktion auf das unfaßbare Ausmaß der Zerstörung Deutschlands, das durch Vorwürfe der Selbstzerstörung nicht zu mindern war, und das der Vergangenheit um der Zukunft willen zugestanden werden mußte. In der *Neuen Zeitung* vom 21. Oktober

---

51 *Nürnberg und die Historiker* in: *Die Neue Zeitung* vom 12. April 1946, jetzt in: Kästner, *Gesammelte Schriften für Erwachsene*, a.a.O. (Anm. 40), Bd. 8, S. 80-84, hier: S. 84.

52 Harold Hurwitz, *Die Stunde Null der deutschen Presse. Die amerikanische Pressepolitik in Deutschland 1945-49*, Köln 1972, S. 34. Zu den Voraussetzungen und Folgen der auf der Annahme einer Kollektivschuld basierten »austerity« Politik vgl. S. 64-76. Problematisch war hier vor allem die undifferenzierte Perspektive auf »die« deutsche Bevölkerung, der man dann sowohl ihre »typisch deutsche« »passive Anpassung« vorwarf als auch die sogleich der Heuchelei verdächtigte »untypische« Begeisterung für die neue Ordnung, zu der die sonst immer verlangten »nazifeindlichen Äußerungen, Eingeständnisse der Schuld und ausdrückliche Abkehr vom Nazismus« gezählt wurden. Zudem hielt man nicht viel von den »Bemühungen der bewährten Nazi-Gegner«, denn auch sie bedurften, in der Sicht der amerikanischen Besatzung, »auf jeden Fall der umfassenden Vormundschaft durch den Sieger« (S. 70 f). Zur Formulierung »der deutschen Frage« für die amerikanische Bevölkerung vgl. Barnouw, *Ansichten von Deutschland 1945*, a.a.O. (Anm. 2), Kap. 3: »Der alliierte Sieg und die ›deutsche Frage‹: »Das Signal Corps Photography Album« und die *Life*-Fotoessays«.

1945 erschienen, neben mehreren Berichten über den für den 20. November angesetzten Beginn der Nürnberger Prozesse, zwei kleine Gedichte von Kästner: *In memoriam memoriae*, mit dem Hinweis auf die »umbildende« Macht der Erinnerung und der Mahnung zur Inklusivität:

wer das, was schön war, vergißt, wird böse
wer das, was schlimm war, vergißt, wird dumm.

Und der Zweizeiler *Moral*: »Es gibt nichts Gutes, außer man tut es.« Der erste Text differenziert die absolute Scheidung von einer absolut schlechten deutschen Vergangenheit; der zweite den damit erwarteten einfachen Umschlag in eine unfragbar gute Zukunft. Das »Schöne« der deutschen Vergangenheit konnte nicht total verdeckt werden durch das »Schlimme«, das gesehen, eingestanden und erinnert sein wollte. Das »Gute« der Zukunft war keinesfalls sicher, weil abhängig von einer großen Zahl von Handlungen in der Gegenwart, deren Komplexität und damit auch Widersprüchlichkeit zu verstehen Kästner für wichtiger hielt als ideologische Abgrenzungen.

Im November 1946 beschrieb er in der *Neuen Zeitung* sein erstes Wiedersehen mit dem zerstörten Dresden unter der Überschrift *Und dann fuhr ich nach Dresden* – einer der wirksamsten Texte der unmittelbaren Nachkriegszeit. Denn er zeigt die Sprachlosigkeit des notorisch Gesprächigen gegenüber der unwideruflichen Verwandlung, die in Bildern einer radikalen Reduzierung Zuflucht nimmt. Dazu aber auch das Momentane dieser Erfahrung des ganz und gar Außerordentlichen, das sich, bereits im Moment der ersten verzweifelten Einsicht in das Geschehene, zurückzieht: es ist Vergangenheit auf eine Weise, die sich einer allmählichen zukünftigen Normalisierung nicht in den Weg stellen wird. Für Kästner, der diese besonders schöne, heitere Stadt sehr geliebt hat, ist das hier so augenfällig unvermittelte Nebeneinander von Vergangenheit und Zukunft einfach überwältigend: der Schock, daß das, »was man früher unter Dresden verstand«, nicht mehr existiert, die »Durchquerung« der »Steinwüste« »von einem Ufer des Lebens zum anderen«. Vielleicht, grübelt der Betrachter der Verwüstung, wäre das Geschehene nicht ohne Sinn, wenn »die zwei Feuer der Schuld und des Leids« »alles was unwesentlich in uns ist, zu Asche verbrannt« hätten. Aber dieser Versuch einer tröstenden Sinnstiftung wird sogleich hinterfragt: »Wem nichts mehr den Blick verstellt, der blickt weiter als die anderen. Bis hinüber zu den Hauptsachen. So ist es. Ist es so?«[53]

---

53 Kästner, *Gesammelte Schriften für Erwachsene*, a.a.O. (Anm. 40), Bd. 7, S. 83-88.

Wohl nicht. In der *Neuen Zeitung* vom 12. Mai 1947 erschien *Reisebilder aus Deutschland*, ein langer Bericht über die exotischen Schwierigkeiten des letzten Winters vor allem für Städtebewohner (Hunger, Kälte, Wohnungsnot, Krankheit, Sterben in katastrophalem Ausmaß), die Kästner auch in Zusammenhang bringt mit der problematischen Zonenpolitik der Alliierten. Der moralische Wahrheitsanspruch der deutschen Kollektivschuld als Grundlage einer neuen deutschen kollektiven Erinnerung war ein politischer Machtanspruch der Sieger, dem sich Kästner zu entziehen suchte – nicht ohne die temporäre Realität und Legitimität dieser Macht zuzugestehen. Denn aus der Erfahrung »der zwei Feuer der Schuld und des Leids« war nur zu lernen, wenn das unter den eigenen, jeweils unterschiedlichen Bedingungen geschehen konnte, unter Anrufung der Autorität einer zugegeben unzuverlässigen, fragwürdigen individuellen Erinnerung. Kästner ging es bei Kriegsende vor allem darum, die möglichen Zusammenhänge zwischen vergangenen und zukünftigen Erfahrungen zu verstehen – die noch obskuren aber so wichtigen Übergänge. Die amerikanischen Sieger dagegen bestanden auf einer absoluten Scheidung zwischen der urbösen Vergangenheit und einer deshalb notwendigerweise guten Zukunft. Aus einer Reihe von immer noch nicht genügend erforschten Gründen erschwert diese Scheidung noch im neuen Jahrtausend eine nüchternere, inklusivere Geschichtsschreibung der Naziperiode, die es sowohl der Opfer- als auch der »Täter«-Generation erlaubte, die politisch so mächtige wie schädliche permanente Identität im Opfer- oder Täter-Status zu hinterfragen.

7.

Wie Kästner bei Kriegsende erfahren sollte, waren alle nichtexilierten Künstler und Intellektuellen den Alliierten von vornherein suspekt, da sie sich nicht – oder nicht deutlich genug – von ihrem verbrecherischen Regime distanziert hatten. Im Unterschied zu vielen anderen Exilanten hielt Zuckmayer diesen Kollektivverdacht nicht nur für falsch, sondern auch schädlich, und Differenzierungen in dieser Hinsicht für nötig. Er hatte viele Freunde und Bekannte unter den in Deutschland gebliebenen Literaten, Schauspielern, Theaterdirektoren, Filmregisseuren und Verlegern, mit denen er, solange es noch möglich war, in Verbindung gestanden hatte. Nicht unerwartet sind denn auch die Berichte seines Reports deutlich von persönlichen Loyalitäten, von Gefühlsurteilen der (inklusiven) Zuneigung und auch der (exklusiven) Abneigung geformt, die sich schon in der unterschiedlichen Sprachhaltung der jeweiligen

»Charakterologien« zeigen. Instruktiverweise wies Zuckmayer auch gleich zu Beginn darauf hin, daß Mitglieder dieser im engeren Sinne (hoch)-kulturellen Elite in ihren Beziehungen zum Naziregime anders beurteilt werden müßten als Mitglieder der politischen, administrativen und finanziellen Eliten. Diese Differenzierung berief sich implizit darauf, daß gerade im Kontext der totalitären Gemeinschaftsideologie des Naziregimes die individuellen Ausdrucksmittel der kulturellen Elite, vor allem sprachlich und visuell, von größter Wichtigkeit waren. Ob man nun diese prinzipielle Unterscheidung so akzeptiert oder nicht: sie gründete auf Zuckmayers schriftstellerischer Erfahrung im Bereich von Theater und Film, also seiner Vertrautheit mit den im wörtlichen Sinne repräsentativen, interaktiven Medien, die für das Kulturleben sowohl der Weimarer Republik als auch des ›Dritten Reiches‹ von sehr großer Bedeutung waren.

Zuckmayers spontane Perspektive in den Berichten des Dossiers ermöglichte viele nützliche Differenzierungen, wie sie in der hyperscharfen Urteilssituation am Ende des Krieges selten waren – und heute, über ein halbes Jahrhundert später, eher noch seltener geworden sind. Natürlich ging es dabei nicht ohne (positive oder negative) Voreingenommenheiten ab, worauf er gelegentlich selbst hinwies, z.B. im Fall von Emil Jannings, dessen Schauspielerpersönlichkeit ihn, trotz der Vorbehalte vieler anderer, ›einfach‹ faszinierte. In den Einträgen zu Gustaf Gründgens und Werner Krauß zeigte sich seine rückhaltlose Bewunderung (bei aller politisch-moralischen Ambivalenz) für beider schauspielerisches Talent und Temperament schon in der Sprache der Berichte. Zuckmayer wollte höchst individuelle »Charaktere« der kulturellen Elite in psychologischen Analysen ihres spezifischen Verhaltens in spezifischen Situationen einsichtig machen, um so nicht nur ihnen, sondern auch der Situation in etwa gerecht zu werden: trotz ihrer (sehr unterschiedlichen) Kontakte mit dem Naziregime waren sie keine Nazis. Es ging ihm aber darüber hinaus auch darum, den Deutschen als Gruppe in ihrer »schwärzesten Stunde gerecht zu werden«.[54] In *Des Teufels General* wollte er die Verschiedenartigkeit des Verhaltens von Deutschen unter einem totalitären Regime vorführen, sowohl in der Anpassung als auch im Widerstand. Die enthusiastischen Reaktionen seines deutschen Publikums erklärten sich denn auch nicht so sehr dar-

---

54 Vgl. dazu auch Ulrich Fröschle, *Die »Front der Unzerstörten« und der »Pazifismus«. Die politischen Wendungen des Weltkriegserlebnisses beim »Pazifisten« Carl Zuckmayer und beim »Frontschriftsteller« Ernst Jünger*, in: *Zuckmayer-Jahrbuch*, Bd. 2, 1999, S. 309-360.

aus, daß das Drama es ihnen »leicht« machte, mit ihrer Vergangenheit umzugehen. Es handelte sich für diese Zuschauer vielmehr darum, daß hier Differenzierungen nicht nur erlaubt sondern thematisiert wurden, wogegen die Situation des absoluten militärischen und politisch-moralischen Sieges der Alliierten eine sich auf Differenzierungen berufende Gerechtigkeit auszuschließen schien. Die Deutschen waren als Gruppe des Verbrechens gegen die Menschlichkeit verklagt worden, dessen deklarierte Neuartigkeit und deshalb Einzigartigkeit das in westlichen Rechtssystemen entwickelte Verhältnis zwischen Gesetz und Gerechtigkeit aufhob: das Urteil »schuldig« stand von vornherein fest und hatte damit die üblichen Prozesse des Zweifelns und Nachfragens übersprungen – was Exilanten wie Thomas Mann durchaus für richtig hielten, nicht aber Zuckmayer. Wenn Otto Hahn ihm Jahrzehnte später schrieb, *Des Teufels General* habe ihn schon wegen Zuckmayers »gute(r) Kenntnis über das 3. Reich« stark beeindruckt,[55] so hatte das weniger mit Zuckmayers genauen politischen Kenntnissen zu tun, als mit seiner Fähigkeit zur genauen Beobachtung von und Einfühlung in Menschen: er stellte sich seine Protagonisten in Situationen totaler Herrschaft vor, wie sie sich schon in der Weimarer Republik abgezeichnet hatten. Wo es sich um Freunde oder Bekannte handelte, konnte er aus ihrem Verhalten in der Vergangenheit extrapolieren, und wo er sich nicht sicher war, hütete er sich vor vorschneller Verdächtigung. So schrieb er im Falle des Schauspielers Walter Frank, er sei nicht einer der großen aber der »sehr guten und hochbegabten« Schauspieler des Berliner Staatstheaters gewesen und ein »anständiger« Mensch – für Zuckmayer das wohl wichtigste Kriterium. Da er nichts anderes von ihm wisse, glaube er

> annehmen zu dürfen, daß er sich in der Nazizeit zurückgehalten und auf seine Arbeit beschränkt hat. (Von denen die anders handelten und Nazis wurden, wissen wir es. Wo wir nichts wissen, dürfen wir bona fides und Anständigkeit eher als das Gegenteil annehmen. Ich bitte diesen Grundsatz auf die Mehrzahl der hier nicht oder nur flüchtig erwähnten Vertreter des künstlerischen Lebens in Deutschland anzuwenden).[56]

Unter den Umständen des Kriegsendes war diese Bitte unerfüllbar. Die Fürsprache des Emigranten für die Zurückgebliebenen war in vielem zu persönlich, in manchem zu idiosynkratisch, im ganzen zu unideo-

---

55 DLA, Nachlaß Carl Zuckmayer.
56 *Geheimreport*, S. 180.

logisch, um zu der Zeit ein wirkliches Echo zu finden, auch wenn das
später, heute, gerade ihren historischen Wert ausmachen sollte. Werner
Heisenberg, der später im Zusammenhang mit *Des Teufels General*
Zuckmayers Fähigkeit lobte, »das Gute und das Böse im Gleich-
gewicht, fern von politischen Vorurteilen, zu erkennen«,[57] sah richtig
seine Konzentration auf individuelle Entscheidungen und Handlungen.
Zuckmayer war in der Tat ein zutiefst unideologischer Schriftsteller,
was sein Interesse an und Verständnis für eine große Zahl von höchst
unterschiedlichen Temperamenten und Talenten möglich machte. Aus
demselben Grund hatte er aber auch kein oder wenig Verständnis für
die spezifische Verführungs- und Wirkungskraft von Ideologien und
war als Dramatiker vor allem von den professionellen (künstlerischen)
und existentiellen Konflikten fasziniert, wie sie die politische Situation
mit sich brachte. Seine Protagonisten waren dabei vorzugsweise Personen von »hohem Niveau«, z.B. Friedrich Sieburg oder auch Ernst Jünger.
Wer seinen Anforderungen in dieser Hinsicht nicht entsprach, konnte
auch keine ›niveauvollen‹ Konflikte haben, und Zuckmayer neigte in
solchen Fällen zu pauschaler, zuweilen scharfer Verurteilung. So war
die allerdings problematische, aber auch talentierte »Reichsgletscherspalte« Leni Riefenstahl in seinen Augen nichts als eine »schwer hyste-
rische« und »masslos ehrgeizige« Person. Er hielt ihr zwar »zu gute«, daß
sie »keine Renegatin« war – die für ihn schlimmste Kategorie von Personen – warf ihr aber gleichzeitig vor, daß ihrer Karriere ihr anhaltender
Glaube an den »Erlöser« Hitler gut bekommen sei, »nachdem vorher
ihre Gesinnung sie nicht gehindert hat beim ›Juden‹ saftige Filmhono-
rare zu beziehen und sich mit Antinazis für alle Fälle zu stellen.«[58]
Hier hatte Zuckmayer seine starke persönliche Abneigung gegen
politisch operierende Gewinnsucht, aber auch gegen einen bestimmten
Frauentyp, dazu geführt, das große technische Können der Filme-
macherin ebenso zu unterschätzen wie ihre Fähigkeit, die Verführungskraft der völkischen Gemeinschafts- und Gesundheitsideologie überzeugend darzustellen. Dabei ging es um ein Ideal des psychisch und
physisch gesunden, ganzen, aufrechten, authentischen, verwurzelten
Menschen, das Zuckmayer durchaus teilte, und das sich auch in den
Beurteilungen des Dossiers immer wieder durchsetzt. Sicherlich war
gerade das auch ein Grund, warum er die Machtideologie und -politik
der Nazis so haßte, die dieses Ideal so clever wie kriminell ausnützte
und entstellte. Aber trotz ihrer profitablen Hitlerverehrung hatte es

---

57 DLA, Brief vom 25. März 1973.
58 *Geheimreport*, S. 93.

Riefenstahl fertiggebracht, bestimmte wichtige und nicht nur negative
Aspekte dieses Ideals deutlich zu machen. Außerdem hätte Zuckmayer
als Kenner des hektischen und dabei exklusiven Weimarer Kulturbetriebs sich eigentlich an überspanntem Ehrgeiz nicht so stören sollen.
Der hinter all den Beziehungsspielen stehende Macht- und Selbstdar-
stellungstrieb war ihm wohl bekannt, und er analysierte ihn nachdrücklich in den »Charakterologien« »großer« Schauspieler wie Gustaf
Gründgens und Emil Jannings, aber hier beurteilte er ihn ganz anders.
Viele der im ›Dritten Reich‹ kulturell tätigen Schauspieler waren
für Zuckmayer nicht »im politischen, oder im kriminellen Sinn« als
»Nazis« anzusehen, eben weil sie, ohne sich im engeren Sinne politisch
zu engagieren, einfach weiter Theater spielten. Gründgens besonders
hielt er gerade wegen der »Brillanz« einer hochbegabten »Spielernatur«, auf dem Theater wie im Leben nicht für »den abgründigen
Bösewicht, als den ihn die Enttäuschung seiner früheren Freunde
sieht«.[59] Er gibt Gründgens' »skrupellosen Erfolgsinstinkt« zu, seine
»völlige Vorurteils- und Bedenkenlosigkeit, immer mit einem Schuß
tollkühnen, fast manischen Abenteurertums«. Aber dahinter stehe »zu
viel Können, zu viel Qualitätsgefühl, zu viel souveräne Strategie, zu viel
Menschenkenntnis und Selbstsicherheit, ja Selbstzucht«, als daß es sich
nur um »Hochstapelei« (oder etwa gar politische Verantwortungslosigkeit) hätte handeln können. Der Theatermann Zuckmayer versteht,
daß und wie für Gründgens das Spiel auf dem Theater »untrennbar« ist
von seiner »persönlichen Existenz«, und zwar sowohl im Sinne einer
enormen Risikobereitschaft als auch deren »Bemeisterung durch die
Kunst«. Gerade diese »künstlerisch sublimierte Spielernatur« macht
Zuckmayer Gründgens' Karriere im Nazideutschland verständlich: das
(künstlerische) Spiel mit Macht und Gefahr. Wichtig für ihn ist dabei,
daß hier die Beziehung zur Macht immer »zynisch« und deshalb
»selbstgefährdend« ist, d.h. daß der Spieler Gründgens die Macht zwar
genießt, sie aber nicht »im kleinlichen Sinn« mißbraucht, sondern bereit ist, sie »für eine Laune [...] manchmal aber auch eine anständige
Handlung, aufs Spiel zu setzen«[60] – was einer machtgläubigen, ehrgeizigen Leni Riefenstahl nicht möglich ist.
      Gründgens konnte sich zuweilen für gefährdete Kollegen einsetzen,
denn er stand unter Görings Schutz, der in seine »schillernde und skru-
pellose, theatralisch blendende Persönlichkeit« »vernarrt« war. Das
war Zuckmayer anscheinend auch, und er haßte vor allem die »klein-

59 Ebd., S. 12.
60 Ebd., S. 131.

bürgerliche« Gewinnsucht und Machtbegierde von Nazianhängern, ganz besonders, wo es sich um vormalige »Linke« handelte. Dieser Haß kam nicht etwa aus positiver Einschätzung der »Linken«, sondern aus starker emotionaler Ablehnung von Verrat, Betrug, Unehrlichkeit – dem Gegenteil von Loyalität, Aufrichtigkeit, Geradheit, Integrität. Nun paßten ja weder Gründgens noch Jannings und auch nicht Werner Krauß so richtig in dieses Schema, aber bei ihrem großen Talent war ihr nicht unproblematisches Verhältnis zur Macht »von Format«. Der (im Unterschied zu Jannings und Gründgens) politisch naive Werner Krauß hatte Zuckmayer schwärmerisch Hitlers persönliche Verführungskraft beschrieben, was diesen beunruhigte. Aber obwohl er dem Freund dieses Erlebnis auszureden suchte, sah er auch eine mögliche psychische Verbindung zwischen Krauß' spezifischer Verführbarkeit und seiner eigenen schauspielerischen Verführungskraft, die Zuckmayer in der Beschreibung eines Beispiels von Krauß' zauberischer, »unheimlicher« Fähigkeit zur körperlichen Repräsentation emotionaler Zustände, zu scheinbar unendlichen Verwandlungen brillant evoziert.[61]

Auch Jannings' spektakuläre Geld- und Machtsucht hatte für Zuckmayer eine »dämonische« Dimension in ihrer Verbindung mit seinem existentiellen Schauspielertum. Wie alle »geborenen Schauspieler« spiele er »jede seiner Regungen und Handlungen auch als Rolle [...], die er beliebig steigern oder abschwächen« könne und habe eine »unfehlbare Nase dafür, ›wo es stinkt‹«. Mehr noch als in den »grossen Schauspieler« Jannings ist Zuckmayer vernarrt in seine »kreatürliche Erscheinung« im unwiderstehlichen Reiz ihrer absoluten »Einmaligkeit«, »Einzigartigkeit«, deren Kern allerdings wieder die Verwandlungsfähigkeit und -freudigkeit des Schauspielers ist. Er gesteht zu, daß Jannings »vielgehasst« ist, weil viele Emigranten, früher seine Freunde, ihn nun als Verräter sehen. Aber das tut seiner eigenen unbedingten Loyalität keinen Abbruch: »wenn er verfolgt würde, würde ich ihn wenn irgend möglich verstecken. Dies gehört durchaus zu seinem Charakterbild.«[62] Einmalig wie er ist, kann Jannings gar kein Nazi sein – auf gar keinen Fall im gewöhnlichen Sinne. Ob er es nun war oder nicht: es ging Zuckmayer in dem Dossier nicht um ein Verständnis des Naziphänomens, auch nicht um die wichtigen Korrespondenzen zwischen den Revolutionen von links und rechts und die Ähnlichkeiten zwischen den daraus folgenden totalitären Dystopien. Es ging ihm um das Verständlichmachen einer breiten Skala von Verhaltensweisen im Nazideutsch-

61 Ebd., S. 146-149.
62 Ebd., S. 136.

land am Beispiel höchst verschiedenartiger und, in gewissem Sinne, ›inkommensurabler‹ Individuen. Daraus erklärt sich auch die große Unterschiedlichkeit der Berichte selbst, was Ausführlichkeit, sprachliche Gestaltung und Urteilshaltung anlangt.

Wo bei blendenden Erscheinungen wie Gründgens und Jannings Zuckmayers Urteil in manchem »verblendet«, zu positiv erscheinen könnte, kann er in anderen schwierigen Fällen umsichtig und fair sein. Das zeigt sich besonders in seiner verständnisvollen Beurteilung der von vielen Exilanten apriori verdammten Entscheidung zur Rückkehr ins Nazideutschland aus persönlichen und professionellen Gründen. Er verweist hier auf den »anständigen« Heimkehrer Rudolf Forster, einen hoch begabten aber stark gehemmten Schauspieler, der psychologisch und professionell im amerikanischen Exil nicht hatte überleben können und mit seiner Rückkehr niemandem schadete, da er sich »in jeder Weise völlig zurückhaltend und taktvoll benahm«. Hierher gehört für ihn auch der absolut integre Maler und Bühnenbildner Ernst Schütte, der ähnliche Erfahrungen in Paris gemacht hatte und dann auf Anraten Heinz Hilperts, des »Besten aller Nichtnazis im deutschen Kunstleben«, mit seiner jüdischen Frau zurückging. Sie überlebten den Krieg zusammen, hatten aber, trotz des persönlichen und professionellen Schutzes von Hilpert in Deutschland »Schwereres [durchzumachen] als die Meisten, die draußen geblieben sind«. Dagegen wird der Schriftsteller Ernst Glaeser verurteilt, »der als Convertit heimkehrte und den üblichen Convertierten-Eifer an den Tag legte«.[63]

Glaeser wird, obwohl mit einem Fragezeichen versehen, in die »Gruppe 2 Negativ (Nazis, Anschmeisser, Nutzniesser, Kreaturen)« eingeordnet, zusammen mit Schauspielern wie Leni Riefenstahl, Heinrich George und Eugen Klöpfer, die kein Fragezeichen verdienten, und dem »Sonderfall Friedrich Sieburg«. Von Eugen Klöpfer ist Zuckmayer zutiefst enttäuscht, und die angegebenen Gründe sind instruktiv: er hätte einmal »der beste und männlichste Schauspieler Deutschlands« werden können,

> hätte er sich nicht durch künstlerische und menschliche Charakterlosigkeit und Schmierantentum versudelt und versaut ... Äusserlich ein Hüne ... mehr eine Süddeutsche Bauerngestalt, vereinigt er alles Weibische und Kautschukhafte vieler Schauspielercharaktere in seinem Wesen.[64]

63 Ebd., S. 14.
64 Ebd., S. 97.

Dagegen war für ihn der »Sonderfall Friedrich Sieburg« vor allem faszinierend. Der ihm gewidmete Eintrag ist fast so lang wie der über Jannings und aus ähnlichen Gründen: der Dramatiker war stark gefesselt von der dramatischen Persönlichkeit Sieburgs. Er sah hier einen

> höchst komplizierten und fast tragischen Fall – den eines hochbegabten, brillanten, enorm befähigten, ehrgeizzerfressenen Menschen, der gegen seine Überzeugung und gewiss unter inneren Kämpfen nicht nur zum Nazischriftsteller, sondern zu einem ihrer gefährlichsten und erfolgreichsten Agenten und Promotoren geworden ist.

Das Interessante für Zuckmayer sind natürlich die »inneren Kämpfe« des sehr begabten und außerordentlich erfolgreichen Journalisten, schon darum weil es da Anklänge an eigene Konflikte gibt. Er hebt hier besonders hervor die Darstellung junger Bolschewisten in Sieburgs *Die Rote Arktis*, die für ihn fast einer Schilderung »idealisierter junger Nazis« gleichkam, und zwar vor der Zeit einer wirklichen Nazipräsenz. Vermutlich war es für Zuckmayer durchaus vorstellbar, daß Sieburg glauben konnte oder wollte, durch Engagement die nationalen Energien der Nazibewegung in eine bessere Richtung zu lenken: schließlich hatte auch er im Frühjahr 1933, trotz seiner Bestürzung über die Wahlerfolge der Nazis, es für falsch gehalten, »sich nur ›kritisch‹ einzustellen«.[65] (Über diese Haltung hat er sich später nie ausgesprochen, wohl aus Furcht vor der unerbittlich uninformierten Nachkriegsverdammung solcher ›Mischpositionen‹). Sieburgs noch vor der Machtergreifung geschriebenes und 1933 veröffentlichtes Buch *Es werde Deutschland* bewegte sich auf einer, in Zuckmayers Sicht, »sehr gefährlichen und ganz verschwommenen Grenze – zwischen Nationalismus, Kritik des ›liberalen Denkens‹ und politischer Progressivität«. Aber auch das war ihm selbst nicht unvertraut.

Anders stand es mit Sieburgs »Pakt mit dem Teufel«, seiner Tätigkeit für die vormalig respektierte *Frankfurter Zeitung*, die von den Nazis dazu benutzt wurde, im westlichen Ausland ein weniger aggressives ›Image‹ des neuen Regimes zu verbreiten. Das gerade hatte es Sieburg möglich gemacht, zunächst sein gewohntes journalistisches Niveau zu halten, ihn aber damit auch besonders gefährdet. Denn je wichtiger er für die Nazis wegen seines professionellen Rufs, seiner kosmopoliti-

---

65 Brief an Hans Schiebelhuth vom 28. März 1933, zit. nach Nickel, »*Des Teufels General*« *und die Historisierung des Nationalsozialismus*, a.a.O. (Anm. 37), S. 609.

schen Bildung, Sprachkenntnisse und Umgangsformen wurde, desto
mehr fühlte er sich und war er in ihrer Schlinge gefangen. Zuckmayer
zeigt das charakteristischerweise anekdotisch-szenisch in der Beschreibung eines Gesprächs, das er mit Sieburg im Dezember 1938 in einem
Pariser Café hatte. Cognac trinkend sitzen sie »allein und unbelauscht«
in einer Ecke und Sieburg enthüllt dem Freund die existentielle Krise, in
die ihn die »Tragödie seines Renegatentums und seines schauerlichen
Höllenwegs« gebracht hat. Der Starjournalist ist noch im Frack, da er
direkt vom Empfang der deutschen Botschaft zur Feier des deutsch-
französischen Freundschaftspaktes kommt, über den er für die nächste
Ausgabe der *Frankfurter Zeitung* berichten soll, und in einem »Zustand von exaltierter Verzweiflung« über die »grenzenlose Verlogen-
heit« und »gesinnungslose Machtgier« auf beiden Seiten. Zuckmayer
war beeindruckt von Sieburgs Kommentaren und seiner Verzweiflung,
aber bedrückt von dem Artikel, den er trotz der vielen Cognacs noch in
dieser Nacht schrieb: ein rhetorisch glänzendes, zutiefst verlogenes Lob
der deutsch-französischen Verbrüderung als Verheißung von »Weltfrie-
den und Weltaufbau«.[66] Später kommt dann die für Zuckmayer »überraschende – und bei Sieburgs flexibler Persönlichkeit sehr verständliche
Wendung«: »Sieburg scheint heute und schon seit geraumer Zeit zu
den Enttäuschten und Abtrünnigen der Naziherrschaft zu gehören (ein
›echter‹ Nazi war er ja nie, wegen zu hohen Niveaus).«[67] Noch weniger
war es Ernst Jünger, dem Zuckmayer ein noch höheres »Niveau« zuschrieb: der »weitaus begabteste und bedeutendste« der in Deutschland gebliebenen Autoren, dessen Opposition gegen das Naziregime er
für »echt« und aus »tieferen Quellen« kommend hielt. Jüngers »Kriegs-
verherrlichung« habe nichts zu tun mit »Aggression und Weltbeherr-
schungsplänen«. Er sei zwar weder Pazifist noch Demokrat, aber es sei
ihm bestimmt »ernst mit der Vorstellung einer Weltgestaltung vom
Geist her und durch das Medium der höchstentwickelten und höchst-
disziplinierten Persönlichkeit«. Zuckmayer warnte davor, im kommenden Nachkriegsdeutschland Jünger einfach als reaktionär abzutun, da
seine Texte eine Verwandlungsfähigkeit zeigten, die man bei sogenannten »Progressiven«, die aus den Ereignissen nichts gelernt zu haben
scheinen, oft vermisse.[68]
    Zuckmayers generöse Einschätzung der literarisch-intellektuellen
Leistung Jüngers und deren in der Tat oft zu simplistischen, politisch

---

66 *Geheimreport*, S. 86.
67 Ebd., S. 156.
68 Ebd., S. 102 f.

motivierten Abwertung nach dem Krieg kommt nicht unerwartet.
Trotz ihrer elitären Gespreiztheiten können manche Texte von Jünger
›einfach‹ sprachlich überzeugen – brillant, »blendend« wie Gründgens'
Theaterspiel und Sieburgs Journalismus. Ebenfalls nicht unerwartet ist
seine zögernde Haltung gegenüber Erich Kästner, für den er sich ›einfach‹ nicht erwärmen konnte. Kästner wird eingeordnet als sicherer
»Nichtnazi«, auch wenn seine relativ ungestörte Existenz im Nazi-
deutschland unter den Exilanten »viel diskutiert« worden ist. Kästner,
notierte Zuckmayer, habe wohl wegen seiner Überwachung keine Verbindung mit Untergrundbewegungen aufnehmen können, gehöre aber
zu den »wenigen deutschen Nichtnazis von Ruf und Rang, die die heutigen Verhältnisse innerhalb Deutschlands genau kennen und diese
Kenntnis durch alle Phasen der Hitlerherrschaft, ihres Aufstiegs und
Niedergangs hindurch, erweitert haben. Wenn er überlebt, mag er einer
der wichtigen Männer für die Nachkriegsperiode werden.«[69] Ein im
ganzen faires Urteil, trotz Zuckmayers Vorbehalten hinsichtlich einer
»gewissen rationalistischen Beengtheit seines Schaffens und seines
Weltbilds« und Kästners »Mangel an unbedingter Schöpferfreude
(Zeugungslust) und Welt-Begreifen«. Offensichtlich fesselte der Literat
Kästner, den der Kritiker Reich-Ranicki bewunderte, den Dramatiker
Zuckmayer weit weniger als der ›faustische‹ Sieburg mit seinen Gewis-
senskämpfen und Krisen. Aber er sah Kästner trotzdem in vielem richtig als jemanden, der es mit Glück und Verstand geschafft hatte zu
überleben und ein sozialpsychologisch ungewöhnlich kluger und ver-
läßlicher Zeuge der Erfahrungen gewöhnlicher Deutscher sein würde.
In gewisser Hinsicht war Kästner eine Art von Komplementärfigur zu
Zuckmayer, und zusammengenommen sind ihre Texte der unmittelbaren Nachkriegszeit für die Späteren nützlicher als Zuckmayer vor
sechzig Jahren ahnen konnte – Kästner hätte hier vermutlich sowieso
lächelnd abgewinkt.

69 Ebd.

Günter Scholdt

Kein Freispruch zweiter Klasse

Zur Bewertung nichtnazistischer Literatur im ›Dritten Reich‹

Der Wert des hier erstmals veröffentlichten Zuckmayerschen *Geheim-reports* ist ein vierfacher: Er erweitert unsere biographische Kenntnis über zahlreiche Repräsentanten des deutschen Kulturlebens der 1930er und 1940er Jahre, vor allem durch persönliche Erinnerungen des Autors. Er enthält bemerkenswerte Einschätzungen über die ideologische Haltung und das politische Verhalten prominenter Zeitgenossen und illustriert damit zugleich Zuckmayers Vorstellungen zu Fragen wie Schuld, Verantwortung und »Wiedererziehung« im Nachkriegsdeutschland. Und er erweist sich nicht zuletzt als achtbares Stück Literatur sui generis, das Zuckmayers Fähigkeit zu griffiger Portraitierung nachdrücklich unter Beweis stellt. Viele der »dramatischen Skizzen« – ich nenne stellvertretend die Beiträge über Schauspieler bzw. Regisseure wie Heinz Hilpert, Werner Krauß, Emil Jannings, Gustaf Gründgens, Erich Engel oder Jürgen Fehling – sind reizvolle literarische Miniaturen, ungeachtet der Frage, ob die jeweiligen Charakterbilder dem heutigen Kenntnis- oder Deutungsstand entsprechen. Sie besitzen durch ihre Ausrichtung an gefälligen Formulierungen, eingängigen Pointen und Effekten und ihrem zuweilen bewußt subjektiven Ansatz[1] etwas ausgesprochen Unterhaltsames[2] und dürften im pragmatischen Genre derartiger Geheimberichte kaum ihresgleichen haben.

---

1 Exemplarisch: »Diesen Schauspieler dürfte die deutsche Bühne nie verlieren, so lang er lebt. Wie er sich im einzelnen in der Nazizeit verhalten hat mag bei einem Schauspieler wie ihm vielleicht nicht so wichtig sein« (*Geheimreport*, S. 149); »Nach der Tragödie Furtwängler – das Satyrspiel und die Rüpelkomödie: Emil [Jannings]. Ich muss vorausschicken, dass ich in diesem Fall Partei bin. Ich liebe die alte Sau. [...] Emil ist vielgehasst, gegen Wenige richtet sich die Unduldsamkeit der Gerechten so fanatisch und mit so humorloser Strenge. Es ist auch verständlich dass viele Emigranten – frühere Freunde die ihn als Verräter empfinden – und besonders die jüdischen – sehr böse auf ihn sind. Aber wenn er verfolgt würde, würde ich ihn wenn irgend möglich verstecken« (ebd. S. 136)

2 Exemplarisch: »Manfred Hausmann [...] schien [...] mir charakterlich vertrauenswert – über seinen Werdegang und sein Verhalten unter Hitler weiss ich nichts – als dass sein Stil offenbar schlechter wurde (was aber leider

Was die Nutzung des Dokuments als (literar-)historische Quelle betrifft, liegt der biographische Hauptertrag wohl vor allem in der Niederschrift persönlicher Erlebnisse des Autors bzw. mancher Erzählungen aus seinem Freundeskreis. Darüber hinaus finden sich zahlreiche auch heute noch Respekt erheischende Einschätzungen[3] neben manchen Informationslücken, Verzeichnungen oder Mißverständnissen.[4] Schließlich dürfen wir unsere Erwartungen auf korrekte Diagnosen oder Prognosen nicht unbillig an retrospektiven Recherchemöglichkeiten orientieren. Angesichts der Umstände, unter denen Zuckmayer im fernen Amerika seine Analysen fertigte, ist die Trefferquote erstaunlich hoch, und man bewundert zuweilen sein intuitives Gespür auch für die Haltung von Personen wie etwa Hans Grimm oder Ernst von Salomon, die ihm nicht unbedingt nahestanden.

Doch bemerkenswerter noch als ein potentieller Zugewinn an bislang kaum bekannten Fakten, Urteilen oder Gesichtspunkten scheint mir etwas anderes, was zudem den besonderen Autorentyp Zuckmayer charakterisiert: seine generelle Einstellung zu früheren Kollegen, mehr noch: seine (auch dramaturgisch fruchtbare) essentielle Grundhaltung zu Menschen in ihren Höhenflügen wie Abstürzen oder Unzulänglichkeiten. Zwar ist Zuckmayer gerade diese Eigenschaft in den letzten Jahrzehnten immer wieder als Schwäche vorgeworfen worden. Sie macht aber m.E. im Gegenteil seine (schriftstellerische) Stärke aus, da

---

nicht bestraft werden kann)« (ebd., S. 24); zu Tilly und Pamela Wedekind: »Dies sind keine Nazifrauen und keine Antinazifrauen, es gebührt ihnen weder Ablehnung noch Bewunderung, eher Mitleid und freundliche Behandlung, wobei Tilly dafür zu ehren ist, dass sie einmal schön war. Der Bannfluch der Familie Mann, die sie lieber Beide in der Emigration verhungern sähen als die Brosamen von Gründgens' Tische essen, sollte sie nicht zu hart treffen und in Absolution mit leichter Busse (knappe 5 Vaterunser) umgewandelt werden« (ebd., S. 122); zu Ina Seidel und Agnes Miegel: »Inwieweit solche mysteriösen Verblödungszustände bei an sich begabten und nicht ungescheiten Frauen von mangelnder Drüsentätigkeit stammen (was auch bei Frauen und Müttern der Fall sein kann) – soll hier nicht untersucht werden« (ebd., S. 165).

3 Ich nenne stellvertretend: Ernst Jünger, Paul Fechter, Werner Finck, Herbert Ihering, Mary Wigman, und fast alle Theaterregisseure.

4 Z.B. die Ausführungen über Benno Reifenberg, Veit Harlan; Friedrich Georg Jünger wird sogar mit falschem Vornamenskürzel aufgeführt, und auch Zuckmayers Deutung von Benns Gedicht *Dennoch die Schwerter halten* hält gewiß nicht stand.

sie ihn vielfach menschliche Abgründe viel besser und tiefer verstehen
läßt, ungetrübt von moralistischer Dämonisierung.

Das heißt nun nicht, daß Zuckmayer nicht »beißen« könnte. Mit
großer Schärfe etwa geißelt er Opportunismus und Intoleranz. Über »aktive Nazis und böswillige Mitläufer«, wie er z.B. Hanns Johst, Hans
Reimann, Sigmund Graff, Arnolt Bronnen oder Richard Billinger klassifiziert, fällt er vernichtende Urteile, besonders wo er sie als gefährliche Denunzianten einstuft. Auch finden sich manche eher eindimen-
sionale Charakterisierungen z.B. über Kurt Heynicke, Heinrich George
oder Leni Riefenstahl, die vor allem polemisch geprägt sind. Kenn-
zeichnender für Zuckmayers Stil und Haltung sind jedoch die sogenannten »Sonderfälle«, Nazianhänger aus idealistischen Beweggründen oder regimekritische und dennoch kooperierende Funktionsträger,
bei deren Analysen er sich um ausgesprochen vielschichtige Beleuch-
tung bemüht.[5] Er zeigt hier ein großes psychologisches wie schriftstelle-
risches Interesse und legt eine breite Skala an Motiven frei: darunter
z.B. neben persönlichem Ehrgeiz, Konkurrenzdenken oder materieller
Verführung eine grundsätzliche nationale Erziehung und Orientierung,
(falsch verstandene) Loyalität und Verantwortungsbereitschaft, philo-
sophische Weltferne, das »Unbehagen an der Kultur«, die einmalige
Chance zur Verwirklichung künstlerischer Träume, mangelnde gesellschaftliche Einsicht oder gar scheinpragmatisches Politkalkül. Eine gewisse Suggestion durch den revolutionären Augenblick 1933 oder eine
Haltung des Abwartens und Zunächst-mal-nur-überleben-Wollens ist
ihm aus eigener Erfahrung vertraut,[6] und Zuckmayer versagt sich auch
in der Rückschau das (vielfach verbreitete) Pharisäertum, solches nur
bei anderen befremdlich zu finden.

Manche Lebensläufe, Reaktionen oder Beweggründe lassen ihn allerdings schlicht ratlos, und er räumt dies ganz offen ein.[7] Hier schlüpft
er weitgehend in die Rolle des staunenden Beobachters einer grotesken
bzw. tragikomischen comédie humaine, fernab von moralischer Dogmatik. Es fehlt bei Zuckmayer jegliche Form von politisch-persönlicher
Verbitterung, von Rechthaben-Wollen oder einem durch Traumata sti-
mulierten Bedürfnis nach Abbitte. Das unterscheidet ihn wohltuend

---

5   Allen voran das Furtwängler-Porträt oder die Beiträge über Hans Rehberg,
     Gottfried Benn, Friedrich Sieburg, Max Mell oder zahlreiche in Deutsch-
     land gebliebene Theater- und Filmregisseure.
6   Vgl. *Geheimreport*, S. 473.
7   Vgl. die Fälle Georg Wilhelm Pabst oder Werner Krauß und dessen Hitler-
     Audienz.

von nicht ganz unrepräsentativen Empfindungen in manchen Exilkreisen, die aus verständlichen, aber nicht immer gutzuheißenden Gründen
zuweilen sogar in massive antideutsche Ressentiments mündeten. Man
denke exemplarisch an Thomas Manns böses Wort über eine rundweg
verdammenswerte Literatur in Deutschland oder Erika Manns pau-
schalisierenden Leserbrief im *Aufbau*, den Zuckmayer 1944 noch in
den USA nobel zurückwies.[8] In diesem Sinne plädiert er auch in diesem
Dossier für einen fairen[9] und vorurteilslosen Umgang mit denjenigen
Kulturschaffenden, die sich in Deutschland nichts Wesentliches zu-
schulden kommen ließen. Exemplarisch heißt es z.B.:

> Solche Erscheinungen wie E. und F.W. [!] Jünger mögen in einem ge-
> gen die Nazis gewandten Nachkriegsdeutschland noch isolierter sein
> als jetzt, und werden vermutlich von der Mehrheit der Linkskreise
> als ›reaktionär‹ abgetan und abgelehnt werden. In Wirklichkeit sind
> sie weniger reaktionär als viele der ›Progressiven‹ die nichts dazu ge-
> lernt haben. Es wäre ein grosser Fehler sie nicht ernst zu nehmen und
> ihr Schaffen ⟨nicht⟩ mit grösster Aufmerksamkeit und Vorurteils-
> losigkeit zu beobachten.[10]

Die Gutwilligen sollten nicht verprellt, sondern für den geistigen Neu-
aufbau gewonnen werden. An einer grundsätzlichen Verbundenheit
mit den in Deutschland Gebliebenen hielt Zuckmayer auch in Kriegs-
zeiten stets fest. Die kollegiale Gemeinschaft mit Schriftstellern und
Künstlern der Inneren Emigration respektive Opposition hatte er zu
keiner Zeit aufgekündigt. Auch wo ihn besonders die Erfahrungen des
Exils zu einem nachdrücklichen Befürworter des politischen Engagements von Schriftstellern werden ließen, rät er, »bei der Beurteilung des

---

8 Carl Zuckmayer, *Offener Brief an Erika Mann*, in: *Aufbau* (New York)
   vom 12. Mai 1944: »Die Reinigung Deutschlands muss tiefgehend und
   gründlich sein, aber sie kann der Welt nichts nützen, wenn sie nur eine
   Zwangsmassnahme ist, wenn sie nicht von Innen kommt, und wenn ihr die
   Hilfe und das Vertrauen versagt bleibt, wie uns im Jahre 1918. Wie kann
   man ›warten, dass etwas geboren wird‹, und gleichzeitig die Geburtshilfe
   ablehnen?« Vgl. zum Kontext: Günter Scholdt, *Autoren über Hitler.
   Deutschsprachige Schriftsteller 1919-1945 und ihr Bild vom »Führer«*,
   Bonn 1993, S. 621-624.
9 Im Bewußtsein, welche konkreten administrativen Folgen seine Berichte
   haben könnten, verweist er immer mal wieder auf Wissenslücken oder
   mögliche persönliche Befangenheiten, so z.B. bei Martin Luserke. In Zwei-
   felsfällen empfiehlt er zugunsten der Angeklagten zu entscheiden.
10 *Geheimreport*, S. 102 f.

Verhaltens vieler unserer Klienten« eine andersgeartete, gesellschafts-
ferne Kunstauffassung nicht ganz außer Acht zu lassen,[11] wie er überhaupt stets bemüht war, die Umstände und Voraussetzungen von Han-
delnden gebührend zu berücksichtigen. Es gehe ihm, heißt es 1947
gegenüber dem Vorwurf allzu großer Nachsicht, vornehmlich um
»charakterologisches Verständnis« bzw. darum, »was vielleicht auch
mit meinem Beruf als Dramatiker zu tun hat, Menschen grundsätzlich
aus ihren eigentümlichen Veranlagungen und Bedingtheiten zu verstehen«.[12] Und er setzte hinzu:

> Das, wovor wir uns am meisten zu hüten haben, heute mehr als je,
> ist prinzipielle Verallgemeinerung, theoretische Simplifizierung.
> Denn damit kommen wir aus der moralischen und geistigen Kata-
> strophe unserer Zeit (nicht nur Deutschlands) nicht heraus.

Mit einem halben Dutzend Autoren wie Zuckmayer und seinem ernst-
haften Bemühen um Verständnis wäre – da bin ich sicher – die unselige
und unnötige Entfremdung zwischen vielen Emigranten und jenen innerdeutschen Literaten unterblieben, die sich in finsteren Zeiten weitgehend anständig gehalten haben. Und ein bißchen mehr vom Zuckmayerschen Fingerspitzengefühl hätte man auch der Nachkriegsgerma-
nistik gewünscht, die seit den späten 1960er Jahren durch nicht wenige
ihrer Vertreter zum Halali auf die Inneren Emigranten bzw. deren Werke blies. So entstand ein von manchen Selbstgerechtigkeiten durchsetz-
tes schiefes Bild dieser Literatur, das bis heute nur ansatzweise korrigiert werden konnte. Wir betreten mit solchen Hinweisen ein For-
schungsterrain, das noch in überraschendem Ausmaß durch weiße
Flecken oder ungenaue Kartierung gekennzeichnet ist. Mögen die folgenden Ausführungen einer weiteren Sondierung dienen.

*

In jüngster Zeit mehren sich Veröffentlichungen zur (nichtnazistischen)
Literatur im ›Dritten Reich‹, die, wenn man sie unter dem Aspekt einer
Neusichtung ernsthaft würdigte, aus der bisherigen ideologiekritisch
akzentuierten Sterilität der Betrachtung herausführen könnten, für die

---

11 *Geheimreport*, S. 10. Auf Zuckmayers so anregende wie diskussionswür-
dige Unterscheidung bei Schauspielern und Schriftstellern (ebd., S. 12) einzugehen, hieße ein eigenes Thema zu behandeln.
12 Brief vom 3. November 1947 an Herbert Hohenemser, vgl. *Geheimreport*,
S. 351 f.

Verfasser wie Franz Schonauer, Ernst Loewy, Reinhold Grimm oder Ralf Schnell in erster Linie verantwortlich zeichnen.[13] Die Neuansätze lassen sich in vier Gruppen einteilen:

1. Es gibt Einsprüche gegen das Klischee eines generellen oder überwiegenden moralischen Versagens der Daheimgebliebenen. Vor allem wäre hier Friedrich Denks Streitschrift *Die Zensur der Nachgeborenen*[14] zu nennen, in der ein Außenseiter der germanistischen Zunft anhand zahlreicher Textbeispiele einen fahrlässigen oder tendenziösen Umgang mit Autoren vorwirft, die momentan keine literaturpolitische Lobby besitzen. Denk reklamiert zwar in Einzelfällen auch mehrdeutige Texte für seinen Standpunkt, verdient aber Zustimmung im Grundsätzlichen. Schließlich lassen sich über die von ihm angeführten hinaus noch viele Dutzend Belege dafür finden, daß sich Autoren im ›Dritten Reich‹ mitunter recht vernehmbar gegen Dogmen und Taten des Regimes ausgesprochen haben.[15] Auch

13 Franz Schonauer, *Deutsche Literatur im Dritten Reich. Versuch einer Darstellung in polemisch-didaktischer Absicht*, Olten, Freiburg 1961; Ernst Loewy, *Literatur unterm Hakenkreuz. Das Dritte Reich und seine Dichtung. Eine Dokumentation*, Frankfurt am Main 1969; Reinhold Grimm, *Im Dickicht der inneren Emigration*, in: Horst Denkler / Karl Prümm (Hrsg.), *Die deutsche Literatur im Dritten Reich*, Stuttgart 1976, S. 406-426; Ralf Schnell, *Literarische Innere Emigration 1933-1945*, Stuttgart 1976; Ralf Schnell, *Dichtung in finsteren Zeiten. Deutsche Literatur und Faschismus*, Reinbek 1998. Zur – in diesem Fall ästhetischen – Abwertung von Autoren der Inneren Emigration trug leider auch Charles W. Hoffmann bei (*Opposition und Innere Emigration. Zwei Aspekte des »Anderen Deutschlands«*, in: Peter U. Hohendahl / Egon Schwarz (Hrsg.), *Exil und Innere Emigration. II. Internationale Tagung in St. Louis*, Frankfurt am Main 1973, S. 119-140), obwohl er die vorgenannten Germanisten an Verständnis für die diffizile Textproblematik weit übertrifft. Allerdings ahnte er offenbar nicht, auf welch unerschlossenem Terrain sich die Forschung bis heute bewegt (ebd., S. 119), und dies wiederum ist symptomatisch.

14 Friedrich Denk, *Die Zensur der Nachgeborenen. Zur regimekritischen Literatur im Dritten Reich*, Weilheim in Oberbayern 1995. Empfohlen sei im wesentlichen Teil 2 des Bandes.

15 Ich werde mich mit dieser Frage nochmals im größeren Zusammenhang auseinandersetzen. Einen vorläufigen exemplarischen Themenanriß bietet mein Aufsatz *Heiße Eisen. Ostdeutsche Schriftsteller und ihr Umgang mit heiklen Themen im Dritten Reich*, in: Frank-Lothar Kroll (Hrsg.), *Deutsche Autoren des Ostens als Gegner und Opfer des Nationalsozialismus*, Berlin 2000, S. 15-46. Zum Generellen: Scholdt, *Autoren über Hitler*, a.a.O. (Anm. 8).

Heidrun Ehrke-Rotermund und Erwin Rotermund dokumentierten jüngst zumindest verdeckt Oppositionelles.[16]

2. Im Zuge der Fragestellung, ob auch dem Nationalsozialismus bzw. seiner Literatur Modernität zukomme, sind inzwischen einige Arbeiten mit vielversprechenden Forschungsansätzen erschienen.[17] Die wichtigste mit dem Titel *Autochthone Modernität*[18] stammt von Sebastian Graeb-Könneker und betrifft vor allem NS-Autoren. Ihre Ergebnisse sind aber viel grundsätzlicher und sollten auch für die ästhetische Diskussion allgemein fruchtbar gemacht werden.

3. Auch was die negative Singularisierung der Literatur der Inneren Emigration betrifft, weichen die Fronten langsam auf. Man erkennt mittlerweile zumindest teilweise an, daß es zwischen den im Land Verbliebenen und den Exilautoren viel stärkere Entsprechungen gab, als dies lange eingeräumt wurde.[19] Diese Einsicht scheint erfreulicherweise auch in Kreisen der Exilforscher Platz zu greifen, deren früheres Mißtrauen gegenüber den Nichtemigrierten einer angemessenen Würdigung der in Deutschland erbrachten Literaturlei-

---

16 Heidrun Ehrke-Rotermund / Erwin Rotermund, *Zwischenreiche und Gegenwelten. Vorstudien zur ›Verdeckten Schreibweise‹ im ›Dritten Reich‹*, München 1999.

17 Christiane Caemmerer / Walter Delabar (Hrsg.), *Dichtung im Dritten Reich? Zur Literatur in Deutschland 1933-1945*, Opladen 1996 (bes. Erhard Schütz, S. 77-95); Walter Delabar / Horst Denkler / Erhard Schütz, *Banalität mit Stil. Zur Widersprüchlichkeit der Literaturproduktion im Nationalsozialismus*, in: *Zeitschrift für Germanistik*, Neue Folge, Beiheft, 1/1999; *Zeitschrift für Germanistik*, Neue Folge, Jg. 9, 1999, H. 2; Erhard Schütz, *»Jene blaßgrauen Bänder«. Die Reichsautobahn in Literatur und anderen Medien des ›Dritten Reiches‹*, in: *Internationales Archiv für Sozialgeschichte der deutschen Literatur*, Jg. 2, 1993, S. 76-120.

18 Sebastian Graeb-Könneker, *Autochthone Modernität. Eine Untersuchung der vom Nationalsozialismus geförderten Literatur*, Opladen 1996.

19 Die jüngste Studie mit dieser Tendenz schrieb Annette Schmollinger, *»Intra muros et extra«. Deutsche Literatur im Exil und in der Inneren Emigration*, Heidelberg 1999. Zur Grundthese vgl. Günter Scholdt, *Den Emigranten nach aussen entsprechen die Emigranten im Innern.« Kasacks Diktum und die Kritik an einem Begriff*, in: Helmut John / Lonny Neumann (Hrsg.), *Hermann Kasack – Leben und Werk. Symposium 1993 in Potsdam*, Frankfurt am Main 1994, S. 99-109. (Die zahllosen ärgerlichen, teils sinnentstellenden Druckfehler habe ich nicht zu vertreten. Besser, wenngleich auch nicht ganz fehlerfrei, die gekürzte Fassung: *Ein Geruch von Blut und Schande*, in: *Wirtschaft & Wissenschaft*, Jg. 2, 1994, H. 1, S. 23-28).

stungen lange Zeit im Wege stand. So stellt die Veröffentlichung von
Band 12 der Zeitschrift *Exilforschung*, der sich im Jahre 1994 erstmals Aspekten der künstlerischen Inneren Emigration widmet, eine
bemerkenswerte Richtungskorrektur dar, einen erfreulichen Schritt
zu einer Entkrampfung und dem Abbau einer überflüssigen wie un-
produktiven Frontstellung.

4. Schließlich finden sich in letzter Zeit zunehmend Arbeiten, welche
   die zuvor favorisierten ideologiekritischen respektive politischen
   Ansätze durch genuin literaturwissenschaftliche ablösen bzw. ergänzen. Hierzu gehören vor allem Studien zu literarischen Stilbe-
   griffen oder Tendenzen.[20]

In diesem Zusammenhang darf eine Arbeit nicht unerwähnt bleiben,
die zwar schon aus den 1970er Jahren stammt, aber offenbar erst jetzt,
wo ihr Verfasser manches schon wieder infrage stellt,[21] in größerem
Umfang Spätfolgen zeitigt: Hans Dieter Schäfers Aufsatz über *Die nicht-
nazistische Literatur der jungen Generation im Dritten Reich*,[22] zweifellos eine der wichtigsten Veröffentlichungen zum Gegenstand überhaupt. Schäfer wies nach,

– daß von einer »geistigen Einkerkerung durch das NS-Regime« zumindest für die 1930er Jahre keine Rede sein kann, und stimmte
  Karl Korns Erinnerung zu, die Unterdrückung sei »nicht einmal im
  Kriege vollständig gelungen« (13),
– daß jungen Autoren Publikationsmöglichkeiten und literarische
  Spielräume in einem Ausmaß zur Verfügung standen, das nicht von
  vorneherein Qualität verhinderte,[23]

20 Michael Scheffel, *Magischer Realismus. Die Geschichte eines Begriffs und
   ein Versuch seiner Bestimmung*, Tübingen 1990; Doris Kirchner, *Doppelbödige Wirklichkeit. Magischer Realismus und nicht-faschistische Literatur*, Tübingen 1993; Christoph Perels, *Zum Problem der Kontinuität in der
   deutschen Lyrikgeschichte zwischen 1930 und 1950. Heinrich Ellermanns
   Reihe »Das Gedicht. Blätter für die Dichtung«*, in: *Jahrbuch des Freien
   deutschen Hochstifts*, 1985, S. 260-302; Daniel Hoffmann, *Die Wieder-
   kunft des Heiligen. Literatur und Religion zwischen den Weltkriegen*, Paderborn, München, Wien, Zürich 1998.
21 Hans Dieter Schäfer, *Kultur als Simulation. Das Dritte Reich und die Postmoderne*, in: Günther Rüther (Hrsg.), *Literatur in der Diktatur. Schreiben
   im Nationalsozialismus und DDR-Sozialismus*, Paderborn, München,
   Wien, Zürich 1997, S. 215-245.
22 Neufassung in: Hans Dieter Schäfer, *Das gespaltene Bewußtsein. Über
   deutsche Kultur und Lebenswirklichkeit 1933-1945*, Frankfurt am Main
   1984, S. 7-68.

– daß die (stilistische) Verbindung zur literarischen Außenwelt, zur klassischen Moderne aufrechterhalten blieb,

– daß die literarischen Epochengrenzen nicht mit den politischen übereinstimmen, sondern etwa zwischen 1930 und 1960 verlaufen

– und daß sich damals unter den nicht oder nicht völlig angepaßten Autoren ein eigener Stil entwickelte, verbunden mit einer typischen Lebenshaltung (zwischen den geistigen Fronten).

Das Innovative bei Schäfer und zumindest ansatzweise bei manchen der oben Genannten bestand vor allem darin, daß erstmals seit Jahrzehnten die im ›Dritten Reich‹ erschienenen Texte wieder als *Literatur* wahr- bzw. ernstgenommen, ja fast möchte man sagen: überhaupt wieder gelesen wurden. Daß aber solche (perspektivischen) Fortschritte nur zögerlich und nicht ohne Rückfälle in frühere Wertungsklischees vonstatten gingen – eine Art Echternacher Springprozession aus Absicherungsbedürfnis –, läßt sich leider gleichfalls beobachten. Stellvertretend für andere[24] zeigen dies die neuesten Veröffentlichungen Horst Denklers, und so mag die folgende Erörterung seiner Thesen als exemplarischer Beitrag zur Methoden-, Kriterien- bzw. Wertungsdiskussion gelten. Sein 1999 erschienener Aufsatz *Hellas als Spiegel deutscher Gegenwart in der Literatur des ›Dritten Reiches‹*,[25] den ich im folgenden resümiere, bildet den Ausgangspunkt.

Zu Beginn belegt Denkler eine nachhaltige deutsche Hellas-Begeisterung sowie divergierende Griechen-Bilder. Die Wertungsfrage wird aufgeworfen, indem er der Dramenproduktion im Dritten Reich Bronnens *Ostpolzug* von 1926 entgegenhält, für ihn ein »ebenso verheißungsvolles wie wegweisendes Zeichen« (20). Die NS-Autoren Hans Baumann und Curt Langenbeck schneiden dabei erwartungsgemäß schlecht ab, desgleichen Fritz Diettrichs »epigonale Verstragödie *Die Flügel des Daidalos*« und sogar Ernst Legals *Gott über Göttern* (21). In Folge werden vier Reiseberichte erwähnt, die »avanciertere Schreibweisen« auszeichnen: Ernst Wilhelm Eschmanns *Griechisches Tagebuch*, Erhart Kästners *Griechenland*, Gustav René Hockes *Das verschwundene Gesicht* und Egon Viettas *Romantische Cyrenaika*. Eschmanns und Käst-

---

23 Bestätigt wird Schäfers These durch die umfassende Studie von Jan-Pieter Barbian, *Literaturpolitik im ›Dritten Reich‹*, Frankfurt am Main 1993; vgl. Klaus-Dieter Oelze, *Das Feuilleton der Kölnischen Zeitung im Dritten Reich*, Frankfurt am Main, Bern, New York 1990.

24 Das gilt etwa für Uwe-K. Ketelsen, *Literatur und Drittes Reich*, Schernfeld 1992 sowie die meisten Beiträge der in Anm. 17 genannten Sammelbände.

25 In: Delabar/Denkler/Schütz, *Banalität mit Stil*, a.a.O. (Anm. 17), S. 11-27.

ners Werken wird eine originelle Perspektive zuerkannt. Doch seien sie
»traditionsgebunden«, offenbar ein einschränkendes Wertungskriterium. Von Hocke und Vietta heißt es hingegen, daß sie »literarisch innovativer und zugleich politisch zupackender verfuhren« (22); das
»politische Wagnis« ihrer »literarische[n] Avanciertheit« werde allerdings durch die »Rückversicherung« beim Futurismus und italienischen
Faschismus begrenzt (23). Es folgen Kurzcharakteristiken von Hermann Stahls *Heimkehr des Odysseus*, Marie Luise Kaschnitz' *Elissa*
und Emil Barths *Das Lorbeerufer*, denen teils Ambivalenz, teils herme-
tische Verinselung, teils Privatisierung oder Rückzug in die autonome
Dichtung attestiert wird (23 f.). All diesen Texten gehe es wie Edgar
Maass' *Werdelust* oder Prosabänden von Friedo Lampe oder Friedrich
Georg Jünger (*Griechische Götter*) um aktuelle Lebenshilfe in Deutschland durch Bezug auf die Griechen. »Modernitätsansprüche und Mo-
dernitätsabsichten gleich welcher Art lagen ihnen dabei fern« (24).
Dies scheine anders bei Werner Helwigs *Raubfischer in Hellas*. Aus
»der deutschen Ordnungswelt [...] ins Hellenische hinübergewech-
selt«, suche der Ich-Erzähler seine Selbsterfahrung in der Gegenwart
archaischer Dynamitfischer, was ihn darin bestätige, daß das ge-
fährlichste Abenteuer in der modernen Zivilisation zu bestehen sei.
Doch bereits Helwigs Fortsetzungsband *Im Dickicht des Pelion* tauche
wieder in den altgriechischen »Mythen-Binnensee« ab, der von allem
Modernen heile, »das über die avancierte, gattungsdifferente Textpassagen montierende, balladesk durchdramatisierte Schreibweise der beiden Romane hinausreicht« (24 f.).

»Trotz dieser spärlichen Ausbeute«, heißt es weiter, gebe es drei
literarische Entdeckungen, weder stilistisch noch erzähltechnisch oder
kompositorisch »auffallend«, aber politisch riskant (25): Paul Gurks
Skythenzug enthalte ein »flammendes Plädoyer gegen die nazistischen
›Nordmenschen‹ in Deutschland« (25), was günstigstenfalls eine wohlwollende Fehlinterpretation darstellt und eher für einige Passagen von
Gurks *Iskander* gilt. »Noch aufregender« wirke Bernhard Jülgs *Narziß*
durch seine freizügige Thematisierung der Sexualität.[26] Und ein Buch
gegen das ›Dritte Reich‹, »auf das sich alle politischen Anspielungen

---

26 Auch dies ein typisches Vorurteil, als sei Literatur zwischen 1933 und 1945
   ausschließlich prüde gewesen. Man denke als Gegenbeispiele nur an Veröffentlichungen von Hans Reiser, Frank Thieß oder Wolfgang Weyrauch.
   Wer die Publikations- respektive Zensurgeschichte z.B. von Henry Miller
   oder James Joyce kennt, wird übrigens diesbezüglich kaum Unterschiede
   zu den damaligen Gepflogenheiten in den USA feststellen.

beziehen lassen«, sei Maryla Mazurkiewicz *ANTIKE und Junge Mädchen*. Daraufhin zieht Denkler sein Fazit:

> Trotz der Menge der Beispiele [...] ist nicht zu übersehen, daß nur in seltenen Ausnahmefällen der Anschluß an eine (wie auch immer definierte) innovativ-progressive Moderne gesucht wurde und daß sich keine Texte finden lassen, die über ihre Zeit hinauszugelangen vermochten: Alles Erwähnte bleibt vom ›Dritten Reich‹ beschattet, verharrt in den Grenzen des damals Gewünschten, Erlaubten, Geduldeten, Durchgeschlupften, bedarf der rückblickenden Erläuterung, verweigert sich unbefangener Lektüre [...] – sieht man von wenigen großen, mythenbeschwörenden Gedichten von Gottfried Benn, Georg Britting und Elisabeth Langgässer ab, die eher formästhetisches als stoff- und motivgeschichtliches Interesse verdienen. (27)

Diese Negativbilanz entspricht den konventionellen Vorurteilen über die literarischen Leistungen im ›Dritten Reich‹. Wie die meisten Klischees ist sie inakzeptabel und ihr Zustandekommen eine Folge kaum nachvollziehbarer methodischer wie interpretatorischer Entscheidungen. Denkler, dessen Arbeiten zum »Inneren Reich« gewiß Anerkennung beanspruchen dürfen, hat mit diesem Beitrag der Forschung einen Bärendienst erwiesen. Die Beweisführung wirkt seltsam gesucht, flüchtig oder uninteressiert, und einzelne Texte scheinen ihn analytisch zu überfordern. Man spürt allenthalben die Bemühung, ein offenbar bereits feststehendes Verdikt zu bestätigen. Und dazu verhelfen *methodisch fragliche Vorentscheidungen und künstlich hochgeschraubte Erwartungen*:

Schon die Annahme, seine ausgesprochen zugespitzte Themenstellung eigne sich exemplarisch für seriöse Werturteile über »die Literatur des ›Dritten Reiches‹« insgesamt (27), muß man gewiß nicht teilen. Darüber hinaus scheinen mir die Standards bewußt sehr hoch, zum Teil zu hoch gehängt, wie Vergleiche außerhalb des Untersuchungsbereichs leicht erweisen können. Denn ungeachtet zahlreicher Werke, über die keine Urteile gefällt werden, erfahren bei Denkler wenigstens acht Großtexte explizite Zustimmung,[27] wobei noch Gedichte von drei pau-

---

27 Denkler, *Hellas als Spiegel deutscher Gegenwart in der Literatur des Dritten Reiches*, a.a.O. (Anm. 25), S. 22: Ernst Wilhelm Eschmann, Erhart Kästner, Gustav René Hocke und Egon Vietta (»avanciertere Schreibweisen«, zum »Kurzweiligsten« gehörend, »eigenständig urteilende und treffsicher ausformulierte Reisereflexionsbücher« etc.), S. 24: Werner Helwigs *Raubfischer*, S. 25: drei literarische »Entdeckungen«.

schal gelobten Autoren hinzukommen.[28] Da dies aber offensichtlich als
unerheblicher Textbestand angesehen wird, stellt sich die Frage: Mit
wievielen ›über ihre Zeit hinausragenden‹ Kunstwerken rechnet Denkler eigentlich in einem so schmalen Themensegment wie dem Hellas-
Motiv, und wie realistisch sind seine Erwartungen? Oder anders gefragt: Glaubt Denkler tatsächlich, sein zweifelhafter Qualitätstest, z.B.
auf die Weimarer Republik angewandt, hätte günstigere Zahlen er-
bracht? Doch damit nicht genug, die wenigen literarischen Lichtblicke
seiner Bilanz werden weiter verdunkelt durch die *Auswahl und Zuspit-
zung der Wertungskriterien*:

Bei Denkler sind es ausschließlich zwei: Der oppositionelle Gehalt
zählt, wobei andere als auf die deutsche Gegenwart bezogene Hellas-
Darstellungen nicht interessieren. Des weiteren fahndet er ständig nach
»avancierten Schreibweisen«. Eine Verschärfung der Qualitätsnorm
entsteht dadurch, daß offenbar beide Anforderungen, formale wie
ideologiekritische, gleichzeitig erfüllt sein müssen; denn anders lassen
sich seine Urteile von der »spärlichen Ausbeute« angesichts der oben
genannten Zahlen ja noch weniger begründen. Übertragen aufs Exil
hieße das aber, daß z.B. Stefan Zweigs *Castellio* oder Werfels *Die vierzig Tage des Musa Dagh* vor solch hohen Ansprüchen nicht passieren
dürften, weil sie eine dieser Voraussetzungen nicht erfüllen.

Eine weitere ästhetische Normerhöhung erhält seine Schlußbilanz,
wo wir per Negativfolie erstmals Denklers vollständige Texterwartun-
gen kennen lernen (27). Die von ihm verworfenen Werke, heißt es,
ragen nicht »über ihre Zeit hinaus« und bleiben »vom ›Dritten Reich‹
beschattet«. Wie aber sollte das auch anders sein, wo sich Denkler ja
ausschließlich für Texte interessiert, die Griechenland »als Spiegel
deutscher Gegenwart« behandeln? Sie blieben »in den Grenzen des
damals Gewünschten, Erlaubten, Geduldeten, Durchgeschlüpften«.
Eine solche Feststellung enthält Binsenwahrheiten, Zumutungen oder
schlicht Falsches. Denn wenn Denkler zuvor selbst »aufregende« Sub-
versionen entdecken konnte, dann leuchtet seine spätere Formulierung
vom damals »Gewünschten« nicht recht ein. Wenn er aber Texte jenseits der Duldsamkeitsgrenze fordert, verlangt er vom Autor schlicht
das Martyrium. Daß sich alles Schreiben in der Diktatur in einem gewissen politischen Toleranzrahmen abspielt, war nun einmal still-
schweigende Bedingung. Allerdings war dieser Rahmen zuweilen gar

---

28 Die Rede ist von »großen, mythenbeschwörenden Gedichten« von Gottfried Benn, Georg Britting und Elisabeth Langgässer (ebd., S. 27).

nicht so strangulierend, und die literarischen Produkte sind demnach gar nicht so uninteressant, wie meist unterstellt. Nur wäre das bei etwas größerer Unvoreingenommenheit zu erkennen gewesen. Daß die erwähnte Literatur »rückblickende[r] Erläuterungen« bedarf, gilt übrigens, zumal bei den heutigen Bildungsvoraussetzungen des Durchschnittslesers, entweder für Texte dieses Alters generell,[29] oder es stimmt einfach nicht. Ich wüßte nicht, welche Verständnisbarriere einen Leser daran hindern sollte, *Raubfischer in Hellas* oder *Im Dickicht des Pelion* angemessen zu rezipieren. Und wenn Denkler schließlich meint, die von ihm gemusterte Literatur verweigere sich »unbefangener Lektüre«, so gilt das wohl vornehmlich für den Aufsatzschreiber persönlich.

Überhaupt mehren sich in seinem Text *schwer nachvollziehbare Wertungen*: Es wechseln Überschätzungen mit Unterschätzungen. Wenn die Reiseberichte von Eschmann, Kästner, Hocke und Vietta für Denkler in »Sprache, Stil und Argumentation zum Kurzweiligsten gehören, was die literarische Produktion im ›Dritten Reich‹ hervorgebracht hat« (22), so scheint mir des Verfassers Textkenntnis milde gesagt etwas eingeschränkt zu sein. Und wenn er bei seinen drei »Entdeckungen« (Gurk, Jülg und Mazurkiewicz) das Wagnis so hoch ansetzt, daß dies »vielleicht sogar durch den Verzicht auf provokanten ästhetischen Wagemut erkauft« (25) werden mußte, so fehlt ihm anscheinend die richtige Vorstellung von den schriftstellerischen Spielräumen im ›Dritten Reich‹. Die erwähnten Texte sollen von mir nicht abgewertet werden, aber in vergleichbarer Qualitätsstufe finden sich im ›Dritten Reich‹ Beispiele in zwanzigfacher Anzahl, zumal das Genre des historischen Romans einbezogen ist, das eine Fülle indirekter Systemkritik gestattet.

Umso befremdlicher ist Denklers Umgang mit einem Theaterstück, das nun wirklich zu den »aufregendsten« Produktionen im ›Dritten Reich‹ zählt: Ernst Legals *Gott über Göttern*, ein Drama im Kontext von Giraudoux' *La guerre de Troie n'aura pas lieu*, das zudem über längere Passagen Klartext spricht und gleichwohl von Denkler mit einem Federstrich abgetan wird. Sein Kurzkommentar läßt sogar anfangs ein wenig von dieser Besonderheit spüren, doch dann folgt (noch dazu auf der schmalen Basis eines einzigen, quellenmäßig ungesicherten Rezensionsbelegs) ein geradezu vernichtendes und zudem so nicht gerechtfertigtes Urteil:

29 Welches expressionistische Drama läßt sich denn noch kommentarlos lesen ohne Einbettung in historische Kontexte, von früheren Epochen ganz abgesehen? Glaubt Denkler etwa, bei Thomas Manns Faustus- oder Josephs-Roman sei dies anders?

»Gott über Göttern« (1938) erkühnt sich zwar, im Rahmen der Eroberung Trojas am Beispiel von Aias, dem Kleinen, die Not, den
Mut und die Hoffnung eines Sprechers der Inneren Emigration zu
vergegenwärtigen und vorzuführen, wie er sich gegen Kriegsgreuel,
Führeranmaßung, Unrechtsherrschaft, Freiheitsbeschneidung und
Völkervernichtung stellt. Der papierene Text bleibt dabei aber [...]
überkommenen Dramenkonventionen verhaftet, die die Spiegelung
des ›Dritten Reiches‹ am antiken Stoff in lähmender Langeweile er-
tränkt haben dürften. (21)

Kein Bronnen-Niveau also bei Legal! Denkler kann mit solchen forma-
listischen Bedenken getrost zur Tagesordnung übergehen und weiteren
Vorurteilen per Abwertungstechniken freien Lauf lassen. Dazu gehören
zusätzlich *nicht explizierte Urteile*: So erhalten wir zwar Kenntnis davon, daß der Verfasser offenbar leidlich bibliographieren ließ, doch
über die Gründe seiner Unzufriedenheit mit vielen nur genannten, inhaltlich gestreiften oder in die Fußnoten verbannten Titeln können wir
nur spekulieren. Ja, wir wüßten nicht einmal von diesem Mißfallen,
wenn nicht am Schluß generalisierend eine so heftige Textschelte erfolgte. So rätselt man z.B., warum etwa Friedrich Georg Jüngers Grie-
chenland-Essays nicht wertungsmäßig ins Gewicht fallen, in denen
schließlich in unmißverständlicher Aktualisierung das mäßigende apol-
linische Prinzip dem fanatisch-zerstörerischen Titanismus der Zeit ent-
gegengestellt wird. Wir erfahren nicht, ob oder wie Denkler das Mo-
dernitätskriterium auf essayistische oder diarische Texte anwenden
will und warum kein einziges Verszitat von der Qualität lyrischer Hel-
las-Verarbeitung zeugt. Insofern bleiben wir unaufgeklärt, warum
Benns, Brittings und Langgässers Gedichte allenfalls formalästhetisch
interessant sein sollen. Auch Kaschnitz' *Elissa* halte ich für einen
durchaus talentierten Debütroman, und von Bamm über Nebel bis zu
Kasack verdiente manches gewiß stärkere Beachtung.
    Statt dessen finden sich *empfindliche Lücken bei der Recherche*: Für
das leichte, unpolitische Genre fehlt es Denkler offensichtlich an Interesse. Somit entfallen Griechen-Komödien z.B. von Hans Hömberg,
Hans Leip, Stefan Andres oder Friedrich Georg Jünger, was wohl zu
verschmerzen ist, weniger schon Ilse Langners *Amazonen*, deren Berliner Uraufführung immerhin verboten wurde. Kurt Kluges *Die ge-
fälschte Göttin* verdiente wenigstens unter humoristischen Aspekten
eine gewisse Aufmerksamkeit oder im Bereich essayistischer Literatur
z.B. Elisabeth von Glasenapps *Griechische Reise*, die nachhaltig auf
christlicher Traditionsbindung besteht. Auch Franz Spundas *Griechen-*

land, Stefan Andres' Roman *Der Mann von Asteri* oder seiner Novellensammlung *Das Grab des Neides* sollte man zumindest eine Fußnoten-Existenz gönnen. Schwerer wiegt die auffallende Unterrepräsentanz der Lyrik. Die poetische Gestaltung z.B. des Atlantis- oder Pansmythos bei Loerke, Lehmann oder Kasack verdiente gewiß Beachtung. Und absolut unverständlich oder als beabsichtigtes Politikum erscheint mir, daß Frank Thieß' *Das Reich der Dämonen* unerwähnt bleibt. Denn diese ideelle Herausforderung des Regimes – man denke exemplarisch an das Sparta-Kapitel – stand der Gurkschen Anspielungsintensität gewiß nicht nach. Und daß schließlich Hauptmanns *Atriden-Tetralogie*, der selbst Ketelsen – wie dialektisch gewunden auch immer[30] – literaturgeschichtlichen Repräsentationswert zuerkannte, von Denkler vergessen wird, stellt ein schweres Manko dar. Aber auch darüber ließe sich hinwegsehen, wenn Denkler aus seiner Not nicht in geradezu koketter Weise eine Tugend machte:

> Doch vielleicht ist mein Befund zu negativ ausgefallen, urteile ich zu vorschnell; denn es läßt sich keineswegs ausschließen, daß ich Bemerkenswertes übersehen habe. Für die gerechte Einschätzung der Literatur des ›Dritten Reiches‹ gilt jedoch mehr als irgendwann sonst in der deutschen Literaturgeschichte, was Adam Kuckhoff 1937 in den ebenso lakonischen wie beherzigenswerten Leitsatz gefaßt hat: »Wer nicht alles weiß, weiß nichts.« Um aber nicht allzu brüskierend zu schließen und um zugleich auf die Tücken dieser Vollständigkeitsforderung hinzuweisen, möchte ich ein isländisches Sprichwort anfügen, das 1942 von Ernst Wilhelm Eschmann mitgeteilt worden ist. Es lautet: »Wer die Zwerge zu lange besucht, läuft Gefahr, daß der Berg sich schließt und er im Gestein gefangen bleibt.« (27)

Dieser Gefahr ist Denkler gewiß entgangen. Zahlreiche neue Details, die nicht zuletzt auf dem Berliner Kolloquium zutagegefördert wurden, zu dem Denkler seinen »Hellas«-Vortrag beigesteuert hatte, scheinen nun aber auch ihn zu einer vertieften Auseinandersetzung mit dieser Literatur angeregt zu haben. Denn sein nächster programmatischer Aufsatz mit dem anspruchsvollen Titel *Was war und was bleibt? Versuch einer Bestandsaufnahme der erzählenden Literatur aus dem ›Dritten Reich‹*[31] erweitert die zu behandelnde Textbasis ganz erheblich. Er plädiert jetzt ausdrücklich für eine ernsthafte Beschäftigung mit der

---

30 Ketelsen, *Literatur und Drittes Reich*, a.a.O. (Anm. 24), S. 54.
31 In: *Zeitschrift für Germanistik*, Neue Folge, Jg. IX-2, 1999, S. 279-293.

zwischen 1933 und 1945 erschienenen Literatur jenseits billiger Ent-
rüstung, »moralische[r] Distanzierung und ästhetische[r] Verachtung«.
Ernst Loewy und seine Nachfolger, die keinen wesentlichen Unterschied
zwischen NS-Tendenzliteraten und den nichtnazistischen Autoren im
Reich gemacht haben, seien auf das »propagandistische Wunschbild«
des Regimes einer (nicht existenten) kulturellen Totalität »hereingefal-
len« (280). Denklers Absichtserklärung, »vereinseitigende Beurteilungen«, »die auf schreckliche Vereinfachungen hinauslaufen« (281), zu
vermeiden, und sein erneuter Bezug auf Kuckhoffs Motto »Wer nicht
alles weiß, weiß nichts« nährt die Hoffnung auf eine souveränere Beur-
teilungsweise, zumal jetzt die Angst vor »Verzwergung« (10) durch in-
tensivierte Lektüre offenbar erfolgreich bekämpft wurde. Folgen wir
also zunächst kommentarlos seiner Skizzierung der Szenerie im ›Dritten Reich‹:
    In der Nachfolge Hans Dieter Schäfers sieht nun auch er für Autoren
jener Epoche zumindest »kleine Freiheiten« der Gestaltung (282). Die
Kulturszene sei durch Widersprüchlichkeiten geprägt. Danach wurde
eine »zu Akademieehren gekommene völkisch-nationale Künder- und
›Vorkämpfergeneration‹, repräsentiert durch politisch vergreiste, künstlerisch erschöpfte und gleichwohl [...] gepriesene Autoren wie Paul
Ernst, Emil Strauß, Wilhelm Schäfer u.a.« (283) von jungen NS-Autoren herausgefordert, unter denen sogar eine avantgardistisch gesinnte
Fraktion im Anschluß an Expressionismus und Futurismus, Neue
Sachlichkeit und Bauhaus eher auf Vorbilder wie Benn, Barlach und
Nolde schaute. Erst Hitlers Machtwort von 1937 habe diese Fraktion
endgültig zurückgedrängt und (mit bemerkenswerten Ausnahmen wie
Franz Tumler, Gertrud Fussenegger, Gerd Gaiser oder Franz Fühmann)
in eine epigonal-triviale Sackgasse des Tendenzschrifttums getrieben,
nachdem der »Radikalfaschist Arnolt Bronnen« oder der »Politartist
Gottfried Benn« verfemt worden waren. Davon profitierten die »Stillen im Lande« oder »Zwischenreichautoren«, von denen sich manche
später der »Inneren Emigration«[32] zurechneten. Sie wurden zwar kaum
offiziell gefördert, konnten sich aber auf dem Buchmarkt behaupten.
Diese Richtung habe sich zwischen »zwei kontradiktorischen Polen«
etabliert, repräsentiert durch Ernst Jünger und seine »kühl kalkulierte

---

32 Eine pflichtschuldige Distanzierung von diesem »umstrittene[n] Sammel-
   begriff« (ebd., S. 284) unterbleibt erwartungsgemäß nicht. Vgl. dazu Günter Scholdt, *Deutsche Literatur und ›Drittes Reich‹. Eine Problemskizze*,
   in: Frank-Lothar Kroll (Hrsg.), *Deutsche Literatur und Drittes Reich*, Berlin [der 1995 gehaltene Vortrag erscheint 2002].

Modernität« bzw. Hans Carossa in seinem »beseelte[n] Traditionsbe-
wußtsein«. Das Spektrum nichtnazistischer Autoren vervollkommnen
die »älteren wertkonservativen, christlichen, landschafts- und stammes-
gebundenen, ethos- und formbedachten Einzelgänger mit traditionali-
stischer oder gemäßigt moderner Stilpräferenz wie Ernst Wiechert und
Frank Thieß, Reinhold Schneider und Werner Bergengruen, Richard
Billinger und Georg Britting, Oskar Loerke und Hermann Kasack«
(284). Hinzu kommen aber auch junge Frondeure des nach Peter
Huchel so genannten Jahrgangs »Neunzehnhunderttraurig«. Sie unterschieden sich von der experimentierenden, provokant politischen Aufklärungsliteratur der späten Weimarer Republik – nach Horst Langes
Worten – durch bewußte »Abkehr von allen ›literarischen Tagesinteres-
sen‹« auf der Suche nach dem »Einfache[n] und Unwandelbare[n]«
(285). Soweit Denklers Überblick, der bislang noch relativ wertungslos
blieb. Die sich anschließende Musterung der Texte enthält allerdings
immer drastischere Hinweise auf vermeintliche Schwächen, besonders
das »Dilemma des ›mittleren Schrifttums‹«, das wie folgt beschrieben
wird:

> Ästhetisches Konstrukt, gefällt es durch Unscheinbarkeit, die zwar
> vom lauten Pathos und pompösen Gepränge der offiziellen Literatur
> angenehm absticht, aber ständig Gefahr läuft, die programmgemäß
> angeglichenen und auf die mittlere Linie eingeschworenen Texte in
> der lähmenden Langeweile »ununterscheidbarer Mittelmäßigkeit«
> erstarren und ersticken zu lassen. (286)

Und dann folgt eine deutliche Stellungnahme:

> Aus heutiger Sicht erscheint nämlich als Einbuße und Verlust, was
> die meisten Autoren für sich als Gewinn verbucht haben: die Rück-
> führung des Chaotisch-Anarchisch-Formsprengenden auf das Ele-
> mentare, Begrenzte, Machbare, das sich in geschlossenen Formen
> fassen läßt. (286)

Er spielt die »eiskalt-zynischen Abrechnungen« und »genialisch provo-
kante[n] Debütromane« der 1930er Jahre von Glaeser, Weisenborn,
Raschke oder Joachim Maass gegen ihre nach 1933 erschienenen
»formgesichertere[n]« »Umkehrromane« aus. Maass' *Testament*, Wei-
senborns *Mädchen von Fanö* oder *Die Furie* besäßen zwar noch ein
»Restpotential an formgebändigter und somit ausbalancierter Radikalität«, aber insgesamt gelte für sie wie für Martin Raschkes *Der Erbe*
und Walter Bauers *Das Herz der Erde*, daß auch ihre überzeitlich
humane Abweichung von der NS-Linie lediglich zu Konventionalität

und Mittelmäßigkeit führe. Ohne Kenntnis ihrer Entstehungs- und
Wirkungsumstände blieben sie mißverständlich, seien sie – welches
Verdikt! – »kaum oder gar nicht mehr lesbar« (287). Auch die maßvol-
len Experimente von Emil Barth, Werner Helwig, Friedo Lampe, Hermann Lenz, Horst Lange, Joachim Maass, Bastian Müller, August
Scholtis, Wolfgang Weyrauch, Günter Eich oder Geno Hartlaub betrachtet er als ehrenvoll, aber kaum kanonfähig. Die epochenspezifi-
schen Langerzählungen seien für Anthologien zu lang, als Einzelver-
öffentlichung wiederum zu kurz und generell durch politische Beschei-
dung zu schlicht. Denn assoziative Rückschlüsse auf die Lebenswirklichkeit im ›Dritten Reich‹ seien zwar möglich, aber nicht zwingend
(287 f.). Den historischen Genres gesteht er zu, daß sie offener argumentieren konnten, und nennt als Exempel August Scholtis' *Friedrich
in Kamenz*, Joachim Maass' *Stürmischer Morgen* oder Stefan Andres'
El Greco malt den Großinquisitor (288 f.). Einiges Interesse finden
drei Texte der sogenannten »Unterhaltungsliteratur mit Biß«: Maryla
Mazurkiewicz *ANTIKE und Junge Mädchen*, Peter Tarins und Adam
Kuckhoffs Kriminalroman *Strogany und die Vermißten* und Fritz Reck-
Malleczewens *Bockelson*. Dieses Genre profitiere von der literarischen
Unauffälligkeit der Unterhaltungsliteratur (!). Die Texte verließen die
mittlere Linie, »indem sie sie ästhetisch unterschritten und politisch
überdehnten«, was manche systemkritische Konterbande durchschlüp-
fen ließ (289):

> Gehüllt in den Schafspelz der Unterhaltungsliteratur, beweisen alle
> drei Texte im literarischen Imaginationsbereich des Politischen jenen
> mutigen Wolfs-Biß, den Reck-Malleczewen und Kuckhoff im Aktions-
> feld der praktischen Politik mit dem Leben bezahlen mußten. (290)

Als Ausnahmen größerer literarischer wie politischer Bedeutung kommt
Denkler schließlich noch auf zwei weithin vergessene Erzähltexte »auf
hohem, den Mittelkurs überragendem und damit überwindendem
Niveau« zu sprechen: Die Aufzeichnungen *Der Wermutstrauch* von
Hermann Georg Rexroth und *Die Leuchtkugeln* von Horst Lange, eine
»unprätentiöse ›Gelegenheits‹-dichtung« und ein »Kriegsbuch ohne
jeden Heroismus« (290). Er bedauert, daß beide Bücher trotz ihres
ästhetischen Rangs und ihrer politischen Souveränität aus dem literarischen Gedächtnis geschwunden sind. Und dann folgt ein einigermaßen
kryptisches Fazit, das teils widerruft, was es zuvor festgestellt hatte,
verbunden mit einem Appell an den verlegerischen Wagemut, man
solle die »Zwischenreichautoren« doch wieder von Neuem zugänglich
machen:

Während sich das nationalsozialistische Propagandaschrifttum mit dem Zusammenbruch des ›Dritten Reiches‹ erledigt hatte, ohne ganz vom legalen oder illegalen Buchmarkt zu verschwinden, und das regimekritisch ausdeutbare Textangebot der tatsächlichen oder vermeintlichen binnendeutschen Opposition eine Zeitlang als willkommene politische Alibiliteratur überlebte, verloren sich die meisten Produkte der meisten Zwischenreichautoren im Nebel einer ungeliebten, gern verdrängten Geschichte: Die erwähnten, mutigen Unterhaltungsbücher lohnten aus literarischen Qualitätsgründen den Neudruck nicht; die »mittlere Literatur« war zunächst uninteressant und bald unverständlich geworden, weil sich entzog, wovon sie sich gelöst hatte und womit sie nichts zu tun haben wollte; wie alles, was unter den Bedingungen der nationalsozialistischen Diktatur erscheinen konnte, setzten auch die Veröffentlichungen der Zwischenreichautoren den Kontext des ›Dritten Reiches‹ voraus, von dem sich viele Schriftsteller fortzuschreiben und viele Leser fortzulesen suchten. Daß diese ebenso einsichtige wie nachvollziehbare Anstrengung Früchte trug, ist aber nicht zuletzt dieser verschmähten, verdrängten, vergessenen Zwischenreichliteratur zu verdanken, die einen Neuanlauf erlaubte, weil sie keine unübersteigbaren Hürden aufgerichtet und mit der etablierten Mittellage eine Absprungbasis bereitgestellt hatte. Davon konnten einige der hier herangezogenen Autoren wie Günther Weisenborn oder Günter Eich, aber auch unerwähnt gebliebene wie Marie Luise Kaschnitz, Wolfgang Koeppen, Johannes Bobrowski profitieren; das sollte aber auch anderen Schriftstellern zugute kommen, die den gleichen Brückenschlag über die politische Epochenschwelle von 1945 ermöglichten, lesenswerte Bücher schrieben und dennoch durch den Rost der kollektiven Erinnerung zu fallen drohen oder gefallen sind: Obwohl sich das unlängst vorgelegte, schmale Gesamtwerk von Friedo Lampe und Johannes Moy schlecht verkauft und die unbeirrt vorangetriebene Auswahlausgabe der Schriften von August Scholtis kaum bemerkt wird, bleibt zu hoffen, daß sich verlegerischer Wagemut trotz solcher abschreckenden Geschäftserfahrungen auch an Oscar Walter Cisek, Werner Helwig, Kurt Kusenberg, Horst Lange, Joachim Maass, Martin Raschke, Hermann Georg Rexroth u.a. Zukurzgekommenen bewährt und sie vom Los der gar nicht, abseits oder nur teilweise Gedruckten befreit. Denn sie sind Teil unserer Geschichte; und diese läßt sich – wie Joachim Maass betont hat – nicht begreifen, wenn man das Vergangene nur für vergangen hält: Viel, viel wichtiger sei, daß es geschehen ist und die Nachgeborenen weiter betrifft. (292 f.)

Es ist in diesem Rahmen unmöglich, auch nur annähernd auf die viel-
fachen Fehleinschätzungen oder Halbwahrheiten dieser Bilanz einzugehen. So verzichte ich auf eine Nennung der wichtigsten übergangenen
zentralen Werke, ohne die der Anspruch einer »Bestandsaufnahme der
erzählenden Literatur« in die Nähe von Etikettenschwindel rückt. Weder
soll erneut widerlegt werden, daß ein Verständnis der »Zwischenreichliteratur« kontextabhängiger sei als dasjenige vergleichbarer Epochen,
noch will ich ausführen, wie Denkler in scheinobjektiver Geste abermals nur eine winzige Textmenge von »Ausnahmen« präsentiert. Ich
übergehe die sattsam bekannten Klischeeformulierungen von einem
nur regimekritisch »ausdeutbaren« Textangebot, von der »tatsächlichen
oder vermeintlichen binnendeutschen Opposition« oder der »willkommene[n] politische[n] *Alibiliteratur*«,[33] und beschränke mich auf ein
Kopfschütteln angesichts seiner Marktüberlegungen, wonach die »erwähnten, mutigen Unterhaltungsbücher« »aus literarischen Qualitätsgründen den Neudruck« nicht lohnten[34] oder manche Zwischenreichautoren des Umfangs oder der Form ihrer Erzählungen wegen bislang
nicht wieder verlegt seien.

Bedeutsamer, aber auch abwegiger erscheint mir die Denkfigur, wonach Denkler das Gros der Epik im ›Dritten Reich‹ zunächst wortreich
als mittelmäßig, langweilig, uninteressant, unverständlich oder kaum
lesbar einstuft, um dann überraschend immerhin derartige Qualitäten
auszumachen, daß sogar editorische Aktivitäten angezeigt sind. Nun
plötzlich ist von verdienstvollen »verschmähten, verdrängten, vergessenen« Texten die Rede, was sofort die Frage nach sich zieht, wer denn
diese jahrzehntelange Verdrängung oder Verschmähung zu verantwor-

---

33 Denkler, *Was war und was bleibt?*, a.a.O. [Anm. 31], S. 292 f., Hervor-
  hebung durch G.S.
34 Fritz Reck-Malleczewens *Bockelson*, den nur Denkler zur Unterhaltungsliteratur rechnet, während dieser Text in der Forschung sonst relativ hoch
  gehandelt wird, verzeichnete übrigens immerhin drei Nachkriegseditionen.
  Auch scheint nicht klar, warum ausgerechnet die Unterschreitung der
  ästhetischen Qualität größere politische Freiräume gewähren sollte (ebd.,
  S. 289). Wissen wir doch spätestens seit Barbian (*Literaturpolitik im ›Dritten Reich‹*, a.a.O. [Anm. 23], S. 245), daß im Gegensatz zur ›hohen‹ Belletristik gerade Unterhaltungsliteratur (durch die »Anordnung zur Förderung guter Unterhaltungsliteratur« vom Juli 1935) viel stärker der Goeb-
  belsschen Aufsicht unterworfen war. Daß darüber hinaus noch die Legende
  von Reck-Malleczewens Tod als Folge seiner politischen Aktivität verbreitet wird, sei nur am Rande vermerkt.

ten habe. Wer hat denn diese Werke über eine ganze Germanistengeneration hinweg kleingeredet, -geschrieben oder völlig ignoriert? Und
wer billigt ihnen auch jetzt nur eben so eine Art »Brückenschlag«-Ver-
dienst zu, eine Platzhalterschaft, bevor der eigentliche literarische Neu-
ansatz möglich wurde? Was für ein gönnerhafter ästhetischer Freispruch zweiter Klasse wird da gewährt, zusätzlich fundiert auf einer
volksdidaktischen Begründung, die Autoren seien schließlich »Teil unserer Geschichte«, die uns Nachgeborene weiter betreffe (293), womit
eine Qualitätsmusterung endgültig zum Erinnerungsexerzitium ver-
kommt. Nein, vor literarhistorischen Advokaten mit so matten Argumenten und Plädoyers sollte uns fast banger sein als vor nackter Mißachtung oder interessengesteuertem Ressentiment.

Welches sind nun aber die alles grundierenden Wertüberzeugungen,
die Denkler und andere an einer größeren Aufgeschlossenheit gegenüber innerdeutschen Literaturleistungen hindern? Neben politisch-ideologischen Vorbehalten sind es vor allem ganz spezifische Modernitätsansprüche, idealtypisch beschworen in seinen Vorstellungen von der
»originell experimentierenden, frech provozierenden, rigoros sezieren-
den und radikal argumentierenden ›Vernunft- und Aufklärungsliteratur‹
der späten Weimarer Republik« (285).[35] Verpönt wird jeder »Mittelkurs«, jede »Pazifizierung des Formanarchismus«, die »ausbalancierte
Radikalität« oder eine nur maßvolle Experimentierfreudigkeit (287).
Denn die »Rückführung des Chaotisch-Anarchisch-Formsprengenden
auf das Elementare, Begrenzte, Machbare, das sich in geschlossene
Formen fassen läßt«, kann Denkler offenbar nur als »Verlust« wahrnehmen (286). Solche Zitate machen es erforderlich, sich einmal etwas
näher mit dem dominierenden *Wertungskriterium* »*Modernität*« zu beschäftigen.

35 Als Vorbildtexte gelten ihm solche, in denen z.B. »die angstgepeinigte,
   handlungslähmende Existenznot entwurzelter, halt- und richtungslos ge-
   wordener junger Künstler, Studenten, Schüler oder Arbeiter« vermittelt
   wird, »die sich von Zeit und Gesellschaft ausgespien fühlen und der Leere
   und dem Nichts nur zu entkommen hoffen, indem sie sich am eigenen
   Schopfe aus dem Schlamassel ziehen.« In ihnen werde im Sinne einer »eiskalt-zynischen Abrechnung« oder genialischen Provokation »das ereignis-
   lose Dahinvegetieren, geprägt vom Reden, Saufen, Huren, Pläneschmieden
   und Garnichtstun, im spannungslosen Einerlei additiv gereihter Hand-
   lungssegmente und -sequenzen eingefangen, die nur durch die rhetorisch
   pointierten Kraftakte eruptiver Ausbruchsversuche aufgerissen oder abgelöst sind« (Denkler, *Was war und was bleibt?*, a.a.O. (Anm. 31), S. 286).

Ich verzichte dabei auf den ohnehin aussichtslosen[36] Versuch einer allgemein akzeptierten Definition dessen, was modern ist, zugunsten einiger von Thomas Anz gesetzter »Orientierungsmarken«, die im folgenden korrigiert bzw. ergänzt werden. Danach hätten wir es hauptsächlich mit zwei zu unterscheidenden Phänomenen zu tun. Unter der »zivilisatorischen Moderne« versteht man in Anlehnung an Ziele der Französischen Revolution spezifische

> neuzeitliche Prozesse der Rationalisierung, Technisierung, Industrialisierung und auch Bürokratisierung, der Ausdifferenzierung eines immer komplexeren gesellschaftlichen Systems, der Entzauberung tradierter Mythen und der kritischen Überprüfung metaphysischer Gewißheiten, der fortschrittsgläubigen Ausweitung der rationalen Verfügungsgewalt über die äußere Natur und, im sozialpsychologischen Bereich, den von Norbert Elias beschriebenen Zwang des zivilisierten Menschen zur Disziplinierung der eigenen Natur, des Körpers und der Affekte.[37]

Von ihr zu unterscheiden ist die »ästhetische Moderne«, ein Begriff, der im Umkreis des Naturalismus aufkommt. In der Literatur ist sie

---

36 Erstens ist besonders die Moderne der letzten drei bis vier Generationen von einem ausgesprochenen Stilpluralismus gekennzeichnet. Zweitens müßten ja auch noch sämtliche Gegen- respektive Postmodernen in die Definition einbezogen werden, die schließlich nicht einfach als »vormodern« ausgeschieden werden dürfen. Und drittens ist Modernität nur ein relativer Begriff, der sich an jeweils früheren Zuständen bemißt. Dazu Hans Belting, *Zeit der Hölle*, in: *Frankfurter Allgemeine Zeitung* vom 14. Oktober 1995: »Man kann heute schon eine Archäologie der Moderne betreiben, um die einzelnen Schichten wieder aufzudecken, die von nachfolgenden Schichten immer wieder überlagert wurden und doch dem gleichen kulturellen Gestein angehören. In wenigen Jahren wird zwar nicht die dritte Moderne, aber das dritte Jahrhundert der Moderne beginnen. Es hat in der digitalen Welt und in dem Internet bereits begonnen, wenn auch noch nicht abzusehen ist, wie es verlaufen, wo es siegen und wo es scheitern wird. Man kann sich schon eine künftige Diskussion über die Frage vorstellen, ob das zwanzigste Jahrhundert wirklich modern gewesen ist, so wie manche heute an der Modernität des neunzehnten Jahrhunderts zweifeln.«

37 Thomas Anz, *Im Zeichen der »Postmoderne«. Über die deutschsprachige Literatur der achtziger Jahre*, in: *Mitteilungen des Deutschen Germanistenverbandes*, Jg. 37, 1990, H. 1, S. 5.

mit Namen wie Nietzsche, Kafka, Joyce, Beckett oder auch Paul Celan assoziiert, mit der Literatur des fin de siècle, mit Bewegungen wie dem Expressionismus, Dadaismus oder Surrealismus, mit einer antiklassischen und oft experimentellen Ästhetik des Häßlichen und Disharmonischen sowie mit literarischen Texten, die aufgrund ihrer hermetischen, hochgradig selbstreflexiven und elitären Abgehobenheit in hohem Maße dunkel und interpretationsbedürftig erscheinen.[38]

Bei dieser (in vielem gelungenen) Definition, die gewiß kein Monopol, aber für bestimmte rückblickende Verkürzungen eine hohe Repräsentativität besitzt, fällt eine gewisse Engführung des Begriffs im Sinne heutiger Ethiknormen auf. Denn sehen wir vom leidlich umstrittenen Nietzsche ab, finden sich keine Vertreter einer heute eher anrüchigen Moderne, von Marinetti bis Hamsun, von D'Annunzio bis Pound, von Céline bis Ehrenburg, obwohl diese gewiß nicht weniger zur Ausprägung eines neueren Literaturverständnisses beigetragen haben. Ideologische Schmuddelkinder versteckt man lieber ein bißchen oder ignoriert ihren Beitrag zu mancher epochalen Monstrosität.[39] Auch die kommentarlos unterstellte Zusammengehörigkeit von originellem provokativem Experiment mit den Ansprüchen einer »Vernunft- und Aufklärungsliteratur«[40] in Denklers oben zitierter Charakterisierung der Weimarer Belletristik gehört in diesen Zusammenhang einer verbreiteten selektiven Wahrnehmung. Vermittelt sie doch die Illusion einer weitgehenden Synthese von Genie und sozialer Verantwortung gemäß retrospektiven Wunschvorstellungen. Wir haben uns im Rahmen unserer Alltags-

---

38 Ebd.
39 Für diese Praxis seien stellvertretend für andere die Suhrkamp-Ausgaben von Ernst Blochs *Politische Messungen* oder Hugo Balls *Kritik der deutschen Intelligenz* erwähnt, wo stalinistische bzw. antijudaistische Passagen wegretuschiert wurden, dazu als neuere Beispiele etwa Sartres *Plädoyer für die Intellektuellen*, wo sich der Rowohlt-Verlag (1995) offenbar nicht entschließen konnte, des Autors Rechtfertigung des Olympia-Massakers von 1972 wieder abzudrucken, oder die Theodor-Lessing-Ausgabe des Donat Verlags, die dem Leser manche ideologische Schwenks und Formen des jüdischen Selbsthasses vorenthält. Daß DDR-Neuauflagen in politisch brisanten Fragen stets bearbeitet wurden, versteht sich von selbst.
40 Denkler, *Was war und was bleibt?*, a.a.O. (Anm. 31), S. 285. Der von Horst Lange übernommene Begriff steht zwar in Anführungszeichen, aber Denkler zeigt nirgends, daß er ihn für unangebracht hielte.

mythen eine emanzipatorisch-humanitäre Moderne herausgefiltert ad usum Delphini, ein Szenarium, in dem unsere kanonisierten Schriftsteller offenbar als kreativ-reformerische Heinzelmännchen figurieren. Daß sie verschiedentlich verfolgt wurden, scheint ihre genuine Moralität, Harmlosigkeit und soziale Kompetenz nachdrücklich zu bestätigen.

Die Wirklichkeit sieht allerdings ein wenig anders aus, und wir tun gut daran, uns zumindest gelegentlich einmal die andere Seite dieser Medaille anzusehen und die dialektische Symbolik wahrzunehmen, die etwa darin liegt, daß Rimbauds Losung »Il faut être absolument moderne« pikanterweise seiner *Saison in der Hölle* entstammt. Gerade die großen Schrittmacher der Moderne waren mehrheitlich gewiß keine Musterknaben im Sinne von Menschenliebe, Sozialstaat, Rechtssicherheit oder Respektierung der ureigensten persönlichen Interessen des so häufig im Munde geführten kleinen Mannes. Dazu wurden sie zu oft von krassen Ressentiments und Phobien geleitet, die in Zeiten von Krieg, Bürgerkrieg, Klassen- oder Rassenkampf nicht selten in politische Pathologien mündeten.[41] Schließlich ist die Geschichte der Moderne zu einem wesentlichen Teil ein einziger Sturmlauf gegen den Bürger, den Alltag, das Nützlichkeitsprinzip und jegliche Sicherheit, die einem »Gefährlich-Leben« im Wege stand. Baudelaire formulierte bezeichnenderweise, »ein nützlicher Mensch zu sein« habe ihm stets als »etwas sehr Abscheuliches« gegolten, und seine Stimmung 1848 beschrieb er als »natürliches Vergnügen am Niederreißen, literarische Trunkenheit« oder »natürliche Liebe zum Verbrechen«.[42] Aus solchem Grundverständnis führt der Weg geradewegs über Georg Heyms Kriegs- oder Bechers Revolutionseuphorien zu den literarisch ausgelebten Gangstersympathien à la Mackie Messer oder Jüngers nationalistischer Kampfansage an die Republik, es sei unendlich »erstrebenswerter«, »Verbrecher als Bürger zu sein«.[43]

In all dem äußert sich ein rhetorisch aufgeheizter Befreiungsgestus, der Wunsch nach revolutionärer Zerstörung von wirklich oder scheinbar Abgelebtem, auch Aufbegehren gegen Intoleranz, aber ebenso Unduldsamkeit gegenüber allem vorher Gültigen, Tabubruch und Schock als Selbstzweck, lustvoll sezierende Analyse statt Synthese, Hasten nach

---

41 Vgl. exemplarisch John Carey, *Haß auf die Massen. Intellektuelle 1880-1939*, Göttingen 1996.

42 Zit. nach Richard Behrendt, *Militaristischer Nihilismus*, in: *Die Neue Rundschau*, Jg. 44, 1933, H. 4, S. 564.

43 Ernst Jünger, *Der Arbeiter*, in: Ernst Jünger, *Werke*, Bd. 6, Stuttgart o.J., S. 31.

ständiger Innovation und literarische Tempoverklärung.[44] Moderne, das ist, stilistisch wie menschlich gesehen, Kälte und Hitze zugleich, Massenkritik im Sinne elitärer Arroganz, aber auch Massenlauf in extremistische Lager. Anarchistische und schrankenlos individualistische Selbstverwirklichung steht somit neben Kotau vor dem Kollektiv, inbrünstigste Utopiegläubigkeit neben nihilistischer Misanthropie, häufig sogar innerhalb einer Person bzw. einer Dekade. Überhaupt ist die literarisch gebilligte, rezeptionsmäßig geradezu erwartete Entfesselung von Aggressionen ein nicht unerheblicher Teil der Moderne. Es handelt sich schließlich bei vielen dieser gesellschaftlich Vereinsamten und nicht wenigen ihrer Leser um ein kompensatorisches Denken und Fühlen in Extremen, das eher selten aus tatsächlichem Sozialgefühl gespeist wird. Hoch im Kurs stehen statt dessen geistige Schecks, die erst die Zukunft kreditieren soll. In ihrem Dienst wirft man Traditionen bedenkenlos auf den Misthaufen der Geschichte, predigt allzuoft Gewalt als den Zweck heiligendes Mittel oder opfert in einer maschinenhaft-funktionalistischen Anthropologie das Glück der Lebenden auf dem Altar künftiger Menschheitsentwürfe.[45] Die (mehr oder weniger) ahnungslose Vergötzung Moskaus durch Hunderte europäischer Intellektueller, die schäbigen Euphemismen sowjetischer Säuberungen entsprechen den fatalen Tiraden blutiger Rassisten oder kriegsbegeisterter Schreibtischeroberer. Und nicht selten waren ästhetizistische Motive bestimmend. Le Corbusier z.B., ein Verehrer des französischen Faschistenführers Pierre Winter, »erträumte die Zerstörung von Paris, um es mit mathematischer Exaktheit neu zu errichten«.[46] Und der damals kommunistische Romancier Gustav Regler notierte im Spanischen Bürgerkrieg:

> Aus dem leeren Haus in Morata [...]. Kurioser Eindruck von Elternhaus. Original so sähe Merzig [Reglers Geburtsort] aus, wenn man es zerstörte: mit Halbkultur, mit Journalen, mit Theaterprospekten, mit einer Sammlung von reproduzierten religiösen Kupferstichen [...]. Mit einem Zimmer, wo jedes den Geschmack seines mittelmäs-

---

44 Exemplarisch gilt dies etwa für Robert Müller und Hanns Heinz Ewers.

45 Vgl. Günter Scholdt, *Die Proklamation des Neuen Menschen in der deutschsprachigen Literatur vom Ausgang des 19. bis zur Mitte des 20. Jahrhunderts*, in: *Der Traum vom Neuen Menschen: Hoffnung – Utopie – Illusion!* (Schriftenreihe der Evangelischen Akademie Baden 113), Karlsruhe 1999, S. 22-62.

46 Hasso Spode, *Ein Seebad für zwanzigtausend Volksgenossen*, in: Peter J. Brenner (Hrsg.), *Reisekultur in Deutschland*, Tübingen 1997, S. 37.

sigen Bewohners verrät. Und man sollte es anstecken, damit die Erde rein würde von diesem Durchschnitt und nur Bauernhäuser in ihrer zweckmässigen Einfachheit noch ständen, aber worin man langhingezogene Kantaten singt und nah der Erde ist.[47]

Man schaue sie sich doch einmal etwas genauer an, diese literarisch vermittelten Welt- und Menschenbilder, von Sternheim, der »seine bürgerlichen Helden« ihre brutale Nuance verwirklichen läßt, über Benn, der »Gehirne mit Eckzähnen« züchten wollte, bis zu Brecht, dessen Kader- und Kadavergehorsam sich in Werken wie der *Maßnahme* austobte, oder Bloch, der seinen Intellekt in der apologetischen Glorifizierung des Roten Zion einbüßte.[48] Man vertiefe sich in Jahnns sadomasochistische Sexualobsessionen, vom *Pastor Ephraim Magnus* bis zum *Gestohlenen Gott*, Texte, die aus des Verfassers Grundüberzeugung erwuchsen, in seinem ganzen Leben noch keinem »Normalmenschen« begegnet zu sein, oder in zahlreiche Zeugnisse eines antiweiblichen Machogehabes von Nietzsche bis D'Annunzio, von Weininger über Brecht bis Hemingway. Natürlich ist Wiecherts *Totenwolf* ›moderner‹ als sein späterer *Totenwald*, Jüngers *Arbeiter* moderner als *Heliopolis*, aber mit welchen ethischen Kosten ist solche Modernität erkauft? Ihr vielleicht wichtigster, zumindest einflußreichster, von fast allen Nachfolgern zunächst umschwärmter oder kopierter Vertreter war Marinetti, und man muß geradezu blind sein, um nicht zu sehen, wie nackt und schamlos hier das Prinzip »Moderne« vor uns ausgebreitet wird: in einem zerstörerischen Ausleben des Generationenkonflikts, im Dogma eines völligen Neubeginns, in der Brutalität, mit der man alle sozialen Bedenken von sich wies und sich den lustvollen Killern der Lüfte als Menschheitsvision auslieferte, durch plakative Vergröberung aller Aussagen und Problemkomplexe und in letzter Instanz schließlich durch die uferlose Nutzung des Prinzips der Reklame.[49]

---

47 Tagebucheintrag vom 28. Februar 1937, in: Gustav Regler, *Werke*, Bd. 4, hrsg. von Michael Winkler, Frankfurt am Main 1996, S. 606 f.

48 Exemplarisch: Ernst Bloch, *Vom Hasard zur Katastrophe. Politische Aufsätze 1934-1939*, Frankfurt am Main 1972, S. 175-184, 351-359. Vgl. Heinrich Mann, *Ein Zeitalter wird besichtigt*, Berlin, Weimar 1947, S. 119 ff. (hier nur die Spitze des Eisbergs).

49 Ideen auch im Bereich der Literatur durch massive Propaganda durchzusetzen, ist eines der bedenklichen Merkmale der Moderne. Aber auch das Umgekehrte ist zunehmend der Fall: die konsequente Ausrichtung an sogenannten Bedürfnissen des Literaturmarkts. Helga Abret (*Albert Langen.*

Natürlich weiß ich, daß sich im Voranstehenden nicht die gesamte Moderne erschließt. Glücklicherweise gibt es gewiß ebensoviel anderes, menschlich wie ästhetisch Bereicherndes, das uns hindert, einer unangebrachten Nostalgie zu verfallen. Doch scheint mir mein bewußtes und in Teilen sogar überspitztes Kontrastbild zu einer üblicherweise gehätschelten Moderne gleichwohl mehr zu sein als ein realitätsverzerrendes Horrorszenarium.[50] Vielmehr glaube ich, daß sich in den beschriebenen Tendenzen ähnlich gewichtige, in Krisenzeiten sogar dominierende Geistesbewegungen innerhalb des abgelaufenen Jahrhunderts zeigen. Man braucht also kein fundamentalistischer Zivilisationsskeptiker zu sein, um die einfache Gleichung von »Kulturpessimismus als politische Gefahr« (Fritz Stern) bestenfalls für die halbe Wahrheit zu halten. Es soll auch gewiß künstlerischen Äußerungsformen kein administratives oder moralisches Korsett angelegt werden. Vielmehr müssen wir die ethische Ambivalenz der Moderne in unseren Deutungen stärker berücksichtigen, um zeitgenössische Reaktionen auf entsprechende Schocks besser zu verstehen. Denn in ihnen verbarg sich schließlich

Ein europäischer Verleger, München 1993, S. 330) zitiert eine von Jules Huret 1891 veröffentlichte Umfrage, aus der hervorgeht, daß französischen Schriftstellern »wettbewerbliches Denken nicht fremd war« und sie »Umstellungsstrategien nicht scheuten, wenn sich ihre Erfolgsaussichten verringerten«. Ein vergleichbares Bewußtsein ökonomischer Notwendigkeiten wäre zu dieser Zeit in Deutschland gewiß nicht manifest geworden. Dies kann man als realitätsabgewandte Rückständigkeit bezeichnen, man kann es aber auch positiver deuten.

50 In diesem Sinne enthält Walter Müller-Seidels abwägendes Urteil, die expressionistische Generation sei für künftige Geschehnisse nicht verantwortlich, zwar Berechtigtes, in Teilen aber auch Apologetisches (*Literarische Moderne und Weimarer Republik*, in: Karl Dietrich Bracher / Manfred Funke / Hans-Adolf Jacobsen [Hrsg.], *Die Weimarer Republik, 1918-1933*, Düsseldorf 1977, S. 453: »Damit würde die Moderne in dem verfehlt, was sie eigentlich ist.« Vgl. S. 433, 438: »Aber auch die ›eigentliche‹ Moderne ist nicht revolutionär, sondern evolutionär.«) Man greife sich in beliebiger Auswahl zwei Dutzend Schlüsseltexte der Moderne heraus, um zu sehen, daß viele der gerügten Erscheinungen in repräsentativer Anzahl vorhanden sind. Es hilft dabei nichts, wie im Sinne einer interessengesteuerten doppelten Moral bislang meist geschehen, den ethisch-intellektuellen Sündenfall ausschließlich im ideologisch feindlichen Lager zu konstatieren und sich für den eigenen Bereich mit der Humanitätsfiktion zu begnügen. Zu dieser unredlichen Praxis vgl. Hans Dieter Zimmermann, *Der Wahnsinn des Jahrhunderts. Die Verantwortung der Schriftsteller in der Politik*, Stuttgart, Berlin, Köln 1992.

nicht nur spießige Wahrnehmungsscheu bezüglich unangenehmer Tatbestände, sondern in Teilen auch humanitäres Erschrecken vor einer
fortschrittseuphorischen Barbarisierung. In diesem Sinne läßt sich
Ernst Jüngers Traumsequenz *Violette Endivien* lesen, auch als spätere
Revision früherer Radikalität. Darin gelangt der Erzähler in ein Geschäft, das Menschenfleisch feilbietet, zu einem sarkastischen Schluß-
kommentar: »Ich wußte nicht, daß die Zivilisation in dieser Stadt
schon so weit fortgeschritten ist.«[51]
Betrachten wir das Problem aber aus ästhetischer Warte, wobei die
Trennung formaler Gesichtspunkte von inhaltlichen, ideologischen
bzw. gesinnungsmäßigen kaum völlig gelingt,[52] so müssen wir uns zunächst von der Zwangsvorstellung lösen, daß die hauptsächliche stilistische Entwicklung ernstzunehmender Autoren im ›Dritten Reich‹ vor
allem durch die Drohung der Zensur verursacht wurde. Eine Gegen-
strömung zu den Haupttrends der Moderne, zu Expressionismus, Dadaismus oder Neuer Sachlichkeit, kam vielmehr bereits in der Endphase
Weimars zum Tragen und lag übrigens abseits der Politik auch im rein

---

51 Ernst Jünger, *Violette Endivien*, in: Ernst Jünger, *Werke*, Bd. 7, Stuttgart
    o.J., S. 184.
52 So spielt Ketelsen (*Zur Literatur im Deutschland der dreißiger und vierzi-
    ger Jahre*, in: Theo Buck / Dietrich Steinbach [Hrsg.], *Tendenzen der deut-
    schen Literatur zwischen 1918 und 1945*, Stuttgart 1985, S. 72) z.B. Céline
    gegen Britting aus, ohne anzumerken, daß jene geschätzte Modernität doch
    sehr eng mit weniger geschätzten Denk- und Empfindungsweisen zusam-
    menhängt. Die im modernen Trend liegende formsprengende Respektlosig-
    keit zertrümmert nämlich in aller Regel gleichzeitig auch Werte und huma-
    nitäre Konventionen. Anders gesagt: Die offenbar als »modern« erwartete
    Brutalität der Formensprache ist fast immer Folge einer entsprechend bru-
    talen Weltsicht. Insofern scheint es mir recht aufschlußreich, daß Denkler
    im »Hellas«-Aufsatz (a.a.O. [Anm. 25], S. 20-23) avancierte Schreibwei-
    sen praktisch nur dort entdeckt, wo es leider auch ein bißchen faschistisch
    zugeht (bei Bronnen, Vietta oder Eschmann). Um hier nicht mißverstanden
    zu werden: Ich unterstelle Denkler gewiß keine entsprechenden Sympa-
    thien. Solche denunziatorischen Spielchen unter ideologiekritischem
    Deckmantel waren nie meine Sache. Aber es gilt Aufmerksamkeit dafür zu
    wecken, welche Konsequenzen diese scheinbar nur ästhetischen Forderun-
    gen nach radikaler Innovation auch haben können bzw. welche gar nicht so
    fernen Verbindungslinien bestehen. Auf dem Buchumschlag von Michel
    Houellebecqs *Elementarteilchen* steht das bezeichnende Scheinparadox:
    »Seien Sie gemein, dann sind Sie wahr!« Zu fragen wäre in diesem Sinne,
    ob eine *Iphigenie auf Tauris* der Moderne überhaupt jemals Chancen hätte,
    ästhetisch respektiert zu werden.

literarischen Interesse. Eine stärkere Rückkehr zur Form läßt sich sogar international nachweisen,[53] auch eine zunehmende Abwendung vom Kult des Häßlichen und der ästhetischen Dissonanz. Die gängigsten literarischen Provokationen waren inzwischen nämlich ausgereizt. Man näherte sich auch formal einer Grenze, wo binnenliterarisch kaum noch Innovationen erwartet wurden und allenfalls direkte politische Aktion eine weitere Steigerung versprach.[54] Schließlich ist unverkennbar, wie stark gerade die Moderne von der Substanz früherer Kunstrichtungen lebte, von ihrem Abbau, von Tabu- und Regelbruch. Aber gerade solche Effekte erschöpfen sich schnell gemäß Brechts antizipierendem Ausspruch: »Das Chaos ist aufgebraucht. Es war die beste Zeit.«[55]

Sich also vorzustellen, daß Dadaismus mehr sein konnte als eine kurze literarische Episode, oder die Neue Sachlichkeit zu einem Jahrhundertstil hätte ausreifen können, ist einigermaßen weltfremd. Man mag sich auch fragen, um die Relativität solcher Norm zu erfassen, welche expressionistischen Dramen denn heute noch gespielt werden. Georg Kaiser wenigstens wechselte in jener Zeit von seinen ekstatischen *Gas*-Dramen zur griechischen Klassik. Und auch die bewußte Kaltschnäuzigkeit großstädtischer Reportagen, die sensationsgetragenen oder marktschreierischen Aktualisierungen von Kisch bis Piscator mußten irgendwann einmal auf Rezeptionshemmungen stoßen. Es waren also nicht nur die Diktatur oder deren Vorzeichen, die einen (vermeintlich) blühenden Zeitstil gebrochen haben,[56] sondern Gegenkräfte, die zum

53 Schäfer, *Kultur als Simulation*, a.a.O. (Anm. 21), S. 71 f.

54 Die Polithappenings der damaligen Zeit bestanden z.B. in Bronnens weißen Mäusen bei der Uraufführung von *Im Westen nichts Neues*, Kampfdemonstrationen unter Schriftsteller-Beteiligung oder den Aufführungen des Straßentheaters roter Agitprop-Gruppen.

55 Bertolt Brecht, *Im Dickicht der Städte*, in: Bertolt Brecht, *Werke*, Bd. 1, Berlin, Frankfurt am Main 1989, S. 497.

56 Dazu Belting, *Zeit der Hölle*, a.a.O. (Anm. 36): »In Europa war diese Moderne schon nach zwanzig Jahren zusammengebrochen, nicht nur weil die Faschisten und die Sowjets sie liquidierten, sondern weil sie die Gegenkräfte in sich nährte, sobald sie ihr utopisches Gesicht verlor und zur unerwünschten Realität geworden war. Die Realismus-Debatte der dreißiger Jahre ist die Frucht der Skepsis gegen die ewige blutleere Utopie mit ihrem erzieherischen Besserwissen und ihrer Liebe für die Maschine statt für den Menschen. Niemand weiß, ob sich diese ›Klassische Moderne‹ noch einmal erholt hätte, wenn nicht nach dem zweiten Krieg die Vereinigten Staaten wieder einmal eine neue Moderne ausgerufen hätten.«

Teil sogar aus den eigenen Reihen kamen. Max Herrmann-Neiße provozierte 1929 einen Literaturstreit, indem er sich gegen die »literarischen Lieferanten politischer Propagandamaterialien« und »schnellfertigen Gebrauchspoeten« aussprach.[57] Ludwig Marcuse formulierte im gleichen Kontext 1931: »Kunst ist so Waffe, wie der Regenschirm Waffe ist: man kann ihn auch zum Schlagen benutzen: nur ist er dann kein Regenschirm mehr.«[58] Alfred Kerr sah in vielen linksgerichteten Zeitstücken bald nur noch eine »Landplage« oder »fade[s] politische[s] Massenfabrikat«. »Diese Missgeburten« hätten »das Drama geschädigt« und keineswegs der Politik genützt: »das Ergebnis kennt man!«[59] Und Joseph Roth publizierte 1930 einen Essay mit dem sprechenden Titel *Schluß mit der Neuen Sachlichkeit*.

Von heute aus gesehen, wo nach einer bis in die 1960er Jahre reichenden (stil-)konservativen Phase letztlich immer noch radikale Weimarer Kunsttrends dominieren und, global verschärft und um neueste Skandalstandards erweitert, ein Bewußtsein schufen, wonach Chaos zur Norm, Schrei zur Regel, »sex and (political) crime« zum täglichen literaturthematischen Grundbedürfnis erklärt wurde,[60] versteht man vielleicht besser, warum manche Autoren bereits in den 1930er Jahren begannen, mit Schock- und Tabubrucheffekten dosierter umzugehen. Es gab schließlich in allen Literaturgeschichten nicht nur »Sturm- und Drang«-Epochen, sondern auch Gegenphasen, die stets mehr waren als bloße Restauration. Auch die Tendenz, es einmal wieder mit leiseren Tönen zu versuchen, ist nicht von vornherein zu tadeln. Gerade wo im politischen Umfeld die Sprache zunehmend propagandistisch vergröbernd benutzt wurde – ein Großteil der Effekte z.B. der russischen oder

---

57 Max Herrmann-Neiße, *Gottfried Benns Prosa*, in: Karl Robert Mandelkow (Hrsg.), *Benn – Wirkung wider Willen*, Frankfurt am Main 1971, S. 128.

58 Ludwig Marcuse, *Der Reaktionär in Anführungsstrichen*, in: ebd., S. 142.

59 Alfred Kerr, *Die Diktatur des Hausknechts*, Brüssel 1934, S. 89.

60 Nur ein paar Symptome: Zu den ganz normalen Vorgängen des Literaturbetriebs gehörte vor einigen Jahren die Verleihung des Kärntner Ingeborg-Bachmann-Preises für Urs Alemanns *Baby-Ficker*, einem Text, dessen Qualität offenbar vornehmlich im Nachweis liegt, daß Kunst alles dürfe, wobei schockierten Kritikern fast zwangsläufig der Part von Kunstbanausen zudiktiert wird. Eine Stunde tägliches Zappen im Fernsehen beschert uns ein Potpourri dessen, was Modernität auch ist. Vgl. dazu auch Gerhard Stadelmaiers Zustandsschilderung von bestimmten Ausprägungen modernen Theaters (*Zeit der Lieblosen*, in: *Frankfurter Allgemeine Zeitung* vom 22. Oktober 1999).

italienischen Avantgarde besteht in solcher Plakativität[61] –, versteht sich das erneute Interesse an Subtilitäten, Andeutungen, Ahnungen, Offenheiten und Leerstellen, die noch Raum ließen, etwas zwischen den Zeilen zu lesen, als zumindest ernstzunehmendes Korrektiv. So wenig wir Autoren nur auf Piano oder Konventionelles festlegen und sie damit ihrer subjektiven Emotionalität oder Experimentierfreude berauben wollen, so wenig haben wir das Recht, alle Mäßigung schlicht als Mittelmaß zu verdächtigen. Es liegt Gedankenlosigkeit darin, die Ästhetik nach den plakativeren Normen (von heute) zu monopolisieren und alle Abweichungen nur als Defizite zu begreifen. In diesem Sinne jagen wir mit dem Fetischwort »Moderne« nur den poetischen Idealen ewiger 68er nach, denen Chaos als Selbstzweck dient. Wo wäre denn das ständig angemahnte Chaotisch-Provokative bei Thomas Manns *Lotte in Weimar*, Brochs *Bergroman* oder dem *Henri IV* von Heinrich Mann? Und hat nicht Brechts *Galilei* oder gar *Die Gewehre der Frau Carrar* schon eine ganz andere Dramenstruktur als etwa *Mann ist Mann*?[62]

Zurück zur Literatur im ›Dritten Reich‹, in der die von Denkler bewunderte Moderne in der Tat Einbußen erleiden mußte.[63] Indem zahl-

---

61 Henning Ritter, *Immergleiches Spiel der Überraschungen*, in: *Frankfurter Allgemeine Zeitung* vom 17. Januar 1998: »Die Kunstmittel, die am Beginn des Jahrhunderts zur Sprache der Avantgarde wurden, waren zugleich auch die Sprache der revolutionären, radikal-demokratischen, extremistischen Propaganda. Als die moderne Kunst politisch war, war sie, wie die Ausstellung ›Kunst und Macht‹ gezeigt hat, als Bürgerkriegspartei entweder kommunistisch oder faschistisch. Am deutlichsten hat sich dieser Gegensatz in Spanien und Italien ausgeprägt. Dies ist heute weitgehend vergessen.«

62 Vgl. unten Anm. 99.

63 Völlig ausgeschaltet wurde sie jedoch nicht. Zwar wurden Autoren wie Hanns Heinz Ewers, Gottfried Benn oder Ernst Barlach zurückgedrängt, doch Ernst Jünger, Paul Gurk, Elisabeth Langgässer, Rudolf Brunngraber, Wolfgang Weyrauch, Felix Hartlaub oder Günter Eich, der hier exemplarisch für die Hörspielentwicklung generell betrachtet werden kann, und viele andere schrieben durchaus »modern«. Es handelt sich also lediglich um eine Frage der Quantität bzw. Intensität, mit der Formexperimente durchgeführt wurden. Zu avancierter Form hatte etwa Thieß' Dokumentarroman *Tsushima* gefunden, und Friedo Lampe oder Eugen Gottlieb Winkler standen mit manchen (filmtechnischen) Mitteln in der Tradition von Joyce oder Dos Passos. Dazu: Uta Beiküfner, *Naturauffassung und Geschichtlichkeit im Kontext der Zeitschrift ›Das Gedicht. Blätter für die Dichtung‹ (1934 bis 1944)*, in: Delabar/Denkler/Schütz, *Banalität mit Stil,*

reiche ihrer Protagonisten verjagt oder eingeschüchtert und statt ihrer
(zunächst) vor allem Heimatkunst- bzw. Blubo-Tendenzen favorisiert
wurden, traten Schreibweisen wieder in den Vordergrund, die sich vornehmlich am Bürgerlichen Realismus oder an klassischen Stiltraditio-
nen orientierten. Auch Schriftsteller der Inneren Emigration untermau-
erten diesen Trend, insofern sie in ihren Werken und Stellungnahmen
zur Zeit[64] die klassischen bzw. christlich-abendländischen (Form-)-
Traditionen gegen spezifische (politische) Modernismen aufboten, zu
denen sie auch den Nationalsozialismus rechneten.[65] Sie taten es nicht
einmal grundlos, da sich nationalsozialistische Kunst- und Gebrauchs-
formen jenseits aller Epigonalität auch an so manchen Innovationen
seit den 1920er Jahren orientiert hatten[66] und weil schließlich auch die

a.a.O. (Anm. 17), S. 202: »Mit der Veröffentlichung expressionistischer
Autoren kann Ellermann zwar Elemente der Moderne bewahren, allerdings nur unter Preisgabe des für sie Spezifischen: der expressionistischen
Form.« Hier sind in der Tat Verluste zu beklagen. Doch ließe sich andererseits ins Feld führen, daß jener »gedämpfte Expressionismus« (Schäfer,
Kultur als Simulation, a.a.O. [Anm. 21], S. 22) auch ein Versuch war, ex-
zentrische Stilhypertrophien zu beschneiden, um letztlich Wichtiges von
dieser Stilrichtung bewahren zu können.

64 Exemplarisch: Hans Heinz Stuckenschmidt, *Erhaltung der Qualität*, in:
   Die Neue Rundschau, Jg. 44, 1933, H. 5, besonders S. 694 f.: »Verweilen
   in den Räumen ästhetischer Kategorien hat immer in Zeiten des Kriegs und
   der Revolution auf die hochstrebenden Menschen einen unvergleichlich
   wohltätigen, bildenden und veredelnden Einfluß ausgeübt, dessen kultur-
   förderndes Gegengewicht man aus der Geschichte der Menschheit nicht
   missen möchte. [...] Zweifellos gibt es kein anderes Mittel, die verpflich-
   tende Kraft und den realen Wert der künstlerischen Formen zu erhärten, als
   die Praxis eines verantwortungsvollen Konservativismus. Denn überall, wo
   höchste Qualität sich bewährt hat (bewährt nicht nur für eine Gruppe Ein-
   geweihter, sondern für eine wirkliche Gemeinschaft), gewinnt sie gegen alle
   geistfeindlichen Mächte eine wesenseigene aggressive Kraft. [...] Man hat
   mit einem Anschein von Berechtigung denen Frivolität vorgeworfen, die in
   Zeiten so ungeheurer Menschheitsentscheidungen in die Welt der Form
   flüchteten. Und dennoch enthüllt sich diese Flucht dem gründlicheren Blick
   als ein kühner Feldzug für den Geist, als eine Haltung von höchster Hel-
   denhaftigkeit.«
65 Stellvertretend für viele: Werner Bergengruens *Der ewige Kaiser* und Jochen Kleppers *Der Vater*.
66 Stellvertretend seien Namen wie Eberhard Wolfgang Möller, Arnolt Bronnen, Leni Riefenstahl oder sogar Hubert Lanzinger genannt, dessen *Reiter*
   neuerdings mehrfach avantgardistische Technik zugestanden wird.

offiziöse nationalsozialistische Ästhetik einen deutlichen Kurswechsel vornahm. Wie Graeb-Könnecker überzeugend nachwies, distanzierte man sich von seiten hoher Kulturfunktionäre schon bald von einer agrarromantischen und kulturpessimistischen Literaturkonzeption zugunsten einer erwünschten »autochthonen Modernität«, die Stadt und Land, technischen Fortschritt und Tradition versöhnen sollte. Antizipierend waren ähnliche Ideen bereits um 1930 von einer Gruppe jüngerer Autoren vertreten worden, die ihre literarischen Vorstellungen verstärkt im ›Dritten Reich‹ umsetzten, ohne daß sie eine besondere Affinität zu diesem gehabt hätten. Auch was die poetologische Ausrichtung betrifft, beschränkte man sich dabei nicht einfach auf Anleihen bei früheren Epochen. Vielmehr besaß selbst die Rückkehr zu gemäßigteren Formen meist etwas Kalkuliertes und zugleich Erneuerndes. Insofern trifft Hans Dieter Schäfers Einschätzung dieses Literaturkomplexes als »Klassische Moderne« die Ambivalenz dieser Dichtung in einem wesentlichen Punkt. Oder anders beleuchtet, handelt es sich um eine (nicht einfach restaurative) Gegenmoderne, die als Komplement oder Antithese einen notwendigen dialektischen Teil der Moderne darstellt.[67]

Innerhalb dieses Zeittrends entwickelte sich im Laufe der 1930er Jahre mit dem *Magischen Realismus* ein Epochenstil zur völligen Ausprägung, der bislang in der Literaturwissenschaft viel zu geringe Aufmerksamkeit fand. Ihn kennzeichnet eine Seh- und Darstellungsweise, in der sich konkrete, zum Teil sehr detailliert und sachlich gezeichnete Erscheinungen der Wirklichkeit als Chiffren oder Symbole eines geheimen Zusammenhangs oder verborgenen elementaren Sinns erweisen und Alltägliches ins Magische oder Metaphysische umschlägt. In der Germanistik wurde dieser Stil zwar gelegentlich erwähnt oder behandelt, in seiner enormen Breitenwirkung aber gewiß nicht erkannt.[68] Die Literaturgeschichten registrieren ihn (sogar mit einer gewissen Aner-

---

67 Vgl. Hermann Rudolph, *Kulturkritik und konservative Revolution*, Tübingen 1971, S. 1: »Der Widerstand gegen die Modernität gehört vielmehr zum Prozeß der Modernität hinzu als Moment dieses Prozesses.«

68 Kirchner, *Doppelbödige Wirklichkeit*, a.a.O. (Anm. 20) beschränkt sich in ihrer Studie z.B. auf vier Autoren. Michael Scheffel (*Magischer Realismus*, a.a.O. [Anm. 20]) behandelt, allerdings in einem Zeitraum von 1917 bis 1954, immerhin zehn. Andrea Dech (*Felix Hartlaub. Zwischen Magischem Realismus und Neuer Sachlichkeit*, in: Delabar/Denkler/Schütz, *Banalität mit Stil*, a.a.O. [Anm. 17], S. 260-283) erweitert diesen Kanon um einen Autor.

kennung) meist im Zusammenhang mit Lyrikern wie Lehmann, Loerke, Langgässer oder Kasack. Darüber hinaus klassifiziert er eine Handvoll Epiker wie z.B. Horst Lange, Friedo Lampe, Marie Luise Kaschnitz, Martha Saalfeld, Felix Hartlaub, Ernst Kreuder oder Ernst Jünger. Magischer Realismus war aber nicht nur eine Schreibweise unter vielen, sondern ein ganz wichtiger oder besser noch: der dominierende Zeitstil der 1930er und 1940er Jahre.

Dies gilt natürlich mit der für alle Stilepochen notwendigen Einschränkung, daß es wohl noch keine Ära vollkommener ästhetischer Homogenität gegeben hat und auch Vertreter derselben Richtung nur mit unterschiedlicher Intensität an den jeweiligen künstlerischen Trends partizipieren. Auch im Fall des Magischen Realismus hätten wir also einen zahlenmäßig begrenzten Kernbestand von hoher stilistischer Konsistenz – sozusagen als programmatische Speerspitze – und darüber hinaus lediglich einen generellen Epochentrend, nach dem sich viele Autoren von einer ausschließlich sozial- und gegenwartsbezogenen Ästhetik abwandten und, mehr oder weniger ausgeprägt, unter anderen nun magisch-realistische Techniken oder Sehweisen bevorzugten. Immerhin bekannten sich zu dieser Art des Schreibens nicht nur seit etwa 1930 Schriftsteller im Umkreis der *Kolonne*,[69] sondern auch zahlreiche Autoren und Multiplikatoren, die über 1945 hinaus noch etwas galten und das Kulturleben der unmittelbaren Nachkriegszeit zunächst einmal bestimmen sollten. Kasacks *Stadt hinter dem Strom* zählt zu den klassischen Paradigmen dieser Stilrichtung. Hermann Hesse, dessen *Glasperlenspiel* entsprechende Einflüsse zeigt, lobte Julien Green als »nüchterne[n] Magier«, und er pries einen chinesischen Roman, weil sich die Handlung in ihm, abweichend von »unserem naiven Naturalismus« sozusagen »hinter einem magischen Vorhang« voll-

---

69 Vorspruch, Dez. 1929, in: Anton Kaes (Hrsg.), *Weimarer Republik. Manifeste und Dokumente zur deutschen Literatur 1918-1933*, Stuttgart 1983, S. 674 ff. Vgl. Friedo Lampe, der Jüngers *Das abenteuerliche Herz* als »Gehversuche in einer neuen Art des magischen Erzählens« lobte (Brief an Eugen Claassen 15. März 1944, in: Eugen Claassen, *In Büchern denken. Briefwechsel mit Autoren und Übersetzern*, Hamburg 1970, S. 278.). Dem Geheimnisvollen war auch Felix Hartlaub auf der Spur. In der schlichten Wiedergabe des alltäglich Sichtbaren sah er ein Verfahren, »dem Unsichtbaren, das natürlich das Entscheidende ist, am nächsten« zu kommen. (Brief an Gustav Radbruch vom 19. Dezember 1940, in: Felix Hartlaub, *Das Gesamtwerk*, Frankfurt am Main 1955, S. 458).

ziehe.[70] Karl Korn machte in Jüngers *Das abenteuerliche Herz* »groteske Phantastik« aus, dargeboten in der »Form des kühlen sachlichen Berichts«.[71] Ernst Schnabel entdeckte in Langes *Leuchtkugeln* jene »Magie, wie Dichtung (nach meinem [...] hartnäckigen Glauben) sie haben muß«.[72] Peter Suhrkamp schätzte – wie er 1940 formulierte – die Fähigkeit, »in der Magie der Sprache Wirklichkeit entstehen zu lassen, die unirdisch-irdisch ist«.[73] Auch Ernst Kreuder, dessen *Gesellschaft vom Dachboden* (1946) das ästhetische Spiel mit einer zweiten Realitätsebene aufnimmt, machte sich zum Anwalt einer Dichtung, deren vornehmste Aufgabe es sei, »durch diese vermurxte Realität hindurchzustossen in die Firmamente einer essentiellen, schwebenden, symbolträchtigen zeitlosen Welt«.[74]

Die Spannweite dieser grundsätzlichen literarischen Ausrichtung wird ahnbar, wenn wir z.B. in Kafka, Kubin und vielleicht sogar Meyrink die geistigen Paten und in Autoren wie dem frühen Arno Schmidt (*Schwarze Spiegel*) oder dem Absurden Theater (Hildesheimer, Becketts *Godot*) die letzten Ausläufer erkennen,[75] bevor sich politik- und unmittelbar gesellschaftsbezogene veristische bzw. agitatorische Formen im Lauf der 1960er Jahre mit Macht ihren Platz auf den Literaturmärkten zurückerobern. Es gibt, ungeachtet deutlicher Differenzen, die in unterschiedlichen Haltungen zur offen-experimentellen oder geschlossenen Form liegen, Berührungspunkte mit dem (französi-

---

70 Hermann Hesse, *Notizen zu neuen Büchern*, in: *Die Neue Rundschau*, Jg. 46, 1935, H. 3, S. 335, 331 f. Vgl. Friedrich Bischoffs Rezension von Ernst Penzoldts *Idolino*. Der Autor sei ein Romantiker, der die Wirklichkeit »schlechthin ins Wunderbare, Rätselhafte entrückt empfindet«, »dem Zeichner Kubin wesensähnlich«. Jegliche »scharf gesehene Realität« erscheine dem Autor »wechselfarbig und zweideutig« (*Urgrund*, in: *Die Neue Rundschau*, Jg. 46, 1935, H. 6, S. 654 f.).

71 Karl Korn, *Essayistische Bücher*, in: *Die Neue Rundschau*, Jg. 49, 1938, H. 11, S. 510.

72 Brief vom 25. Januar 1945 an Eugen Claassen, in: Claassen, *In Büchern denken*, a.a.O. (Anm. 69), S. 450.

73 Peter Suhrkamp, *Herzensverbundenheit*, in: *Die Neue Rundschau*, Jg. 51, 1940, H. 12, S. 624. Vgl. Hans Paeschke, *Magie des Erzählens*, in: *Die Neue Rundschau*, Jg. 52, 1941, H. 6, S. 353-357.

74 Brief an Horst Lange vom 2. März 1946, in: *Literaturmagazin 7. Nachkriegsliteratur*, Reinbek 1977, S. 224.

75 Dies sei ausdrücklich gegen Hans Dieter Schäfer gesagt, der die magisch-realistische Tradition Ende des Krieges »ziemlich zurückgedrängt« sieht (Schäfer, *Kultur als Simulation*, a.a.O. [Anm. 21], S. 41).

schen) Surrealismus, darüber hinaus Beziehungen zu Exildichtungen wie
z.B. Brochs *Bergroman*, Seghers' *Transit* oder Canettis *Die Blendung*.

In seinem Banne standen Dutzende, wenn nicht gar eine Hundertschaft[76] von Autoren der Zeit, und so fällt es leicht, auch wo wir uns ausschließlich auf die Epik des ›Dritten Reichs‹ beschränken, eine stattliche Reihe entsprechender Titel aufzuzählen, darunter Meisterwerke der neueren deutschsprachigen Literatur, die einen Vergleich mit berühmten Exiltexten nicht zu scheuen brauchen. Es dominieren auch keineswegs nur Kleinformen (von filmisch-kaleidoskopischem Zuschnitt), obwohl nicht zuletzt in diesem Bereich ganz beachtliche Exempel vorliegen.[77] Vielmehr finden sich ebenso zahlreich Romane und größere Erzählungen, von der die folgende knappe Auswahl immerhin einen ersten Eindruck geben mag:

1934: Friedo Lampe *Am Rande der Nacht*; Hans Georg Brenner *Fahrt über den See*; Paul Gurk *Berlin*; Josef Mühlberger *Die Knaben und der Fluß*; Paul Wiegler *Das Haus an der Moldau*; Joachim Maass *Borbe*.

1935: Wolfgang Koeppen *Die Mauer schwankt*; Ernst Penzoldt *Idolino*.

1936: Hans Carossa *Geheimnisse des reifen Lebens*; Günter Eich *Katharina*; Elisabeth Langgässer *Der Gang durch das Ried*; Ilse Molzahn *Der schwarze Storch*; Erik Reger *Heimweh nach der Hölle*.

1937: Friedrich Bischoff *Der Wassermann*; Friedo Lampe *Septembergewitter*; Horst Lange *Schwarze Weide*.

1938: Elisabeth Langgässer *Rettung am Rhein*; Hermann Lenz *Das stille Haus*.

1939: Ernst Jünger *Auf den Marmorklippen*; Wolfgang Koeppen, *Die Jawang-Gesellschaft* (Fragment, 1935-1939); Joachim Maass *Ein Testament*.

1940: Horst Lange *Ulanenpatrouille*; Alexander Lernet-Holenia *Mars im Widder*; Hans Georg Brenner *Nachtwachen*; Herbert von Hoerner *Der Graue Reiter*.

76 Genauere Quantifizierungen sind wegen des weitgehend unerschlossenen Forschungsterrains bislang noch nicht möglich.

77 Exemplarisch: Felix Hartlaubs posthum veröffentlichte Skizzen *[Mond und Pferde]* oder *[Im Sonderzug des Führers]*; Eugen Gottlieb Winklers posthum veröffentlichte Texte, z.B. *Im Gewächshaus*; Hermann Kasacks *Geschichten um Alexander*, Heinrich Ringlebs *Kapitän Perthes* sowie zahlreiche Texte von Friedo Lampe, Wolfgang Borchert, Werner Bergengruen (z.B. *Die Maus*) oder Stefan Andres (z.B. *Die unglaubwürdige Reise des Knaben Titus*).

1942: Marianne Langewiesche *Die Allerheiligen Bucht*; Wolfgang Weyrauch *Das Liebespaar*[78]; Rudolf Krämer-Badoni *Jacobs Jahr* (1942/43).

1943: Ernst Schnabel *Schiffe und Sterne*; Carl Rudolf Bertsch *Das Gerücht* (1943/44).

Einige wichtige Sammelbände seien stellvertretend hinzugefügt: Ernst Jünger *Das abenteuerliche Herz* (2. Fassung); Johannes Moy *Das Kugelspiel* (darin besonders *Ein Gedenkblatt*); Ernst Kreuder *Das Haus mit den drei Bäumen* (nur teilweise); Horst Lange *Auf dem östlichen Ufer*, *Die Leuchtkugeln*; Georg Britting *Das treue Eheweib*; Wolfgang Weyrauch *Ein Band für die Nacht*; Heinrich Schirmbeck *Die Fechtbrüder*. Während all diese Texte in einer (wenn auch zum Teil mythisch-abstrahierten) weiteren Gegenwart spielen, verlegen andere ihre Handlungszeit in die Antike – (so etwa Emil Barth *Das Lorbeerufer*; Marie Luise Kaschnitz *Elissa*; Paul Gurk *Iskander*) bzw. verschränken diese mit der Gegenwart (z.B. Egon Vietta *Romantische Cyrenaika*; Eugen Gottlieb Winkler *Gedenken an Trinakria*). Überhaupt strahlt der Magische Realismus zuweilen auch auf das historische Erzählen aus, obwohl hier meist andere Darstellungsweisen vorherrschen. Genannt seien stellvertretend Stefan Andres' *El Greco malt den Großinquisitor* oder Werner Bergengruens Geschichtenband *Der Tod von Reval*, der auch Episoden aus früheren Jahrhunderten schildert. Es gibt weiter Verbindungslinien zu manchen Autoren aus dem Komplex landschaftsgeprägter Literatur (Ernst Wiecherts *Das einfache Leben*). Und selbst das Genre der aktuellen Kriegsberichterstattung profitiert von solchen literarischen Einflüssen und sublimiert sich in Ausnahmefällen zu Texten wie Horst Langes *Auf den Hügeln vor Moskau*, Hermann Georg Rexroths *Der Wermutstrauch* oder Ernst Schnabels Schlußteil in *Schiffe und Sterne*. Erwähnenswert ist schließlich Paul Gurks *Tuzub 37*, eine einfallsreiche ökologische Science-fiction-Warnutopie. Sie mag als extreme Steigerung der im Magischen Realismus verbundenen Prinzipien von sachlich und wunderbar gelten. Und noch eine Variante verdient Aufmerksamkeit: Kurt Kluges *Der Herr Kortüm* liest sich als äußerst seltene Textlegierung von magisch-realistischen mit humoristischen Elementen.

Ergänzt wird diese (zwangsläufig nur lückenhafte) Aufzählung durch Titel, die zumindest in großen Teilen während des ›Dritten Reichs‹ ge-

---

78 Vgl. auch Weyrauchs frühere Erzählungen *Strudel und Quell* (1938) und *Eine Inselgeschichte* (1939) unter thematischen bzw. entwicklungsgeschichtlichen Aspekten.

schrieben, aber erst in der Nachkriegszeit veröffentlicht wurden. Das
gilt für Kasacks *Die Stadt hinter dem Strom*, Langgässers *Das unaus-
löschliche Siegel*, George Saikos *Auf dem Floß*, Hartlaubs Satire *Im
Sperrkreis* oder *Der gestohlene Mond* von Ernst Barlach. Besonders
beachtet sei in diesem Zusammenhang Hans Henny Jahnns *Fluß ohne
Ufer*, ein geradezu klassisches Paradigma des Magischen Realismus.
Man hat diesen Roman häufig der Nachkriegs- oder auch Exilliteratur
zugeschlagen. Aber er gehört von seiner Entstehungszeit und der vermittelten Grundstimmung her viel organischer in den Kontext der innerdeutschen 1930er Jahre. Daß er nicht bereits damals erschienen ist,
lag an manchen Absonderlichkeiten der politisch belasteten Verlags-
situation jener Tage. Immerhin waren noch vor Kriegsende im Leipziger Payne-Verlag die beiden ersten Teile der Trilogie (*Das Holzschiff*
und *Die Niederschrift des Gustav Anias Horn*) in einer Auflage von
6.000 Exemplaren gedruckt, bis auf den ersten Bogen, an dem Jahnn
noch Änderungen vornehmen wollte.[79] Eine Vorausveröffentlichung
des *Holzschiffs*, das 1936 beendet und in Kürschners Literaturkalender
bereits 1937 als erschienen gemeldet war, lag durchaus im Bereich des
Möglichen. Sie scheiterte jedoch an zum Teil kontraktwidrigen Be-
denklichkeiten von Suhrkamp und Goverts, die sich ähnlich wie Ver-
lage in Frankreich, Dänemark oder der Schweiz nicht zu einer Drucklegung durchringen konnten. Das Propagandaministerium, das ab
1940 sogar die Devisen für eine Vorauszahlung bewilligte, stand einer
Publikation jedenfalls nicht im Wege.[80]

Gerade dieser erste Teil der Trilogie fasziniert durch eine Fabel, die
Zeitenthoben-Existentielles und Mythisches mit literarisch verdichteten
Gegenwartsbezügen verschränkt. Ein Mensch verschwindet spurlos,
unterdrückte Leidenschaften werden gewaltsam entfesselt, die ganze
Atmosphäre ist von Untertanenzwang, geheimer Mission und quasi
polizeistaatlicher Überwachung gekennzeichnet, zu der auch ein zentraler Abhör- und Türverschluß- bzw. -öffnungsmechanismus gehört.
Auch Kasacks *Stadt hinter dem Strom* ist vom Einfall und der Atmosphäre her jener ersten Entstehungszeit verhaftet, in der sich die Idee
einer Totenstadt dem Autor wohl geradezu aufdrängte.[81] Solche Asso-

---

79 Thomas Freeman, *Hans Henny Jahnn. Eine Biographie*, Hamburg 1986,
   S. 448.
80 Ebd. S. 436, 440.
81 Die Keimzelle des Werks liegt vor in einem kurzen Text, den er unter dem
   Titel *Der Totentraum* veröffentlicht hat (in: *Die Neue Rundschau*, Jg. 53,
   1942, H. 2, S. 100 f).

ziationen finden sich selbst in Nossacks *Untergang*, wodurch der faktengesättigte Katastrophenbericht aus dem bombardierten Hamburg eine mythisch-existentialistische Dimension erhält.

Wenn dieser Epochentyp bzw. seine Ausgestaltung als unverkennbare Literaturleistung im ›Dritten Reich‹ bislang kaum wahrgenommen wurde, liegt dies vor allem an zwei Gründen. Der respektable literaturwissenschaftliche betrifft definitorische Bedenken angesichts eines recht uneinheitlichen Begriffsgebrauchs. So warnt etwa Michael Scheffel, der Terminus *Magischer Realismus* sei nicht »inhaltsleer«, aber »inoperabel im Sinne eines klassifikatorischen Instruments«.[82] Scheffel selbst arbeitet eine Reihe wichtiger Merkmale heraus,[83] die allerdings nur einem sehr engen Begriffstypus entsprechen. Daß er dabei ausgerechnet Kafka aus diesem Zusammenhang eliminiert, neben Ernst Jünger und Alfred Kubin einer der wichtigsten Anreger,[84] scheint mir allzu skrupulös und letztlich nicht überzeugend. Denn das für ihn entscheidende Kriterium einer Gegensätzlichkeit von undurchschaubar frag-

---

82 Scheffel, *Magischer Realismus*, a.a.O. (Anm. 20), S. 110.

83 Ebd., S. 111.

84 Eine intensive Kafka-Lektüre von Hartlaub (*Felix Hartlaub in seinen Briefen*, hrsg. von Erna Krauss / Gustav Friedrich Hartlaub, Tübingen 1958, S. 270), Jahnn (Freeman, *Hans Henny Jahnn*, a.a.O. [Anm. 79], S. 464), Lange (*Tagebücher aus dem Zweiten Weltkrieg*, hrsg. von Hans Dieter Schäfer, Tübingen 1958, S. 201; Eintrag vom 16. Februar 1945: ablehnend, aber gleichwohl beeinflußt) oder Ernst Jünger ist bezeugt. Letzterer sah eine Art Schule östlicher Autoren, gebildet durch Barlach, Kafka, Kubin, Trakl und Lange: »Diese östlichen Schilderer des Verfalles sind tiefer als die westlichen; sie dringen über dessen soziale Erscheinung in elementare Zusammenhänge und bis zu apokalyptischen Visionen vor. So ist Trakl in den dunklen Geheimnissen der Verwesung, Kubin in Staub- und Moderwelten und Kafka in traumhaften Dämonenreichen erfahren wie Lange in den Sümpfen, in denen die Kräfte des Unterganges am stärksten leben, ja, in denen Fruchtbarkeit von ihnen entfaltet wird« (Ernst Jünger, *Strahlungen*, Tübingen 1949, S. 457, Eintrag vom 21. Dezember 1943). Kubin illustrierte übrigens Langes *Irrlicht*, und Ernst Jünger galt spätestens mit der zweiten Fassung von *Das abenteuerliche Herz* als stilistisches Vorbild. Für Friedo Lampe z.B. war es noch 1944 das »beste erzählende Prosabuch unserer Zeit«, an dem er sich selbst orientiere (Brief an Eugen Claassen vom 15. März 1944, in: Claassen, *In Büchern denken*, a.a.O. [Anm. 69], S. 278), und Alexander Lernet-Holenia nannte die Hauptperson seines *Mars im Widder* nach einer Figur aus Jüngers *Der Hippotamus* im Sammelband *Das abenteuerliche Herz*.

mentarisierter bzw. letztlich sinnhaft harmonisierter Welt[85] ist nur
eins unter vielen, und von »Harmonisierung« gar einer Welt durch Einbettung des Einzelnen in größere Zusammenhänge oder Gesetzmäßig-
keiten kann ohnehin kaum dort gesprochen werden, wo sich die hinter
allem verborgene zweite Wirklichkeit oft als bedrohlich und weitgehend unbegreifbar erweist. Doris Kirchners Beobachtung am Beispiel
weniger Autoren läßt sich verallgemeinern: den Magischen Realisten
geht es nur selten um »Wiederherstellung einer Ordnung, einer Idylle
oder einer heilen Welt«. Genaueres Lesen macht vielmehr Dekadentes
und Korrumpiertes sichtbar, »enthüllt gestörte Ordnungen«.[86] Selbst
Jüngers frühe Programmschrift *Sizilianischer Brief an den Mann im*

85 Scheffel, *Magischer Realismus*, a.a.O. (Anm. 20), S. 172: »Auch die hier
    bei Kafka erzählte Welt ist durch die formalen Merkmale ›homogen‹, ›im
    Ansatz realistisch‹, ›stabil‹ und ›innerhalb des realistischen Systems durch-
    gehend gebrochen‹ gekennzeichnet. Dennoch besteht, neben einer ganzen
    Reihe von weniger wichtigen Differenzen, ein *grundlegender* Unterschied
    zu dem, was in dieser Arbeit als die erzählte Welt eines ›magischen Realis-
    mus‹ vorgestellt wurde: der von Stefan de Winter bei Kafka richtig beob-
    achteten ›*Einsamkeit des Daseins* inmitten der nüchternen Dinge einer
    feindlichen Welt‹ steht dort unvermittelt der in Erzähler- und Figurenrede
    vielfach behauptete, im Figurenerlebnis zuweilen empfundene und in der
    geschlossenen Erzählform direkt ins Werk gesetzte ›unaufhebbare Zusam-
    menhang‹ alles Seienden, verbunden mit der Vorstellung eines ›hohen
    Sinns‹ gegenüber. Die Fragmentarisierung der gegenständlichen Welt auf
    der einen und ihre Harmonisierung in einem letzten unsichtbaren Grund
    auf der anderen Seite, *beides* ist, ganz anders als bei Kafka, in der erzählten
    Welt des ›magischen Realismus‹ zu einem paradoxen Ganzen verschmol-
    zen.«
86 Kirchner, *Doppelbödige Wirklichkeit*, a.a.O. (Anm. 20), S. 147 f. Vgl. Mi-
    chael Scheffels exemplarische Analyse eines Lange-Textes. Er spricht dabei
    von »geheimnisvollen Chiffren, die im einzelnen nicht zu entziffern sind
    und die zusammengenommen nichts als das Bestehen eines ebenso düsteren
    wie rätselhaften letzten Grundes der Wirklichkeit verkünden. Nicht ein auf
    nachvollziehbare Weise psychologisch begründeter Charakter in einer Si-
    tuation der konkreten Gefahr für Leib und Leben steht also im Mittelpunkt
    des Erzählens, und es wird auch nicht ein – zumindest für den Leser –
    eindeutig auflösbares Tableau gestellt. Vielmehr wird in erster Linie eine
    seltsame Störung des Verhältnisses zwischen dem Menschen und seiner all-
    täglichen Wirklichkeit bildhaft zum Ausdruck gebracht. Und daß diese
    Wirklichkeit überhaupt zu einem – in diesem Fall – als quälend empfun-
    denen Rätsel werden kann, deutet auf eine grundsätzliche Störung hin«
    (*Magischer Realismus*, a.a.O. [Anm.20], S. 92).

Mond (1930) setzt zwar »zögernd« auf einen Sinn, der »in das große Werk einzuschießen beginnt, an dem wir alle schaffen«,[87] aber sein scharfer stereoskopischer Blick stößt immerhin an die Grenze zum Nichts.[88] Nehmen wir z.B. Erzählungen wie Ernst Jüngers *Der Oberförster* oder *Der schwarze Ritter*, so kann von einem Kontrast zu Kafka im erwähnten Sinn keine Rede sein. Auch hier haben wir eine labyrinthische Welt, die keine harmonisierende Lösung zuläßt. Wenn es jedoch etwas Höheres, die unverstandenen Realitätspartikel Verbindendes gibt, so eher in negativer Hinsicht als letztlich lähmender Eindruck eines über allem lastenden bedrohlichen Zusammenhangs. Und das wiederum erinnert unschwer an Romane wie *Der Prozeß* oder *Das Schloß*.

Überhaupt tun wir gut daran, den epochalen Idealtyp »Magischer Realismus« möglichst weit zu fassen und erwartbare individuelle Abweichungen einzukalkulieren. Eine Zugehörigkeit zum Typus ist keineswegs an die Erfüllung sämtlicher Kriterien gebunden, sondern ergibt sich bereits aus gewissen Schnittmengen innerhalb eines Bedeutungsrahmens. Zu den wichtigsten Merkmalen gehört allerdings die Grundüberzeugung einer zweiten Realität hinter derjenigen der aktuellen Gegenstandswelt, eines höheren Zusammenhangs, Gesetzes oder Sinns, der jedoch in aller Regel verborgen bleibt. Darauf aufbauend nannte Doris Kirchner als »Essenz des Magischen Realismus, die Wirklichkeit als äußerst ambivalent und doppelbödig, als sich dem Zugriff entziehend und ominös zu empfinden«.[89] Es geht dabei weniger um ein Ge-

---

87 Zit. nach: Jünger, *Werke*, Bd. 7, a.a.O. (Anm. 51), S. 23 (dort geänderter Titel: *Sizilischer Brief an den Mann im Mond*).

88 Ebd., S. 14: »Wer vom Zweifel geschmeckt hat, dem ist bestimmt, nicht diesseits, sondern jenseits der Grenzen der Klarheit nach dem Wunderbaren auf Suche zu gehen. Wer einmal zweifelte, der muß tüchtiger zweifeln, wenn er nicht verzweifeln will. Ob jemand im Unendlichen eine Zahl oder ein Zeichen zu erblicken vermag – diese Frage ist der einzige und letzte Prüfstein, an dem sich die Art eines Geistes beantwortet. [...] Jedenfalls – war es nicht eine Überraschung zu erfahren, daß sich hinter dem Mann im Monde ein Licht- und Schattenspiel von Ebenen, Gebirgen, ausgetrockneten Meeren und erloschenen Ringkratern versteckt? Es kommt mir hier der sonderbare Verdacht Sswidrigailows in den Sinn – der Verdacht, daß die Ewigkeit nur eine kahle, weißgetünchte Kammer ist, deren Winkel von schwarzen Spinnen bevölkert sind. Man wird da hineingeführt, und das ist nun die ganze Ewigkeit. / Ja, aber warum denn nicht? Was kümmert denn den Atmenden die Luft? Was kümmert *den* das Jenseits, für den es nichts gibt, was nicht auch jenseitig ist?«

89 Kirchner, *Doppelbödige Wirklichkeit*, a.a.O. (Anm. 20), S. 147.

heimnisvolles um seiner selbst willen. Keine phantastische, märchen-
hafte oder schauerromantische Welt wird vor uns ausgebreitet, keine
bloß poetische Beseelung des Prosaischen, und auch wo Träume eine
wichtige Rolle spielen, haben sie häufig etwas tiefenpsychologisch Fun-
diertes. Man merkt schließlich, daß die Autoren bereits einer Spätzeit
angehören und somit auf naturalistische oder neusachliche Vorgänger
zurückblicken können, auch wo sie sich bewußt von ihnen absetzen
bzw. über sie hinausgehen. Wenn dabei bestimmte Modernismen abgelehnt werden, geschieht dies allerdings nicht aus einer fundamentalisti-
schen Gegenposition, sondern eher aus einer Haltung, die an neuen
Mischungsverhältnissen interessiert ist. So hieß es bereits im vielzitier-
ten Vorspruch der *Kolonne*:

> Niemand will einer literarischen Mode das Wort reden, die sich
> mitten in der Stadt ländlich gebärdet und nicht genug von einer
> Rückkehr zum Geheimnis sprechen kann. Überhaupt ist es an der
> Zeit, jene Art von Kritik und Literatur aufzugeben, die […] nie fähig
> ist, die eigene Stellung festzulegen, ohne eine zweite abzulehnen. […]
> Wer nur einmal in der Zeitlupe sich entfaltende Blumen sehen durfte,
> wird hinfort unterlassen, Wunder und Sachlichkeit deutlich gegen-
> einander abzugrenzen.[90]

Und bei Ernst Jünger können wir lesen:

> Es gibt eine Zeit, in der man sich seiner Räusche schämt, und es gibt
> eine andere, da man sie wieder anerkennt. So möchte man auch den
> Verstandesrausch in seiner äußersten Maßlosigkeit nicht missen,
> weil in jeden der Triumphe des Lebens ein Absolutes eingeschlossen,
> weil die Aufklärung tiefer als Aufklärung – weil auch in ihr ein Funke
> des ewigen Lichtes und ein Schatten der ewigen Finsternis verborgen
> ist.[91]

Verworfen wird hingegen ein ausschließlich nüchterner Funktionalis-
mus, wie ihn so mancher neusachlicher Zukunftsentwurf enthält, des
weiteren – ähnlich wie bei Kafka übrigens – jener stilistische Über-
schwang, der zahlreichen Expressionisten eigen war. Wo das tägliche

---

90 Vorspruch, Dez. 1929, in: Kaes (Hrsg.), *Weimarer Republik*, a.a.O.
   (Anm. 69), S. 674.
91 Jünger, *Werke*, Bd. 7, a.a.O. (Anm. 51), S. 13. Vgl. Lehmanns Urteil: »Nur
   dem trägen Gefühl bedeuten ›poetisch‹ und ›sachlich‹ Gegensätze« (*Entstehung eines Gedichts* [1943], in: Wilhelm Lehmann, *Sämtliche Werke in
   drei Bänden*, Bd. 3, Gütersloh 1962, S. 125).

Chaos nicht zuletzt durch strenge Form gebannt werden sollte, blieb für derartige Experimente weniger Raum. Kennzeichnend für die meisten Texte ist auch eine Neigung zum Mythos sowie eine »stoffliche Entzeitlichung«,[92] »typologische Erzählweise« bzw. »topographische Verfremdung«.[93] Solche »Allgemeinheit und Impräzision« des Rahmens[94] geht dabei Hand in Hand mit auffallend sachlichem Detailrealismus. Zu den stofflichen und atmosphärischen Charakteristika gehören meist auch intensive Eindrücke des Bedrängenden, Unheimlichen und Morbiden (teils in Kontrast zu idyllischen Rückzugsräumen) und entsprechende Topoi.[95] Die Haltungen der Zentralfigur in ihrer weitgehenden Verlorenheit im Undurchschaubaren unterscheiden sich deutlich von denjenigen willensbestimmter NS-Heroen bzw. der ihrer Aufgabe bewußten Helden der Kampfliteratur des Exils.

Die zweite Ursache einer mangelnden germanistischen Reputation dieser Stilrichtung hängt mit falschen Erwartungen zusammen, die sich explizit oder implizit an kämpferischen Formen der Exilliteratur oder derjenigen Weimars ausrichten. Wenn irgendwo, so zeigt sich gerade am Beispiel des Magischen Realismus die Unergiebigkeit solcher gängigen Literaturbetrachtung. Sie erweist sich als völlige Unfähigkeit, die Besonderheit eines Zeitstils zu erfassen und ihr wertungsmäßig gerecht zu werden. Bereits Franz Schonauer z.B. interpretierte das Typologische der Szenerie ausschließlich als Flucht bzw. Ausweichen vor einer präzisen Gegenwartsbetrachtung.[96] Ein konstitutives Element dieser Stilrichtung wird somit lediglich als Folge des Zwangs zur verdeckten Schreibweise mißverstanden, nicht aber, was sie im wesentlichen auch war, als bewußte poetologische Entscheidung für die überzeitlich-existentielle Weltsicht. In solcher Deutungstradition steht exemplarisch auch die Studie von Astrid Lipp mit dem bezeichnenden Titel *Die Verschwommenheit und Unverbindlichkeit der Aussage des nichtfaschistischen deutschen Romans der dreißiger Jahre unter besonderer Berücksichtigung von Wolfgang Koeppens ›Die Mauer schwankt‹, Hans Carossas ›Geheimnisse des reifen Lebens‹ und Ernst Wiecherts ›Das einfache Leben‹.*[97] Die Arbeit hat gewiß ihre Verdienste, aber sie kennzeichnet – und darin liegt Repräsentatives – jene »unliterarische«

---

92 Kirchner, *Doppelbödige Wirklichkeit*, a.a.O. (Anm. 20), S. 147.
93 Schäfer, *Das gespaltene Bewußtsein*, a.a.O. (Anm. 22), S. 31 bzw. 34.
94 Scheffel, *Magischer Realismus*, a.a.O. (Anm. 20), S. 111.
95 Vgl. Anm. 104 ff.
96 Schonauer, *Deutsche Literatur im Dritten Reich*, a.a.O. (Anm. 13), S. 152.
97 Astrid Lipp, Phil. Dissertation, Univ. of Connecticut, 1979.

Politperspektive, gemäß der Texte im ›Dritten Reich‹ offenbar vor allem als defizitäre, von den Richtlinien des Regimes bestimmte Literatur wahrgenommen werden. Man mißt sie, auch wo dies nicht immer ausgesprochen wird, beständig an Paradigmen wie etwa Feuchtwangers *Die Geschwister Oppermann*, Brechts *Furcht und Elend des Dritten Reiches* oder Alfred Kerrs *Die Diktatur des Hausknechts* und diagnostiziert dann naturgemäß lediglich Ansätze getarnter Oppositionsliteratur, die man günstigstenfalls entschuldigt, weil das Regime eben nicht mehr zuließ. Daß aber z.B. Geno Hartlaub (*Die Entführung*), Ilse Molzahn (*Der schwarze Storch*) oder Egon Vietta (*Barcarole*) ohne Zensurdrohung wohl keinen Deut anders geschrieben hätten – und dies sogar zu Recht, weil gerade die Anspielungstechniken so viele reizvolle Subtilitäten gestatten –, bleibt außer Betrachtung.

Indem wir die Autorintentionen fast völlig unberücksichtigt lassen und die besonderen poetologischen Zeittrends ausklammern, verbauen wir uns jegliche Chance einer angemessenen Würdigung der literarischen Leistung einer ganzen Autorengruppe bzw. -generation. Wir registrieren penibel, welche Themen ausgespart wurden oder was noch hätte stärker bzw. unzweideutiger hervorgehoben werden müssen, ohne zu erwägen, ob manche Indirektheit nicht zugleich ein Mehr an künstlerischer Substanz birgt. Jede (bewußte) Dunkelheit wird als raunende Unklarheit, jeder Ansatz zu überzeitlichen Modellen als Politik- und Gegenwartsflucht denunziert. Es handelt sich also um ständige Definitionen aus einem Mangel heraus. Unberücksichtigt bleibt dabei, daß viele Autoren ja gerade von der bloßen Tatsachenebene der Reportage oder der agitatorischen Zeitprosa wegkommen wollten, auch weil ihnen (nicht immer zum Nachteil der Texte) die Selbstgewißheit von Propagandisten fehlte, die häufig im Marsch in die Ideologien und durch lärmende Richtungskommandos eigene Desorientierungen überspielten.

Magischer Realismus läßt sich somit auch als genuin literarische Antwort auf die zunehmenden Totalitarismen der Zeit verstehen, und das darin enthaltene, bereits in Weimar begonnene Plädoyer für ein bißchen mehr Abstand zur Aktualität und Tagespolitik war gewiß nicht in erster Linie Realitätsflucht angesichts der Krise. Wuchs doch allenthalben um 1930 das Bewußtsein für die (auch ästhetisch) gefährliche Nähe zur alltäglichen journalistischen respektive parteipropagandistischen Tätigkeit. Und wie just in dem Moment, als die Photographie entscheidende Fortschritte machte, der Naturalismus oder verwandte Darstellungsweisen an Attraktivität verloren, so galt dies jetzt für die literarische Aktualitätsdarstellung, wo nicht wenige Autoren

binnen kürzester Frist zu Leitartiklern, Lautsprechern oder Agitprop-
sängern geworden waren. Irgendwie entsprach der neusachliche Zeitstil, obwohl er zweifellos durch Autoren wie Feuchtwanger, Fallada,
Thieß, Brecht, Kästner, Reger, Keun, Kesten, Fleißer oder Remarque
wahrlich bedeutende Repräsentanten aufweisen konnte, auf Dauer
nicht mehr den neuesten Innovationsansprüchen. Spätestens die zahlreichen Mit- und Nachläufer vom Ullstein-Konzern bis zur *Linkskurve*
provozierten bzw. legitimierten eine Fronde gegen die Oberflächenrea-
lität und eine Alltagswelt, die wohl auch ohne politische Anstöße von
außen erfolgt wäre. Man suchte wiederum Anbindung an Überzeitlich-
Gültiges, an nicht zugleich Entschleiertes, an eine – wenn auch agnosti-
sche – Transzendenz. Von solchem poetologischen Selbstverständnis
her wären die Texte zunächst einmal zu bewerten, auch die ab 1933
geschriebenen, von einem Trend also, der nach Hans Dieter Schäfers
berechtigter Feststellung sogar im Exil nicht grundsätzlich anders verlief.[98] Und Schäfer verdient selbst dort Beachtung, wo er die Kernaus-
sage in bezug auf die innerdeutsche Literatur überspitzt:

> Die Neigung zum Gleichnis, das Retuschieren des Empirisch-Fakti-
> schen sowie die von Franz Schonauer beobachtete »merkwürdige
> Ortslosigkeit und Desorientiertheit« wurden zwar durch die Zensur
> verstärkt, aber nicht ausgelöst. Es war ein Irrtum, die nichtnational-
> sozialistische Erzählprosa als Literatur der verdeckten Schreibweise
> zu interpretieren. Ernst Jünger ging es in den *Marmorklippen* (1939)
> nicht um eine in Spiegelschrift abgefaßte Abrechnung mit dem Drit-
> ten Reich, sondern vielmehr um die Allegorie eines Lebensgefühls.
> Die Gewohnheit damaliger Leser, in allem nur eine Anspielung auf
> die politischen Zustände zu sehen, hat diese Absicht oftmals ver-
> fälscht.[99]

An diesem Urteil ist vieles bedenkenswert, denn es führt nicht weiter,
alle im ›Dritten Reich‹ geschriebene Literatur sofort auf Gegenwarts-
ereignisse zu beziehen. Die Texte haben schließlich zunächst einmal
eine eigene Idee, Form oder Handlung, die nur in seltenen Fällen zentral auf eine Abrechnung mit dem ›Dritten Reich‹ zusteuert. Die Tendenz, in allem und jedem kritische Anspielungen zu entdecken, geht
daher ebenso fehl wie die Weigerung, verdeckte Schreibweisen nur in
Ausnahmefällen zu registrieren. Dennoch schießt Schäfers Urteil, das

---

98 Schäfer, *Das gespaltene Bewußtsein*, a.a.O. (Anm. 22), S. 76 f., vgl. 72 f.
99 Ebd., S. 35.

in dieser Rigorosität kein Sowohl als Auch zuläßt, weit übers Ziel hinaus, zumal es ausgerechnet an den *Marmorklippen* exemplifiziert wurde. Zwar scheinen sogar einige Selbstäußerungen Jüngers Schäfer zu bestätigen, doch wer sich darauf bezieht, ignoriert meist die Motive, die seinen Kommentaren zugrunde liegen: Aversion gegen nichtfundiertes Widerstandsgerede ebenso wie die Befürchtung, daß der weitgehende Kunstanspruch seines Werkes durch die Einstufung als Schlüsselroman gefährdet werde.[100] Thomas Mann hat z.B. ähnlich reagiert, als seine *Buddenbrooks* mit dem Elaborat Leutnant Bilses verglichen wurden, doch bei Jünger kam noch ein weiteres Moment hinzu, das die Poetik jener Richtung unmittelbar verdeutlicht. Hatte er doch in den *Marmorklippen* unter Inkaufnahme bewußter Anachronismen alles versucht, um dem epochentypischen poetischen Ideal überzeitlicher und überörtlicher Gültigkeit nahezukommen. Indem nun aber fast ausschließlich der spezifische Bezug zum ›Dritten Reich‹ die Diskussion beherrschte, mußte ihm diese Wirkung als Verfehlung seiner künstlerischen Ansprüche erscheinen. Und in der Tat: Die aus unmittelbarer Zeiterfahrung geschriebenen und darauf anspielenden Passagen sind sogar so massiv, daß der weitgehende Anspruch, ein überzeitliches Sozialmodell geschaffen zu haben, partiell gefährdet wird.[101]

Dies gilt für die meisten seiner Schriftstellerkollegen in geringerem Maße. Aber selbst wo, wie meist, die Gegenwartsbezüge nur Nebenhandlungen betreffen, erweist sich gleichwohl, daß die erzählten Welten des Magischen Realismus zur kritischen Spiegelung aktueller Realität durchaus in der Lage sind. Dies geschieht (eher en passant) durch zahlreiche Episoden, die Parallelen zum ›Dritten Reich‹ ermöglichen,[102] durch vergleichbare Problemkonstellationen oder durch vielfache Evokation einer bedrohlichen Atmosphäre dumpfer Ängste und verborgener Schuld.[103] In diesem Sinne wirken auch spezifische Erzähltopoi,

100 Vgl. Günter Scholdt, »*Gescheitert an den Marmorklippen*«. *Zur Kritik an Ernst Jüngers Widerstandsroman*, in: *Zeitschrift für deutsche Philologie*, Jg. 98, 1979, H. 4, S. 543-577.

101 Am Beispiel des Attentats oder der spekulativen Elemente über Nigromontan kommt es – je nachdem, ob wir die mythische oder die aktuelle Ebene im Auge haben – zu Beeinträchtigungen der jeweiligen Wirkung.

102 Stellvertretend sei auf Romane wie Marie Luise Kaschnitz' *Elissa* oder Hans Henny Jahnns *Das Holzschiff* verwiesen.

103 Stellvertretend seien genannt: Horst Langes *Schwarze Weide*, Elisabeth Langgässers *Der Gang durch das Ried* oder Alexander Lernet-Holenias *Mars im Widder* mit der berühmten Krebsallegorie.

darunter etwa der verlorene Posten,[104] das Labyrinth,[105] die insulare Wunschexistenz zwischen den Mächten,[106] Außenseiter und Sonderling in Opposition zur Masse,[107] die läuternde aber zugleich magischdämonische Natur in ihrer bedrohlich-sumpfigen Atmosphäre,[108] Geheimnis, Opfer und Geheimbund,[109] der Kontrast zur Antike oder despotische Muster.[110]

Mit dem Hinweis auf solche subversiven Eigenschaften scheint nun endlich die gängige Beurteilungspraxis bestätigt, wonach das Oppositionspotential der Texte als entscheidendes Wertungskriterium gilt. Durchaus nicht. Widerspruch gegen Unmenschlichkeit stellt zwar fraglos eine besondere Textqualität dar – ich erwarte sogar, daß die literarischen Spielräume bei entsprechenden Themen extensiv genutzt werden –, doch die alles dominierende, ausschlaggebende ist sie für mich nicht. Das Recht, sich auch anderen Stoffen zuzuwenden oder diese in den Mittelpunkt zu stellen, darf keinem Autor bestritten werden, und die Forderung, daß sich alle ernstzunehmende Literatur im ›Dritten Reich‹ nur mit diesem zu beschäftigen habe, daß (offene) Kritik oder Schweigen die einzige Alternative darstelle, hat selbst etwas Totalitäres.[111] In der Germanistik der letzten dreißig Jahre wird leider häufig so getan, als hätte sich die Literatur 1933 sozusagen auf ein humani-

---

104 Ernst Jünger, *Historia in Nuce: Der verlorene Posten*, in: Jünger, *Werke*, Bd. 7, a.a.O. (Anm. 51), S. 267-270; Hans Carossa, *Geheimnisse des reifen Lebens*; Ernst Wiechert, *Das einfache Leben*; Wolfgang Koeppen, *Die Mauer schwankt*; Paul Gurk, *Berlin*.

105 Wofgang Koeppen, *Die Mauer schwankt*; Hans Henny Jahnn, *Das Holzschiff*; Hermann Kasacks *Die Stadt hinter dem Strom*.

106 Ernst Wiechert, *Das einfache Leben*; Ernst Jünger, *Auf den Marmorklippen*.

107 Ilse Molzahn, *Der schwarze Storch*; Carl Rudolf Bertsch, *Das Gerücht*; Paul Gurk, *Berlin*.

108 Horst Lange, *Schwarze Weide*; Elisabeth Langgässer, *Der Gang durch das Ried*.

109 Hans Georg Brenner, *Fahrt über den See*; Rudolf Krämer-Badoni, *Jacobs Jahr*; Carl Rudolf Bertsch *Das Gerücht*; Joachim Maass, *Das Testament*.

110 Ernst Jünger, *Der Oberförster* und *Auf den Marmorklippen*; Marie Luise Kaschnitz, *Elissa*.

111 Marion Gräfin Dönhoff, zit. nach Denk, *Die Zensur der Nachgeborenen*, a.a.O. (Anm. 14), S. 447: »Mich mutet die Forderung, niemand dürfe in einem totalitär regierten Land dichten, filmen, malen, musizieren, weil dies eine Legitimierung des Systems bedeuten könnte, merkwürdig dogmatisch an. Ich glaube, eine solche Forderung ist selbst totalitär.«

täres Kommando hin jeglicher Themenvielfalt entledigen müssen zugunsten einer einzig verbliebenen legitimen Aufgabe: der antifaschistischen Agitation. Alle übrigen Gestaltungen des menschlichen Kosmos
hingegen – Alter und Jugend, Liebe und Tod, Freundschaft, Einsamkeit, Krankheit, Gottsuche und Glaubensverlust, Vorbilder, Träume
und poetische Visionen, Fernweh, individuelle wie historische Sinn-
suche, Landleben und Großstadtschock, Traditionsbruch und Werte-
verfall, Armut, Naturerlebnis, das Unbewußte, Phantastische, Absurde
als Erfahrung, Trost im Humor, und noch manches mehr gelten heuti-
gem Urteil offenbar häufig als Randthemen, als belanglose Literaturge-
plänkel von Gegenwartsflüchtlingen.

Hinzu kommt, daß innerdeutsche Literaturprodukte und solche des
Exils, Auslands oder der Nachkriegszeit stets mit zweierlei Maß gemessen werden. Wir erleben die tägliche Praxis, daß etwa ein *Henri IV* von
Heinrich Mann Elogen erfährt, während Bergengruens *Am Himmel
wie auf Erden* häufig despektierlich behandelt wird, wo doch beide zu
vergleichbaren Darstellungstechniken greifen. Andere in Deutschland
erschienene historische Romane, wie z.B. Olaf Sailes *Kepler*, Marianne
Langewiesches *Die Ballade der Judith van Loo* oder Arnold Ulitz' *Der
Gaukler von London* sind selbst Spezialisten kaum ein Begriff, obwohl
auch sie eine Fülle durchaus kritischer aktueller Anspielungen enthalten. Ein Verdun-Roman von Arnold Zweig gilt als Kunstwerk, einer
von Edgar Maass wird kaum je erwähnt. An Thieß' *Tsushima* interessieren denn auch nicht – anders als etwa bei Plivier – bemerkenswerte
Fähigkeiten dokumentarischer Stoffbewältigung, sondern fast ausschließlich Ansatzpunkte für (zugegeben: berechtigte) ideologiekritische Monita. Und selbst ein so innovativer Romancier wie Rudolf
Brunngraber hat bei bundesrepublikanischen Literarhistorikern, ähnlich wie etwa Paul Gurk offenbar, kaum Kredit. Auch Hans Fallada
(*Wer einmal aus dem Blechnapf frißt*, *Wolf unter Wölfen*) oder Gerhart
Hauptmann (*Das Meerwunder*, *Der Schuß im Park*) spielen in Denklers Literaturbilanz ebensowenig eine Rolle wie etwa Otto Flake. Oskar
Maria Grafs *Anton Sittinger* gilt als scharfsinnige Sozialanalyse; ein
wahrlich nicht weniger zupackender Roman wie Arnold Kriegers *Das
Blut der Lysa Gora* blieb der Germanistik offenbar völlig unbekannt.
Vegesacks *Baltische Tragödie*, jener beeindruckende belletristische Ab-
gesang auf eine untergehende Kultur, fristet, verglichen etwa mit Joseph Roths *Radetzkymarsch*, literarhistorisch nur ein Mauerblüm-
chendasein. Reinhold Schneider wird zwar gelegentlich *Las Casas*
wegen positiv erwähnt, doch ästhetisch eher marginalisiert. Undenkbar, daß er auch nur ansatzweise jene Anerkennung fände, die für reli-

giöse Autoren wie Claudel, Bernanos oder Green selbstverständlich ist. Flug- oder Seefahrergeschichten sind offenbar nur kanonwürdig, wenn sie von Melville, Conrad oder Saint-Exupéry stammen. Hans Leip, Ernst Schnabel oder Bernhard Kellermann kommen dagegen literaturgeschichtlich praktisch nicht vor. Die heute meinungsführende Germanistengeneration, in der Nachkriegszeit durch Hemingway, London oder Steinbeck ›wiedererzogen‹, kann mit Autoren wie Werner Helwig, Hans Reiser, Heinz Kükelhaus oder Günther Weisenborn (*Die Furie*) anscheinend wenig anfangen. (Vagabundierendes) Abenteurertum, Jagen und Fischen wie die Sehnsucht nach elementarer Naturbegegnung zählt offenbar nur, wenn sie durch Amerikaner oder Amerikahäuser vermittelt wurde. Man feierte Bölls *Irisches Tagebuch*, doch wenn sich Helwig ins *Dickicht des Pelion* zurückzog, bleibt dafür bestenfalls eine Fußnote.

Der Bannstrahl des Eskapismusvorwurfs liegt ohnehin über dem Gros der im ›Dritten Reich‹ verlegten Werke, denen, vereinfacht gesagt, ständig Politik statt Literatur abverlangt wird, so als interessierten an Thomas Manns Josephs-Romanen nur die Schlüsselpassagen über Roosevelts »New Deal«. Ein Kritiker, der Kafkas Hauptwerke, falls diese in Deutschland erstmals zehn Jahre später erschienen wären,[112] wegen ihrer unpolitisch zeitlosen Abstraktheit tadelte, gälte wohl zu Recht als Banause. Ähnliche Urteile sind jedoch weithin salonfähig, heißen die Autoren Kasack, Kreuder, Lange oder Ernst Jünger. Denn man hat sich angewöhnt, innerdeutsche Literaturzeugnisse stets negativ zu definieren: als Schrifttum, das *keine* Kampfliteratur war, *nicht* im Exil verfaßt wurde, Aktualität bzw. Dissens *nicht* direkt artikulierte, *keinen* avantgardistischen Formentrends anhing, kurz: *nicht* dem heutigen Zeitgeist entspricht. Und wir haben offenbar vollkommen die Sensibilität dafür verloren, daß Literatur (und damit auch Literatur im ›Dritten Reich‹) auch etwas anderes sein könnte als politische Stellungnahme.

Verzichten wir aber endlich einmal auf dieses blickverengende Vorverständnis, das jegliche Suche nach anspruchsvollen Büchern im ›Dritten Reich‹ extrem behindert, geschieht Verblüffendes. Eine weite und vielgestaltige Literaturlandschaft tut sich vor uns auf, wo bislang Dutzende von Germanisten im Bann ihrer Vorurteile nur die Tabula rasa einer Kulturwüste wahrgenommen hatten. Zahlreiche Autoren und Werke zeigen sich unseren Blicken, die mittlerweile fast völlig dem Be-

---

112 Das Gedankenspiel ist nicht einmal so abwegig, denn ab 1933 erschien im Schocken-Verlag eine Werkausgabe Kafkas.

wußtsein entglitten. Ich nenne in Ergänzung zu Denklers Literaturbi-
lanz und den zahlreichen von mir bereits erwähnten Texten nur wenige
Namen und Titel wie z.B. Emil Belzner (*Kolumbus vor der Landung,
Ich bin der König*), Karl Friedrich Boree (*Quartier an der Mosel*), An-
ton Betzner (*Basalt*), Rudolf Brunngraber (*Radium, Opiumkrieg* und
Zucker aus Cuba), Paul Gurk (*Tresoreinbruch*), Fritz Habeck (*Der
Scholar vom linken Galgen*), Norbert Jacques (*Afrikanisches Tage-
buch, Leidenschaft*), Bernhard Kellermann (*Jang-tsze-Kiang*), Heinz
Kükelhaus (*Thomas der Perlenfischer, Weihnachtsbäume für Buffalo*),
Marianne Langewiesche (*Königin der Meere*), Hans Leip (*Die Ber-
gung, Brandung hinter Tahiti, Das Muschelhorn*), Ernst Penzoldt (*Kor-
poral Mombour*), Gerhard Pohl (*Die Brüder Wagemann*), Hans Reiser
(*Shiri Kaipi vom Amazonas, Der neue Binscham*), Edzard Schaper (*Die
Insel Tütarsaar, Der Henker*), Ernst Schnabel (*Nachtwind*), August
Scholtis (*Baba und ihre Kinder, Das Eisenwerk*), Peter Stühlen (*Aus
den schwarzen Wäldern, Eltern und Kinder, Das Erbe*), Siegfried von
Vegesack (*Der Spitzpudeldachs, Das Kritzelbuch*), Georg von der
Vring (*Der Goldhelm oder das Vermächtnis von Grandcoeur*), Erwin
Wickert (*Fata Morgana über den Straßen*) oder Autoren der kleineren
Form wie Sigismund von Radecki, Hans Erich Blaich, Peter Bamm
bzw. fruchtbare Essayisten und Satiriker wie Walter Bauer, Dolf Sternberger, Gerhard Nebel, Rudolf Pechel, Gustav René Hocke, Martin
Kessel oder die Brüder Jünger. Hinzu kämen damals geschriebene Texte, die erst nach dem Kriege veröffentlicht wurden, von Barlach und
Kasack über Jahnn und Hartlaub bis Benn, von Andres' Anfangsbän-
den der »Sintflut«-Trilogie bis Hockes *Der tanzende Gott*, darunter
zahlreiche Tagebücher,[113] die ohnehin zu den stärksten Literaturleistungen im Reich zählen und den retrospektiven Spott über angeblich
leere Schubladen der Inneren Emigranten als tendenziöse Ahnungslosigkeit demaskieren.

Dies sind erste Einblicke ausschließlich in *einer* Großgattung,[114]
stellvertretende Nennungen für viele andere, auf die ich hier aus Raum-
gründen verzichte oder die bislang noch gar nicht richtig entdeckt wur-

---

113 Exemplarisch: Emil Barth, Gerhard Nebel, Ernst Jünger, Theodor Haek-
    ker. Vgl. dazu Lothar Blum, *Das Tagebuch zum Dritten Reich*, Bonn
    1991.
114 Gerade im Bereich der Lyrik sind noch bedeutende Werke zu registrieren
    von Autoren wie Gottfried Benn, Oskar Loerke, Günter Eich, Wilhelm
    Lehmann, Peter Huchel, Gertrud Kolmar, Georg von der Vring, Karl Kro-
    low, Johannes Bobrowski und vielen anderen.

den. Schließlich steckt eine ernstzunehmende Erforschung dieser Epoche noch in den Kinderschuhen. Bis sie in der Lage sein wird, ihrem
Gegenstand wirklich gerecht zu werden, dürften noch Jahrzehnte ins
Land gehen. Wer also Pessimist ist, mag befürchten, daß sich das Mei-
nungsbild inzwischen flächendeckend und irreversibel etabliert hat und
der drohende physische Verfall zahlreicher Bibliotheksbestände bald
den geistigen Bibliocid komplettieren dürfte. Ein aufklärerischer Opti-
mist hingegen setzt seine Hoffnung auf eine Reihe inzwischen bereits
zögernd in Gang gekommener ästhetischer Revisionsprozesse, an deren
Ende doch etwas mehr zu erwarten steht als jener dürftige Freispruch
zweiter Klasse.

Michaela Krützen

»Gruppe 1: Positiv«

Carl Zuckmayers Beurteilungen der Filmstars Hans Albers und Heinz Rühmann

In seinem Dossier für das Office of Strategic Services (OSS) nennt Carl Zuckmayer über einhundert im nationalsozialistischen Deutschland verbliebene Künstler, die er in vier Gruppen einteilt: Eine faßt er zusammen als »Nazis, Anschmeißer, Nutznießer, Kreaturen« (S. 15), die nächste enthält »Indifferente, Undurchsichtige, Verschwommene, Fragliche (S. 16)«, die dritte »Sonderfälle«, die er nicht ohne weiteres einzuordnen vermag (ebd.). Schließlich gibt es noch diejenigen, die »vom Nazi-Einfluss unberührt, widerstrebend, zuverlässig« sein sollen (S. 15). Zu diesen Widerstrebenden zählt der Dramatiker auch zwei der bekanntesten Filmstars des ›Dritten Reichs‹: Hans Albers und Heinz Rühmann. Für Zuckmayer gehören diese beiden Männer eindeutig in die »Gruppe 1: Positiv«.

Zuckmayer läßt es nicht bei der bloßen Einordnung der beiden Schauspieler in diese Gruppe bewenden. Er schreibt über Albers und Rühmann zwei Gutachten von genau gleicher Länge, von je 28 Zeilen. Diese zweimal 28 Zeilen sind Gegenstand der folgenden Überlegungen. Ihre Lektüre wirft eine Reihe von Fragen auf: Aus welchen Gründen ordnet Zuckmayer die beiden Stars in die »Gruppe 1: Positiv« ein? Worauf basiert sein Urteil? Stimmt sein Bericht mit den als gesichert geltenden Fakten überein? Darüber hinaus ist zu diskutieren, inwieweit das Gutachten eine Quelle für die heutige Theater- und Filmwissenschaft sein kann. Welchen Erkenntnisgewinn verspricht die Lektüre von Zuckmayers Dossier?

1. *Zwei Bekanntschaften: Die Grundlage der Beurteilungen*

In der Einleitung zu seinem Report betont Zuckmayer, daß seine Bewertungen auf verbrieftem Wissen basieren (ebd.). Aus diesem Grund bezieht er sich in seinem Bericht nur auf die Jahre vor seiner Emigration. Äußerungen, die der Zeit nach 1939 gelten, macht er als Mutmaßungen kenntlich: Im Fall Albers notiert er vorsichtig: »in Deutschland scheint sein Stern im Sinken« (S. 48). Aktuelle Informationen über

Rühmann werden als »nicht verbürgt« oder »dem Verf. nicht bekannt«
gekennzeichnet (S. 46). Grundsätzlich hält sich Zuckmayer also in
seinem Report an die in der Einleitung geäußerte Absichtserklärung.
Doch auf welcher Materialbasis beruht seine Einschätzung? Wie gut
kannte er Albers und Rühmann?

1.1 Zuckmayer und Albers

Zuckmayers Vorsatz entsprechend beginnt sein Text über Albers mit
dem expliziten Hinweis auf »Persönliche Erfahrungen des Verfassers«
(S. 47). Tatsächlich kannte er den Schauspieler schon seit über einem
Jahrzehnt.[1] Albers stellte den Sergeanten Quirt in Zuckmayers Bearbeitung des Theaterstücks *Rivalen* dar, dessen vielbeachtete Premiere
1929 in Berlin am Theater in der Königgrätzer Straße stattfand. Diesen
Part, eine Hauptrolle, übernahm er auch 1934 in der Neuinszenierung
des Stücks im Theater am Admiralspalast. Darüber hinaus spielte
Albers die Nebenrolle des Artisten Mazeppa in dem Film *Der Blaue
Engel* (1930), an dessen Drehbuch Zuckmayer mitarbeitete.[2]
    Beide Produktionen waren ausgesprochen erfolgreich, galten Zuck-
mayer rückblickend aber dennoch nur als »Handwerksarbeiten, Fingerübungen, Etüden«.[3] Aus Sicht des Dramatikers leuchtet diese Einschätzung ein, da es sich für ihn letztlich »nur« um Bearbeitungen fremder
Stoffe handelte. Sicherlich ist Zuckmayers Verhältnis zu denjenigen
Darstellern, die bei den Premieren seiner eigenen Stücke auftraten,
enger gewesen. So geht er in seinen Memoiren ausführlich auf die Leistung von Albert Bassermann als Zirkusdirektor Knie und Werner
Krauß als Schuster Voigt ein.[4] Albers' Leistung als Mazeppa oder als
Sergeant Quirt werden an keiner Stelle thematisiert. Als Schauspieler
ist Albers für Zuckmayer offenbar ohne Bedeutung geblieben. Dieser
Einschätzung entsprechend, gab es vor Niederschrift des Dossiers nur
noch eine weitere berufliche Schnittstelle zwischen Albers und Zuckmayer: Der Dramatiker verfaßte 1934 im Auftrag der Ufa ein Drehbuch mit dem Titel *Kean*, das für Albers gedacht war, aber bezeichnen-

---

1 Vgl. *Zuckmayer-Jahrbuch*, Bd. 2, 1998, S. 238.
2 Vgl. Luise Dirscherl / Gunther Nickel, *Der blaue Engel. Die Drehbuchentwürfe*, St. Ingbert 2000 (*Zuckmayer-Schriften*, Bd. 4).
3 Carl Zuckmayer, *Als wär's ein Stück von mir. Horen der Freundschaft*,
   Frankfurt am Main 1997, S. 512.
4 Ebd., S. 509 f.; 515-517.

derweise nicht verfilmt wurde.⁵ Daß es im Rahmen dieses Vorhabens
zu einer Zusammenkunft von Zuckmayer und Albers kam, ist wenig
wahrscheinlich. Faßt man alle beruflichen Berührungspunkte zusammen, so muß der professionelle Kontakt zwischen dem Beurteilenden
und dem Beurteilten als marginal eingestuft werden.

Wie sah es jedoch mit ihrem privaten Verhältnis aus? Zuckmayer
notiert in seinem Bericht, er könne für die Zeit von 1935 bis 1938 über
Albers Auskunft geben. Somit ist eindeutig, daß er selber die nur bis
1934 andauernden beruflichen Kontakte für unwesentlich hält. Welche
Qualität seine private Bekanntschaft mit dem Schauspieler in den drei
genannten Jahren hatte, läßt sich heute kaum noch rekonstruieren. Es
gibt allerdings einige Anhaltspunkte: Hans-Christoph Blumenberg bezeichnet die beiden Männer in seiner Albers-Biographie als Freunde,
bleibt jedoch einen Beleg für diese enge Beziehung schuldig.⁶ Für seine
These spricht, daß Albers in den dreißiger Jahren zumindest einmal
Gast im Zuckmayerschen Haushalt gewesen sein muß. Ein Zeitzeuge
erinnert sich:

> Emil Jannings und Hans Albers mußte ich einmal in der Zuckmayer-
> schen Stube meine Rolle [aus einer Inszenierung von Alice Zuck-
> mayer] vortragen. Daraufhin hat Albers uns fünf Buben Autogramme
> gegeben und zu einer Kutschfahrt durch Salzburg eingeladen. Das
> war eine besondere Ehre für uns, Albers die Stadt zeigen zu dürfen.⁷

Gegen die von Blumenberg konstatierte Freundschaft spricht aber, daß
sie in keiner anderen Lebensbeschreibung des Schauspielers erwähnt

---

5 Vgl. Horst Claus, *Zuckmayers Arbeiten für den Film in London 1934 bis
   1939*, in: *Zuckmayer-Jahrbuch*, Bd. 4, 2001, S. 361; vgl. auch Joachim
   Cadenbach, *Hans Albers*, Frankfurt am Main; Berlin; Wien, 1983, S. 118.
   Das Drehbuch wird in den Akten des Ufa-Vorstands auch unter dem Titel
   Genie und Leidenschaft geführt. Ein anderer Titel lautet *Kean auf der
   Schmiere*. Vgl. Ufa-Vorstandssitzung Nr. 1035 (19. Oktober 1934) Bundesarchiv Koblenz R 109I/1029c; Ufa-Vorstandssitzung Nr. 1046 (7. Dezember 1934) Bundesarchiv Koblenz R 109I/1029c.
6 Hans-Christoph Blumenberg, *In meinem Herzen Schatz ... Die Lebensreise
   des Schauspielers und Sängers Hans Albers*, Frankfurt am Main 1991,
   S. 89.
7 Christian Strasser, *Carl Zuckmayer. Deutsche Künstler im Salzburger Exil
   1933-1938*, Wien, Köln, Weimar 1996, S. 48 f.

wird.[8] Sogar in einem explizit mit Albers' privaten Beziehungen befaßten Text taucht Zuckmayers Name nicht auf.[9] Gegen eine engere Verbindung spricht außerdem, daß Zuckmayer den Star in seinen Memoiren nur einmal in einer Aufzählung nennt:

> Das Kinderstück [*Kakadu-Kakada*] wurde wochenlang von Berliner
> Schulklassen bejubelt, das amerikanische Kriegsstück kam unter
> dem Titel »Rivalen« heraus und verführte die Bühnen-Rivalen Kort-
> ner und Albers zu einem theaterhistorisch gewordenen Faustkampf
> hinter der Szene, der »Blaue Engel« […] zeigte Jannings auf seiner
> schauspielerischen Höhe und machte Marlene Dietrich, durch Josef
> von Sternbergs Regie, zum Weltstar.[10]

Zuckmayer spielt in dieser Passage auf den Konkurrenzkampf zwischen Hans Albers und Fritz Kortner an, der seinen Ausdruck in all-
abendlichen Schlägereien auf der Bühne fand: Albers hat die im Stück
vorgesehenen Hiebe nicht bloß markiert; er soll seinen Kollegen regelrecht verprügelt haben.[11] Die Faustkämpfe zwischen den beiden Kontrahenten waren 1929 Tagesgespräch in Berlin, »so daß die *BZ am
Mittag* Boxberichte über die beiden Rivalen brachte«.[12] Zuckmayer
bezieht sich demzufolge auf einen allgemein bekannten Theaterskan-
dal. Die Notiz läßt also keinesfalls auf intime Kenntnisse oder eine
engere Beziehung zu Albers schließen.

Die Memoiren belegen eher das Gegenteil: Genauere Berichte über
Zuckmayers Verhältnis zu dem Darsteller oder Anekdoten über Albers

---

8 Cadenbach, *Hans Albers*, a.a.O. (Anm. 15); Uwe Jens Schumann, *Hans
    Albers: Seine Filme – sein Leben*, München 1980; vgl. auch Michaela Krüt-
    zen, *Hans Albers. Eine deutsche Karriere*, Berlin, Weinheim 1995.
9 Otto Tötter (Hrsg.), *Hans Albers: Hoppla, jetzt komm' ich!*, o.O. 1986,
    S. 133-147.
10 Zuckmayer, *Als wär's ein Stück von mir*, a.a.O. (Anm. 3), S. 512.
11 Vgl. Manfred Barthel, *So war es wirklich. Der deutsche Nachkriegsfilm*,
    München 1986, S. 181; Knuth Weidlich (Hrsg.), *Der blonde Hans. Mosa-
    iksteine eines Lebens*, aufgespürt und zusammengestellt von Thilo Lang,
    Hamburg 1992, S. 37; *Berliner Börsen Courier* vom 21. März 1929; zit.
    nach: Herbert Ihering, *Theater in Aktion: Kritiken aus drei Jahrzehnten
    1913-1933*, Berlin (DDR) 1986, S. 354.
12 Fritz Kortner, *Aller Tage Abend. Autobiographie*, München, S. 314 f.; vgl.
    Kurt Reinhold, *Der Konflikt der »Rivalen«*, o.O., 2. Januar 1930 (nicht
    gekennzeichneter Zeitungsausschnitt: Ausschnittsammlung der Theater-
    wissenschaftlichen Sammlung, Universität zu Köln).

fehlen; dabei werden gerade diese Anekdoten in einer Vielzahl von Autobiographien seiner Zeitgenossen verarbeitet. Dankbarer Gegenstand sind immer wieder Albers' Trinkgelage, seine Textunsicherheit und seine Eitelkeit.[13] Auch sein Kollege Rühmann greift in seiner Autobiographie auf dieses Repertoire von Albers-Anekdoten zurück: Auf fünf mit Albers befaßten Seiten berichtet er unter anderem, wie sein »in natura« nahezu kahler Kollege das blonde Toupet bei einem Kopfsprung ins Wasser verlor.[14] Daß Zuckmayer Geschichten dieser Art ausspart, obwohl er mit Albers befreundet war, ist unwahrscheinlich. Schließlich bringt er in seinen Erinnerungen eine Vielzahl von Anekdoten und schreibt ausführlich über Menschen, die ihm nahestanden. Nicht ohne Grund lautet der Untertitel seines Buches *Horen der Freundschaft*.

13 In folgenden Autobiographien wird Albers in mindestens einer Anekdote erwähnt: Artur Brauner, *Mich gibt's nur einmal. Rückblende eines Lebens*, München, Berlin 1976; Géza von Cziffra, *Das Beste aus meiner Witze- und Anekdotensammlung vom Film*, München 1977; Géza von Cziffra, *Es war eine rauschende Ballnacht. Eine Sittengeschichte des deutschen Films*, Frankfurt am Main, Berlin 1987; Lil Dagover, *Ich war die Dame. Autobiographie*, München 1979; Berta Drews: *Wohin des Wegs? Erinnerungen*, München, Wien 1986; Axel Eggebrecht, *Der halbe Weg: Zwischenbilanz einer Epoche*, Reinbek 1975; Rudolf Fernau, *Als Lied begann's. Lebenstagebuch eines Schauspielers*, München 1975; Rudolf Forster, *Das Spiel – mein Leben*, Berlin 1967; Gustav Fröhlich, *Waren das Zeiten. Mein Film-Heldenleben*, München, Berlin 1983; Johannes Heesters, *Es kommt auf die Sekunde an. Erinnerungen an ein Leben im Frack*, München 1978; Fritz Hippler, *Die Verstrickung. Einstellungen und Rückblenden von Fritz Hippler, ehemaliger Reichsfilmintendant unter Joseph Goebbels*, Düsseldorf 1981; Paul Hörbiger, *Ich hab' für Euch gespielt. Erinnerungen. Aufgezeichnet von Georg Markus*, München, Berlin 1979; Hildegard Knef, *Der geschenkte Gaul. Bericht aus einem Leben*, Wien, München, Zürich 1970; Kortner, *Aller Tage Abend*, a.a.O. (Anm. 2); Robert Siodmak, *Zwischen Berlin und Hollywood. Erinnerungen eines großen Filmregisseurs*, München 1980; Hans Söhnker, *... und kein Tag zuviel*, Hamburg 1974; Georg Thomalla, *In aller Herzlichkeit. Erinnerungen*, aufgezeichnet von Peter M. Thouet, München, Wien 1988; Olga Tschechowa, *Meine Uhren gehen anders*, München, Berlin 1973; Ilse Werner, *So wird's nie wieder sein ... – Ein Leben mit Pfiff*, Bayreuth 1981.
14 Heinz Rühmann, *Das war's. Erinnerungen*, Berlin, Frankfurt am Main, Wien 1982, S. 195-197.

1.2. Zuckmayers Freunde

In seinen Memoiren erwähnt Zuckmayer über 60 Schauspieler und
Schauspielerinnen. Bei Durchsicht der erwähnten Namen wird allerdings deutlich, daß er dem Medium Theater näher stand als dem Medium Film: Zuckmayer konzentriert sich in seinen Erinnerungen auf
Max Pallenberg, Albert Bassermann, Fritz Kortner, Käthe Dorsch, sowie Emil Jannings und Werner Krauß, wobei die beiden letztgenannten
eine Sonderstellung einnehmen. Krauß widmet Zuckmayer in seinen
Erinnerungen dreizehn Seiten. Das ist nicht der einzige Hinweis auf
dessen Ausnahmestatus: Zuckmayer bezeichnet Krauß ausdrücklich
als »den größten Schauspieler aller Zeiten«.[15]

Auf diesen Punkt geht Zuckmayer auch ausführlich in seinem Dossier über den Schauspieler ein (S. 146-152). Er schwelgt regelrecht in
Anekdoten, die er dann Jahre später in der Autobiographie wiederver-
wendet. Eine derartige Fülle von detailreich erzählten Erinnerungen
findet sich auch in seinem Dossier über Jannings; sie ist ein erster we-
sentlicher Unterschied zu dem Gutachten über Albers. Dabei ist festzuhalten, daß Zuckmayer nicht nur positive Seiten hervorhebt: Jannings
habe »eine Menge pathologisch-nervöser Züge (krankhaftes Misstrauen,
Verfolgungswahn, masochistische Eifersucht, hypochondrische Leiden,
Angst vorm Verhungern wenn sein Jahreseinkommen einmal weniger
als eine halbe Million beträgt)« (S. 138). Der Dramatiker erklärt, daß
der Schauspieler das Regime aus Eitelkeit und aus »Geldgier« unter-
stütze (S. 139). Doch selbst diese Erklärungen können nicht darüber
hinwegtäuschen, daß die Beurteilung einem Freund gilt. Dies verschleiert Zuckmayer keineswegs: »wenn er verfolgt würde, würde ich ihn
wenn irgend möglich verstecken« (S. 136). Er erklärt ausführlich, wie
nahe er Krauß und Jannings steht. Jannings' Charakteristik beginnt mit
einem regelrechten Bekenntnis: »Ich muss vorausschicken, dass ich in
diesem Fall Partei bin. Ich liebe die alte Sau« (ebd.).

Diese Liebeserklärung macht den zweiten Unterschied zu dem mit
Albers befaßten Text offenkundig, der keine derartigen Gefühlsausbrü-
che enthält. Gerade der Vergleich mit Krauß und Jannings verdeutlicht,
daß Zuckmayers Formulierung »persönliche Erfahrungen« nicht als
Freundschaft mißverstanden werden dürfen. Die Beziehung des Thea-
termannes zu dem Filmstar ist wohl auf eine Bekanntschaft beschränkt
geblieben. Dies gilt auch für Zuckmayers Verhältnis zu Heinz Rühmann.

---

15 Zuckmayer, *Als wär's ein Stück von mir*, a.a.O. (Anm. 3), S. 51.

1.3. Zuckmayer und Rühmann

Heinz Rühmann ist in keinem Stück von Zuckmayer aufgetreten und hat vor dessen Emigration auch in keinem Film mitgespielt, der auf einem seiner Drehbücher beruht. Dennoch gab es schon vor 1939 einen professionellen Kontakt zwischen dem Dramatiker und dem Schauspieler: Im August 1923 wurde Rühmann als »Naturbursche, Bonvivant« und »jugendlicher Komiker« an das Schauspielhaus in München engagiert, das damals von Hermine Körner geleitet wurde.[16] Zur gleichen Zeit nahm Zuckmayer seine Arbeit an diesem Theater auf – er war kurz zuvor von den Städtischen Bühnen Kiel entlassen worden.[17] In München fungierte der 27jährige nach eigenen Angaben als »›zweiter Dramaturg‹ ohne genau umschriebene Funktionen«.[18]

Im Herbst arbeitete Zuckmayer zum Beispiel als Regieassistent bei einer Inszenierung von *Maria Stuart*; Hermine Körner persönlich übernahm die Regie und die Rolle der Elisabeth. Der 21jährige Rühmann wurde in diesem Stück mit einer Nebenrolle betraut. Zuckmayer berichtet in seinen Memoiren begeistert von der Probenarbeit; seine Assistenz bestand demnach nicht nur auf dem Papier, und so kann als gesichert gelten, daß er mit Rühmann Kontakt hatte. Dieser Kontakt blieb jedoch auf wenige Wochen beschränkt; der Dramatiker verließ das Haus schon Ende des Jahres, da er ein Angebot vom Deutschen Theater in Berlin erhielt. Als Rühmann im Frühjahr 1927 an genau dieses Haus engagiert wird, hat Zuckmayer sich bereits aus dem aktiven Theaterbetrieb zurückziehen können. Der Erfolg von *Der fröhliche Weinberg*, dessen Uraufführung im Dezember 1925 stattfand, ermöglichte es ihm, sich auf seine Arbeit als freier Schriftsteller zu konzentrieren. Die Zusammenarbeit zwischen Rühmann und Zuckmayer blieb vor dessen Emigration also auf wenige Monate, wenn nicht nur Wochen, in München beschränkt.

Wie intensiv wird die Beziehung in dieser kurzen Zeit gewesen sein? Obschon Zuckmayer nach eigener Aussage in München mit vielen Theaterschauspielern befreundet war, gehörten Rühmann und seine

---

16 Hans Hellmut Kirst / Mathias Forster, *Das große Heinz Rühmann Buch*, Grünwald 1990, S. 52; vgl. auch Hans Hellmut Kirst, *Heinz Rühmann. Ein biographischer Report*, München 1969; Rühmann, *Das war's*, a.a.O. (Anm. 14), S. 58-64.

17 Vgl. Gunther Nickel, *»Geht ihr denn hin und schwängert eure Weiber«. Zur Wiederentdeckung von Carl Zuckmayers Komödie »Der Eunuch«*, in: *Jahrbuch zur Literatur der Weimarer Republik*, Bd. 3, 1997, S. 101-123.

18 Zuckmayer, *Als wär's ein Stück von mir*, a.a.O. (Anm. 3), S. 436.

frisch angetraute Ehefrau Maria Bernheim, die unter dem Künstler-
namen Herbot ebenfalls auf der Bühne des *Schauspielhauses München*
auftrat, wohl nicht dazu.[19] Anfang der dreißiger Jahre werden sich die
beiden Männer gelegentlich in Berlin begegnet sein – etwa beim jähr-
lichen Presseball, einem gesellschaftlichen Großereignis, zu dem auch
der Erfolgsautor Zuckmayer ging.[20] Außerdem hatten sie einen gemeinsamen Freund, den Flieger Ernst Udet, den Zuckmayer seit 1917
und Rühmann seit 1932 kannte.[21] Dennoch scheint es kaum direkten
Kontakt zwischen Zuckmayer und Rühmann gegeben haben; zumindest erwähnen sie sich gegenseitig nicht in ihren Memoiren.[22] Das
heißt: In der Zeit vor seiner Emigration hat Zuckmayer Rühmann und
seine damalige Frau zwar persönlich gekannt, wie auch das Dossier
vermerkt: »(nach dem persönlichen Eindruck des Verf.)« (S. 45). Er
war aber wohl nicht mit ihnen befreundet. Für diese Einschätzung
spricht auch, daß er sich im Dossier äußerst abfällig über Maria Bernheim äußert (ebd.).

Zusammenfassend läßt sich demnach festhalten, daß Zuckmayer die
beiden Reports nicht über ihm nahestehende Personen schrieb. Sein
Urteil über Albers und Rühmann dürfte nicht – wie etwa im Falle Werner Krauß und Emil Jannings – von Freundschaft oder gar von Bewunderung beeinflußt gewesen sein. Daß er gerade über diese beiden
Schauspieler schreibt, ist nicht in seinem besonderen Verhältnis zu
ihnen, sondern vorrangig in ihrer Prominenz begründet. Albers und
Rühmann werden in das Dossier aufgenommen, weil sie Stars des
›Dritten Reichs‹ sind. Für die Beurteilung von Zuckmayers Text ist daher aus heutiger Sicht von Bedeutung, über welchen Karriereabschnitt
der beiden Schauspieler ein Urteil abgegeben wird.

2. Zwei Karrieren: Von der Charge zum Star

Im Karriereverlauf von Albers und Rühmann gibt es eine Gemeinsamkeit: Trotz eines mehr als zehnjährigen Altersunterschieds erlebten sie
ihre ersten Theatererfolge nahezu zeitgleich, nämlich Ende der zwanzi-

---

19 Vgl. ebd., S. 436-439.
20 Vgl. ebd., S. 530 f.
21 Ebd., S. 290; Kirst/Forster, *Das große Heinz Rühmann Buch*, a.a.O.
   (Anm. 16), S. 84-87.
22 Rühmann nennt Zuckmayers Namen zwar im Kontext der Verfilmung von
   Der Hauptmann von Köpenick, beläßt es aber auch bei der bloßen Nennung. Rühmann, *Das war's*, a.a.O. (Anm. 14), S. 184 f.

ger Jahre. Albers – Jahrgang 1891 – fand nach Jahren des Mißerfolgs erste Anerkennung im Revuetheater, erlebte 1928 einen regelrechten Karriereschub: Dieser begann mit seinem Auftritt in Ferdinand Bruckners Schauspiel *Verbrecher*, in dem er den Kellner Tunichtgut darstellte. Rühmann notiert in seinen Memoiren: »Ganz Berlin kam zur Premiere, ganz Berlin stand Kopf.«[23] Auf die vielbeachtete Nebenrolle folgten zwei Hauptrollen: Albers brillierte 1929 in dem schon erwähnten Stück *Rivalen* und 1931 in Karl Heinz Martins Inszenierung von *Liliom*. Im Januar 1931 faßt Herbert Ihering die Erfolgsgeschichte Albers' in einer begeisterten Kritik zusammen:

> Die Wirkung von Albers ist aus allen Teilen gemischt. Er könnte ebenso aus einem Groschenroman wie aus einem Roman von Döblin stammen. Aus dem Groschenroman ist das treue Auge, das er ins Parkett wirft, und das breite Lachen, wenn er sich verbeugt. Aus einer Dichtung von Döblin könnten diese greifenden Gesten, diese ausladenden Gebärden, diese Phantastik seiner Bewegungen sein. Hans Albers: ebenso von Vicki Baum wie von Bert Brecht. Hans Albers: ebenso ein männlicher Henny Porten wie ein Mackie Messer. Ebenso der ewige Komödiant wie der moderne Schauspieler. In seinen glücklichsten Momenten (auch im »Liliom«) wendet er sich an alle, an das breite Publikum, an die verwöhnten Literaten. Das ist das Geheimnis seines Erfolges.[24]

Albers wurde erst fast vierzigjährig bekannt; Rühmann gelang dies schon vor seinem dreißigsten Geburtstag. In München hatte er sich bereits einen Namen gemacht, als er 1927 erstmals am Deutschen Theater in Berlin in *Lockvögel* auftrat.

> Wie hoch sein »Kurswert« damals – 1928/29 – bereits war, läßt sich aus einem »Arrangement für den Schlußbeifall« erkennen. Das war eine Rangordnung innerhalb eines Theaterstücks, die von der Direktion, nach zumeist sorgfältiger Überlegung, bestimmt und dann auch eingehend geprobt wurde. So etwa hieß es bei den »Lustigen Weibern von Windsor« [...]: Der abschließende Beifall wird gemeinsam von Frau Wüst und den Herrn Krauß und Rühmann entgegengenommen.[25]

23 Rühmann, *Das war's*, a.a.O. (Anm. 14), S. 195.

24 *Berliner Börsen Courier* vom 8. Januar 1931. zit. nach: Ihering, *Theater in Aktion*, a.a.O. (Anm. 11), S. 480.

25 Kirst/Forster, *Das große Heinz Rühmann Buch*, a.a.O. (Anm. 16), S. 66; vgl. Rühmann, *Das war's*, a.a.O. (Anm. 14), S. 109-111.

Albers und Rühmann waren demzufolge Ende der zwanziger Jahre erfolgreiche Theaterschauspieler; sie gehörten zur Berliner Prominenz.
Zu nationalen Stars, die in einem Bericht an das OSS nicht fehlen dürfen, wurden sie jedoch in einem anderen Medium: Beide erlebten ihren
Durchbruch mit der Durchsetzung des Tonfilms. 1929 drehte Albers
den Film *Die Nacht gehört uns*, einen der ersten deutschen *talkies*. Sein
Kollege Willy Fritsch erinnert sich:

> Die Premiere von *Die Nacht gehört uns* wurde ein enormer Erfolg –
> vor allem durch Hans Albers, der bis dahin nur relativ kleine Rollen
> gespielt hatte. Albers [...] sprach keine Zwischentitel, sondern er
> quatschte so, wie ihm die Schnauze gewachsen war. Wo wir noch
> steif waren, war er schon einfach, schnoddrig, zynisch, menschlich;
> von einer Stunde zur anderen war Hans Albers ein Star geworden.[26]

Kurz darauf, im September 1930, wird Heinz Rühmann in *Die Drei
von der Tankstelle* entdeckt. Diese Komödie ist der mit Abstand erfolgreichste Film der Saison 30/31.[27] Rühmann reduziert seine Theaterarbeit nach dem Erfolg schlagartig: Spielte er zwischen 1926 und 1929
noch in durchschnittlich 13 Inszenierungen pro Jahr mit, so sind es
1931 gerade mal drei. Rühmann verlegt sich – genau zeitgleich mit
Albers – auf den Film. Er muß sich allerdings – anders als Albers – noch
einige Jahre mit Nebenrollen begnügen, bevor er Mitte der dreißiger
Jahre zum Filmstar wird. Ein Indiz für diesen neuen Status ist, daß
Rühmann 1936 bei der Terra seine eigene Produktionsgruppe erhält.
Zwischen 1937 und 1938 dreht er die Erfolgsfilme *Der Mustergatte*,
Fünf Millionen suchen einen Erben oder *Nanu, Sie kennen Korff noch
nicht*. 1938 führt er sogar Regie bei einer seiner Komödien. Er ist in der
Tat – wie Zuckmayer schreibt – ein »sehr beliebte[r] Komiker« (S. 44).
    Auch Albers steuert Ende der dreißiger Jahre auf den Höhepunkt
seiner Karriere zu. Zuckmayer irrt, wenn er vermutet: »in Deutschland
scheint sein Stern im Sinken, er spielt jetzt schon im Film den Mann,
der das Mädchen nicht kriegt sondern sich an seinem Sohne freut«
(S. 48). Genau das Gegenteil war der Fall. Während Zuckmayer sein

---

26 Willy Fritsch, ... *das kommt nicht wieder: Erinnerungen eines Filmschau-
    spielers*, Zürich, Stuttgart 1963, S. 104; vgl. Cadenbach, *Hans Albers*, a.a.O.
    (Anm. 15), S. 68; Cziffra, *Das Beste aus meiner Witze- und Anekdoten-
    sammlung*, a.a.O. (Anm. 13), S. 161.
27 Joseph Garncarz, *Populäres Kino in Deutschland: Internationalisierung
    einer Filmkultur 1925-1990*, Köln 1996, S. 228 (unveröff. Habilitations-
    schrift).

Dossier verfaßt, bereitet Albers gerade seinen nächsten Farbfilm vor: *Große Freiheit Nr. 7* (1944). Zeitgleich läuft in deutschen Kinos Albers' erster Farbfilm: *Münchhausen* (1943), die prestigeträchtige Jubiläumsproduktion der *Ufa* und der bis dahin teuerste deutsche Tonfilm überhaupt. In diesem Film ist der Lügenbaron nach Einnahme eines Zaubertranks unsterblich; die erste Sequenz zeigt, daß sich ein junges Mädchen in ihn verliebt hat. Der Stern des Stars sank demzufolge keinesfalls; er leuchtete vielmehr heller als je zuvor.

Zuckmayer schreibt also über zwei unangefochtene Stars des ›Dritten Reichs‹, über zwei Kassenmagneten und Spitzenverdiener.[28] Er schreibt über zwei Staatsschauspieler, die die Drehbücher zu ihren Filmen nicht nur aussuchen, sondern an ihnen mitschreiben dürfen.[29] Interessanterweise standen Albers und Rühmann in dem von Zuckmayer beschriebenen Zeitraum auch zwei Mal gemeinsam vor der Kamera: 1932 in *Bomben auf Monte Carlo* und 1937 in *Der Mann, der Sherlock Holmes war*. An diesen beiden Filmen läßt sich verdeutlichen, wie unterschiedlich das Rollenprofil der beiden Stars gewesen ist.

3. Zwei Rollenprofile: Der »Draufgänger« und der »kleine Mann«

In *Bomben auf Monte Carlo* versucht der kleine Peter seinen deutlich größeren Freund Kapitän Craddock von der Bombardierung eines Spielcasinos abzuhalten. Craddock will sich um jeden Preis sein verlorenes Geld mit Waffengewalt zurückholen; Peter sorgt sich um die Konsequenzen. Genauso ängstlich wie Peter ist Watson in *Der Mann, der Sherlock Holmes war*. Er will Holmes davon abbringen, einen Expresszug anzuhalten; doch der läßt sich nicht beirren. Watson befürchtet im Unterschied zu seinem überlegenen Freund immer eine Katastrophe: »Ich hätte bestimmt geträumt, daß es schief geht, wenn Du mich heut' Nacht hättest schlafen lassen.« Holmes badet kalt, Watson heiß. Holmes kommandiert Frauen herum, während Watson sie nur verlegen anlächelt. Holmes ist stets mutig und siegesgewiß, Watson ängstlich und bescheiden.

---

28 Vgl. Kirst/Forster, *Das große Heinz Rühmann Buch*, a.a.O. (Anm. 16), S. 69-71 und 104; Steuererklärungen Albers – Deutsches Institut für Filmkunde (*im folgenden*: DIF) Nachlaß Albers; Bundesarchiv Koblenz R 55/123, 21; Gerd Albrecht, *Nationalsozialistische Filmpolitik: Eine soziologische Untersuchung über die Spielfilme des Dritten Reiches*, Stuttgart 1969, S. 408.

29 Bundesarchiv Koblenz R 109I/392.

Diese Opposition läßt sich verallgemeinern: Rühmann stellt in der Regel schüchterne Männer dar. Seine Figuren sind »unterwürfig, bieder, überkorrekt, anständig, beflissen, treuherzig«,[30] haben aber auch eine verschmitzte und lausbübische Seite.[31] Er spielt den »kindlich trotzigen oder pfiffigen kleinen Mann, der sich durch nichts unterkriegen läßt«[32], der »sich mit Cleverness und manchmal Frechheit durchsetzt«.[33] Das Ziel seiner Figuren ist – zumindest in dieser Phase seiner Arbeit – die Anerkennung durch Familie und Vorgesetzte:

> Ein Sieg über die Honoratioren würde weder ihn noch sein Publikum erfreuen, vielmehr ist der Sieg erreicht, wenn die Honoratioren ihm die Hände schütteln, wenn er [...] als einer der ihren anerkannt wird.[34]

Ganz anders ist das Rollenprofil von Albers: Er ist *Der Greifer* (1930), *Der Draufgänger* (1931), *Der Sieger* (1932). In *F.P.1 antwortet nicht* (1932) spielte er einen furchtlosen Flieger, in *Gold* (1934) einen ebenso unerschrockenen Forscher. Einen mutigen Polizisten stellte er in *Sergeant Berry* (1938) dar und einen tollkühnen Ingenieur in *Wasser für Canitoga* (1939). Schon sein erster Biograph faßt 1930 treffend zusammen: Albers ist in seinen Filmen »letzten Endes immer wieder der Draufgänger, der unbekümmerte Mann, der das, was er will, auch erreicht. Der Schlager *Hoppla, jetzt komm' ich* könnte vielleicht als Leitmotiv vor jeder Albers-Biographie stehen.«[35] Dazu gehört auch, daß Albers' Figuren Frauen im Sturm »erobern«. Die von ihm verkörperten Abenteurer sind – dem Liedtext entsprechend – angriffslustig, lebensfroh und großspurig:

30 Stephen Lowry, *Der kleine Mann als Star. Zum Image von Heinz Rühmann*, in: Thomas Koebner (Hrsg.), *Idole des deutschen Films*, München 1997, S. 272.

31 Ebd., S. 274 f.

32 Peter Zimmermann, *Kleiner Mann, was nun? Der Komiker Hans Albers im Obrigkeitsstaat*, in: Thomas Koebner (Hrsg.), *Idole des deutschen Films*, München 1997, S. 284.

33 Stephen Lowry, *Heinz Rühmann – der kleine Mann*, in: Stephen Lowry / Helmut Korte, *Der Filmstar*, Stuttgart, Weimar 2000, S. 35.

34 Helma Sanders, *Ein kleiner Mann: Anmerkungen zu einem Publikumsliebling*, in: *Jahrbuch Film 82/83*, hrsg. von Hans Günther Pflaum, München, S. 53.

35 Aros (d.i. Alfred Rosenthal), *Hans Albers. Wie er ist und wie er wurde*, Berlin 1930, S. [36].

Heut muß ein Mann seinen Mann stehen, wenn er was will und was
kann.
Heut' darfst du hinten nicht anstehen, sonst kommst du morgen
nicht ran.
Zeig, daß du auch auf der Welt bist – nur immer ran an den Speck.
Wenn dir die Straße verstellt ist, spring über alles hinweg. [...]
Hoppla, jetzt komm' ich – alle Türen auf, alle Fenster auf,
und die Straße frei für mich.

Sieht man nun beide Rollenprofile im Zusammenhang, so zeigt sich,
daß die von Albers und Rühmann gespielten Figuren gewissermaßen
gegengleich sind: Albers spielt den »großen Mann«, Rühmann den
»kleinen«. Er ist – wie Ihering schon 1932 feststellte – der »Albers mit
umgekehrten Vorzeichen«.[36]
Die Funktion beider Rollenprofile in der nationalsozialistischen
Filmproduktion haben Filmwissenschaftler in den achtziger und neunziger Jahren herausgearbeitet.[37] Der von Rühmann gespielte »kleine
Mann« habe – so erklärt zum Beispiel Stephen Lowry – eine »Ventilfunktion« erfüllt: »In der NS-Zeit war er zwar das Gegenbild zum Helden, dafür aber umso mehr die Verkörperung des Mitläufers und der
modernen, zivilen, scheinbar unpolitischen Seite des Nationalsozialismus, die die Massenloyalität ermöglichte.«[38] Der von Albers gespielte
»große Mann« kann als Oppositionsfigur, aber auch als Repräsenta-
tionsfigur des Nationalsozialismus gesehen werden. Er ist – je nach
Lesart – subversiver Draufgänger oder systemkonformer Held.[39] Für
die Einschätzung von Zuckmayers Gutachten ist nun von Bedeutung,
daß Albers' Rollenprofil nicht nur von Filmwissenschaftlern kritisch
betrachtet worden ist, sondern auch schon von seinen Zeitgenossen.

---

36 *Berliner Börsen Courier* vom 4. April 1932.
37 Zu Albers vgl. Krützen, *Hans Albers*, a.a.O. (Anm. 8); zu Rühmann vgl.
   etwa Helmut Korte / Stephen Lowry, *Heinz Rühmann – ein deutscher Filmstar. Materialien und Analysen*, Braunschweig 1995; Lowry, *Der kleine
   Mann als Star*, a.a.O. (Anm. 30); Lowry, *Heinz Rühmann – der kleine
   Mann*, a.a.O. (Anm. 33); Andrea Winkler-Mayerhöfer, *Starkult als Propagandamittel? Studien zum Unterhaltungsfilm im Dritten Reich*, München
   1992, S. 133-146; Karsten Witte, *Lachende Erben, Toller Tag. Filmkomö-
   die im Dritten Reich*, Berlin 1995; Zimmermann, *Kleiner Mann, was nun*,
   a.a.O. (Anm 33).
38 Lowry, *Heinz Rühmann – der kleine Mann* a.a.O. (Anm. 33), S. 61.
39 Krützen, *Hans Albers*, a.a.O. (Anm. 8).

3.1. Einschätzungen der Zeitgenossen

Herausgegriffen seien zunächst jene Rezensenten, die Albers als Verkörperung des Faschismus begreifen. So schreibt Siegfried Kracauer bereits im Oktober 1931 eine vernichtende Kritik über *Bomben auf Monte Carlo*: Der von Albers verkörperte Draufgänger sei ein »Rückfall ins Mythologische, der vermutlich die weltanschaulichen Bedürfnisse des rechts orientierten Publikums befriedigt.«[40] Schärfer noch verurteilt der Kritiker der *Berliner Tribüne* den Film *Der Sieger*, der 1932 in die Kinos kam: »Albers, die Verkörperung des über die Misere der Zeit souverän sich hinwegsetzenden gesunden Optimismus. Hier liegt der Schlüssel seiner sich immer mehr noch steigernden Popularität: Albers ist gewissermaßen ein ins Filmische transportierter Nationalsozialismus.«[41]

Auf die Anschlußfähigkeit der Albers-Figuren an das nationalsozialistische Weltbild hat auch Klaus Mann frühzeitig hingewiesen. Den 1932 gedrehten Film *Der weiße Dämon* kann Mann noch genießen, wenn auch schon mit einer Einschränkung: »Trotz dem scheusslichen Albers – der schon die Nazis antizipiert –, ganz prächtiger und aufregender Quatsch.«[42] Im Oktober 1933 notiert er jedoch in sein Tagebuch: »das Übermass dieser Kitschigkeit; spezifisch deutsch. Kitsch als Infamie; Niveaulosigkeit – bis zur Niedertracht. Albers – Hitler; Gustaf [sic] Fröhlich – SS. Das ordinär Protzige.«[43] Zwei Wochen später veröffentlicht er eine Überarbeitung dieser Notiz:

> Dasselbe Volk, das den Autor von »Mein Kampf« zu seinem Führer, seinem Gott gemacht hat, quietscht vor Wonne, wenn Albers, der Unausstehlich-Unwiderstehliche, seine rohen Kunststücke zeigt. Wer sich diesen Liebling erkor, erkor sich auch solchen Führer: ein traurig klarer Zusammenhang.[44]

---

40 *Frankfurter Zeitung* vom 10. Oktober 1931. zit. nach Siegfried Kracauer, *Von Caligari zu Hitler. Eine psychologische Geschichte des deutschen Films*, Frankfurt am Main, S. 507.

41 *Berliner Tribüne* vom 29. März 1932; vgl. *Das Tagebuch*, Jg. 13, 1932, H. 53, S. 2110 f.

42 Klaus Mann, *Tagebücher 1931-1933*, hrsg. von Joachim Heimannsberg / Peter Laemmle / Wilfried F. Schoeller, München 1989, S. 164, Tagebucheintrag vom 10. August 1933.

43 Ebd., S. 173, Tagebucheintrag vom 8. Oktober 1933.

44 Klaus Mann, *Zahnärzte und Künstler. Aufsätze, Reden, Kritiken 1933-1936*, Reinbek 1993, S. 48.

Albers wird für Mann schließlich zur Verkörperung des Nationalsozialismus: »Jetzt ertrag ich den Burschen nicht mehr: der Boche par excellence – der Nazi par excellence.«[45] 1936 urteilt Mann: »Albers, was
für ein ekelhafter Bursche.«[46]

Ganz anders als Klaus Mann schätzt Carl Zuckmayer den Schau-
spieler ein. Die grundsätzlichen Unterschiede zwischen den beiden
Emigranten, die in bezug auf ihre Haltung zu Deutschland und den
Deutschen bestehen,[47] zeigen sich hier im Kleinen: Während Mann den
Schauspieler verurteilt, ist er für Zuckmayer ausdrücklich nicht zum
»Nazi par excellence« geworden.

3.2. Zuckmayers Einschätzung

Auch Zuckmayer ist bewußt, daß der blonde und blauäugige Hanseat
geradezu ein »Musterarier« ist, und er sieht durchaus, daß Albers in
das Heldenbild des Nationalsozialismus paßt: Der Star sei der »Na-
tionalheld« der filmversessenen Jugend – der »›blonde Hans‹, der starke Mann auf der Leinwand« (S. 48). Aber – und das ist der zentrale
Punkt in Zuckmayers Argumentation – Albers habe »mehr Charakter
bewiesen als viele Andere – denn für ihn gab es die Versuchung – mit
einer ganz kleinen Schweinerei – *der* Naziheros des Films und der deutschen Bühne zu werden. Wer von drueben kommt, weiss, was es heisst,
dem zu widerstehen« (ebd.). Daß Albers' Rollenprofil so nahe am Heldenbild des Nationalsozialismus liegt, ist in Zuckmayers Augen kein
be-, sondern ein entlastendes Argument. Denn nur deshalb konnte er
überhaupt in »Versuchung« geraten, sich den neuen Machthabern anzudienen. Überspitzt formuliert: Wäre er ein übergewichtiger, dunkel-
haariger Komiker gewesen, wäre Albers dieser Anfechtung ja gar nicht
erst ausgesetzt gewesen. Das Heldenfach zu vertreten und dennoch
kein »Naziheros« zu sein, das bewertet Zuckmayer als ganz besonderes Verdienst.

Diese Einschätzung kann nun aber nicht in Einklang mit allen Filmen gebracht werden, die Albers in den dreißiger Jahren drehte: Ohne

---

45 Mann, *Tagebücher*, a.a.O. (Anm. 42), Bd. 1, S. 169, Tagebucheintrag vom
   20. September 1933.
46 Ebd., Bd. 3, S. 37, Tagebucheintrag vom 10. April 1936; vgl. auch ebd.,
   Bd. 5, S. 146, Tagebucheintrag vom 30. Juni 1942; ebd., Bd. 2, S. 138, Tagebucheintrag vom 21. Oktober 1935.
47 Vgl. Richard Albrecht, »No Return«. *Carl Zuckmayers Exil*, in: *Blätter
   der Carl-Zuckmayer-Gesellschaft*, Jg. 16, 1995, H. 1/2, S. 14 f., S. 28-30.

eine »ganz kleine Schweinerei« in bezug auf seine Rollenauswahl hat Albers die Zeit des Nationalsozialismus sicher nicht verbracht. Mit diesem bezeichnenden Euphemismus umschreibt Zuckmayer in seinem Dossier die Anpassung an das Regime. Eine derartige Anpassung ist aber eindeutig in den Filmen *Flüchtlinge* (1933) und *Henker, Frauen und Soldaten* (1935) zu erkennen, die beide schon vor Zuckmayers Emigration in die Kinos kamen. Beide Filme waren nationalsozialistische Prestigeproduktionen: So erhielt der 1935 gedrehte Propagandafilm *Henker, Frauen und Soldaten* das Prädikat »künstlerisch wertvoll«.[48] *Flüchtlinge*, die aufwendigste Produktion der Spielzeit 1933/34, bekam sogar den neu geschaffenen »Staatspreis«, immerhin den höchsten Filmpreis im nationalsozialistischen Staat.[49]

Diese Ehrungen erhielten die Filme nicht von Ungefähr: *Flüchtlinge* handelt von dem Offizier Arneth (Albers), der aus Verbitterung über die Zustände in der Weimarer Republik auswanderte. Er ging in die Mandschurei und steht jetzt in chinesischen Diensten. Als ein Aufstand das Land erschüttert, ignoriert er zunächst die Bitten einiger Wolgadeutscher um Hilfe und will nur sein eigenes Leben retten. Der Film zeigt seine Wandlung: Der Offizier wird zum Führer. Arneth gelingt es, die Flüchtlinge mit einem heimlich flottgemachten Zug aus der Stadt zu bringen, Richtung Deutschland. »Ein deutscher Soldat hat zur Heimat zurückgefunden«, erklärt der *Filmkurier* 1933.[50] Albers spielt den Draufgänger in diesem Film als nationalsozialistischen Helden. Ähnliches gilt für *Henker, Frauen und Soldaten*: Der Offizier Prack (Albers) bewährt sich als tollkühner Pilot im Ersten Weltkrieg, wird aber nach der deutschen Niederlage zu einem verbitterten Spieler. Er lebt erst wieder auf, als ihn der Werbeoffizier eines Freikorps für einen Feldzug gegen die Rote Armee gewinnt. Auch dieser Film zeigt eine Wandlung: Der desillusionierte Prack wird zu einem Helden, der für sein Vaterland den Opfertod sterben wird – ganz im Einklang mit der nationalsozialistischen Ideologie.

Somit läßt sich zusammenfassend festhalten, daß Zuckmayers Beurteilung von Albers' Filmfiguren nicht nur im krassen Gegensatz zu der anderer Emigranten steht. Sie muß auch aus heutiger Sicht als einseitig eingestuft werden. Albers hat sicher nicht nur, aber auch den »Naziheros« gespielt.

48 Albrecht, *Nationalsozialistische Filmpolitik*, a.a.O. (Anm. 28), S. 549.
49 Joseph Wulf, *Kultur im Dritten Reich*, Frankfurt am Main, Berlin 1989, Bd. 4, S. 391.
50 *Filmkurier*, Jg. 16, 1933, Nr. 2073.

Auf Rühmanns Rollen geht Zuckmayer überhaupt nicht ein; er beläßt es bei dem Hinweis, Rühmann sei ein »Komiker« (S. 44). Der Gutachter widmet sich nicht der Arbeit des Schauspielers, sondern befaßt
sich in mehr als der Hälfte seines Textes mit dessen Privatleben. Das ist
kein Einzelfall: Auch mit Albers' Privatleben befaßt Zuckmayer sich
ausführlich; über ein Drittel seiner Beurteilung gilt diesem Thema. Im
Mittelpunkt der Gutachten steht bei beiden Stars die Beziehungen zu
ihren (Ehe-)Frauen.

4. Zwei Trennungen:
Die Emigration der jüdischen Lebensgefährtinnen

Zuckmayers Gutachten folgen in beiden Fällen einem Schema. Nach
einer einleitenden Bemerkung von zwei bis drei Zeilen schreibt er über
die Beziehungen von Albers und Rühmann zu ihren damaligen Lebens-
gefährtinnen, die nach nationalsozialistischer Definition Jüdinnen waren. Diese Themenwahl muß erstaunen: Zuckmayer befaßt sich nicht
explizit mit der politischen Haltung der beiden Darsteller. Dabei gibt es
gerade im Fall Albers genügend Kollegen, die berichten, daß der Star
offen über die nationalsozialistischen Machthaber spottete: »Er war
einer der wenigen, der mit seiner Meinung über die Nazis nicht zurück-
hielt. Albers war ein mutiger Kollege«,[51] schreibt Camilla Horn in ihren Erinnerungen. Unangepaßtheit habe Albers vor allem mit seinem
respektlosen Ton bewiesen; so notiert der Schriftsteller und Drehbuchautor Axel Eggebrecht: »Albers verachtete die braunen Herren offen,
mehr als einmal habe ich gehört, daß er grundsätzlich vom ›Herrn Führer‹ und von dem ›Doktor Göhbels‹ sprach.«[52]
　Daß Albers sich tatsächlich so respektlos verhielt, ist nicht nur eine
verklärende Erinnerung seiner Zeitgenossen.[53] Die Akten der Reichsfilmkammer (RFK) zeigen, daß es mehr als einmal zu Beschwerden über

---

51 Camilla Horn, *Verliebt in die Liebe. Erinnerungen,* aufgezeichnet von Wil-
　libald Eser, München, Berlin 1985, S. 219-221.
52 Axel Eggebrecht, *Der halbe Weg. Zwischenbilanz einer Epoche,* Reinbek
　1975, S. 334.
53 Vgl. dazu Harald Fischer, »*Was gestrichen ist, kann nicht durchfallen*«.
　Trauerarbeit, Vergangenheitsbewältigung oder sentimentalische Glorifizie-
　rung? Wie sich Schauspieler an ihre Arbeit im Dritten Reich erinnern, in:
　Theater heute, Jg. 30, 1989, H. 9, S. 1-3; 6-21.

seine abschätzigen Äußerungen kam.[54] Der Star erschien zum Beispiel
nicht auf den Bällen der RFK und versäumte Staatsempfänge.[55] Bei der
Verleihung des Staatspreises für seinen Film *Flüchtlinge* ließ er sich
1934 sogar von seinem Co-Star Eugen Klöpfer vertreten.[56] Zuckmayer
berichtet von keiner dieser Verweigerungen, obwohl sie ideale Belege
für seine These wären, daß Albers in die »Gruppe 1: positiv« einzuordnen sei. Statt dessen konzentriert er sich in seinem Text auf die Darstellung von Albers' Liebesbeziehung zu Hansi Burg. Zuckmayers Thema
ist die Trennung des Paares, die Mitte der dreißiger Jahre stattfand.

4.1. Albers und Burg

Im Dossierbeitrag über Albers heißt es einleitend: »Auch er gehörte zu
den mit einer ›nichtarischen‹ Frau behafteten Protagonisten« (S. 48).
Gemeint ist hier Hansi Burg, Tochter des Schauspielers Eugen Burg.
Albers hat mehrfach mit Eugen Burg gedreht, der wohl als eine Art
Mentor gelten kann. Auch Burgs Tochter Hansi arbeitete Mitte der
zwanziger Jahre als Schauspielerin, etwa am Theater am Kurfürstendamm, gelegentlich auch beim Film. In dieser Zeit lernte sie den nur
mäßig erfolgreichen Albers kennen. Das Paar war demzufolge schon
seit über 15 Jahren zusammen, als Zuckmayer seinen Bericht schrieb.
Er führt aus:

> der Fall war dadurch erschwert dass er [Albers] mit dieser Frau nicht
> legal verheiratet war jedoch seit langen Jahren zusammen gelebt hat
> und sie auf keinen Fall verlassen wollte. Er versuchte sie nach der
> »Machtergreifung« auch gesetzlich zu heiraten – soviel bekannt wa-
> ren vorher gewisse Schwierigkeiten wegen einer früheren Ehe eines
> der beiden Teile im Weg – aber die Nazibehörden versagten ihm die
> Bewilligung, und – einmal auf den Fall aufmerksam geworden –
> zwangen sie ihn zu einer lokalen Trennung, die er jedoch auf alle
> mögliche Weise immer wieder umging. (S. 48)

54 Vgl. besonders das Schreiben von Hinkel an Goebbels vom 3. Mai 1943.
   Bundesarchiv Koblenz R 55/174; Brauner, *Mich gibt's nur einmal* 1976,
   a.a.O. (Anm. 13), S. 93 f.
55 Fröhlich, *Waren das Zeiten*, a.a.O. (Anm. 13), S. 597; Heesters, *Es kommt
   auf die Sekunde an*, a.a.O. (Anm. 3), S. 238; Dagover, *Ich war die Dame*,
   a.a.O. (Anm. 13), S. 222 f.; Hippler, *Die Verstrickung*, a.a.O. (Anm. 13),
   S. 217.
56 Vgl. das Photo bei Klaus Kreimeier, *Die Ufa-Story. Geschichte eines Film-
   konzerns*, München 1992, S. 245.

Zuckmayers Schilderung einer nicht-ehelichen Bindung ist zutreffend:
Zwar verkündete die *Berliner Zeitung* 1925 eine Verlobung zwischen
Burg und Albers, doch zu einer Heirat ist es nie gekommen. Ob dies,
wie Zuckmayer mutmaßt, mit einer früheren Ehe zusammenhängt,
kann nicht eindeutig nachgewiesen werden. Albers wird in den Akten
der RFK fast immer als ledig bezeichnet; eine Ehe mit der Sängerin Claire Dux, die in den zwanziger Jahren Albers' Lebensgefährtin war, wird
bisweilen notiert, hat aber tatsächlich nie bestanden. Hansi Burg wird
in einer Akte als »Frau Kittay, geborene Hirschburg« geführt, was eine
frühere Eheschließung zumindest nahelegt.[57] Da sie aber an anderer
Stelle »Kittay Hirschburg« genannt wird, handelt es sich möglicherweise um eine Fehlinformation.[58]

So weit die Fakten. Aber warum legt Zuckmayer in seinem Report
so großen Wert auf die Beziehung zwischen Albers und Burg? Er versteht die Bindung an eine jüdische Frau als Beweis für die Integrität des
Filmstars. Sein Argument ist, daß Albers seine Lebensgefährtin trotz
des von Seiten der Nationalsozialisten ausgeübten Drucks nicht habe
verlassen wollen.

Daß es tatsächlich einen solchen Druck gab, ist anhand der Perso-
nalakten der Reichsfachschaft Film (RFF) nachzuvollziehen. Schon im
Sommer 1933 erhält die RFF erste Denunziationen. Die Fachgruppe
Kleinkunstbühnen meldet: »Der Schauspieler Hans Albers, der seit der
Machtergreifung unserer Bewegung stark in den Vrodergrund [sic] der
Partei getreten ist, ist seit fast zehn Jahren mit der Jüdin Hansi Burg
verheiratet.«[59] Im März 1934 erkundigt sich der »Hauptfachgruppen-
leiter der N.S.B.O.«[60] Carl Auen beim zuständigen Polizeipräsidenten,
ob Albers mit Hansi Burg verheiratet sei.[61] Die Eingabe wurde mehr-
fach bearbeitet; schließlich verneint der Polizeipräsident.[62] Im Mai desselben Jahres befaßt sich sogar die Privatkanzlei Adolf Hitlers mit dem
Familienstand von Albers.[63] Der Schauspieler Auen, mittlerweile zum
Leiter der RFF aufgestiegen, erteilt Auskunft: Albers sei als ledig gemel-

---

57 BDC Personalakte Albers RFF, Stammkarte Albers bei der RFF.
58 Ebd.
59 Ebd., Schreiben vom 17. August 1933.
60 D.i. die »Nationalsozialistische Betriebszellenorganisation«.
61 BDC Personalakte Albers RFF, Schreiben vom 12. März 1934.
62 Ebd., Schreiben vom 15. März 1934.
63 Ebd., Schreiben vom 16. Mai 1934.

det und mit einer eigenen Anschrift registriert.[64] Auen ergänzt sein
Schreiben allerdings: »Nach der mir gewordenen Auskunft lebt Albers
mit Frau Kittay (Hansi Burg) zusammen.«[65] Dieser Hinweis findet Eingang in Albers' Personalakte bei der RFF. Die sogenannte Stammkarte
vermeldet:

> unverh., soll mit Kittay Hirschburg (Hansi Burg) zusammenleben. War
> verh. mit der Sängerin Claire Dux (lt. Lexikon des Films Berlin / 1926).
> Reichsdeutscher. Nachw. d. Abstammung erbracht am 16.11.1933
> (entspr. nicht mehr den heutigen Bestimmungen). Lt. Ausk. d. Poli-
> zei-Präs., Einwohnermeldeamt, vom 15.3.1934 als *ledig* gemeldet.[66]

Bis etwa 1936,[67] vereinzelt sogar bis 1944,[68] treffen weitere Informationen und Anfragen bei der RFF ein.[69] Die Personalakte des Stars bestätigt demzufolge Zuckmayers Einschätzung, daß Albers' Privatleben
von den nationalsozialistischen Behörden beobachtet wurde.

Nicht belegen läßt sich jedoch, daß Albers 1933 versucht hat, seine
Lebensgefährtin zu heiraten, um sie so vor dem Zugriff der Nationalsozialisten zu schützen. Doch ob diese Ehe ein Schutz gewesen wäre,
muß ohnehin bezweifelt werden. Zwar führt eine Liste des Reichsmini-
steriums für Volksaufklärung und Propaganda (RMVP) 22 Darsteller
mit (im nationalsozialistischen Verständnis) jüdischen Ehepartnern
auf, denen es per Sondererlaubnis gestattet ist, in der RFF zu verbleiben. Paul Henckels etwa ist »selbst Halbjude und mit Volljüdin verheiratet«,[70] und auch die Ehefrauen von Leo Slezak, Otto Wernicke und
Eduard von Winterstein stammen aus jüdischen Familien.[71] Ende 1936
befinden sich unter den Mitgliedern der RFK »44 mit Voll- oder Dreivier-
teljuden Verheiratete«.[72] Doch selbst ein Star wie Hans Moser war gezwungen, seine jüdische Ehefrau ins benachbarte Ausland zu schicken:

64 Vgl. Bundesarchiv Potsdam 50.01/162, Führerrat der RFF: Aktennotiz vom
   10. Oktober 1933.
65 BDC Personalakte Albers RFF, Schreiben vom 16. Juni 1934.
66 Ebd., Stammkarte Albers bei der RFF.
67 Vgl. etwa ebd., Anfrage der *Reichsrundfunkgesellschaft* vom 2. April
   1936.
68 Vgl. DIF Nachlaß Albers, Anfragen nach einer Ehe Albers/Burg beim Polizeipräsidenten Berlins von 1944.
69 Vgl. auch *Reichsfilmblatt* 35/1934.
70 BDC zitiert nach Albrecht, *Nationalsozialistische Filmpolitik*, a.a.O.
   (Anm. 28), S. 208.
71 Ebd.
72 Vgl. Bundesarchiv Koblenz R 55/420.

In einem flehentlichen Bittbrief an Adolf Hitler versucht er [Moser]
im Oktober 1938, Sondergenehmigungen für seine Frau zu erwir-
ken, denn er will ihr in Wien ein Leben als »Arierin« ermöglichen.
Blanca Hirschler zieht nach mehr als 25 Ehejahren nach Budapest,
wo Moser sie besucht, so oft er kann.[73]

Es steht also nicht zu vermuten, daß Albers und Burg als Ehepaar von
den Repressalien der Nationalsozialisten unbehelligt geblieben wären.
Andererseits war ohne Trauschein gar nicht erst an eine Sondererlaubnis, wie Moser sie beantragte, zu denken.

Der Druck auf Albers und Burg wird Ende 1935 so groß, daß sie
beschließen, sich offiziell zu trennen. Der Star schreibt an Reichsminister Joseph Goebbels:

15. Oktober 1935

Sehr verehrter Herr Reichsminister!
In Erfüllung meiner Pflicht gegen den nationalsozialistischen Staat
und in dem Bekenntnis zu ihm habe ich meine persönlichen Beziehungen zu Frau Hansi Burg gelöst.
Ich darf Sie, geehrter Herr Reichsminister, nunmehr bitten, daß
unter der veränderten Sachlage der nationalsozialistische Staat auch
mir den Schutz angedeihen läßt, den er seinen Künstlern gibt.
Heil Hitler! gez. Hans Albers[74]

Goebbels bestätigt schon am nächsten Tag, daß er Albers' Entscheidung zur Kenntnis genommen hat:

Sehr geehrter Herr Albers!
Ich bestätige Ihren Brief vom 15. Oktober und teile Ihnen auf Ihre
Bitte mit, daß Sie nach der von Ihnen mir bekanntgegebenen, veränderten Sachlage selbstverständlich wie jeder andere Künstler den
Schutz des nationalsozialistischen Staates und meiner Person genies-
sen. Sollten Sie im Einzelfall seiner bedürftig sein, so bitte ich um
gefl. Mitteilung.
Mit Hitler Heil!
gez. Dr. Goebbels.[75]

---

73 Oliver Rathkolb, *Führertreu und gottbegnadet. Künstlereliten im Dritten
Reich*, Wien 1991, S. 39.
74 DIF Nachlaß Albers.
75 Ebd.

Hansi Burg bleibt in Deutschland, heiratet aber nominell den in Norwegen geborenen »Arier« Erich Blydt. Mit ihm ist sie auch gemeinsam
in Berlin-Tiergarten gemeldet.[76] Offenbar sind die Probleme einer früheren Ehe – sofern sie denn überhaupt bestanden haben sollten – aus-
geräumt. Nach der Hochzeit mit Blydt gibt es nach außen hin keine
Verbindung mehr zwischen Albers und Burg. Mit Albers' Trennungserklärung und Burgs Eheschließung wurde den Wünschen des RMVP
Folge geleistet; Hans Albers kann weiter seinem Beruf nachgehen. Er
dreht für die Bavaria den schon erwähnten Propagandafilm *Henker,*
Frauen und Soldaten.

Wie ist das Verhalten von Albers zu beurteilen? Ist Zuckmayers auf
Entlastung abzielende Argumentation aus heutiger Sicht zu halten?
Zunächst einmal ist festzuhalten, daß ein derartiges Arrangement
zwischen Schauspielern und ihren jüdischen Partnerinnen nicht ungewöhnlich war. Zu unterscheiden sind jedoch Vereinbarungen, die
lediglich nach außen hin galten, von Beziehungen, die dann doch aufgegeben wurden – um der eigenen Karriere willen. Als Beispiel für Opportunismus kann Gustav Fröhlichs Verhalten gelten, der seine Frau
Gitta Alpar 1933 verließ. Der Vergleich mit diesem Fall verdeutlicht,
wie Albers' Entscheidung für eine Trennung von Burg einzuschätzen ist.

4.2. Fröhlich und Alpar

Gustav Fröhlich – wie Rühmann Jahrgang 1902 – ist seit 1931 mit dem
Operetten- und Filmstar Gitta Alpar verheiratet. Die Sängerin verläßt
Deutschland 1933 nach einem von Goebbels gegebenen Empfang.

> Die Nazis waren an der Regierung. Eines Tages erhielt ich Einladun-
> gen zu einem Empfang bei Goebbels, eine als Gitta Alpar und eine
> als Frau von Gustav Fröhlich. Ich hatte keine Lust hinzugehen und
> habe das meinem Mann gesagt. Aber mein Mann hat mich unter
> Druck gesetzt, und ich habe nachgegeben. Beim Empfang saßen wir
> zusammen an einem Tisch mit Willy Fritsch, Willi Forst, Hans Al-
> bers und Max Hansen. Plötzlich wurde das Horst-Wessel-Lied ge-
> spielt und alle sind aufgestanden. Ich bin sitzen geblieben und habe
> mich mit zwei Damen unterhalten, die zu unserem Kreis gehörten.
> Da traten ein Offizier und eine Dame an unseren Tisch: »Kommen

---

76 Bundesarchiv Potsdam 15.09 Reichssippenamt, Unterlagen zur Volkszäh-
   lung vom 17. Mai 1939.

Sie bitte mit, Herr Goebbels möchte Sie kennenlernen.« [...] Doch
dann sagte der Adjudant von Goebbels nur: »Bitte Herr Fröhlich«
und führte ihn zu Goebbels. Zu mir sagte er: »Sie nicht!« und winkte
mich einfach weg wie einen ungebetenen Gast. Und mein Mann ließ
mich einfach stehen.[77]

Gitta Alpar, die ein Kind von Fröhlich erwartet, flieht nach Ungarn.
Fröhlich dreht mit Erfolg in Berlin, Alpar bringt 1934 in Budapest die
gemeinsame Tochter zur Welt. Die Scheidung des Paares wird im dar-
auffolgenden Jahr »unter großer Anteilnahme der Boulevardpresse«[78]
ausgesprochen. Alpar bezichtigt ihren damaligen Ehemann des Verrats:
»Er hat nicht zu mir gehalten, sondern mich verleugnet. Andere haben
zu mir gehalten. Mein Mann war der erste, der mir einen Tritt gegeben
hat.«[79]
Ganz anders erinnert sich Gustav Fröhlich in seiner Autobiographie.
Er spricht von einer Trennung im beiderseitigen Einvernehmen:

Schließlich entschied ich: »Gittuskam, du fährst heut nacht nach
Budapest zu deinen Eltern. Nimm die zwanzig Mille mit, die wir auf
der Bank haben.« – »Und du?« – »Ich mache meinen Film fertig und
komme nach.« – »Du könntest doch bleiben.« – »Ohne dich? Nee!«[80]

Fröhlich gibt sich hier liebevoll (»Gittuskam«) und betont großzügig:
Schließlich scheint er seiner Frau das gesamte Vermögen überlassen zu
haben. Außerdem behauptet er, er habe damals nach Ungarn emigrieren wollen. Daß er sich dann doch gegen die Ausreise entschied,
begründet Fröhlich in der Rückschau mit dem absehbaren Scheitern
seiner Ehe. Die Beziehung sei von Beginn an unausgewogen gewesen:

Ich weiß heute mit einiger Gewißheit, daß Gitta und ich uns auch
ohne Adolf Hitler früher oder später betrogen, zerstritten und aus-
einandergelebt hätten. Sie war eine heißblütige Ungarin, die mich bei
geringsten Anlässen mit Ohrfeigen bedrohte. Ich andererseits war
leichtsinnig und kein Tugendbold. Obwohl das eine Rechtfertigung

---

77 Herlinde Koelbel, *Jüdische Portraits. Fotografien und Interviews*, Frankfurt am Main 1989, S. 8.
78 Gundolf S. Freyermuth, *Reise in die Verlorengegangenheit. Auf den Spuren
deutscher Emigranten*, München 1993, S. 150.
79 Koelbel, *Jüdische Portraits*, a.a.O. (Anm. 77), S. 8; vgl. Freyermuth, *Reise
in die Verlorengegangenheit*, a.a.O. (Anm. 78), S. 152.
80 Fröhlich, *Waren das Zeiten*, a.a.O. (Anm. 13), S. 346 f.

ist, bleibt die Trennung, gerade in jener Zeit, eine Gewissenslast, die sich mit der Zeit nicht vermindert hat.[81]

Selbst in dieser Rechtfertigung behauptet Fröhlich nicht, daß die Ehe bereits 1933 zerrüttet war. Dies wäre in Anbetracht der damals kaum zweijährigen Verbindung und der Schwangerschaft seiner Frau auch wenig glaubwürdig. Er nimmt in den Memoiren nur an, daß seine Ehe – wie er sagt: »früher oder später« – gescheitert *wäre*. Das dies nur eine Annahme war, unterscheidet die Fälle Fröhlich und Rühmann.

4.3. Rühmann und Bernheim

Im August 1924, im zweiten Jahr seiner Münchner Zeit, heiratet der 22jährige Heinz Rühmann seine Kollegin Maria Bernheim. Die 27jährige Schauspielerin gibt ihren Beruf auf und widmet sich ganz der Karriere ihres Mannes; ihr Bruder, Otto Bernheim, wird etwas später zu Rühmanns Manager.[82] Das Paar Bernheim/Rühmann kann also im Jahr der »Machtergreifung« auf eine neunjährige Ehe und eine erfolgreiche Geschäftsbeziehung zurückblicken – ganz anders als Alpar und Fröhlich. Im Unterschied zu Alpar hat Bernheim einen nahezu Unbekannten geheiratet, dessen glänzende Karriere keineswegs abzusehen war. Rühmann wird erst während der Ehe zum Star, während Fröhlich zum Zeitpunkt der Eheschließung bereits prominent ist. Ein zweiter Unterschied ist, daß Alpar ebenfalls eine glänzende Karriere gemacht hat, wohingegen Bernheim von ihrem Mann finanziell abhängig war.

Vergleichbar ist allerdings der Druck, unter den die beiden Ehepaare Rühmann/Bernheim und Fröhlich/Alpar nach 1933 geraten. Offiziell gehört Bernheim seit 1917 keiner Religionsgemeinschaft mehr an; den nationalsozialistischen Behörden gilt sie dennoch als Jüdin.[83] Schon ab 1934 gehen Beschwerden über Rühmanns Ehe bei der RFF und der RFK ein: »Die Schriftleitung der Zeitschrift ›Der SA-Mann‹ fragt bei mir an, wieso der Schauspieler Heinz Rühmann, der mit einer Jüdin verheiratet sein soll, immer noch in Deutschland filmen darf und ob die Tatsache

---

81 Ebd., S. 348.
82 Möglicherweise fungierte er auch nur als eine Art Sekretär oder Finanzverwalter. Er besaß auf jeden Fall in den dreißiger Jahren eine Generalbevollmächtigung zur Verwaltung des Rühmannschen Vermögens, vgl. Schreiben von 27. Juli 1934 vom Verband der Filmindustriellen an Carl Auen, RFF; Personalakte Rühmann bei der RFF.
83 Vgl. den Eintrag in den Fragebogen der RFF Rühmann (ausgefüllt am 3. Januar 1933).

der jüdischen Versippung zuträfe.«[84] Es bleibt nicht bei Anfragen: Der
begeisterte Flieger Rühmann wird wegen seiner Ehe zum Beispiel aus
dem *Berliner Aeroclub* ausgeschlossen. Er muß sich von seinem Manager Otto Bernheim trennen und darf nur mit einer Sondererlaubnis arbeiten; eine vollwertige Mitgliedschaft in der RFF wird ihm verwehrt.[85]

Die Situation, in der Rühmann sich nach der Machtergreifung
befand, wählt Zuckmayer als den zentralen Punkt seiner Charakteri-
sierung: Der Schauspieler »war mit einer jüdischen Frau verheiratet
und befand sich im Anfang der Hitlerzeit in einer persönlich besonders
komplizierten Lage« (S. 44). Daß Zuckmayer nun ausführlich auf
Rühmanns Privatleben eingeht, hängt auch hier mit der Trennung des
Paares zusammen. Wie Gitta Alpar geht auch Maria Bernheim ins
Ausland; die Ehemänner beider Frauen machen im Nazideutschland
Karriere. Zuckmayer erklärt nun aber, Rühmann habe sich nicht aus
Opportunismus von seiner Frau getrennt: »Die Ehe war nämlich sehr
unglücklich und die Frau (nach dem persönlichen Eindruck des Verf.)
eine Landplage, und R. war grade im Begriff sich von ihr zu trennen«
(S. 45). Zuckmayer weist also der Ehefrau die Schuld zu. Der Drama-
tiker läßt sich in dem zitierten Abschnitt sogar dazu hinreißen, Maria
Bernheim als »Landplage« zu beschimpfen. Die Relativierung »nach
dem persönlichen Eindruck des Verf.« ist hier auch eher als eine Be-
kräftigung dieses Urteils zu verstehen, da Zuckmayer sich nicht auf
Hörensagen verläßt, sondern auf eigene Erfahrungen beruft.

Mit Ausnahme dieser Schuldzuweisung stimmt Zuckmayers geheimer Bericht mit der Autobiographie Rühmanns und den über ihn
kursierenden Biographien überein.[86] Kirst und Forster erklären zum
Beispiel, die Entfremdung habe mit Rühmanns beruflicher Situation
zusammengehangen:

> Sein Beruf ließ ihn nunmehr zwischen Berlin-München-Wien einher-
> pendeln. Seine Frau Maria vermochte ihm dabei nicht immer zu fol-
> gen, ihr Einfluß auf Heinz ließ erheblich nach. Sie fühlte sich höchst
> beunruhigt [...]. So begannen sie denn, aneinandervorbeizuleben,

---

84 Schreiben vom 24. August 1938 von der RFF (Pfennig) an das RMVP (Goebbels); Personalakte Rühmann bei der RFF.

85 Vgl. Schreiben vom 20. Juli 1934 von Otto Bernheim an den Verband der
Filmindustriellen (Personalakte Rühmann bei der RFF). Bernheim demen-
tiert hier, jemals als Manager gearbeitet zu haben. Wahrscheinlich versuchte
er, sich und Rühmann vor Strafverfolgung zu schützen.

86 Vgl. etwa Gregor Ball / Eberhard Spiess, *Heinz Rühmann und seine Filme*,
München 1982, S. 76 f.

sich auseinanderzuleben, eigene Interessen zu entwickeln – sie dachten ohnehin an eine freundschaftliche Trennung, zunächst noch, ohne sich voneinander zu lösen.[87]

An dieser Darstellung, die für populäre Biographen repräsentativ ist, wird auch in der wissenschaftlichen Literatur festgehalten[88] – auch in den aktuellsten Forschungsberichten.[89] Es gibt bis heute keinen Beleg dafür, daß Zuckmayers Einschätzung, die Ehe sei schon lange vor der Trennung zerrüttet gewesen, falsch war. Es kann – im Gegenteil – als sehr wahrscheinlich angenommen werden, daß seine Beurteilung stimmt.

Für Zuckmayers Beurteilung spricht zum Beispiel, daß Rühmann sich Ende 1936 wegen seiner Frau an Goebbels wendet. Der trägt daraufhin in sein Tagebuch ein: »Heinz Rühmann klagt mir sein Eheleid mit einer Jüdin. Ich werde ihm helfen. Er verdient es, denn er ist ein ganz großer Schauspieler.«[90] Rühmann wird Goebbels nicht um Hilfe bei einem Scheidungsverfahren gebeten haben, da er für ein solches Verfahren nicht der Unterstützung des Ministers bedurft hätte. Wahrscheinlicher ist, daß Rühmann um Schutz für Bernheim bat. Für diese Annahme spricht auch, daß Rühmann 1937 sich nicht auf Goebbels verläßt, sondern vom Deutschen Theater Berlin an das Staatstheater wechselt, sozusagen von Hilpert zu Gründgens:[91]

> Für meine jüdische Frau hatte ich an Hilperts Deutschem Theater nicht mehr ausreichend Schutz, da es Goebbels und seinem Propagandaministerium unterstellt war, das immer rigoroser gegen Mischehen vorging. Das Staatstheater jedoch gehörte zu Görings Machtbereich, dessen Frau Emmy Sonnemann, eine Schauspielerin, zu Gründgens freundschaftlichen Kontakt hatte, den er geschickt für gefährdete Kollegen zu nutzen wußte.[92]

---

87 Kirst / Forster, *Das große Heinz Rühmann Buch*, a.a.O. (Anm. 16), S. 94.

88 Vgl. etwa Winkler-Mayerhöfer, *Starkult als Propagandamittel*, a.a.O. (Anm. 37), S. 134.

89 Lowry, *Heinz Rühmann – der kleine Mann*, a.a.O. (Anm. 33), S. 36.

90 Joseph Goebbels, *Die Tagebücher von Joseph Goebbels. Sämtliche Fragmente*, hrsg. von Elke Fröhlich. Teil 1: Aufzeichnungen 1924 bis 1941, 4 Bände, München, New York, London, Paris 1987, Bd. 2, S. 717, Tagebucheintrag vom 6. November 1936.

91 Rühmann hat in der Spielzeit 1936/37 noch unter Hilperts Regie gearbeitet. Am 31. Dezember 1938 tritt er erstmals am Staatstheater auf.

92 Rühmann, *Das war's*, a.a.O. (Anm. 14), S. 130.

Diese beiden Indizien deuten darauf hin, daß Rühmann sich mehrere Jahre bemühte, seine Ehefrau zu schützen. Anfang 1938 spitzt sich die Lage jedoch zu, wie bislang unveröffentlichte Dokumente aus seiner Personalakte zeigen. Rühmann wird nach Eingang von zwei Denunziationen zur RFF zitiert, bleibt aber mehreren Terminen fern. Schließlich erscheint er Ende Februar zu einem Verhör und erklärt:

> Bemerken möchte ich, dass ich bekanntlich keine jüdische Verwandtschaft besitze, sondern von meiner jüdischen Frau getrennt lebe und die Ehescheidung bisher noch nicht durchgeführt werden konnte, weil sie in Österreich lebt, und ich die notwendigen Devisen noch nicht erhalten habe.[93]

Tatsächlich läßt sich das Paar im November 1938 scheiden – zehn Tage nach der sogenannten Reichskristallnacht.[94] Wie Rühmann erklärt, einvernehmlich:

> Ich verständigte Maria, auch sie empfand diese Lösung unter den gegebenen Umständen als die beste und heiratete einen schwedischen Schauspieler. Ich bekam eine Devisenausfuhrgenehmigung, die nur äußerst selten bewilligt wurde, so daß ich Maria monatelang einen beträchtlichen Betrag nach Schweden überweisen konnte.[95]

Nach der Scheidung ist Rühmann aus Sicht der RFK rehabilitiert: »Von der Judenliste streichen.«[96] Kurz darauf, im Juli 1939, heiratet der nunmehr 37jährige Schauspieler seine 23jährige Kollegin Hertha Feiler, den Star seiner ersten Regiearbeit. Diese Eheschließung, die auf den ersten Blick gegen Rühmanns Version zu sprechen scheint, liefert zwei weitere Argumente gegen den Verdacht, der Schauspieler habe seine erste Frau nur aus Karrieregründen verlassen. Zum einen ist auch seine zweite Ehefrau nach nationalsozialistischem Verständnis »Vierteljüdin«; sie darf nur mit einer Sondererlaubnis arbeiten.[97] Zum anderen scheint es, als sei Maria Bernheim mit der Hochzeit einverstanden gewesen: Ein Photo zeigt sie gemeinsam mit Rühmann und Feiler; auf-

---

93 Schreiben vom 28. Februar 1938; Protokoll eines Gesprächs zwischen Heinz Rühmann und Bruno Pfennig.
94 19. November 1938; vgl. BDC Personalakte Rühmann RFF, Schreiben Melzer (RFK) an Goebbels (RMVP) vom 28. Dezember 1938.
95 Rühmann, *Das war's*, a.a.O. (Anm. 20), S. 133.
96 BDC Personalakte Rühmann RFF; Notiz vom 22. Dezember 1938.
97 Vgl. Albrecht, *Nationalsozialistische Filmpolitik*, a.a.O. (Anm. 28).

genommen wurde es 1939, wahrscheinlich sogar am Hochzeitstag der beiden letztgenannten.[98]

Von dieser Entwicklung erfuhr Zuckmayer im Exil: »Soviel dem Verf. bekannt wurde nach mehr als fünf Jahren der Naziherrschaft und dann auf Wunsch der Frau die Ehe schliesslich getrennt, doch diese Nachricht ist nicht verbürgt« (S. 46). Das genaue Datum der Scheidung und die zweite Ehe spielt für Zuckmayers Argumentation keine Rolle. Für ihn ist lediglich von Bedeutung, wie lange Rühmann überhaupt an seiner ersten Ehe festgehalten hat: Der Schauspieler habe von einer Scheidung abgesehen, »weil es unter diesen Voraussetzungen nicht anging sich von einer Jüdin – offensichtlich unter Ausnutzung der Konstellation – zu trennen« (ebd.). Die Verzögerung der Scheidung gilt Zuckmayer als Beleg für Rühmanns »Zivilcourage« und »Anständigkeit«. Daraus schließt Zuckmayer: »Mehr braucht eigentlich über R.s einwandfreien Charakter und seine wirklich bezaubernde Persönlichkeit nicht ausgesagt zu werden« (ebd.).

Auch im Fall Rühmann führt Zuckmayer gegenüber dem OSS keinen sofort einleuchtenden Entlastungsgrund ins Feld, wie etwa das Eintreten für bedrohte Kollegen oder antifaschistische Äußerungen. Hätte Zuckmayer von einem solchen Verhalten Kenntnis gehabt, so wäre es sicher im Dossier geschildert worden. Dies zeigt etwa der Vergleich mit dem Gutachten über Heinz Hilpert, der sich zum Beispiel den Gruß »Heil Hitler« in seinem Theater verbat (S. 26). Im Fall Rühmann kann Zuckmayer aber offenbar nicht auf solche Anzeichen von Widerstand verweisen. Für ihn ist die erst spät eingereichte Scheidung allein ausreichender Beweis für Rühmanns »einwandfreien Charakter« und, stärker noch, für »seine wirklich bezaubernde Persönlichkeit«. Denn mehr braucht als Beleg, so heißt es ja ausdrücklich, »nicht ausgesagt zu werden«. Daß er sich 1933 nicht umgehend scheiden ließ, reicht Zuckmayer, um den Schauspieler in die Gruppe 1 seiner Liste einzuordnen. Deren Definition – so sei erinnert – war: »vom Nazi-Einfluss unberührt, widerstrebend, zuverlässig« (S. 15).

In diese Gruppe ordnet Zuckmayer ja auch Albers ein. Da es in seinem Fall keine verzögerte Scheidung geben konnte, argumentiert er hier anders: »die Nazibehörden [...] zwangen [...] ihn zu einer lokalen Trennung, die er jedoch auf alle mögliche Weise umging« (S. 48). Das stimmt mit den Fakten überein: Albers und Burg versuchen, möglichst lange zusammenzubleiben. Zwar fährt der Filmstar ohne seine Lebensgefährtin im Frühjahr 1936 für sechs Wochen zur Drehortbesichtigung

---

98 Vgl. Ball/Spiess, *Heinz Rühmann und seine Filme*, a.a.O. (Anm. 86), S. 23.

nach Griechenland,[99] wo er dann auch im Spätsommer die Abenteuer-
komödie *Unter heißem Himmel* dreht, doch kurz vor der Premiere des
Films reist er mit Hansi Burg nach England.[100] Gemeinsam fahren die
beiden von London zurück nach Berlin, wo Albers die Komödie *Der
Mann, der Sherlock Holmes war* dreht.

Die offizielle Trennungserklärung ist offenbar für ihre Beziehung
ohne größere Bedeutung geblieben. Auch in diesem Punkt stimmt
Zuckmayers Darstellung mit der Faktenlage, wie sie sich heute darstellt, überein. Erst 1939, wahrscheinlich kurz vor Kriegsbeginn,
nimmt das Paar endgültig Abschied: Hansi Burg flieht über die Schweiz
nach Großbritannien. Das Paar sieht seine Trennung als zeitlich be-
fristet an.[101] Hansi Burg soll in England »abwarten«; Albers arrangiert
sich in der »Zwischenzeit« – wie viele seiner Kollegen – mit den deutschen Verhältnissen. Dieses Arrangement wirft eine Frage auf, die auch
für Zuckmayers Dossier von Bedeutung ist: Warum folgt Albers seiner
Lebensgefährtin nicht nach? Weshalb bleibt er im nationalsozialistischen Deutschland?

5. Zwei Möglichkeiten: Bleiben oder emigrieren?

Über die Möglichkeit der Emigration stellt Zuckmayer in Albers' Dossier eine grundsätzliche Überlegung an: »Auswanderung wäre für einen
Menschen mit seinen beschränkten und nur in einem gewissen Bezirk
wirksamen künstlerischen Mitteln Selbstmord gewesen« (S. 48). In der
Tat hätte eine gemeinsame Emigration mit Hansi Burg das berufliche
Aus für den Star bedeutet. Er ist 1939 fast 50 Jahre alt und spricht
kaum Englisch, noch dazu mit starkem deutschen Akzent.[102] Sein Gesicht ist im Ausland völlig unbekannt: Albers »is probably the only one
of so great European reputation to be so little known in the US – even
by cinema-addicts.«[103] Er kann also keine berechtigte Hoffnung auf

---

99 *Lichtbildbühne* vom 28. April 1936; *Filmkurier* vom 13. Mai 1936; vgl.
   BDC Personalakte Albers RFF.
100 Vgl. Sammlung Steh (Privatbesitz), Postkarte von Albers an die gemeinsame Freundin Annie Hoppe.
101 Vgl. Blumenberg, *In meinem Herzen Schatz ...*, a.a.O. (Anm. 6), S. 66.
102 Dies belegen seine Auftritte in den englischsprachigen Versionen seiner
   Filme *Bomben auf Monte Carlo* und *Der blaue Engel*.
103 Gunnar Lundquist, *Hans Albers. Germany's Great Screen Idol Never Be-
   came A Truly International Star*, in: *Films in Review* (New York), Vol. 16,
   1965, H. 3, S. 150.

größere Rollen in England oder den USA haben, zumal er durch nationalsozialistische Propagandafilme belastet ist.

Zuckmayer entwirft ein Szenario, laut dem sich Albers im Falle einer Emigration als besserer Komparse hätte durchschlagen müssen: Er »würde in Hollywood in der Statisterie als stummer älterer Stormtrooper in Antinazifilms verwendet werden und 10 Dollar für den Aufnahmetag bekommen« (S. 48) Zuckmayers düstere Zukunftsprognose ist plausibel, da er sie am Beispiel des österreichischen Schauspielers Rudolf Forster, von dem er an anderer Stelle spricht, belegen kann. Den 1884 geborenen Schauspieler ordnet Zuckmayer ebenfalls in die »Gruppe 1: Positiv« ein.[104] Der »König der Schauspieler«[105], wie Rudolf Arnheim ihn damals nannte, ging 1937 in die USA, kehrt dann aber 1940 nach Deutschland zurück.[106] In Zuckmayers Dossier heißt es nun:

> Er setzte sich der Schinderei in Hollywood aus und machte »Test's« bei allen möglichen Studio's – mit dem Erfolg dass man ihm bestenfalls kleine Dreckrollen anbot und ihn für die ihm zukommende Arbeit nichteinmal ins Auge fasste. Sein *Typus* konnte hier unter keinen Umständen Verständnis oder Erfolg erwarten. Er war sozusagen – wie die meisten deutschen Dichter – unübersetzbar. Er hätte mit einem Wort hier verhungern oder ein erniedrigendes Leben als um kleine Rollen bettelnder Mitläufer führen müssen. (S. 51)

Forsters Rückkehr sei kein Bekenntnis zum Nationalsozialismus, sondern »ein Akt der reinen Selbsterhaltung« gewesen. Zuckmayer faßt zusammen: »Er ging zurück da ihm nichts anderes übrig blieb« (ebd.).

Albers' Schicksal hätte sich wahrscheinlich nicht wesentlich von Forsters unterschieden. Nun ist der Star aber – im Unterschied zu seinem weniger populären Kollegen – seit Mitte der dreißiger Jahre so vermögend, daß er auch von seinem Kapital hätte leben können: 1935 zahlt er für ein Guthaben von 310.000 RM Vermögenssteuer.[107] Dennoch trifft Zuckmayers Szenario zu, da Albers dieses Kapital nur zu einem

---

104 Zuckmayer war Forster in besonderer Weise verpflichtet: Forster hatte eine Hauptrolle bei der Erstaufführung von Zuckmayers Stück *Pankraz erwacht oder Die Hinterwäldler* übernommen und war dafür von der Kritik gefeiert worden. Vgl. Zuckmayer, *Als wär's ein Stück von mir*, a.a.O. (Anm. 3), S. 461.

105 *Berliner Tageblatt* vom 21. Februar 1931.

106 Vgl. Forster, *Das Spiel – mein Leben*, a.a.O. (Anm. 13), S. 283-327.

107 DIF, Nachlaß Albers, Schreiben der Steuerberaterin vom 14. Juni 1946.

Bruchteil ins Ausland hätte transferieren können. Seine Kapitalanlagen –
vor allem die Immobilien – wären in jedem Fall verloren gewesen.
Albers hätte sich – wie die übrigen »strangers in paradise«[108] – als
Kleindarsteller verdingen müssen und womöglich Unterstützung vom
European Film Fund bezogen. Offenbar hält Zuckmayer ein solches
Leben für unzumutbar. Dieses Urteil entspricht der Haltung, die
Zuckmayer generell gegenüber der Emigration einnimmt.

5.1. Zuckmayers verlorenes Paradies

In seinem Dossier kommt Zuckmayer mehrfach auf das Thema Emigration zu sprechen. Gegen die Auswanderung spricht für ihn erstens
die schon erwähnte Gefahr der Verelendung, die er am eigenen Leibe
erfahren hat. Der einstmals wohlhabende Schriftsteller schlägt sich
1943 als Farmer in Vermont durch.[109] Sein Verständnis für ökonomische Überlegungen der Daheimgebliebenen ist in Anbetracht seiner
Biographie zumindest nachvollziehbar. Da er selber die Not des Aus-
wanderers kennengelernt hat, erhalten zum Beispiel die Schauspielerinnen Tilly und Pamela Wedekind von Zuckmayer eine »Absolution mit
leichter Busse (knappe 5 Vaterunser)« für ihre Arbeit am Staatstheater:
»Ihre Existenz war auf diese Weise in Deutschland gesichert ohne dass
sie sich zu Nazis konvertieren mussten – und es ist auch nicht zu er-
sehen was sie in der Emigration hätten tun sollen ausser zu verelenden«
(S. 121).
Der Nachsatz enthält bereits einen Hinweis auf das zweite Argument, das Zuckmayer gegen die Emigration anführt: »Es ist immer
wieder zu sagen, dass die Existenz solcher nicht hervorragender aber
guter, anständiger und noch niveaubewusster Leute in Deutschland
wichtiger ist als ihr ziemlich sicheres Verkommen oder Zermahlenwer-
den in der Emigration« (S. 36). Das bedeutet: Wer nicht fliehen *muß*,
soll in Deutschland bleiben. Dort könne er weitaus mehr bewirken als
im Exil. Zuckmayer tadelt, daß die anderen Emigranten Otto Falckenberg angreifen: Falckenberg verteidige in Deutschland eine Position,
die »sonst von einem Nazi oder Nazigünstling besetzt und ganz mit
Nazi-Inhalt, Propaganda und Einfluss, aufgefüllt würde« (ebd.).
Auch die Überzeugung, in Deutschland trotz aller Kompromisse mehr
bewirken zu können, läßt sich in Zuckmayers Biographie verankern:

---

108 John Russell Taylor, *Fremde im Paradies: Emigranten in Hollywood
    1933-1950*, Frankfurt am Main, Berlin 1987.
109 Vgl. Albrecht, »*No return*«, a.a.O. (Anm. 47), S. 26 f.

Schließlich hat auch er – ein Autor von Volksstücken – im Ausland nichts gegen die Nationalsozialisten ausrichten können. In Deutschland war er ein Star, der sogar einen Werbevertrag vorweisen konnte.[110] In den USA ist er ein Unbekannter ohne jeden Einfluß: Zuckmayer ist als Drehbuchautor in Hollywood und als Lehrer an einer New Yorker Universität gescheitert. Ein im Exil verfaßtes Drama wird nur eine Woche lang gespielt, und als Farmer findet der Schriftsteller – anders als er ursprünglich geplant hatte – keine Zeit mehr zum Schreiben.[111] Der einstmals umschwärmte Zuckmayer, dessen Wort Gewicht hatte, lebt zu Beginn der vierziger Jahre in großer Abgeschiedenheit.[112] Daher kann als eine Art Zusammenfassung seiner eigenen Überzeugung verstanden werden, was Zuckmayer dem Verleger Peter Suhrkamp an anderer Stelle des Dossiers in den Mund legt: »für solche, die nicht fliehen *mussten*, [ist] der verantwortliche Platz in Deutschland« (S. 21).

Diese Haltung hat Konsequenzen für das Dossier: Zuckmayer plädiert nicht nur für eine versöhnliche Haltung gegenüber den in Deutschland Lebenden, sondern er entschuldigt und rechtfertigt, wo immer er es vertreten kann. Stehen ihm keine Fakten zur Verfügung, so läßt er sich gelegentlich sogar zu Beteuerungen hinreißen. Über Jannings schreibt er: »Es wurde behauptet, er habe irgendwelche armen Teufel von Journalisten, die – in Deutschland – ein Gerücht über seine nicht-arische Abstammung verbreitet hatten, ins KZ gebracht, das ist aber *bestimmt nicht wahr*« (S. 142). Zuckmayer weiß um die Verbitterung anderer im Exil Lebender, aber er bagatellisiert diese: »Es ist auch verständlich dass viele Emigranten – frühere Freunde die ihn als Verräter empfinden – und besonders die jüdischen – sehr böse auf ihn sind« (S. 136). Zuckmayers Wortwahl ist bezeichnend: Die Emigranten sind nicht etwa empört, aufgebracht, entrüstet oder wütend über Jannings, nein, sie sind »sehr böse« auf ihn. Dies ist die Haltung einer Mutter oder eines Vaters gegenüber einem ungezogenen Kind. Damit wird ein Szenario vorgegeben: Eltern, die »sehr böse« sind, werden dem Übeltäter auf jeden Fall verzeihen.

Die auf Versöhnung abzielende Haltung beinhaltet, daß Emigration für Zuckmayer keine moralische Verpflichtung ist. Auch dies hängt mit seiner eigenen Biographie zusammen. Zuckmayer erklärt in seinen Memoiren explizit: »Ich wollte kein Emigrant werden. Ich wurde es, weil

---

110 Ebd., S. 9.
111 Vgl. Zuckmayer, *Als wär's ein Stück von mir*, a.a.O. (Anm. 3), S. 437.
112 Vgl. Hans Wagener, *Carl Zuckmayer*, München 1983, S. 35.

mir nichts anderes übrig blieb.«[113] Tatsächlich hatte er nach dem »An-schluß« Österreichs vor, sein Haus – die geliebte Mühle, das »Para-dies«[114] – mit einer Waffe gegen die Nationalsozialisten zu verteidigen. Seine Frau Alice konnte ihn erst im letzten Moment von diesem selbst-mörderischen Plan abbringen.[115]

Zuckmayer selber wäre also gerne in seiner Heimat geblieben – auch unter nationalsozialistischer Herrschaft. Heinrich Mann schreibt 1934: »Zuckmayer möchte vielleicht zurück.«[116] Tatsächlich bemüht sich der Dramatiker noch 1935 um eine Aufnahme in die Reichsschrift-tumskammer (RSK).[117] In Anbetracht dieser Bemühungen ist nachvoll-ziehbar, daß der »Emigrant wider Willen« Verständnis für diejenigen Künstler aufbringt, die das Land ebenfalls nicht verlassen wollen – also auch für Albers und Rühmann. Für seine Sympathie, die einer Vielzahl von Daheimgebliebenen gilt, kann in diesen beiden speziellen Fällen aber noch ein zweiter Grund ausgemacht werden, der mit Zuckmayers Figuren, seinen Helden, zusammenhängt.

5.2. Zuckmayers Helden

Im Jahre 1949 wird zum ersten Mal eine Verfilmung von *Des Teufels General* in Angriff genommen. Hans Albers, der schon 1947 wieder vor der Kamera stand, soll die Rolle des Luftwaffengenerals Harras angeboten worden sein.[118] Diese Wahl ist naheliegend, denn Harras entspricht exakt dem Image des Stars: Er ist ein jovialer Draufgänger, der über die nationalsozialistischen Machthaber spottet. Ein Frauen-held, der gerne trinkt und singt.[119] Noch dazu ist Harras ein Flieger und jedem Kinogänger der Nachkriegszeit ist Albers' Lied *Flieger grüß mir die Sonne* ein Begriff. Auch scheint der Dialog des Zuckmayer-

113 Zuckmayer, *Als wär's ein Stück von mir*, a.a.O. (Anm. 3), S. 535.
114 Ebd., S. 9.
115 Vgl. Wagener, *Carl Zuckmayer*, a.a.O. (Anm. 12), S. 32.
116 Heinrich Mann an Rudolf Olden (19. April 1934) zitiert nach: *Der deutsche PEN-Club im Exil 1933-1948. Eine Ausstellung der deutschen Bibliothek.* Frankfurt am Main 1980, S. 90.
117 Vgl. Albrecht, *»No return«*, a.a.O. (Anm. 47), S. 16 f.
118 Vgl. Christa Bandmann, *Es leuchten die Sterne: Aus der Glanzzeit des deutschen Films*, München 1979, S. 183.
119 Vgl. Hans Wagener, *Carl Zuckmayer*, in: Alo Allkemper / Norbert O. Ehe, *Dramatiker des 20. Jahrhunderts*, Berlin 2000, S. 249-266, hier: S. 259 f.

schen Dramas wie für Albers geschrieben, sogar in der Diktion: »Also
hör mal zu, mein Alter. Wenn du das meinst: ein Nazi bin ich nie gewesen. Da haste ganz recht. Immer nur ein Flieger. [...] General oder
Zirkusclown. Ich bin Flieger, sonst nix. Und wem's nicht paßt, der
kann mich.«[120]

Trotz dieser Übereinstimmung von Image und Rolle spricht sich
Zuckmayer 1949 in *Grundsätzlichen und grundlegenden Erwägungen
zu einer Verfilmung meines Stücks »Des Teufels General«* gegen die
»verlockende Besetzung« mit Albers aus.[121] Er bevorzugt Gustav
Knuth, der den Harras auf der Bühne gespielt hat. Sein Einwand gegen
Albers lautet, daß dieser »im Bewußtsein des Publikums immer der
eigentlich unzweifelbare Held, der Mann aller Sympathie bleibt, der
niemals unrecht hat und nie schuldig wurde«.[122] Doch auch der von
Zuckmayer favorisierte Knuth wird die Rolle nicht erhalten. Als der
Film 1954 endlich gedreht wird, besetzt Helmut Käutner den Part
mit Curd Jürgens. Hier schließt sich der Kreis, denn der 39jährige spielt
die Rolle in der Tradition der Albers-Helden – gegen Zuckmayers erklärten Willen.[123] Jürgens gilt als eine Art Nachfolger von Albers;
beide haben nahezu das gleiche Rollenfach. Er spielt gewissermaßen
die Rollen, die nicht mehr mit dem 24 Jahre älteren Albers besetzt werden können. So ist es auch ein Beleg für die Affinität zwischen dem
Image von Albers und den Zuckmayerschen Figuren, daß Jürgens 1958
die Rolle des Schinderhannes in der gleichnamigen Verfilmung von
Zuckmayers Drama übernimmt. Jürgens sei, so schreibt die *Frankfurter Allgemeine Zeitung*, »eine Zugnummer aus einem Heimatstück in
der Manier von St. Pauli, ein wenig im Gleis von Hans Albers«.[124]

In beiden Fällen – bei *Des Teufels General* und beim *Schinderhannes* –
konnte sich Zuckmayer mit seinen Besetzungswünschen nicht durchsetzen.[125] Der Autor selber schätzte seine Figuren anders ein als seine
Zeitgenossen, die den Harras und den Schinderhannes als auf Albers

---

120 Carl Zuckmayer, *Des Teufels General. Theaterstücke 1947-1949*, Frank-
     furt am Main 1996, S. 27 (zuerst 1946).
121 Vgl. Gunther Nickel, »*Des Teufels General« und die Historisierung des
     Nationalsozialismus*, in: *Zuckmayer-Jahrbuch*, Bd. 4, 2001, S. 587.
122 Ebd.
123 Vgl. Blumenberg, *In meinem Herzen Schatz ...*, a.a.O. (Anm. 6), S. 89.
124 *Frankfurter Allgemeine Zeitung* vom 18. Dezember 1958
125 Vgl. Gunther Nickel / Ulrike Weiß, *Carl Zuckmayer 1896-1977. »Ich
     wollte nur Theater machen«*, Marbach 1996 (Marbacher Kataloge 49),
     S. 417 f.

und seinen Nachfolger zugeschnittene Helden sahen. Zuckmayer sieht Albers nur bei *Katharina Knie* als Idealbesetzung: 1957 und 1960 verkörpert der gealterte Star den Zirkusdirektor Knie in zwei Inszenierungen.[126] Zuckmayer ist von dieser Besetzung restlos überzeugt: »Ohne Albers könnten wir das Stück nicht herausbringen«.[127] Als eine Verfilmung des Stoffes geplant wird, meldet Albers Interesse an, doch das Projekt scheitert aus finanziellen Gründen.[128] Auch als die Berolina Mitte der fünfziger Jahre einen Hauptdarsteller für die Verfilmung von *Der Hauptmann von Köpenick* sucht, bringt sich Albers ins Gespräch.[129] Er schreibt an den Produzenten Kurt Ulrich, der ihm aber nur mitteilen kann, daß ein anderer die Rolle spielen wird: Heinz Rühmann.[130]

Rühmanns Image stimmt mit der Figur, wie sie von Helmut Käutner inszeniert wird, voll und ganz überein[131] – selbst wenn dies 1956 nicht von allen Zeitgenossen so gesehen wurde. So äußerte auch Zuckmayer Bedenken: Zu frisch war noch die Erinnerung an die Komödie *Charleys Tante.* Aus historischer Perspektive zeigt sich aber, daß Rühmanns Image im Ganzen mit der Figur des Voigt in Einklang steht: Er spielt den Voigt nicht verzweifelt, wie Max Adalbert in der Verfilmung von 1931. Er spielt ihn aber auch nicht als »Sakerments-Kerl«,[132] wie Albers ihn wohl angelegt hätte. Statt dessen stellt er, seinem Image entsprechend, ein »Stehaufmännchen«[133] dar. Mit dieser Interpretation war Zuckmayer mehr als zufrieden; er lobt Rühmanns Darstellung überschwenglich:

126 Vgl. *Zuckmayer-Jahrbuch*, Bd. 2, 1999, S. 238.
127 Vgl. DLA, Nachlaß Zuckmayer, Brief von Zuckmayer an Gottfried Bermann Fischer vom 1. November 1956.
128 Vgl. Helmut G. Asper, *Mon cher ami d' outre Rhin. Max Ophüls und Carl Zuckmayer – eine unvollendete Freundschaft*, in: *Zuckmayer-Jahrbuch*, Bd. 4, 2001, S. 435.
129 Rühmann, *Das war's*, a.a.O. (Anm. 14), S. 183.
130 DIF, Nachlaß Albers, Kurt Ulrich an Hans Albers. o.J.
131 Vgl. Klaus Kanzog, *Aktualisierung – Reaktualisierung. Carl Zuckmayers »Der Hauptmann von Köpenick« in den Verfilmungen von Richard Oswald (1931/1941) und Helmut Käutner (1956)*, in: *Zuckmayer-Jahrbuch*, Bd. 4, 2001, S. 261-264.
132 Thomas Koebner, *Carl Zuckmayers deutsche Filmhelden*, in: *Zuckmayer-Jahrbuch*, Bd. 1, 1998, S. 175.
133 Thomas Brandlmeier, in: *CineGraph. Lexikon zum deutschsprachigen Film*, München 1984 ff., Artikel »Heinz Rühmann«.

> Rühmann, unter Käutners glänzender Regie, gab dem preußischen
> Eulenspiegel im Wilhelm Voigt sein volles Recht und seine tiefere Be-
> deutung: Lachen und Weinen war ja immer ganz nah beisammen.
> Wenn er [...] die Soldaten entläßt, [...] geht eine so fundamentale
> Traurigkeit von ihm aus, daß man sich der Vergeblichkeit aller Flucht
> des Menschen vor seinem Schicksal schaudernd bewußt wird.[134]

Das Image von Rühmann und Albers entspricht – so läßt sich zusammenfassen – Zuckmayers berühmtesten Figuren, die der Filmwissenschaftler Thomas Koebner als »›Selbsthelfer‹ in verworrener Zeit«[135]
charakterisiert. Die beiden Schauspieler sind sozusagen Idealbesetzun-
gen seiner Helden, auch wenn sie de facto nur je eine Zuckmayer-Figur
gespielt haben.[136] Diese Übereinstimmung hat Konsequenzen. Überspitzt formuliert: Zuckmayer hätte sich gegen seine eigenen Figuren
gestellt, wenn er Albers und Rühmann in eine andere Gruppe als die
»Gruppe 1« eingeordnet hätte. Die Übereinstimmung von Image und
Figurenzeichnung führt dazu, daß der Autor Zuckmayer sich für Albers
und Rühmann einsetzen muß, will er nicht in Widerspruch zu seinen
eigenen Texten geraten.

Dieses Ergebnis erfordert eine methodische Standortbestimmung.
Zu welchem Resultat würde die weitere Verfolgung der gerade eingeschlagenen Argumentationslinie führen? Auf der Grundlage des Reports könnte sicherlich eine Charakterstudie ausgearbeitet werden –
und zwar die des Schriftstellers Zuckmayer. Ein solches Psychogramm
mag von Interesse für etwaige Biographen sein; sie betrifft die Theater-
und Filmwissenschaft, um die es hier gehen soll, aber nur am Rande.
Der Charakter eines Autors ist sicher nicht Gegenstand des Faches,
auch wenn es sich bei diesem Autor um einen der erfolgreichsten Dramatiker Deutschlands handelt. Aus dieser Feststellung ergibt sich eine
drängende Frage. Das Gutachten ist sicher amüsant zu lesen. Zuckmayer scherzt und spottet, erzählt eine Fülle von Anekdoten:

> Als Hitler ihr [Leni Riefenstahl] für ihre Inszenierung des Olympiade-
> und eines Nürnberger Parteitag Films persönlich das Goldene Eh-

---

134 Zitiert nach Kirst/Forster, *Das große Heinz Rühmann Buch*, a.a.O.
     (Anm. 16), S. 207.
135 Koebner, *Carl Zuckmayers deutsche Filmhelden*, a.a.O. (Anm. 132),
     S. 175.
136 Die Figuren Mazeppa und Sergeant Quirt werden hier nicht als Zuck-
     mayer-Figuren verstanden, da es sich in beiden Fällen um Bearbeitungen
     handelt.

renabzeichen oder sowas überreichte, fiel sie auf der Bühne vor Aufregung in die Freissen, (in Ohnmacht) wobei es ihr misslang dem Führer in die Arme zu sinken – sie sank ihm zu Füssen und er musste, sichtlich angewidert, über sie wegsteigen um abzugehen. (S. 93 f.)

Der Unterhaltungswert solcher Geschichten ist hoch – besonders für Theater- und Filminteressierte. Doch welchen Erkenntnisgewinn verspricht die Lektüre des Dossiers für die Theater- und Filmwissenschaft?

6. Zwei Lesarten: Zuckmayers Dossier als Quelle für die Theater- und Filmwissenschaft

Fachrelevante Erkenntnisse könnte die Auswertung der im Dossier genannten Fakten ergeben, sofern sie Regisseure, Dramatiker, Schauspieler und Schauspielerinnen betreffen. Doch eine solche Auswertung führt zu einem enttäuschenden Ergebnis: Zuckmayers Dossier enthält nahezu keine neuen Informationen über die gerade genannten Berufsgruppen. Darüber hinaus sind die wenigen Fakten, die er nennt, mit Vorsicht zu betrachten: Zuckmayer hat sein Gutachten nicht auf der Basis schriftlicher Dokumente angefertigt; ihm standen offenbar keine deutschen Künstlerlexika, Bühnenjahrbücher und nur wenige aktuelle Zeitschriften zur Verfügung. Der Dramatiker greift daher fast ausschließlich auf seine Erinnerung zurück. So schätzt er zum Beispiel das Alter der Darsteller, nennt nur wenige Filmtitel oder Inszenierungen.

Überdies ist dem Text anzumerken, daß der Informationsfluß von Deutschland in die USA während des Krieges schlecht war. Wenn Zuckmayer über die Zeit nach 1939 schreibt, muß er an vielen Stellen mutmaßen: Sybille Schmitz »soll begeisterte Nazianhängerin sein – Näheres dem Verf. nicht bekannt« (S. 92). Diese Behauptung ist nicht zu halten: Schmitz spielte zwar in einem Propagandafilm mit, lebte aber ansonsten zurückgezogen in einem österreichischen Dorf.[137] Der Autor beruft sich auf Hörensagen: »Einige Leute, die behaupten es bestimmt zu wissen, verbreiten das Gerücht, dass Jannings im Jahr 1943 wegen Devisenverbrechen erschossen worden sei« (S. 155). Jannings war 1943 aber mit den Dreharbeiten zu der Komödie *Altes Herz wird wieder jung* beschäftigt. Über Veit Harlan hat Zuckmayer »nur Gutes«

---

137 Cinzia Romani, *Die Filmdivas des Dritten Reiches*, Linz 1982, S. 79-83; Friedemann Beyer, *Die Ufa-Stars im Dritten Reich. Frauen für Deutschland*, München 1991, S. 112-150.

gehört (S. 185); dabei hat dieser Propagandafilme wie *Jud Süss* (1940)
gedreht. Auch im Falle Rühmann weiß Zuckmayer nicht Bescheid:
Rühmann »soll bei Beginn des Kriegs als Kampfflieger in die Armee
gegangen sein. Ein Gerücht von seinem Tod in Polen hat sich nicht bestätigt, und es ist dem Verf. nicht bekannt ob er heute noch der Luft-
waffe angehört oder wieder Theater spielt« (S. 46). Rühmann war
zwar begeisterter Pilot, aber kein Kampfflieger, auch wenn dies immer
wieder behauptet wurde.[138] Er stand auch nicht an der Front, sondern
im Studio; während des Krieges spielte der Komiker in 13 Filmen mit.

Daß er Fehlinformationen weitergibt, kann Zuckmayer selbstverständlich nicht angelastet werden, da er seine Bedenken formuliert und
außerdem keine Möglichkeit hatte, den Wahrheitsgehalt der von ihm
eingeholten Auskünfte zu überprüfen. Es läßt sich also nur ganz allgemein festhalten, daß Zuckmayer in seinen Berichten gelegentlich irrt.
Diese Irrtümer haben allerdings Konsequenzen für die weitere Auswertung: Im Hinblick auf biographische Daten sind nicht nur die zahlreichen Lebensbeschreibungen und Staranalysen, sondern auch das
Lexikon *CineGraph* aufschlußreicher als Zuckmayers Bericht.[139] Als
Quelle für eine empirienahe Theater- oder Filmgeschichtsschreibung ist
sein Text somit ungeeignet. Geeignet ist das Dossier jedoch für eine
Auswertung, die gerade nicht auf die Herausarbeitung und Verifizie-
rung von Fakten abzielt: für eine Auswertung, die an Gerüchten interessiert ist.

6.1. Gerüchte

Das Gerücht hat einen schlechten Ruf. Sprichwörtlich verbreitet es sich
»wie ein Lauffeuer«, einer Seuche vergleichbar. Großer Wert wird ihm
anscheinend nicht beigemessen. Als Abwertung ist das Urteil zu verstehen, es handle sich bei dieser Auskunft ja »bloß« um ein Gerücht und
nicht etwa um verbrieftes Wissen. Tatsächlich sind Gerüchte unver-
bürgte Informationen; wer sie weitergibt, muß dementsprechend nicht
für ihren Wahrheitsgehalt bürgen. Das bedeutet aber keinesfalls, daß
Gerüchte unwahr sind. Es bedeutet jedoch auch nicht, daß sie wahr
sind. Das Gerücht trägt vielmehr beide Möglichkeiten in sich: Es kann

---

138 Vgl. Rühmann, *Das war's*, a.a.O. (Anm. 14), S. 160-172; Kirst/Forster,
Das große Heinz Rühmann Buch, a.a.O. (Anm. 16), S. 114 f.
139 *CineGraph. Lexikon zum deutschsprachigen Film*, hrsg. von Hans-
Michael Bock, München 1984 ff. (Loseblattsammlung).

wahr, aber auch unwahr sein.[140] Da das Gerücht an den Zweifel gebunden ist, läßt es sich weder bestätigen noch widerlegen. Wird ein Gerücht nämlich zweifelsfrei bestätigt, so ist es von diesem Moment an eine Nachricht. Wird es zweifelsfrei widerlegt, so gilt es von diesem Moment an als Falschmeldung. Als nicht negierbare Mitteilung findet das Gerücht nur dann sein Ende als Gerücht, wenn sich niemand mehr mit ihm beschäftigt.

Handeln Gerüchte nun von prominenten Personen, so sind sie Gegenstand der Star- oder Imageanalyse, wie im folgenden zu zeigen ist.[141] Diesen Typ des Gerüchts sparen die sozialwissenschaftlichen Forschungsarbeiten der achtziger und neunziger Jahre, die sich mit nachbarschaftlichem Klatsch und modernen Wandersagen befassen, ausdrücklich aus.[142] Jörg R. Bergmann vermerkt schon im ersten Absatz seiner Studie, daß er den »Prominentenklatsch« nicht behandeln wird.[143] Auch Edmund Lauf, der die Diffusion von Gerüchten untersucht, ist nicht an dem mit Berühmtheiten befaßten Hörensagen interessiert.[144] Genau dieses Hörensagen ist jedoch für die Staranalyse relevant: Darzulegen ist der bislang noch nicht untersuchte Zusammenhang zwischen Gerücht und Image.

---

140 Vgl. Jean Noël Kapferer, *Gerüchte. Das älteste Massenmedium der Welt*, Leipzig 1996.

141 Staranalysen werden seit Beginn der achtziger Jahre von angloamerikanischen Forschern vorgelegt (vgl. besonders Richard Dyer, *Stars*, London 1986). In Deutschland setzte die wissenschaftliche Auseinandersetzung mit dem Thema später ein; viele grundlegende Studien sind sogar erst in den letzten Jahren erschienen (vgl. etwa Werner Faulstich / Helmut Korte [Hrsg.], *Der Star. Geschichte, Rezeption, Bedeutung*, München 1997; Thomas Koebner [Hrsg.], *Idole des deutschen Films*, München 1997; Stephen Lowry / Helmut Korte, *Der Filmstar*, Stuttgart, Weimar 2000).

142 Vgl. besonders Jörg R. Bergmann, *Klatsch. Zur Sozialform der diskreten Indiskretion*, Berlin, New York 1987; Edmund Lauf, *Gerücht und Klatsch. Die Diffusion der abgerissenen Hand*, Berlin 1990; Kapferer, *Gerüchte*, a.a.O. (Anm. 140); Hans-Joachim Neubauer, *Fama. Eine Geschichte des Gerüchts*, Berlin 1998; eine Sammlung von populären Fallbeispielen liefert Klaus Thiele-Dohrmann, *Eine kleine Geschichte des Klatsches. Der Charme des Indiskreten*, Düsseldorf 1995; eine Unterscheidung von Klatsch und Denunziation findet sich in Karol Sauerland, *Dreißig Silberlinge. Denunziation – Gegenwart und Geschichte*, Berlin 2000.

143 Bergmann, *Klatsch*, a.a.O. (Anm. 142), S. V; vgl. Kapferer, *Gerüchte*, a.a.O. (Anm. 140), S. 216-221.

144 Lauf, *Gerücht und Klatsch*, a.a.O. (Anm. 142), S. 24.

Ein Image ist die Summe *aller* über einen Star zirkulierenden Informationen – egal ob sie wahr oder unwahr sind.[145] Zu unterscheiden ist das *screen image*, das sich aus den Eigenschaften der von einem Star verkörperten Figuren zusammensetzt, und das sogenannte *public image*, das alle öffentlich zirkulierenden Informationen umfaßt, die nicht an die Rollen des Stars gebunden sind.[146] Bei der Untersuchung des *public image* kommt nun das Gerücht ins Spiel – und zwar schon zu Beginn der Stargeschichtsschreibung. Bis heute gilt Florence Lawrence als der erste Filmstar, da sie als erste Darstellerin über ein *public image* verfügte.[147] Dieses *public image* verdankt sie – einem Gerücht. Der Produzent Carl Laemmle erklärt 1910, daß die Schauspielerin entgegen anders lautender Meldungen quicklebendig sei.[148] Laemmle entlarvt eine Lüge – eine angebliche Lüge. Er reagiert nämlich auf ein Gerücht, das es vor seinem Widerruf überhaupt nicht gegeben hat, und kreiert es auf diese Weise.

Schon dieses Beispiel zeigt die Bedeutung des Gerüchts für die Imagebildung eines Stars.[149] Studios und Agenturen versuchen, ein *public image* zu schaffen und zu kontrollieren. Dies ist kein sorgsam gehütetes Produktionsgeheimnis: Daß der Informationsfluß über einen Star gesteuert wird, ist sogar Thema in Filmen des klassischen Holly-

145 Zur Imageforschung vgl. etwa Richard de Cordova, *Stardom. The Hollywood Phenomenon*, London 1970; Dyer, *Stars*, a.a.O. (Anm. 141); Richard Dyer, *Heavenly Bodies. Film Stars and Society*, London 1987; Richard Dyer, *Only Entertainment*, London 1992; Christine Gledhill (Hrsg.), *Stardom. Industry of Desire*, London 1991, S. 283.

146 Vgl. Richard de Cordova, *The Emergence of the Star System in Hollywood*, in: Wide Angle, Jg. 6, 1985, H. 4, S. 4-13; Joseph Garncarz, *Die Schauspielerin wird Star. Ingrid Bergmann, eine öffentliche Kunstfigur*, in: Renate Möhrmann (Hrsg.), *Die Schauspielerin. Zur Kulturgeschichte der weiblichen Bühnenkunst*, Frankfurt am Main 1989, S. 321-344; Lorenz Engell, *Bewegen beschreiben. Theorie zur Filmgeschichte*, Weimar 1995, S. 307-310.

147 John Hill / Pamela Church Gibson, *The Oxford Guide to Film Studies*, Oxford, New York 1995, S. 344 f.

148 Nacherzählungen dieser Propagandamaßnahme finden sich etwa in Enno Patalas, *Sozialgeschichte der Stars*, Hamburg 1963, S. 11; Majorie Rosen, *Popcorn Venus. Women, Movies and the American Dream*, New York 1973, S. 26; Richard Schickel, *Intimate Strangers. The Culture of Celebrity*, New York 1986, S. 49 f.

149 Vgl. in diesem Zusammenhang auch die folgende Skandalchronik: Kenneth Anger, *Hollywood Babylon*, München 1984.

woodkinos wie *Du sollst mein Glücksstern sein* (*Singin' in the Rain*;
1952) oder *Ein neuer Stern am Himmel* (*A Star is Born*; 1954). Da die
Produkthaftigkeit des Images somit auch für den Konsumenten außer
Zweifel steht, ist jedem Image – wie auch jedem Gerücht – der Zweifel
eingeschrieben. Dieser Zweifel fügt dem Starsystem keinen Schaden zu,
sondern nutzt ihm vielmehr. Mit dem Zweifel arbeitet nämlich die Boulevardpresse, die Gerüchte aufgreift oder sie in Umlauf setzt. Fanmaga-
zine verheißen, das von den Studios aufgebaute Image zu durchbrechen
– das heißt, die »Wahrheit« über das Privatleben eines Stars aufzudecken. Doch selbst wenn eine Enthüllung wahr sein sollte, wird das
public image nicht destruiert. Eine Aufdeckung – sei sie zutreffend oder
nicht – führt stets nur zu einer Veränderung des Images, nicht zu seiner
Auflösung. Ein Image wird nur durch ein anderes ersetzt.

Zerstört werden kann ein Image nur, wenn es in Vergessenheit gerät.
Und genau dies ist ausgeschlossen, solange noch Gerüchte über einen
Star kursieren. Hier zeigt sich die Stärke von Gerüchten, die mit dafür
sorgen, daß das Starsystem in seiner Eigendynamik auf Fortsetzung
ausgerichtet ist: Sogar nach dem Tod eines Stars können Gerüchte sein
Image im wahrsten Sinne des Wortes am Leben erhalten. Somit erweist
sich das Unverbriefte, was dem Gerücht im alltäglichen Sprachgebrauch
als Makel anhaftet, im Kontext des Images als sein größter Vorteil.

Zuckmayers Text liefert nun eine Fülle von Gerüchten, die bei einer
Imageanalyse von Bedeutung sein können. Der Dramatiker schildert
zum Beispiel ausführlich Emil Jannings' sexuelles Lieblingsszenario –
»faire l'amour im Boudoir einer Dame, die vollständig fertig zum Ausgehen angezogen ist« (S. 153). Über Hubert von Meyerinck schreibt
Zuckmayer: »überzeugter Homosexueller – (wenn ihm auch gelegentlich aus Versehen kleine Fehltritte mit dem anderen Geschlecht passier-
ten, die er stets ehrlich bereut hat)« (S. 47). Zwei Schauspielerinnen
unterstellt Zuckmayer ein Verhältnis mit Joseph Goebbels:[150] »Maria
Paudler – [...] Entzückte Anbeterin des schönen Adolf – vermutlich
willige Goebbelshure falls sie ihm nicht zu trampelig war« (S. 92). Im
Absatz darauf heißt es: »Ähnliches [ist] von Sybille Schmitz zu sagen«
(ebd.). Schon diese kleine Übersicht zeigt, daß eine Reihe von Gerüch-

---

150 Vgl. etwa Friedemann Beyer, *Die Ufa-Stars im Dritten Reich. Frauen für
Deutschland*, München 1991; Arthur Maria Rabenalt, *Joseph Goebbels
und der »Großdeutsche« Film*, München, Berlin 1985, S. 126; Paul Werner, *Die Skandalchronik des deutschen Films von 1900 bis 1945*, Frankfurt am Main 1990; Felix Moeller, *Der Filmminister. Goebbels und der
Film im Dritten Reich*, Berlin 1998, S. 439-454.

ten über sexuelle Beziehungen im Dossier zu finden sind. Bezeichnenderweise sind solche Gerüchte nicht nur typisch für Zuckmayers Dossier, sondern auch für das Starsystem.[151] An zwei prominenten Beispielen – Leni Riefenstahl und Gustaf Gründgens – kann demonstriert werden, wie derartige Gerüchte in eine Staranalyse eingebracht werden
können.

Über Leni Riefenstahl spottet Zuckmayer: Sie gelte in Deutschland
als die »Reichsgletscherspalte« (S. 93). Die Regisseurin »soll auch mit
Hitler geschlafen haben was Verf. aber nicht glaubt. (Beiderseitige Im-
potenz anzunehmen)« (ebd.). Die beiden Sätze über Riefenstahl zeigen
noch einmal deutlich, daß derjenige, der ein Gerücht weitergibt, nicht
für seinen Wahrheitsgehalt bürgen muß. Zuckmayers boshafte Pointe
basiert ja gerade auf der Unglaubwürdigkeit der Information, die ihm
zugetragen wurde. Entscheidend für eine Imageanalyse ist nun nicht,
ob das Gerücht bestätigt werden kann. Entscheidend ist lediglich, daß
es kursiert. Diese Unterscheidung ist von methodischer Relevanz: In-
wiefern es tatsächlich Mundpropaganda gab, muß nämlich im einzelnen nachgewiesen werden, was in diesem Fall möglich ist: Offenbar
gab es im ›Dritten Reich‹ Flüsterwitze über das Verhältnis von Riefenstahl und Hitler.[152] Die Regisseurin habe – so hieß es – nackt vor ihrem
Führer auf dem Berghof getanzt.[153] Es wurde verbreitet, »daß Fräulein
Riefenstahl dem ›Führer‹ persönlich unterstehe – oder vielmehr ›unter-
liege‹ […] Der in der Bevölkerung weitverbreitete Spottname ›Reichsgletscherspalte‹ legte solche Vermutungen ebenfalls nahe.«[154]

151 Vgl. etwa Werner, *Die Skandalchronik des deutschen Films von 1900 bis
    1945*, a.a.O. (Anm. 150).
152 Vgl. dazu auch den Witz über Riefenstahl in: Hans-Jochen Gamm, *Der
    Flüsterwitz im Dritten Reich*, München 1993, S. 116. Bei der feierlichen
    Übergabe eines Braunhemdes habe sie gesagt: »Ich werde das Braunhemd
    stets hochhalten und dabei die Bewegung nicht vergessen.«
153 Dieses Gerücht kolportiert zum Beispiel Luis Trenker in der von ihm
    gefälschten Autobiographie *Das geheime Tagebuch der Eva Braun*. Vgl.
    dazu Jürgen Trimborn, *Leni Riefenstahl und die Deutschen. Eine Bio-
    graphie*, unveröff. Ms. 2001; siehe auch Ernst Jaeger, *How Riefenstahl
    Became Hitler's Girlfriend*, in: *Historical Journal of Film, Radio and Te-
    levision*, Jg. 13, 1939, H. 4 ff. (Artikelserie vom 28. April 1939 bis
    17. Juli 1939).
154 Werner, *Die Skandalchronik des deutschen Films von 1900 bis 1945*,
    a.a.O. (Anm. 150), S. 242; vgl. auch Curt Riess, *Das gab's nur einmal.
    Die große Zeit des deutschen Films*, Bd. 3, Frankfurt am Main, Berlin,
    Wien 1985, S. 55.

Nach der Überprüfung der Verbreitung des Gerüchts muß in einem zweiten Schritt untersucht werden, welche Bedeutung ein Gerücht für das Image eines Stars hat. Was bedeutet es zum Beispiel für das Image von Riefenstahl, daß sie zugleich als Geliebte Hitlers und als frigide Frau dargestellt wird? Hängt dies mit ihrer Sonderrolle als Regisseurin zusammen? Oder handelt es sich hier nur um eine Variation des Topos »Besetzungscouch«, der in den populären Biographien über weibliche Stars und in den sogenannten »Skandalchroniken« immer wieder auftaucht? Worin ist – allgemeiner gefragt – das Interesse an diesem Thema begründet? Welche Bedeutung hat es für das Image eines Stars, wenn sie als Geliebte eines Produzenten gilt?

Das Kursieren eines von Zuckmayer notierten Gerüchts läßt sich auch bei Gustaf Gründgens nachweisen. Im Dossier heißt es, daß der Theaterstar »eine offizielle Scheinehe (mit der Schauspielerin Marianne Hoppe)« (S. 146 f.) führt. Diese Information gehört heute zu Gründgens' Image: Die Scheinehe wird einerseits als Strategie eines opportunistischen Karrieristen, andererseits als Konzession eines durch seine Homosexualität erpreßbaren Künstlers gesehen, der sich für Verfolgte einsetzte. Daß die Hochzeit mit Hoppe Tarnung war, wird seit den frühen achtziger Jahren in Biographien erwähnt – also rund 40 Jahre nach Zuckmayers Dossier.[155] Über Gründgens' »Vollblut-Homosexualität«[156], von der Zuckmayer dem OSS ganz selbstverständlich berichtet, wurde aber auch schon in den vierziger Jahren geredet. Gründgens' Homosexualität war aktenkundig; zahlreiche Denunziationsschreiben belegen, daß es sich bei seiner sexuellen Orientierung zwar um ein gehütetes, aber nicht um ein wohlgehütetes Geheimnis handelt. Ein Geheimnis würde für das Image keine Rolle spielen – ganz im Gegensatz zum Gerücht. Zu dessen Verbreitung heißt es im Dossier: Witze über Gründgens' »Reputations-Ehe« seien »im Dritten Reich gleich dutzendweise im Schwung« (S. 183). In einem Nachtrag schildert Zuckmayer außerdem, ganz Berlin habe über Gründgens' Interpretation des im *Hamlet* vorkommenden Satzes »Ich habe keine Lust am Weibe – und auch nicht am Mann« gesprochen« (S. 153 f.).

155 Vgl. Heinrich Goertz, *Gustaf Gründgens*, Reinbek 1982, S. 79, S. 116; vgl. auch die beiden Gründgens-Biographien von Alfred Mühr: *Gustaf Gründgens – aus dem Tagewerk eines Schauspielers*, Berlin 1943; *Mephisto ohne Maske – Gustaf Gründgens. Legende und Wahrheit*, München, Wien 1981, S. 74 f.
156 Ebd.

An den Beispielen Gründgens und Riefenstahl läßt sich somit zeigen, daß Zuckmayer nur als Mundpropaganda kursierende Gerüchte zu Papier bringt. Diese Indiskretion konnte er im Unterschied zu anderen Autoren riskieren, da er von der Geheimhaltung seines Textes ausgehen konnte. Aus diesem Grund sind wohl auch in kaum einer anderen Quelle drastischere Formulierungen zu finden. Zuckmayers Offenheit ist für die Staranalyse von Bedeutung, da Gerüchte über die Stars des ›Dritten Reichs‹ nur in den seltensten Fällen rekonstruierbar sind. Boulevardzeitungen im heutigen Sinne gab es nicht, und auch Filmmagazine boten nur eine geringe Auswahl an Gerüchten. Das Dossier schließt hier gewissermaßen eine Lücke. Zuckmayers Gutachten für das OSS kann – so läßt sich noch einmal zusammenfassen – als eine Art Fundbuch für Gerüchte der vierziger Jahre verstanden werden, deren Relevanz für ein Image dann im Einzelfall nachgegangen werden muß.

Neben dieser Gerüchte fokussierenden Lesart möchte ich nun noch eine zweite Möglichkeit vorschlagen, das Dossier als Quelle für die Theater- und Filmwissenschaft auszuwerten. Diese zweite Möglichkeit steht aber im engen Zusammenhang mit der gerade diskutierten ersten. Zuckmayer rechtfertigt sich im Dossier für Übergriffe auf die Intimsphäre der Beurteilten. In seinen Ausführungen über Rühmann schreibt er, daß es bestimmte Informationen gäbe, »die eigentlich in das Gebiet des Privatlebens gehör[en], das andere Leute nichts angeht, aus charakterologischen Gründen aber hier mit allem Respekt und aller Zurückhaltung vertraulich erwähnt werden [müssen]« (S. 45). Zuckmayers Begründung für die Weitergabe von Gerüchten ist demzufolge, daß er den Charakter der Beurteilten schildern will. Er schreibt über das Privatleben der Schauspieler, weil er – wie es an einer Stelle des Dossiers heißt – »Charakterstudien« liefern will. Von dieser Absichtserklärung geht die zweite, hier vorgeschlagene Lesart aus.

6.2. Charakter

»Charakter« ist ein zentraler Begriff in Zuckmayers Gutachten. Die Zusammensetzungen mitgerechnet, wird er auf den rund 110 Seiten über 80 Mal verwendet. Wichtige Beschreibungsgrößen des Charakters sind die Adjektive »anständig« und »sauber«, die insgesamt 45 mal genannt werden.[157] Hinzu kommen Vokabeln wie »untadelig«, »integer«, »vertrauenswert« und »einwandfrei«. Häufig setzt Zuckmayer in

---

157 Mitgezählt wurde hier die Formulierung »charakterliche Sauberkeit«.

seinen Beschreibungen auch das Wort »charakterlich« ein. Über Albers schreibt er im ersten Satz seines Berichts, er wolle Zeugnis leisten »für die ausgezeichnete Haltung und unerwartete charakterliche Sauberkeit des bekannten Filmstars« (S. 47). Im letzten Absatz faßt Zuckmayer zusammen: Albers »ist weder ein grosser Schauspieler noch ein bedeutender Mensch, aber ein durchaus anständiger und famoser Kerl und hat mehr Charakter bewiesen als viele Andere« (S. 48). Auch Rühmann wird attestiert, er habe einen »einwandfreien Charakter« (S. 46). Im letzten Satz seiner Beurteilung kommt Zuckmayer zu dem Schluß: »Charakterlich ist er in jedem Fall ein vorzüglicher Mann« (ebd.).

Über den Ausdruck »charakterlich« hat Dolf Sternberger 1946 einen Artikel für das *Wörterbuch des Unmenschen* verfaßt:

> Der Unmensch führt den Charakter mehr und öfter und vor allem weit energischer im Munde als es der Mensch je getan hat und noch tut. Er wandelt ihn nur ein ganz klein wenig ab. Er hängt eben jenes unscheinbare Silbchen ›-lich‹ daran.[158]

Warum hält Sternberger die Hinzufügung dieser Silbe für so problematisch? Ausgangspunkt seiner Überlegung ist die Unteilbarkeit des Charakters.[159] Das Anhängen des »-lich« lasse den Charakter aber als teilbar erscheinen: Es »bezeugt, daß der Unmensch die Figur des Menschen zerschlagen hat, denn erst nachdem er zerschlagen wurde, läßt sich der Mensch teilweise betrachten, Stück für Stück.«[160]

Sternbergers Begründung für diese These ist, daß der Satz, eine Person sei charakterlich, keinen Sinn ergibt. Stets müsse »charakterlich« durch ein Adjektiv ergänzt werden: Eine Person ist zum Beispiel charakterlich zuverlässig oder – um Zuckmayers Formulierungen aufzugreifen – vertrauenswert, sauber, integer, anständig. Da es immer eines Zusatzes bedarf, sei »charakterlich« ein nur »Bei- oder Winkelwort«[161], denn

158 Dolf Sternberger / Gerhard Storz / W.E. Süskind, *Aus dem Wörterbuch des Unmenschen*, Frankfurt am Main, Berlin 1986, S. 38; vgl. dazu auch Konrad Ehlich (Hrsg.), *Sprache im Faschismus*, Frankfurt am Main 1989; Victor Klemperer, *LTI: Lingua Tertii Imperii – Die Sprache des Dritten Reiches*, Leipzig 1991.

159 Vgl. dazu auch Cornelia Berning, *Vom »Abstammungsnachweis« zum »Zuchtwart«. Vokabular des Nationalsozialismus*, Berlin 1964, S. 52.

160 Sternberger/Storz/Süskind, *Wörterbuch*, a.a.O. (Anm. 158), S. 39.

161 Ebd.

entweder ist der Mann zuverlässig oder er ist es nicht. Beides muß
sich überall zeigen oder nirgends – geschäftlich, beruflich und so
fort. Zeigt es sich nicht, so ist die Zuverlässigkeit auch kein Zug
seines Charakters. Ist er aber bloß auf dem Gebiete des Charakters
zuverlässig – woran soll man's dann merken![162]

Die Verwendung von »charakterlich« hat eine ausgrenzende Funktion:
»der Unmensch [hat] den Charakter und die Menschlichkeit verdrängt
und in die Ecke gestoßen«.[163] Zugespitzt formuliert heißt das: Eine auf
das »charakterliche« abzielende Beurteilung ermöglicht es, das tatsächliche Verhalten eines Menschen, sein Handeln, von seinem Charakter
abzukoppeln.[164]

Die von Sternberger beobachtete Sprachstrategie der Nationalsozialisten kann auf den Zuckmayerschen Text bezogen werden. Der Gegner
des Regimes verwendet einen Begriff aus dem *Wörterbuch des Unmen-*
schen. Wie ist das möglich? Es greift sicher zu kurz, Zuckmayer lediglich
lich als Zeitgenossen der Nationalsozialisten zu verstehen, der unbewußt ihren Sprachgebrauch adaptiert hat. Dies mag sogar zutreffen,
bringt aber keinen Erkenntnisgewinn für die Analyse des Dossiers, der
über eine Charakterisierung Zuckmayers hinausgehen würde. Um zu
einer produktiven Antwort zu gelangen, muß die Frage präziser gestellt
werden: Welche Funktion hat der Begriff »charakterlich« in Zuckmayers Argumentation?

Zunächst einmal deutet die Verwendung des Wortes in den Gutachten darauf hin, daß es eine Reihe von Taten des Beurteilten gibt, die
eben nicht als vertrauenswert, sauber, integer und anständig gelten
können. Damit teilt Zuckmayer Anständigkeit sozusagen in verschiedene Zuständigkeitsbereiche ein. Ein Künstler mag im ›Dritten Reich‹
hohe Ehrungen erhalten und hohe Honorare kassiert haben, er mag
sogar in Propagandafilmen aufgetreten sein. Dennoch kann Zuckmayer ihm »Anständigkeit« attestieren, indem er für seinen Charakter
bürgt. Doch was ist das Ziel seiner Bürgschaft?

Zuckmayer versucht zu belegen, daß ein Schauspieler im Nazi-
deutschland arbeiten kann, ohne ein »Anschmeißer« oder gar eine
»Kreatur« zu sein. Wie verzweifelt der Dramatiker bisweilen nach Be-
gründungen für das Paktieren mit den Nazis sucht, ist in den Text ein-

162 Ebd., S. 41.
163 Ebd., S. 42.
164 Zum Begriff des Charakters vgl. Gerd Mattenklott, *Blindgänger. Physio-*
gnomische Essays, Frankfurt am Main 1986.

geschrieben. Im Dossier über Jannings heißt es auf der dritten Seite:
»Warum warf er sich an die Nazis?« (S. 141) Zuckmayer bleibt hier
eine Begründung schuldig und erzählt, wie Jannings seine Mutter, die
er bis 1933 als Jüdin auswies, plötzlich zur Russin erklärte. Auf der
vierten Seite seines Gutachtens stellt Zuckmayer dann noch einmal
seine Frage: »Warum aber warf er sich wirklich an die Nazis, und hatte
keine Ruhe bis er ›Staatsschauspieler‹ und Hitlergünstling war?«
(S. 142) Auch diesmal antwortet er nicht, wiederholt aber auf der fünf-
ten Seite: »Warum also?« (S. 143)
   Die Wiederholung der Fragen zeigt, daß es Zuckmayer bisweilen
schwer fiel, eine Entlastung für die von ihm geschätzten Künstler zu
finden, da er sie ja auch an ihrem Verhalten messen muß. Er kann gegenüber dem OSS nicht einfach übergehen, daß sie im ›Dritten Reich‹
Karriere gemacht haben. Aus genau diesem Grund ist es ihm nur möglich, die in Deutschland verbliebenen Schauspieler vor dem OSS und
vor sich selber zu rehabilitieren, indem er über eine innere Haltung
schreibt, indem er die gerade beschriebene Strategie der Abtrennung
des Charakters vom übrigen Verhalten anwendet.[165] In Krauß' Gutachten heißt es sogar explizit: »Wie er sich im einzelnen in der Nazizeit
verhalten hat, mag bei einem Schauspieler wie ihm vielleicht nicht so
wichtig sein« (S. 149).
   Auf diese Argumentationslinie kann in der Nachkriegszeit zurück-
gegriffen werden.[166] Zuckmayer schreibt seinen Text zwar mitten
im Krieg; er aber geht von einem baldigen Sieg der Alliierten aus. Sein
Bericht für das OSS soll klären, auf welche Künstler die Amerikaner in
einem zukünftigen, besetzten Deutschland zurückgreifen können. Der
Dramatiker nimmt 1943 eine Argumentationslinie vorweg, die sich in
den fünfziger Jahren durchsetzen sollte. Daß ein Schauspieler ein Star
im ›Dritten Reich‹ war, wird nur in Ausnahmefällen als belastend angesehen. »Die große Mehrheit der Deutschen erlebt heute die Periode der

---

165 Beispiele für diese Konzentration auf das »Innere« finden sich in mehre-
ren Passagen des Gutachtens: »in seinem inneren Wesen klar und sauber«
(Peter Suhrkamp), »innere Einstellung« (Heinz Hilpert), »im innersten
Wesen« (Grete Wiesenthal), »innere Ehrlichkeit« (Hans Fallada), »innere
Sauberkeit« (Paul Fechter), »im Innern ein zu nobler, vornehmer, qualität-
voller Mensch, um ein Exponent der Nazis geworden zu sein« (Friedrich
Kayßler).

166 Vgl. Clemens Vollnhals (Hrsg.), *Entnazifizierung. Politische Säuberung
und Rehabilitierung in den vier Besatzungszonen 1945-1949*, München
1991, S. 55-64.

nationalsozialistischen Herrschaft wie die Dazwischenkunft einer In-
fektionskrankheit in Kinderjahren«,[167] also als eine »Kinderkrank-
heit«, bei der die Ansteckung nicht vermieden werden konnte und die
nun glücklich überstanden ist. Die meisten Stars des ›Dritten Reichs‹
nehmen ihre alte Rolle wieder auf, und so scheint es auch für das Kino-
und Theaterpublikum, als seien die vergangenen zwölf Jahre eine Art
»Spuk« gewesen, der nun vorbei ist. Margarete und Alexander Mitscherlich fassen zusammen: »Das Dritte Reich, Hitlers Krieg nur ein
Traum.«[168]

Suspekt ist eher der Emigrant oder die Emigrantin, wie die Ablehnung Marlene Dietrichs durch das deutsche Publikum eindrucksvoll belegt. Die Notwendigkeit des Exils wird »sofort abgewertet: Emigration
war Feigheit; Fahnenflucht ist unentschuldbar etc.«[169] Die »schuldig
Gewordenen zogen es vor, unter sich zu bleiben«.[170] Dieser Haltung
entsprechend, gelten Schauspieler wie Rühmann oder Albers als Beleg,
daß man im Nazideutschland gelebt haben konnte, ohne für die Greueltaten des Regimes verantwortlich zu sein, daß es sogar möglich war,
ein Star dieses Regimes zu sein, ohne sich mit ihm zu identifizieren.

Genau diese Position ist in den knapp 200 populären Biographien
und in den Memoiren deutscher Stars zu finden, die nach dem Zweiten
Weltkrieg erschienen sind. Fast alle Stars erklären, unpolitisch und im
Grunde sogar unangepaßt gewesen zu sein.[171] In Zuckmayers Katego-
risierungen ausgedrückt: Sie beanspruchen für sich, »widerstrebend«
gewesen zu sein. Das Widerstrebende wird zum Bestandteil fast jedes
Nachkriegsimages. Diese Übereinstimmung zwischen Zuckmayers
Schilderung und den Imageanstrengungen der Stars führt zu einer Prä-
zisierung des zweiten Vorschlags, wie das Dossier gelesen werden
kann: Die Berufung auf den »einwandfreien Charakter« ist eine Strategie der Entlastung. Zuckmayer liefert in seinem Dossier alle Argumente, die dafür sorgen werden, daß die Stars des ›Dritten Reichs‹ auch
nach 1945 Stars bleiben können.

---

167 Alexander Mitscherlich / Margarete Mitscherlich, *Die Unfähigkeit zu
trauern. Grundlagen kollektiven Verhaltens*, München, Zürich 1967, S. 25.
168 Ebd., S. 14.
169 Ebd., S. 68.
170 Freyermuth, *Reise in die Verlorengegangenheit*, a.a.O. (Anm. 78), S. 101.
171 Fischer, »*Was gestrichen ist, kann nicht durchfallen*«, a.a.O. (Anm. 53),
S. 1-3 und 6-21.

So lesen sich Zuckmayers Ausführungen zum Teil wie vorweg-
genommene Entnazifizierungsverfahren.[172] Tatsächlich gelten die von
ihm geschätzten Schauspieler schon kurz nach Kriegsende als entlastet:
Emil Jannings wird 1946 »entnazifiziert«. Werner Krauß – den Zuckmayer wie Jannings zur Gruppe der Sonderfälle zählt – wird im Mai
1948 von den Alliierten in die Gruppe der Minderbelasteten eingeordnet. 1954 erhält Krauß das Bundesverdienstkreuz und wird Träger des
Iffland-Ringes. Hans Albers steht schon 1947 wieder vor der Kamera;
der Niedergang seiner Karriere Mitte der fünfziger Jahre hängt nicht
mit seiner Vergangenheit, sondern allein mit seinem Alter und seinem
nicht mehr zeitgemäßen Rollenfach zusammen.

Auch Heinz Rühmann steht bereits 1945 wieder auf der Bühne; er
versucht sich 1949 sogar als Filmproduzent, womit er aber scheitert.
Hoch verschuldet muß er zunächst wieder Theater spielen, bis er sich
Mitte der fünfziger Jahre als Filmstar etablieren kann. Im Jahre 1956
gelingen ihm gleich zwei Kassenschlager: *Charleys Tante* und *Der
Hauptmann von Köpenick*. Bei den Vorbereitungen zu dieser Produktion treffen Rühmann, der Begutachtete, und Zuckmayer, sein Gutachter, zusammen.[173] Zehn Jahre nach Abgabe seines Reports arbeiten der
Dramatiker und die »wirklich bezaubernde Persönlichkeit« (S. 46)
über mehrere Wochen an dem Drehbuch zu der Literaturverfilmung.
Offenbar war keinem der Beteiligten die Situation unangenehm; im
Unterschied zu anderen Emigranten hatte Zuckmayer dem Schauspieler ja auch nie vorgeworfen, in Deutschland geblieben zu sein. Die Arbeit wird als produktiv und spannungsfrei beschrieben. Geschrieben
wird ein neuer Schluß: Voigt erhält seinen Paß. Ein versöhnliches Ende
also auch im Film, ein Happy End.[174] Das Ergebnis ist bekannt: *Der
Hauptmann von Köpenick* wird nach *Sissi* der erfolgreichste Film der
Spielzeit.[175]

172 Vgl. Hermann Glaser, *1945. Ein Lesebuch*, Frankfurt am Main 1995,
     S. 247.
173 Vgl. Rühmann, *Das war's*, a.a.O. (Anm. 14), S. 185-187.
174 Vgl. Gerhard Bliersbach, *So grün war die Heide. Der deutsche Nach-
     kriegsfilm in neuer Sicht*, Weinheim, Basel 1985, S. 121-138.
175 Garncarz, *Populäres Kino in Deutschland*, a.a.O. (Anm. 27), S. 230.

Hans-Ulrich Wagner

Gute schlechte Zeiten für Humor

Carl Zuckmayer über die Kabarettisten Werner Finck, Karl Valentin und Weiß Ferdl

Carl Zuckmayers Ausführungen über die Kabarettisten-Trias Werner Finck, Karl Valentin und Weiß Ferdl in seinem OSS-Report führen auf ein heikles Gebiet. Humor und Witz im ›Dritten Reich‹; Komik, Satire und Kabarett in der Diktatur – damit sind unmittelbar Fragen nach den Freiräumen und Grenzen in einem keineswegs einfach zu konturierenden Feld zwischen Unterhaltung und politischer Äußerung verbunden. Wie beurteilt man das Verhalten von oppositionell genutzter Narrenfreiheit einerseits, von stillschweigend geduldeter Rolle als Ventil für die Bevölkerung unter dem diktatorischen System sowie die notwendig damit in Kauf genommene Feigenblatt-Funktion andererseits? Nicht selten erlaubt es letztgenannte einem totalitären Regime sogar, seine scheinbare Liberalität unter Beweis zu stellen. Ein schwieriges Terrain also, das im folgenden anhand des Verhaltens der einzelnen Kabarettisten im ›Dritten Reich‹ beleuchtet werden soll.

1. Unter dem Damoklesschwert: Werner Finck

Zuckmayers Informationen über den 1902 in Görlitz geborenen Werner Finck sind ebenso knapp wie seine Charakterisierung des Kabarettisten, Conférenciers und Schauspielers prägnant und zutreffend ist. Über Fincks Versuch, nach seinem Ausschluß aus der Reichskulturkammer im Januar 1939 und dem damit einhergehenden Auftritts- und Veröffentlichungsverbot sich weiterer Repressionen durch den Eintritt in die Wehrmacht zu entziehen, wußte Zuckmayer beim Abfassen des Dossiers nur Ungenaues. Die anspielungsreiche Kunst des scheinbar vernuschelten Halbsatzes hingegen, des sprachlichen Andeutens, das einem aufmerksamen Publikum Konzentration abverlangt, sowie das pointenreiche Feuerwerk des intellektuellen Sprachwitzes, all das war Zuckmayer aus seinen Berliner Jahren vor der Emigration noch sehr gut in Erinnerung. Denn seit 1929 sorgte Finck in Berlin für Aufsehen mit seinen Auftritten in der »Katakombe«, einem politisch-literarischen Kabarett, das er zusammen mit Hans Deppe gegründet und dessen künstlerischen Mittelpunkt er bis 1935 gebildet hatte.

»Die Katakombe« hatte ebenso wie einige andere Kleinkunstbühnen in Berlin die Machtübernahme durch die Nationalsozialisten zunächst unbeschadet überstanden. Zwei Gründe waren hierfür maßgeblich. Zum einen galt das Ensemble unter seinem geschäftsführenden Direktor Rudolf Platte 1933 als »judenrein«, wie es im amtlichen Sprachgebrauch hieß. Künstler wie Ernst Busch, Kurt Tucholsky, Hanns Eisler und Annemarie Hase, die in einer ersten Phase der »Katakombe« mit auf dem Programm gestanden hatten, waren wegen finanziell-organisatorischer Streitigkeiten im Dezember 1930 ausgeschieden. Der zweite Umstand, der die Bühne zunächst unangetastet ließ, lag in den Programmen des Kabaretts. Klaus Budzinski charakterisiert sie insgesamt eher als »heitere Satire« mit den »in ihrer scheinbar frisch-fröhlicher Naivität präzise ihre Objekte treffenden Conférencen von Werner Finck«.[1] Mit solchen Darbietungen glaubte das Regime, sich einen gewissen Anschein von Liberalität und Souveränität in punkto Satire und Humor zu geben, bzw. spekulierte es auf eine Ventilfunktion in den Reihen des noch nicht hinter dem Nationalsozialismus stehenden Bürgertums. Im *Völkischen Beobachter* konnte man über das Frühlingsprogramm 1935 der »Katakombe« lesen: »Ein witziges, kabarettistisch mit dem Lachen einer gern zugestandenen Narrenfreiheit aufgelockertes Programm flitzt über die Bühne, dem Werner Finck sein von manchmal geklügelten, manchmal überraschend pointensicheren Scherzen getragenes und gestottertes Geleitwort gibt […]. Der Abend ist voll fröhlicher, geistreich zugespitzter Heiterkeit.«[2] Doch die »Narrenfreiheit« hatte letztlich eng gesteckte Grenzen. »Grobe Anzüglichkeiten, welche sich gegen den Staat und einzelne Persönlichkeiten richten«, notierten die von der Gestapo entsandten Protokollanten. In Sketchen wie »Winterhilfe«, der sich gegen Goebbels' massive Propaganda wandte, oder »Beim Herrenausstatter«, einem Reigen von politisch anspielungsreichen Sprachwitzen während des Anfertigens eines neuen Anzuges, war das Maß der »erlaubten Humor-Kritik«, von der Zuckmayer spricht, überschritten. Am 10. Mai 1935 wurde auf Befehl von Joseph Goebbels die »Katakombe« verboten und mehrere ihrer Ensemble-Mitglieder wurden verhaftet. Werner Finck wurde vom 24. Mai bis zum 1. Juli 1935 im KZ Esterwegen festgesetzt. Erst auf Betreiben von Käthe Dorsch und Hermann Göring konnte er aus dem

---

1 Klaus Budzinski, *Das Kabarett. 100 Jahre literarische Zeitkritik – gesprochen – gesungen – gespielt.* Düsseldorf 1985, S. 128.
2 *Berliner Kleinkunst*, in: *Völkischer Beobachter* (Berlin) vom 29. März 1935.

im Emsland gelegenen Lager nach Berlin zurückkehren. Das Auftrittsverbot blieb jedoch erhalten, obwohl ein Verfahren vor dem Sondergericht des Landesgerichtes Berlin gegen Werner Finck und Käthe Dorsch wegen Verstoßes gegen das sogenannte »Heimtückegesetz« mit einem Freispruch aus Mangel an Beweisen endete.

Werner Finck äußerte sich später wiederholt über seine Zeit bei der »Katakombe«. In seiner Autobiographie *Alter Narr – was nun?* spricht er von der »Zeit der raffinierten Andeutung«:

Man brauchte nur mit einem kleinen Hämmerchen an ein kleines Glöckchen zu schlagen, schon übertrug sich das wie das Läuten einer Sturmglocke [...]. Die Angst im Publikum, die sich immer wieder im Lachen befreite, trug die Stimmung des Abends – und mir eine Verwarnung nach der anderen ein. Die Spitzel wußten immer genau, was sie mitzuschreiben hatten. Sie waren sehr hellhörig und begriffen schnell. Immer, wenn besonders schallend gelacht oder stürmisch applaudiert wurde, wußten sie sofort: »Aha, da war was!« Einmal fragte ich einen, der so unauffällig wie möglich mitschrieb: »Spreche ich zu schnell? Kommen Sie mit? – Oder – muß ich mitkommen?«[3]

Werner Finck spielte mit dieser Gefahr und kokettierte mit seiner Rolle als wagemutiger Humorist bei einem gewagten Balanceakt, wie sein Auftritt auf einer mit einem Schwert dekorierten Szenerie demonstriert. In dem Gedicht *Das Schwert des Damokles* reimte er dazu:

Am seid'nen Faden hing ein Schwert,
Sich auf mein Haupt zu laden.
Glaubt ihr, daß mich das Schwert gestört?
Mich schreckte nur der Faden.[4]

Von Zuckmayer nicht erwähnt wird die Phase zwischen 1936 und 1939, in der Werner Finck auch als Kabarettist wieder auftreten durfte, beispielsweise mit dem Programm *Spaß – ernst genommen* im »Kabarett der Komiker« im April 1937. Im Jahr 1936, also nach seiner Entlassung aus dem KZ, konnte Finck mit einer Reihe von Glossen seinen Lebensunterhalt verdienen. Für das *Berliner Tageblatt* schrieb er kleine Prosatexte und Gedichte, die aufgrund ihrer Beliebtheit zwei Jahre später in Buchform erscheinen konnten. *Das Kautschbrevier* lautete

3 Werner Finck, *Alter Narr – was nun? Geschichte meiner Zeit*, Frankfurt am Main 1978, S. 62.
4 Werner Finck, *Aus der Schublade. Bekanntes und weniger Bekanntes*, Berlin 1948, S. 23.

der Titel für die »gefaßte Prosa und zerstreuten Verse«. Immer wieder
versuchten einzelne NS-Organe, dieses in einer Gesamtauflage von
40.000 Exemplaren verbreitete schmale Buch auf die *Liste des schädlichen und unerwünschten Schrifttums* zu bringen, allerdings vergeblich, wie ein Bericht an den Chef der Sicherheitspolizei und des Sicherheitsdienstes (SD) vom 20. Mai 1940 anmahnte.[5] Ebenfalls keine
Erwähnung in Zuckmayers Dossier finden die vielen Auftritte Werner
Fincks als Schauspieler beim Film. Sie trugen zur Popularität des
großen, schlaksig wirkenden Humoristen bei, schärften aber auch die
Aufmerksamkeit von Joseph Goebbels und führten 1939 zum Ausschluß aus der Reichstheater- bzw. Reichskulturkammer, über die auch
im Ausland berichtet wurde.[6]

Die Jahre des Zweiten Weltkrieges erlebte der Kabarettist als Soldat
der deutschen Wehrmacht, dekoriert mit dem »EK 2« und der »Ost-
medaille«, aber gleichzeitig argwöhnisch beobachtet und des öfteren
mit dem Verbot versehen, etwa im Rahmen der Truppenbetreuung aufzutreten.

Unmittelbar nach dem Zusammenbruch des ›Dritten Reichs‹ konnte
Werner Finck eine zweite Karriere starten, die ihn über die Stationen
München, Zürich, Stuttgart und Hamburg in der bundesrepublikanischen Kabarettszene noch einmal zu einem äußerst populären Entertai-
ner machte. Seine Soloprogramme, u.a. *Kritik der reinen Unvernunft,
Am besten nichts Neues, Sire geben Sie Gedanken …!* sorgten ebenso
wie seine politischen Aktivitäten für Schlagzeilen, wenn Werner Finck
etwa die »Schmunzelpartei« gründete und sich in der »Radikalen Mitte« engagierte. Daß hierbei auch ernste Konfliktfälle entstehen konnten, demonstrierte die parlamentarische Aussprache im Bundestag, die
aufgrund seiner Kritik an den Wiederaufrüstungsplänen Konrad Ade-
nauers im Kabarettprogramm *Hut ab, Helm auf!* 1951 stattfand. Obwohl Finck mit solchen Aktionen wie auch mit seinen persönlichen
Wechselfällen im ›Dritten Reich‹ als politischer Satiriker gelten konnte,
war es weniger der analytische, scharf attackierende Witz, der ihn aus-

---

5   Bundesarchiv Berlin. Bestand Berlin Document Center. Reichskulturkam-
    mer 2616/0001/21. – Diese Beiträge im *Berliner Tageblatt* wurden auch
    von der Exilpresse verfolgt, wie zwei Artikel aus dem *Neuen Vorwärts*
    (Karlsbad) zeigen, in denen ein kurzes Verstummen Fincks als möglicher
    »Maulkorb« Joseph Goebbels' gedeutet werden (*Der Maulkorb*, in: *Neuer
    Vorwärts* [Karlsbad] vom 12. Dezember 1937; *Noch einmal: Werner
    Finck*, in: *Neuer Vorwärts* [Karlsbad] vom 31. Dezember 1937).
6   Vgl. Martin Lampert, *Der Fall Finck*, in: *National-Zeitung* (Basel) vom
    11./12. Februar 1939.

zeichnete. Seine Stärke war vielmehr die humorige Dekuvrierung, das sympathische Entlarven von Menschlich-Allzumenschlichem. Berühmt wurden sein Wortwitz, seine Sprachspielereien und seine besondere Art des Nicht-zuende-Sprechens, die das Publikum zum Nachdenken und zur intellektuellen Konklusion zwangen.

2. *Sturzflüge im Zuschauerraum: Karl Valentin*

Von den drei im Zusammenhang mit dem OSS-Report angeführten Kabarettisten kannte Zuckmayer den 1882 in der Münchner Vorstadt Au geborenen Karl Valentin sicherlich am besten. In seiner Münchner Zeit Anfang der zwanziger Jahre gehörte Zuckmayer – wie übrigens auch Bertolt Brecht und Adolf Hitler – zum Publikum der Auftritte Valentins und seiner künstlerischen Partnerin Liesl Karlstadt. Aber auch als Valentin wenig später mit einer seiner Gastspielreisen in Berlin im »Kadeko«, dem »Kabarett der Komiker«, Vorstellungen gab, gehörte der Dramatiker zu den begeisterten Zuschauern. Unter der Überschrift *Grüße an Karl Valentin* wurden damals Grußadressen von Prominenten veröffentlicht, bei denen neben Heinrich Mann, Max Halbe, Egon Erwin Kisch und Kurt Tucholsky auch Zuckmayer nicht fehlte, der enthusiastisch forderte: »Er darf nicht eher wieder fort gehen, bis er nicht *alle* seine Volkskomoedien hier gespielt hat!«[7] Dieses Interesse an Valentins unvergleichlicher Komik hielt bis in die letzten Lebensjahre an, als Zuckmayer 1969 in einem *Spiegel*-Artikel über Karl Valentin schrieb:

Schwer, den Jüngeren von ihm zu erzählen, die ihn nicht mehr gesehen haben. Noch schwerer, das Wesen seiner speziellen Komik zu definieren – sich selbst und anderen klarzumachen, warum und worüber man damals gelacht hat, auf diese besondere Weise gelacht, bei der man das Gruseln lernte, ohne daß irgend etwas Gruseliges, Grausiges oder »Schockierendes« geschah. So wie ein Kind im Zirkus über das Hinfallen und Herumwatscheln eines Clowns aus vollem Halse lachen kann, und plötzlich zu Tode erschrecken, wenn der Clown ihm seine weißgemalte Gesichtsmaske zuwendet, in der zwei Äuglein funkeln. Vielleicht ist es mit wirklich großer Komik so, daß sie uns immer an die Grenze führt, wo das »Verrückte« beginnt, das mehr als Närrische, und uns die dünne Schicht ahnen läßt, die das

---

7 Faksimiliert abgebildet in: Matthias Biskupek, *Karl Valentin. Eine Bildbiographie*, Leipzig 1993, S. 81.

vernunftmäßig Geordnete, anscheinend Sinnvolle, von dem boden-
losen Chaos des Unsinns trennt [...]. Karl Valentin war ein großer
Komiker – vielleicht der erstaunlichste unter all den eminenten Gestalten, die wir in diesem Jahrhundert gesehen haben.[8]

Karl Valentin, eigentlich Valentin Ludwig Fey, der Münchner Volkssänger, Komiker, Schauspieler und Poet, trat nach einer Schreinerlehre
von 1897 an als »Vereinshumorist« auf. Diese Auftritte, ebenso wie
sein dreimonatiger Besuch der Varieté-Schule Strebel in Nürnberg
1902, blieben jedoch Episode, nachdem der Tod des Vaters ihn zwang,
das elterliche Geschäft, eine Möbelspedition, zu übernehmen. Von
1903 bis 1906 versuchte Valentin dann mit seinem selbstgefertigten
Musikapparat »Das lebende Orchestrion« zu reüssieren, doch wiederum ohne Erfolg. Erst danach sorgten Auftritte mit eigenen Couplets
und Monologen, wie zum Beispiel *Das Aquarium*, für Aufmerksamkeit. 1911 lernte er die Kabarettistin Liesl Karlstadt (d.i. Elisabeth
Wellano) kennen, und von 1913 an brachten gemeinsame Auftritte den
erhofften Durchbruch. Das Künstlerduo – Karl Valentin war nie mit
Liesl Karlstadt verheiratet, wie Carl Zuckmayer irrtümlich erwähnt –
trat in allen Münchner Kabaretts auf. Titel wie *Sturzflüge im Zuschauerraum*, *Orchesterprobe*, *Das Christbaumbrettl* und *Der Firmling* gehörten zu ihrem Repertoire und machten Valentin und seine Partnerin
in den zwanziger Jahren zu äußerst populären Komikern in der bayerischen Metropole. Es folgten mehrere Gastspielreisen, so u.a. an das
»Kabarett der Komiker« in Berlin. Ausflüge in die Theaterarbeit waren
spektakulär, etwa als Karl Valentin sein Theaterstück *Die Raubritter*
im April 1924 in den Münchner Kammerspielen herausbrachte. Der
Rundfunk interessierte sich für den Komiker und brachte seine auf Plat-
ten eingespielten Sketche, Szenen, Couplets und Vorträge ins Programm.
    Schließlich engagierte sich Valentin auch auf dem Gebiet des Kino-
films. Bereits seit 1913 waren erste Stummfilme von und mit ihm entstanden. 1922/23 kam es durch die Zusammenarbeit von Bertolt
Brecht und Valentin zum Drehbuch für die *Mysterien eines Friseur-
salons*, die Erich Engel inszenierte. Seit Anfang der dreißiger Jahre arbeitete Valentin als Darsteller in verschiedenen Tonfilmen, darunter
1932 in Max Ophüls' *Die verkaufte Braut*.
    Diese Filmarbeit setzte Valentin dann in den Jahren des ›Dritten
Reichs‹ fort, wo er in mehr als zwanzig Filmen auftrat, die ganz auf seine

---

8 / *Volkssänger, weiter nichts. Carl Zuckmayer über Karl Valentin: »Sturzflüge im Zuschauerraum«*, in: *Der Spiegel*, Jg. 23, 1969, Nr. 51, S. 156.

Person und sein komödiantisches Talent zugeschnitten waren. Hierzu gehören die bis heute oft gespielten Aufnahmen von *Der Firmling* (1934), *Im Schallplattenladen* (1934) und *Der Theaterbesuch* (1934). Die Filmarbeit verlief freilich nicht immer reibungslos, wie das Beispiel *Die Erbschaft* zeigt. Der von Jacob Geis nach einer Idee von Valentin bei der Bavaria gedrehte Film wurde am 29. Januar 1936 verboten, nachdem dem Film, in dem Valentin vergeblich ein Nachtkästchen als das einzige pfändbare Möbelstück vor dem Gerichtsvollzieher zu retten versucht, »Elendstendenzen« vorgeworfen wurden.

Gleichwohl bedeuteten das Jahr 1933 und die Machtergreifung der Nationalsozialisten in Deutschland zunächst keinerlei Unterbrechung der produktiven Arbeit von Karl Valentin. Im Gegenteil, wie es zunächst scheint: Auftritte und Gastspielreisen hielten an. Valentin fügte sich in die notwendigen Schritte, wurde im Herbst 1933 Mitglied der Reichsfachschaft Film und reichte – freilich nach längerem Drängen – im Januar 1935 den erforderlichen Ariernachweis ein.[9] Am 21. Oktober 1934 konnte Valentin sein »Panoptikum«, einen »Kuriositäten- und Schauerkeller« eröffnen, dessen Genehmigung er problemlos erhalten hatte. Die erste Schließung nur kurze Zeit später sowie im November 1935 die endgültige Aufgabe nach einer Neueröffnung im Mai 1935 waren ausschließlich finanziellen und organisatorischen Gründen geschuldet. So hatte es auch keineswegs in erster Linie politische Ursachen, daß Valentin und seine Programme, sein anarchischer Sprachwitz und seine querdenkerische Komik immer weniger Anklang fanden. Karl Valentin wurde mehr und mehr zum Antipoden von Weiß Ferdl, dessen weißblau-volkstümlicher Humor das Publikum faszinierte und unterhielt. Aber auch von einem Kabarettisten wie Werner Finck, der seine politischen Implikationen streute und mit seinem Wagemut kokettierte, war Valentin weit entfernt. In einem englischsprachigen Aufsatz über Valentin im ›Dritten Reich‹ faßt Murray Hill zutreffend zusammen:

> In attempting to assess the political potential of Valentin's work, it should not be overlooked that Valentin generally sought to distance himself from *direct* involvement in the political arena. By doing so, he hoped to remain unharassed as a performer and artist.[10]

9 Bundesarchiv Berlin. Bestand Berlin Document Center. Reichskulturkammer 2600/0245/06.
10 Murray Hill, *Karl Valentin in the Third Reich: No laughing Matter*, in: *German Life and Letters*, Jg. 37, 1983/84, S. 41-56, hier: S. 47.

Die Zuschauer honorierten diesen Weg jedoch nicht, sie blieben immer öfter aus. Valentins letztes Projekt, mit seiner »Ritterspelunke«, einer Mischung aus Panoptikum, Kabarett und Kellerkneipe, noch einmal in München zu reüssieren, scheiterte 1939. Von 1941 an trat Valentin nicht mehr auf und lebte zurückgezogen in Planegg, einem Vorort von München. Parallel zu den daraus erwachsenden finanziellen Sorgen entwickelte sich sein prinzipieller Pessimismus in diesen Jahren zu einer regelrechten Misanthropie. Seinen immer deutlicher werdenden Sarkasmus entlud Valentin in Texte, die in der Schublade verschwanden. Lediglich aufgrund seiner angespannten Lebensverhältnisse sah er sich in den letzten Kriegsjahren gezwungen, für das NS-Propagandablatt *Münchener Feldpost* Artikel zu schreiben, ohne daß diese als kompromittierend gewertet werden können.

Erst nach dem Ende des Zweiten Weltkrieges versuchte Valentin, im Münchner Kulturbetrieb wieder Fuß zu fassen. Aufgrund seiner finanziellen Lage setzte er vor allem auf den Rundfunk, der unter alliierter Kontrolle stand. Im Fragebogen, den Valentin vor dem Autorenausschuß zur Entnazifizierung deutscher Schriftsteller im Oktober 1945 einreichte, führte er aus, daß er kein NSDAP-Mitglied gewesen sei, daß er »unpolitische, tendenzfreie, komische Vorträge in der Münchener Feldpost« geschrieben habe, seine »Ritterspelunke« »wegen polit. Schwierigkeiten« geschlossen und er »von Film und Funk boykottiert« worden sei; Valentin gab an, er sei in »Schwarzen Listen« geführt worden. Seine Veröffentlichungen habe man als »Schund- und Schmutzliteratur« angesehen.[11]

Valentin sah sich als Opfer, er stilisierte sich jedoch nicht zum aktiven Gegner des Nationalsozialismus. An den amerikanischen Kontrolloffizier von Radio München, einen deutschen Emigranten, schrieb er im Herbst 1945:

> Anbei mein ausgefüllter Fragebogen. Ich weiß daß es jetzt *aus* ist – mit dem Rundfunk – weil ich auch damals – Hitler gewählt habe – Aber – wenn ich auch wie alle andern deshalb in die Fabrik muss kan⟨n⟩ mich das nicht erschüttern, denn in der Fabrik bekomme ich nie das *Lampen Fieber* unter dem ich immer *furchtbar* gelitten habe.[12]

---

11 Vgl. Erwin und Elisabeth Münz (Hrsg.), *Geschriebenes von und an Karl Valentin*, München 1978, S. 287 f.

12 Undatiert. Bayerischer Rundfunk. Historisches Archiv.

Die Pointe der entwaffnenden Ehrlichkeit zeigte in einer Zeit Erfolg, in der jeder glaubte, sich vor den alliierten Kontrollbehörden möglichst unbelastet darstellen zu müssen. Valentin durfte ganz selbstverständlich – im Gegensatz zu anderen Unterhaltungskünstlern wie beispielsweise Weiß Ferdl – im Programm auftreten. Doch die Gunst des Publikums blieb Valentin, der großen dürren Gestalt, versagt. Szenen und Sketche wie die über den allgemein herrschenden »Kalorienmangel« wollten die Rundfunkhörer von ihrem »Volkshumoristen« nicht vernehmen. Das »Nichts«, das Valentin und Liesl Karlstadt diskutierten, hatte man im Nachkriegswinter 1946/47 selbst zu Gast. Dem Publikum blieb das Lachen im Halse stecken, und es protestierte. Das Hamburger Nachrichtenmagazin *Der Spiegel* meldete: »Karl Valentin, der Münchener Komiker, sitzt grollend in München. Der Münchener Rundfunk hat einen humoristischen Abend wegen Humorlosigkeit ausfallen lassen.« Für den Kabarettisten mit seinem melancholisch-sarkastischen Humor stand fest: »Ich habe meine lieben Bayern und speziell meine lieben Münchner genau kennengelernt. Alle anderen mit Ausnahme der Eskimos und Indianer haben mehr Interesse an mir als meine ›Landsleute‹«.[13] Nur wenige öffentliche Auftritte fanden in München in der Nachkriegszeit neben den Rundfunksendungen statt, so im Januar 1948 im »Bunten Würfel« und im »Simpl am Platzl«. Valentin zog sich im Winter 1947/48 eine schwere Erkältung zu, an der der Asthmakranke am 9. Februar, dem Rosenmontag des Jahres 1948, starb.

3. »Der kernige urwüchsige Repräsentant des bayerischen Humors«: Weiß Ferdl

Über den bayerischen Schauspieler, Volkssänger und Humoristen Weiß Ferdl äußert sich Zuckmayer innerhalb seiner Ausführungen über die Kabarettisten nur knapp und nahezu am Rande. Der Emigrant charakterisiert ihn als den »konventionellsten« in seiner Reihe und weist auf den sehr spezifisch bayerischen Kontext hin, in dem Weiß Ferdl zu verstehen ist. Eine Qualifizierung der Person fehlt völlig, das Urteil über dessen künstlerisches Schaffen fällt mit dem Hinweis auf eher platte bajuwarische Belustigung und wenig substantielle Unterhaltung nicht gerade positiv und sympathisch aus.

13 An Kiem Pauli, 28. Oktober 1947, in: Karl Valentin, *Sämtliche Werke. Bd. 6: Briefe*, hrsg. von Gerhard Gönner, München 1991, Nr. 227.

Der Name des am 28. Juni 1883 in Altötting als Ferdinand Weiß-heitinger geborenen Komikers verbindet sich zeitlebens mit einem der großen traditionellen Münchner Vergnügungslokale, dem »Platzl«. 1907 erhielt er dort nach seiner erfolgreichen Gesangsausbildung ein erstes festes Engagement als Mitglied der Volkssänger-Gruppe »Die Dachauer«. 1915 bis 1918 nahm Weiß Ferdl am Ersten Weltkrieg teil, wo er Leiter des »Singspieltrupps des 1. Bayerischen Reserve Infanterie Regiments« wurde, genannt das »Platzl im Felde«. Das einschneidend-ste Erlebnis für Weiß Ferdl bildete die Räte-Revolution in München. Für den konservativen, national gesinnten Frontsoldaten brach gleich-sam jegliche Ordnung zusammen. Sarkastisch machte er sich über den Radikalismus von Links in seinem *Revoluzzerlied* (1917/18) lustig und engagierte sich in den rechtsgerichteten Einwohnerwehren. Er träumte von einer »königlich bayerischen Republik«: »Nur ein Land gibt's, wo Ordnung, Pflicht sich stets vereint erneuern / Und wo's nicht einen Schieber gibt, das Land, s'ist unser Bayern. / Ja, wir sind die Ordnungs-zelle, bei uns blüht noch still das Glück. / Wir sind Deutschlands Ge-sundheitsquelle, die Königlich bayerische Republik« (*Die Ordnungs-zelle*, 1918). Weiß Ferdl nutzte und schürte die Stimmung der Nach-kriegszeit in der bayerischen Hauptstadt, die sich gegen Berlin, gegen die parlamentarische Demokratie, gegen wirtschaftliche Depression und Arbeitslosigkeit richtete. Er betonte die bayerische Eigenart und bediente das Publikum in dessen Stimmung eines partikularistischen »Mir san mir«. Sein Lied *Unser Fähnelein ist weiß und blau* – eine Hymne auf die bayerische Heimat – wurde zum Erfolgsschlager.

In den zwanziger Jahren setzte Weiß Ferdl zu einer äußerst erfolg-reichen Karriere als Humorist, der alle Medien zu nutzen verstand, an. 1923 übernahm er zusammen mit Sepp Eringer die Direktion des »Platzl«; bereits 1922 hatte er einen eigenen Verlag, den »Verlag Münchner Humor« gegründet; seit Mitte der zwanziger Jahre meldete sich der Rundfunk bei Weiß Ferdl und popularisierte seine Couplets, Vorträge und Conférencen. Darüber hinaus spielte Weiß Ferdl mehrere Rollen in Theaterstücken und trat in zahlreichen Filmen auf.

Parallel zum stetig wachsenden Erfolg machte Weiß Ferdl aus seiner politischen Haltung keinen Hehl. Hohn und Spott über die Demokratie in Berlin, harsche Kritik an den Bedingungen des Versailler Friedens-vertrages brachten ihn mit der politischen Gruppierung in Berührung, die in München bereits den Aufstand zu proben begann. Am 17. De-zember 1921 trat Weiß Ferdl das erste Mal bei einer Veranstaltung der NSDAP im Bürgerbräukeller auf. 1923 schickte er den Angeklagten des gescheiterten »Hitler-Putsches« ein Couplet, in dem es hieß:

Deutsche Männer stehen heute
vor den Schranken des Gerichts,
mutig sie die Tat bekennen,
zu verschweigen gibt's da nichts!
Sagt, was haben sie verbrochen?
Soll es sein gar eine Schand,
wenn aus Schmach und Not will retten
man sein deutsches Vaterland?
[...]
Laß dir solche Männer ja nicht nehmen,
denn sie zeigen frei und unbeirrt
dir den Weg, der dich zur Freiheit führt.

Der Dank in Form eines von allen Inhaftierten unterzeichneten Lorbeerkranzes ließ nicht auf sich warten.

Die politische Zuverlässigkeit des bayerischen Humoristen stand also außer Frage, als die Nationalsozialistische Deutsche Arbeiterpartei 1933 an die Macht gelangte. Weiß Ferdl unterstrich diese Verbindung bei mehreren öffentlichen Auftritten und ließ an seiner Loyalität keinen Zweifel aufkommen. Vor allem zeigte er sich gern mit den Parteigrößen und war stolz auf die Anerkennungen, die ihm diese entgegenbrachten. Spektakulär wurde Weiß Ferdls Empfang beim »Führer« auf dem Obersalzberg am 2. August 1933. Erst nach dem Ende des Zweiten Weltkrieges wurde Weiß Ferdls Bericht darüber distanzierter, während des ›Dritten Reichs‹ aber knüpfte er wiederholt an seine bereits frühe Bekanntschaft mit Adolf Hitler an, so etwa, wenn er den Reichskanzler selbst und den damaligen bayerischen Wirtschaftsminister Hermann Esser als Bürgen in seinem Antrag beim Reichsverband Deutscher Schriftsteller (RDS) anführt.[14] Seit 1935 gehörte Weiß Ferdl der NS-Volkswohlfahrt, seit 1936 dem NS-Kraftfahrkorps an und war schließlich seit dem 1. Mai 1937 Mitglied der NSDAP.[15]

Die Folge dieses Verhältnisses: Man fühlte sich wechselseitig sicher. Künstler und Diktatur versuchten voneinander zu profitieren. Die NS-Machthaber gewährten eine gewisse Narrenfreiheit und gaben sich den Anschein, ein liberales Klima zu haben, das sogar Satire und Kritik

14 Antrag vom 2. Juni 1934. Bundesarchiv Berlin. Bestand Berlin Document Center. Reichskulturkammer 2121/0226/07.
15 Bundesarchiv Berlin. Bestand Berlin Document Center. – In den Jahren nach dem Ende des Dritten Reiches datierte Weiß Ferdl seinen Eintritt in die NSDAP generell auf das Jahr 1940.

zulasse. Umgekehrt genoß der Kabarettist den Ruf eines gewagten Fürsprechers, der sich kritische Wahrheiten erlauben, ja Frechheiten herausnehmen dürfe. Die oft mehrdeutig und offen formulierten An-spielungen ließen den Kabarettisten schließlich sogar zum Anwalt und Fürsprecher unterschiedlicher Gruppeninteressen werden. Hierfür sorgte das »Grantlerische«, das sicherlich ein Hauptcharakteristikum Weiß Ferdls darstellt, also die Kritik des kleinen Mannes an den »Großkopfat'n«, ein Herziehen über Politik, das seine Zielscheibe in den menschlich-allzumenschlichen Schwächen der Entscheidungsträger sucht, und seine Basis in einem traditionellen bayerischen Partikularis-mus hat. Sabine Sünwoldt, die Biographin Weiß Ferdls charakterisiert dessen Auftritte während des ›Dritten Reichs‹ daher insgesamt zutref-fend als ausschließlich »versöhnende Satire«.[16]

Weiß Ferdl, der seine Rolle nicht darin sah aufzuklären, sondern auf-zuheitern, war sich deshalb nach dem Zusammenbruch des ›Dritten Reichs‹ auch keinerlei Schuld bewußt. Mit vollkommenem Unver-ständnis reagierte er auf das von der amerikanischen Siegermacht ge-gen ihn in Gang gesetzte Entnazifizierungsverfahren, das ihm zunächst die Erlaubnis verweigerte, öffentlich aufzutreten. Weiß Ferdl trug we-sentlich dazu bei, daß aus dem am 25. Oktober 1946 stattfindenden öffentlichen Spruchkammerverfahren ein Medienereignis wurde. An-geklagt, zur Gruppe II (Aktivist) zu gehören, gelang es dem bayerischen Kabarettisten, in die Gruppe IV (Mitläufer) eingestuft und lediglich zu einer Strafe von 2000 Mark verurteilt zu werden. Dafür sorgte die ge-schickte Verhandlungsführung, in der es Weiß Ferdl und sein Anwalt verstanden, die Anklagepunkte zu entkräften und den Komiker als »Repräsentant des Widerstandes im Reiche des Humors« zu stilisieren. Ein Zeitungsbericht hielt fest:

> Eine lange Liste von unzähligen Warnungen und Drohungen, die sei-nen Mandanten verfolgten, verliest der Verteidiger und läßt dann ein Feuerwerk von gefährlichen, echten Weiß Ferdl-Witzen sprühen. Das Publikum lacht, selbst der Ankläger bleibt nicht mehr ernst [...]. Genoß aber Weiß Ferdl eine Art Narrenfreiheit, wie es der Ankläger darstellte? »Nein«, rief der Anwalt, »Weiß Ferdl war ein Volksheld, heiß geliebt von seinen Münchenern. Von ihm und seinem Platzl ging ein Strom der Stärkung für alle Gegner des Regimes aus – ob die Witze nun echt oder Fabel waren! Weiß Ferdls Witze gehörten zum

16 Sabine Sünwoldt, *Weiß Ferdl. Eine weiß-blaue Karriere*, München 1983, S. 87-91.

Sturmgepäck aller Antinazis in ganz Europa. Er mußte praktische Konzessionen machen wie jeder andere Kämpfer der Widerstandsbewegung.[17]

Die Begründung des Urteils kam denn auch mehr einem Ritterschlag gleich, wenn es in ihr hieß: Weiß Ferdl »ist zwar von braunen Spritzern nicht verschont geblieben, aber er verspricht zweifellos, in Zukunft wieder das zu sein, was er in den Herzen der Bayern geblieben ist: der kernige urwüchsige Repräsentant des bayerischen Humors«.[18]

Zuckmayers Einschätzung im OSS-Report allerdings, wonach Weiß Ferdl trotz aller einschränkender Hinweise letztlich in der Gruppe 1 der vom Nazi-Einfluß unberührten Künstler rangiert, muß aus heutiger Sicht widersprochen werden. Viele der Urteile über den bayerischen Humoristen fallen mittlerweile sehr kritisch aus, etwa wenn von einem »gnadenlose[n] Opportunist[en]« die Rede ist, »der sein Fähnchen immer nach dem Wind gedreht hat. Ein nicht ganz harmloser Nörgler und Grantler, der sich gern im Glanz derer gesonnt hat, über die er hergezogen ist«.[19] Weiß Ferdl, so stellt sich immer mehr heraus, war ein Karrierist, der instinktiv seine Chancen sah und die herrschenden Publikumsstimmungen aufnahm. Seine Rolle als Hofnarr, seine Funktion als Feigenblatt des diktatorischen Systems wollte und konnte er nicht durchschauen. Die von so vielen Schauspielern und Künstlern im ›Dritten Reich‹ vertretene Dichotomie von Humor und Politik bzw. von Kunst und Politik vertrat auch Weiß Ferdl. Für das weitverbreitete Argument vieler Kulturschaffender in der deutschen Nachkriegszeit, man habe im ›Dritten Reich‹ nur unterhalten wollen, erweist sich der 1949 in München gestorbene Weiß Ferdl daher als geradezu ideales Fallbeispiel.

4. *Witz contra Nazis*

Zuckmayer geht in seiner Beurteilung der drei Humoristen sehr stark von dem Phänomen des sogenannten »Flüsterwitzes« aus. Wie in allen diktatorischen Systemen gab es auch im ›Dritten Reich‹ eine Vielzahl von Witzen, satirischen Anekdoten, Pointen und Bonmots, die eine politische Stoßrichtung hatten und – wie man meint – sozusagen unter vorgehaltener Hand, also »flüsternd«, verbreitet wurden. Doch nicht

---

17 »*Mitläufer*« *Weiß Ferdl. Der Münchener Komiker vor der Spruchkammer*, in: *Der Kurier* (Berlin) vom 26. Oktober 1946.
18 Zit. nach ebd.

nur in Deutschland kursierten diese Flüsterwitze, sondern ihre Be-
kanntheit und Verbreitung galt auch im Ausland, in den Exilkreisen.
Mündlich tradierte Informationen und Berichte dürften dabei den
Hauptvermittlungsweg dargestellt haben, denn in der Exilpresse gab
es eher wenige Publikationen, die solche in Deutschland kursierenden
politischen Witze sammelten.[20] Ein spezielles Phänomen dieser Flüsterwitze stellt immer wieder die Verknüpfung der witzigen Anekdoten,
sprachlichen Pointen und anspielungsreichen Mehrdeutigkeiten mit
bestimmten prominenten Humoristen dar. Zuckmayer nennt mit der
Trias Valentin, Finck und Weiß Ferdl sehr zutreffend die für das Phänomen des Flüsterwitzes im ›Dritten Reich‹ entscheidenden Kabarettisten,
denen solche Äußerungen in Deutschland zugeschrieben wurden.[21]
Doch obwohl sich die zeitgenössischen Einschätzungen während des
›Dritten Reichs‹ wie auch die Veröffentlichungen in den Jahren nach
dem Ende des Zweiten Weltkrieges einig sind, daß von diesen Humoristen eine Vielzahl von Witzen und sprachlich-dekuvrierenden Bonmots
stammen, ist es philologisch schwierig, sie im zweifelsfrei zuzuordnen.
Zum einen handelt es sich um eine mündlich tradierte Form, deren Ver-
schriftlichung ein sekundäres Phänomen darstellt. Zum anderen kommt
eben dieser Fixierung nicht selten eine bestimmte Stoßrichtung zu. So
versuchten die Kabarettisten Finck und Weiß Ferdl eine bestimmte
Sicht der Dinge festzulegen, als sie ihre Autobiographien schrieben;[22]
aber auch Witze-Sammlungen aus der Nachkriegszeit dienten oft dazu,

19 Arthur Dittlmann, *I woaß net wia ma is ... Der seltsame Humor des
   Münchner Komikers Weiß Ferdl*, Sendung des Bayerischen Rundfunks
   vom 13. Juni 1999, Manuskript BR, S. 28.
20 So beispielsweise: Jörg Willenbacher, *Deutsche Flüsterwitze*, Karlsbad
   1935; Ernst Friedrich (Hrsg.), *Man flüstert in Deutschland ... Die besten
   Witze über das dritte Reich*, H. 1, Paris, Prag 1934; Otto Hoffmann (Hrsg.),
   Witze, Karikaturen und sonstige Ergötzlichkeiten aus dem III. Reich,
   2., verm. Aufl., Cassarte 1935; A. Cerf. Bennet, *The Pocket Book of War
   Humor*, New York 1943.
21 Politische Witze verbanden sich darüber hinaus in nennenswertem Umfang
   nur noch mit regional bestimmenden Humoristenfiguren wie Tünnes und
   Schäl (Köln und das Rheinland), Hein und Fietje (Hamburg und Nord-
   deutschland) oder Antek und Franzek (Oberschlesien).
22 Zu Werner Fincks *Alter Narr – was nun?* vgl. Anm. 3; Weiß Ferdls Autobiographie erschien 1951 posthum: *Weiß Ferdl erzählt sein Leben. Die
   nachgelassene Selbstbiographie des unvergessenen bayerischen Humoristen*, München 1951.

die subversive Kraft des deutschen Volkes, das Widerständige der Bevölkerung gegen implizite und explizite Schuldvorwürfe zu verteidigen. Dies erstreckt sich bis in die Einschätzungen der wenigen Untersuchungen zum Thema Witz und Humor im ›Dritten Reich‹, etwa wenn Marga Buchele ihre Dissertation über den politischen Witz als einen Beitrag zur Geschichte des inneren Widerstandes im ›Dritten Reich‹ versteht,[23] oder Ralph Wiener unumwunden postuliert: »Es [das Erzählen von Witzen] war ein Akt des Widerstandes von Menschen, die ansonsten ohnmächtig dem sie bedrückenden System gegenüberstanden.«[24] Ähnlich – wenngleich abwägender – äußert sich Hans-Jochen Gamm, wenn er über den politischen Witz urteilt: »Er bildete potentiell eine Quelle von regsamem Unmut bei verhaltener Mittäterschaft, stiftete latente Opposition, ohne doch, soweit wir wissen, je in Widerstand umzuschlagen.«[25] Erst Meike Wöhlert geht 1997 in ihrer Analyse über den politischen Witz in der NS-Zeit so weit, die systemstabilisierende Ventilfunktion von Flüsterwitzen zu betonen und die Behauptung vom gefährlichen Lachen als Legende zu enttarnen.[26]

Witz als Waffe und als Widerstand? Die genannten Kabarettisten als Urheber, Kronzeugen, Bezugspersonen von sogenannten »Flüsterwitzen«, also politischen Witzen, die in diktatorischen Systemen hinter vorgehaltener Hand erzählt werden, weil die Kolportage als widerständiger Akt gesehen wird? – Oder: Drei Humoristen, die in sehr unterschiedlicher Weise versuchten, ihre berufliche und finanzielle Existenz auch im ›Dritten Reich‹ zu halten und die dabei bewußt und unbewußt, generell und partiell ihre Vereinnahmung durch das System in Kauf nahmen, ja sogar von den guten Zeiten sprachen für den Humor, der in den schlechten Zeiten so vehement vom Publikum gefordert wird?

Die Antwort darauf kann – ausgehend von Zuckmayers Einschätzungen – von einer Seite aus erfolgen, die den Umgang von zweien der Betroffenen mit den ihnen zugeschriebenen Witzen treffend charakteri-

---

23 Marga Buchele, *Der politische Witz als getarnte Meinungsäußerung gegen den totalitären Staat. Ein Beitrag zur Phänomenologie und Geschichte des inneren Widerstandes im Dritten Reich*, München 1955.

24 Ralph Wiener, *Als das Lachen tödlich war. Erinnerungen und Fakten 1933-1945*, Rudolstadt 1988, S. 11.

25 Hans-Jochen Gamm, *Der Flüsterwitz im Dritten Reich. Mündliche Dokumente zur Lage der Deutschen während des Nationalsozialismus*, überarb. und erw. Aufl., München 1990, S. 16 f.

26 Meike Wöhlert, *Der politische Witz in der NS-Zeit am Beispiel ausgesuchter SD-Berichte und Gestapo-Akten*, Frankfurt am Main 1997.

siert. Aus den Nachkriegsjahren stammt ein Text Werner Fincks, in dem er selbstkritisch über sich und seine Rolle im ›Dritten Reich‹ ausführt:

> Es trifft auch nicht zu, daß ich ein aktiver Gegner des dutzendjährigen Reiches war [...]. Der passive Widerstand hat mir schon Unannehmlichkeiten genug gebracht. Auch sind viele der tollkühnen Witze, die über mich verbreitet wurden, nicht wahr oder mindestens stark übertrieben. Möglich, daß dieses Eingeständnis meiner Beliebtheit in gewissen Kreisen Abbruch tut, aber ich opfere den billigen Ruhm gerne, wenn ich der bei uns so unterernährten Wahrheit wieder etwas zu Ansehen verhelfen kann. (Oh, wieviel Blut- und Bodenschande ist mit ihr getrieben worden!) War ich nun ein zaghafter Held? Oder ein mutiger Angsthase? Auf alle Fälle ging ich niemals weiter als bis zur äußersten Grenze des gerade noch Erlaubten. Hier aber zog ich über die Narrenkappe des wortkargen Scherzes noch die Tarnkappe der vielsagenden Pause: das machte die Angriffsspitze unsichtbar [...]. Nie war die Kunst der geschliffenen politischen Spitze lebensgefährlicher als damals, niemals aber auch so reizvoll. Deshalb hat mich auch das Nachdenken über meine Möglichkeiten in einem wahrhaft demokratischen Staate immer etwas beunruhigt.[27]

Anders hingegen das Verhalten Weiß Ferdls: Der Münchner Volkshumorist wußte einem Überschreiten der Linie über das Frotzelnde, Grantlerische hinaus sofort Einhalt zu gebieten. Er glaubte 1934, also während des ›Dritten Reichs‹, sich von den ihm zugeschriebenen Witzen öffentlich distanzieren zu müssen. In mehreren Zeitungen ließ er folgende Erklärung einrücken:

> Es ist kein einziges Wort daran! Ich bin auch noch niemals gewarnt worden, dies oder jenes nicht mehr zu sagen! Bisher habe ich über das Gerede gelacht, aber allmählich nimmt es bedrohliche Formen an. Meine harmlosen Glossen werden ganz anders weitererzählt, der Witz durch eine Gemeinheit ersetzt, alles auf meine Kosten. Worte, die ich nie gesprochen, werden mir in den Mund gelegt.[28]

27 *Werner Fink [!] meldet sich zur Stelle!* in: *Die Neue Zeitung* (München) vom 1. November 1945.
28 So Weiß Ferdl in verschiedenen Tageszeitungen; zitiert wird nach der Wiedergabe aus Weiß Ferdls im Nachlaß befindlichen Sammlung »1934-1936« bei Sünwoldt, *Weiß Ferdl*, a.a.O. (Anm. 16), S. 90.

In seiner Autobiographie nach dem Ende des ›Dritten Reichs‹ wird eben dieser Sachverhalt zur humoristischen Pointe verharmlost:

> Ein besonderes Kapitel, das mich wohl in ganz Deutschland und darüber hinaus bekannt gemacht hat, mir aber auch viel Unannehmlichkeiten bereitete, waren die Hitlerwitze. Da ich in meinen Vorträgen immer gerne die Erlasse und Taten der jeweiligen Regierungen vom Standpunkt des kleinen Mannes aus glossiert habe, wurden mir allmählich sämtliche Witze, die über die Machthaber des Dritten Reiches gemacht wurden, in die Schuhe geschoben. Manche waren so haarig, daß sie mir glatt den Kopf kosten konnten. Deshalb mußte ich mich einige Male entschieden dagegen wehren. Aber es hat nichts genützt, sie wurden immer wieder erzählt.[29]

Carl Zuckmayer folgt mit dem Fokus des Flüsterwitzes in seinen Stellungnahmen zu den drei Humoristen den Urteilen und Einschätzungen, wie sie in Deutschland und in Exilkreisen vertreten wurden. Dies belegen die Sammlungen mit politischen Witzen, die einige Beispiele der Zuordnung zu den genannten Kabarettisten enthalten, dies zeigen aber auch gelegentliche Berichte in der ausländischen bzw. Exil-Presse über das Schicksal der humoristisch-unterhaltenden Künstler. Zuckmayers Urteil folgt den damals und auch noch lange Zeit danach vorherrschenden Einschätzungen über das Verhalten der Humoristen im ›Dritten Reich‹, das allerdings im Fall Weiß Ferdl zu korrigieren ist. Eigenständig sind Zuckmayers Ausführungen immer da, wo sie die Qualität des Humors und das Charakteristische des Künstlers schildern.

---

29 *Weiß Ferdl erzählt sein Leben*, a.a.O. (Anm. 22), S. 135.

Gunther Nickel

Des Teufels Publizist –
ein »höchst komplizierter und fast tragischer Fall«

Friedrich Sieburg, Carl Zuckmayer und der Nationalsozialismus.
Mit dem Briefwechsel zwischen Sieburg und Zuckmayer

I.

Zeit: April 1934. Ort: Das Konzentrationslager Esterwegen in Ostfriesland. Genauer: Die Baracke Nr. 7, hinter der sich die Häftlinge Hans Kurt Eisner,[1] Theodor Haubach[2] und Carl von Ossietzky[3] regelmäßig getroffen haben, um sich vornehmlich nicht etwa über Politik, sondern über Literatur zu unterhalten. Im April 1934 sprach man selbstverständlich auch über den bevorstehenden Besuch eines Vertreters des Internationalen Roten Kreuzes, bei dem es sich, wie sich bald herausstellen sollte, um den Schweizer Diplomaten und Historiker Carl Jacob Burckhardt handelte.[4] Würde, fragten sich die Internierten, die internationale Presse über dieses Ereignis berichten? Und würde diese Publizität dann dazu beitragen, daß sich die Haftbedingungen verbesserten oder gar Freilassungen erfolgten? Ossietzky war pessimistisch:

1   Der Sohn des 1919 ermordeten Sozialistenführers Kurt Eisner.
2   Haubach (geb. 1896) gehörte 1919 zusammen mit Zuckmayer zum Mitarbeiterkreis der Zeitschrift *Das Tribunal*. 1924 war er Mitbegründer des *Reichsbanners Schwarz-Rot-Gold*. 1930 wurde er Pressechef im Berliner Polizeipräsidium. 1933 ist er aus diesem Amt entlassen und danach mehrfach in Konzentrationslagern inhaftiert worden. 1943 schloß er sich dem Widerstandskampf des Kreisauer Kreises an. Nach dem 20. Juli 1944 wurde er zum Tode verurteilt und am 23. Januar 1945 hingerichtet. CZ widmete ihm, Helmuth von Moltke und Wilhelm Leuschner sein Stück *Des Teufels General* (vgl. auch: Walter Hammer [Hrsg.], *Theodor Haubach zum Gedächtnis*, zweite, verbesserte und ergänzte Auflage, Frankfurt am Main 1955).
3   Von 1927 bis zu seiner Verhaftung 1933 verantwortlicher Redakteur der radikaldemokratischen Wochenzeitschrift *Die Weltbühne*.
4   Vgl. Burckhardts Schilderung dieses Besuchs in seinem Buch *Meine Danziger Mission 1937-1939*, Bern, München, Wien 1971 (Gesammelte Werke, Bd. 3), S. 60-62.

Wir haben keine Hilfe von außen zu erwarten, selbst meine Freunde
im Ausland, die alles tun und auch weiterhin tun werden,[5] sie werden nicht erreichen, daß ich hier herauskomme, ich bin kein literarischer Zuckerbäcker, ich heiße nicht Friedrich Sieburg.[6]

»Glaubst du«, fragte ihn daraufhin unvermittelt der Mithäftling Adolf
Bender, »daß Zuckmayer noch im Land ist?« Ossietzky soll geantwortet haben:

Da ist heut alles in Bewegung, auch dein Landsmann aus Rhein-
hessen, der mit seinem ›Fröhlichen Weinberg‹ die Nazis herausgefordert hat. Jetzt wird es dunkel über Deutschland – glaub mir mein
Freund! Und wann es wieder hell wird, das wissen wir nicht.[7]

Zweifel darüber, ob sich Zuckmayer für ein Leben im Exil oder nicht
doch für die Rückkehr nach Deutschland entscheiden werde, hatte zur
selben Zeit auch Heinrich Mann. »Zuckmayer möchte vielleicht zurück«, mutmaßte er in einem Brief an Rudolf Olden vom 19. April
1934.[8] Doch war es wirklich denkbar, daß das 1933 verhängte Auf-
führungsverbot für den im *Völkischen Beobachter* stets als »Halbjuden« titulierten Dramatiker wieder aufgehoben, er seine Arbeit gar in
den Dienst des NS-Staats stellen würde?

Zuckmayer verhielt sich 1933 zumindest nicht ganz so eindeutig
ablehnend gegenüber der neuen politischen Führung in Deutschland,
wie das die »political correctness« heutzutage verlangt. Ihn hatte zwar
die »Machtergreifung« Hitlers zutiefst erschüttert, aber nachdem ein
nationalsozialistisches Deutschland zur politischen Realität geworden
war, galt es für ihn, der außerhalb des deutschen Sprachraums kein Publikum hatte, der »konkreten Lage« angemessene Handlungsperspek-
tiven abzugewinnen. Für eine Emigration sah er keine Notwendigkeit,
denn er lebte ohnehin schon seit sieben Jahren überwiegend in Österreich. Und bestand nicht Hoffnung, nach der ersten Begeisterungswelle

5 Vgl. dazu Christoph Schottes, *Die Friedensnobelpreiskampagne für Carl
   von Ossietzky in Schweden*, Oldenburg 1997.
6 Carl von Ossietzky, *Sämtliche Schriften, Bd. 7: Briefe und Lebensdoku-
   mente*, hrsg. von Bärbel Boldt, Gerhard Kraiker, Christoph Schottes und
   Elke Suhr, Reinbek 1994, S. 557.
7 *Erinnerungen Adolf Benders an Ossietzky im KZ Esterwegen*, in: Carl von
   Ossietzky, *Sämtliche Schriften, Bd. 7*, a.a.O. (Anm. 6), S. 554-558, hier:
   S. 557 f.
8 Zitiert nach der faksimilierten Wiedergabe in: *Der deutsche PEN-Club im
   Exil 1933-1948*, eine Ausstellung der Deutschen Bibliothek, Frankfurt am
   Main 1980, S. 90.

der Hitler-Anhänger über die »nationale Revolution« würden bald die pragmatischen Erfordernisse dazu führen, daß all das nicht so heiß gegessen werden mußte, was in der nationalsozialistischen Ideologieküche zusammengekocht worden war? Welches Maß an Zuversicht Zuckmayer besaß, zeigt ein Brief vom 1. April 1933 an Friedrich Sieburg, der gerade sein Buch *Es werde Deutschland* veröffentlicht hatte:

Mein lieber Sieburg!
Ich wollte Ihnen längst schreiben, aber in Berlin hatte ich keine Ruhe dazu. Jetzt sind wir wieder hierher aufs Land übersiedelt, und hier fand ich Ihr neues Buch vor. Es werde Deutschland! Ich lese es – mit brennendem Herzen. Ich bin erst in der Mitte, weil ich jeden Absatz mehrmals lese. Hier wird der volle Akkord unsrer Fragen, Nöte, Zweifel, Hoffnungen, erschütternd und beglückend, angeschlagen, in all seiner Dissonanz, in all seiner heimlichen Harmonie. Ich werde Ihnen mehr schreiben, wenn ichs zu End gelesen habe. Vielleicht gibt es mir die Möglichkeit, auch *öffentlich* mir Einiges von der Seele herunter zu reden. Das Buch hat den geheimen Schlüssel zu Worten, die in uns vergraben sind und sonst schwer ans Licht wollen. Das »Schweigen der Überlebenden«[9] steht doch immer noch als ein Bann über all unsrem Tun und Bemühn. So konnte ich das Stück vom »Regimentsfest«,[10] über das wir damals sprachen, noch nicht schreiben. Vielleicht später, vielleicht in einigen Jahren. Es ist jetzt nicht die *Stunde zum Lauschen*, zum stillen Selbsterkennen. Drama verlangt Tat, ist Tat, – muss den klaren Kern der Tat aus seinen Verschalungen, Verstrickungen lösen und zur Symbolkraft erhöhen. Nur dann hat es Lebenswert. Im »Regimentsfest«, in dem, was ich dazu entwerfen und umreissen konnte, wurde es mir nur möglich: die Verstrickungen, die schicksalhaft tragische Verschlingung aufzuweisen, – nicht aber die Lösung, den Umschwung zu geben. Und das genügt nicht. Aber das Thema ist zu gross und zu heilig, um sich mit seiner Umschreibung, Umbildung zu begnügen. Vielleicht ist es auch in Zeiten so leidenschaftlichen äusseren Geschehens nicht die Aufgabe der Dichtung, *unmittelbar* klärend und wegweisend einzugreifen.

9 Zuckmayer bezieht sich auf einen mit diesen Worten überschriebenen Abschnitt in Sieburgs Buch *Es werde Deutschland* (Frankfurt am Main 1933, S. 38-40), in dem das Schweigen über die Schrecken des Krieges und die Erfahrung nationaler Gemeinschaft an der Front thematisiert werden.
10 Entwürfe zu einem Stück mit diesem Titel haben sich in Zuckmayers Nachlaß (im Deutschen Literaturarchiv Marbach [im folgenden: DLA]) nicht erhalten.

Vielleicht ist Klärung und Wegweisung durch die Kunstform nur in einem übertrageneren Sinn möglich. Es geht alles darum: dass die Nation nicht die Verbindung mit der Wurzel ihres Wesens verliert, dass sie in ihrem neuen Aufbruch geführt und nicht verführt werde, dass ihr aus jedem Spiegel ihr neues, ihr volkhaftes Antlitz und nicht seine Verzerrung, Übersteigerung entgegenblickt. Ich glaube, jetzt, das heisst seit dem letzten Spätsommer, den richtigen, den wahrhaft lösenden Stoff in einer *früh mittelalterlichen deutschen Legende* gefunden zu haben, der diese klare strahlende Spiegelung im Drama ergeben kann, und bin ganz erfüllt von dieser Arbeit.[11] In den nächsten Monaten hoffe ich sie zu vollenden, – Übrigens: was in Ihrem Abschnitt: »Nation? Machen wir!« steht,[12] – ist *haargenau das*, was ich im »Hauptmann von Köpenick« dartun wollte und was wohl auch zum Teil darin gelungen ist. Sie schrieben mir damals, als Sie das Buch gelesen hatten: ich hätte das Erlebnis und das Bewusstsein der Nation, und könne darum ein deutsches Drama schaffen. Sie waren der Einzige, der mir diese Worte sagte, auf die ich gewartet hatte, und die mir mehr wert waren, als alle »Kritiken« und jedes Lob. – In der völkischen Presse wird heute noch der »Hauptmann von Köpenick« als eine Verspottung der Nation, der »Fröhliche Weinberg« als Verunglimpfung des deutschen Menschen aufgefasst!![13] Aber auf diese Missverständnisse, auf Einzelne und auf Irrtümer und Fehlgriffe, kommts jetzt nicht an. Es werde Deutschland! Sonst gibt es nichts. Alles Andre sind Nebel, die früher oder später zerflattern müssen. Dahinter möge ein grosses Morgen sein, und keine Nacht.

Bitte schreiben Sie mal
Ihrem Zuckmayer

Und grüssen Sie Ihre Frau, auch von meiner, – und kommt mal her! *Das Haus steht Euch immer offen!* Es wäre herrlich, hier draussen eine Zeitlang beisammen zu sein![14]

---

11 Gemeint ist das Drama *Der Schelm von Bergen*, das am 6. November 1934 am Burgtheater in Wien uraufgeführt wurde.

12 Sieburg, *Es werde Deutschland*, a.a.O. (Anm. 9), S. 115-125.

13 Vgl. die diesem Tenor entsprechende Kritik am *Hauptmann von Köpenick* im *Völkischen Beobachter* (München) vom 24./25./26. Mai 1931, auszugsweise abgedruckt in: Gunther Nickel / Ulrike Weiß, *Carl Zuckmayer 1896-1977. »Ich wollte nur Theater machen«*, Marbach 1996 (Marbacher Kataloge 49), S. 197.

14 DLA, Nachlaß Friedrich Sieburg.

Neben einer merkwürdigen Mischung aus Emphase und Vorbehalten angesichts der »Machtergreifung« Hitlers liefert dieser Brief den einzigen bislang bekannten Hinweis auf den nicht realisierten Plan zu einem Drama *Regimentsfest*, in dem Zuckmayer sich offensichtlich mit dem Ersten Weltkrieg befassen wollte, sowie eine aufschlußreiche Äußerung über seine politischen Intentionen beim Schreiben seines 1931 uraufgeführten Dramas *Der Hauptmann von Köpenick*. Denn worum ging es Sieburg in dem Abschnitt seines Buchs, von dem Zuckmayer bekannte, daß in ihm »haargenau« das zu lesen sei, was er mit seinem Stück habe sagen wollen? Um eine Abrechnung mit der Politik von Wilhelm II., die den »preußischen Stil« (gedacht als ein Militarismus »um seiner selbst willen«) zu einer bloßen Fassade habe verkommen lassen. Als Folge der Modernisierungsschübe sei die Macht vom Staat an die – auf internationale Expansion ausgerichtete – Wirtschaft übergegangen, die nach dem liberalen Prinzip des »freien Spiels der Kräfte« funktioniere. Diese Entwicklung habe substantiell und nur notdürftig durch einen übersteigerten Militarismus kompensiert zu einem nationalen Identitätsverlust geführt. Dies sei in Preußen deshalb stärker zu spüren gewesen als in Ländern wie Bayern oder Baden, weil in Süddeutschland traditionell die regionale Landschaftsverbundenheit in weitaus stärkerem Maße identitätsstiftend wirke. Doch von diesen Unterschieden abgesehen, könne man, so Sieburg, den Wilhelminismus als eine historische Periode charakterisieren, in der man »die nationale Form gefunden zu haben glaubte, weil man die Hacken zusammenklappte und den Bauch einzog«.[15]

Der *Hauptmann von Köpenick* ist eine Darstellung typischer Verhaltensmuster in der wilhelminischen Epoche, war aber nicht als Satire, sondern ein dramatisches Zeit- und Menschenbild intendiert. Das Stück liefert weder eine Analyse (die man in einem Drama auch besser gar nicht erst versuchen sollte) noch – wie es bei Brecht zu erwarten gewesen wäre – eine Lehre. Die dadurch erzielte Offenheit begründete seine Halt- und Interpretierbarkeit.[16] Selbst wenn Zuckmayers Bemer-

15 Sieburg, *Es werde Deutschland*, a.a.O. (Anm. 9), S. 119.

16 Vgl. dazu Bernhard Glocksin, *Der Hauptmann von Köpenick – eine Operette für Schauspieler? Undisziplinierte Anmerkungen aus der Sicht des Theaters*, in: *Zuckmayer-Jahrbuch*, Bd. 1, 1998, S. 161-171 sowie Klaus Kanzog, *Aktualisierung – Reaktualisierung. Carl Zuckmayers ›Hauptmann von Köpenick‹ in den Verfilmungen von Richard Oswald (1931/ 1941) und Helmut Käutner (1956)*, in: *Zuckmayer-Jahrbuch*, Bd. 4, 2001, S. 249-308.

kung in seinem Brief an Sieburg über den Grundgedanken des Stücks
eine Aktualisierung gegenüber den konzeptionellen Vorstellungen des
Jahres 1931 gewesen sein sollte, so zeigt sie doch immerhin, daß es
möglich ist, dem *Hauptmann von Köpenick* eine vom Autor gebilligte
Einschätzung des Wilhelminischen Kaiserreichs zugrundezulegen, der
selbst ein überzeugter Nationalsozialist eigentlich nicht widersprochen
haben dürfte. Aber die NS-Anhänger sahen, soweit sie überhaupt ins
Theater gingen, nur die militärkritische Dimension des Stücks, die gar
nicht im Zentrum steht. Zuckmayer konnte sich daher tatsächlich mit
einer gewissen Berechtigung durch die völkische Presse mißverstanden
fühlen. Doch glaubte er ernsthaft an die Möglichkeit, mit diesem Stück
im Deutschen Reich nach einer Phase der politischen Stabilisierung
wieder reüssieren zu können?

Von noch größerer Bedeutung ist aber wohl die Frage, was es heißt,
wenn er betont, es sei wichtig, daß das Volk »nicht verführt« werde
und »Verzerrung« und »Übersteigerung« fürchtet. Wie interpretiert
man solche Bemerkungen, angesichts eines vier Tage später geschriebenen Briefes an den Regisseur Hanns Ludwig Niedecken-Gebhard, in
dem er erklärt, er gehöre »nicht zu den Leuten, die über die jüngste
Entwicklung in Deutschland unglücklich« seien, und er könne sich
»der Größe, die dieser elementaren Bewegung« innewohne, »einfach
nicht entziehen«?[17] Und kommt nicht ein verblüffender Optimismus
über die publizistischen Handlungsmöglichkeiten in Deutschland nach
Hitlers »Machtergreifung« zum Ausdruck, wenn Zuckmayer am
8. April 1933 aus Henndorf an Friedrich Sieburg schreibt:

> Lieber Sieburg!
> Ich habe Ihnen neulich einen Brief geschrieben, an die Adresse Paris,
> Place du Panthéon. Nun habe ich plötzlich Zweifel, ob die Adresse
> stimmt. Daher adressiere ich diesmal an die »Frankfurter Zeitung«.
> Was ich Ihnen neulich spontan mitten aus der Lektüre Ihres neuen
> Werkes heraus schrieb, kann ich nicht wiederholen, ich hoffe, es ging
> nicht verloren. Inzwischen habe ich das Buch zu Ende gelesen. Ich
> habe es nicht gelesen, sondern einerseits verschlungen, – andrerseits
> durchgeackert, immer mit dem Bleistift in der Hand und auf jeder
> Seite Halt machend, um es zum Gradmesser und zur Kontrolle des
> eignen Denkens, ja des eignen Standorts einzusetzen. Ich will dar-

---

17 Brief Zuckmayers an den Regisseur Hanns Ludwig Niedecken-Gebhard
vom 5. April 1933, zit. nach Bernhard Helmich, *Händel-Fest und »Spiel
der 10.000«. Der Regisseur Hanns Niedecken-Gebhard*, Frankfurt am
Main, Bern, New York, Paris 1989, S. 141.

über schreiben, ich empfinde die Notwendigkeit dazu. Wo soll ich das tun? Die bisher als »linksorientiert« geltende berliner Presse hat so sehr jedes Gesicht und jeden Halt verloren, dass sie eigentlich keine Daseinsberechtigung mehr hat und vor allem keine Plattform mehr bietet, von der aus ein Wort ins Bewusstsein des Volkes dringt. In der »Rechtspresse« herrschen zum Teil über mich und meine Stellung zur Nation derart missverständliche und ahnungslose Vorstellungen, dass ich von mir aus dort nicht anklopfen will, so lange nicht von dort aus das Vertrauen zu mir kommt. Es gibt überhaupt in Deutschland nur noch die »*DAZ*« und die »*Frankfurter*«. Diese wird ja längst ⟨eine⟩ ausführliche Würdigung und Darstellung Ihres Buches gebracht haben.[18] (Allerdings würde es sich bei mir weniger darum, als um ein Bekenntnis handeln, nicht um ein Referat, sondern *um eine brüderliche Stimme, eine Antwort, einen Widerhall*.) Vielleicht frage ich den Paul Fechter an, ob ich in der *DAZ* darüber schreiben soll?[19] Es wäre mir lieb, Ihre Meinung darüber zu wissen, und was Sie für richtiger halten. – Ich muss Ihnen davon noch ausführlicher schreiben. Ich habe die, vielleicht exaltische, Idee: man müsste, jetzt! lieber heute als morgen!, eine *Zeitschrift* machen, mit dem Titel: »Es werde Deutschland!«, für die Sie die Herausgeberschaft und Redaktion übernehmen müssten, eine Monatsschrift, ohne Aufmachung, ohne grosse Kosten, in der sich alle diejenigen sammeln, die unter

18 Am 22. März 1933 erschien in der *Frankfurter Zeitung* ein Auszug aus dem Buch mit folgender, wahrscheinlich von Heinrich Simon verfaßter redaktionellen Vorbemerkung: »Soeben ist das Buch ›Es werde Deutschland‹ unseres Mitarbeiters und Freundes erschienen. Im Spätherbst des vergangenen Jahres wurde es vollendet. Es ist geschrieben auf der Suche nach einem Deutschland, das in manchen Zügen dem soeben entstandenen gleicht. Und doch ist es aus leidenschaftlichen Träumen mit der Inbrunst einer Dichterseele entworfen von einem, der sich in dem Vorspruch des Buches [vgl. *Geheimreport*, S. 274] zu uns, zu unserer Kameradschaft ausdrücklich bekennt. Paradoxie des Geschehens! Dennoch begreiflich für den, der tiefer zu sehen versteht. Würde nicht Rausch des Sieges, vorgefaßte Meinung, Wunsch nach völliger Neugestaltung den Blick trügen, so würde erkennbar sein, daß hinter der bitteren Zerspaltenheit der Gegenwart ein Deutschland ist, das keinen seiner Söhne verstößt. Ihm gehört unsere Liebe. Über dieses wichtige Buch, von dem wir hier den ersten Abschnitt veröffentlichen, wird noch ausführlich zu sprechen sein.«

19 Ein entsprechender Brief ist in Fechters Nachlaß nicht überliefert, und es ist auch unwahrscheinlich, daß er jemals geschrieben wurde. Zum Verhältnis Zuckmayers zu Fechter vgl. *Geheimreport*, S. 316-321.

keinen Umständen ohne Vaterland leben können und dabei jeden Missbrauch des Wortes und des Begriffs »Vaterland« fernstehen, denen die Nationwerdung über jeden Parteibezirk geht, die imstande wären, *die Kluft zwischen Geist und Nation zu überspringen.* Die erste Nummer müsste in zusammenfassender, klarer, und ebenso begeisterter und begeisternder Gestalt den Gedankengängen Ihres Werks gewidmet sein, seinen Grundzug, ohne Verengung, zur Parole erhebend. Und dann müssten Hefte folgen, die, aus verschiedensten Gesichtspunkten, der Klärung aller Einzelmomente dienen, aus denen das grosse Problem der Nationwerdung zusammenströmt und die in Ihrem Buch alle anklingen. Von einem einwandfreien und unangreifbaren Ernst der nationalen Gesinnung aus müsste hier, weniger kritisch als zusammenfassend und aufhellend, wegsuchend, frei ausgesprochen werden und ohne Trübung durch die Tagesperspektive, was ist und was werden soll. Wo künstlerischer Ausdruck da ist, der diesem Kern entspricht, müsste er auf diesem Forum zu Gehör kommen: Lied, Gedicht, Drama. Kräfte stecken überall. Wir müssten zum Sammeln blasen. Es ist an der Zeit. Was halten Sie davon? Die äussere Form dafür wäre doch wohl zu finden. Eine solche Zeitschrift dürfte nicht in Berlin erscheinen. Berlin ist als Boden zu entsäftet, zu denaturiert. Vielleicht wäre es im *Frankfurter Sozietätsverlag* möglich. Es wäre auch gut, wenn – unbetont, nicht programmatisch, – ein regionaler Charakter dem Grundstock des Ganzen innewohnte, als der feste Punkt, von dem aus Deutschland noch am leichtesten zu erfassen ist. –

Ich glaube, es ist eine Notwendigkeit, – (denn das fehlt völlig!), – und es wäre eine Tat. Sie hätten den Elan, die Überzeugungskraft und auch den universalen Überblick, diese Führerschaft zu übernehmen und zu erfüllen. Ich habe dazu nicht die intensive geistige Elastizität, meine Schwerpunkte sind anders gelagert. Aber ich hätte die Zuversicht, den Glauben und die Treue, um eine solche Sammlung nach vorne mitzubegründen und mitzutragen.

Denken Sie darüber nach, Sieburg, Sie haben diese Gedanken erweckt, und Sie können mehr, als nur wecken! Es wäre der Schritt von der Fronteinsamkeit, Trösteinsamkeit, – in die Front der schöpferischen Gemeinschaft.

Herzlichen Gruss!
Ihr Zuckmayer[20]

---

20 DLA, Nachlaß Friedrich Sieburg.

Antworten Sieburgs sind nicht überliefert, auch keine weitere Korrespondenz aus den 1920er und 1930er Jahren. Natürlich wurde das
von Zuckmayer vorgeschlagene Zeitschriftenprojekt nicht realisiert. Er
konnte auch keinen Artikel über *Es werde Deutschland* in der *Frankfurter Zeitung* oder der *Deutschen Allgemeinen Zeitung* unterbringen.
Zwar wissen wir aufgrund von Zuckmayers Kondolenzbrief an Alwine
Sieburg vom 29. Juli 1964, daß die beiden Autoren sich 1924 kennengelernt haben, aber wie intensiv ihre Verbindung war, läßt sich nicht
mehr feststellen.

Auch wenn viele Fragen zur Genese dieser Freundschaft offen bleiben, lassen sich immerhin auffällige, um nicht zu sagen: typische Parallelen in den Entwicklungen ihrer politischen Anschauungen von 1918
bis 1933 beobachten. Wie Zuckmayer bewegte sich Sieburg nach dem
Ersten Weltkrieg im linken publizistischen Spektrum, veröffentlichte
etwa Beiträge im *Berliner Börsen-Courier* oder der radikaldemokratischen Wochenzeitschrift *Die Weltbühne*. Wie bissig seine Artikel zuweilen ausfielen, illustriert seine Stellungnahme zu einer Anklage gegen
George Grosz wegen der Verbreitung von Pornographie:

> So ein Staatsanwalt macht sich keinen Begriff davon, was er anrich-
> tet, wenn er nur den Mund öffnet. Und man könnte direkt fromm
> werden beim Anblick der irdischen Gerechtigkeit, in der Hoffnung,
> den Jüngsten Tag noch mitmachen zu können.[21]

Heinrich Simon holte Sieburg 1925 zur *Frankfurter Zeitung*, für die er
als Auslandskorrespondent zunächst in Kopenhagen, von 1926 bis
1929 in Paris und von 1930 bis 1932 in London tätig war. Sieburgs
Beiträge entsprachen in dieser Zeit ganz der linksliberalen Haltung,
den die Generallinie des Blattes auszeichnete, das mit Mitarbeitern wie
Bernard von Brentano, Siegfried Kracauer und Joseph Roth die Crème
de la crème des deutschen Feuilletons der Weimarer Republik beschäftige. Sieburg war das Gebaren der NSDAP in dieser Zeit nicht weniger
zuwider als seinen Redaktionskollegen – und, um ihn nicht aus den
Augen zu verlieren, Zuckmayer.[22] Zweieinhalb Monate nach dem erd-

---

21 Friedrich Sieburg, *Der entgötterte Beischlaf*, in: *Die Weltbühne*, Jg. 20,
    1924, Nr. 9, S. 267-269, hier: S. 267.
22 Im Januar 1930 plante er ein (nicht zustandegekommenes) Rededuell mit
    Joseph Goebbels, bei dem er »den Nazis und den unsrigen mächtig den
    Arsch aufreissen« wollte (vgl. Nickel/Weiß, *Carl Zuckmayer*, a.a.O.
    [Anm. 13], S. 219). Im Dezember 1930 engagierte er sich gegen das Verbot
    des Remarque-Films *Im Westen nichts Neues* (vgl. Carl Zuckmayer, *Die*

rutschartigen Sieg der Nationalsozialisten bei den Wahlen vom 14. September 1930 schrieb Sieburg zum Beispiel:

> Wenn ich Adolf Hitler wäre, würde ich allen Leuten, die zum Hakenkreuz beten, die Abfassung literarischer Werke und überhaupt jegliche Beteiligung am deutschen Literaturtreiben streng untersagen. Blut ist dicker als Tinte, und es ist den Bürgern des Dritten Reiches über den Schädel zu schlagen, als solche Taten in epischer Form zu beschreiben und sie als das ethische Ideal, das sie zu sein scheinen, der Dichtung einzuverleiben. Jedes nationalistische Buch, das heute erscheint, muß bei der »jüdischen« Literatur um Gastfreundschaft betteln und muß sich vor allem derjenigen literarischen Ausdrucksmittel bedienen, die der Teutone Alfred Rosenberg und seine Redaktionskollegen sonst als verseucht, undeutsch und schimpflich ablehnen. Die andere Möglichkeit, den Stil des Feuilletons im »Völkischen Beobachter« fortzusetzen, hat für den nationalistischen Literaten den Nachteil, daß sie ihm den Weg in die zeitgenössische Literatur verrammelt. Denn die verkitschten Spießbürgereien, die dort Heldenherzblättchens Zeitvertreib sind, mögen im Dritten Reich ein angemessenes geistiges Nahrungsmittel abgeben, aber für ein lesbares Buch reichen sie nicht aus. Der Hakenkreuzler, der sich heute mit Literatur abgibt, muß sich also entweder selbst untreu werden oder sich entlarven. [...] Nach wie vor bleibt es eine Tatsache, daß es für die nationalsozialistische und jede ihr verwandte Bewegung in Deutschland heute besser wäre, ihre Anhänger trieben so lange keine Literatur, als bis die ihr zweifellos innewohnende revolutionäre Kraft die sie umgebende dicke Schicht geistiger Rückständigkeit und toter Überreste der Gartenlauben-Literatur überwunden hat.[23]

Einen Artikel Sieburgs für die erste von Hans Zehrer als Chefredakteur verantwortete Ausgabe der Wochenzeitschrift *Die Tat*[24] kann man als beginnendes Liebäugeln mit konservativ-revolutionären Positionen bewerten. Sein Inhalt ist politisch zwar ganz unverfänglich, aber allein die Tatsache der Mitarbeit an einer Zeitschrift, die Siegfried Kracauer in

---

Front der Unzerstörten, in: *Vossische Zeitung* [Berlin] vom 21. Dezember 1930, Nachdruck in: *Blätter der Carl-Zuckmayer-Gesellschaft*, Jg. 10, 1984, H. 2, S. 87-90). 1931 wurde er Mitglied der von Theodor Haubach mitgegründeten Eisernen Front.

23 *Frankfurter Zeitung* vom 30. November 1930.

24 Friedrich Sieburg, *Zur Lage der französischen Intelligenz*, in: *Die Tat. Monatszeitschrift zur Gestaltung neuer Wirklichkeit*, Jg. 21, 1929, H. 7, S. 529-531.

der *Frankfurter Zeitung* bald äußerst kritisch unter die Lupe nehmen sollte,[25] war ein Politikum. 1930 spielte Sieburg mit dem Gedanken zur *Vossischen Zeitung* zu wechseln, weil ihm – so heißt es in einem Brief an Heinrich Simon – gerade in einem Gespräch mit Benno Reifenberg, dem Feuilletonchef der *Frankfurter Zeitung*, wieder einmal klargeworden sei, »dass ich doch nicht so vollständig zu Euch gehöre wie er«.[26] Diese für Außenstehende zu dieser Zeit kaum wahrnehmbare Differenz, die ihre Wurzeln unter anderem in Sieburgs Verehrung Stefan Georges hatte,[27] benennt auch Zuckmayer 1944 in seinem *Geheimreport* für den US-Geheimdienst ›Office of Strategic Services‹ – ein Indiz dafür, daß beide Autoren sich außerordentlich gut gekannt haben müssen.

Sieburg verließ die Redaktion der *Frankfurter Zeitung* 1930 nicht, irritierte seinen Verleger zwei Jahre später jedoch erneut, als er einige Beiträge in der *Täglichen Rundschau* veröffentlichte, die Hans Zehrer von August 1932 an neben der Wochenzeitschrift *Die Tat* leitete.[28] Diese Mitarbeit hatte – wie Sieburg sich in einem Brief an Heinrich Simon ausdrückte – »Hintergründe«,[29] die durch seinen Brief vom 15. September 1932 an den soeben ernannten Reichspressechef Erich Marcks[30] erhellt werden:

25 Siegfried Kracauer, *Aufruhr der Mittelschichten. Eine Auseinandersetzung mit dem »Tat«-Kreis*, in: *Frankfurter Zeitung* vom 10. und 11. Dezember 1931.

26 Societäts-Verlag, Frankfurt am Main, Nachlaß Heinrich Simon, Brief vom 21. November 1931.

27 Vgl. *Geheimreport*, S. 82 und 273.

28 Am 30. Oktober 1932 erschien in der *Täglichen Rundschau* Sieburgs programmatische Rezension *»Jenseits von Pazifismus und Nationalismus«. Zu dem Werke von Werner Picht*, am 4. November 1932 folgte sein politischer Kommentar *Das Unverbindliche? Jugendtagung und Minister. Generäle und Kanonenfabrikanten als »Pazifisten«.* Zu den Hintergründen und Zielen des Ankaufs der *Täglichen Rundschau* vgl. Ebbo Demant, *Von Schleicher zu Springer. Hans Zehrer als politischer Publizist*, Mainz 1971, S. 89-93.

29 Societäts-Verlag, Frankfurt am Main, Nachlaß Heinrich Simon, Brief vom 8. November 1932.

30 Erich Marcks (1891-1944), der Sohn des gleichnamigen Historikers, war Soldat. 1917 kam er als Hauptmann in den Generalstab, 1918 in die Oberste Heeresleitung, wo er u.a. mit Kurt von Schleicher zusammenarbeitete. 1920 wurde er in das Reichswehrministerium versetzt, wo er unter Schleicher an der Vorbereitung des Reichswehrgesetzes beteiligt war. 1929 übernahm er, inzwischen im Rang eines Majors, die Leitung der Nachrichtenstelle. 1932 wurde er zum Reichspressechef ernannt.

Mein Eindruck ist [...], daß die Reichsregierung den Plan, eine bestimmte Berliner Tageszeitung [gemeint ist die *Tägliche Rundschau*]
[...] in irgendeiner Form zu erwerben, aufgeben möchte. Ich würde
das sehr bedauern, und zwar nicht so sehr, weil dadurch für mich die
Möglichkeiten, in dem von uns besprochenen Sinne zu wirken, um
eine sehr aussichtsreiche verringert würden, als vielmehr aus politischen Gründen. Es sollte kein Mittel unversucht gelassen werden,
Kontakt mit der Massengefühlswelt zu gewinnen, ohne den heute
selbst die autoritärste Staatsführung nicht mehr möglich ist. Die Regierung muß über den luftleeren Raum, der sie vom ›Volkswillen‹
trennt, hinüberlangen, und dazu reichen Leistungen keineswegs aus.
Man hat ja gerade in diesen Tagen [der Reichstag war am 12. September 1932 wieder einmal aufgelöst worden] wieder gespürt, daß
dieses Herankommen an die öffentliche Meinung oder die Gestaltung einer solchen (nicht durch Verlautbarungen) eine Frage auf Leben und Tod ist, und zwar nicht nur für die Regierung v. Papen, sondern für jedes Regime, das sich von den bisherigen Formen des öffentlichen Lebens unabhängig zu machen versucht, um dadurch
wirklich für die nationale Erneuerung zu wirken. [...] Diese Zeitung
wirklich erneuern, hieße den Tausenden von Lesern, die hilflos an
die Parteien usw. versklavt sind, die Rettungshand bieten. Wenn wir
unter einem Regime lebten, das den Kapitalismus mit seinen lebendigen und für die deutsche Tradition wichtigen Kräften bekämpft, so
dürfte man sich sagen, daß es sich nicht lohne, diese Zeitung wieder
zum Leben zu erwecken. So aber erscheint es mir wichtig, die besagte Zeitung zu erhalten und die schwache Verbindung in eine für uns
wichtige Volksschicht, die sie immer noch darstellt, zu erfassen und
zu verstärken, um das, was man Bürgertum nennt, nicht hoffnungslos in die Opposition zum neuen Staate zu jagen.[31]

Marcks antwortete am 22. September 1932, wies darauf hin, daß Geld
für den Ankauf der Zeitung wohl erst am Ende des Jahres zur Verfügung stehe, und fragte:

Können Sie vorher mit uns zusammenarbeiten? Möglicherweise
würde Ihr Verlag damit einverstanden sein; jedenfalls hat Herr Simon
uns gegenüber seine grundsätzliche Hilfsbereitschaft betont. Natürlich handelt es sich für uns darum, jetzt die öffentliche Meinung auf-

31 Zit. nach Kurt Koszyk, *Deutsche Presse 1914-1945*, Berlin 1972 (Geschichte der deutschen Presse, Teil III), S. 218.

zulockern und auf kommende neue Dinge vorzubereiten. Das gilt
am wenigsten im Hinblick auf die Wahlen, sondern mehr für die Reformen, die der Sinn der jetzigen Staatsführung, und, wie ich sicher
glaube, jeder heute möglichen Staatsführung sein müssen.[32]

Daß Unterstützung auch heißen könne, daß Sieburg für die *Tägliche
Rundschau* schreiben werde, scheint Simon nicht klar gewesen zu sein.
Er bat seinen Auslandskorrespondenten daher zu einem persönlichen
Gespräch, das im November 1932 stattfand. Danach hielt Simon schrift-
lich fest:

> [...] Wir sprachen ferner über Ihre Beziehungen zu den augenblick-
> lichen Staatslenkern. Sie machten mich loyal auf die Möglichkeit
> aufmerksam, dass Sie sich, ganz unabhängig von Ihren zukünftigen
> Plänen inbezug auf die Frankfurter Zeitung, in einem bestimmten
> Falle event. würden genötigt fühlen, sich auf Wunsch des Staates in
> seine Dienste zu begeben. [...] Inbezug auf Ihre Mitarbeit bei der
> »Täglichen Rundschau«, die von Ihnen honorarlos zur Unterstüt-
> zung Ihres persönlichen Freundes Zehrer erfolgt war, machte ich Sie
> auf die Schwierigkeiten aufmerksam, in die Ihr Profil als Publizist
> und ich als Redakt. Leiter bei einem Präzedenzfall kommen könn-
> ten. Wir kamen dahin überein, dass Sie die Mitarbeit und die Erlaub-
> nis zum Nachdruck von Artikeln sistieren würden bis auf gewisse
> Feuilletons, die abseits ihrer politisch-journalistischen Tätigkeit
> lägen. Als Sperrfrist solcher Feuilletons würde ich zwei Wochen vor-
> schlagen.[33]

Der »augenblickliche Staatslenker« war zu diesem Zeitpunkt zwar
noch Franz von Papen, aber Hans Zehrer versäumte keine Gelegenheit,
die Politik des amtierenden Reichskanzlers zu kritisieren und ihr gegenüber die Position des Reichswehrministers Kurt von Schleicher als vorbildlich herauszustreichen.[34] Schleicher, der im Dezember die Regie-
rungsgeschäfte übernahm, schmiedete – unterstützt von Zehrer – Pläne
für ein »Querfrontbündnis« aus Sozialdemokraten, Gewerkschaftern
und »linken« Nationalsozialisten um Gregor Strasser mit dem Ziel,

---

32 Zit. nach ebd., S. 218 f.

33 Societäts-Verlag, Frankfurt am Main, Nachlaß Heinrich Simon, Brief vom
11. November 1932.

34 Vgl. Ebbo Demant, *Von Schleicher zu Springer*, a.a.O. (Anm. 28), S. 84-
104.

eine Machtübernahme Hitlers zu verhindern.[35] Daß Sieburg bereit war
oder doch zumindest erwogen hat, sich in die Dienste des Staats zu
begeben, ist – auch wenn er nach dem Zweiten Weltkrieg vehement
bestritten hat, jemals eine aktive Rolle in der Politik gespielt haben zu
wollen[36] – nicht wirklich überraschend. Er war inzwischen Anhänger
der politischen Ziele Zehrers geworden und hatte in seinem am
11. November 1932 abgeschlossenen[37] Buch *Es werde Deutschland*
dessen politische Positionen effektvoll reformuliert. Sieburg befand
sich damit weitab von der bisherigen Linie der *Frankfurter Zeitung*,
stand aber mit seinen deutschlandpolitischen Ansichten nicht allein.
Auch Rudolf Kircher, von 1920 bis 1930 Korrespondent der *Frankfurter Zeitung* in London und dann als Nachfolger von Bernhard Guttmann Leiter der Berliner Redaktion, kam in seinem Buch *Im Land der
Widersprüche* zu ähnlichen Resultaten.[38] Dennoch wandte sich Sieburg im Oktober 1932 mit der Bitte an Heinrich Simon, sein Deutsch-

35 Vgl. Axel Schildt, *Militärdiktatur auf Massenbasis? Die Querfrontkonzep-
     tion der Reichswehrführung um General von Schleicher am Ende der Wei-
     marer Republik*, Frankfurt, New York 1981. Vgl. zu den Zielen von Schlei-
     chers Politik auch: Wolfram Pyta / Eberhard Kolb, *Die Staatsnotstandspla-
     nung unter den Regierungen Papen und Schleicher*, in: Heinrich August
     Winkler (Hrsg.), *Die deutsche Staatskrise 1930-1933*, München 1992;
     Wolfram Pyta, *Verfassungsumbau, Staatsnotstand und Querfront: Schlei-
     chers Versuche zur Fernhaltung Hitlers von der Reichskanzlerschaft Au-
     gust 1932 bis Januar 1933*, in: Wolfram Pyta / Ludwig Richter (Hrsg.),
     Gestaltungskraft des Politischen. Festschrift für Eberhard Kolb, Berlin 1998,
     S. 173-197; Lutz Berthold, *Carl Schmitt und der Staatsnotstandsplan am
     Ende der Weimarer Republik*, Berlin 1999; Gabriel Seiberth, *Carl Schmitt
     und der Prozess »Preußen contra Reich« vor dem Staatsgerichtshof*, Berlin
     2001.

36 »Daß ich je den Wunsch gehabt hätte«, so Sieburg gegenüber Horst Bie-
     nek, »eine aktive Rolle in der Politik zu spielen, das weise ich weit von
     mir« (Horst Bienek, »*Werkstattgespräche*« mit Friedrich Sieburg, in: *Neue
     deutsche Hefte*, Jg. 9, 1962, H. 88, S. 80-94, hier: S. 87).

37 So Sieburg in einem Brief an Simon vom 25. Januar 1933; das Buch beginnt
     mit dem Kapitel *Am 11. November geschrieben*. Dieses Datum ist symbo-
     lisch gewählt, denn am 11. November 1918 war das Waffenstillstands-
     abkommen von Compiègne unterzeichnet und damit der Erste Weltkrieg
     beendet worden.

38 Frankfurt am Main: Societäts-Verlag 1933. Zu Kircher vgl. auch Günther
     Gillessen, *Auf verlorenem Posten. Die Frankfurter Zeitung im Dritten
     Reich*, Berlin 1986, passim; Norbert Frei / Johannes Schmitz, *Journalismus
     im Dritten Reich*, 3., überarb. Aufl., München 1999, S. 154-159.

land-Buch in einem anderen als dem Societäts-Verlag veröffentlichen
zu dürfen:

> Mein neues Buch über Deutschland, das noch nicht ganz fertig ist,
> dessen Vollendung aber nicht mehr auf unüberwindliche Schwierig-
> keiten stossen wird, möchte ich gerne einem anderen Verlag geben,
> ich weiss noch nicht welchem. Die Gründe für meinen Entschluss
> sind nicht in Unzufriedenheit zu suchen, da die Schwächen des So-
> cietäts-Verlags (vor allem seine schlechte Position bei den Sortimen-
> tern) durch viele Vorteile aufgehoben werden. Ich bin vielmehr zu
> der Erkenntnis gekommen, dass meine neue Arbeit in den geistigen
> Rahmen des Societäts-Verlags nicht mehr hineinpasst, da sie, grob
> gesprochen, zu weit rechts orientiert ist und Bekenntnisse und An-
> schauungen enthält, mit denen weder der Verlag noch Sie noch (in-
> direkt) die Zeitung sich identifizieren können. Mein Buch behandelt
> die augenblickliche Lage in Deutschland, die ich so verstehe, dass
> Deutschland versucht, durch Nationalismus den historischen Rela-
> tivismus, dem es seit dem Abbau der bisher geltenden Werte preisge-
> geben ist, Herr zu werden. Ich schildere, wieso Deutschland zu die-
> sem Abbau oder Verlust der Werte gekommen ist, was eine Analyse
> des tragischen deutschen Charakters aber auch – und hier sitzt der
> springende Punkt – eine starke Bejahung dieser tragischen Seiten in
> sich schliesst. Dadurch entstehen sehr scharfe Formulierungen, die
> zu dem Geiste der Frankfurter Zeitung nicht passen und die, wenn
> man sie trotzdem herausstellte, Diskussionen herbeiführen würden,
> die mir in unser aller Interesse nicht wünschenswert erscheinen.[39]

Simon bat daraufhin um das Manuskript und stand vor einer schwierigen Entscheidung: Konnte sein finanziell angeschlagener Verlag[40] es
sich leisten, der bisherigen politischen Linie treu zu bleiben und das
Buch eines Autors, zumal eines Redakteurs der eigenen Zeitung, ablehn-
nen, dem 1929 mit *Gott in Frankreich?* ein beachtlicher Erfolg gelungen war? Am 22. November 1932 schrieb er Sieburg über seinen Lek-
türeeindruck:

---

39 Societäts-Verlag, Frankfurt am Main, Nachlaß Heinrich Simon, Brief vom
  14. Oktober 1932.
40 1930 mußte Simon einen Minderheitsanteil an den Industriellen Carl
  Bosch verkaufen. Vgl. Wolfgang Schivelbusch, *Intellektuellendämmerung.*
  Zur Lage der Frankfurter Intelligenz in den zwanziger Jahren, Frankfurt
  am Main 1985, S. 67-69; Günther Gillessen, *Auf verlorenem Posten*,
  a.a.O. (Anm. 38), S. 44-60.

Lieber Freund!

Ich beschäftige mich unaufhörlich im Geiste mit Ihrem Buch. Es ist ein grossartiges, aber auch furchtbares Buch. Es geht einem an die Nieren. Der Grundgedanke, die Abgrenzung des spezifisch deutschen Lebensgefühls, das Unheimliche, Beängstigende, das für uns selbst und für die Andern Gefährliche dieses Lebensgefühls, all das ist mit der suggestiven Kraft, die Ihre Art darzustellen auszeichnet, geschildert. Es stehen natürlich Dinge darin, die mich etwas bouleversieren, aber die solches tun, haben seltsamerweise nicht ganz die Überzeugungskraft der Partieen, die mich überzeugen. Das gilt z.B. von der Kritik am Liberalismus. Es sind da auch Widersprüche vorhanden. An einer Stelle, ich weiss im Moment nicht an welcher, sprechen Sie geradezu von der Unvergänglichkeit gewisser liberaler Ideen und dann wieder tun Sie den Liberalismus in toto ab. Das klingt dann wirklich so, als ob Sie für die »Tat« schrieben. Ich beschwöre Sie seien Sie mit diesem Buch nicht hastig. Es ist viel zu bedeutsam, als dass sein Schicksal daran geknüpft werden dürfte, daß es möglichst rasch erscheint. Mir selbst lassen Sie noch 24 Stunden Zeit. Ich habe vieles im Einzelnen zu sagen, was aber unwesentlich ist gegenüber dem Bedürfnis das ich spüre, in der Grundfrage, Sie nicht etwa zum Retardieren zu veranlassen, sondern im Gegenteil, Sie zu noch stärkerer Kühnheit im Vorstoss zu ermuntern. Morgen folgt Brief 2 und dann werden noch Brief 3, 4 und 5 folgen. Heute kann ich nur soviel sagen: Ich habe mich selten über ein Buch so aufgeregt wie über dieses. Gerade darum brauche ich ein wenig Distanz, um etwas halbwegs Vernünftiges sagen zu können.

Herzlichst Ihr
⟨Heinrich Simon⟩

Auch Eugen Claassen, der Leiter des Societäts-Verlags, las das Manuskript. Während Simon sich wohl schon mit dem Gedanken trug, das Buch anzunehmen, riet Claassen dem Verleger nachdrücklich, eine Entscheidung nicht übers Knie zu brechen:

Herrn Dr. Heinrich Simon

Zu dem Deutschlandbuch von Friedrich Sieburg

Unsere Aussprache über das Deutschlandbuch Sieburgs war nicht so komplett und eindeutig, wie es die Wichtigkeit des Buches und vor allem die vorauszusehenden Folgen, die sein Erscheinen nach sich ziehen wird, notwendig machen.

Ich muß gestehen, daß mir das Buch einen Chock versetzt hat, der durch die verbindliche und fast lyrische Form und den Charakter eines persönlichen Bekenntnisses um nichts gemildert wurde. In seinen sachlichen Thesen, die in den allermeisten Partien mit beängstigender Einseitigkeit formuliert werden, bedeutet das Buch eine zwar wohlwollende aber eindeutige und totale Negation all der geistigen Grundlagen, von denen die Frankfurter Zeitung im weitesten Sinn (incl. des Societäts-Verlags und meiner) selbst unter Einschluß aller Modifikationen und Nuancen bisher ausgegangen ist. Das läßt sich These für These belegen (sogar in den Quellen, wie Ernst Jünger, Carl Schmitt, Eugen Rosenstock usw.) und kann daher nicht gut als Impression abgetan werden. Das gilt am stärksten für die Teile des Buches, die das eigentliche Credo darstellen und den »nationalen Mythos« erwecken sollen: etwa die ersten 50 Seiten des Ms und die Schlußkapitel. Nicht das Bekenntnis zu Deutschland, sondern die Hybris und die radikale Ausschließlichkeit, mit der Sieburg sich des großen Themas bemächtigt, ist erschreckend. Ich halte es für ausgeschlossen, daß Abschwächungen diesen Radikalnationalismus zu ändern vermögen, er gehört zur Substanz des Buches. Das Deprimierende ist, daß Sieburg einer Fiktion nachläuft: er tut selbst, wogegen er sich verwahrt, er will durch Übersteigerung den »gewachsenen« Nationalismus erzwingen. Er vermag nicht im leisesten anzudeuten, worin die spezifischen, ausschließlichen und für die Welt nicht einmal zur Diskussion gestellten »deutschen« Werte bestehen. Sein Credo ist ohne jede inhaltliche Dogmatik, sein Mythos eine nebulöse Mystik aus persönlicher Ergriffenheit. Er kommt in diesem entscheidenden und zentralen Punkt um keinen Schritt weiter als alle nationalen Propheten. Die besten und z.T. sehr eindrucksvollen Partien des Buches (die mittleren) dienen dem Nachweis der Relativierung aller Werte. Gerade diese äußerst subtile Diskussion, die Boden, Landschaft, Stämme, Rasse, Kultur, Antike erörtert, widerspricht im Resultat dem Credo des Buches, gerade sie zerstören, worauf es das Buch abgesehen hat, die Gewissheit, daß es eine »deutsche Ethik« schlechthin gibt. Das Buch versagt im Positiven, das ihm allein seine Berechtigung geben und uns legitimieren könnte, das Thema zur Diskussion zu stellen, in fast tragischer Weise. Nicht die Kritik am Liberalismus, die in durchaus würdiger Weise geübt wird, sondern seine intimsten positiven Gehalte sind unvertretbar. Sie sind nicht sachlich deutbar (wozu das Buch keine Handhabe bietet) sondern nur psychologisch vom Autor zu verstehen. Selbst wer *ihm* (und das tue ich, weil ich Sieburg kenne) bona fides zubilligt, wird *uns* mit

dem ganzen Gewicht des sachlichen Defekts, der dem Buch Sieburgs
anhaftet, belasten. Wir werden all die Leute, die der Arbeit des gesamten Verlags mit kritischem Vertrauen folgen, kopfscheu machen.
Sieburg hat so geschrieben: daß wer nicht leidenschaftlich für ihn ist,
gegen ihn sein muß. Eine vermittelnde Toleranz kann es da nicht geben, gleichgültig wie der persönliche Konflikt ausgetragen wird.

Ich bitte Sie herzlich, diese mehr als unbequeme Sachlage (die ich
verstehe und die es mir nicht leicht gemacht hat so unumwunden zu
sprechen) an der Hand des Buches noch einmal zu überprüfen. Ich
habe das Buch sehr langsam, sehr sorgfältig und trotz allem Belastenden nicht ohne Interesse gelesen; ich habe mir mein Urteil auch
reiflich überlegt, schon weil mir die Konsequenz nichts weniger als
angenehm ist (besonders in diesem Stadium der Verhandlungen). Ich
bitte daher die definitive Entscheidung nicht zu überstürzen.

Claaßen[41]

Simon folgte dem Rat, sich Zeit zu lassen, obwohl er wußte, daß ein
Exemplar des Manuskripts auch Ernst Rowohlt vorlag. Es gelang ihm,
Sieburg von einigen Änderungen zu überzeugen, die vor allem die
scharfe Kritik am Liberalismus ein wenig abmilderten. Kurz vor Jah-
reswechsel fiel dann sein Entschluß:

Um es kurz zu machen, will ich Ihnen gleich sagen, dass ich mich
entschieden habe, Ihr Angebot, das Buch im Societäts-Verlag zu veröffentlichen, anzunehmen. Denn das erscheint mir als die beste Begegnung der politischen und weltanschaulichen Missverständnisse,
die auch nach den Retuschen und Änderungen als Reaktion auf das
Buch in vielen Kreisen nicht ausbleiben werden.[42]

Die »Machtergreifung« Hitlers hat an dieser Entscheidung nichts geändert, obwohl Simon klar war, daß *Es werde Deutschland* auf viele wie
eine Apologie der Politik des neuen Reichskanzlers wirken mußte.
»Lieber Freund Sieburg«, schrieb er am 6. Februar 1933,

also die Würfel sind gefallen, wie ich Ihnen gestern schon am Telefon
sagte, das Buch wird im Societäts-Verlag erscheinen, obwohl wir uns
beide ehrlich sagen müssen, dass der Augenblick eine fast stärkere
Belastung für beide Teile involviert. Auf der anderen Seite aber haben es die Ereignisse mit sich gebracht, dass die Stellung der F.Z. zur-

41 DLA, Claassen-Archiv.
42 Societäts-Verlag, Frankfurt am Main, Nachlaß Heinrich Simon, Brief vom
   29. Dezember 1932.

zeit so eindeutig ist und eindeutig bleiben wird, dass Mißverständnisse kaum mehr möglich erscheinen. Die Veränderung der Situation
sehe ich hauptsächlich darin: solange Schleicher vorhanden war
brauchten wir die Hoffnung nicht aufzugeben, dass sich aus der
Neutralität der obersten Instanz wieder eine Stelle entwickeln würde, die ganz Deutschland darstellte und ganz Deutschland anzuspre-
chen in der Lage wäre. Das ist nicht gelungen, und damit entfallen
auch die Hoffnungen, dass diese Stelle von andren Gebilden als den
Parteien, von Bünden und dergleichen unterbaut werden könne,
denn diese Bünde sind ein deutsches Instrument nur in der Hand
einer solchen neutralen Stelle. Indem Hitler sich mit Hugenberg und
Konsorten koaliert, vielleicht sogar ins Schlepptau derselben begeben hat, hat er sich noch stärker als bisher aus seiner deutschen
Position im Sinne der Treuhänderschaft drängen lassen. So ist es
noch sinnreicher geworden, dass Ihr Buch mit der Melancholie ab-
schliesst, denn ich sehe nun wirklich nur noch die Spannungen und
nicht mehr das Element, das diese Spannungen bindet. Damit fällt
eine neue Chance doch wieder auf die Parteien, und vielleicht bleibt
am Ende Hitler, da er selbst immer weniger neutrale Spitze zu sein
imstande sein wird, schließlich nichts anderes übrig, als doch sich in
der Republik zu organisieren, und die Entwicklung geht nach der
entgegengesetzten Seite. Für die Zeitung ist mir nicht bange. Sie ist
ein so wichtiges Instrument der öffentlichen Meinung geworden,
dass jeder kommende Machthaber bei der schwierigen aussenpoliti-
schen Situation, in der wir uns befinden, sich ihrer wird bedienen
wollen und sie daher am Leben lassen wird. Aber wie ich oben schon
sagte: diese Stellung können wir moralisch nur dann behaupten,
wenn wir völlig unmißverständlich der jetzigen Kombination Hu-
genberg-Hitler-Papen gegenüber innerpolitisch unzweideutig scharfe
Opposition machen. Das entspricht ja sicher auch Ihrer Überzeugung, die in mancher Beziehung sogar anitliberaler, »sozialistischer«
ist als die unsrige.[43]

Sieburg antwortete eine Woche später:

Ihr Brief vom 6. Februar hat die politische Lage in Deutschland in
wenigen, geradezu meisterlichen Sätzen zusammengefasst. Meine Er-
schöpfung kommt zu einem erheblichen Teil auch daher, dass dieses
Kabinett für mich persönlich eine furchtbare politische und geistige
Enttäuschung ist.[44]

43 Ebd.
44 Ebd., Brief vom 14. Februar 1933.

Ähnlich reagierte er am 31. März 1933 auf einen Brief von Theodor
Halbach:[45]

> Es hat mir tiefen Eindruck gemacht, dass Sie sich noch an die Grund-
> stimmung meines Hamburger Vortrags vor zwei Jahren erinnern,
> noch mehr aber hat mich Ihr politisch-geistiges Dilemma bewegt,
> das in den Tagen, als Sie mir schrieben Noch vor zehn Tagen hätte
> ich Ihnen mit dem alten Revolutionsruf »Hinein in den Staat!« ge-
> antwortet, heute zögere ich. Meine Freude über die starke Welle des
> nationalen Selbstbewusstseins, der Verjüngung und Erneuerung scheint
> einigen Schaden nehmen zu wollen, seit einigen Tagen habe ich das
> das Gefühl, dass eine grosse Idee und eine schöne, vielleicht säkulare
> Gelegenheit die schlimmste aller Gefahren läuft, nämlich sich zu be-
> flecken. Diese Besorgnis, die fast ein Kummer ist, ist das einzige, was
> ich Ihnen heute auf Ihren so freundlichen Brief erwiedern kann.[46]

II.

Zuckmayer charakterisiert Sieburgs *Es werde Deutschland* in seinem
Geheimreport vollkommen zutreffend, wenn er schreibt, es bewege
sich auf einer »sehr gefährlichen und ganz verschwommenen Grenze –
zwischen Nationalismus, Kritik des ›liberalen Denkens‹ und politischer
Progressivität«. Er verschweigt allerdings, daß seine eigenen Ansichten
nach der »Machtergreifung« Hitlers nicht allzu weit von jenen Sieburgs entfernt waren. Über einige Bedenken schrieb Zuckmayer seinem
Freund Albrecht Joseph, dem er in einem Brief vom 2. April 1933[47] die
Lektüre von *Es werde Deutschland* ans Herz gelegt und der in einer
nicht erhaltenen Antwort offensichtlich Einwände gegen die darin ver-
tretenen Positionen formuliert hatte:

> Ad Sieburg: Ähnliches habe ich ihm selbst geschrieben: Wohl mit
> weniger Vorbehalt, aber auch in dem Sinn: das wahrhaft Positive darf
> nicht widerstandslos, nicht mit dem Strom, sondern gegen den Strom
> schwimmend erreicht werden. Aber das Grundgefühl, aus dem her-
> aus er schreibt, das »Ohne Vaterland nicht leben können«, das abso-
> lute Einstehen für Deutschland mit all seinen Fehlern, teile ich
> durchaus. Ich regte deshalb den Gedanken der Zeitschrift bei ihm
> an, in der die einzelnen, von ihm angerührten Punkte in einer härte-

45 Biographische Angaben konnten nicht ermittelt werden.
46 DLA, Nachlaß Friedrich Sieburg.
47 DLA, Nachlaß Carl Zuckmayer.

ren, deutlicheren Weise, von verschiedensten Persönlichkeiten, gedeutet und befestigt werden könnten. Ich selbst bin noch nicht in der Lage, mich öffentlich, dh. verbindlich zu diesen Dingen zu äussern, – aus den Gründen die Du ganz richtig empfindest. Ich halte – für mich! – produktive Zurückhaltung, Stille, jetzt für wichtiger und für sauberer. Aber die Zeit kommt, ist nah, und wir sind bereit![48]

Anders als Heinrich Mann[49] oder Harry Graf Kessler[50] glaubten, war *Es werde Deutschland* kein Bekenntnis zum Nationalsozialismus.[51]

48 Ebd., Brief vom 10. April 1933.

49 »Manche Schriftsteller mittleren Alters«, schrieb Heinrich Mann über Sieburgs *Défense du Nationalime Allemand* (so der Titel der 1933 erschienenen französischen, von Pierre Klossowsky für den Verlag Bernard Grasset übersetzten Ausgabe von *Es werde Deutschland*), »besinnen sich wohl noch darauf, daß sie einst geistig beflissene Menschen waren. Davon ist ihnen etwas geblieben, sie hätten nicht übel Lust, die Versöhnung herbeizuführen zwischen der Intelligenz und der rohen Gewalt, deren Anhänger sie jetzt sind. Sie erreichen dies aber höchstens mit einem Haufen leerer Redensarten und absichtlicher Mißverständnisse. Einer von ihnen hatte lang und breit, ausdrücklich für Frankreich, die Verteidigung des deutschen Nationalismus unternommen. Damit hat er hauptsächlich erreicht, daß seine französischen Leser diesen Deutschen seitdem für moralisch unzulänglich halten. Denn sie stellen fest, was aus dem gerühmten Nationalismus inzwischen geworden ist: der Terror; und was aus dem Autor: ein Parteigenosse Hitlers« (Heinrich Mann, *Die erniedrigte Intelligenz*, in: Heinrich Mann, *Der Hass. Deutsche Zeitgeschichte*, Amsterdam 1933, S. 177-194, hier: S. 188).

50 Kessler schrieb unter dem Datum des 13. April 1933 in sein Tagebuch: Bei Sieburg gegessen mit H.H. Jacob u. dessen Schwester und Andreu. Diskussion zwischen Jacob und Sieburg wurde zeitweise ziemlich heftig. Sonderbar, dass ausser Sieburgs u. mir, alle andren Gäste Juden waren, obwohl Sieburg durch sein Buch »Es werde Deutschland« vor kurzem mit fliegenden Fahnen zu den Nazis übergegangen ist« (DLA, Nachlaß Harry Graf Kessler).

51 Daß viele Formulierungen zu einer falschen Deutung führen würden, war auch Heinrich Simon bewußt, der Sieburg am 3. März 1933 schrieb: »Ich nehme an dass es [das Buch *Es werde Deutschland*] von den Bonzen mißverstanden werden wird, d.h., dass gewisse Kreise Sie als Überläufer bejubeln und andere Sie in der gleichen Eigenschaft anklagen werden. Es wäre gut, wenn wir dann auf den Plan träten und die Dinge zurechtrückten. Ich glaube, ich könnte das in einem redaktionellen Artikel gut machen, weil ich mir anmaße, wie kein anderer Ihren Standort in dem Positiven, was er gerade für unsere Sache enthält und in der Gefahr, die er gerade für diese Sache einschliesst, zu verstehen und dartun zu können. Wie denken Sie?« (Societäts-Verlag, Nachlaß Heinrich Simon).

Denn Sieburg hat sich nicht gescheut, einen zentralen nationalsozialistischen Programmpunkt scharf zu kritisieren. »Viele Elemente«, heißt es in seinem Buch,

> die sich heute der nationalsozialistischen Parole bedienen, sind nichts weiter als freigelassene Sklaven, denen die Lockerung der sie umgebenden Welt ein willkommener Anlaß zur eigenen Zügellosigkeit ist. Das, was wir hier mit dem Worte Nationalismus benennen, findet in Deutschland kaum irgendwo ernsten Widerspruch, und selbst auf dem Felde der Parteipolitik ist es ja nicht gerade der Wille zur Nation, der die Streitenden gegeneinander treibt. Wenn in seinem Namen immer wieder Mord und Roheit verübt wird, so handelt es sich meist um Taten ungefüger, ja oft böser Kräfte, die der wahren Freiheit nicht bedürfen, wenn sie nur die Zügellosigkeit haben.
>
> Nicht daß ihre Auffassung von der Nation eine polemische ist, sondern daß ihr Gemeinschaftssinn noch bei der Horde, dem Stamm hält, ist ihnen vorzuwerfen. Sie huldigen dem für sie so bequemen Mißverständnis, daß die Nation eine Angelegenheit der Rasse sei. Zurück zur Herrschaft der Blutbande wünschen sich alle diejenigen, die das Nachdenken nicht lieben und daher das kümmerliche Abfallprodukt der vergehenden liberalen Welt, den Antisemitismus, übernehmen. Die Rassenlehre, die Friedrich Hielscher in seinem sehr deutschen Buch ›Das Reich‹[52] die läppischste unter allen westlichen Kehrrichterscheinungen und den Versuch des wilhelminischen Denkens, sich über seine Undeutschheit hinwegzutäuschen, nennt, befreit ihre Anhänger von der Notwendigkeit, sich im Erlebnis der Zugehörigkeit zum Volke zusammenzufinden, da aller Zusammenhalt ja bereits gegeben ist und in einer pseudowissenschaftlichen oder doch auf jeden Fall materialistischen Tatsache besteht, die nicht einmal im Reiche der Biologie ihren rechten Platz finden will. Es wäre leicht, dem Antisemitismus, besonders da wo er naturwissenschaftlich aufgeputzt ist, den Prozeß zu machen, aber im vorliegenden Falle handelt es sich nur darum, zu unterstreichen, daß die Rasse nichts mit der Nation zu tun hat und mit ihr in keinen Zusammenhang zu bringen ist.[53]

Wegen dieser Passage wurde Sieburgs Buch 1936 verboten. »Auf Antrag Parteiamtlicher Prüfungskommission«, lautet die in perfektem Kanzleistil abgefaßte Verfügung des Geheimen Staatspolizeiamts, »ist

---

52 Berlin 1931.
53 Sieburg, *Es werde Deutschland*, a.a.O. (Anm. 9), S. 274 f.

Buch ›Es werde Deutschland!‹ von Friedrich Sieburg, Societäts-Verlag, Frankfurt/Main, auf Grund § 7 VO. v. 4.2.33 wegen Gefährdung öffentlicher Sicherheit und Ordnung sofort polizeilich zu beschlagnahmen und einzuziehen.«[54] Sieburg hielt dazu in einer Hausmitteilung der Frankfurter Societäts-Druckerei vom 17. April 1936 fest:

> Das Buch ist nun schon seit über drei Jahren auf dem Markt, und ich fasse daher die Beschlagnahmung nicht als eine gegen meine Person und meine Tätigkeit gerichtete Handlung auf. Wenn dies der Fall wäre, würde ich selbstverständlich eine Abwehr für notwendig halten. Eine solche könnte nur in dem Sinne geschehen, dass es für einen an einem so wichtigen Platz wirkenden Schriftleiter wie mich auf die Dauer untragbar wäre, das Misstrauen der Polizeibehörde zu erregen, und dass infolgedessen eine amtliche Klarstellung über meine Eignung als Schriftleiter erfolgen müsste. Aber ich habe nicht den Eindruck, dass die Dinge diese Entwicklung genommen haben oder nehmen werden. Es ist zu hoffen, dass die Beschlagnahmung im Ausland nicht bekannt wird, denn sowohl die englische wie die französische Ausgabe des Buches wird immer noch stark gelesen und gilt in den betreffenden Ländern als inzwischen geradezu klassisch gewordene Erklärung der deutschen Vorgänge. Ich glaube kaum, dass es ein zweites Buch gibt, das dem Nationalsozialismus in England und Frankreich so stark genützt hat wie das meine.[55]

Wie aus einem Schreiben der Staatspolizeistelle für den Regierungs-Bezirk Wiesbaden an die Preußische Geheime Staatspolizei vom 27. April 1936 hervorgeht, versuchte der Societäts-Verlag nach der Beschlagnahmung der rund 5.000 noch im Lager vorrätigen Exemplare[56]

---

54 Bundesarchiv Koblenz, Bestand R58/967 (Akten der Preußischen Geheimen Staatspolizei), Bl. 187-212, hier: Bl. 184.

55 Ebd., Bl. 190.

56 Simon hatte in einem Brief an Sieburg vom 28. Dezember 1932 das Honorar und den Verkaufspreis für eine Auflage von 20.000 Exemplaren kalkuliert, die 1933 wahrscheinlich auch gedruckt wurde. Aus einem Brief der Staatspolizeistelle für den Regierungsbezirk Wiesbaden in Frankfurt am Main an die Preußische Geheime Staatspolizei in Berlin vom 16. April geht hervor, daß nach Angaben von Wendelin Hecht, der von 1934 an den Societäts-Verlag geleitet hat, 4.414 Bücher verkauft und 1.000 Rezensionsexemplare verschickt worden seien (Bundesarchiv Koblenz, Bestand R58/967 [Akten der Preußischen Geheimen Staatspolizei], Bl. 187-212, hier: Bl. 187).

»glaubhaft [zu] machen, dass die beanstandeten Stellen des Buches –
274 und 275 – keine Vorwürfe gegen die nationalsozialistische Weltanschauung enthalten.« Er umgehe, wandte die Behörde ein, »dabei
aber geflissentlich den auf den oben benannten Seiten geführten Angriff gegen den Antisemitismus.« Die Einlassungen des Verlags verfin-
gen daher nicht. Das Buch blieb verboten.

Es besteht kein Zweifel, daß Sieburg mit seiner »Theologisierung des
Nationalismus«, wie Peter Suhrkamp *Es werde Deutschland* in der
Neuen Rundschau charakterisiert hat,[57] der nationalsozialistischen Politik nützte. Er nützte ihr zunächst dadurch, daß er seinen englischen
und französischen Lesern die Entwicklung in Deutschland zu erklären
versuchte. Der englischen Ausgabe seines Buchs stellte er sogar ein Vorwort in Form eines Briefs an seinen Londoner Verleger voran, in dem
er dem Nationalsozialismus eine »innere Wahrheit« attestierte und
sich selbst als einen »Evangelisten des Dritten Reichs« bezeichnete.
»Deutschland«, so heißt es dort,

> lebte in einer Art babylonischer Gefangenschaft, in geistigem Elend
> und moralischer Verzweiflung, es schmachtete unter dem teuflischen
> Zauber, aber keiner seiner Führer fand die magische Formel, diesen
> Zauber zu bannen. Adolf Hitler fand sie, und, wie immer die Welt
> seine Qualitäten als Staatsmann einschätzen mag, sie kann ihm den
> Respekt vor seiner prophetischen Eigenschaft nicht versagen. Oder,
> wie Hermann Göring es einmal ausdrückte: die rettende Idee hing
> wie ein Stern am Firmament; jedermann konnte ihn herunterholen
> auf die deutsche Erde; aber nur *ein* Mann sah ihn – der unbedeutende
> Soldat aus Braunau, der gerade der Hölle des Weltkriegs entronnen
> war.[58]

Zu solcher Emphase bestand kein Zwang. Doch sollte stutzig machen,
daß Sieburg die Möglichkeit des Zweifels an den staatsmännischen
Qualitäten Hitlers zugestand und dann keinerlei Anstrengungen unternahm, sie auszuräumen. Auch seine kritischen Passagen über den Antisemitismus blieben sowohl in der französischen als auch in der englischen Ausgabe von *Es werde Deutschland* unverändert. Das zeugt
nicht von einer »rückhaltlosen« Identifikation mit dem neuen Deutsch-

---

57 Peter Suhrkamp, »*Es werde Deutschland*«, in: *Die neue Rundschau*,
   Jg. 44, 1933, H. 6, S. 850-856, hier: S. 851.
58 Zitiert nach Fritz J. Raddatz, *Schreiben ist Leben*, in: Friedrich Sieburg,
   Zur Literatur 1924-1956, hrsg. von Fritz J. Raddatz, Stuttgart 1981, S. 21.

land, die er 1937 dem Grafen Johannes von Welczek, dem deutschen
Botschafter in Paris, versicherte,[59] deshalb versicherte, weil sie strittig
war. Und warum stellte er erst am 9. April 1942 und nicht viel früher
einen Aufnahmeantrag in die NSDAP, der im November 1942 abgelehnt wurde?[60]

Sieburg, stellt Zuckmayer in seinem *Geheimreport* fest, habe kurz
nach der Machtergreifung »seinen – zunächst vorsichtig verhüllten –
Pakt mit dem Teufel« geschlossen. Tatsächlich muß man aus Sieburgs
Verhalten den Schluß ziehen, er sei einer Maxime gefolgt, die er in seinem Buch *Gott in Frankreich?* zum besten gegeben hat: »Der Realist
gibt dem Teufel den kleinen Finger in der Hoffnung, dann wenigstens
die andere Hand frei zu haben.«[61] Ein überzeugter Nationalsozialist
war Sieburg deshalb noch nicht geworden. Niemals hätte er sich sonst
dazu hinreißen lassen, ein Jahr nach dem sogenannten Röhm-Putsch,
bei dem auch Kurt von Schleicher ermordet wurde, eine Biographie
Robespierres zu veröffentlichen, in der es etwa heißt:

Wie kurz ist im Denken dieses Menschen der Weg vom Beglückungs-
trieb zum Blutvergießen! Am Eingang zum Paradies steht die Guillotine. Warum? Weil der Unbestechliche [gemeint ist Robespierre] unfähig ist, sich vorzustellen, daß Politik im unaufhörlichen *Streben*
nach Glück, aber nicht in der *Erfüllung* besteht. Was einem guten
Politiker nützlich erscheint, das würde Robespierre eitel nennen. Der

---

59 Margot Taureck, *Friedrich Sieburg in Frankreich. Seine literarisch-publizi-
   stischen Stellungnahmen zwischen den Weltkriegen in Vergleich mit Positionen Ernst Jüngers*, Heidelberg 1987, S. 110.
60 Brief der Leitung der NSDAP-Auslands-Organisation, Berlin-Wilmersdorf,
   vom 28. November 1942; Original im Privatbesitz, Kopie im DLA, Nach-
   laß Friedrich Sieburg. Das Schreiben hat folgenden Wortlaut: »Persönlich! |
   Herrn Botschaftsrat Friedrich Sieburg | Paris / Frankreich | Deutsche Bot-
   schaft | über | Landesgruppe der AO. der NSDAP. in Frankreich | Der Leiter
   der Auslands-Organisation der NSDAP. hat Ihr Gesuch vom 9.4.1942 um
   Aufnahme in die Partei abgelegt. Eine Mitteilung der Ablehnungsgründe
   kann bestimmungsgemäß nicht erfolgen. Heil Hitler! (Schenk)«. Mysteriös
   an diesem Vorgang ist, daß die Akten im Bundesarchiv Berlin (Bestand
   Berlin Document Center) einen Aufnahmeantrag vom 9. April 1941 verzeichnen, dem am 1. September 1941 stattgegeben wurde. Sieburg erhielt
   die Mitgliedsnummer 8537221 (vgl. auch Taureck, *Friedrich Sieburg in
   Frankreich*, a.a.O. [Anm. 59], S. 247).
61 Friedrich Sieburg, *Gott in Frankreich? Ein Versuch*, Frankfurt am Main
   1929, S. 202.

Politiker macht vor dem Menschen halt, und darum bleibt jede »menschliche« Politik Stückwerk. [...] Die völlige Abdankung des individuellen Glücksanspruches, die er verlangte, um den von Rousseau als Grundlage der idealen Gesellschaftsordnung geforderten »Allgemeinen Willen« zur Geltung zu bringen und zu befriedigen, verwandelte die Republik in kurzer Zeit in einen lichtlosen Kerker, der von den Seufzern der guten Bürger und dem Hohnlachen der Halunken erfüllt war.[62]

War hier wirklich die französische Revolution von 1789 gemeint oder nicht vielmehr die deutsche des Jahres 1933? Und liest sich die folgende Beschreibung Robespierres nicht wie ein Portrait Hitlers in den Jahren seiner »Kampfzeit«?

Man nimmt ihn für einen Kauz, einen Nörgler oder einen harmlosen Narren, man lacht über ihn, man schreit ihn nieder. Aber er klammert sich an das Rednerpult und schreit gegen den Sturm. Er weiß, daß sie ihn eines Tages hören werden, ob sie wollen oder nicht. [...] Er glüht für die Gleichheit, aber er fordert damit ein Stück Naturrecht zurück, während die kleinbürgerliche Masse glaubt, es sei von einer Umschichtung der Vermögen zu ihren Gunsten die Rede.[63]

Bei Sieburgs *Robespierre* handelt es sich, wie zuletzt Tilman Krause hervorgehoben hat, um ein frühes und eindrucksvolles Zeugnis für verdeckt-oppositionelles Schreiben im ›Dritten Reich‹.[64] Das fiel schon dem 1933 nach Frankreich emigrierten Publizisten Wolf Franck auf, der das Buch für die Zeitschrift *Das neue Tagebuch* rezensierte:

Das kann Historie sein, – es gibt dennoch kaum eine Seite, auf der der Leser nicht hundertfünfzig Jahre weiter und neunhundert Kilometer abseits gelenkt wird. Dies ist zumindest der Effekt des Buches. Es hiesse, einen Autor unterschätzen, wollte man ihm zutrauen, dass ein so starker Effekt unabsichtlich entstanden sei. Ganz unmissverständlich war es Sieburgs Absicht, an Dinge unserer Gegenwart zu rühren, – und es möglichst unmissverständlich zu tun. [...] Vielleicht folgt der gute Witterer, der immer ein paar Monate voraus war, schon wieder einer kommenden Fährte. Vielleicht baut er beizeiten an einem Alibi. Vielleicht sucht er leise zu provozieren. Wie dem auch

---

62 Friedrich Sieburg, *Robespierre*, Frankfurt am Main 1935, S. 33 und 35.
63 Ebd. S. 54 und 56.
64 Krause, *Mit Frankreich gegen das deutsche Sonderbewußtsein*, a.a.O. (Anm. 27), S. 126-133.

sei: als Zeichen der Zeit gibt es, drei Jahre nach Hitlers Ankunft, wenig Pikanteres als dieses Buch eines Autors, der zwar nicht im Dritten Reiche lebt, aber ein Autor des Dritten Reiches ist.[65]

Merkwürdig ist, daß Zuckmayer, der sich in seinem *Geheimreport* erstaunlich exakt an Sieburgs Biographie wie auch dessen Veröffentlichungen nach 1933 erinnerte, auf die Robespierre-Biographie mit keinem Wort eingegangen ist. Sollte ihm das Erscheinen dieses Buchs und das der gleichfalls nicht erwähnten Titel *Afrikanischer Frühling* (1938) und *Blick durchs Fenster* (1939) entgangen sein? Eine Auseinandersetzung mit der Robespierre-Biographie hätte an Zuckmayers Urteil im Grundsatz aber wahrscheinlich nichts verändert. Sieburg war – ohne Nationalsozialist geworden zu sein – »Des Teufels Publizist« wie Ernst Udet »Des Teufels General« und trug den politischen Verhältnissen auf eine Weise Rechnung, die auf die deutschen Emigranten als vollkommener Opportunismus wirken mußte.[66] In seinen Artikeln erfüllte er jedenfalls vorbildlich die inhaltlichen Vorgaben, die Reichspressechef Walther Funk Auslandsberichterstattern machte. Das mag erklären, warum Zuckmayer 1944 wenig Verständnis für Sieburgs Artikel *Das Pariser Gespräch* in der *Frankfurter Zeitung* vom 8. Dezember 1938 aufbrachte. Als er konstatierte, die deutsch-französische Verständigung sei von Sieburg in geradezu »glühenden Farben« geschildert worden, war das jedoch nicht nur übertrieben, sondern falsch.

Aus anderen Gründen erregte Sieburg in Deutschland erheblichen Unmut. Bei gesellschaftlichen Veranstaltungen lasse er, heißt es in einem Schreiben des Reichsministers für Volksaufklärung und Propaganda an die Deutsche Botschaft in Paris vom 23. April 1937, keine Gelegenheit aus, um »die Lauge seines Spottes über Deutschland« auszugießen und »durch eine Fülle hämischer und spitzer Bemerkungen« sein Vaterland zu schädigen.[67] Es gibt daher keinen Anlaß, Sieburgs Behauptung nach 1945, er habe 1939 einen Posten im Auswärtigen Amt angenommen, um nicht »wöchentlich einen den Hitlerkrieg begleitenden Artikel zu

65 Wolf Franck, *Sieburgs Diktator*, in: *Das neue Tagebuch*, Jg. 4, 1936, H. 8, S. 184-186, hier: S. 185 f.

66 Entsprechend wurde Sieburg von Lion Feuchtwanger in seinem Roman *Exil* porträtiert. Die Figur, der er dort unverkennbar Sieburgs Züge verliehen hat, heißt Erich Wiesener und firmiert als Paris-Korrespondent der ›Westdeutschen Zeitung‹.

67 Zit. nach Taureck, *Friedrich Sieburg in Frankreich*, a.a.O. (Anm. 59), S. 173.

schreiben«,[68] keinen Glauben zu schenken. Allerdings dürften für ihn auch nach Kriegsbeginn Sätze aus seiner Chateaubriand-Biographie gegolten haben, bei denen man nur »Frankreich« durch »Deutschland« und »Napoleon« durch »Hitler« ersetzen muß, um seine Haltung zu umreißen:

> Niemand kann eine Niederlage Frankreichs wünschen, selbst wenn eine Niederlage Napoleons sein schönster Traum ist. [...] Der Opportunismus ist in den Augen dieses großen Herrn [...] kein Charaktermangel, sondern ein politisches Mittel, ohne das es überhaupt nicht möglich ist, Politik zu machen. [...] Er schließt vor dem »weißen Terror«, der überall im Lande wütet, die Augen. Gewiß beteiligte er sich nicht an der »Jagd der Marschälle«, aber er kann sich auch nicht entschließen, die zahllosen Racheakte, die Morde, Mißhandlungen und Plünderungen zu mißbilligen.[69]

Sieburgs Rede *France d'hier et de demain* vor der »Group Collaboration« im März 1941, in der er erklärte, Deutschland sei durch »eine fast kosmische Weltentwicklung«[70] dazu verurteilt, »stark, mächtig und gefürchtet zu sein«, und er selbst sei durch das Leben in Frankreich »zum Kämpfer und zum Nationalsozialisten« erzogen worden,[71] war indes eine ebenso peinliche wie unnötige Entgleisung wie seine antisemitisch begründete Kritik an Heinrich Heine in einem Interview im Juli 1942.[72] Sieburgs Zustimmung zur Politik des polnischen Generals Pilsudski in *Polen. Legende und Wirklichkeit* (1934), seine Apologie des portugiesischen Diktators Salazar in *Das neue Portugal* (1937) und schließlich seine zustimmende Beschreibung der japanischen Expan-

---

68 So Sieburg in einem im Anhang dokumentierten Brief an Zuckmayer vom 12. Dezember 1949.

69 Friedrich Sieburg, *Chateaubriand. Romantik und Politik*, Stuttgart 1959, S. 232, 292, 294.

70 Friedrich Sieburg, *France d'hier et de demain – Les Conferences du groupe Collaboration*, Préamble de Bernard Grasset, Paris 1941, zit. nach der deutschen Übersetzung in: Franz Schonauer, *Deutsche Literatur im Dritten Reich. Versuch einer Darstellung in polemisch-didaktischer Absicht*, Olten, Freiburg i.Br. 1961, S. 169-175, hier: S. 172.

71 Ebd., S. 170.

72 Vgl. Taureck, *Friedrich Sieburg in Frankreich*, a.a.O. (Anm. 59), S. 250-253. Sieburg hat allerdings »bis zum Ende seiner Tage darauf [bestanden], jene Äußerung sei ihm untergeschoben worden« (Klaus Harpprecht, *Der Bürger am Abgrund*, in: Friedrich Sieburg, *Abmarsch in die Barbarei. Gedanken über Deutschland*, Stuttgart 1983, S. 24).

sionspolitik in *Die stählerne Blume* (1939) waren dagegen zwar Ausdruck seiner grundsätzlichen Sympathie mit einer autoritären und nationalistischen Politik, die in Großräumen denkt und klare Freund-Feind-Unterscheidungen vornimmt, nicht aber einer rassistischen Ideologie, der er in seinen Büchern mit keiner Zeile das Wort geredet hat. Sie sind darüber hinaus allesamt stilistisch derart brillant, daß mehr als verständlich ist, warum Zuckmayer 1944 das Portrait seines einstigen Freundes mit der fast wehmütigen Bemerkung schloß, es sei um einen Mann wie ihn »ewig schade«.

III.

Nach dem Zweiten Weltkrieg bewarb sich Zuckmayer erfolgreich um die Stelle eines zivilen Kulturbeauftragten beim amerikanischen Kriegs-ministerium. Er wollte so bald wie möglich nach Deutschland reisen, um dort mit Rat und Tat behilflich zu sein – natürlich aber auch, um seine Eltern wiederzusehen. Unter deutschen Emigranten in den USA, die zu Zuckmayers Freunden zählten, löste sein Vorhaben erheblichen Unmut aus:

> Gert[73] *tobt gegen* meine Deutschlandpläne. Horch's[74] auch. Remarque[75] sagt, (ich sah ihn nicht, hörte es nur von Gert), – »Den Zuck müssen wir zu vergessen versuchen. Leider werden wir manchmal noch von ihm träumen.« –
> Sie können mich alle. –[76]

73 Gert von Gontard (1906-1979) war von 1929 bis 1932 Herausgeber der literarisch-politischen Zeitschrift *Neue Revue*. Er emigrierte 1933 in die USA, wo er von 1941 an Leiter einer deutschen Theatergruppe war und u.a. Max Reinhardt unterstützte. Von 1961 an organisierte er, zum Teil in Zusammenarbeit mit dem Goethe-Institut, Gastspiele deutschsprachiger Theaterensembles in den USA. Vgl. Carl Zuckmayer, *Eine New Yorker Theater-Gesellschaft. Offener Brief an Gert von Gontard*, in: *Die Zeit* (Hamburg) vom 15. Januar 1965; Carl Zuckmayer, *Gert von Gontard zum 60. Geburtstag*, in: *Frankfurter Allgemeine Zeitung* vom 24. August 1966.

74 Der österr. Dramaturg Franz Horch (1901-1951) emigrierte 1938 über Zürich in die USA, wo er – u.a. für Zuckmayer – als Agent für europäische und amerikanische Autoren tätig war.

75 Vgl. *Geheimreport*, S. 255.

76 Brief von Zuckmayer aus New York an seine Frau vom 18. April 1946; Privatbesitz.

Zuckmayer ließ sich nicht beirren, wartete ungeduldig auf den Marsch-
befehl nach Berlin, den er im November 1946 endlich mit dem Auftrag
erhielt, die größeren Städte Deutschlands und Österreichs zu besuchen,
seine Eindrücke festzuhalten und Vorschläge zur Reorganisation des
Kulturlebens zu unterbreiten. Die beiden Berichte, die er nach der
Rückkehr von der fünfmonatigen Reise angefertigt hat, sind eindrucksvolle und innerhalb des US-Kriegsministeriums heftig umstrittene Dokumente seines Versuchs, korrigierend auf die amerikanische Deutsch-
landpolitik Einfluß zu nehmen. Er glaube, schrieb er seiner Frau,

> an Deutschland, (wie an Europa), mehr als je und an seine ganz
> grossen Möglichkeiten und seine Mission – von der die besten Leute
> dort durchdrungen sind, die sind so ernst und tapfer und grossartig
> wie man in ganz Österreich Niemanden findet, ausser so ein paar
> ganz Wenigen wie dem Lernet[77] in seiner Art, oder Kapsreiter[78] und
> die famose Kammersängerin.[79]
>
> Aber wie auch alles sei – man wird zunächst krank davon und
> noch mehr von dem beklemmenden Erlebnis des Zurückkommens
> hierher – falls man sich nicht halt gleich auf den nächsten Zug setzen
> und nach Barnard fahren kann. Grade die ganz starke Zugehörigkeit

---

77 Mit dem österr. Schriftsteller Alexander Lernet-Holenia (1897-1976) war
   Zuckmayer von der Mitte der zwanziger Jahre an befreundet. Vgl. dazu
   Zuckmayers Beiträge *Dem sechzigjährigen Freund. Geburtstagsbrief an
   Alexander Lernet-Holenia* und das Gedicht *C.Z. für A.L-H* (in: *Forum*,
   Jg. 4, 1957, H. 47, S. 410), *Alexander Lernet-Holenia. Zum 70. Geburts-
   tag* (in: *Neue Zürcher Zeitung* vom 20. Oktober 1967; auch unter dem
   Titel *Die Siegel des Dichters* in: *Alexander Lernet-Holenia. Festschrift zum
   70. Geburtstag des Dichters*, Wien, Hamburg 1967, S. 7-13), *Für Alexander Lernet-Holenia (21. Oktober 1897 – 3. Juli 1976). Zu seinem fünf-
   undsiebzigsten Geburtstag am 21. Oktober 1972* (in: Zuckmayer, *Aufruf
   zum Leben. Porträts und Zeugnisse aus bewegten Zeiten*, Frankfurt am
   Main 1995, S. 182-190) sowie von Lernet-Holenia: *An das Lorbeerlaub.
   Für Carl Zuckmayer, zum sechzigsten* (in: *Fülle der Zeit. Carl Zuckmayer
   und sein Werk*, Frankfurt am Main 1956, S. 116 f.).
78 Der Industrielle Gustav Kapsreiter (1894-1971) gehörte seit Mitte der
   1920er Jahre zu Zuckmayers Henndorfer Freundeskreis (vgl. Carl Zuckmayer, *Als wär's ein Stück von mir*, Frankfurt am Main 1997, S. 67 und
   143 sowie Christian Strasser, *Carl Zuckmayer. Deutsche Künstler im Salzburger Exil 1933-1938*, Wien, Köln, Weimar 1996, S. 147 f.).
79 Gemeint ist Maria Mayr, die Ehefrau des österr. Kammersängers Richard
   Mayr (1877-1935).

zu dem Land hier macht es so beklemmend – man spürt in allen Nerven den Gefahrenbrennpunkt dem es sich immer rascher nähert – das Kriselnde das vielleicht garkeine richtige Krise wird sondern nur so schwelt – aber gefährlich und unheimlich schwelt, und wie recht hast Du dass unsre strahlenden Horchs[80] und Neuhausens,[81] die jetzt von mir nur hören möchten dass drüben alles aus sei (und ›hab ichs nicht immer gesagt – hättest hier bleiben sollen‹), – den molnarschen Krebsen gleichen und es garnicht merken wie es wärmer wird.

Europa aber in all seiner Düsternis ist voller Leben und ein knisterndes Kräftefeld, und an Deutschland wird sich das Schicksal der Welt erfüllen – wird es nicht gesund, wird die Welt nicht genesen. Nicht am ›deutschen Wesen‹, – sondern am Symbol der irdischen Wiedergeburt, des Stirb und Werde. Merkwürdigerweise versteht mich der Stock- und Ur-Amerikaner Pare[82] – weil er nämlich auf *höherer* Ebene und nicht auf der gemeinen ein Patriot ist und die Stunde der Gefahr für sein eignes Land spürt – wenn ich ihm sage dass die deutsche Rettung der Prüfstein dafür sein wird ob es für uns unsere Kultur, Gesittung, Menschenwelt, überhaupt eine Rettung gibt. Und lässt in diesem Augenblick all seine military stuffed shirt Manier fallen und steht mit mir durch Dick und Dünn gegen die Big Bosses vom War Department [...].[83]

Zuckmayer war davon überzeugt, daß in Deutschland ein funktionierendes Gemeinwesen nicht errichtet werden könne, wenn man seiner Bevölkerung eine rein negative – ausschließlich auf Schuld, Reue und Scham gegründete – Identität zumute. Publizistisch hob er daher zwei klug gewählte positive Bezugspunkte für ein neues deutsches Selbstbewußtsein hervor: Anhand der Lebensgeschichte Carlo Mierendorffs den deutschen Widerstand,[84] anhand der Biographie der Brüder Grimm

---

80 Franz Horch (vgl. Anm. 74) und seine Frau Maria (geb. 1910).
81 Der Berliner Arzt Fritz Neuhaus und seine Frau Ellen, auf deren Verlobungsfeier Zuckmayers Erzählung *Die Affenhochzeit* gemünzt war und die nach Hitlers »Machtergreifung« nach New York emigrierten (Auskunft von Maria Guttenbrunner).
82 Der Dokumentarfilmautor und Filmregisseur Pare Lorentz (1905-1992) war Zuckmayers direkter Vorgesetzter beim War Department.
83 Brief von Zuckmayer aus New York an seine Frau vom 9. April 1947; Privatbesitz.
84 Vgl. Zuckmayer 1947 im Suhrkamp Verlag erschienene Rede *Carlo Mierendorff. Porträt eines deutschen Sozialisten*; jetzt in: Carl Zuckmayer, *Aufruf zum Leben*, a.a.O. (Anm. 77), S. 39-63.

eine auch politisch beispielhafte deutsche Gelehrtentradition.[85] Im
Herbst 1947 und nochmals zu Beginn des Jahres 1948 reiste er – diesmal privat – nach Deutschland, um mit Jugendlichen zu diskutieren[86]
und in Vorträgen um Verständnis für die amerikanische Mentalität zu
werben.[87] Am Ende seines aufreibenden Engagements stand ein Herz-
infarkt.

Am 12. Dezember 1949 versuchte Friedrich Sieburg, der die Berichte
über die vielfältigen Aktivitäten Zuckmayers verfolgt hatte, die Freundschaft wieder zu beleben. Zuckmayer antwortete mit einem leider nicht
überlieferten Schreiben, von dessen Existenz und Inhalt wir aber in
groben Zügen durch einen Brief Sieburgs vom 14. Februar 1950 wissen.
(Die Nachkriegskorrespondenz ist im Anhang dieses Beitrags so vollständig, wie die Quellenlage es gestattet, wiedergegeben.) Müßte man
der Lückenlosigkeit der erhaltenen Dokumente nicht mißtrauen, dann
dauerte es noch neun Jahre, bis Zuckmayer und Sieburg, der inzwischen die Leitung des Literaturressorts der *Frankfurter Allgemeinen
Zeitung* übernommen hatte, sich wiedersahen. Kurz zuvor, am 10. Oktober 1959, war Sieburgs lobende, wenn auch nicht uneingeschränkt
positive Rezension von Zuckmayers Erzählung *Die Fastnachtsbeichte*
erschienen. Die Wiederbegegnung nahm Sieburg zum Anlaß, Zuckmayer seine im selben Jahr veröffentlichte Chateaubriand-Biographie
zu schenken, die er mit der handschriftlichen Widmung »Für Carl
Zuckmayer in der Freude des Wiedersehens | Friedrich Sieburg | 30.10.
59« versah.[88] Anstreichungen enthält dieser Band nicht, so daß unklar
bleibt, ob Zuckmayer ihn gelesen hat. Sollte er jedoch jemals mit einer
Lektüre begonnen haben, wäre ihm zweifellos schnell deutlich geworden, daß dieses Buch wie schon Sieburgs *Robespierre* nur im Gewand

85 Vgl. Zuckmayers 1948 im Suhrkamp Verlag erschienene Abhandlung *Die
   Brüder Grimm. Ein deutscher Beitrag zur Humanität*; jetzt in: ebd., S. 243-
   288.
86 Vgl. Nickel/Weiß, *Carl Zuckmayer*, a.a.O. (Anm. 13), S. 344-348.
87 Vgl. Zuckmayers Rede *Amerika ist anders*, die er erstmals am 10. November
   1948 im Auditorium Maximum der Universität Zürich hielt und zwischen
   1948 und 1951 an den Universitäten Bern und Basel sowie an der Freien
   Universität Berlin wiederholte. Sie erschien zuerst in der *Neuen Schweizer
   Rundschau* (Jg. 16, 1948, Nr. 8, S. 451-474) und findet sich jetzt in Carl
   Zuckmayer, *Die langen Wege. Betrachtungen*, Frankfurt am Main 1996,
   S. 169-201.
88 In Privatbesitz. Das Wiedersehen fand vermutlich bei Friedrich Bischoff, dem
   Intendanten des Südwestfunks in Baden-Baden, statt, wo sich Zuckmayer
   vom 27. Oktober bis 8. November 1959 zu Rundfunkaufnahmen befand.

einer historischen Biographie daherkommt, im Kern aber eine – wie es Joachim Fest formulierte – »vexierbildhaft ins Selbstportrait hinüberspielende«[89] Auseinandersetzung mit einem Schriftsteller ist, der seine politische Karriere als Anhänger Napoleons begonnen hatte, dann aber zu einem unbeirrbaren Legitimisten wurde und der es so bis zum französischen Außenminister brachte.

Den nächsten Kontakt dokumentiert ein Brief, mit dem Sieburg auf ein wiederum nicht erhaltenes Schreiben Zuckmayers und die Zusendung der vierbändigen, 1960 erschienenen Zuckmayer-Werkausgabe durch den S. Fischer Verlag reagierte. Aufschlußreich sind an Sieburgs Antwort vor allem die Bemerkung über eine erneute Lektüre des Fragment gebliebenen und bis 1960 unveröffentlichten Indianerromans *Sitting Bull* und sein Hinweis auf das Buch *Red Fox of the Kinapoo*. Sie zeigen, daß ein wichtiges verbindendes Element das gemeinsame Interesse am Schicksal der Indianer in Nordamerika und Kanada war, über das Sieburg 1931 mit *Frankreichs rote Kinder* ein vielleicht etwas zu frankreichfreundliches, gleichwohl auch heute noch äußerst anregend zu lesendes Buch veröffentlicht hat.[90]

Die Verbindung der beiden Autoren riß, wie die weitere, nicht sehr umfangreiche Korrespondenz zeigt, nicht ganz ab, war aber auch nicht sonderlich intensiv. Mit Sieburgs Tod am 19. Juli 1964 endete diese eigentümliche Freundschaft, der von Zuckmayer in seiner Autobiographie mit der beiläufigen Bemerkung, man habe sich in den 1930er Jahren in Paris »mit Friedrich Sieburg im eleganten ›Maxim‹«[91] treffen können, nur äußerst unscharfe Konturen verliehen worden sind.

89 Joachim Fest, *Friedrich Sieburg. Ein Porträt ohne Anlaß*, in: *Frankfurter Allgemeine Zeitung* vom 19. Juli 1980, wiederabgedruckt in: Hans-Jürgen Schultz (Hrsg.), *Journalisten über Journalisten*, München 1980, S. 259-272, hier: S. 266.

90 Anders als Zuckmayer war Sieburg jedoch erklärter Gegener Karl Mays und favorisierte statt dessen die Romane von James Fenimore Cooper (vgl. Joachim Kersten, *Niemand hat Glück mit Deutschland. 33 Bausteine zu einem Portrait von Friedrich Sieburg*, in Angelika Ebbinghaus / Karl Heinz Roth, *Grenzgänge. Deutsche Geschichte des 20. Jahrhunderts im Spiegel von Publizistik, Rechtssprechung und historischer Forschung. Heinrich Senfft zum 70. Geburtstag*, Lüneburg 1999, S. 51-93, hier: S. 53). Ihre unterschiedlichen Ansichten gaben in der Zeit der Weimarer Republik mit Sicherheit Anlaß zu kontoversen Diskussionen, die der Freundschaft aber keinen Abbruch taten.

91 Zuckmayer, *Als wär's ein Stück von mir*, a.a.O. (Anm. 78), S. 138.

Anhang A

Der Briefwechsel zwischen Carl Zuckmayer und Friedrich Sieburg 1949 bis 1963

1 *Friedrich Sieburg an Carl Zuckmayer*

Tübingen, 12. Dezember 1949

Lieber Zuckmayer,

Ellinor schreibt mir aus Kopenhagen, dass Sie schon seit längerer Zeit krank sind. Das bestärkt mich in dem lang gehegten Entschluss, Ihnen zu schreiben. Ich hätte es längst getan, wenn ich nicht den Eindruck gewonnen hätte, dass Ihr Schweigen mir gegenüber kein Zufall sei, zumal da mir auch Ellinor berichtete, dass Sie ihr nie geantwortet hätten. Wenn ich bedenke, wie herzlich unsere Freundschaft war und wie sehr sie sich grade in der ersten Etappe Ihres Exils bestärkte, so muss ich annehmen, dass Ihr Schweigen einen Grund hatte. Welcher kann es gewesen sein? Ich kann nicht annehmen, dass Sie den Klatschgeschichten und Zeitungslügen über mich Glauben geschenkt haben und ernstlich geglaubt haben, ich hätte »mitgemacht« oder sei sogar ein Nazi gewesen. Vielleicht ist Ihnen zu Ohren gekommen, dass ich während des Krieges einige Jahre im Auswärtigen Amt war und Sie haben möglicherweise daraus Ihre Schlüsse gezogen. Dazu will ich Ihnen sagen, dass ich bei Kriegsausbruch die Wahl hatte, entweder wöchentlich einen den Hitlerkrieg begleitenden Artikel zu schreiben oder im Ausw. Amt zu verschwinden. Ich habe das letztere vorgezogen, und so darf ich heute sagen, niemals ein Wort zur Unterstützung des Regimes geschrieben zu haben. Ja, vom Tage des Kriegsausbruchs an habe ich vollständig geschwiegen, bis zum bitteren Ende. An meinem Verhalten während meiner Zeit im Ausw. Amt haben auch die übelwollendsten Stellen kein Haar finden können, am wenigsten die Franzosen. Vielleicht sind Ihnen diese Dinge nicht bekannt oder falsch berichtet worden. Jedenfalls hat mich Ihr Schweigen um so mehr getroffen, als ich in den Jahren nach dem Zusammenbruch die alte Übereinstimmung mit Ihnen doppelt fühlte und den Kontakt mit Ihnen wie eine Wohltat ersehnte. Es kann nicht sein, dass eine so echte Verbindung wie die unsere zerstört sein soll, und wenn sie es ist, so muss sie wieder hergestellt werden. Sie haben nach dem Krieg so unvergleichliche und fruchtbare Anstrengungen unternommen, sich von der deutschen Wirklichkeit zu überzeugen, dass Sie auch in Bezug auf meine Person irgendwelche Geschichten aus dritter Hand nicht hinnehmen und nicht gelten lassen sollten. Sie erinnern sich vielleicht noch an unsren Briefwechsel im Anschluss an mein Buch »Es werde Deutschland«, das übrigens bald darauf von der Gestapo verboten und vernichtet wurde. Schon aus jener Zeit müssen Sie wissen, wie sehr ich an dem deutschen Verhängnis litt und wie sehr ich dagegen ankämpfte. Das hat sich nie geändert und heute bin ich kaum beruhigter als damals. Wie gern würde ich mit Ihnen einmal über diese Dinge sprechen, wie gerne würde ich Sie sehen und wieder die alte Kameradschaft fühlen. Aber erst müssen Sie wieder ganz gesund werden. Ich hoffe sehr auf ein baldiges Lebenszeichen von Ihnen und bin bis dahin, mit den herzlichsten Grüssen an Ihre Frau,

Ihr alter

Friedrich Sieburg

2 *Friedrich Sieburg an Carl Zuckmayer*

Tübingen, 14. Februar 1950

Lieber Zuckmayer,

eine Grippe hat mich verhindert, Ihnen so dringlich, wie mirs ums Herz war, meine grosse Freude über Ihren Brief vom 20.12. zu sagen. Dieser Brief war genau so wie ich ihn hätte erwarten sollen. Verzeihen Sie mir noch nachträglich, dass ich auch nur einen Augenblick zweifelte. Die Verbindung mit Ihnen ist mir mit einem Schlage wieder so lebendig geworden wie damals, und genau wie damals ist mir, als wisse ich keinen besseren Freund, mit dem ich meine Gefühle über dieses grosse und unselige Deutschland, von dem kein Deutschschreibender je loskommt, austauschen könnte.

Ich hoffe, dass es mit Ihrer Gesundheit besser geht. Nicht weniger hoffe ich, dass Ihre Arbeit, auf die ich sehr gespannt bin, Fortschritte macht.

Ich habe Ihnen viel zu sagen, und es sollte recht bald sein. Wie sind Ihre Pläne in der nächsten Zeit? Ich selbst fahre am 17.2. für zwölf Tage ins Engadin um meine Rekonvaleszenz zu beschleunigen. Danach bin ich wieder in Tübingen. Allerdings fahre ich zweimal im Monat regelmässig nach Freiburg, wo ich »Die Gegenwart« mit herausgebe. Ich denke, dass ⟨s⟩ich für absehbare Zeit ein Treffen verabreden lässt, sei es in meiner, sei es in Ihrer Gegend. Lassen Sie also Näheres von sich hören.

Ist Ihre Frau bei Ihnen? Wenn ja, grüssen Sie sie herzlich von mir.
Ellinor wird mich Mitte März für einige Tage von Paris aus hier in
Tübingen besuchen.
Ihnen und Ihrer Arbeit von ganzem Herzen alles Gute
Ihr alter Freund
Friedrich Sieburg

3 *Friedrich Sieburg an Carl Zuckmayer*

Dezember 1956

Carl Z. begleite den schlauen Odysseus, der allerdings viel mitgemacht
hatte, bis zu dem Felsen, an dem der Weg ins Schattenreich führt.
Odysseus opferte, wobei der Dichter rüstig half und bat diesen dann,
die andrängenden Toten mit dem Schwerte abzuwehren, bis der gewünschte Schatten erschienen sei. »Was wir brauchen, sind vor allem
Auskünfte«, fügte Odysseus zwinkernd hinzu. Carl Z. weigerte sich,
das Schwert zu nehmen, und sagte: »Wenn Du Tote interviewen willst,
bin ich nicht der rechte Mann, Dir zu helfen. Meine Sache ist es, die
Toten ins Leben zurückzuführen und sie dem Lichte zurückzugeben.
Allein kann ich es nicht, und wenn Du mir nicht helfen willst, – leb
wohl!« So wanderte Carl Z. allein weiter, in hellere Länder, und vertraute nur noch seiner Dichtkunst.
Für Carl Zuckmayer zu seinem 60. Geburtstag in alter Freundschaft.
Friedrich Sieburg

4 *Friedrich Sieburg an Carl Zuckmayer*

Gärtringen, 23. Oktober 1960

Lieber Carl Zuckmayer,
schönsten Dank für Dein Lebenszeichen. Ich hoffe, daß es Dir gut geht
und daß Du den winterlichen Dunkelheiten mit Gelassenheit entgegen
siehst.
Die Ausgabe Deiner »Gesammelten Werke« hat mir Dein Verlag in
der Tat zugeschickt. Es ist eine sehr schön und würdig hergerichtete
Ausgabe, in der ich mit Wonnen schmökere und schöne Wiederbegeg-
nungen feiere. Gestern abend las ich im Bett den Sitting Bull wieder.

Kennst Du übrigens das Buch von William M. Rush ›Red fox of the Kinapoo‹, die Geschichten vom Untergang der letzten Nez Percé?

Ich würde mich in der Tat freuen, wenn Du mir in die Ausgabe gelegentlich einen Gruß hineinschriebest und dabei meine ländliche Bleibe kennen lerntest.

In der Hoffnung, Dich bald und in guter Verfassung wiederzusehen, sende ich Dir meine herzlichen Grüße.

Dein alter Friedrich Sieburg

Die FAZ wird sich natürlich, wenn auch nicht sofort, mit der Ausgabe beschäftigen.

5 Carl Zuckmayer an Friedrich Sieburg

⟨Saas-Fee⟩, 24. September 1962

Lieber Friedrich Sieburg, –
so wird man allmählich zur Denkmalsfigur. Ohne Heldentaten. Im letzten Jahr bin ich sogar mit einem neuen Stück »durchgefallen«. Das scheint meine Denkmalswürdigkeit enorm gesteigert zu haben. Wer macht auch noch sowas, mit 65 Jahren! Kurzum: Die deutsche Grammophongesellschaft hat mich erwählt, in einer Reihe bemerkenswerter älterer Herrn, (Kokoschka war mein unmittelbarer Vorgänger), unter der Schutzmarke »Erzähltes Leben« das meinige zu erzählen. Ich habe in einem Studio – eine junge Dame vis-à-vis, der ich erzählen konnte, – fünf Stunden auf Band geredet, ohne Notizen, nach Schnauze – und dann gefunden, dass da natürlich nur ein Bruchteil, oder ein Hürdenlauf mit Kängeruh-Sprüngen durch mein Leben, dabei herauskam. Wobei sich die Auslassung aller wirklich wichtigen Ereignisse, in der Welt des Eros, von selbst versteht. Dann hat man mich gefragt, welche bedeutende Persönlichkeit (ich wiederhole: bed. Pers.) aus meiner eigenen Generation, die mich und mein Werk von den Anfängen bis heute kennt und der ich Verständnis und Sympathie dafür zutraue, den zusammenfassenden Text für den Umschlag dieser Doppel-Langspielplatte (auf 1 Stunde 10 Minuten pro Platte gekürzt) schreiben könne, dh. wer mir am liebsten wäre.

Ich weiss nicht, ob Du Zeit und Lust zu sowas hast, weiss auch nicht, was die Brüder zahlen, das müssen sie Dir selber vortragen. Dies ist nur eine recommendation, – für Dich natürlich *in keiner Weise* eine Obligation: Wenns Dir nicht in den Kram passt, – forget about it. Solltest Du's gerne machen, – da Dir der Gegenstand ja wirklich vertraut ist, – würde sich freuen

Dein alter Carl Z.

P.S.: Solltest Du zufällig am 15.11. in Köln sein? Ich muss dort zu Ehren des 100jährigen Magus Gerhart Hauptmann eine Festrede vom Stapel lassen. Vorher bin ich vermutlich in München. Wäre schön Dich zu treffen.

6 *Friedrich Sieburg an Carl Zuckmayer*

Gärtringen, 30. September 1962

Mein lieber Carl Zuckmayer,

ich habe mich aufrichtig gefreut, von Dir ein Lebenszeichen zu erhalten. Ich habe so gut es ging Deinen Weg in den letzten Jahren literarisch und persönlich verfolgt und gesehen, dass es Dir gut geht und dass Du den Glauben an das Leben noch nicht verloren hast. Besonders freundlich waren die Nachrichten, die Harpprecht – der Dich ja besuchte – übermittelt hat.

Ich würde gern den Conferencier für Deine Langspielplatte machen und auf diese Weise Arm in Arm mit Dir vor dem Publikum auftreten. Ich fürchte aber, dass ich in absehbarer Zeit diesen Auftrag nicht ausführen kann, da mir dazu einfach Zeit und Sammlung fehlen. Ich habe gerade den Text für zwei Taschenbücher fertiggestellt und bin derartig erschöpft, dass ich zunächst einmal für einige Wochen auf der Bühlerhöhe verschwinden werde. Lust und Kraft, selbst die reizvollsten Aufgaben zu übernehmen, lassen in dem Masse wie das Leben sich zeigt fühlbar nach, und ich bin froh, wenn ich meine Pflichten gegenüber der F.A.Z., die ja meine solide und getreue Basis, erledigen kann. Ich bitte Dich also, mich von dem Auftrage freizusprechen. So gerne ich bei der Präsentierung Deiner Person ein wenig meine Laune hätte spielen und meine Zuneigung zu Dir hätte durchklingen lassen.

Ich gehe am 8. Oktober auf die Bühlerhöhe (Adresse: Kurhaus Bühlerhöhe über (758) Bühl/Baden), und ich bin in den letzten Oktobertagen wieder zu Hause. Gerne möchte ich Dich einmal wiedersehen.

Mit herzlichen Grüssen und guten Wünschen

Dein alter Freund

Friedrich Sieburg

7 *Carl Zuckmayer an Friedrich Sieburg*

⟨Saas-Fee⟩, 15. Oktober 1962

Mein lieber Sieburg,
dies nur als Dank für Deinen Brief, und um Dir zu sagen, dass ich für
Deine Absage *volles Verständnis* habe: ich hätte es derzeit im umgekehrten Falle nicht anders machen können. Auftrags- und Pflichtarbei-
ten, selbst wenn sie, – wie die gerade vollendete Hundertjahrsfestrede
für Gerhart Hauptmann – für mich eine Herzenssache bedeuten, –
fallen mir immer schwerer, und ich fühle mich nach solchen Terminauf-
gaben völlig erschöpft, – während freies Schaffen, Erfinden, Austragen
und Ausgestalten mich trotz aller Plagen und Qualen der Geburt immer noch eher erfrischt und belebt. Dabei scheint mir der Aspekt – ich
will garnicht von Politik reden – unseres Daseins, die Szene der Literatur, vor allem des Theaters, alles eher als erfreulich oder ermutigend.
Ich prüfe mich oft, ob das nun einfach die Überalterung ist, – dass man
halt, wie das wohl immer mit Generationen geschieht, mit dem »Neu-
en« nicht mehr mit kann, – aber dennoch, wenn ich ans Theater denke,
wo sind die Genies, die genialischen Bestien, die verrückten Halb-
götter? Leben wir nicht doch in einer Ebbe, oder Pause? Ich hoffe, wir
sprechen uns bald einmal wieder, sei inzwischen herzlich gegrüsst, –
mit guten Erholungswünschen!
    Dein Carl Z.

8 *Carl Zuckmayer an Friedrich Sieburg*

Bad Wiessee, 18. Mai 1963

Ich grüsse Dich im Gedenken an alles Gemeinsame das uns durch Jahrzehnte verbunden hat und weiter verbindet sehr herzlichst Dein Karl
Zuckmayer

9 *Friedrich Sieburg an Carl Zuckmayer*

Gärtringen, 29. Juli 1963

Mein lieber Zuck,
Du hast mir in der letzten Zeit verschiedentlich freundschaftlichen An-
lass gegeben, dankbar und in alter Herzlichkeit an Dich zu denken.

Nicht zum wenigsten durch die freundlichen Glückwünsche, die Du mir zu meinem 70. Geburtstag gesandt hast. Diese runden Geburtstage – das weisst Du ja aus Erfahrung – sind eine sehr zwiespältige Angelegenheit. Der Tumult, den sie entfesseln, ist gewaltig und erregen den Überdruss des Jubilars; aber wie unzufrieden wäre er, wenn es keinen Tumult gäbe! Das Echo war geteilt. Die Glückwünsche kamen von sehr verschiedenartigen Seiten und waren teilweise durch kleine unauffällige Beigaben von Strichnin gewürzt. Es gab aber auch andere Zeichen freundlicher Erinnerung und darunter rechne ich auch Dein Gedenken. Das sehr lange Stück Leben seit unserer ersten Begegnung kommt ja nun langsam zur Ruhe. Krankheit, Müdigkeit, aber auch höhere Einsicht in die Notwendigkeit, gelassener zu sein, gibt den Tagen der alten Männer, zu denen wir ja nun gehören, ihr Gleichmass, und ich kann nicht sagen, dass ich an der zunehmenden Stille, die ich mir zu verschaffen verstehe, nicht einiges Vergnügen habe.

Ich habe inzwischen meine alte Freundin Winnie Kiefer geheiratet. Du kennst sie wohl; ein Foto, das sie und Dich in sehr liebenswürdigem Geplauder zeigt, steht unter ihren Bildern. Es wurde bei der Geburtstagsfeier für Friedrich Bischoff aufgenommen. Wir kennen uns jetzt 17 Jahre; sie ist inzwischen Witwe geworden; ich habe mir schon vor Jahren neben ihrem Haus das meine gebaut, und so haben wir den Schritt der Eheschliessung, von dem wahrlich kein Aufhebens zu machen ist, als etwas ganz Natürliches vollzogen.

Wir wohnen auf demselben Grundstück, das nachgerade schon ein Park genannt zu werden verdient, und ich denke wohl, dass ich Ende des Jahres ganz in ihr Haus – den sogenannten Schwalbenhof – übersiedeln werde. Was ich dann mit meinem eigenen, sehr viel kleineren aber ganz entzückenden und gewissermassen auf Mass geschneiderten Haus anfangen werde, weiss ich noch nicht.

Ich wollte, Du könntest einmal bei uns sein! Du wirst ein hochwillkommener Gast sein und hättest Deine Ruhe, in der Dich niemand stören würde, weder Mensch noch Tier, weder die Natur noch die Gesellschaft. Wir wohnen an der Autobahn München-Stuttgart und sind knapp 30 km von Stuttgart entfernt.

Dein Leben verfolge ich, soweit Du es sichtbar machst, mit unverminderter Anteilnahme. Weder Du noch ich können Vergnügen an dem haben, was unsere jüngeren Nachfolger auf dem Gebiete der Literatur treiben, aber das Bewusstsein, dass einige Talente darunter sind, ist beruhigend. Allerdings ist diese Produktion nicht gerade das, was lebensbejahend ist oder die Freude des Menschen an der Schöpfung vermehren kann. Es ist ein unglückliches, mit sich selbst geplagtes Geschlecht, dessen Lebensquell dünn fliesst und das mit seinen Erregungen, Wonnen und Leiden, kurzum: mit seiner Vitalität haushalten muss.

Nun, das alles weisst Du ebenso gut wie ich, aber es wäre doch ein Vergnügen, einmal mit Dir darüber zu sprechen. Ich weiss nicht, wo Du im Augenblick bist, aber eine gelegentliche Nachricht von Dir und Deinen Lebensumständen würde mich freuen.

Hab nochmals Dank, dass Du meiner in so freundschaftlicher Weise gedacht hast und sei in alter Verbundenheit gegrüsst von
Deinem Friedrich Sieburg

10 *Alwine Sieburg an Carl Zuckmayer*

Am Morgen des 19. Juli verstarb ganz unerwartet
mein geliebter Mann

Friedrich Sieburg

Im Namen aller Hinterbliebenen
Winnie Sieburg
geb. Stephan

Gärtringen, Schwalbenhof, den 20. Juli 1964

Die Beisetzung ist am Mittwoch, dem 22. Juli 1964, um 14.30 Uhr, auf dem Waldfriedhof in Stuttgart

11 *Carl Zuckmayer an Alwine Sieburg*

Saas-Fee, 22. Juli 1964

Liebe, verehrte Frau Sieburg!
Seit einigen Wochen liegt ein Brief, auf einem hellblauen, eher blaugrauen Papier geschrieben, das Couvert von ungewöhnlich kleinem Format, in einer meiner Schreibmappen mit dem Etikett: »Persönlich antworten« (also nicht diktieren) – obenauf. Der Brief ist vom 29. Juli 1963. Ich wäre wohl demnächst endlich zur Antwort gekommen, bei mir dauert das oft ein Jahr, bei Sieburg war das ähnlich. Wir haben uns jahrelang nicht geschrieben und uns, seit der Pariser Zeit vor 1939, selten getroffen. An der Freundschaft – und an einer besonderen Art von Einverständnis, von gegenseitiger Zustimmung, die zwischen uns

herrschte, hat das nichts geändert. Jetzt ist es zu spät – was mich mehr schmerzt als das Versäumnis des Schreibens, – zu spät zu einer Wiederbegegnung, die ich mir so sehr gewünscht hätte, zu einem Besuch in Ihrem Heim, von dem ich weiss, dass es ihn erfreut hätte.

Wenn man in unser Alter kommt, – ich werde zwar erst 68, – erhält man viele Todesnachrichten. Seit langer Zeit hat mich keine so sehr berührt und betroffen. Ja, ich musste heute den ganzen Tag im Wald herumlaufen, die Arbeit liegen lassen, unter Bäumen sitzen und allerlei Müssiges anstellen, ehe ich Ihnen jetzt mit einiger Fassung schreiben kann.

Ich habe Friedrich Sieburg im Jahr 1924, bei einer gemeinsamen Freundin, der Schauspielerin Gerda Müller, kennengelernt. Wir waren auf Anhieb d'accord, und brauchten keinerlei Umwege. Ich empfand für ihn damals, vor 40 Jahren, beim ersten Gespräch, die gleiche, auf einem spontanen Respekt und einer spontanen Kongruenz der Anschauungen gegründete, Zuneigung wie heute, nach 40 Jahren, – und ich glaube, bei ihm war es ebenso. Das kam vor allem daher, dass er eben ganz anders war als die meisten dieser jungen Leute, die man damals unter sogenannten »Intellektuellen«, oder sagen wir: zeitgenössischen Literaten, zu treffen pflegte, – von heute ganz zu schweigen. Vertieft und bestärkt hat sich diese Beziehung dann vor allem in der Zeit nach 1933, – als ich unter meinen Schicksalsgefährten, den durch die Nazis aus ihrer Heimat Vertriebenen und ihrer Sprache Beraubten, ganz allein stand. Denn ich liess mich meiner Denkart, und damit meines Deutschtums, nicht berauben. Man hat meine Haltung in den Kreisen der Emigration – bis heute – nie verstanden. Sieburg hat mich verstanden.

Wir sassen, im Juni 1939, bevor ich nach Amerika fuhr, zusammen in einem Pariser Restaurant, – vielleicht war es auch etwas früher, – bis tief in die Nacht, und sagten beim Abschied: »Es wird sich für uns nichts ändern.« Als ich ihn nach dem Krieg wiedersah, hatte sich nichts geändert.

Ich habe das Bedürfnis, Ihnen das heute zu erzählen. Als ich Sie, bei der Geburtstagsfeier für Friedrich Bischoff, kennen lernte, spürte ich, was Sie für ihn bedeuten. Ich weiss heute, auch aus diesem Brief vom Juli 1963, dass die Begegnung und die Gemeinschaft mit Ihnen das Glück seiner späten Jahre war. Ich danke Ihnen. Und ich hoffe, Sie wiederzusehen, – wenn auch, leider, allein.

In grosser Herzlichkeit,
Ihr Carl Zuckmayer

12 *Alwine Sieburg an Carl Zuckmayer*

Für die gütige Teilnahme, die Sie mir beim Tode meines geliebten Mannes, Friedrich Sieburg, bekundet haben, sage ich Ihnen von Herzen
meinen aufrichtigsten Dank.

Ganz besonderen Dank für Ihren wunderbaren Brief, der mich sehr
ergriffen hat.

Ihre Winnie Sieburg

Gärtringen-Schwalbenhof, im August 1964

Anhang B

Kommentar zum Briefwechsel zwischen
Carl Zuckmayer und Friedrich Sieburg

1 Masch. Brief mit eigenh. Unterschrift. Absenderangabe: Friedrich Sieburg |
(14b) Tübingen | Goethestr. 14. Original im DLA, Nachlaß Carl Zuckmayer.

Ellinor] Ellinor Kielgast (1887-1959), die zweite Ehefrau Sieburgs.

einige Jahre im Auswärtigen Amt] Von Oktober 1939 an arbeitete Sieburg
offiziell für das Auswärtige Amt zunächst in Berlin, 1939/40 in Brüssel, danach bis 1942 an der deutschen Botschaft in Paris. Zu den Gerüchten und
Vermutungen über eine inoffizielle Mitarbeit vgl. *Geheimreport*, S. 274 f.

vollständig geschwiegen] Margot Taureck kam dagegen zu dem Ergebnis:
»Als Journalist verfaßte Sieburg weiterhin politische Berichte und Feuille-
ton-Beiträge für die ›F[rankfurter] Z[eitung]‹, obwohl zahlreiche Artikel seit
Ende 1940 nicht mehr signiert wurden. Unter den Chiffren ›PB Paris, Vichy,
Riom‹, ›fs‹ veröffentlichte Beiträge stammen teilweise sicher von Sieburg;
das ließ sich durch den Vergleich der behandelten Themen und den ›Berichten Dr. Sieburgs‹ für die Brüsseler Zeit feststellen. Zahlreiche Parallelen
konnten bei anderen Artikeln gefunden werden, z.B. ›Die Stadt der Sonder-
linge – Blick auf Lyon‹, in: FZ, 1.1.1943 mit ›Lyon‹ in der Essaysammlung
›Blick durchs Fenster‹, der zuvor schon in der FZ, 1.4.1933 erschienen war«
(Margot Taureck, *Friedrich Sieburg in Frankreich*, a.a.O. [Anm. 59],
S. 248 f.). Taureck verweist auch auf den Bericht von Helga Hummerich,
der Sekretärin Benno Reifenbergs, in deren Buch *Wahrheit zwischen den
Zeilen. Erinnerungen an Benno Reifenberg und die Frankfurter Zeitung* es
mit Blick auf die letzte Ausgabe der *Frankfurter Zeitung* vom 31. August
1943 heißt: »Auch die Glossen auf der Dritten Seite waren ordnungsgemäß
anonym. Aber von der ersten – ›Der Apfel‹ – wußten die Eingeweihten, daß
sie von Sieburg stammte; sie beschäftigte lange die Phantasie« (Helga Hummerich, der Sekretärin Benno Reifenbergs, in deren Buch *Wahrheit zwischen den Zeilen. Erinnerungen an Benno Reifenberg und die Frankfurter
Zeitung*. Freiburg i.Br. 1984, S. 97). Taurecks Hinweis auf das Kürzel »PB«,
das Sieburgs Freund Paul Bourdin verwendet hat, ist allerdings irreführend.
Auch enthalten alle Sieburg zugeschriebenen Texte aus den 1940er Jahren
keine Kommentare zum politischen Zeitgeschehen.

Das hat sich nie geändert] 1954 thematisierte Sieburg in seinem bei Rowohlt
erschienenen Buch *Die Lust am Untergang. Selbstgespräche auf Bundes-
ebene* nochmals sein »Leiden an Deutschland« (S. 24) und beklagt u.a.:
»Unser Deutschland hat es nie dazu gebracht, eine Person zu sein« (S. 33).

2   Masch. Brief mit eigenh. Unterschrift. Absenderangabe: Friedrich Sieburg | (14b) Tübingen | Goethestrasse 14 | Tel: 2685. Original im DLA, Nachlaß Carl Zuckmayer.

Ihre Arbeit, auf die ich sehr gespannt bin]   Gemeint ist Zuckmayers Drama *Der Gesang im Feuerofen*, das am 3. November 1950 unter der Regie von Heinz Hilpert am Deutschen Theater Göttingen uraufgeführt wurde.

»Die Gegenwart«]   Von 1948 gehörte Sieburg zu den Mitarbeitern der Halb-monatszeitschrift *Die Gegenwart*, die seit 1945 von Ernst Benkard, Bern-hard Guttmann, Robert Haerdter, Albert Oeser und Benno Reifenberg herausgegeben wurde. Von Juli 1949 an war er in einem erweiterten Kreis auch Mitherausgeber dieser Zeitschrift, bis er 1956 zur *Frankfurter Allge-meinen Zeitung* wechselte, deren Literaturblatt er bis 1963 leitete.

3   Hs. Widmung, auf ein DIN A 4-Blatt aufgeklebt. DLA, Nachlaß Carl Zuck-mayer.

4   Hs. Brief mit eigenh. Unterschrift. Absenderangabe: Gärtringen | Krs. Böb-lingen, Württ. | Tel.: Ehningen 521 (Krs. Böblingen). Original im DLA, Nach-laß Carl Zuckmayer.

»Gesammelten Werke«]   Carl Zuckmayer, *Gesammelte Werke in vier Bän-den*, Frankfurt am Main: S. Fischer 1960.
Sitting Bull]   Gustav Kiepenheuer plante 1924, Zuckmayers Roman *Sitting Bull* mit Illustrationen von Rudolf Schlichter in seinem Verlag herauszu-bringen. Wegen der Finanzschwierigkeiten in der Zeit der Inflation kam die-ses Projekt jedoch nicht zustande. Der Roman, der Fragment blieb, wurde erstmals 1960 innerhalb einer vierbändigen Ausgabe mit Werken Zuck-mayers im S. Fischer Verlag veröffentlicht (Frankfurt am Main 1960, Bd. 1, S. 151-197; jetzt in: Carl Zuckmayer, *Ein Bauer aus dem Taunus. Erzählun-gen 1914-1930*, Frankfurt am Main 1995, S. 75-128). Ausschnitte erschie-nen bereits in den zwanziger Jahren unter dem Titel *Der Büffelmord* in der Zeitschrift *Die Horen*, Jg. 2, 1925/26, S. 180-181, unter dem Titel *Der Prä-riebrand* im *Europa-Almanach*, Jg. 1, 1925, S. 230-233, unter dem Titel *Sitting Bull* im *Berliner Börsen-Courier* vom 25. Juli 1925 sowie unter dem Titel *Frauenraub* mit drei Illustrationen von Rudolf Schlichter in der Zeit-schrift *Das Kunstblatt*, Jg. 9, 1925, H. 1, S. 10-12.
»Red fox of the Kinapoo«]   Das Buch *Der Häuptling. Die letzten Kämpfe der Nez Percé* von William Marshall Rush erschien 1951 in der deutschen Übersetzung von Arno Dohm im Stuttgarter Frankh-Verlag; die ame-rikanische Originalausgabe hatte 1949 der Verlag Longmans in New York veröffentlicht.

die FAZ *... beschäftigen*] Die Besprechung von Ernst Johann erschien unter der Überschrift *Zuckmayers Lebenswerk* in der *Frankfurter Allgemeinen Zeitung* vom 21. Januar 1961.

5 Hs. Brief mit eigenh. Unterschrift. Absenderangabe: Carl Zuckmayer | Saas-Fee · Schweiz. Original im DLA, Nachlaß Friedrich Sieburg.

neuen Stück] Gemeint ist das Drama *Die Uhr schlägt eins*, das am 14. Oktober 1961 unter der Regie von Heinz Hilpert am Burgtheater in Wien uraufgeführt wurde.

Kokoschka] Zuckmayer lernte den österr. Maler, Graphiker und Schriftsteller Oskar Kokoschka (1886-1980), der die zehnjährige Alice Herdan an der Privatschule von Eugenie Schwarzwald in Wien unterrichtet hatte (vgl. Alice Herdan-Zuckmayer, *Genies sind im Lehrplan nicht vorgesehen*, Frankfurt am Main 1979, S. 47), nach dem Ersten Weltkrieg als Mitglied eines studentischen Zirkels um den Kunsthistoriker Wilhelm Fraenger in Heidelberg kennen. Kokoschka zeichnete am 9., 10. und 11. Oktober 1976 drei vom Land Rheinland-Pfalz als Geschenk für Zuckmayer zu dessen 80. Geburtstag finanzierte Zuckmayer-Portraits, deren Entstehungsgeschichte Alice Zuckmayer nach dem Tod ihres Mannes anschaulich beschrieben hat (vgl. *Abschied von Carl Zuckmayer. Eine Dokumentation*, hrsg. von der Landeshauptstadt Mainz und der Landesregierung Rheinland-Pfalz. Mainz 1977, S. 41-44; dort sind auf S. 75-79 die Portraits reproduziert). Als Dank schrieb Zuckmayer das Gedicht *OK, Dichter und Maler* (in: Carl Zuckmayer, *Abschied und Wiederkehr. Gedichte 1917-1976*, Frankfurt am Main 1997, S. 230).

Festrede] Wie zum 60. und 70., schrieb Zuckmayer auch zum 100. Geburtstag von Gerhart Hauptmann eine Festrede, die er am 15. November 1962 in Köln im Gürzenich, am 17. November 1962 im Burgtheater Wien, am 25. November 1962 im Schauspielhaus Zürich, am 27. November 1962 im Stadttheater Luzern und am 27. Januar 1963 in Brieg hielt. Sie erschien unter dem Titel *Ein voller Erdentag. Zu Gerhart Hauptmanns hundertstem Geburtstag* im Herbst 1962 auch als Broschüre im S. Fischer Verlag (jetzt in: Carl Zuckmayer, *Ein voller Erdentag. Betrachtungen*, Frankfurt am Main 1997, S. 147-179).

6 Masch. Brief mit eigenh. Unterschrift. DLA, Nachlaß Carl Zuckmayer. Absenderangabe: Gärtringen | Krs. Böblingen, Württ. | Tel.: Ehningen 521 (Krs. Böblingen). Original im DLA, Nachlaß Carl Zuckmayer.

Harpprecht] Klaus Harpprecht (geb. 1927) war von 1948 an Volontär, dann Redakteur, von 1951 an Bonner Korrespondent der Wochenzeitung *Christ und Welt*. 1954 wechselte er zum RIAS Berlin, dessen Bonner Büro er 1955

leitete. Von 1956 an war er Korrespondent und Kommentator des Westdeutschen Rundfunks. Von 1960 bis 1962 produzierte er gemeinsam mit
seiner Frau TV-Dokumentarfilme, darunter auch Beiträge über Sieburg und
Zuckmayer für die von Peter von Zahn verantwortete Serie *Zeugen ihrer
Zeit* des Westdeutschen Rundfunks. Harpprecht und Zuckmayer trafen sich
erstmals am 2. Mai 1962 zu einer Vorbesprechung in Frankurt am Main.
Die Dreharbeiten fanden vom 21. bis 23. Juni in Saas-Fee, vom 27. bis
29. August in Zürich und am 1. und 2. September 1962 in Henndorf statt.
Für seine Mitarbeit erhielt Zuckmayer ein Honorar von 5.000 DM. Die
zweiteilige Sendung wurde am 5. und 19. Oktober 1962 im zweiten Pro-
gramm des Westdeutschen Rundfunks ausgestrahlt. – Harpprecht und
Sieburg haben sich 1950 kennengelernt, es handelte sich aber nur um eine
lose Verbindung (vgl. Dana Steinbrück, *Klaus Harpprecht auf den Spuren
Friedrich Sieburgs. Deutsche Bilder von Frankreich und den Franzosen*,
Magisterarbeit, Mainz 2000, S. 121). Intensiver wurde der Kontakt erst, als
Harpprecht 1962 für die Serie *Zeugen ihrer Zeit* einen Film über Sieburg
drehte.

zwei Taschenbücher] Friedrich Sieburg, *Gespräche mit Napoleon*, München:
Deutscher Taschenbuch Verlag 1962; Friedrich Sieburg, *Robespierre*, München: Deutscher Taschenbuch Verlag 1963.

freizusprechen] Die Doppel-LP (Deutsche Grammophon, Biographische Rei-
he 18735/36) wurde nach Sieburgs Absage mit einem Vorwort und einem
Bildkommentar von Karl Heinz Ruppel veröffentlicht. Die künstlerische
Gestaltung und Leitung hatte Hannes Reinhardt.

7   Hs. Brief mit eigenh. Unterschrift. Absenderangabe: Carl Zuckmayer |
Saas-Fee · Schweiz. Original im DLA, Nachlaß Friedrich Sieburg.

8   Telegramm. Original im DLA, Nachlaß Friedrich Sieburg.
18. Mai 1963] An diesem Tag feierte Sieburg seinen siebzigsten Geburtstag.

9   Masch. Brief mit masch. Unterschrift (Durchschlag) und masch. Abschrift
mit Absenderangabe »Gärtringen, 29 Juli 1963 KRS Böblingen, Württ. Tel.
Ehningen 521« im DLA, Nachlaß Friedrich Sieburg.

Winnie Kiefer] Sieburg hat Alwine (Winnie) Kiefer (1907-1993) Anfang 1963
geheiratet.

Geburtstagsfeier für Friedrich Bischoff] Gemeint ist die Feier des 60. Geburtstages von Friedrich Bischoff (1896-1976), des Intendanten des Südwestfunks von 1946 bis 1965, die am 26. Januar 1956 in Baden-Baden
stattfand.

10 Gedruckte Todesanzeige im DLA, Nachlaß Carl Zuckmayer.

11 Hs. Brief mit eigenh. Unterschrift, Privatbesitz.

Müller] Die Schauspielerin Gerda Müller (1894-1951) wurde an der Max-Reinhardt-Schule des Deutschen Theaters in Berlin ausgebildet und war von 1917 bis 1922 am Schauspielhaus Frankfurt engagiert. Dort machte sie sich um den »Frankfurter Expressionismus« verdient und begeisterte auch CZ. 1922 sah er sie in der Inszenierung von Arnolt Bronnens Drama *Vatermord*, die er in der Zeitschrift *Die neue Schaubühne* besprochen hat (›Vatermord‹, *Schauspiel von Arnolt Bronnen*, in: *Die neue Schaubühne*, Jg. 4, 1922, S. 149-151; jetzt in: CZ, *Aufruf zum Leben*, a.a.O. [Anm. 77], S. 103-106). Über Gerda Müller urteilte er, sie sei »ein Phänomen« (ebd., S. 106). Vermutlich gab es schon zu dieser Zeit persönliche Kontakte zwischen ihr und CZ (vgl. CZ, *Als wär's ein Stück von mir*, a.a.O. [Anm. 78, S. 314, 461). 1922 wechselte sie zu Leopold Jessner ans Staatstheater Berlin, trat aber ebenfalls am Deutschen Theater, am Lessing- und am Schiller-Theater unter der Regie von Erich Engel, Heinz Hilpert, Jürgen Fehling und Bertolt Brecht auf. 1925 wirkte sie in der Rolle der Judith bei der Uraufführung von CZs *Pankraz erwacht* am Deutschen Theater mit. Laut Albrecht Joseph hatte CZ mit ihr, bevor sie 1927 den Dirigenten Hermann Scherchen heiratete, »eine Affäre« (vgl. Albrecht Joseph, *Ein Tisch bei Romanoff's. Vom expressionistischen Theater zur Westernserie*, Mönchengladbach 1991, S. 43, sowie Albrecht Joseph, *Portraits I. Carl Zuckmayer. Bruno Frank*, Aachen 1993, S. 93-96). Das deutete auch CZ in seiner Autobiographie an: Ihn habe, so heißt es dort, mit Gerda Müller »damals [1925] eine blühende Freundschaft« verbunden (CZ, *Als wär's ein Stück von mir*, a.a.O., S. 461). Nach 1933 verzichtete sie auf die Theaterarbeit und trat erst 1945 bei der Wiedereröffnung des Deutschen Theaters in Ostberlin auf, wo sie bis 1951 spielte und an der Schauspielschule lehrte. Ihr Rückzug von der Bühne mag politisch motiviert gewesen sein; möglicherweise war er auch Folge ihres schlechten Gesundheitszustands. Für ihre Darstellung von Brechts Mutter Courage wurde sie 1951 mit dem Nationalpreis der DDR ausgezeichnet. Über Kontakte zu CZ nach dem Zweiten Weltkrieg ist nichts bekannt.

12 Gedruckte Dankkarte mit (Z. 4 f.) hs. Zusatz im DLA, Nachlaß Carl Zuckmayer.

Rolf Düsterberg

Hanns Johst im Urteil Carl Zuckmayers*

Wenngleich Zuckmayers Charakteristik des völkischen Dichters, führenden NS-Kulturfunktionärs und SS-Generals Hanns Johst im großen
und ganzen als zutreffend erachtet werden kann, so muß doch seiner
Einschätzung widersprochen werden, wonach er zu dem Schlag von
»Wortführern« der NS-Bewegung gehört habe, der auch »anders gekonnt« hätte, dem man echte Überzeugtheit und Gläubigkeit nicht »zu
gut halten könnte«. Zweifellos kann man Johst mit guten Gründen,
wie Helmut F. Pfanner schon 1970, unterstellen, daß es wohl auch
ein »opportunistische[r] Sinn für das Kommende«[1] war, der ihn in
dem Engagement für den Nationalsozialismus beflügelte. Andererseits
bekannte er sich bereits zu Beginn der zwanziger Jahre explizit und
öffentlich zu einer völkischen Dichtung, die ihre Begrenzung in »der
Sprache, der Art, der Rasse und der Natur« des Volkes finde. Sein
Bekenntnis zu nationaler Kunst wollte er verstanden wissen als »die
Notwendigkeit, in der sich das Schicksal eines berufenen deutschen
Menschen innerhalb seiner Zeit und seines Volkes, seiner Bindung an
Blut und Boden erfüllt«.[2] Johsts Entwicklung innerhalb der durchaus
heterogenen nationalistisch-chauvinistischen, antidemokratischen Szene
Deutschlands[3] während der Weimarer Republik bis hin zum Parteigänger ihrer extremsten Ausprägung, des Nationalsozialismus, war geradlinig und konsequent; sie lief parallel mit einer zunehmend sozialdarwi-
nistisch orientierten Weltsicht und einem ausgeprägten Erfolgsstreben,
das in der Tat häufig als Richtschnur seines Handelns erscheint. So sind
in nahezu jedem der überaus zahlreich überlieferten Briefe Johsts an
seinen Verlag Langen bzw. Langen/Müller aus den zwanziger Jahren
Wünsche, Bitten und Vorschläge zur besseren Vermarktung seiner Werke enthalten, denn eines war ihm klar: »Man muß wissen, daß die

---

* Dieser Aufsatz entstand im Rahmen der Arbeiten an einem biographischen
  Forschungsprojekt zu Hanns Johst, das von der *Volkswagen-Stiftung*, der
  ich herzlich danke, gefördert wird.
1 Helmut F. Pfanner, *Hanns Johst. Vom Expressionismus zum Nationalsozialismus*, Den Haag 1970, S. 303.
2 Hanns Johst, *Deutsch*, in: *Weimarer Blätter*, Jg. 3, 1921, S. 380 f.
3 Vgl. Kurt Sontheimer, *Antidemokratisches Denken in der Weimarer Republik*, 4. Auflage, München 1994.

Stimme der Propaganda die Stimme des Erfolges ist!«[4] Daß Erfolg durch Kampf eine allgemeine Maxime seiner Weltsicht meinte, war spätestens seit 1922 seinen Publikationen zu entnehmen. In einem Entwicklungsroman *Kreuzweg* konnte man lesen, daß Fortschritt nur durch Kampf zu erlangen sei.

> Die Kraft gibt den Ausschlag ... Gesunde Eltern und die Frage der Zukunft wird von solchen Kindern mit dem Ellbogen gestaltet. Die ganze Geschichte der Menschheit ist nichts anderes als ein Krankheitsbild von unterschiedsamstem Reiz [...]. Solange sie [Völker] gesunde Zähne und Fäuste haben, mag ihre Philosophie Tiefe vermissen lassen; sie haben aber einen Staat, mit dem sie Staat machen können.«[5] Maßstab einer derartigen Weltanschauung vom Kampf aller gegen alle aber ist der Erfolg des Stärkeren. Johst war schon lange vor der »Machtergreifung« ein bekennender Vertreter dieser Weltsicht, und da gilt eben keine Moral, sondern nur das Resultat des Kampfes. Diese ethische Gebrochenheit ist vielleicht ein Wesensmerkmal der NS-Ideologie, daß sie nämlich unbedingt verbindliche ethische Normen nicht kennt, sondern nur den Kampferfolg als Bezugspunkt ihrer binnenmoralischen Wertungen heranzieht. Insofern kann man, wie vielleicht auch Johst, Opportunist und originärer Nationalsozialist zugleich sein. Übrigens blieb er seiner sozialdarwinistischen Überzeugung zeitlebens treu, obwohl er darin – sobald er sich selbst negativ betroffen sah, er nicht auf der Seite der Stärkeren, des Erfolgs stehen konnte – keineswegs konsequent war. Zahlreich sind seine diesbezüglichen Äußerungen in den nachgelassenen Schriften auch aus der Zeit nach dem Zweiten Weltkrieg, in denen sich Sätze wie dieser finden lassen: »Güte ist zumeist mangelnde Widerstandskraft gegen fremde Egoismen!«[6]

Doch bevor hier im einzelnen auf die Charakteristiken und Urteile Zuckmayers über Hanns Johst eingegangen werden soll, sei dessen mit unterschiedlicher moralischer Wertung bedachter Differenzierung zwischen gläubigen und opportunistischen Nazis kurze Aufmerksamkeit geschenkt. Es fällt aus heutiger Sicht und Kenntnis des Verlaufs der

---

4 Hanns Johst an Korfiz Holm o. Dat. [ca. 1923] im Deutschen Literaturarchiv Marbach [im folgenden: DLA], Verlagsarchiv Langen-Müller, 84.994/34. Vgl. auch die weiteren Korrespondenzen aus diesem Konvolut.
5 Hanns Johst, *Kreuzweg*, München 1922, S. 125.
6 Hanns Johst, *Zeichen und Wunder* (24. Juli 1956) im DLA, Nachlaß Johst, 85.1315.

Geschichte schwer, den vom Nationalsozialismus seinerzeit nach Zuckmayers Auffassung überzeugten Menschen die Qualifizierung ›Idealisten‹ zuzugestehen, wie er es in seinem 1945 vollendeten und 1946
erstmals publizierten Schauspiel *Des Teufels General* implizit tut. Dies
wird vor allem deutlich in einem bewegenden Dialog zwischen General
Harras und Anne Eilers. Die Witwe des soeben gefallenen Fliegerober-
sten charakterisiert ihren Mann als einen Kämpfer, der von dem Recht,
diesen Krieg zu führen, »durchdrungen«, der überzeugt war, »für eine
gerechte Sache« zu streiten. Sie tut dies in dem Bewußtsein einer ehe-
dem nationalsozialistischen Überzeugung, die sie nun überwunden hat:

> Wir haben geglaubt. Wir mußten glauben – sonst hätten wir nicht
> gelebt. Wir haben gewußt, was vorging. Aber wir hatten es in Kauf
> zu nehmen. […] Wir dachten, daß alles Neue in Blut und Schmerzen
> geboren wird. Daß es die harte Schale ist, die es zu durchbrechen
> und abzustreifen gilt. Wir hatten Beispiele – wir suchten Parallelen.
> Menschen wurden geopfert – Ketzer verbrannt – unschuldige Kinder
> getötet – Scheußliches begangen – in Zeiten der Erhebung – der Er-
> öffnung neuer Welten – der großen Revolution. Und doch mußten
> sie sich darüber wegsetzen, die daran glaubten und Zukunft daraus
> machten. So glaubten wir.«[7]

Zuckmayer problematisiert eine solche ›idealistische‹ NS-Position
nicht, erweckt implizit vielmehr Verständnis für sie, die der des Generals Harras als Kontraposition gegenübersteht. Denn der kämpft, anders als Oberst Eilers, »ohne Recht und Glauben«[8] für die Nazis, wenn
man so will: aus opportunistischen Beweggründen, die er selbst dann
auch als solche erkennt. Angesichts des bis zum Ende des ›Dritten Reiches‹ gültigen Parteiprogramms der NSDAP vom 24. Februar 1920 fällt
es schwer, einer solchen Weltanschauung die positive Zukunftsorientie-
rung abzunehmen und diese deshalb moralisch besser zu bewerten, wie
Zuckmayer es tut. Denn dort verbreitete diese Partei schriftlich und
für jeden nachlesbar, was sie später in unerhörter Konsequenz in die
Tat umsetzte: Forderung nach Kolonien und dortige Ansiedlung des
deutschen »Bevölkerungs-Überschusses«, Ausschluß der Juden aus der
»Volksgemeinschaft« und der Staatsbürgerschaft, Einrichtung einer
»Fremden-Gesetzgebung«, Ausweisung der Angehörigen »fremder Na-

---

7 Carl Zuckmayer, *Des Teufels General. Theaterstücke 1947-1949*, Frankfurt am Main 1996, S. 147 f.
8 Ebd., S. 146.

tionen (Nicht-Staatsbürger)«, Einführung der Pressezensur usw.[9] Diese
großenteils den seit 1789 verkündeten Menschenrechten widersprechenden Forderungen als Grundlage echten politischen »Glaubens« moralisch nachsichtig zu beurteilen, ihn, wie Zuckmayer noch 1945, mit
keinem Wort zu problematisieren, erscheint zumindest bemerkenswert
und zudem als ein Indikator für die nur mangelhafte Durchdringung
des politischen Phänomens. Auch aus diesem Grunde stellt sich Zuckmayers im Johst-Text behauptete Differenzierung zwischen gläubigen
»Hitler-Apostel[n]« und anderen NS-Parteigängern als schwierig dar.

   Zurück zu Hanns Johst. Obwohl er Mitte der zwanziger Jahre noch
nicht offiziell der NS-Bewegung angehörte, lassen sich aber doch wesentliche Positionen in Texten schon aus dieser Zeit und auch früher
mit nationalsozialistischen in intentionale Beziehung setzen, waren viele
Grundzüge der Weltsicht Johsts mit ideologischen und programmatischen Positionen des NSDAP-Parteiprogramms von 1920 wenn nicht
identisch, so doch häufig in deren allernächster Nähe. Das wurde von
einigen prominenten Parteigenossen auch so gesehen, wie es sich durch
einen in dieser Hinsicht zweifellos kompetenten Gewährsmann belegen
läßt: Heinrich Himmler bezeichnete in einem Brief von 1938 Johsts
Komödie *Wechsler und Händler* von 1923 in einem Atemzuge mit dessen *Schlageter*, dem Kultdrama des Nationalsozialismus aus dem Jahre
1933, als Beispiele dafür, daß der Dichter seit 1919/20 den Mut beses-
sen habe, »seine Heroldsrufe rein nationaler Art ins Land zu schicken«
und diese »einwandfreie und sehr tapfere Linie während der ganzen
Jahre des Zusammenbruchs« (gemeint ist die Weimarer Republik) bei-
zubehalten.[10] *Wechsler und Händler* spielt in Johsts Gegenwart, der
Inflationszeit, im Milieu der Konjunkturritter und Spekulanten, und ist
von antikapitalistischen Affekten getragen, bei denen auch antisemitische nicht fehlen. Hettner, der eine positive Wandlung erfahrende Held
des Stückes, formuliert die gültige Botschaft, indem er sich für die »tat-
kräftige Unterstützung einer ›bluthaften Staatspolitik‹«[11] entscheidet:
»Es gibt wieder Fronten, für die es lohnt, sich einzusetzen. Hier wird
zuviel von Geld geredet und Geschäft … Blut ist reinlicher … Geld

9 *Das Programm der Nationalsozialistischen Deutschen Arbeiterpartei*, in:
   Ich kämpfe, hrsg. vom Hauptkulturamt in der Reichspropagandaleitung
   der NSDAP, München 1943, o. S.
10 Heinrich Himmler an Martin [Bormann?] vom 25. Februar 1938. Bundesarchiv Berlin [im folgenden: BA], SSO, Johst, Bl. 69.
11 Pfanner, *Hanns Johst*, a.a.O. (Anm. 1), S. 110.

wird verzinst, Blut ... will geopfert sein.«[12] Nach der Uraufführung des
Werkes im Leipziger Schauspielhaus (5. Mai 1923) gab es im Sächsischen Landtag einen offiziellen Protest gegen das »Fascistenstück«.[13]
Johsts Verleger zeigte sich darüber erheitert, ja, erfreut, da dies die Publizität und damit den Erfolg des Stückes befördern würde: »Über die
kommunistische Interpellation [...] im sächsischen Landtag habe ich
mit viel Vergnügen im Berliner Tageblatt gelesen. [...] Trommeln gehört zum Handwerk, und es ist sehr nett von diesem Kommunisten,
dass er dieses Trommeln für uns [...] besorgt.«[14] Schon ein Jahr zuvor,
1922, hatte sich Johst unmißverständlich gegen die demokratische
Republik und ihre ideologischen Fundamente ausgesprochen. In einem
öffentlichen Angriff gegen Thomas Mann, den er als »Lobredner der
Republik« bezeichnete, bezog er Stellung gegen diesen »Sprecher der
Vernunft, des Geistes, des Rechtes, der Menschlichkeit, der Humanität«; er sei geneigt, eine pazifistisch-humanistisch orientierte, »völker-
verbrüdernde, international-nationale Regierung ohne sonderliche Liebe
zu sehen«.[15] Seine Absage an die Demokratie als eine Staatsform, »die
uns aufgedacht worden [ist] ... dazu vom Feind«[16] (ebenfalls schon
1922 im Roman *Kreuzweg* formuliert), war eine der Grundlagen seines
Verhältnisses zur »Versailler Republik«, die er schließlich als »perverse
Epoche«[17] bezeichnen sollte.

Um die Jahreswende 1927/28 entschloß sich Johst, sich nun auch
offiziell für die Sache der Nationalsozialisten zu engagieren, und zwar
zunächst in deren Kampfbund für deutsche Kultur (KfdK). Am
4. Januar 1928 unterzeichneten Reichsorganisationsleiter Gregor
Strasser, Reichsgeschäftsführer Philipp Bouhler, Reichsschatzmeister
Franz Xaver Schwarz, Fabrikant Wilhelm Weiß, Chefideologe Alfred
Rosenberg und Heinrich Himmler das Gründungsprotokoll der hier
noch Nationalsozialistische Gesellschaft für deutsche Kultur bezeich-

---

12 Hanns Johst, *Wechsler und Händler*, München 1923, S. 80.

13 Hanns Johst an Korfiz Holm, o. Dat. [1923] im DLA, Verlagsarchiv Langen-Müller, 84.994/38.

14 Verlag Langen an Hanns Johst vom 21. Juli 1923 im DLA, Verlagsarchiv
   Langen-Müller, 84.878/23.

15 Hanns Johst, *An einen neuen Republikaner. Ein offener Brief an Thomas
   Mann*, in: *München-Augsburger Abendzeitung* vom 28. November 1922.

16 Johst, *Kreuzweg*, a.a.O. (Anm. 5), S. 125.

17 Hanns Johst, *Nation und Dichtung*, in: *Wille und Macht, Führerorgan der
   Nationalsozialistischen Jugend* (Berlin), Jg. 4, 1936, H. 4, S. 8.

neten Organisation.[18] Johst, der später von sich behauptete, den
Kampfbund »seinerzeit in München mit gegründet«[19] zu haben, figu-
rierte neben anderen der völkischen Richtung zuzurechnenden Persönlichkeiten als Mitglied des Förderkreises. Der öffentliche Gründungs-
aufruf des KfdK vom Mai 1928 beschreibt die angebliche kulturelle
Misere und nennt die ›Schuldigen‹ auch gleich beim Namen:

> Wir stehen heute vor der Tatsache, daß Hand in Hand mit dem von
> volksfeindlichen Kräften geförderten politischen Niedergang auch
> ein planmäßiger Kampf gegen sämtliche deutsche Kulturwerte ge-
> führt wird. Rassefremdes Literatentum [...] hat sich zusammen-
> getan, um dem deutschen Charakter seine letzte Widerstandskraft
> gegen ihm feindliche Wesen zu rauben. [...] Anstelle des Volksgemä-
> ßen tritt auf allen kulturellen Gebieten das entwurzelt Internationale
> offen in den Vordergrund.

Dagegen wolle man »artbewußte« Zeitungen und Zeitschriften, bisher
»unterdrückte« Gelehrte und Künstler fördern, Ausstellungen veran-
stalten und auf die Theaterspielpläne Einfluß nehmen.[20] Einen partei-
amtlichen Status für die Vereinigung konnte deren Initiator und Leiter
Alfred Rosenberg allerdings nicht erlangen. Zudem fehlte in der seit
Oktober 1928 gültigen Bezeichnung KfdK der Hinweis auf die NSDAP.
Das zeigt die Absicht, mit dem Kulturbund auch auf nicht-national-
sozialistische Kreise einzuwirken. Johst tauchte in den von 1929 bis
1931 herausgegebenen *Mitteilungen des Kampfbundes für deutsche
Kultur* erstmals im April 1929 auf, und zwar mit einem Hinweis auf
einen Aufsatz über Thomas Mann, in dem Johst dem Kollegen eine
»Abfuhr« erteilt habe, da Mann mit der Herausgabe seiner internationalen Buchreihe »Romane der Welt« die »Nation für minderwertigste
Erzeugnisse« zu begeistern suchte.[21] Weiterhin las Johst am 17. November 1930 als Mitglied der Münchener Gruppe des KfdK im Bech-
steinsaal seinen Text *Ethos der Begrenzung*, der auch in den *Mitteilun-*

---

18 Reinhard Bollmus, *Das Amt Rosenberg und seine Gegner. Studien zum
   Machtkampf im nationalsozialistischen Herrschaftssystem*, Stuttgart 1970,
   S. 30.
19 Hanns Johst an Hans Hinkel vom 6. November 1939 im BA, R 56 V/31,
   Bl. 90.
20 *Der Weltkampf* vom Mai 1928, S. 209-212, zitiert nach Bollmus, *Das Amt
   Rosenberg und seine Gegner*, a.a.O. (Anm. 18), S. 27 f.
21 *Mitteilungen des Kampfbundes für deutsche Kultur*, Jg. 1, 1929, H. 4,
   S. 61.

gen abgedruckt wurde.[22] Als prominentes Mitglied dieser nationalsozialistischen Kulturvereinigung durfte der Dichter, der dort später
zum »Reichsleiter der Fachgruppe Schrifttum« aufstieg,[23] zudem auf
einer öffentlichen Massenveranstaltung, der Jugend- und Kulturtagung
des KfdK in Potsdam, am Pfingstmontag, 25. Mai 1931, über *Wort –
Schrift – Zucht* sprechen. Ein zeitgenössischer Film über diese Tagung,
Titel: *Der Kampf ums Dritte Reich*, zeigt Johst gemeinsam mit Hermann
Göring auf der Tribüne, die Hand erhoben zum »deutschen Gruß«.[24]

Sein Vortrag zeigt Johst gleichsam als ›voll entwickelten‹ Nationalsozialisten, dessen Duktus bereits das Niveau einer Hetzrede erreicht.
Seine Absicht ist es, den jungen Zuhörern die Bedeutung der Sprache
im »Daseinskampf eines Volkes« nahezubringen. In der Unterscheidung zwischen Dichtung und Schriftstellerei werde deutlich: Der
Schriftsteller – international, humanitär, rational, den Menschenrechten verpflichtet – verzichtet auf den »Grundcharakter seiner Schrift«,
nämlich auf die bewußte Eingebundenheit in das Wesen seines Volkes,
seines Blutes, seines Bodens. Dieser zivilisatorische, intellektualisieren-
de Schriftstellertyp, wie ihn etwa Thomas Mann, Emil Ludwig und
Erich Maria Remarque repräsentieren, glaubt, »der Tatsache der Rassen,
des Blutes, des Grund und Bodens entraten zu können, und schreibt als
Europäer oder Vertreter der Menschheit«. Dieser Schriftsteller jedoch
gehöre »für uns« der Vergangenheit an, wenngleich er gegenwärtig
noch hohe Auflagen erziele, denn »für uns entschlossene Deutsche ist
er ein toter Mann, [...] ist nicht unseres Leibes noch unserer Seele Fürsprecher!« Dagegen stehe der Dichter, der sich zu seinem Volkstum, zu
seiner Scholle bekennt, denn es »gibt nämlich gar keine Kunst ohne
Bodenständigkeit«, ja, der »wahre Dichter, meine Freunde, ist völkisch!«. Aber noch sei die Vormacht der kosmopolitisch, europäisch
ausgerichteten und international gesinnten Schriftsteller und ihrer liberalen Presse nicht gebrochen. Wie der »mechanische Marxismus« von
»unserm nationalsozialistischen Führer Adolf Hitler« überwunden
worden sei, so müßten auch »wir deutschen Dichter« mit der uns eigenen Sprachgewalt den Kampf aufnehmen. Jene Schriftsteller und ihre
Erzeugnisse hätten den Deutschen fremde Bildungen als absolute Werte
vorgesetzt; Werte, die dem Wesen des Deutschen eigentlich fremd seien

22 *Mitteilungen des Kampfbundes für deutsche Kultur*, Jg. 2, 1930, H. 12,
   S. 98-105.
23 KfdK an den Reichsminister des Innern vom 16. März 1933 im BA, Film
   15383 (o. Seitenzählung).
24 Archiviert in: BA/Filmarchiv.

und die ihn in seiner natürlichen Kraft schwächten. Da dieser Typus
»Jude oder Mischling ist, hat er die Fühlung mit dem Volkskörper verloren, und damit das Gefühl für den Mythos von der Gnade aller
Kunst«. Überhaupt hätten das Judentum wie auch die geistigen Erzeugnisse der Griechen und Italiener einen fatalen Einfluß auf die deutsche
Bildungsgeschichte ausgeübt. Insbesondere die alttestamentarische Geschichte jenes »fremden Volkes«, mit der die deutsche Jugend seit ewigen Zeiten traktiert werde, habe mit »unserer völkischen Moral, mit
unseren nationalen Werten, mit unserem natürlichen Wesen aber auch
nicht das Geringste zu tun«:

> Wir bekommen jahrelang auf unserem Entwicklungswege das jüdi-
> sche Volk als ›das auserwählte Volk‹ vorgesetzt; dabei muß die Frage
> immer radikaler gestellt werden: was gehen unsere Jugend die uner-
> hörten Betrugsgeschichten von Esau und den Brüdern Josephs an,
> wie diese Erzväter und Erzgauner alle heißen mögen, und deren häß-
> liche und ekelhaften Mord- und Ehebruchsgeschichten, Erbdurch-
> stechereien usw. ...?

Johst formuliert hier auch schon die Aufgabe der Dichter, die von ihnen
künftig politisch gefordert werden wird: Der deutsche Künstler »hat
also zu wissen«, daß er sich durch und mit seinem Werk dem Schicksal
seines Volkes zu verschreiben habe, daß er seiner Nation verhaftet sei.
Und er werde begreifen müssen, daß die Kunst »wie alle Regungen und
Werte der Kultur« und ebenso wie die Erziehung »hochpolitisch ist«.
Somit würden die Künstler Teil jenes neuen Erziehungsstrebens, das
weniger Lehrer als vielmehr Führer benötigt, das die wahre Bildung
nicht in menschlicher Gleichheit und Grenzenlosigkeit sieht, sondern
das Deutschsein in den Mittelpunkt seiner Bemühungen stellt: »Und
das Deutsche schlechthin [...] muß erste und letzte Aufgabe aller Bildung sein. Alle anderen Werte der ganzen Welt haben sich diesem
Gesichtspunkt unterzuordnen.« Das Ziel dieses Strebens lautet: »Deutsche unwiderstehlich zu machen!« Johsts Ansprache beeindruckte die
Parteioberen offenbar derart, daß sie – der größeren Verbreitung
wegen – nicht nur im Mitteilungsblatt des Kampfbundes, sondern auch
im *Völkischen Beobachter* abgedruckt wurde.[25]
    Um die Jahreswende 1931/32 versuchte der Dichter zudem, mit
einer offiziellen Aufgabe im Apparat der NSDAP betraut zu werden, um

---

25 Hanns Johst, *Wort – Schrift – Zucht*, in: *Mitteilungen des Kampfbundes
   für deutsche Kultur*, Jg. 3, 1931, H. 5/6, S. 39-43; ebenso in: *Völkischer
   Beobachter* (Berlin) vom 28. Mai 1931.

auf diese Weise besonders effizient für deren Sache wirken zu können. An Alfred Rosenberg schrieb Johst, er habe sich folgendes gedacht:

> Sie würden mich zum kulturkritischen Theaterreferenten für die Bewegung ernennen. Ich schriebe dann meine Berichte für den [*Völkischen*] Beobachter hauptsächlich von München aus, würde wesentliche deutsche Premieren aber auch in anderen Zentralen besuchen und den gesamten deutschen Spielplan aller deutschen Länder und Städte im Auge und unter der Lupe behalten. [...] Da ich viel andere Zeitungen verlieren würde und Zeit an meiner privaten Arbeit würde ich ein Monatshonorar von 1500 Mark fordern müssen. [...] Lassen Sie sich meinen Vorschlag einmal durch den Kopf gehen, er hat sicher Hand und Fuß und meine Tätigkeit wäre eine praktische Tat in der kulturellen Richtung der Bewegung. Sie gäbe ein Beispiel und den Gegenspielern wäre das Maul gestopft [...]![26]

1932 war Johst bereits soweit in die NS-Bewegung integriert, daß er sich als einer ihrer Kulturprogrammatiker exponierte, indem er unter dem Titel *Kunst unter dem Nationalsozialismus* eine Skizze spezifisch nationalsozialistischer Ästhetik entwarf und diese in dem Sammelband *Was wir vom Nationalsozialismus erwarten* veröffentlichte.[27] Diese von Albrecht Erich Günther herausgegebene Anthologie vereinigte »zwanzig Antworten« auf diese Frage, mit denen alle wesentlichen Bereiche des gesellschaftlichen und politischen Lebens berührt wurden: Sozial-, Wirtschafts-, Innen- und Außenpolitik, Verfassungs- und Strafrecht, Juden- und Rassenfrage, Erziehungspolitik, Elitenbildung und nicht zuletzt auch die Kunst. Die Autoren gehörten ausnahmslos der antidemokratischen nationalistischen Richtung[28] in Deutschland an, unter ihnen damals so prominente Namen wie der Politiker und Schriftsteller August Winnig und der Publizist Wilhelm Stapel. In seinem Vorwort, das Hanns Johst »viel Freude machte«,[29] formuliert der Herausgeber die ideologische Orientierung des Werkes und seiner

---

26 Hanns Johst an Alfred Rosenberg o. Dat. [ca. 1931/32] im Institut für Zeitgeschichte München, MA-803, Bl. 515-520.

27 Hanns Johst, *Kunst unter dem Nationalsozialismus*, in: Albrecht Erich Günther (Hrsg.), *Was wir vom Nationalsozialismus erwarten. Zwanzig Antworten*, Heilbronn 1932, S. 149-153.

28 Armin Mohler, *Die Konservative Revolution in Deutschland 1918-1932. Ein Handbuch*, 4. Auflage, Darmstadt 1994, S. 276, bezeichnet den Band als »Jungkonservatives Sammelwerk«.

29 Hanns Johst an Wilhelm Stapel o. Dat. [1932] im DLA, Nachlaß Stapel.

Autoren zusammenfassend in ihrem gegen die Demokratie von Weimar
gerichteten Impetus mit zahlreichen Schlagworten der nationalistischen Rechten, indem er die demokratische Staatsform als den Deutschen aufgezwungen und vor allem wesensfremd bewertet:

> Damals [1918] sah es aus, als ob die Ideen der westlichen Zivilisation,
> für die sich die Deutschen ereifern, aber nicht begeistern können, für
> immer in Deutschland gesiegt hätten. Es erwies sich, daß aus den
> Ideen der westlichen Zivilisation kein Staat hervorgehen kann, der
> die besonderen Kräfte der Deutschen zu erfassen und wirksam zu
> machen vermag. So schienen wir nicht nur in äußerer Unfreiheit,
> sondern auch in innerer Geistesüberfremdung den Siegermächten
> der westlichen Zivilisation hörig geworden zu sein. [...] Der Parteien-
> staat [...] hat jede Autorität verloren. Er hat im Inneren und im
> Äußeren Erfüllungspolitik getrieben [...]. Die Parteien waren nicht
> mehr Träger politischer Überzeugungen, sondern Interessentenhau-
> fen. Jedes Einzelinteresse setzte sich auf Kosten des Ganzen durch;
> denn wer wahrte dessen Interessen?

Nicht als Fordernder, der seine Erwartungen an die offensichtlich kommende politische Kraft artikuliert, tritt Johst in seinem Beitrag auf,
sondern als Verkünder einiger politischer Kernpunkte (und ihrer Bedeutung für die Kunst) der Bewegung, die doch eigentlich befragt werden sollte. Trotz seiner wie üblich verschwommenen, von unzähligen
pathetischen Phrasen und Platitüden durchsetzten Diktion werden in
dem knapp fünfseitigen Text die Konturen der künftigen Kulturpolitik
und ihre weltanschaulichen Grundlagen unmißverständlich deutlich.
Zunächst bekennt er sich uneingeschränkt zum »Faschismus« (hier
synonym mit dem Begriff des Nationalsozialismus verwandt) und zur
»Führeridee«, die gerade für den Künstler »die stärkste Suggestivkraft«
besitze. Hitlers historisches Verdienst sei es bereits jetzt, daß er einer
bürokratischen Staatsauffassung und ihrem Rationalismus »seinen Persönlichkeitswert« entgegengesetzt habe, wenngleich es ihm, Johst,
fernliege, »eine Selig- oder Heiligsprechung Hitlers zu verfertigen«.
Dennoch fordert und rechtfertigt er eine exemte Stellung des »Führers«, der außerhalb jeder Kritik stehen müsse. Ihm dürfe niemand in
dessen »Arbeitsleistung« mit »Besserwissen hineinreden«. Führung
versteht Johst als Schicksal des »staatlichen Organismus«, und diesem
Ganzen habe sich jeder Teilbereich des gemeinschaftlichen Lebens, sei
es Wirtschaft oder Kunst, einzufügen und sich daher auch dem jeweiligen Führer der verschiedenen Ebenen unterzuordnen. Die »Idee des
Nationalsozialismus« habe mit den Einzelinteressen gebrochen; das

Gesamtinteresse, der Mensch »als Persönlichkeitswert in seiner Steigerung zum Führer, zum Helden« stehe im Zentrum ihres Wollens. Die
Fiktion einer völkerumspannenden Humanität, die verschwommene
»Menschheits-Phraseologie« sei in sich zusammengebrochen. Für Johst
resultiert daraus eine totalitäre Konsequenz: Indem er das Individuum
lediglich als organisches Glied des Lebewesens Volk definiert, lebt es
auch nur – mehr noch: hat es auch nur ein Recht zu leben –, »soweit es
dient«; es sterbe ab, »sobald es seinen Dienst versagt«. Johst macht
deutlich, daß nur der Nationalsozialismus diese erlösende Idee in voller
Entschlossenheit vertritt, er definiert gleichsam, was dem Organismus
dienlich ist und was nicht. Dann aber, so muß und soll offenbar gefol-
gert werden, ist jeder des Todes, der sich dieser Überzeugung nicht an-
schließt, der dem Nationalsozialismus zu dienen nicht willens ist. Alles
im nationalsozialistischen Staat habe dem Organismus des Ganzen sich
zu unterwerfen, auch und selbstverständlich die Kunst. Denn der »nationalsozialistische Staat und Kultur sind identisch«. Liberalität in der
Kunst, und das meint offensichtlich: vom völkisch-organischen Konzept in welcher Intensität auch immer abweichende Tendenzen, kann
es daher nicht geben, daran sei die Kunst im übrigen selbst »stets ge-
storben«. Die Kunst habe nicht mit intellektuellen Berechnungen und
rationalen Konstruktionen zu verfahren, sondern sich mit der »Meta-
physik der Zuversicht« jenseits empirischen Wissens der »Verherrlichung«, der »Unsterblichkeit«, der »Tat« zu verpflichten. Denn im
»Faschismus beruht der Antrieb allen Geschehens im fanatischen Glauben an die Tat«.

Johst hatte die von ihm vertretene Ideologie vollständig auch in
ihren Konsequenzen durchdrungen, und er vertrat sie offensiv. Der
Terror, die Verfolgung, Unterdrückung und Ausschaltung Andersden-
kender und -wirkender in allen Bereichen der deutschen Gesellschaft,
das Verbot jeglicher Kritik und seine radikale Durchsetzung: diese
Maßnahmen der im Januar des folgenden Jahres an die Macht gewählten Nationalsozialisten, hier waren sie implizit bereits angekündigt.
Nun vollzog Johst auch den letzten, überfälligen Schritt hinsichtlich
seiner bereits seit Jahren gültigen ideologischen Fixierung: Am 1. November 1932 trat er der NSDAP bei und erhielt die Mitgliedsnummer
1352376.[30]

Mit dem in Anwesenheit des »Führers« und an dessen Geburtstag
(20. April 1933) uraufgeführten Drama *Schlageter* schenkte Johst dem

---

30 Hanns Johst, *Lebenslauf* o. Dat. im BA, SSO, Johst, Bl. 9.

nun »erwachten« neuen Deutschland ein literarisches Werk, das zu *dem* Kultschauspiel des Nationalsozialismus werden sollte. Es vertritt die Botschaft von der Bedeutungslosigkeit des menschlichen Individuums gegenüber der »völkischen« Gemeinschaft, der Dominanz der bloßen Idee des »Lebens« vor der individuellen Einzelexistenz. In *Schlageter* (das allein im Jahre 1933 in über 1.000 Städten Deutschlands aufgeführt wurde)[31] wird darüber hinaus »der deutsche Staat zum Träger des kollektiven Lebens«,[32] der Titelheld selbst von seinem Autor als »der erste Soldat des Dritten Reiches«[33] gewürdigt. Angesichts der Resultate, welche das Wirken des faschistischen Regimes in Deutschland hervorgebracht hat, liest es sich wie eine Vorwegnahme der künftigen Ereignisse, wenn der als positive Identifikationsgestalt dargestellte Titelheld einen nationalen Führer verlangt, der auch das Menschenopfer im Wortsinn nicht scheut und damit ein zentrales Ideologem des Nationalsozialismus deklamiert:

> Opfer! ... Ob ich mit zwanzig an einer Kugel, mit vierzig am Krebs, mit sechzig am Schlag eingehe, das ist doch gehauen wie gestochen. Die Hauptsache: das Volk muß nach Priestern schreien, die den Mut haben, das Beste zu opfern ... nach Priestern, die Blut, Blut, Blut vergießen ... nach Priestern, die schlachten![34]

Wenn nun Zuckmayer jene Äußerung kolportiert, Johst habe noch um 1932/33 die Absicht formuliert, seinen *Schlageter* zu vernichten und ein Stresemann-Drama zu schreiben, wenn »der Adolf« nun nicht zügig zum Erfolg komme, so wäre dies Johst angesichts seiner bereits exponierten Stellung in der nationalsozialistischen Bewegung eben *nicht* zuzutrauen gewesen – was nicht heißen soll, daß er eine solche Äußerung nicht getan haben könnte. Der Dichter hatte sich dem Kampfbund angeschlossen, als die NSDAP bei den Reichstagswahlen am 28. Mai 1928 gerade einmal 2,6 Prozent der Stimmen erringen konnte, also eine Splitterpartei war. Er hatte sich bewußt für die Nazis entschieden, obwohl deren politischer Erfolg zu dieser Zeit gering und deren politische Zukunft äußerst ungewiß war. Johst stimmte ganz offensichtlich mit den ideologischen, den nationalistischen, rassistischen, kulturellen und gesellschaftspolitischen Auffassungen dieser »Bewe-

---

31 Walther Killy (Hrsg.), *Literatur-Lexikon. Autoren und Werke deutscher Sprache*, Bd. 6, Gütersloh, München 1990, S. 127.
32 Pfanner, *Hanns Johst*, a.a.O. (Anm. 1), S. 216.
33 Hanns Johst, *Schlageter*, München 1933, S. 83.
34 Ebd., S. 29 f.

gung« in hohem Maße überein, so daß ihn nicht *in erster Linie* prag-
matische oder auch opportunistische Motive leiteten, sondern, um mit
Zuckmayer zu sprechen, »Überzeugtheit und Gläubigkeit«. Auch vor
dem Hintergrund seiner seit Jahren öffentlich formulierten Fundamen-
talkritik an Demokratie und Republik erscheint es völlig undenkbar,
daß er sich ernsthaft mit dem Gedanken hätte tragen können, ein dramatisches Werk zu verfassen, dessen (offensichtlich) positive Haupt-
gestalt jener große Staatsmann der verhaßten »Systemzeit« gewesen
wäre, der – obwohl die Wiederherstellung der deutschen Großmacht-
postion als politisches Ziel verfolgend – den Ausgleich mit Frankreich
und die Aufnahme Deutschlands in den Völkerbund herbeigeführt und
unter dessen Verantwortung als Reichskanzler bzw. Außenminister die
demokratische Republik erheblich an Stabilität gewonnen hatte. Falls
sich Johst dennoch einmal in jener Weise geäußert haben sollte, so
kann dies nur als unwirscher Ausdruck momentaner Verstimmung
eines gelegentlich zu ›starken‹, affektgeladenen Worten und Auftritten
neigenden, zudem sehr ehrgeizigen Charakters verstanden werden,
dem die politisch gewünschte Entwicklung nicht schnell genug ging.
Zwar zeigte sich der Dichter auch in ideologischen Fragen immer wieder (auch nach 1933) pragmatisch, manchmal gar großzügig, soweit
nicht der Kernbereich weltanschaulicher Positionen betroffen war;[35]
1932/33 jedoch hatte er sich für den Nationalsozialismus bereits soweit aus dem Fenster gelehnt, daß die faktische Umsetzung jener An-
kündigung die Revision seiner Weltsicht vorausgesetzt, er sich zudem
in weiten Teilen der politischen Öffentlichkeit völlig unglaubwürdig,
ja, unmöglich gemacht hätte.

Anders zeigte sich der Johstsche Charakter in weniger grundsätzlichen Zusammenhängen. Da war er durchaus zu Kompromissen fähig,
wenn sie ihm Vorteile versprachen. Antisemitismus war für ihn bis
Ende der zwanziger Jahre kein wirklich wichtiges Thema, das er womöglich offensiv anging, wenngleich er sich gelegentlich auch publizistisch dazu im Sinne seiner NS-Freunde zu Wort meldete. Seine Haltung
in dieser Frage war zunächst eher reaktiv; d.h., ausgehend von einer in
weiten Teilen der deutschen Gesellschaft vorherrschenden antijüdi-
schen, rassistischen Einstellung, paßte er sich der jeweilig geltenden
aktuellen Stimmung in der Partei an, war aber kein geifernder Anti-

---

35 Vgl. Rolf Düsterberg, *Völkermord und Saga-Dichtung im Zeichen des
*›Großgermanischen Reiches‹. Hanns Johsts Freundschaft mit Heinrich
Himmler*, in: *Internationales Archiv für Sozialgeschichte der deutschen
Literatur*, Jg. 24, 1999, H. 2, S. 88-133, insbesondere S. 112-115.

semit, der die »Lösung der Judenfrage« voranzutreiben suchte. Das
änderte sich qualitativ und quantitativ erst während des ›Dritten Reiches‹, als er sich verstärkt die offizielle extreme antisemitische Phraseo-
logie zu eigen machte und, wie wir heute wissen, schließlich gar den
Völkermord ästhetisch zu verklären sich anschickte. Vor der »Machtergreifung« konnte er sich innerhalb seines völkischen Weltbildes sogar
in positiver Weise über Juden äußern. So schwärmt er in seinem 1926
veröffentlichten Bericht *Briefe und Gedichte von einer Reise durch Italien und die Wüste* von den nordafrikanischen Juden, muskulösen
Männern und schönen Frauen, die als ›unvermischte‹ Rasse »roh, krie-
gerisch und offen in der Gesinnung« sich präsentierten. »Wahrlich, dieser ungebildete Volljude in der Fremde ist meinem Herzen näher, als die
gebildetsten Halbjuden, die guten Europäer, zu Hause mit ihren senti-
mentalen Ressentiments!«[36] Soweit mir Dokumente vorliegen, pflegte
Johst bis 1933 tatsächlich ein ›pragmatisches‹ oder auch opportunisti-
sches Verhalten gegenüber Juden an den Tag zu legen, soweit sie ihm
nützlich sein konnten. Was den Regisseur und Theaterleiter Leopold
Jessner (1878-1945) angeht, so heißt es in einem Brief an Korfiz Holm
vom Oktober/November 1920, er wünsche sich diesen als Regisseur
für eine Inszenierung seines Schauspiels *Der König* (1920) in Berlin.[37]
Das hinderte Johst allerdings nicht, demselben Adressaten gegenüber
kurze Zeit später folgendes zu berichten: »[...] Jessner war da (ich ver-
krachte mich mit dem Juden – wegen der Judenfrage!!!) Heißt nämlich
Bam-berger der Kerl und ich nannte das Erschleichen teutonischer
Würde«.[38] Gleichwohl schickte er dem bedeutenden Theatermann und
Generalintendanten der Staatlichen Schauspiele Berlins noch Jahre später, im Frühjahr 1928, seine Komödie *Das Tafelklavier* mit der Bitte,
sie für eine Aufführung anzunehmen. Jessner lehnte höflich ab, und
zwar mit der Begründung, »dass man solche ›Kammerspiele‹ nicht an
unseren grossen Häusern am Gendarmenmarkt und im Schillertheater
sehen will«; er riet dem Dichter, die »sehr feine und musikalische Arbeit« etwa der Berliner Komödie anzubieten, denn nur »ein solches

36 Hanns Johst, *Briefe und Gedichte von einer Reise durch Italien und die
   Wüste*, Chemnitz 1926, S. 53. Der Text wurde übrigens nach 1933 nicht
   wieder aufgelegt; außerdem fehlte in den Verlagsanzeigen zu Johsts Werken
   seitdem jeder Hinweis auf dieses Buch.
37 Hanns Johst an Korfiz Holm o. Dat. [Okt./Nov. 1920] im DLA, Verlagsarchiv Langen-Müller, 84.994/18.
38 Hanns Johst an Korfiz Holm o. Dat. [1921] im DLA, Verlagsarchiv Langen-Müller, 84.993/30.

Theater würde die richtige Resonanz« für das Stück abgeben.[39] Wenn Zuckmayer nun behauptet, Johst habe sein Schauspiel *Thomas Paine* noch 1932 an Jessners »verjudetem« Staatstheater anbringen wollen, so war dies schon deshalb unmöglich, weil der bereits 1930 von seinem Posten als Generalintendant nach ständigen Angriffen der nationalen Rechten zurückgetreten war.[40] Möglich erscheint ein derartiger Versuch seitens Johsts allerdings in den Jahren 1928/30; auch der von Zuckmayer zitierte »flehentlich« vorgetragene Wunsch des Dichters, der Schauspieler Fritz Kortner möge die Hauptrolle in diesem Stück übernehmen, liegt durchaus im Bereich dessen, was Johst zuzutrauen gewesen wäre. Die literarische Erfolgsmaximierung mochte dem äußerst ambitionierten Schriftsteller um 1928/30 im Zweifelsfalle immer noch wichtiger gewesen sein als eine konsequent durchgehaltene antisemitische Position. Allerdings sind mir die von Zuckmayer genannten Briefe Johsts an Kortner nicht bekannt. Was den mangelnden Erfolg der angeblich immer schlechter werdenden Schauspiele Johsts betrifft, so kann dies zudem für *Thomas Paine* wohl nicht gelten. Die Theater rissen sich vielmehr um die Uraufführung dieses Werkes, dessen Autor durchaus zu den erfolgreichsten deutschen Dramatikern der Zeit zählte. Am 30./31. März 1927 an acht Bühnen (Köln, Düsseldorf, Hannover, Bremen, Danzig, Karlsruhe, Lübeck, Baden-Baden) gleichzeitig uraufgeführt,[41] erregte das Werk zwei Jahre später sogar in den USA Aufsehen. Dort hatte Adolf David Klarmann (New York) die Übersetzung ins Englische besorgt,[42] so daß es am 20. März 1930 am New Yorker Macdougal Street House seine amerikanische Erstaufführung erlebte.[43]

Im wesentlichen ohne Einschränkung bestätigt werden kann Zuckmayers Feststellung, Johst sei der »nächste Freund und Helfer des Heinrich Himmler« gewesen. Der Dichter und der um zehn Jahre jün-

---

39 Leopold Jessner an Hanns Johst vom 26. Mai 1928 im DLA, Nachlaß Johst, *Komödie am Klavier*, 1. Fassung, 85.1292. Das Stück wurde später unter dem Titel *Komödie am Klavier* in Düsseldorf uraufgeführt (Hanns Johst an Georg Gustav Wiessner vom 15. September 1953 im DLA, Nachlaß Johst, 88.48.17/19).

40 Jochanan Ch. Trilse-Finkelstein / Klaus Hammer (Bearb.), *Lexikon Theater International*, Berlin 1995, S. 446.

41 Zeitgenössischer Prospekt zum *Thomas Paine*, archiviert im DLA, Nachlaß Adolf David Klarmann, bei: Johst an Klarmann vom 16. Juni 1928, wo auch weitere Aufführungen in Dortmund, Chemnitz, Weimar und Nürnberg annonciert wurden.

42 Vgl. die Korrespondenzen Johst/Klarmann im DLA, Nachlaß Klarmann.

43 ›Thomas Paine‹ presented, in: *New York Times* vom 21. März 1930.

gere NS-Aktivist, der damals noch stellvertretender Propagandaleiter der NSDAP war und erst Anfang 1929 zum SS-Chef avancierte, dürften sich um 1928 im Kampfbund für deutsche Kultur kennengelernt haben, zu dessen Gründern Himmler ja gehörte. Anfang der dreißiger Jahre entwickelte sich eine herzliche Freundschaft zwischen beiden Männern, die ihren ersten makabren Höhepunkt im Oktober 1933 finden sollte, als Johst einen Racheakt gegen den jahrelang befehdeten Thomas Mann plante und seinem »lieben Heinrich Himmler« einen »kulturpolitischen Vorschlag« unterbreitete, nämlich die Unbotmäßigkeit des verhaßten Künstlers und seines familiären Anhangs anhand der neuen Verfahrensweisen des Regimes zu disziplinieren:

> In Amsterdam erscheint das derzeit unflätigste Emigrantenblatt ›Die Sammlung‹. [...] Als Herausgeber zeichnet der hoffnungsvolle Spross des Herrn Thomas Mann, Klaus Mann. Da dieser Halbjude schwerlich zu uns herüber wechselt, wir ihn also leider nicht auf's Stühlchen setzen können, würde ich in dieser wichtigen Angelegenheit doch das Geiselverfahren vorschlagen. Könnte man nicht vielleicht Herrn Thomas Mann, München, für seinen Sohn einwenig [!] inhaftieren? Seine geistige Produktion würde ja durch eine Herbstfrische in Dachau nicht leiden, denn wir wissen aus unseren eigenen Reihen, welches famose Schrifttum gerade von national-sozialistischen Häftlingen zur glücklichen Niederschrift kam. Ich erinnere nur an Hitler und Röhm. Ich erwähne dieses, damit wir in diesem Punkt gefeit sind, falls man uns Barbaren heisst. Wir gehen aber nur gegen das verleumderische Fleisch vor und also nicht gegen den europäischen Geist des Herrn Mann. [...] Mit Handkuss für Ihre Gattin und Handschlag für Sie immer Ihr getreuer Hanns Johst.[44]

Neun Tage später bedankte sich Himmler »für Ihren netten Brief [...] mit der ausgezeichneten Anregung, der ich selbstverständlich nachkomme. Ich freue mich schon auf morgen abend, wenn ich wieder einmal mit Ihnen sprechen kann«.[45] Die mit Galanterie verbundene Denunziation hätte für Thomas Mann womöglich tatsächlich Haft im Konzentrationslager bedeutet, wenn er noch greifbar gewesen wäre.

---

44 Hanns Johst an Heinrich Himmler vom 10. Oktober 1933 im BA, Film 4585, Bl. 624377f. Dieses Dokument wurde zuerst publiziert von Kurt Pätzold, *Zur politischen Biografie Thomas Manns (1933)*, in: *Weimarer Beiträge*, Jg. 21, 1975, Nr. 9, S. 178-182.

45 Heinrich Himmler an Hanns Johst vom 19. Oktober 1933 im BA, NS 19/ 1723, Bl. 113.

Johst wie Himmler waren aber zu dieser Zeit offenbar noch nicht darüber informiert, daß der Schriftsteller Deutschland bereits am 10. Februar 1933 verlassen hatte.

Ende 1935 mit dem ungewöhnlich hohen Rang eines SS-Oberführers in die Allgemeine SS aufgenommen, stieg Johst schnell in die Generalität des »Ordens« auf und erreichte 1942 gar den seltenen Rang eines SS-Gruppenführers. In seiner Eigenschaft als Präsident der Reichsschrifttumskammer (RSK) suchte er die Interessen des Reichsführers, den er in seinen zahlreichen Briefen in der Regel mit »Heini Himmler« titulierte, nach Kräften zu bedienen, indem er ihn mit Interna aus seiner Kammer und dem Propagandaministerium versorgte und seinen administrativen Apparat mit SS-Leuten besetzte. Wie schon gegenüber Thomas Mann, so gerierte sich Johst – ganz wie von Zuckmayer beobachtet – in bedenkenloser Radikalität gegenüber solchen Menschen seines Verantwortungsbereichs, die ideologisch nicht hundertprozentig linientreu waren. Seinen RSK-Geschäftsführer, SS-Sturmbannführer Wilhelm Ihde, warf er im Einvernehmen mit Himmler auch deshalb hinaus, weil der sich konfessionell gebunden fühlte.[46] Seine Anpassungsbereitschaft an die Macht, zu deren Zentrum er nun intimen Zugang hatte, zeigte sich im Verlauf des ›Dritten Reiches‹ als grenzenlos, weil sein Ehrgeiz ungebrochen höchsten Ruhm erstrebte. Das führte schließlich dazu, daß Johst mit Hilfe seines Freundes und Reichsführers-SS zu *dem* Dichterfürsten des »Großgermanischen Reiches« aufsteigen, zu dessen »Tacitus« werden wollte, um ›Weltgeltung‹ in der geistigen Sphäre des die Welt erobernden Systems zu erlangen. Himmler, der Johst für einen großen Dichter hielt, beauftragte ihn, die »Saga« des »Großgermanischen Reiches« zu schreiben, die nach dem Willen des SS-Chefs die heldischen Großtaten der deutschen Krieger bei der Eroberung des Ostens für die künftigen Generationen des »Tausendjährigen Reiches« besingen sollte. Erstes und einziges literarisches Produkt dieses Auftrags blieb jedoch Johsts 1940 veröffentlichter, unter Mitwirkung Himmlers verfaßter Reisebericht *Ruf des Reiches – Echo des Volkes! Eine Ostfahrt.* Das Buch ist eine einzige Rechtfertigung der deutschen Aggression gegen Polen, das als Kolonialland Teil des »Großgermanischen Reiches« werden müsse. Johst vertritt darin die

46 Ich verzichte hier und in den folgenden, diese exzeptionelle Freundschaft betreffenden Ausführungen im wesentlichen auf die einzelnen Quellenbelege; sie sind in meiner detaillierten Studie *Völkermord und Saga-Dichtung im Zeichen des ›Großgermanischen Reiches‹. Hanns Johsts Freundschaft mit Heinrich Himmler,* a.a.O. (Anm. 35) nachgewiesen.

offiziellen antisemitischen Positionen, lobt die »Umsiedlungsaktionen«
und heroisiert die an der millionenfachen Vertreibung der einheimi-
schen slawischen und jüdischen Bevölkerung beteiligten SS-Verbände
und ihre führenden Persönlichkeiten.

Nahezu über die gesamte Dauer des Krieges beorderte der SS-Chef
seinen Dichter immer wieder zu sich auf die Feldkommandostelle, wo
Johst sich oft wochenlang aufhielt und von Himmler auch vollständig
in die Ziele und die Praxis des rassischen Vernichtungs- und Kolonisie-
rungskampfes eingeweiht wurde. So gehörte Johst zu dem ganz kleinen
Kreis von etwa zwölf SS-Generalen, die Himmler am 12. Juni 1941
vom bevorstehenden Angriff auf die Sowjetunion unterrichtete, wobei
er auch von den auf die SS- und SD-Verbände zukommenden »Sonder-
aufgaben« sowie den erwarteten 20 bis 30 Millionen slawischen und
jüdischen Todesopfern sprach.[47] Zusammen besichtigten sie im August
1942 Judenlager in der Nähe Lembergs,[48] und Johst war auch Teilneh-
mer jener berühmten SS-Gruppenführertagung in Posen am 4. Oktober
1943, wo Himmler in aller Offenheit über die »Endlösung«, die Vernichtung der europäischen Juden sprach. Selbst an einer der geheim-
sten – weil gegen den Willen und ohne Wissen Hitlers durchgeführten –
Aktionen des Reichsführers, einer Konferenz mit dem schweizerischen
Altbundespräsidenten Jean-Marie Musy, nahm Johst teil. Dort verhan-
delten er, Himmler und der Verantwortliche für die Ausrüstung der KZs
mit Krematorien und Gaskammern, SS-Gruppenführer Dr. Hans Kamm-
ler, am 25. Oktober 1944 mit dem Vertreter des neutralen Auslands
um das weitere Schicksal der in deutscher Hand befindlichen Juden.[49]

47 Aussage Erich von dem Bach-Zelewskis im Prozeß gegen Karl Wolff 1964,
   in: *Justiz und Verbrechen. Sammlung deutscher Strafurteile wegen nationalsozialistischer Tötungsverbrechen 1945-1966*, Bd. XX, Lfd. Nr. 580,
   Amsterdam 1979, S. 413. Vgl. auch: *Der Prozess gegen die Haupt-
   kriegsverbrecher vor dem Internationalen Militärgerichtshof Nürnberg,
   14. November 1945 – 1. Oktober 1946* (IMT), Nürnberg 1947, S. 535 f.;
   zum Termin vgl.: *Der Dienstkalender Heinrich Himmlers 1941/42*, hrsg.
   von Peter Witte, Michael Wildt, Martina Voigt u.a., Hamburg 1999, S. 172.
48 *Der Dienstkalender Heinrich Himmlers 1941/42*, a.a.O. (Anm. 47), S. 522.
49 Termine des Reichsführers-SS am 25. Oktober 1944 im BA, NS 19/1792,
   Bl. 26. Vgl. ausführlich zur Vorbereitung und zum Anlaß des Treffens sowie zum weiteren historischen Verlauf: Heinz Höhne, *Der Orden unter
   dem Totenkopf. Die Geschichte der SS*, Bindlach 1989, S. 520-525; ebenso: Heinrich Fraenkel / Roger Manvell, *Himmler. Kleinbürger und Massen-
   mörder*, Frankfurt am Main 1965, S. 186 f.

In seinem Alltagsverhalten hatte der Dichter konsequenterweise auch keine Probleme, Juden zu denunzieren und damit ihre Ermordung in die Wege zu leiten.[50] Und noch gegen Ende des Krieges, im »Frühling 1945«, zeigte sich Johst in einem unveröffentlichten Gedicht gleichen Titels als strammer Nationalsozialist: »Wir glauben inniger als wir noch je geglaubt / [...] Wir stehn zum Führer und zum Reich / Man macht uns nicht den Trümmern gleich / [...] Wer nicht glaubt / Der ist nichts!!«[51]

Tatsächlich kehrte der sich nun auch im Glanze des mächtigen Freundes sonnende Johst nach 1933 »den Gewaltmenschen heraus« (Zuckmayer), schwor die deutschen Dichter und sämtliche an der literarischen Produktion Beteiligte kompromißlos auf das Regime ein. Dazu sei nur ein Beispiel seiner sehr zahlreichen kulturpropagandistischen Reden angeführt. Anläßlich der Eröffnung der »Woche des deutschen Buches« am 25. Oktober 1936 in Weimar war der Redner Johst nach Propagandaminister Joseph Goebbels und dem Reichsstatthalter in Thüringen Fritz Sauckel an der Reihe. In seiner Ansprache, die wie die seiner Vorredner auch vom Rundfunk[52] übertragen und von mehreren Zeitungen publiziert wurde, verpflichtet der Präsident der RSK die deutschen Dichter auf die nationalsozialistische Weltanschauung und droht gleichzeitig denen, die sich den neuen kulturpolitischen Vorgaben nicht zu unterwerfen bereit sind:

Noch gibt es Schriftsteller, die da sagen: was heißt Partei, Bewegung, Staatsform; wir treiben keine Tagespolitik, wir sind die unsterblichen Dichter [...]. Und ihr kommt auf die Dauer ohne uns nicht aus ... Ich sage diesen vergreisten Ewig-Vorgestrigen: wir kommen ohne euch wunderbar aus. Wir pfeifen auf den Hochmut von sogenannten Dichtern, die da glauben, [...] dem schlichten, anständigen, eindeutigen Bekenntnis zum Nationalsozialismus und der Tatsache des Dritten Reiches aus dem Wege gehen zu können. [...] Aber eins tun wir um so radikaler, brutaler und zielbewußter: [...] Wir säubern die Grundlage, wir säubern den Grund, auf dem stetig höher und mäch-

---

50 Vgl. den Brief Johsts an den Persönlichen Referenten Himmlers, Standartenführer Dr. Rudolf Brandt, vom 22. November 1943, in dem er darum bittet, gegen einen »frechen Volljuden« aus Seeshaupt am Starnberger See vorzugehen (BA, SSO Johst, Bl. 236).

51 Hanns Johst, *Frühling 1945* im DLA, Nachlaß Johst.

52 Deutsches Rundfunkarchiv Frankfurt am Main, Wortdokumentation, Archiv-Nr. 002590308.

tiger, gewaltiger und unvergänglicher im nationalsozialistischen Zeitalter nationalsozialistische Kunst wachsen wird!!

Die RSK bezeichnet er als »die Herzkammer des nationalsozialistischen Bewußtseins und Verantwortungsgefühls« hinsichtlich des Schrifttums. Schließlich konkretisiert er den Totalitätsanspruch des Regimes am Beispiel der Buchproduktion – eine Äußerung, die der politischen Zensur die ideologische Legitimation verleiht: »Deutschland ist nationalsozialistisch, das heißt: das nationalsozialistische Buch allein gehört in das deutsche Volk!«[53]

Daß es Johst nicht nur bei seiner verbalen Aggressivität beließ, vielmehr auch durchaus bereit war, in seinem Amtsbereich der RSK entsprechend ›durchzugreifen‹, dokumentiert neben vielen anderen Beispielen eine Anweisung an seinen Geschäftsführer aus dem Jahre 1938. Hinsichtlich des weiteren Verfahrens mit einem mißliebigen Autor, welcher der RSK ein weltanschaulich offensichtlich nonkonformes Manuskript eingereicht hatte, verfügte der Präsident: »Wenn der Schweinehund aber nur frech ist, bitte ich doch durch den SD zu veranlassen, dass der Mensch einmal 4 Wochen KZ geniesst, denn derartige Frechheiten dürfen wir uns nicht bieten lassen.«[54] Die Diktion dieses Briefes demonstriert zudem deutlich, daß Johst gelegentlich zu brutal-zynischen Formulierungen griff, wie Zuckmayer dies auch am Beispiel der Zusammenkunft mit dem österreichischen Minister Guido Zernatto überliefert, wenngleich mir keine Unterlagen über jenen Vortragsabend in Zürich oder den Ausspruch vorliegen, den Johst angeblich gegenüber dem Minister getan haben soll. Zuzutrauen war es ihm gewiß. Hingegen wissen wir, daß er nach dem »Anschluß« Österreichs als persönlicher »Gast des Führers« an dem großen »Siegeszug« teilnehmen durfte – ein Ereignis »voller unwahrscheinlich schöner Erlebnisse«, wie er schwärmte.[55] Für seine »verantwortliche Beurteilung der sich bei der Wiedervereinigung Österreichs mit dem Reich in großem Ausmaße ergebenden Fragen des österreichischen Schrifttums« erhielt er übrigens einen Orden, die Medaille zur Erinnerung an den 13. März 1938.[56]

53 *Beherzigenswertes aus der Weimarer Johst-Rede*, in: *Völkischer Beobachter* (Berlin) vom 31. Oktober 1936.
54 BA, R 56 V/156, Bl. 27.
55 Hanns Johst an Walter Fischer vom 20. April 1938 im DLA, Verlagsarchiv Langen-Müller, 84.992/9.
56 Vorschlagsliste für die Verleihung der Medaille zur Erinnerung an den 13. März 1938 im BA, Film 5121, Bl. 3525 196 f.

Bei aller diesseitigen Brutalität liebte es Johst dennoch – und auch hier ist Zuckmayer zu folgen –, den »weltfremd-naiven Poeten zu spielen, ganz ›deutsche Seele‹«.[57] In der Tat liegen viele Äußerungen Johsts vor, die eine solche Selbstqualifizierung beinhalten. Schon in seinem expressionistischen Drama *Der junge Mensch* aus dem Jahre 1916 kennzeichnete er den Dichter (und damit sich selbst) als einen Menschen, der außerhalb des Normalgeschehens steht: »Um seine Nase wehten die Wolken! – Und solche Menschen müssen ein Vermögen haben – sonst verhungern sie als Dichter!«[58] Und sechs Jahre später charakterisierte er sich und seine Kunst mit folgenden Worten: »Unbewußte Phantasie und bewußte Sehnsucht in deutscher Form sind die Pole, in deren Spannung mir Wesen und Werk wurde und wird. Ich bin Deutscher!«[59]

Während seines Entnazifizierungsverfahrens nach dem Kriege versuchte Johst aus naheliegenden Gründen übrigens, diese Rolle zu perfektionieren – womit er allerdings nicht immer Erfolg hatte. Gleichwohl endete sein zehn Jahre währendes Verfahren letztlich für ihn nicht ungünstig, denn der Dichter log und verharmloste, daß sich die Balken bogen. »Es beginnt nachgerade peinlich zu werden«, hieß es in einem einschlägigen Gutachten über seine Rolle im ›Dritten Reich‹, »wie sich ein prominenter nationalsozialistischer ›Kulturträger‹ nach dem anderen auf den ›weltfremden Idealisten‹, auf den ›reinen Toren, den tumben Parzival‹ hinausredet«.[60] Johst ließ sich aber von derartigen Beurteilungen nicht beirren. In einem persönlichen Brief an den Staatssekretär im sogenannten Befreiungsministerium Camille Sachs aus dem Jahre 1950 stellte er sich ganz als verführtes, kindliches Opfer dar. Er wäre wohl kaum in den »persönlichen Sog Adolf Hitlers« geraten, so schrieb er, hätte er nicht in Bayern gelebt. Denn der »Führer« hätte ihm seinerzeit den Nationalsozialismus als eine Regierung des Friedens, »kurz der Liebe und des Glaubens« geschildert, was er ihm »naiv aufs Wort glaubte«. Seine literarische Arbeit habe er immer als eine »literature pure«, also als »aesthetische Disciplin« aufgefaßt, nur einer »philologischen, philosophischen und philanthropischen« Zielrichtung verpflich-

---

57 Vgl. im ersten Teilband dieses Jahrbuchs, S. 99, 23 f.

58 Hanns Johst, *Der junge Mensch*, München 1916, S. 87.

59 Hanns Johst, *Hanns Johst*, in: *Göttinger Musenalmanach auf 1923*, hrsg. von Börries Freiherr von Münchhausen, Göttingen 1922, S. 88.

60 Kommission für Kulturschaffende, Gutachten über den Dichter Hanns Johst vom 23. April 1948 im Amtsgericht München, Registratur S (im folgenden AGM), Spruchkammerakte Johst, Bl. 56 f.

tet. Die Nationalsozialisten hätten ihn jedoch als Dichter, als »Potenz
[...] zu Propagandazwecken benutzt«.[61]

In der Tat blieb es der Öffentlichkeit, wie von Zuckmayer gewünscht, nach dem Zweiten Weltkrieg weitgehend erspart, »Herrn
Johst's Gesicht zu sehen«; er fiel – als Dichter – tatsächlich der Vergessenheit anheim. Thomas Mann, dem Johst einst so übel hatte mitspielen wollen, hätte es übrigens begrüßt, wäre der Dichter strafrechtlich
abgeurteilt worden. Bereits am 5. Mai 1945 vermerkte er in seinem
Tagebuch zur Frage der Bestrafung von NS-Kriegsverbrechern, daß es
zwar nicht möglich sei, eine Million Menschen hinzurichten, ohne die
Methoden der Nazis anzuwenden. »Es sind aber rund eine Million, die
ausgemerzt werden müßten. Meiner Meinung gehörten Menschen wie
Haushofer, Johst, Vesper dazu.«[62]

---

61 Johst an Staatssekretär Camille Sachs, Ministerium für politische Befreiung
   in Bayern, vom 2. August 1950 im AGM, Spruchkammerakte Johst, Bl. 297.
62 Thomas Mann, *Tagebücher 1944-1.4.1946*, Frankfurt am Main 1986,
   S. 199.

Friedbert Aspetsberger

Quellenhinweise zu Zuckmayers Bronnen-Bild

1. *Bronnen. Zuckmayers Portrait im ganzen*

Zuckmayers Bronnen-Portrait für den amerikanischen Geheimdienst scheint mir aufgrund des Zeitpunkts, zu dem das Portrait verfaßt wurde, durchaus gelungen – auf kleine sachliche Fehler kommt es nicht an.[1] Zuckmayer konturiert noch einmal, mit mehr Genauigkeit und Zurückhaltung als damals üblich, das Bild Bronnens bei Autoren und bei Vertretern des Kulturbetriebs in der Weimarer Republik, ein Bild, wie es der Wendung des Avantgardisten vom Beginn der zwanziger Jahre – der Bürgerschreck »arnolt bronnen« – zum radikalen Nationalisten gegen Ende der zwanziger Jahre entspricht. Seine Faszination durch Bertolt Brecht war von der Faszination durch Ernst Jünger abgelöst worden.

Was heute möglich ist: die stilistischen Züge des Freikorps-Romans O.S. (= Oberschlesien) als O.S. = Old Shatterhand, d.h. als Wildwest-Roman der Politik zu lesen, wie es Wojciech Kunicki überzeugend gelingt,[2] und also Bronnens Werk nicht primär politisch, sondern primär literarisch als »radikale Form« zu sehen, lag weder zum Zeitpunkt des Erscheinens des Romans 1929 noch nach 1933 im Exil nahe. Daß Kurt Tucholsky in der *Weltbühne* und Carl von Ossietzky in der *Pologne Litteraire* den Roman ebenso scharf ablehnten wie dies der *Völkische Beobachter* unter dem Einfluß Rosenbergs ganzseitig tat, daß ihm aber auch Gegensätze wie Ernst Jünger, Joseph Goebbels, Rudolf Olden und andere etwas abgewinnen konnten, ist eine beachtenswerte Facette der

---

1 Z.B. gab es im Jahr 1930 noch keine »Mrs. Goebbels« und Bronnens Frau Olga [Prowe-Förster] hatte mit dem Rosenberg-Kreis nichts zu tun, wohl aber mit Goebbels, eben als einer der Ersätze einer »Mrs. Goebbels«; Bronnens *Kohlhaas* ist ein Hörspiel und war, abgesehen von Aufführungen einer Bühnenbearbeitung (auch noch nach dem Krieg), von einzelnen Sendern und vom Deutschland-Funk ausgestrahlt worden.

2 Vgl. Wojciech Kunicki, ›O.S.‹ *von Arnolt Bronnen unter dem Aspekt mancher Abenteuerliteraturmerkmale*, in: *Germanica Wratislavensia*, Jg. 69, 1986, H. 3, S. 89-107. – Wojciech Kunicki, ›O.S.‹ *von Arnolt Bronnen. Zwischen Dokument und Abenteuerliteratur*, in: Arnolt Bronnen, *O.S. Nach dem Text der Erstausgabe*, Klagenfurt 1995, S. 5-29.

katastrophalen Entwicklungen der Zeit um 1930 und der Vielschichtigkeit ihrer literarischen Zeugnisse.[3] Zuckmayer nennt Bronnens Rundfunk-Roman *Kampf im Äther oder die Unsichtbaren* (1935) einen »Enthüllungsroman«, weil sein Personal sich auf das des Weimarer Rundfunks hin entschlüsseln läßt und es denunziert. Auch diesen Roman umzulesen, wie es Kunicki bei O.S. gelingt, bedürfte einer Lektüre, deren literaturwissenschaftliche Genauigkeit den politischen Horizont der Erscheinungszeit ganz verlöre. Bronnen, der sich als Autor des Romans unter dem Pseudonym Schelle-Noetzel verleugnen mußte,[4] verstand »Kampf im Äther« allerdings als Widerstandsroman und wollte ihn in den fünfziger Jahren – zu seiner politischen Rehabilitierung! – unter dem Titel *Der Richtstrahl* wiederauflegen.[5] Seine Auffassung stützt sich auf den nationalbolschewistischen Helden,[6] dessen Typus er schon in O.S. einsetzt, und insbesondere auf jene Momente des Roman-Konzepts, die die gesellschaftsbildende Funktion des neuen Kommunikationsapparates Rundfunk in den Mittelpunkt rücken. Auch das Denunziatorische weist er zurück: er habe zeigen wollen, wie sich »die Herrenschicht des Faschismus mit der Gallert-Masse von Weimar« identifizieren lasse.[7]

---

3 Carl von Ossietzky, *Der Engel der Verkündigung*, in: *Pologne Littéraire* (Warschau) vom 15. Oktober 1929, jetzt in: Carl von Ossietzky, *Sämtliche Schriften*, Bd. 5, hrsg. von Bärbel Boldt, Ute Maack und Gunther Nickel, Reinbek 1994, S. 220-226; Ignaz Wrobel [d.i. Kurt Tucholsky], *Ein besserer Herr*, in: *Die Weltbühne*, Jg. 25, 1929, Nr. 26, S. 953-960, jetzt in: Kurt Tucholsky, *Gesammelte Werke*, hrsg. von Mary Gerold-Tucholsky und Fritz J. Raddatz, Reinbek 1975, Bd. 7, S. 105-112; Ernst Jünger, *Wandlung im Kriegsbuch. A. Bronnens Roman O.S.*, in: *Der Tag* (Berlin) vom 23. Mai 1929; Joseph Goebbels, *Arnolt Bronnens »O.S.«*, in: *Der Angriff* (Berlin) vom 30. September 1929; Rudolf Olden: nicht bezeichneter Zeitungsausschnitt, im Deutschen Literaturarchiv (im folgenden: DLA), Nachlaß Arnolt Bronnen. – Vgl. zur Wirkung: Friedbert Aspetsberger, ›arnolt bronnen‹. *Biographie*, Wien, Köln, Weimar 1995, S. 452-510.

4 Arnolt Bronnen, *arnolt bronnen gibt zu protokoll*, Hamburg 1956, S. 311.

5 Bronnen an Hugo Huppert, Brief-Typoskript vom 25. Januar 1948 im DLA, Nachlaß Arnolt Bronnen.

6 Im Sinn des Typus des »Arbeiters« bei Jünger (Bronnen spielte in Jüngers Diskussionskreisen, etwa bei Salinger, eine Rolle) oder des »intellettuale organico« bei Gramsci (vgl. Aspetsberger, ›arnolt bronnen‹, a.a.O. (Anm. 3.), S. 412, 460 f.).

7 Bronnen, *arnolt bronnen gibt zu protokoll*, a.a.O. (Anm. 4), z.B. S. 310 ff.

Da Zuckmayer sogar einen skandalösen Zeitungsartikel Bronnens erwähnt, ist anzunehmen, daß er auch über die wichtigsten weiteren politischen Skandale Bronnens informiert war: etwa Bronnens berüchtigten Auftritt bei der Rundfunktagung in Kassel 1929, die Störung von Thomas Manns Ansprache *Appell an die Vernunft* im Berliner Beethovensaal 1930, die enge Bekanntschaft mit Goebbels 1930/31, nach 1933 die schützende Hand von Goebbels bei den – in der Emigrantenpresse, aber auch in der österreichischen Presse berichteten – Schwierigkeiten Bronnens mit der Reichsschrifttumskammer aufgrund seiner vielleicht »jüdischen« Herkunft, die Zuckmayer als gegeben nimmt. Bronnen sah sich, angeblich auf Hinweise seiner Mutter, jedenfalls aber im Einverständnis mit ihr, als Sohn von Pfarrer Wilhelm Schmidt, wofür einiges spricht.[8]

Bronnens »Widerstand« – z.B. in arbeitsgerichtlichen Prozessen gegen den Hinauswurf aus dem Reichsrundfunk – wurde, auch noch nach dem Krieg, weniger bekannt als der 1941 abgeschlossene, Bronnens Behauptung einer »deutschen« Herkunft als »eher wahrscheinlich als unwahrscheinlich«[9] bestätigende Vaterschaftsprozeß des Autors. Der Vatermord war – poetisch – seit seinem Stück *Recht auf Jugend*, ca. 1913, als Bronnens wichtigstes Anliegen deutlich und fand im Stück *Vatermord*, mit dessen Aufführung 1922 er berühmt wurde, literaturgeschichtlich gültigen Ausdruck. Juridisch hatte er erstmals 1930 einen Prozeß angestrengt, weil aufgrund der Rezensionen zum Roman *O.S.* seine »jüdische« Herkunft zum Gegenstand der öffentlichen Diskussion geworden war. Sicher war auch nur wenigen bekannt, daß Bronnen, nach dem gewonnenen Prozeß 1941 kurzfristig wieder zum Auftreten als Autor berechtigt, die Aufführung seines Stückes *Gloriana* – nach dem Krieg in der Kritik als Portrait Königin Elisabeths »mit Hitlerbärtchen« beschrieben, also als strukturelles Hitler-Bild gesehen[10] – zuerst sehr erfolgreich betrieb (mit Zusagen von Gründgens, Falckenberg und andern Theaterleitern) und die Aufführungen erst durch ein

8 Z.B. Briefe seiner Mutter zu diesem Sachverhalt im Verhältnis zu dessen verhüllender Darstellung in der Autobiographie seines (bis 1941) legalen Vaters Dr. Ferdinand Bronner; vgl. Aspetsberger, ›arnolt bronnen‹, a.a.O. (Anm. 3.), S. 36-44.

9 Abschrift des Urteils (Z. 213.P.40/41, Landesgerichtsdirektor Dr. Heintzel) im DLA, Nachlaß Arnolt Bronnen.

10 Herta Singer, *Shakespeare bekämpft Hitler*, in: *Österreichische Volksstimme* (Wien) vom 1. April 1954.

Wort Hitlers nach einem Tischgespräch mit Bormann unterbleiben
mußten.[11] Und natürlich war nichts bekannt von Bronnens Anschluß
an den Widerstand im Salzkammergut, nachdem er sich 1943 nach
Österreich abgesetzt hatte. Daß Bronnen über diesen Weg zum Widerstand dann nach 1945 auch zum Mitglied der Kommunistischen Partei
Österreichs und zum Partei-Journalisten geworden war, steigerte das
Entsetzen der zurückgekehrten oder im westlichen Exil verbliebenen
Vertriebenen über ihn, wenn sie davon erfuhren.[12] Vielleicht erklärt
eben dieser Umstand auch die kritische Haltung Zuckmayers in seinen
autobiographischen Schriften.

Für die Rezeption der Jahre zwischen 1925 und 1945 gilt: Den immer komplizierten Sachlagen im Gesellschaftlichen und Politischen
und den komplizierten Problemlagen der Charaktere kann in Zeiten
der Gewalt und Verfolgung in ihrer Kompliziertheit nicht sinnvoll
Rechnung getragen werden. Zuckmayers Bronnen-Portrait ist demnach sicher und gut gezeichnet. Es stützt sich auf lebhafte Erinnerungen und verlässliche Berichte, wie die folgenden Beispiele aus der politischen Zeitgeschichte, aus der Literaturgeschichte (im Rahmen der
»Jünglingsmänner«-Konkurrenzen um den allseits geliebten Brecht)
und aus seinem persönlichen Kreis zeigen (Alice Herdan-Zuckmayers
erster Mann, Karl Frank, war Bronnen aus der linken Wiener Jugendbewegung um Siegfried Bernfeld bekannt).

2. Zu einigen Details des Bronnen-Portraits

2.1. Bronnens Artikel über Reinhardt

Zuckmayer erwähnt einen der schändlichsten Zeitungsartikel Bronnens von Anfang April 1933, also nicht lange nach der sogenannten
»Machtübernahme« der Nationalsozialisten: *Die dreiunddreißig Jahre. Zum Abgang Max Reinhardts.* Zuckmayer zitiert als Schluß des

---

11 Aspetsberger, ›arnolt bronnen‹, a.a.O. (Anm. 3.), S. 607-613.
12 Wie z.B. die polemischen Bronnen-Bilder von Klaus Mann in *Wendepunkt*
   (1947) oder von Peter de Mendelssohn in *S. Fischer und sein Verlag* (1970)
   oder die umfänglichere Darstellung *Unternehmen Vatermord* des pronon-
   cierten Antikommunisten Hans Weigel in der (der amerikanischen Kultur-
   verwaltung nahestehenden) Zeitschrift *Der Monat* (Jg. 6, 1954, H. 69,
   S. 300-308) und die Mehrzahl der Rezensionen der Autobiographie Bronnens 1954 zeigen.

Artikels den Kalauer, der statt Reinhardt »rein« und »hart« als Zu-
kunftsparolen setzt. Reinhardt sei eine »Existenz«, so heißt es im Artikel, »die lange genug in den Wolken eigenen und befreundeten Weih-
rauchs geschwebt hat. Der Weihrauch [...] hat sich verzogen. Die Luft
wird wieder rein in Deutschland, rein und hart; nicht Reinhardt.«[13]

Leider ist dieser Satz, entgegen der Erinnerung Zuckmayers, noch
nicht das Ende des Artikels. Es folgt eine antisemitische Passage: Eine
»fremde Weltmacht« – Marx in der Politik, Einstein in der Physik,
Freud in der Erkenntnis, Reinhardt in der Kunst – hätte wie »eine
Krebskrankheit« eine Scheinblüte in Deutschland erzeugt, in Wahrheit
aber die Entwicklungen »weg vom Volk, weg von Deutschland« geleitet. Im Falle von Gerhart Hauptmann wurde dabei »vielleicht, vielleicht [...] von einem kleinen ... Regisseur den Deutschen ein großer
Dichter genommen« – nämlich durch die Forcierung des *Friedensfestes*
anstelle des *Florian Geyer*, also durch den Einfluß des Reinhardtschen
»Nichtspielplanes«.

Die Punkte vor »Regisseur« im Zitat können nichts anderes als »jü-
dischem« vertreten. Hauptargumentationslinie des »Deutschen« ist für
den sich in diesem Artikel (nach *O.S.* 1929 und nach dem Buch über
den Freikorps-Führer Roßbach 1930 und kurz vor dem Roman zum
Ersten Weltkrieg *Erinnerung an eine Liebe* 1933) ganz als »Frontkämpfer« gebenden Bronnen der Krieg, der jetzt noch »verlorene« Erste Weltkrieg als »der grandiose und heroische Traum kommender Geschlechter«. Reinhardt und die oben genannten Beispiele der »fremden
Weltmacht« hätten am Krieg weder teilgenommen noch ihn in seiner
Bedeutung verstanden: »Sie taten nicht mit; denn sie machten mit. Sie
wollten keinen Krieg, denn sie wollten ja keinen Frieden. Sie wollten
den Zwischenzustand: das Zwischenreich.« Der Artikel schließt:

> Achtundzwanzig Jahre lang war Max Reinhardt Direktor des Thea-
> ters, das sich einfach und schlicht das Deutsche nannte; dreiunddrei-
> ßig Jahre lang spielte er seine Rolle im Berliner Theaterleben. Es hat
> Zeiten gegeben, da sein Ruhm um die Welt lief gleich dem des Thes-
> pis. Und auf den Theatern dieses Landes wird es wenige Schauspieler
> geben, die nicht unter seinem Befehlsstabe Tragödie agiert haben.
> Das ist viel.
> *Und es wird viel Arbeit kosten, das alles restlos auszumerzen, mit*
> *Stumpf und Stiel.* Denn eher nicht wird das Theater dieses Reiches

13 *Berliner Lokal-Anzeiger* vom 9. April 1933.

gesunden, eher nicht, als bis auf neuem Grund in neue Herzen die neue Saat gesäet wird, die da heißt: Volk.[14]

Die Monate nach dem Beginn des ›Dritten Reiches‹, in denen der sich forciert »deutsch« gebende Bronnen auch seine erste Kündigung beim Rundfunk erhielt, stellen einen geistigen und moralischen Tiefpunkt in seinem Leben dar. Der Reinhardt-Artikel, an den sich Zuckmayer noch in den USA erinnerte, muß alle Gemeinsamkeiten der beiden erfolgreichen Jung-Autoren aus den zwanziger Jahren aufgehoben haben.

Bronnen hatte übrigens auf das Zuckmayersche Werk auch im nationalen Rahmen Hoffnungen gesetzt: er erwähnt – in einer Prophetie *Das Gesicht des vierten Jahrzehnts* vom Neujahrstag 1930, ebenfalls im *Berliner Lokal-Anzeiger* – ein geplantes Stück Zuckmayers, *Straßburg*, für die »neue« Dramatik, deren Aufblühen er erhoffte[15] und für die er auf Schauwecker, Euringer, Beumelburg, Stenbock-Fermor, Grote und andere setzte. Zuckmayer erscheint als der einzige Name aus dem etablierten Theaterbetrieb der Weimarer Republik. Bronnen war, wie das Beispiel zeigt, politisch zwar sehr entschieden, aber unzurechnungsfähig. Ein anderes Beispiel dafür: Nach dem Krieg, im Rahmen seiner Versuche, sich zu rehabilitieren, bat er den Lektor Franz Peter Moll, sich wegen einer Empfehlung auch an Zuckmayer zu wenden. Zuckmayer hielt sich übrigens, denkt man an sein Dossier für den OSS, sehr zurück: »Ihrer Anregung entsprechend«, berichtet Moll seine Antwort an Bronnen, habe er »bei Zuckmayer antippen lassen. Dort wurde der Bescheid [sic!], daß er sich schon für so viele Leute einsetze, die ihm von früher her eng verbunden sind, daß er momentan nicht könne und auch bei seinem diesmal kurz bemessenen Aufenthalt in Österreich keine Chance sehe. Er dürfte übrigens inzwischen schon wieder fort sein.«[16] Solche Zurückhaltung war Bronnens Sache nicht. Nachdem er – nach dem Staatsvertrag, d.h. auch nach der Auflösung des sowjetisch gestützten »Neuen Theaters in der Scala« in Wien, an dem Bronnen als Vizedirektor geduldet wurde – in die DDR gegangen war und Kulturberichte für die *Berliner Zeitung* schrieb, berichtete er über den »Nach-

---

14 Kursivierung F.A.

15 Vgl. das Konzept eines nationalen, aber nicht nationalistischen Dramas in: *Bronnens zehn Finger*, in: *Die literarische Welt*, Jg. 2, 1926, Nr. 4, 5, 6, 8, 10, 16. Neugedruckt in: Arnolt Bronnen, *Sabotage der Jugend. Kleine Arbeiten 1922-1934*, hrsg. von Friedbert Aspetsberger, Innsbruck 1989, S. 66-82.

16 Moll an Bronnen, Brief-Typoskript vom 27. Februar 1947 im DLA, Nachlaß Arnolt Bronnen.

hall«, den die Westberliner Erstaufführung von Zuckmayers *Das kalte Licht* am 11. Januar 1956 bei ihm bewirkt habe. Der Titel faßt zusammen: *Kaltes Licht und warme Mache*.

Der dreispaltige Artikel ist freilich differenzierter als sein Titel. Auch wenn sich Bronnen angesichts der Atombombe »weder Tüfteleien noch Gewissenskonflikte« anschauen will, lobt er einleitend Zuckmayer und damit auch ihre Bekanntschaft aus den zwanziger Jahren:

> Es liegt mir fern, ihn leicht abzutun. Für viele, und auch für mich, ist Carl Zuckmayer der Autor des Hauptmanns von Köpenick. Ich sah die Berliner Premiere vor bald dreißig Jahren, und ich liebte den Mann, der das gekonnt hat, ich verehrte ihn. Das war eine dramatische Reportage, wie sie noch keinem gelungen war [...].

Dann aber meint er, daß die Emigration Zuckmayer den Blick auf das Politische verstellt habe: »Zuckmayer, wie viele Emigranten zu sehr beschäftigt, Hitler zu überwinden.« Bronnen geht davon aus, daß die Kritik (die er überwiegend negativ aus dem *Tagesspiegel*, dem *Tag*, dem *Telegraph* und dem *Kurier* zitiert) in ihrer Ablehnung nicht auf die Frage des Publikums nach dem »Fortbestand der Menschheit« im Kalten Krieg einginge (»Hitler war der Atombombe erster Akt«). Daran mogle sich Zuckmayer vorbei, wenn er als Thema des Stücks nicht die Spaltung des Atoms, sondern die Denk- und Glaubenskrise der Gegenwart bezeichne, aus der sich ein menschlicher Gewissenkonflikt ergebe:

> Geläutert ist er [der Held] schon. Nun gesteht er auch. Nun büßt er auch. Was büßt er, und für wen? Doch Zuckmayer läßt die Hauptfrage offen. Wieso? Ihm, Heidegger zitierend, ist »das Fragen ... die Frömmigkeit des Denkens«. Vor dieser verlogenen Mystik unterlassen wir unser Fragen, das Erkenntnis sucht.

2.2. Einige Probleme der »Jünglings-Männer« im Konkurrenzkampf

In den zwanziger Jahren wäre, so möchte man annehmen, die Möglichkeit zumindest beschränkter Wertschätzung Bronnens auch von seiten Zuckmayers durchaus gegeben gewesen. Die beiden hatten, im Rahmen der Jung- und Stardramatiker-Konkurrenz in Berlin, das als Kulturhauptstadt Europas galt, viel gemeinsam, auch Bekannte und Förderer. Beide, Bronnen wie Zuckmayer, waren durch Moritz Seelers »Junge Bühne« gefördert worden, Bronnen seit der *Vatermord*-Aufführung 1922 (der Eröffnung der »Jungen Bühne«); Zuckmayer mit *Pankraz erwacht* 1925 (und Bronnen in diesem Jahr neuerlich mit *Ge-*

burt der Jugend). Beide genossen die Skandale dieser Aufführungen und setzten in ihren Erinnerungsschriften Seeler Denkmale.[17]

Zuckmayer erinnert sich im Zusammenhang mit der »Jungen Bühne«, wo die »geistige Elite und sensationslüsterne Zeitgenossen, Spitzen der Berliner Intelligenz und Gesellschaft« sich ein Stelldichein gegeben hätten: »[F]ast alle begabten Autoren der jungen Generation, Bronnen, Brecht, Hans Henny Jahnn, Alfred Brust und manche anderen, wurden dort gespielt«.[18] Nach Zuckmayer wurde auch Bronnen mit dem Kleist-Preis ausgezeichnet. Das geht wohl darauf zurück, daß Bronnen – nach eigener Darstellung – Herbert Ihering bewog, den Preis seiner großen Liebe Brecht und nicht ihm, wie Ihering vorgehabt habe, zu verleihen. Vielleicht kann man die Erinnerung Zuckmayers als Bestätigung dieser Angaben Bronnens nehmen; er scheint für den Preis im Gespräch gewesen zu sein.[19]

In Kiel hatte der junge Dramaturg Zuckmayer 1922 Brechts *Baal* bringen wollen und Kontakte mit Brecht angeknüpft. Und im April 1922 rezensierte er die Uraufführung von Bronnens *Vatermord* in Frankfurt in der Zeitschrift *Die Neue Schaubühne*. Er hat also die Bekanntschaft der Werke des Paares – Brecht und Bronnen galten als dramatische »Zwillinge«, die ihre Vornamen nach Bronnens (der Bekanntschaft lange vorausgehendem) Einfall auf »arnolt« bzw. »bertolt« verhärtet hatten und die Kleinschreibung pflegten, die als »ab« und »bb« auftraten und von Karl Kraus die beiden »Fasolte« des Expressionismus genannt wurden[20] – fast zum selben Zeitpunkt gemacht; Musil sprach (positiv, in Hinblick auf seine Posse *Vinzenz*) von den »Lausbübereien von Brecht u[nd] Bronnen«,[21] Zuckmayer befindet die Alliteration Brecht/Bronnen als »verführerische« Max und Moritz-Alliteration.[22] Vielleicht wollte er sich aus dem Paar einen Brecht für sich herausschälen.

17 Bronnen, *arnolt bronnen gibt zu protokoll*, a.a.O. (Anm. 4), S. 100. – Carl Zuckmayer, *Als wär's ein Stück von mir. Horen der Freundschaft*, Frankfurt am Main 1997, S. 60 f.

18 Ebd.

19 Zuckmayer, *Als wär's ein Stück von mir*, a.a.O. (Anm. 17), S. 429, 474.

20 »[...] die, als Brecht und Bronnen nur gemeinsam auftretend, wahrscheinlich zusammen nicht mehr als einen Wagnerschen Stabreim ausmachen« (Karl Kraus, *Die Berliner Aufführung*, in: *Die Fackel*, Jg. 26, 1924, Nr. 649-656, S. 45).

21 Robert Musil, *Tagebücher*, hrsg. von Adolf Frisé, Hamburg 1976, Bd. 1, S. 631.

22 Zuckmayer, *Als wär's ein Stück von mir*, a.a.O. (Anm. 17), S. 429.

Es war ihm gleich deutlich, daß er mit Brecht nicht nur auf eine faszinierende Person, sondern auf ein entscheidendes, kunstöffentliches
und privates Beziehungsgeflecht gestoßen war, kämpften doch die
»Jünglingsmänner«[23] Brecht, Bronnen und Caspar Neher wie Zuckmayer selber um Anerkennung als Künstler und um die Klärung persönlicher Beziehungen. Brecht und Bronnen, sieht Zuckmayer, hätten
sich »für eine gewisse Zeit zu einer Art Stoßtruppe und Eroberungs-
team zusammengetan«.[24] Es handelte sich um einen homoerotisch ge-
färbten Manipel von »Jünglingsmännern« als Neigungs- und Kampfbund, der sich gegen die feindliche soziale und Kunstwelt als »Selbstinjektion« verstand.[25] In diesem Sinn liebten Bronnen und Neher
Brecht, wobei Bronnen seine »große Liebe« zu Brecht in seinem Erin-
nerungsbuch *Tage mit Bertolt Brecht* ausführlich darstellt.[26] Der »Herr
des Nordmeers« Bronnen in Berlin und »Der Herr des Südmeers«
Brecht in München himmelten sich an, wobei es von Bronnens Seite tief
und ernst gemeint war, von Brechts Seite spielerischer. Immerhin finden
sich auch bei Brecht entsprechende »gefühlstöne« (»oh du augenwon-
ne seligkeitsschnabel rauchfleisch«), die auch in der Drohung durchklingen, arnolt die nun auch von bertolt übernommene Nachsilbe des
Vornamens strafweise zu entziehen.[27]
    Aus dem Briefwechsel zwischen Brecht und Bronnen wird deutlich,
daß zum Beispiel Paula Banholzer durchaus zu Recht gestehen konnte:
»Ich muß aber zugeben, daß ich auf den Bronnen eifersüchtig war. Der
Brecht und der Bronnen waren sehr aufeinander eingespielt – und das
störte mich.«[28] Wie vielfältig die Beziehungen waren, zeigt auch, daß
der mit Marianne Zoff verheiratete Brecht seine Freundin Helene Weigel nach Augsburg schickte, um Paula Banholzer von einer geplanten
Eheschließung abzuraten und sie weiterhin für sich zu reservieren.[29]

23 So Bronnen in *Tage mit Bertolt Brecht. Geschichte einer unvollendeten
   Freundschaft,* Wien, München, Basel 1960, S. 5.
24 Zuckmayer, *Als wär's ein Stück von mir,* a.a.O. (Anm. 17), S. 429.
25 Bronnen, *Tage mit Bertolt Brecht,* a.a.O. (Anm. 23), S. 28
26 Vgl. Aspetsberger, ›arnolt bronnen‹, a.a.O. (Anm. 3.), S. 238-244; Bronnen, *Tage mit Bertolt Brecht,* a.a.O. (Anm. 23), S. 14, 28.
27 Bronnen, *Tage mit Bertolt Brecht,* a.a.O. (Anm. 23), S. 89, 138, 119 f.
28 Paula Banholzer, *So viel wie eine Liebe. Der unbekannte Brecht. Erinnerungen und Gespräche,* hrsg. von Axel Poldner und Willibald Eser, München 1981, S. 168.
29 Ebd., S. 98.

Zuckmayer erzählt, daß er Nächte mit Brecht durchgetrunken habe[30] und über die Maßen von ihm angetan gewesen sei. Hingegen stellt er fest, daß er zwischen Brecht und Bronnen »nie eine Verwandt-schaft [...] – als eben die der beiden Br. und der harten t am Ende der Vornamen: Arnolt und Bertolt« gesehen habe.[31] Vielleicht liegt hier der Versuch vor, Brecht von Bronnen abzurücken, was auf eine Zuwen-dungskonkurrenz hinweist. Denn die Szenen der Bekanntschaft Bron-nens und Zuckmayers mit Brecht ähneln einander von Anfang an. Wie Bronnen in der Wohnung Zarek in Berlin Brecht singend kennengelernt hatte:

Er hatte das Gefühl der Erkenntnis: In dem kleinen, unscheinbaren Menschen schlägt das Herz dieser Zeit. Er hatte das Schülergefühl: Liebe, große Liebe, gib mir den als Freund,[32]

so hatte Zuckmayer Brecht bei Maria Koppenhöfer in München sin-gend kennengelernt und war vom Vortrag wie von der Person Brechts sofort vollständig gefangen genommen:

Ich weiß noch ein paar andere Leute, die dabei waren, aber kaum einen mit Sicherheit, sie sind alle verschwommen, ich sehe nur ganz scharf dieses eine Gesicht, das mir dann vertraut wurde wie wenig andere. Und ich höre diese eine, unverwechselbare Stimme. [...] Völ-lig benommen, aufgerührt, verzaubert saß ich in einer Ecke [...].

Zuckmayer fühlte sich in »magischen Bann« geschlagen.[33] Noch am Abend des Kennenlernens singt auch Zuckmayer zur Gitarre, die ihm Brecht zuerst »mit angewidertem Gesicht« übergibt, um ihm dann Komplimente zu seinem Gesang zu machen. Sie verstehen sich so gut, daß sie sich im Anschluß mehrfach nach Hause begleiten. Zuckmayer schwärmt: »Daß ich dem Genie begegnet war, wußte ich beim ersten Zusammentreffen, oder zum mindesten einer genialischen Persönlich-keit, wie ich Sie noch nie gekannt hatte.« Zuckmayer bemerkt aber auch: »Ich konnte nicht wissen, mit welcher zielbestimmten Hart-näckigkeit er sein Talent zur Größe emporstreben werde«;[34] er er-wähnt, daß Brecht immer Zuhörer brauche, daß man sich vor Brechts Anziehungskraft in acht zu nehmen habe, da Brecht sich die Mitarbeiter unterordne und ein »Rattenfänger«, »Erzzigeuner«, »Jesuitenschüler«,

---

30 Zuckmayer, *Als wär's ein Stück von mir*, a.a.O. (Anm. 17), S. 442-448.
31 Ebd., S. 429.
32 Bronnen, *Tage mit Bertolt Brecht*, a.a.O. (Anm. 23), S. 14.
33 Zuckmayer, *Als wär's ein Stück von mir*, a.a.O. (Anm. 17), S. 440.
34 Ebd., S. 443.

»Landstreicher« sei.[35] Doch sind dies Einsichten, die sich aus Brechts
Gebrauch der Zuwendungen zu ihm ergaben und die auch Bronnen
und Neher gegenüber Brecht hatten. Diese Einsichten änderten nichts
an ihrer Konkurrenz untereinander. Es sei daran erinnert, daß bei
einem Gelage in Feuchtwangers Wohnung in München Caspar Neher,
den Zuckmayer aus Brechts Manipel gleich kennengelernt hatte, mit
einer Weinflasche ein Eifersuchtsattentat auf Bronnen unternahm, was
von Martha Feuchtwanger und von Marianne Zoff bestätigt wird.[36]
Manches spricht dafür, daß Zuckmayer nicht viel weniger als Bronnen
und Neher (und viele andere) von Brecht schwärmte und daher Bronnen – wie dieser selber Caspar Neher oder Helene Weigel – als Konkurrenz empfand und also eifersüchtig war.

Als Jungstars waren sie aber aneinander gebunden: Stücke von
Zuckmayer und Bronnen werden vielfach von denselben Schauspielern
und Regisseuren verwirklicht (Hilpert, Falckenberg, Seeler, Granach,
Gerda Müller, Steckel u.a.). Zuckmayer wird bald der »Selbstinjektion«
in der »Kampftruppe« der jungen Dramatiker zugerechnet. Seine spätere Frau Alice Herdan berichtet, was sie wohl von ihm erzählt bekommen hat: »In einer [Kritik] von ihnen stand: ›Brust hat Bronnen geboren, Bronnen hat Brecht geboren, Brecht hat Zuckmayer geboren, Gott
schütze uns vor den Kindern von Zuckmayer‹«.[37] Dieser Ausspruch
stellt eine von mehreren Variationen des häufig kolportierten Spruchs:
»Der Becher geht so lange zum Bronnen bis er Brecht« dar. Um den
Kern Brecht/Bronnen wechseln mehr oder weniger begründet die andern Namen. In allen Variationen geht es um die In-Group der dramatischen Potenz dieser Jahre. Auch die Kritik nennt Zuckmayer häufig
gemeinsam mit Brecht und Bronnen, z.B. Herbert Ihering im *Berliner
Börsen Courier* anläßlich von *Pankraz erwacht*: »Richtiger wäre ›Pankraz‹, nach Aufführung von Barlach, Brecht und Bronnen, im regulä-
ren Spielplan placiert gewesen«.[38] Franz Servaes schreibt im *Berliner
Lokal-Anzeiger*: »Zweifellos hat die mit Spürsinn und Urteilskraft ge-

35 Ebd., S. 445.
36 Martha Feuchtwanger, *Nur eine Frau. Jahre. Tage. Stunden*, 3. Auflage,
  München 1983, S. 183 f. – Marianne Zoff in: Banholzer, *So viel wie eine
  Liebe*, a.a.O. (Anm. 28), S. 152-194, 168.
37 Alice Herdan-Zuckmayer, *Genies sind im Lehrplan nicht vorgesehen*,
  Frankfurt am Main 1979, S. 234.
38 Barbara Glauert (Hrsg.), *Carl Zuckmayer. Das Bühnenwerk im Spiegel der
  Kritik*, Frankfurt am Main 1977, S. 17 (*Berliner Börsen-Courier* vom
  16. Februar 1925).

leitete ›Junge Bühne‹, die auch Bronnens ›Vatermord‹ ans Licht beförderte, sich mit der Aufführung dieses noch innerlich ringenden Dramas ein neues Verdienst erworben«.[39] Alfred Kerr sagt in Anspielung auf Bronnens *Vatermord*, in dem ein Coitus von Mutter und Sohn vorkommt, von Zuckmayers *Pankraz erwacht*: »Das Drama für die reifere Jugend ist ganz wenig modernisiert. (Blutschande zwischen Vater und Tochter).«[40] Anläßlich der Aufführung des *Fröhlichen Weinbergs* am 22. Dezember 1925 stellt Kerr Zuckmayer siegreich in die Mitte zwischen Brecht und Bronnen, zwischen den »Undramatiker« und den »Theatraliker«: »Zuckmayer ist vielmehr in diesem Stück ein denkwürdiges Abbild der ganzen dramatischen Zeit. Guckt hin. Die heutige Übergangsära kennt nur zwei Sorten Stücke: entweder das hoffnungslos gelallte Stück … oder gleich das gefingerte Stück. Es gibt aber etwas dazwischen«,[41] nämlich Zuckmayers Stück. Auch Ludwig Marcuse hebt Zuckmayer anläßlich des *Fröhlichen Weinbergs* von Bronnen ab: »Ihn unterscheidet von den gleichstrebenden Dramatikern eine Heiterkeit, die auch Bronnens Lustspiel ›Exzesse‹ nicht hat. Bei ihm ist mehr tatsächliche Naturverbundenheit …!«[42]

Bronnen war um die Mitte der zwanziger Jahre ein Maßstab oder war zumindest so präsent und so profiliert, daß er sich zu Vergleichen anbot. Zuckmayer blieb ihm gegenüber zurückhaltend: als er – zwischen seinem *Pankraz*- und seinem *Weinberg*-Skandal – zu Bronnens Skandal *Geburt der Jugend* interviewt wurde (neben Gerda Müller, Alexander Granach, Moritz Seeler u.a.), zog er sich eher aus der Affäre, als daß er sich an die Seite seines Kollegen stellte: »Die Freiheit der Kritik muß garantiert werden. Aber es ist eine Taktlosigkeit, wenn man die Schauspieler, die sich hier redlich um der Sache willen gequält [!] haben, auf diese Weise provozierend stört. Ein solcher Störenfried muß immer entfernt werden, und ich bedaure, daß mir das nicht selbst möglich war.«[43] Gerda Müller sprach sich hingegen entschieden für das Ohrfeigen des Kritikers bzw., in diesem Fall, des Theaterfunktionärs aus.

---

39 Ebd., S. 22 (*Berliner Lokal-Anzeiger* vom 16. Februar 1925).
40 Ebd., S. 19 (*Berliner Tageblatt* vom 16. Februar 1925).
41 Ebd., S. 36 (*Berliner Tageblatt* vom 23. Dezember 1925).
42 Ebd., S. 43 (*Frankfurter Generalanzeiger* vom 24. Dezember 1925).
43 *Neue Berliner Zeitung* vom 8. Juni 1925. Für den zeitgeschichtlichen Horizont sei erwähnt, daß die erste Seite der *Neuen Berliner Zeitung* an diesem Tag zwei Spalten hatte: Unter dem Balken *Ein blutiger Sonntag* brachte die erste einen Bericht über schwere politische Zusammenstöße, die zweite einen über einen Massenmord bei Coburg.

Nun zurück zur *Vatermord*-Kritik Zuckmayers von 1922, die noch
vor der persönlichen Bekanntschaft liegt und von Unvoreingenommenheit und Distanzierungsbedürfnis geprägt ist.[44] Sie kann Bronnens
Stück viel abgewinnen, weist es dann aber dennoch zurück. Zuckmayer
erklärt das rückblickend: er habe damals Kritiken geschrieben, um sich
selber dramaturgisch zu schulen, seine Ausfälle seien zum Teil Selbstkritik oder Loslösung aus Zeittendenzen.

Die »angenehme Enttäuschung« an Bronnens Stück sei, so beginnt
Zuckmayer, daß hier »wirklich und wahrhaftig, real und reell gemor-
det wird« in der Kleinbürgerwohnung, die »unter Schicksalsdruck und
-spannung zum Bestienkäfig« würde; er hebt das gut gestaltete Verhältnis Mutter-Sohn heraus, bemerkt »Momente des Vaters, für die ich
sämtliche Väter, Zwingherren, Tyrannen des modernen Gesinnungs-
dramas herschenke«, und findet, daß das ganze Stück »erlebt, echt und
wahrhaftig« ist; für die Begabung Bronnens spreche vor allem »der
sehr eigenwillige und feste Rhythmus seiner Sprache«; sie komme aus
dem naturalistischen Dialog, gehe auf Sachlichkeit und Musikalität.

Und dennoch: Zuckmayer sieht sich »gezwungen, das Stück abzu-
lehnen«. Es fehle die »Totalität«: »Ein unbeschnittenes Stück Welt, im
Gehalt maßlos, in der Form bezwungen. Das ist Bronnens ›Vatermord‹
nicht.« Damit hat Zuckmayer sich bewahrt und seine eigenen dramatischen Ansprüche reserviert. In seinem, den Wiederabdruck der Kritik
begleitenden Erinnerungstext geht er aber weiter: von Bronnens *Vatermord* werde nichts bleiben »als eben der theaterhistorische Moment
dieser Uraufführung«,[45] bei der es zu Protesten gekommen war. Diese
Zurücknahme wundert bei den vielen guten Seiten, die er 1922 an dem
Stück fand; sie wundert auch, weil *Vatermord* tatsächlich das Stück
Bronnens ist, das sich auf den Spielplänen gehalten hat und das auch
schon in den fünfziger Jahren wiedergedruckt worden ist. Sie ist aber
verständlich, denn im Dossier für den OSS hatte Zuckmayer Seiten
Bronnens herausgehoben, die ihm auch später voll präsent sein mußten.

Vielleicht aber gibt es – über die Enttäuschung über Bronnens politische Entwicklung hinaus – noch andere Gründe auf dem Feld der Jüng-
lingsmänner-Konkurrenzen:

44 Carl Zuckmayer, ›*Vatermord*‹, *Schauspiel von Arnold Bronnen*, in: *Die
   neue Schaubühne*, Jg. 4, 1922, S. 149-151; jetzt in: Carl Zuckmayer, *Aufruf zum Leben. Porträts und Zeugnisse aus bewegten Zeiten*, Frankfurt am
   Main 1995, S. 103-106.
45 Ebd., S. 103.

In der Aufführungskritik nennt Zuckmayer Gerda Müller, die die
Mutter gespielt hatte und von der er für 1925 erzählt, daß ihn »eine
blühende Freundschaft« mit ihr verband.[46] Sie sei »ein Phänomen« ge-
wesen.[47] Dasselbe hatte auch Bronnen 1922 empfunden, der Gerda
Müller nach der Frankfurter *Vatermord*-Premiere ein zweites Mal in
München traf, als Falckenberg mit Maria Koppenhöfer als Mutter den
Vatermord machte und Müller im Schauspielhaus als Schillers Königin
Elisabeth gastierte.[48] Bronnen entführte das »Phänomen« in seiner
rasch entflammbaren Liebe auf ein paar Tage ins Salzkammergut.
Nach seinem *Protokoll* keine gelungene, sondern eine seinerseits kom-
plizierte Liebe. Doch ist – obwohl 1925 zwischen zwei Zuckmayer-
Skandalen einer der größten Skandale Bronnens lag – nicht anzuneh-
men, daß Gerda Müller und Zuckmayer, als sie damals »eine blühende
Freundschaft« verband, über den Liebhaber Bronnen gesprochen
haben: so, wie Bronnen Gerda Müller beschreibt, wußte sie mit solchen
Episoden und über sie hinaus mit ihren familiären und gesellschaftlichen Verhältnissen mühelos umzugehen.[49]
Deutlich ist aber auch an diesem Beispiel wieder: die beiden Jungstars gehörten derselben beweglichen Theater-Schicht an. Zuckmayer
war eine Art Münchner Wiederholung zu Bronnens Berliner Brecht-
Erlebnis: beide, der wie Brecht für den Liedgesang begabte Zuckmayer
und der nach dem Durchschuß seines Kehlkopfs im Weltkrieg kräch-
zende Bronnen, lernten Brecht über dessen krächzenden Gesang
kennen, lieben, verehren. Ob im Hinblick auf Gerda Müller oder auf
Brecht, in Zuckmayer entwickelten sich Abwehrgefühle gegen Bronnen, der der Zeitschrift *Die Dame* seinen Filmroman *Barbara La Marr*
für viel Geld verkauft hatte, während Zuckmayer noch als Model für
sie posierte.[50] Gesellte sich also Bronnen dazu, wenn Zuckmayer, mit
Brecht Dramaturg an der »Komödie«, im Hof des Deutschen Theaters
stand, so war er sich schon damals sicher: »– ich konnte ihn nicht lei-

46 Zuckmayer, *Als wär's ein Stück von mir*, a.a.O. (Anm. 17), S. 461. Vgl.
auch die Erinnerungen von Albrecht Joseph, denen zufolge Zuckmayer mit
Gerda Müller »eine Affäre« hatte (Albrecht Joseph, *Ein Tisch bei
Romanoff's. Vom expressionistischen Theater zur Westernserie*, Mönchengladbach 1991, S. 43 sowie Albrecht Joseph, *Portraits I. Carl Zuckmayer.
Bruno Frank*, Aachen 1993, S. 93-96).
47 Zuckmayer, ›Vatermord‹, a.a.O. (Anm. 44), S. 150.
48 Bronnen, *arnolt bronnen gibt zu protokoll*, a.a.O. (Anm. 4), S. 100, 106.
49 Ebd., S. 107.
50 Zuckmayer, *Als wär's ein Stück von mir*, a.a.O. (Anm. 17), S. 466.

den, er mich auch nicht –, es ging von ihm etwas Hämisches und Eitles aus, ein schweißiger, mißgünstiger Ehrgeiz, der, wenn er nur gekonnt hätte, gern über Leichen gegangen wäre.«[51]

Zusammenfassend: Als Alice Herdan-Zuckmayer und Helene Weigel, Jugendfreundinnen aus Wien, nun Zuckmayer und Brecht verbunden, am 29. Januar 1933 den Presseball in Berlin besuchten, müssen sie dort Arnolt Bronnen und seine Frau Olga gesehen haben.[52] Als Bronnen seine Hochzeit mit Olga am 17. Dezember 1930 im Blau-Weiß-Club gefeiert hatte, war Goebbels erschienen und mit der Braut verschwunden, was dem Muttersohn Bronnen einen Abend mit der verehrten Mutter beschert und die weitere Wertschätzung von Goebbels gesichert hat. Spätestens seit dem Skandal um den Film *Im Westen nichts Neues* und seit *Der Hauptmann von Köpenick* aber waren Zuckmayer und Goebbels öffentlich Gegner. Und Bronnen ebenso öffentlich Goebbels' Protegé. Und irgendwie hat Zuckmayer so auch mit der »Mrs. Goebbels« recht.

3. Alice Herdans erster Mann Karl Frank

Am einfachsten ist es, wieder mit Vermutungen zu beginnen. Zwar ist nicht anzunehmen, daß Carl Zuckmayer und Karl Frank, den Bronnen von der Wiener Jugendbewegung vor dem Ersten Weltkrieg kannte, bei ihrem Treffen in Berlin anläßlich von Scheidung und Heirat von bzw. mit Alice Herdan auch auf Bronnen zu sprechen gekommen sind; aber möglich wäre es. Es ist auch nicht auszuschließen, daß dies, noch in Deutschland oder dann bei ihrem Treffen in den USA oder nach dem Krieg am Grundlsee im Salzkammergut, der Fall war. Der »Fall Bronnen« aber hätte zu jeder Zeit dazu Anlaß gegeben – das Jahr 1945 sah Bronnen für sechs Wochen als Bürgermeister des Salzkammergut-Ortes Goisern, von wo er in den Monaten davor Botenfahrten für den Widerstand gemacht hatte, vielleicht auch an den Grundlsee. Zudem war er nun – was Frank gewesen war – überzeugter Kommunist. (Jedenfalls aber wird bei Treffen Zuckmayers mit Fritz Kortner oder mit Berthold Viertel in den USA von Bronnen die Rede gewesen sein: Kortner hatte in Berlin die Solo-Rolle von Bronnens abendfüllendem Einmann-Stück *Ostpolzug* gespielt, Viertel, der Brecht als Regisseur der *Vatermord-*

---

51 Ebd., S. 460.
52 Ebd., S. 529-532. – Vgl. zu Bronnens Prominenz, daß er auf den Presse-Zeichnungen zum Ball zentral aufscheint (Aspetsberger, ›arnolt bronnen‹, a.a.O. [Anm. 3.], Abbildung 96).

Aufführung an der »Jungen Bühne« 1922 abgelöst und das Stück zum
Erfolg geführt hatte, waren durch die politische Entwicklung bald die
Grausbirnen aufgestiegen: er schrieb mit Bezug auf die Vernichtung der
Alten-Generation in Bronnens frühen Stücken 1926 einen Text *Der
Sohn*, in dem er sich mit der – auch in der SA präsenten – zu »blinder
Konsequenz entschlossenen [jungen] Generation« beschäftigte; sie ver-
suche die »Privilegien der Vater-Welt an der Wurzel auszureißen«; das
Symbol dieses Vorgangs sei der »Vatermord«.[53] Der von Viertel ge-
nannten »jungen« (und »Frontkämpfer«-) Generation ist Bronnen
zuzurechnen. Dieser Generation entstammte aber auch Alice Herdans
erster Mann, der sich freilich, ganz gegenteilig, gegen die Kriegswut der
Alten-Generation wandte und vom Bürgertum zum Sozialismus bzw.
Kommunismus bekehrte: nach zwei Jahren Kriegseinsatz verweigerte
er 1916 den weiteren Militärdienst in der k.u.k. Armee und stellte sich
in die Führungsreihen meist linkskommunistischer, aber auch sozialistischer Gruppen.[54] Man könnte sich sogar vorstellen, daß Zuckmayers Arbeiten für den OSS, also auch das Bronnen-Dossier, auf die
Aktivitäten Karl Franks zurückgehen. Denn der hat zum Beispiel mit
dem emigrierten Radikalsozialisten Joseph Buttinger bei Eleanor
Roosevelt, der Frau des amerikanischen Präsidenten, vorgesprochen
und sich erfolgreich für Emigranten eingesetzt.[55] Vermutlich in diesem
Zusammenhang wurde Frank auch selber zur Auskunftsperson für die
Amerikaner und hatte auf Wunsch des Foreign Office die politische
Glaubwürdigkeit des Adam von Trott zu Solz zu überprüfen.[56]
    Es gibt kaum ein politisch bewegteres Leben als das Karl Franks: ein
ständiger Wechsel zwischen den Gruppen und Initiativen linker Politi-
ken, ein Oszillieren zwischen sozialistischen und kommunistischen Be-

---

53 Berthold Viertel, *Der Sohn*, in: Berthold Viertel, *Schriften zum Theater*,
   hrsg. von Gert Heidenreich, München 1970, S. 202-207.
54 Ich folge den Darstellungen in: Werner Röder (Hrsg.), *Biographisches
   Handbuch der deutschsprachigen Emigration*, München 2000, Bd. 1; sowie: *Deutsche biographische Enzyklopädie*, hrsg. von Walther Killy, München 1996.
55 Joseph Buttinger / Muriel Gardiner, *Damit wir nicht vergessen. Unsere Jahre 1934 bis 1947 in Wien, Paris und New York*, Wien 1978, S. 153 ff. –
   Vgl. aber vor allem: Joseph Buttinger, *Das Ende einer Massenpartei. Am
   Beispiel Österreichs*, Frankfurt 1972, zu Frank S. 185, 258, 290, 319, 359,
   433, 553, 555, 562, 573, 595 u.ö.
56 Röder (Hrsg.), *Biographisches Handbuch der deutschsprachigen Emigration*, a.a.O. (Anm. 54), S. 187 f.

wegungen mit jeweils eigenem Profil, die in der Gruppe »Neu Beginnen« gipfelten; immer in Gefahr, vielfach im Untergrund, mehrfach eingesperrt, schließlich unbedankt aus der Politik scheidend. Alice Herdans Lebenserinnerungen spielen seine Arbeit, auch seine Verfolgungen und langen Haftstrafen ironisch romantisierend herunter, vielleicht auch, weil sie selber – und ihre Tochter mit Frank – von den Umständen tief betroffen war.

Karl Frank und seine Konzepte, insbesondere die um »Neu Beginnen«, faszinierten zum Beispiel Joseph Buttinger so, daß er, was Frank sagte, immer als das Richtige sah.[57] Es mag aber auch eine Rolle gespielt haben, daß Frank mit einem überzeugenden Äußeren ausgestattet war. Alice Herdan schreibt:

> Er war sehr schön, er sah aus wie eine Gestalt von Dostojewskij und strahlte den Sendungswillen des Tolstoi aus. Wenn er hustete, dachte man an eine Lungenkrankheit, die edelste Krankheit jener Zeit.
>
> Er war einer der bekanntesten Führer der Jugendbewegung; die männliche Jugend bewunderte ihn, Frauen und Mädchen liebten ihn. Es hieß, ein Mädchen, das er verlassen hatte, sei aus dem Fenster gesprungen, ihre Verletzungen waren aber reparabel gewesen.[58]

Bronnen, der für solche Schönheiten Empfängliche, kannte Frank aus der radikalen linken Wiener Jugendbewegung um Siegfried Bernfeld bzw. aus den Hetärien um den »Anfang«-Kreis und erwähnt ihn sogar in seiner Autobiographie, obwohl er, was seine damaligen persönlichen Umstände betrifft, sparsam mit Mitteilungen ist. Von Siegfried Bernfeld, einem ebenso schönen, jungen und bedeutenden Mann, nennt er nur den Namen, obwohl er ihm in einer heftigen Liebe verfallen war, durch die er Bernfeld sogar von seiner bevorstehenden Heirat abbringen wollte.[59] Hätte sich Bronnen in die schönen Augen Karl Franks statt in die Siegfried Bernfelds verschaut, wäre er in Konkurrenz zu Alice Herdan gekommen. Er schreibt zur »Anfang«-Bewegung:

57 Buttinger, *Das Ende einer Massenpartei*, a.a.O. (Anm. 55), S. 359, 433, 454 u.ö.

58 Herdan-Zuckmayer, *Genies sind im Lehrplan nicht vorgesehen*, a.a.O. (Anm. 37), S. 211 f.

59 Im Nachlaß Bernfelds in der Library of Congress liegt ein umfängliches Konvolut von Briefen, die für Bronnens Selbstauffassung als Genie, aber auch für seine Identitätszweifel nach Kategorien wie »germanisch« und »jüdisch« aufschlussreich sind. – Vgl. Aspetsberger, ›arnolt bronnen‹, a.a.O. (Anm. 3), S. 104-134, 143 ff.

> Dort fand sich bald alles ein, was es im Wien von 1913 an junger,
> fortschrittlicher Intelligenz gab [...]. Dorthin kamen die Brüder Ger-
> hart und Hanns Eisler, der Publizist und der Komponist. Dorthin
> kam deren Schwester, die später Abgeordnete im Deutschen Reichs-
> tag wurde, und ein Karl Frank, der mir am meisten imponierte,
> wiewohl er inzwischen verschollen ist; vielleicht ist er im ersten
> Welt-Krieg gefallen oder gehenkt worden. Es war ein wilder, erregter
> Diskussionsknäuel in den Kontoren und Turnsälen der besseren Ge-
> schäftsleute im Stoß im Himmel in der Wiener Innenstadt.[60]

Bronnen muß also noch von Franks Kriegsdienstverweigerung gehört
haben und hat mit deren normaler Folge, Hängen, gerechnet. Von der
Berliner (Untergrund-)Zeit und Franks weiterlaufenden österreichischen Kontakten scheint er nichts mehr erfahren zu haben. Vielleicht
erfuhr Frank von ihm: etwa beim Skandal um die *Geburt der Jugend* in
Berlin, als die *Rote Fahne* – aus deren Redaktion aber Frank bereits
ausgeschieden war – und *Die Welt am Abend* ebenso wie Pfemferts
Aktion aus partei- und kunsttheoretischen Gründen sich streng gegen
Bronnen wandten.[61] Bronnen war Frank mit Sicherheit bekannt: Frank
nahm nach der Hochzeit mit Alice Herdan seinen Kollegen aus der
Jugendbewegung Gerhart Eisler in die Wohnung auf und ließ ihn als
Gegenleistung seine Frau im Marxismus unterrichten. Sie skizziert kein
schmeichelhaftes Bild von ihm. Eisler hätte auch kein schmeichelhaftes
von Bronnen gezeichnet. Denn Bronnen hatte die Geschwister Eisler
aus einer Mansarde, die ihnen für ihre »Jugend«-Arbeit zur Verfügung
stand, ausgesperrt, um wie im Fieber zu dichten, wozu er in den beeng-
ten Verhältnissen zu Hause keine gute Gelegenheit fand. In ihren Auseinandersetzungen beschimpfte Eisler Bronnen als geistig abnormal.[62]
Erwähnt sei noch: die DDR versammelte diese Generationsgenossen –
etwa Hanns Eisler und Arnolt Bronnen – nach dem Zweiten Weltkrieg
bzw. nach dem österreichischen Staatsvertrag von 1955, als die sowjetisch gestützte Kulturarbeit in Österreich schlagartig abbrach. Karl
Frank aber blieb, wie Joseph Buttinger, beide auch den Sozialisten suspekt, in den USA, Frank als Psychoanalytiker, der 1937, also im Exil,
nochmals geheiratet hatte, Buttinger unter anderem als Berater Präsident Nixons in Vietnamfragen, worüber er auch publizierte.
Nochmals zurück zur Liebe des Mädchens Alice und des Jünglings
Karl, beide aus gutem Haus, er freilich längst den Emigranten nach der
Münchner und der Budapester Räteregierung zugewendet und mit Hilfe

---

60 Bronnen, *arnolt bronnen gibt zu protokoll*, a.a.O. (Anm. 4), S. 27.
61 Aspetsberger, ›arnolt bronnen‹, a.a.O. (Anm. 3.), S. 401 ff.
62 Bronnen, *arnolt bronnen gibt zu protokoll*, a.a.O. (Anm. 4), S. 31.

der Philanthropin Eugenie Schwarzwald in der Lage, eine Reihe von geflohenen Intellektuellen – darunter Béla Balázs, dessen Filmtheorie später Musils Ästhetik beeinflußte – zu versammeln, sie dem Mädchen aus gutem Haus bekannt zu machen und auf seinen Wegen zu ihnen bei ihr zu übernachten.[63] Das brachte Dramatik in das Leben der späteren Dramatikersgattin: »Für Fraudoktor [Eugenie Schwarzwald] war ich der Inbegriff des jungen keuschen Mädchens, weil ich keine Lust nach Liebschaften empfand, sondern mit Ruhe auf die große Liebe wartete. Frank aber war für Fraudoktor ein Mann, *den sie mit einer fast besessenen Liebe verehrte.* Sie half ihm und seinen Freunden wo sie konnte.«[64] Die Jugend-Liebe Alicens bedeutete also den Bruch mit der Philanthropin, den auch die Eheschließung, als versöhnliche Geste gedacht, nicht heilen konnte. Alice Herdan verlor zwar nicht den Kontakt zu ihren Wiener Freundinnen, darunter Helene Weigel, weil ihr diese nach Berlin nachkamen, wohin sie mit Frank gegangen war. Sie war aber, bei getrenntem Haushalt wegen Karl Franks Untergrundarbeit oder ihm nach München, wo er einsaß, nachsiedelnd, vor allem die Frau eines radikalen Linken, um die Tochter Michaela besorgt. Die Ehe dauerte an, bis Schreibarbeiten für Carl Zuckmayer eine neue Liebe keimen ließen.

Der langen Hinweise kurzer Sinn: im Rahmen des Brechtschen »Jünglingsmänner«-Manipels, dem Zuckmayer nach der Zeit Bronnens zuzuzählen ist, bekam Zuckmayer ein Bild von Bronnen, das sich, als er und Bronnen durch Theaterskandale verbunden und getrennt waren, in Gesprächen mit seiner Frau, in Gesprächen in der Emigration mit Emigranten wie Kortner, Viertel und Frank und nach dem Krieg nicht verschönert haben kann. Eigentlich muß es Zuckmayer ein Vergnügen gewesen sein, das Dossier für den OSS zu schreiben. Er hat kein unausgewogenes Bild gegeben, und vielleicht geschmunzelt und vielleicht auch an sein eigenes lyrisches Werk gedacht, als er schrieb: »[...] es gibt keine Zeile etwa eines Gedichts von ihm, die bestehen würde« – so ist es, denn auf die paar, überwiegend unveröffentlichten Salzkammergut- und Linz-Gedichte Bronnens aus der Nachkriegszeit, die seiner damaligen Geliebten und späteren dritten Frau Renate Kleinschmidt-Bertalotti galten, braucht man nicht einzugehn. Allerdings ist auch aus der Autobiographie Bronnens ein früheres Gedicht bekannt, mit dem man Zuckmayer wird recht geben müssen: »Auf der grünen Wiese / Wo die Lamperln sin' / Und die Blumen sprießen / Das is eine Freud.«[65]

63 Herdan-Zuckmayer, *Genies sind im Lehrplan nicht vorgesehen,* a.a.O. (Anm. 37), S. 216 ff.

64 Ebd., S. 217 (Kursivierung F.A.).

65 Bronnen, *arnolt bronnen gibt zu protokoll,* a.a.O. (Anm. 4), S. 10.

Arnold Klaffenböck

»Wie ein solcher Gesinnungswandel beurteilt werden müsste, geht aus dem Gesagten deutlich genug hervor«

Überlegungen zum Dossier Zuckmayers über Richard Billinger[1]

Carl Zuckmayers Anfang der vierziger Jahre für das US-amerikanische »Office of Strategic Services« (OSS) verfaßter Bericht über den Schriftstellerkollegen und Freund Richard Billinger (1890-1965) hat bislang kaum jene Aufmerksamkeit gefunden, die er eigentlich auf Grund seiner Brisanz verdient hätte. Obgleich ihm eine Schlüsselposition hinsichtlich einer notwendig gewordenen Neubewertung der Freundschaft zukommt und er die alles andere als harmonische Beziehung zwischen diesen beiden Autoren in ein neues Licht taucht, wurde bisher das lange für eine wissenschaftliche Auswertung nicht zugängliche Portrait, das erstmals seit 1996 vollständig ediert zugänglich ist, nur marginal wahrgenommen.[2] Die während des Vermonter Exils getroffene, mit heiklen Informationen aus dem Privat- und Intimleben des Weggefährten gespickte Einschätzung präsentiert eine Fülle an pikanten Details und Attribuierungen, welche Billinger schwer belasten. Die vorgebrachten, außergewöhnlich heftigen Argumente schreiben diesen Autor auf ein überwiegend negatives Image fest, wobei die subjektive Darstel-

---

1   Für die großzügig gewährte Hilfe sei Karl Müller herzlich gedankt. Zitate aus Billingers Texten folgen der Edition *Gesammelte Werke* (= *GW Dramen* 1-6 bzw. *Romane* 1-5, Graz, Wien 1955-1960) bzw. der von Wilhelm Bortenschlager besorgten Ausgabe (= *GW* 1[!], II-IV, VI u. *Nachlaßdramen* II-III, Wels 1979-1984).
2   Christian Strasser, *Carl Zuckmayer. Deutsche Künstler im Salzburger Exil 1933-1938*, Wien, Köln, Weimar 1996, S. 288-290. Einzelne Passagen, herangezogen als Belegstellen für das entwickelte Persönlichkeitsprofil, bietet die Diplomarbeit von Katharina Sacken, *Richard Billinger (1890-1965). Urwüchsiger Bauerndichter oder raffinierter Literat? Eine Untersuchung zur Entstehungs- und Rezeptionsgeschichte seiner Dramen in Hinblick auf die literarischen und politischen Entwicklungen der Dreißiger Jahre*, Wien 1998, S. 75 f. Allgemein siehe Gunther Nickel / Ulrike Weiß, *Carl Zuckmayer 1896-1977. »Ich wollte nur Theater machen«. Eine Ausstellung des deutschen Literaturarchivs Marbach*, Marbach am Neckar 1996 (Marbacher Kataloge 49), S. 300-307.

lung zwischen schonungsloser Aufdeckung, subjektiver Abrechnung und kenntnisreicher Erklärung angesiedelt ist. Sie präsentiert einen durch mehr oder weniger freiwillige Einbindung in die kulturpolitische Maschinerie des Nationalsozialismus erfolgreichen, wegen dieser Agitation kriminalisierten Dichter, welcher sich als ideologischer Handlanger und Zwischenhändler menschlich wie künstlerisch selbst erledigt habe.

Der wenig Diskretion bekundende Text läßt insofern aufhorchen, als er von den bis dahin an die Öffentlichkeit gedrungenen Äußerungen Zuckmayers über seinen Sozius erheblich abweicht. Teilweise steht das Dossier sogar in direktem Widerspruch zu einzelnen Aussagen und autobiographischen Schriften Zuckmayers. Nach bisheriger Auffassung wurden die Kommentare des Autors über den von ihm mit entdeckten und geförderten Billinger meist recht einseitig im Sinne einer unverbrüchlichen Freundschaft interpretiert. Diese Feststellungen erweckten damit den recht idyllischen Eindruck, daß die angeblich fest gefügte Kameradschaft – und grundsätzlich in wechselseitiger Übereinstimmung – als vielversprechende Zusammenarbeit bzw. inspirierender Meinungsaustausch innerhalb der Henndorfer Künstlerkolonie unbeschadet den Zeitenlauf überdauert habe. Von dort war es nur mehr ein kleiner Schritt, solche Positionen als zuverlässige Belegstellen für »eine lebenslange persönliche und literarische Freundschaft«[3] zu Billinger anzuführen.

Irritierende Vorstellungen und verklärte Bilder freilich hat Zuckmayer selber maßgeblich genährt, besonders in jenen nach dem Zweiten Weltkrieg verfaßten, von einem deutlichen Verlustgefühl geprägten gedanklichen Niederlegungen. Die stark von nostalgischer Erinnerung und sehnsüchtigem Verlangen nach Beheimatetsein erfüllten Texte präsentieren nämlich ausschließlich Hinweise, die ein unbelastetes Einvernehmen mit Billinger vermuten lassen.

Zwischen den retrospektiven Stilisierungen und dem davon völlig abweichenden Dossier liegen weitere, ziemlich heterogene Mitteilungen verstreut, die in Summe folgendes Urteil vorweg erlauben: Die freundschaftlichen Bande zwischen Zuckmayer und Billinger waren alles andere als beständige und eng geknüpfte. Das mancherorts beschworene treue Zusammenhalten und gedeihliche Beieinandersein entspricht einem Ideal, das so nicht existierte. Bei genauerer Betrachtung der Selbstaussagen zeigt sich viel eher eine ausgesprochen ambi-

---

3 Wilhelm Bortenschlager, *Der unbekannte Billinger*, Innsbruck 1985, S. 30.

valente Haltung Zuckmayers Billinger gegenüber, ein merkwürdig un-
entschlossener Schlingerkurs mit fallweisen Rückziehern und erneuter
Kontaktaufnahme, eine von Brüchen und Ungereimtheiten begleitete
Koalition, die mitunter recht schnell die Züge einer Konfrontation annehmen konnte. Dieser etappenweisen Entfremdung und dem letztlich
inkonsequenten Rückzug mit nachheriger Wiederbesinnung auf den
Fallengelassenen gilt es zunächst chronologisch nachzuspüren.

Stationen einer »Freundschaft«

Am 25. November 1925 antwortet Billinger aus dem Salzburger Café
Bazar auf einen Brief Zuckmayers, in dem dieser ihm ein Gedicht zugesandt, vielleicht sogar gewidmet hatte.[4] Darin gratuliert er dem Emp-
fänger zum Kleist-Preis, den Zuckmayer im selben Jahr von Paul Fechter für das Stück *Der fröhliche Weinberg* erhalten hatte, um dann von
einigen Dramenprojekten zu berichten. Darunter fällt ein provisorisch
mit *Das getürmte Haus* oder nach der Hauptfigur *Barabas* benannter
Text, an dem er mit sichtlichen Schwierigkeiten herumfeilt: »Das Stück
ist noch blutig neu, halt gefährlich. Ich bin gar nicht sicher. […] Auch
noch eine Nebenfurcht: der problematische Inhalt kann meine Freunde
(Mäzene) leicht abstossen, dann ists aus […].« Die wohlwollende Ermunterung und treue Solidarität des Adressaten, der er sich versichert
glaubt, hält ihn einigermaßen aufrecht: »du [!], lieber Zuck und dein [!]
Glaube an mich ist [!] großer Trost«.

Umgekehrt spricht auch bei Zuckmayer tiefe Dankbarkeit Billinger
gegenüber aus einer in seiner Lebensschilderung wiederholt angeführten Anekdote vom Erwerb der Henndorfer »Wiesmühl«, dem innig geliebten Refugium und ständigen Wohnsitz nach der Machtergreifung
der Nationalsozialisten in Deutschland.[5] Am ausführlichsten äußert er
sich dazu in seiner bezeichnenderweise mit *Horen der Freundschaft*
untertitelten Autobiographie *Als wär's ein Stück von mir*,[6] wo an pro-
noncierter Stelle – gleich am Beginn – von Billinger die Rede ist. Dem

---

4 Deutsches Literaturarchiv (im folgenden: DLA), Nachlaß Carl Zuckmayer.
5 In der *Henndorfer Pastorale* heißt es etwa: »Das fing mit Richard Billinger
   an […]« bzw. »Durch Billinger waren wir hierher gekommen, und durch
   uns, unter andern, die Dichter Hans Schiebelhuth, Horváth, Franz Theodor Csokor« (Carl Zuckmayer, *Die Fastnachtsbeichte. Erzählungen 1938-
   1972*, Frankfurt am Main 1996, S. 311-362, hier: S. 325 f.).
6 Im folgenden Carl Zuckmayer, *Als wär's ein Stück von mir. Horen der
   Freundschaft*, Frankfurt am Main 1997, S. 12.

bei ihm auf Hiddensee zu Besuch Weilenden verdankt Zuckmayer
eigentlich die Kenntnis des zum Verkauf stehenden Anwesens »Fenning
Nr. 3«, wie die korrekte Bezeichnung »im Grundbuch Neumarkt-
Köstendorf« hierzu lautet.

Immer wieder hebt er Billingers Verdienst hervor, hilfreich den Erwerb der Liegenschaft mit eingefädelt und folglich die Übersiedelung
der Familie Zuckmayer ins Salzburger Land veranlaßt zu haben:

> Mein Haus [...] hatte ich durch Vermittlung des Dichters Richard
> Billinger bekommen, mit dem ich mich in Berlin zu einer Zeit be-
> freundet hatte, in der ich nicht einmal meine Möblierte-Zimmer-
> Miete zahlen konnte. Er gehörte zu den regelmäßigen Sommergästen
> in Henndorf, dessen regierende Fürsten die Herren der Familie Mayr
> waren [...].[7]

Zuckmayer, der im Frühling 1926 seine Einkünfte aus dem *Fröhlichen
Weinberg* für den Kauf der Immobilie verwendete, betrachtet zeitlebens Billinger in erster Linie wohl als den eigentlichen Stifter seiner
unbeschwerten Zeit in diesem von der politischen Großwetterlage vorläufig noch unbehelligten Fleckchen Erde, dessen erzwungene Aufgabe
Zuckmayer später nie verwinden sollte. Die wehmütige Einleitung zu
der Betrachtung *Pro domo* läßt das erahnen:

> Als diese Schrift begonnen wurde [...] zu Weihnachten 1937, da
> hatte ich noch ein Haus, es stand in Österreich und umschloß, was
> man in mehr als einem Jahrzehnt glücklich bestirnten Lebens auf-
> bauen, hegen und liebgewinnen kann.[8]

Billinger, das ist für Zuckmayer einerseits der ständig in finanzieller
Verlegenheit befindliche Bohemien und hoffnungsvolle Nachwuchs-
schriftsteller, »von dem damals erst ein dünner Band mit berückend
schönen Gedichten«[9] vorlag, dessen Talentprobe *Über die Äcker* ihm

---

7 Carl Zuckmayer, *Salzburger Tage – Salzburger Nächte*, in: Carl Zuckmayer,
   Ein voller Erdentag. Betrachtungen. Frankfurt am Main 1997, S. 207-215,
   hier: S. 209. Zum Verkauf der »Wiesmühl« und zum »Anschluß« 1938 siehe
   Strasser, *Carl Zuckmayer*, a.a.O. (Anm. 2), S. 27-29 und S. 217-254 sowie
   Anja Massoth: »*Auch bin ich ja eigentlich gar kein österreichischer Künst-
   ler*«. *Zuckmayers Rezeption als Dramatiker in Österreich 1925-1938*, in:
   Zuckmayer-Jahrbuch, Bd. 2, 1999, S. 413-453.

8 Carl Zuckmayer, *Pro domo*, in: Carl Zuckmayer, *Die langen Wege. Betrachtungen*, Frankfurt am Main 1996, S. 67-132, hier: S. 124.

9 Zu den Gedichten, auf die Zuckmayer teilweise im Dossier zu sprechen
   kommt, vgl. Richard Billinger, *Über die Äcker*, Berlin 1923.

genügte, dem noch unbekannten Autor hilfreich unter die Arme zu greifen. Offenkundig gefiel ihm überhaupt Billingers von reger Phantasie zeugendes Drauf-los-Fabulieren, war Zuckmayer schon damals sichtlich beeindruckt von dessen Gabe, »so poetisch, so verwunschen, so märchenhaft« Wahres mit Erfundenem zu verquicken, daß ihm das Geschilderte »doch einer echteren Wirklichkeit entsprach«.[10] Billinger, das bedeutet für Zuckmayer andererseits die Bekanntschaft mit einem ihn in Bann ziehenden Wortakrobaten und berückenden Stimmungs- zauberer, Eigenschaften, die Zuckmayer wenigstens damals noch auf- richtig bewundert.

Zwei Jahre später heißt es, einen wichtigen Bühnenerfolg zu feiern. Billingers bei der Eröffnung der Salzburger Festspiele uraufgeführtes Stück *Das Perchtenspiel* (am 26. Juli 1928 durch die Exl-Truppe mit Grete Wiesenthal als schöner Perchtin) veranlaßte Zuckmayer, eine Stellungnahme zu der insgesamt sechs mal gegebenen Darbietung unter der Regie von Eduard Köck zu liefern.[11] »Hier spricht nicht der Kriti- ker, sondern der Freund«, leitet er seine Besprechung ein, dabei be- tonend, dort weder als »Laienrichter« den Stab brechen noch sich »ein falsches Amt anmaßen« zu wollen, denn »Richard Billinger verdient und verträgt einen subjektiven Bericht«.[12]

---

10 Zuckmayer, *Als wär's ein Stück von mir*, a.a.O. (Anm. 6), S. 12.

11 Eine weitere Aufführung erfolgte im Rahmen der »Innviertler Kunstwoche« am 24. März 1930 im Linzer Landestheater, den Erstdruck besorgte der Leipziger Insel-Verlag. Zur Premiere vgl. Edda Fuhrich / Gisela Prossnitz, *Die Salzburger Festspiele. Ihre Geschichte in Daten, Zeitzeugnissen und Bildern, Band 1: 1920-1945*, Salzburg, Wien 1990, S. 81. Informationen bietet auch die Schrift *75 Jahre Salzburger Festspiele. Eine Ausstellung der Max Reinhardt-Forschungsstätte Salzburg in Zusammenarbeit mit den Salzburger Festspielen*, Salzburg 1995.

12 Nachstehend vgl. Carl Zuckmayer, *Zu Richard Billingers »Perchtenspiel«*, in: Carl Zuckmayer, *Aufruf zum Leben. Porträts und Zeugnisse aus be- wegten Zeiten*, Frankfurt am Main 1995, S. 107-111. Die »Editorische Notiz« (S. 340) vermerkt, daß der Erstdruck nicht eruiert werden konnte. Dagegen benennt Bortenschlager eine allerdings nie existierende *Berliner Zeitung* (1928, keine genaueren Angaben; Artikel früher im Billinger- Nachlaß bei Otto Walchhofer, jetzt im Adalbert-Stifter-Institut, Linz) und gibt die *Vossische Zeitung* (Berlin) vom 1. August 1928 als weitere Publi- kationsstelle an (vgl. Wilhelm Bortenschlager: *Richard Billinger. Leben und Werk*, Wels 1981, S. 389 f. und S. 400, Anm. 26; vgl. auch Bortenschlager, *Der unbekannte Billinger*, a.a.O. (Anm. 3), S. 92 und S. 109.

Der Artikel weist eine Fülle von Aspekten auf, die Zuckmayer in seinem *Geheimreport* wieder aufgreift, weiterführt, dort jedoch gänzlich anders bewertet. Hier dominiert durchweg eine wohlwollende Sicht, bestimmt vom Bemühen, den jungen Autor zu bestärken und in einer Art Rechenschaftsbericht den bisherigen Verlauf der dichterischen Produktion aufzuzeigen. Er trachtet ferner danach, Billingers Abnabelung von den lyrischen Anfängen und die als logische Entwicklung interpretierte Hinwendung zum Drama nachzuzeichnen. Sicherlich, Zuckmayer streicht die unübersehbaren Mängel des »mit schwerer, ungefüger Hand geformt[en]« Spiels heraus, erkennt die »oftmals in kindlicher Überdeutlichkeit verzeichnet[en]« Umrisse des aus dem *Spiel vom Knecht* gewachsenen Stücks. Abgesehen von den auch andernorts konstatierten Schwächen des eingangs »gar zu kraftgenialisch«[13] geratenen Einakters zeigt sich der Rezensent aber begeistert von Stoff und Inszenierung gleichermaßen, was sich im Sprachduktus niederschlägt: »Gestalten recken sich auf, Gesichter enthüllen sich jäh belichtet von Blitzen dramatischer Eingebung, dann wieder bewölkt, umschattet, traumhaft im Dämmer versinkend«. Überall hält er Billinger den Einbruch des Dämonischen und seinen Hang zum Irrationalen, die Vorliebe für Naturmythen und das entfesselte Treiben der Abgesandten aus obskuren Zwischenwelten zugute. Vehement verteidigt er den unter die Fittiche Genommenen prophylaktisch gegen den Verdacht, als »zeit- und lebensflüchtige[r] Eklektiker« Kapital schlagen zu wollen; dezidiert verwahrt er sich an dieser Stelle gegen Vorwürfe, Billinger wolle als »Nachromantiker« reüssieren. Gemessen am späteren Dossier mutet dieses belobigende Gutachten und literarische Empfehlungsschreiben wie eine Unbedenklichkeitserklärung an: Will Zuckmayer gar ein Entrébillett für den in den Startlöchern stehenden Debutanten ausstellen? Bei der Untersuchung des Dossiers wird jedenfalls auf den Zeitungsbericht von 1928 zurückzukommen sein.

Im Zusammenhang mit der *Perchtenspiel*-Aufführung interessiert zudem ein Abschnitt aus dem Alterswerk Zuckmayers, weil dort eine aufschlußreiche Begebenheit überliefert ist. In der nach einem Ehrenbesuch an der früheren Wirkungsstätte verfaßten *Henndorfer Pastorale* berichtet der Autor nicht ohne Heldenmut von einem gemeinsam bestandenen Abenteuer mit fast letalem Ausgang, als er zusammen mit Billinger nach durchzechter Nacht schwimmend die Überquerung des Wallersees wagte und nur mit knapper Not das Ufer erreichen konnte.

---

13 Carl Lafite, *Salzburger Festspiele*, in: *Neues Wiener Tagblatt* vom 29. Juli 1928.

Diese Episode mit ihrem bis zu einem bestimmten Grad männerbünd-
lerischen Anstrich erinnert von fern an die 1932 entstandene Novelle
Die Affenhochzeit, welche Einblick in das Berliner Künstlermilieu und
den unkonventionellen Verkehr untereinander erlaubt. Vielleicht sind
persönliche Erfahrungen in die dichterische Fiktion mit eingeflossen, so
daß man geneigt sein könnte, die hier gezeigte ungleiche Freundschaft
zwischen dem Kunstmaler Robert und dem Rechtsanwalt Georg als
Kryptogramm auf die Beziehung zwischen Billinger und Zuckmayer zu
lesen:

> Jede Woche einmal erschien Georg Kulp im Atelier droben und ver-
> brachte einen Abend mit Robert und seiner Frau, manchmal auch
> mit Robert allein, und das waren die Abende, an denen sie, wie sie
> sagten, das Lagerfeuer anzündeten und endlose, zähe und heftige
> Männergespräche führten.[14]

Derweil arbeitet Billinger schon an seinem nächsten Stück, welches
über mehrere Zwischenstufen und Titelvorschläge hinweg als *Rauhnacht* in den Münchner Kammerspielen am 10. Oktober 1931 in der
Einstudierung Otto Falckenbergs seine gültige Fassung erhalten sollte,
nachdem sich der ursprüngliche Plan, das Stück am Burgtheater vorzustellen, zerschlagen hatte.[15] Zuckmayer scheint von Beginn den Werdegang des Dramas genau zu beobachten, er fungiert u.a. neben Stefan
Zweig als Berater und wird so den Entwicklungsprozeß regelnd und
korrigierend mitbeeinflußt haben. Aber darüber hinaus erweist er dem
mit den Tücken der Materie ringenden Autor einen wahren Freundes-
dienst, wenn er dem Leiter der Berliner Renaissancebühne Gustav Har-

---

14 Carl Zuckmayer, *Die Affenhochzeit*, in: Carl Zuckmayer, *Eine Liebesgeschichte. Erzählungen 1931-1938*, Frankfurt am Main 1995, S. 59-105,
  hier: S. 64.
15 Billinger rechnet zunächst noch mit einer Realisierung in Wien. In einem
  Schreiben vom 6. April 1930 an Direktor Herterich versucht er dessen Ein-
  wänden und Abänderungswünschen zu begegnen: »Das Spiel könnte gezeigt werden, Schande oder Schaden kann wohl (Gottstehbei!) nicht gar
  viel geerntet werden, da ›gedichtet‹ doch wurde.« Weitere Aufführungen
  am Berliner Staatlichen Schauspielhaus (1931), im Wiener Akademietheater (1932), nach 1945 im Landestheater in Linz (1966) und im Mühlviert-
  ler Freilichtmuseum Pelmberg (1990); außerdem wagte das ZDF 1985 eine
  Verfilmung. Die Erstveröffentlichung erfolgte 1931 zusammen mit den
  Rossen im Insel-Verlag, Leipzig. Zu den Problemen und Umarbeitungen
  der *Rauhnacht* siehe Sacken, *Richard Billinger (1890-1965)*, a.a.O.
  (Anm. 2), S. 26-47.

tung das im Entstehen begriffene Drama dringend ans Herz legt.[16]
Zuckmayer bezieht sich darin auf eine unter *Verfluchtes Dorf* firmie-
rende Variante, welche ihm Billinger am Vortag zu Gehör gebracht hatte.
Fasziniert von der Rezitation und angetrieben von seiner Begeisterung
für das Schauspiel versucht er wie unter Mitteilungszwang stehend,
den Adressaten ebenfalls für das Werk zu erwärmen: »Dieses Stück ist
so außerordentlich geworden und nun auch als Theaterstück so außerordentlich gelungen, dass ich Ihnen sofort ein paar Worte darüber
schreiben muss.«

Zuckmayer schwärmt Hartung die hier eingefangene »Unheimlich-
keit, das Grauen, die Last« vor und glaubt, jenen »heimliche[n] Kno-
chen- und Seelenfraß des Landlebens, des Daseins im Dorf« am eigenen
Leib zu verspüren. Ähnlich wie im Bericht über *Das Perchtenspiel*
jubelt er förmlich angesichts des allenthalben ausgebreiteten Irrationalismus und der mythischen Verklärung:

> Das Stück hat eine reale Gespenstischkeit, ein Zwielicht der fass-
> baren wirklichen Dinge, wie ich es nur bei Strindberg kenne. Das
> Doppelspiel der Masken, der Vermummung und der realen Geschehe-
> nisse, der Larven und Menschengesichter, ist einfach grossartig.

Zuckmayer bezeichnet den Text als beispiellose »Literatur«, unvergleichlich in seiner Vermischung von Tatsächlichkeit und Imagination,
ein Amalgam aus Abbildung und Erfindung, kurzum »Atmosphäre«.
Parallelen zum Geheimdienstbericht sind deutlich erkennbar, der dortige Wort- und Bilderschatz ist spätestens jetzt streckenweise vorfor-
muliert. Zuckmayer bedient sich im Dossier auch dieser sprachlichen
wie metaphorischen Vorräte, deren Paradigmen er jedoch vertauscht,
um auf solche Weise ohne großen Aufwand die ehemals wohlgesonne-
nen Bewertungen zu radikalisieren und gegenteilig als harsche Kritik,
als aggressive Entwertungen zu instrumentieren.

Zuckmayer denkt aber nicht nur an die Karriere des Freundes, womöglich wittert er zudem eine Chance zur eigenen Profilierung. Jedenfalls will er die Gelegenheit zum lukrativen Nebenverdienst wahren.
Als ob er den nachher tatsächlich eingetretenen Erfolg geahnt hätte,
der den Verfasser quasi über Nacht mit Ruhm überhäufen und ihn in

---

16 Siehe fortan Österreichische Nationalbibliothek Wien, Schreiben an Gustav
   Hartung vom 30. September 1929, 1. Beilage zu 983/8, vollständig zitiert
   im Kommentar zum *Geheimreport*, S. 256-258. Vgl. auch Sacken, *Richard
   Billinger (1890-1965)*, a.a.O. (Anm. 2), S. 40.

die vordersten Ränge gefragter Autoren katapultieren sollte, bietet er
als selbsternannter Billinger-Spezialist seine Dienste an:

> [...] ich würde mich gern zur Mitarbeit an der Inszenierung zur Ver-
> fügung stellen, ich meine für all die atmosphärischen Einzelheiten,
> die man genau aus Billingers Welt heraus kennen muss. [...] Dass ich
> mir mitten in meiner Roman-Arbeit [...] die Zeit zu diesem Brief
> nehme, mag Ihnen beweisen, wie ernst ich es meine. In Ihrer Hand
> könnte das Stück ein grosser Erfolg werden: es ist neu und stark und
> in keine Konvention oder Konjunktur einzuschachteln.

Nach der Dekadenwende (1930) – Billinger gilt fortan als gesuchter
Bühnenschriftsteller, dessen Stücke während der dreißiger und vierziger
Jahre zu den meist aufgeführten zählen – zeigen sich deutliche Risse im
Freundschaftsgefüge. Einen Anhaltspunkt für die allmähliche Entzwei-
ung bietet die Verleihung des renommierten Kleist-Preises 1930, bei der
Billinger zwar vorgeschlagen, dann aber zunächst zurückgestellt wird.
Der mit der Nominierung betraute Zuckmayer bevorzugte den aktuel-
len Zeitdichter Ödön von Horváth, »obwohl«, wie er nachträglich in
einer einleitenden Ergänzung zum *Perchtenspiel*-Artikel entschuldi-
gend meinte, »Billingers poetische Welt der meinen näher stand«.[17]
Als der so Übergangene dann bereits im nächsten Jahr zusammen
mit Else Lasker-Schüler schließlich doch die Auszeichnung erhält,
moniert Zuckmayer kurz darauf »das dem Billinger [...] zu reichlich
Gegebene«, bekrittelt den Rummel der Journalisten um den en vogue-
Dichter, dessen dichterischen »Schwindel« sie lange nicht bemerken
wollten. Sichtlich erleichtert stellt er so etwas wie eine Trendwende fest
– »Sollte man schon *merken*, dass man genasführt wird? Ich hab dem
Billinger-Rausch noch 2-3 Jahre gegeben!«[18]
Zuckmayers Tonfall verschärft sich zusehends, Mißtrauen und Zö-
gerlichkeit mischen sich unter seine dereinst Sympathie und Gleichge-
sinnung bezeugenden Worte. Allerdings bemüht er sich gleichzeitig
nach wie vor um eine gerechte Sichtweise, wenn er etwa Pressestimmen
tadelt, welche Billinger »das Über-Lob« anläßlich der seinerzeitigen
Auszeichnung durch aufgebauschte Verrisse des Stücks *Das Verlöbnis*
»in übertriebener Weise rasch wieder abgenommen« hätten. Vergessen
aber scheint nun die Laudatio auf *Das Perchtenspiel*, unmaßgeblich

---

17 Zuckmayer, *Aufruf zum Leben*, a.a.O. (Anm. 12), S. 107.
18 Brief an Albrecht Joseph vom 11. Oktober 1932, zit. nach: *Zuckmayer-
Jahrbuch*, Bd. 2, 1999, S. 215.

jene schwelgerische Anpreisung der *Rauhnacht*, die ihrer penibel auf-
gelisteten Vorzüge wegen angeblich eine singuläre Größe verkörperte.
Billinger, das ist für ihn bereits jetzt der Modeliterat und Konjunkturritter, der in Verkennung seiner eigentlichen, auf das Lyrische beschränkten Fertigkeiten zum Größenwahn neigt, seine künstlerischen
Wurzeln durch eine Art Hybrisverstoß verleugnet und effekthasche-
risch Talent mit Manier verwechselt. Als wolle er den Abtrünnigen auf
seine eigentliche Berufung einschwören, den Irregeleiteten wieder auf
den rechten Weg zurückführen, stellt er abschließend fest: »Und er hat,
bei seiner Unfähigkeit, ein Stück zu machen, *Dichterisches* – wem sage
ich das?!«

Zuckmayer schlägt im Grunde in dieselbe Kerbe wie verschiedene
Stellungnahmen, die vermehrt nach dem Schändungsprozeß 1935 der
Vorstellung vom literarisch mißratenen Genie oder der Verfallsbega-
bung Billinger Vorschub leisteten und dabei ebenfalls eine unverzeihli-
che Entfernung von den so vielversprechenden lyrischen Anfängen
konstatieren wollten.

Indes kühlen sich nach dem »Anschluß« Österreichs 1938 die
freundschaftlichen Gefühle für den in den NS-Kulturbetrieb involvier-
ten, vom politischen Zeichenwechsel profitierenden Intimus weiter ab.
Der seiner Henndorfer Wahlheimat verlustige Zuckmayer und nun-
mehrige US-Emigrant distanziert sich enttäuscht weiter von Billinger,
während er seine Hoffnungen auf einen anderen Freund – Alexander
Lernet-Holenia – richtet:

> Auf ihn und was er schreibt, bin ich immer wieder so neugierig, wie
> ich umgekehrt auf Billinger vollständig ungespannt bin. Billinger
> kann uns nicht mehr überraschen, Lernet noch tausendmal und auf
> ungeahnte Weise.[19]

Wie ein Schienenstrang mit vielen Weichen und Biegungen präsentiert
sich die mit einigen Belegstellen illustrierte Lebensstrecke, soweit sie
von Billinger und Zuckmayer gemeinsam abgeschritten wurde. Gleichgültig, ob man eine stillschweigend ausgehandelte Arbeitsübereinkunft
und Fraternisierung zweier wahlverwandter Schriftsteller sehen und
dies naheliegend als eine lebenspraktische Zweckgemeinschaft bezeichnen oder ganz einfach nur eine künstlerische Solidaritätsbeziehung annehmen möchte, stets handelt es sich dabei um verschieden schillernde
Etiketten, welche den Blick auf die von Frakturen und emotionalen

---

19 Brief an Annemarie Seidel vom 16. Januar 1939, zit. nach *Zuckmayer-
   Jahrbuch*, Bd. 2, 1999, S. 90.

Reibungen flankierte Liaison verstellen. Damit ist die janusköpfige Freundschaft keineswegs zu erklären, wie überhaupt die Frage offen bleibt, was denn letztlich den Ausschlag für den rapiden Wandel und Gesinnungswechsel bei Zuckmayer ausgelöst hat.

Hand in Hand mit der fortschreitenden Klimaverschlechterung zwischen Zuckmayer und Billinger sinkt jedenfalls auch die Bereitschaft zu sachlich-distanzierter Betrachtung des Opponenten. Angelegt bereits in vereinzelten Stellungnahmen der zwanziger und dreißiger Jahre kulminiert die eingangs skizzierte Entwicklung schließlich im Dossier, das als Dokument einer (vorläufigen) Entzweiung die sich über Etappen hinziehende Distanzierung zum Abschluß bringt: Der einstmals mit Zustimmung bedachte und wohlgelittene Freund avanciert zum künstlerisch diskreditierten wie ideologisch (vor-)verurteilten Gegner. Zuckmayers Einschätzung setzt sich aus einer Vielzahl allmählich gefundener Mosaiksteinchen zusammen, wobei die großteils schon vorhandenen, ins Negative gekehrten Bauteile in den neuen Kontext transponiert und dort neu montiert werden konnten.

Daß das Pendel nach dem Zweiten Weltkrieg wieder in die andere Richtung ausschlagen und Zuckmayer eine versöhnlichere Haltung einnehmen sollte, mag verwundern. Vermutlich schottete sich überhaupt Zuckmayer eher von Billinger ab, als daß dieser sich von ersterem trennte. Jedenfalls kündet ein Dankschreiben des in seinem Niederpöckinger Domizil ab 1945 ziemlich isolierten, von früheren Bekannten gemiedenen Billinger von freundschaftlicher Zuneigung, an die er auf Grund einer vorangegangenen Zusammenkunft nach wie vor glaubt:

> Lieber Carl, herzlichst danke ich Dir für Dein Lebenszeichen! [...] Ich freute mich, Dich einmal wieder zu sehen. Suhrkamp und Fischers strafen mich mit Verachtung. Du bist eben ›der Zuck‹, lebst, wirkst, schreibst Deine Sternezeichen in den noch immer nächtlichen Himmel. Stets Dein ergebener Richard.[20]

Auch Zuckmayer scheint daran gelegen, die seinerzeitigen Ressentiments fallen zu lassen und die ihn vermutlich belastende Scharte wieder auszuwetzen.

Als das öffentliche Interesse an Billinger spätestens nach dessen Tod merklich nachzulassen beginnt, bekundet Zuckmayer seine wiedergefundenen Sympathien für den seiner Ansicht nach mißverstandenen

---

20 DLA, Nachlaß Carl Zuckmayer, Brief an Carl Zuckmayer vom November 1950 (Tag unleserlich).

Autor, dem er posthum seine Hochachtung ausspricht, die gespiegelt am Dossier frappierend wirkt. Bei der Drucklegung der *Perchtenspiel*-Rezension hält Zuckmayer ungeschmälert seine Rolle als Weggefährte und »Freund« aufrecht, mehr noch: In der beigefügten Exposition fügt er aktualisierend hinzu, daß Billinger sogar, »meiner Meinung nach zu Unrecht, zu den Vergessenen« zählt. Jene Argumente, mit denen er Billinger zu Beginn der vierziger Jahre entgegentreten wird, nämlich die im Bericht mit Rotstift unterlegte ideologische Konturlosigkeit und moralische Verantwortungslosigkeit mit jener aus diesem Nichtfestgelegtsein resultierenden Unangreifbarkeit, führt er wieder auf die affirmative Vorkriegsachse zurück. Es besteht der Eindruck, er passe die heutige Sicht der von 1928 an, als ob die bestürzende Einschätzung für die Amerikaner nicht existierte (offiziell gab es sie ja tatsächlich nicht!):

> Ich glaube, er hatte kein Verhältnis zu seiner Zeit – kein politisches, kein gedankliches, nicht einmal ein emotionelles. Daraus ergab sich für seine Dichtung eine schöne Zeitlosigkeit, für seine Persönlichkeit und seinen Charakter etwas Ungewisses, Verschwommenes.

Billingers Œuvre, Ausdruck »reine[r] Naivität«, kommt ihm da gerade recht, seine epigonale Perspektive des empfundenen angeblichen Niedergangs der Dichtung zu untermauern: »Ich fürchte, es wird schwer sein, ihn heute wieder zu spielen oder zu lesen – obwohl seine Gedichte schöner sind und bleiben als die meisten heutigen.«[21]

In der *Henndorfer Pastorale* legt Zuckmayer noch ein Schäuflein nach. Nicht nur, daß er sich ausgesprochen gern und ausführlich an Billinger erinnert und Schnurren aus seinen Henndorfer Gründerjahren berichtet; darüber hinaus packt ihn im zweiten Kapitel seiner Alterserzählung die Angst, unter Umständen dasselbe Schicksal erleiden zu können wie der verpönte Freund: »[...] das ist alles ganz unberechenbar, plötzliches Vergessensein, plötzliches Wiederaufleuchten«.[22] Zuckmayer gerät auf die irrationale Schlagseite, wenn er Billinger jetzt am Ende seines Lebens als Synonym des von höherer Richterhand disqualifizierten Dichters, eines auf ›unerklärliche‹ Weise per Schicksalsdekret der Bedeutungslosigkeit überantworteten Künstler sieht.

21 Zuckmayer, *Aufruf zum Leben*, a.a.O. (Anm. 12), S. 107.
22 Zuckmayer, *Die Fastnachtsbeichte*, a.a.O. (Anm. 5), S. 325.

»Er ist eitel, rachsüchtig, vollkommen unzuverlässig ...« – Billinger im Spiegel des Dossiers

In einer dem eigentlichen *Geheimreport* vorangestellten Klassifizierung legt Zuckmayer Richtlinien für die nachher folgenden Charakterskizzen fest. Wenn er die Stellungnahme zu Billinger in die »Gruppe 2« der insgesamt vierteiligen Skala als Position Nummer vierundzwanzig reiht und erstere mit »Negativ (Nazis, Anschmeißer, Nutznießer, Kreaturen)«[23] bewertet, deutet er damit gleichzeitig an, welche Form die Einschätzung in Diktion, Inhalt und Wesen annehmen wird. Obwohl der Verfasser den Schein einer präzisen Untersuchung wahrt, unter Heranziehung diverser belastender Indizien eine repräsentative Beweiskette konstruiert, die das abschließend ergehende Urteil als zwingend nahelegt, das aus der Anklägerperspektive nur so ausfallen kann, ist dieses im Grunde von Beginn an in der Abhandlung enthalten. Zuckmayer bedient sich des üblichen Argumentationsschemas, wonach eine vorgetragene Behauptung mittels Beispielen und weiteren Angaben verifiziert oder immerhin glaubhaft erläutert werden muß, doch formt er dieses rhetorische Muster entsprechend seinen Vorstellungen um. Zweifeln an der Gültigkeit seiner Mitteilungen oder Skepsis am Wahrheitsgehalt der Beschuldigungen beugt er vor, indem er als Kenner der Szene und versierter Fachmann spricht, der Insiderwissen preisgibt.

Zuckmayer verfolgt eine gemäß dieser Intention schlüssige Strategie. Die Besprechung tastet sich allmählich von biographischen Angaben zur angeblich exzeptionellen »Lokalität« über exemplarische Illustrationen aus dem heimatlichen Umfeld zur eigentlichen Fallstudie voran, die begreiflicherweise die größte Bandbreite einnimmt. Gekoppelt an Billingers Homosexualität und den »Unzuchtsprozeß« äußert er sich umfänglich zur angeblich befördernden Verbindung mit den Nationalsozialisten. Durch nachgereichte Angaben zur Person und Hinweise auf den bezeichnenden Wankelmut Billingers rundet Zuckmayer den Bericht für den US-Geheimdienst ab, rekurriert hier nochmals auf jene in den Text eingesprengten Zwischenentscheidungen, um die schon eingangs bekundete Abneigung bestätigt zu wissen.

---

23 Nickel/Weiß, *Carl Zuckmayer 1896-1977*, a.a.O. (Anm. 2), S. 304.

»... aus der gleichen Ecke Österreichs wie Hitler ...«

Gleich im einleitenden Satz wird eine dem Vermerk implizierte land-
schaftsideologische Position ersichtlich, die, im weiteren Verlauf um
landschaftsmagisch-regionalmythische Aspekte erweitert, Billinger mit
Hitler durch ihre gemeinsame Geburtsheimat Innviertel[24] in Beziehung
setzt. Trotz des Bestrebens um Eingrenzung der für Zuckmayer wohl
selbst problematischen Auffassung hält er – die Gegend mit »Hitler's
Brut-Hecke« paraphrasierend – an dieser Betrachtung fest, die gewissermaßen in landschaftsbiologischer, soziologischer und sozialpsychologischer Sicht für beide einen gemeinsamen Dunstkreis, das gleiche
mentale Klima und dasselbe Milieu unterstellt:

> Sein Geburtsort, St. Marienkirchen bei Schaerding, ist kaum ein
> paar Gehstunden von Braunau entfernt. Dies ist nicht ganz ein loka-
> ler Zufall – nicht eine reine Belanglosigkeit [...]. (S. 69)

Wenngleich er sich einerseits (vorläufig) darum bemüht, Billingers nationalsozialistische Verstrickung als eine erst viel später relevante, dem
Gebot der Nützlichkeit gehorchende Entscheidung eines im Grunde
apolitischen Menschen zu formulieren, versucht er andererseits, die Ursachen dafür mit der eigentümlichen Landesbeschaffenheit, mit unbegreiflichen Phänomenen eines merkwürdigen Mikrokosmos kurz zu
schließen, der anscheinend einer genuinen Eigengesetzlichkeit unterliegt. Auf diese Weise suggeriert er eine urwüchsige, zwischen Genie
und Wahn gespaltene Topographie, in der offenbar hauptsächlich irrationale Kräfte walten, die nebeneinander schöpferische wie närrische
Individuen hervorbringt. Dabei verwendet Zuckmayer Begriffe, die aus
dem Bereich der Natur und des »Wachstum[s]« abgeleitet sind. Er ruft
Ideographien ab, die sich mit der von biologistischen Vorstellungen
geprägten und von Erde angehauchter Landesaufnahme unschwer in
Einklang bringen lassen, aber genausogut für sein dichterisches oder
Prosawerk evident sind, ganz zu schweigen von den ›erdigen‹ Dramen
Billingers. Dergestalt gibt Zuckmayer das Innviertel als Pflanzgarten
phantasiebegabter, exzentrischer Menschen aus, der ihnen als »besonderer Boden« Anregungen liefert und ihre Kreativität nährt; darüber

---

24 Damit ist der amtlich als »Innkreis« bezeichnete westliche, in die politischen Bezirke Braunau, Ried und Schärding gegliederte Teil Oberöster-
reichs gemeint, der als Folge des »Bayerischen Erbfolgekriegs« im »Tesche-
ner Frieden« 1779 dem Land ob der Enns zugesprochen und nach den
napoleonischen Kriegen gemäß den Beschlüssen beim Wiener Kongreß
durch den »Vertrag von München« 1816 erneut österreichisch wurde.

hinaus – damit wird auf die angeblich abgründig-verderbliche Seite verwiesen – enttarnt Zuckmayer den Landstrich mit seiner auffälligen
Neigung zum Abnormen und Kranken als Treibhaus, wo der Hang
zum Monströsen allenthalben virulent sei, politisch ausgedrückt: als
eine »Brutstätte« des Nationalsozialismus.

Zuckmayer, der es mit der im Dossier angekündigten »Untersuchung«
wohl beim Vorsatz bewenden hat lassen, liefert 1966 eine kurze, erklä-
rungslose Impression mit wiederum deutlich okkultem Einschlag:

> Auch Richard Billinger stammte aus dieser Ecke, in der es, außer
> dem brausenden Gefälle des Inn, weite moorige Einöden gibt und in
> deren engen Dörfern Hysterie, Veitstanz und Besessenheit zu Hause
> sind.[25]

Bemerkenswert erscheint vor allem die über eine bloß sinngemäße
Ähnlichkeit hinausreichende Analogie des eröffnenden Abschnitts im
Dossier und der dazu in wesentlichen Teilen stark angenäherten Figu-
ration:

> Dort gab es die ›Schneider-Bub'n‹, mediale Handwerkersöhne, die
> alles konnten, durch die verdunkelte Stube fliegen, Astralplasma aus
> Mund, Nase, Ohren hervorbringen, schwere Möbel tanzen lassen,
> und die dem berühmten Spiritistenprofessor Schrenck-Notzing als
> Studienobjekte dienten, bis sie eines offensichtlichen Betrugs über-
> führt wurden.[26]

Auch die Verquickung von Braunau – »dem Ort, der uns den ebenso
›medialen‹ Führer schenkte«[27] – mit dem Innviertel ist wieder vertreten.

Beide Male betont Zuckmayer aber mit »Ecke« die Abgeschiedenheit einer Randregion, verweist auf die Introvertiertheit dieses vom
Weltentreiben unberührten, durch Naturbarrieren nach außen hin ab-
gezirkelten Landzipfels, mit dem er genauer genommen das Untere Innviertel mit dem dünner besiedelten Granitmassiv des Sauwalds meint.
Der Autor – das fällt besonders auf – beläßt es jedoch bei dieser Emp-
findung vom »Bauernland um den Inn, wo der Wunderglaube aus dem
Boden schießt«,[28] und imaginiert erneut die bereits von zeitgenössischen Pressestimmen wiederholt festgehaltene, letztlich unerwiesene

---

25 Zuckmayer, *Als wär's ein Stück von mir*, a.a.O. (Anm. 6), S. 68.
26 Ebd.
27 Ebd.
28 h. h., »*Traube in der Kelter*«, in: *Arbeiter-Zeitung* (Wien) vom 19. Juni
1951.

Dämonie dieser fast durchgängig in Billingers Werken thematisierten Gegend am Schicksalsstrom,[29] in welcher »sich diesseitige Lebensfreude geheimnisvoll verbindet mit viel Mystischem, das oft auf heidnischen Ursprung zurückgeht«.[30]

Ein Blick auf Zuckmayers Werke verrät deren Urheber bisweilen selber als Anhänger naiv-archaischer Darstellungen und vernunftwidrig-zauberhafter Deutungen. Zuckmayer huldigt versteckt, jedoch nicht unwesentlicher als Billinger einer ausgesprochenen Esoterik, deren Faszination er selber unterliegt. Bei ihm existiert gleichfalls die Lust auf märchenartige Ausschmückung und urweltliche Verbrämung, er findet durchaus vergleichbar Gefallen an bunter Übersteigerung und nebuloser Magie. Anders als Billinger verirrt sich Zuckmayer aber nicht im dunklen Labyrinth, in welches das Böse unberechenbar hereinstürzt. Er teilt keinesfalls dort dynamisierten Irrationalismus und hypertrophe Urtümlichkeit, sondern hält an der Durchschaubarkeit und Nachvollziehbarkeit fest. Daß er selber immer wieder gerne in den mythischen Farbtopf langt, belegt etwa die mit Außenseiterfiguren und Geheimnisträgern bei Billinger verwandte Arbeiterwitwe Therese Bäumlerin, die als ständig fluchende Hexe und einst bildschöne Herzensdiebin in der Novelle *Die Fastnachtsbeichte* auf nicht unbedingt gelungene Weise zu Verrätselung und Verunklärung der mitangelegten Detektivgeschichte beiträgt.

29 Vgl. Viktor Suchys Einleitung zu Richard Billinger, »*Würfelspiel*«, Graz, Wien 1960, S. 5-20; bes. S. 7. Die Vorstellung, daß die »Landschaft zum Schicksal« wird, bereits bei Hellmuth Langenbucher, *Richard Billinger*, in: *Die Neue Literatur*, Jg. 33, 1932, H. 5, S. 200-208, hier: S. 204; vgl. auch Hellmuth Langenbucher, *Volkhafte Dichtung der Zeit*, 6., erw. Auflage, Berlin 1941, S. 210.

30 Erwin H. Rainalter, *Billingers »Hexe von Passau«*, in: *Völkischer Beobachter*, Norddeutsche Ausgabe vom 15. November 1935. – Billingers bekanntere Dramen *Rosse* und *Rauhnacht* (1931), des weiteren *Der Zentaur* (1946), *Das Haus* (1949), *Das nackte Leben* (1951) oder *Ein Tag wie alle* (1952) fallen hier herein, ebenso das 37. Gedicht *Der Inn* in der Sammlung *Holder Morgen. Lieder und Gedichte* (Wien 1942) und besonders die mit autobiographischen Partikeln angereicherten Romane *Die Asche des Fegefeuers* (1931), *Das Schutzengelhaus* (1934), *Lehen aus Gottes Hand* (1935), *Das verschenkte Leben* (1937) und *Palast der Jugend* (1946). Vgl. dazu Gotthard Böhm, *Richard Billinger: Ranzige Dämonen*, in: Hilde Spiel (Hrsg.), *Die zeitgenössische Literatur Österreichs*, Zürich, München 1976, S. 524-530 sowie Wilhelm Bortenschlager, *Die Innlandschaft in den Dichtungen Richard Billingers*, in: *Oberösterreich*, Jg. 34, 1984, H. 1, S. 69-73.

Hinweise für den »irrationalen Einschlag«[31] Zuckmayers liefert auch *Als wär's ein Stück von mir*, wo die Besichtigung der »Wiesmühl« einer theatralischen Inszenierung ähnelt. Der im Grunde profangeschäftsmäßige Vorgang, zur »Märchenprobe«[32] verzaubert, mutiert gar zum Initialritus, die provisorische Einquartierung im »Kaspar-Moser-Bräu« wird zum spannenden Erlebnis ausgemalt und zum nervenaufrüttelnden Ereignis stilisiert, ein Geisterhaus schon mit den Qualitäten eines Spukschlosses, dessen »Geisterzimmer« in vergleichbarer Weise im *Seelenbräu* wiederkehren sollte. Zuckmayer, dem sich die »Henndorfer Welt« vornehmlich als »Märchenreich«[33] unter der generösen Regentschaft »des letzten Großherzog[s]« Carl Mayr offenbarte, hegte zweifellos nicht nur in der aufgeregten Situation der Übersiedlung ein gewisses Faible für »leichtmütige Gespensterei«[34] und »spökenkiekerisches Dasein«.[35]

Gerade bei Billinger blendet ihn die später so scharf gerügte Ambivalenz »der fassbaren wirklichen Dinge«,[36] in der *Rauhnacht* bestaunt er die eingefangene »reale Gespenstischkeit«, während er an anderer Stelle die herbstliche Ernte und fruchtbare Fülle mit Naturwesen assoziiert:

Wenn ein Jahr von schwellender Fruchtbarkeit gesegnet war [...], werden aus dem Überreichtum der Reife, aus Dunst und Wurzeln, aus dem Schaum und der Fäulnis verschwendeter Säfte, die albischen Zwitterwesen geboren, die guten und die bösen Erdgeister in tausendfacher Gestalt, die Faune und Gnomen, Nymphen und Feen, deren Geschlecht auf der Erde so alt ist wie alle Naturmythen überhaupt.[37]

Zuckmayers Auffassung von der bäuerlich-kultivierten, agrarisch überformten Natur, verankert im Bild von der Erde und ruhend in einem theistischen Weltverständnis, trifft sich im Kern mit Billingers sprachlich wie ästhetisch – zwar ganz anders – vermittelter Neigung zum Übersinnlichen und Okkulten. Seine Faszination für Mediumismus

---

31 Strasser, *Carl Zuckmayer*, a.a.O. (Anm. 2), S. 101.
32 Zuckmayer, *Als wär's ein Stück von mir*, a.a.O. (Anm. 6), S. 13.
33 Ebd.
34 Ebd., S. 23.
35 Ebd., S. 23 f.
36 Brief an Gustav Hartung vom 30. September 1929 (a.a.O. [Anm. 16]), und Zuckmayer, *Aufruf zum Leben*, a.a.O. (Anm. 12), S. 109 f.
37 Brief an Gustav Hartung vom 30. September 1929 und Zuckmayer, *Aufruf zum Leben*, a.a.O. (Anm. 12), S. 109 f.

und Telekinese kann er auch im Dossier kaum verschweigen, wenngleich er in Hinblick auf Billinger Aversion dagegen hegt. Auf der einen Seite beanstandet Zuckmayer den übertriebenen, im dramatischen Werk Billingers tatsächlich retardierenden Einsatz blindwütiger Elementarmächte und robuster Naturdämonie, auf der anderen Seite aber dämonisiert und verzeichnet er selber das Bild einer Landschaft, die er nur unter dem Blickwinkel des Unerfindlichen sehen will.

»… Kubin, bei dem sich der Hexen- und Geisterbrodem dieser Gegend ins wirklich Geniale verdichtet hat …«

Spätestens bei der Erwähnung von Alfred Kubin (1877-1959), der als positive Entsprechung zu Billinger fungiert, schleicht sich quasi über die Hintertür Zuckmayers Begeisterung für Geheimlehren wieder ein, wenngleich die aussagekräftige Stelle zum »Magier und Sterndeuter unter den Künstlern seiner Zeit« nicht im Dossier steht, sondern in der Autobiographie nachgetragen wird. Dort würdigt er im Unterschied zu 1944, als er diesen Sachverhalt höchstens streifte, vorbehaltlos Kubins Schaffen als den »vollkommene[n] Ausdruck der urtümlichen und unheimlichen Seltsamkeit, der spintisierenden Clairvoyance, der Irrlichterei und des hintergründigen Charakters dieser besonderen Landschaft und ihrer ›anderen Seite‹«.[38]

Die Doppelbegabung Kubin, seit 1906 im Landsitz Zwickledt als Schriftsteller und bildender Künstler ansässig, hat in zahllosen graphischen Blättern und Buchillustrationen die von ihm gespürte Doppelgesichtigkeit »einer im allgemeinen gewöhnlichen Landschaft«, die »erst durch ihre Menschen eine seltsame Zwielichtigkeit«[39] zugewiesen bekommt, sichtbar gemacht. Da artikuliert sich vieles von dem, was auch Billinger in dem zäh-teigigen Kräftemessen seiner von kreatürlichen Ängsten und animalisierter Erotik in Aufruhr versetzten Figuren auslebt. Kubins auch als therapeutisch zu gewichtende Versuche, Kriegstraumata einzudämmen sowie grundlegende Lebensnöte in den Griff zu kriegen, artikuliert sich im Roman *Die andere Seite* in arabesken Figuren, nach Ernst Jünger »sensible Naturen« und »Dämmerungs-

---

38 Zuckmayer, *Als wär's ein Stück von mir*, a.a.O. (Anm. 6), S. 67.
39 Alois Beham, *Das Dämonische bei Kubin und Billinger*, Typoskript einer Radiosendung des ORF (O/S) vom 23. Oktober 1972, S. 3 f. (Archiv der Stadt Linz).

wesen«, welche schemenhaft die vom Dämon Patera am Leben erhaltene Stadt bevölkern.[40]

Kubin kooperierte vorzugsweise mit Schriftstellern, deren Texten er etwas abgewinnen und bei denen er sich ungeschmälert einbringen durfte.[41] Billinger, der manchmal als »legitimer Bewohner von Kubins Reich der Träume, Visionen, Schauer und Schrecken« geführt und öfter mit der »spukhaft-gespenstische[n] Gestaltung«[42] des Künstlers in Verbindung gebracht wurde, konnte den von ihm ehrfürchtig mit »Zauberer des Innviertels«[43] Titulierten für einige gemeinsame Projekte gewinnen. Für die Münchner Uraufführung der *Rauhnacht* arbeitet Kubin Entwürfe für Kostüme, Bühnenbild und Dekorationen aus, obgleich es für ihn fraglich scheint, »[w]ie weit diese Anregungen dort Verwendung finden werden«.[44] Tatsächlich muß die Umsetzung seiner Vorschläge in der Darbietung einen derartigen Stellenwert gefunden haben, daß sich erst dadurch der »Schauplatz und einzelne Figuren« in Billingers Stück »zu künstlerisch überreichen Schöpfungen«[45] auswachsen konnten. Sogar die Verantwortlichen für die Inszenierung am

---

40 Vgl. Josef Demmelbauer, *Er wirkte von Zwickledt in die Welt hinaus. Kubins Strahlkraft auf Ernst Jünger und andere Dichter*, in: *Oberösterreichische Heimatblätter*, Jg. 50, 1996, H. 1, S. 92-100, hier: S. 95.

41 Vgl. Wieland Schmied, *Der Zeichner Alfred Kubin*, Salzburg 1967, S. 14 f.

42 Wolfgang Drews, *Gnade und Fluch*, in: *Frankfurter Allgemeine Zeitung* vom 10. Juni 1965; Adalbert Schmidt, *Versgemurmel am Nebentisch*, in: *Oberösterreichische Nachrichten* (Linz) vom 21. Juli 1990.

43 *Oberösterreich. Ein Bericht von R. B.*, eingel. und hrsg. von Wilhelm Bortenschlager, in: *Vierteljahresschrift des Adalbert-Stifter-Institutes des Landes Oberösterreich in Linz*. Jg. 36, 1987, H. 1/2, S. 3-9, hier: S. 6. Zur Zusammenarbeit siehe Alfred Marks, *Der Illustrator Alfred Kubin. Gesamtkatalog seiner Illustrationen und buchkünstlerischen Arbeiten*, hrsg. vom Oberösterreichischen Landesmuseum, München 1977 (edition spangenberg), S. 317, 333, 350. Zum Verhältnis Kubin-Billinger neuerdings Sieglinde Baumgartner, *Alfred Kubin und sein künstlerisches Umfeld im Innviertel*, in: Annegret Hoberg / Peter Assmann (Hrsg.), *Alfred Kubin – Kunstbeziehungen*, Wien, Salzburg 1995 (»Kubin-Projekt 1995« 2 [Publikationen des Oberösterreichischen Landesmuseums Neue Folge 85]), S. 205-226.

44 Alfred Kubin im »August 1931«, zit. nach Wolfgang K. Müller-Thalheim, *Erotik und Dämonie im Werk Alfred Kubins. Eine psychopathologische Studie*, München 1970, S. 101.

45 Oskar Geller, *Sensationspremiere eines österreichischen Dichters in München*, in: *Neues Wiener Journal* vom 13. Oktober 1931.

Linzer Landestheater vom 7. Dezember 1966 ließen sich noch für die Anfertigung der Masken und die Musikbegleitung von diesen Federzeichnungen inspirieren.[46]

Weniger erfreulich gestaltet sich die Allianz bei einer erst in mehreren Anläufen bewerkstelligten Edition von Graphiken aus der zweiten Jahreshälfte 1938, die in einer Sammelmappe vereinigt werden sollten und zu der Billinger einleitende Worte beisteuerte. 1939 berichtet Kubin von der Fertigstellung seiner vierzehn Jahre mit sich herumgetragenen *Schemen*, wobei gegenwärtig »nicht die geringste Aussicht auf verlegerische Herausgabe«[47] bestünde. Dann verzögert jedoch der dichterische Kompagnon den weiteren Fortgang, was Kubin zu Unmutsäußerungen über Billingers »genialisch-impressionistische verschwärmte Natur« veranlaßt, Hinweise, die in vergleichbarer Weise bei Zuckmayer anklingen. Billinger sei im übrigen

> völlig unzuverlässig und auch ungeeignet – und langjährig gute Bekannte von ihm sind derselben Meinung […]. Gewiß ich schätze seine frühe Produktion, und zum 50. und 60. Geburtstag schickte er mir je ein schönes seiner elementaren Gedichte auf mich […]. Doch ich habe genug Anhaltspunkte – ihn für unsere Sache einzuspannen wäre mir eine Quelle neuen Ärgers –[.][48]

Als 1941 der Klavierauszug zur Oper *Die Windsbraut* von Winfried Zillig vorliegt, dessen Libretto Billinger durch Überarbeitung seines gleichlautenden Dramas erstellte, beteiligt sich Kubin dann doch mit der Umschlaggestaltung.[49] Zwei Jahre später kann die für Verdruß sor-

---

46 Vgl. Peter Kraft, *Es könnte eine ganz neuzeitliche Rauhnacht sein* und *Linzer Rauhnacht rechtfertigt ihre Neuentdeckung*, in: *Oberösterreichische Nachrichten* vom 6. und 9. Dezember 1966. Neun Blätter wurden bei der »Richard-Billinger-Gedächtnisausstellung« 1975 in Stift Reichersberg gezeigt (siehe gleichnam. Katalog der Reihe OÖ. *Dichter-Archiv*, Folge 1, 1975, S. 6). Einen Eindruck gibt auch ein Photo (bez. »Dez.-Jänner 1966/ 67«) in der Slg. Eichinger (Karton 5) im Billinger-Nachlaß.

47 Brief an Ludwig Rosenberger vom 14. Februar 1939, zit. nach Ludwig Rosenberger, *Wanderungen zu Alfred Kubin. Aus dem Briefwechsel*, München 1969, S. 51.

48 Schreiben an Reinhard Piper vom 2. November 1940, zit. nach: Reinhard Piper, *Briefwechsel mit Autoren und Künstlern 1903-1953*, hrsg. von Ulrike Buergel-Goodwin / Wolfram Göbel, München, Zürich 1979, S. 339 f.

49 Winfried Zillig, *Die Windsbraut. Oper in drei Bildern*, Mainz 1941. Billingers Drama wurde am 4. Oktober 1937 am Staatstheater Gießen uraufgeführt.

gende Kollektion der *Schemen* zum glücklichen Abschluß gebracht und
die gemeinschaftliche Tätigkeit sogar fortgesetzt werden, als Kubin den
Frontispiz für die Novelle *Die Fuchsfalle* verziert.[50] Ob Kubins *Thron
der Austria* mit Billingers die Vertreibung der überdrüssigen Besat-
zungsmächte durch die Hanswurstfigur Bojazzl zeigender Festspielszene
Austria (1955) zusammenhängt, bleibt fraglich.

Billinger revanchiert sich mit zwei Festtagsgedichten zum fünfzig-
sten bzw. achtzigsten Geburtstag, von denen sich besonders das ältere
in Kubins Erinnerung eingeprägt hat, weil die angeblich 1925 übereig-
nete Dichtergabe annähernd sein »erlebende[s] Wesen« erfaßt habe
und in ihrer vom Jubilar als schmeichelhaft empfundenen »Urwüchsigkeit« offensichtlich auch vor Kubins Selbstsicht bestehen konnte.[51]
Wenn Billinger fallweise auf den verschiedentlich mit »Höllenmaler
von heute« apostrophierten »Hexenmeister« und seine »Nachtschafte-
rei« zu sprechen kommt, dann immer mit Rührung. Kubin mutiert in
den kurzen Reflexionen gemäß der von ihm kreierten Welt »abstruser
Seltsamkeiten und abenteuerlicher Ungeheuerlichkeiten«[52] zum Wald-
schratt oder Geisterseher. Was Billinger damit erreicht, ist ein Fort-
stricken am Mythos Kubin, nicht Aufhellung einer befremdend anmutenden Lebensphilosophie, sondern Verunklärung eines ohnehin
schon komplizierten Persönlichkeitsgeschiebes.

50 Alfred Kubin, *Schemen. 60 Köpfe aus einer verklungenen Zeit*, mit einer
   Einleitung von Richard Billinger, Königsberg 1943 (Kanter-Bücherei 54);
   Richard Billinger, *Die Fuchsfalle. Erzählung*, für die Kulturschaffenden
   Oberdonaus hrsg. v. Justus Schmidt, Linz 1944 (Der goldene Bogen).
51 Vgl. Die Briefe an Reinhard Piper vom 2. bzw. 7. Dezember 1940, in: Piper,
   Briefwechsel mit Autoren und Künstlern 1903-1953, a.a.O. (Anm. 48),
   S. 341 f. Kubin dürfte sich aber im Datum irren und meint wohl 1927, es
   sei denn Billinger hat ihm zu seinem 48. Geburtstag ebenfalls ein Gedicht
   gewidmet. Bei dem literarischen Geschenk für das Jahr 1937 handelt es sich
   nicht um ein Gedicht, sondern um den Kurzprosa-Text *Am Wiesenhang
   kräht laut der Hahn. Kubin zum 60. Geburtstag*, eine Laudatio auf die un-
   nachahmliche »Zauberhand« des Meisters (abgedruckt in *Alfred Kubin
   1877-1959. Bilder und Schriften zu Leben und Werk[.] [Katalog] f. d. Ausstellungen zum 100. Geburtstag in Österreich*, zusammengestellt von Otto
   Breicha, München, Salzburg 1977, S. 166. Zu den beiden Gedichten *Beim
   Zauberer (Für Alfred Kubin)* und das zum Achtzigsten entstandene *Für Alfred Kubin* (datiert: »10.Oktober 1957«) siehe *GW* IV, S. 156 und 243 f.
52 Armin Friedmann, *Hexenmeister Kubin. (Zum sechzigsten Geburtstag)*,
   in: *Neues Wiener Tagblatt* vom 10. April 1937. Vgl. etwa *Reise in Österreich*, in: *GW* 1, S. 28-32.

Der »Fall Billinger«

Während Zuckmayer nach wie vor dem »in theosophischen und okkulten Kreisen«[53] hofierten Kubin uneingeschränkte Bewunderung
schenkt, versammelt er um den in die hier negativ konnotierte Nähe
Schrenck-Notzings gerückten Billinger ausgesuchte Komposita, Anti-
thesen und Oxymora und ordnet ihn so einem von vornherein suspek-
ten Ambiente zu. Durch Rückgriff auf die eingangs vorgestellten land-
schaftsdeterministischen Schlagwörter, die auf Billinger gemünzt ab-
wertend gemeint sind, fügt er den Autor gleichsam in ein anrüchiges
Skurrilitätenkabinett.

Im folgenden wird zu zeigen sein, daß Zuckmayers Einschätzungen
im wesentlichen nicht unbedingt seiner eigenen Einsicht entstammen
müssen, sondern einige Aspekte bereits in zeitgenössischen Stellungnahmen auftauchen und teilweise sogar im Kontext späterer Inszenierungen oder Buchpublikationen von den Kritikern bis in die jüngste
Zeit herauf kursierten.

Billinger, so lautet der erste Vorwurf, sei ein dichterischer Betrüger,
der mit üblen Taschenspielertricks seine Kundschaft hinters Licht
führt, ein gewiefter Modeliterat, dessen bäurisch ausstaffierte trompe
l'œils und nach bewährten Mustern geschnittene Surrogate mit »volks-
kundliche[m] Aufputz«[54] vorwiegend pekuniäre Absichten verfolgen.
An dieser Stelle nimmt Zuckmayer eine Art Händescheidung vor,
indem er die weiterhin akzeptierte frühe Lyrik von der Kritik ausspart,
aber dem späterhin mit seinen der agrarromantischen Mode ver-
schriebenen Theaterstücken Pfund-Wuchernden die Befähigung zur
Schriftstellerei abspricht. Fein säuberlich separiert Zuckmayer also den
Dichter, dessen Anthologie *Über die Äcker* er weiterhin empfiehlt, da
in solcherlei Texten die eigentliche Originalität und Berufung liege, auf

---

53 Vgl. Rosenberger, *Wanderungen zu Alfred Kubin*, a.a.O. (Anm. 47), S. 18.
   Zur Bekanntschaft Kubins mit Albert Freiherr von Schrenck-Notzing siehe
   sein Schreiben an Herzmanovsky-Orlando vom 1. Oktober 1921, in: Fritz
   von Herzmanovsky-Orlando, *Der Briefwechsel mit Alfred Kubin 1903 bis
   1952*, hrsg. und kommentiert von Michael Klein, Salzburg, Wien 1983
   (Sämtliche Werke in zehn Bänden. Bd. VII: *Texte Briefe Dokumente*),
   S. 224 sowie den Brief an Rosenberger vom 6. Februar 1943, in: Rosenberger, *Wanderungen zu Alfred Kubin*, a.a.O. (Anm. 47), S. 76 f.
54 Vgl. den in der Rubrik *Drei Stimmen über Richard Billinger* erschienenen
   Artikel von G., *Asche des Fegefeuers*, in: *Deutsches Volkstum*, Jg. 35,
   1933, Nr. 2, S. 154 f., hier: S. 154.

die er Billinger wieder hinzuführen sucht,[55] vom Dramatiker Billinger, dessen numerisch ansehnliche, zeitgeistige Produktion sich aus Eigenplagiat und trendgerecht verflachter Folklore rekrutiere.

Zuckmayer führt an dieser Stelle jene Diskussion fort, die sich verstärkt nach dem »Unzuchtsprozeß« 1935 erhob, Billinger epigonale Maßlosigkeit vorwarf und dessen künstlerische Abwärtsentwicklung anprangerte, die sie in einem durch schnellen Ruhm provozierten Leichtsinn und stilistischer Unbeherrschtheit verschuldet glaubte. Gemehrt durch dementsprechend hitzige Beiträge und nicht eben vorbehaltlose Kommentare lief so in der zweiten Hälfte des Jahrzehnts allmählich ein Reservoir emotional aufgeladener Vorwürfe über, aus dem auch das Dossier geschöpft haben könnte. Wie bei Zuckmayer ist in den teils spitzzüngigen Rezensionen von »Kunstgriff« oder »Trick« die Rede, welcher bei Billinger im »Zusammenstoß von Großstadtzivilisation und Großstadtverderbnis mit bäuerlicher Gesundheit und Urtümlichkeit«[56] bestehe. Jene vormals wundersam fühlbare Religiosität sei im Laufe der Zeit »zu ödem Reimgeklingel« verkommen, die in den Gedichten innewohnende »echte, eigenwüchsige Begabung« habe Billinger leichtfertig zugunsten gewinnträchtiger Effekthascherei aufgegeben. Alles spreche für den »geistlichen Tod« des außer Selbstkontrolle geratenen Autors: »Bei ihm bedeutet Formlosigkeit Unvermögen und nicht Ursprünglichkeit. Eine Untersuchung der bilderüberladenen Sprache ergibt geringe Anschauungskraft, Willkür im Gebrauch adjektivischer Doppelbildungen, Geschraubtheit bis zur Unnatur.«[57]

Zuckmayers Attacken gegen Billingers aufgepfropfte Attitüde des Bauerndichters und das unstatthafte Gefügigmachen ländlichen Brauchtums, die profitable Entlehnung von Versatzstücken aus der dörflichen Arbeitswelt oder die Reduzierung bäuerlichen Lebensalltags auf ein gefälliges Sujet korrelieren mit Positionen, die schon den zeitgenössischen

---

55 Siehe etwa Adalbert Schmidt, *Richard Billinger*, in: *Lebendige Dichtung*, Jg. 1, 1935, S. 203-207, hier: S. 203 f.; Langenbucher, *Volkhafte Dichtung der Zeit*, a.a.O. (Anm. 29), S. 209 f.; Langenbucher, *Richard Billinger*, a.a.O. (Anm. 29), S. 200-203.

56 Manfred Jasser, *Der Dichter und die Wirklichkeit seines Volkes. Betrachtungen über Richard Billinger*, in: *Berliner Börsen-Zeitung* vom 29. Mai 1938. Vgl. zum Stadt-Land-Konflikt besonders die Dramen *Der Gigant* (1937), *Melusine* (1941), *Die Fuchsfalle* (1942) und die Romane *Das Schutzengelhaus* (1934) und *Das verschenkte Leben* (1937).

57 Ronald Loesch, *Richard Billinger. Verfall einer Begabung*, in: *Berliner Börsen-Zeitung* vom 16. August 1936.

Diskurs bestimmten. Damals wurden die Fronten abgesteckt, an deren
Verlauf sich lange nur wenig geändert hat. Die einen zementierten das
Postulat, Billinger sei der verhinderte Landwirt, der sich kompensato-
risch-schreibend mit der ihm vorenthaltenen Existenz beschäftige und
ihnen unangefochten als »Interpret alpenländischen Bauerntums«[58]
gilt, dem sie unter Berufung der Tradition die Krücke eines undefinier-
ten Bauernbarocks mit auf den Weg gaben, während andere dagegen
sehr bald Billingers dramatisches Schaffen als stümperhaften »Versuch
einer Mythisierung der deutschen Volkskunde« brandmarkten. Jene
auf die Kulisse rustikaler Behäbigkeit projizierten Texte einer Serien-
fabrikation, »die aus einer Lebensfülle Stücke liebhaberisch ausbricht
und artistisch ausschmückt, die nicht die ganze Härte, aber auch den
ganzen Segen bäuerlicher Arbeit kennt«, dürfe keinesfalls mit »Bauern-
dichtung«[59] bezeichnet werden, zumal der Verfasser, dessen Blick »etwas vom blutunterlaufenen Auge des Stiers« anhaftet, Einfachheit mit
Primitivität verwechsle. Dort, wo sich die Protagonisten bodenständig
artikulieren müßten, zwingt er sie, vulgär zu sein.[60] Alarmiert durch
eine anonyme Eingabe an den Intendanten des Saarbrücker »Gauthea-
ters Westmark« nach einer Darbietung des *Giganten* vor HJ und KdF-
Publikum, ließ sogar »Der Reichsdramaturg« durchsickern, daß »die
wirklich echte Bodenständigkeit im Literarischen« bei Billinger nicht
zum ersten Mal in Frage gestellt würde.[61]

Zuckmayer extrahiert in seiner Zusammenstellung solche Merkmale,
die es ihm erlauben, sie in Beziehung zu zwei besonders wunden Stellen
Billingers zu setzen, um zu dessen nationalsozialistischer Vergangenheit und Homosexualität überzuleiten. Dazu hebt er eigens ihm wichtige Aspekte hervor – den verkrampft künstelnden Dramatikerdilettan-

58 Austriacus, *Österreichischer Protest gegen Billinger*, in: *Deutsches Volkstum*, Jg. 2, 1936, S. 147 f., hier: S. 147; siehe des weiteren: Wilhelm Herwegen, *Richard Billinger – ein Porträt*, in: *Herdfeuer*, Jg. 7, 1932, H. 3
(April), S. 56-58. Adalbert Schmidt, *Dichtung und Dichter Österreichs im
19. und 20. Jahrhundert*, Bd. 2, Salzburg, Stuttgart 1964, bes. S. 105-108.
59 Siehe den unter *Drei Stimmen über Richard Billinger* erschienenen Artikel
von Josef Dünninger, *Lob des Landes?*, in: *Deutsches Volkstum*, Jg. 35,
1933, Nr. 2, S. 148-154, hier: S. 150 und 152.
60 R.A., *»Rauhnacht« von Richard Billinger*, in: *Neue Freie Presse* (Wien)
vom 15. März 1932; Ernst Decsey, *Billingers »Rosse« im Burgtheater*, in:
Neues Wiener Tagblatt vom 17. September 1933.
61 Bundesarchiv Berlin, Bestand Berlin Document Center, Schreiben des
Reichsministerium für Volksaufklärung und Propaganda (T 6270/613-3/4)
an Bruno von Niessen vom 6. November 1941.

ten, das Mißverhältnis zwischen dem im Körperriesen stecken gebliebenen, mit dem Längenwachstum nicht Schritt gehaltenen infantilen
Geist, die Realitätsflucht in eine fernab von Aufklärung, Vernünftigkeit
und wissenschaftlicher Erfaßbarkeit angelegte Sphäre, die mit abartig
ins heimische Bauerntum gewendeten Titanenkämpfen erfüllt scheint.
Völlig konträr dazu mutet Zuckmayers geradezu emphatische frühere
Charakterisierung für das Salzburger *Perchtenspiel* an, als er an Billingers zur Schau getragener Bäuerlichkeit überhaupt nichts Anstößiges
findet, seine Dichtung gegenteilig als »eine Wahrheit, eine Tatsache, ein
Element« benennt, »das er nie umschreibt, nie pathetisch symbolisiert,
sondern das einfach in ihm ist und wirkt«. Mehr noch: Billingers Eindrücke resultierten aus dem eigenen Erleben, aus der mitunter schmerzlichen Erfahrung einer an Entbehrungen und Nöten so reichen bäuerlichen Existenz: »Er ist ein ›geschrecktes Kind‹ des Bauerntums, des
Landes: er liebt es nicht, es weckt keine Sehnsucht, keine selige Stimme,
keinen hymnischen Chorus in ihm.«[62]
Wenn Zuckmayer die Gewitterangst auch unter die mit Billinger asso-
ziierten Abnormitäten stellt, spricht er ein wichtiges Phänomen an, das
sich wie ein roter Faden durch das Gros der Texte Billingers zieht. Zwar
hält er dessen Relevanz fest, schweigt sich jedoch darüber aus, worin
denn die für den Autor nachweisbare Bedeutung läge.[63] Wiederum ist
man auf die *Perchtenspiel*-Rezension angewiesen, wo er ganz allgemein
Billingers bäuerlichen Landbewohnern eine unversöhnliche, ja feindliche
Natur entgegenstellt, die auf menschliches Verderben und unerbittliche
Prüfung angelegt sei, zu dessen Erscheinungen er das Gewitter zählt.
Zwar definiert Billinger in seiner Komödie *Der Katzenbalg* (1965)
Gewitterangst übereinstimmend mit Zuckmayers Hinweis als »die ein-

---

62 Zuckmayer, *Aufruf zum Leben*, a.a.O. (Anm. 12), S. 109. Vgl. des weiteren Grete Wiesenthal, *Mein Erinnern an Richard Billinger*, Typoskript, datiert »31.3.[19]60« (Salzburger Literaturarchiv), S. 3; Kurt Klinger, *Der er-
   schrockene Riese: Richard Billinger*, in: Spiel (Hrsg.), *Die zeitgenössische
   Literatur Österreichs*, a.a.O. (Anm. 30), S. 348-350. Im ersten Akt des
   1937 im Berliner Staatstheater uraufgeführten Stücks *Der Gigant* steht im
   Herrenzimmer des Großbauern Melchior Dub ein Riese mit kindlichem
   Antlitz in einer Glasvitrine.

63 In der Lyrik tragen etliche Titel den Blitz bzw. das Gewitter in sich: *Vor
   dem Gewitter, Dorfgewitter, Gewitter-Ende, Waldgewitter, Gewitter am
   Tage, Der Blitz* bzw. *Der Blitzgetroffene* (vgl. den Band *Gedichte* der Bil-
   linger-Werkausgabe GW IV). Hinzu kommt das Lied *Vorm Gewitter*, in:
   *Heimaterde. 20 Lieder v[on] R[ichard] Billinger. Für Gesang und Klavier
   v[on] Josef Brauneis. Bd. 2. Wien 1931, S. 8 f.

zige wirkliche und begründete Furcht«, die »echte Dorfkinder«[64] mit
sich tragen, und läßt sie fallweise ihre (seine?) Ängstlichkeit offenbaren.
Abgesehen davon versteht Billinger Blitz und Donner jedoch vornehmlich als vitalistische Kategorien. An ihnen erlebt ein in der Regel männ-
liches, auf den Autor zurückweisendes Ich, das unter Einwirkung der
aufgeladenen Atmosphäre in einem Gewässer badet, sich nackt dem
dräuenden Unwetter darbietet, symbolisch seine Vereinigung mit dem
»sexualisierten Kosmos«.[65] Es verlangt nach Einssein mit der Natur
und Entgrenzung, empfindet das entfesselte Kräftespiel am Himmel als
Echo seiner inneren Rebellion und ersehnt die Befreiung seines Selbst,
die Entfaltung des verborgenen oder unterdrückten anderen Ichs in
dem Maß, wie die angestaute Energie am Firmament explodiert. Zwar
wird die mit der antiken Vorstellung vom blitzeschleudernden Götter-
bzw. Übervater verschmolzene, christlich-alttestamentarische Sicht vom
zürnenden Gott, der durch die aufgewühlten Elemente zum sündigen
Menschen spricht, grundsätzlich beibehalten, dem Gewitter allerdings
bis zu einem gewissen Grad eine satanische Eigenmächtigkeit zugewiesen: »Blitz und Donner gelten wie in Ahnenzeiten als durch keine
Kirchenglocken verschreckbare Gottheiten.«[66] Der bei Billinger viel-

---

64 *Der Katzenbalg. Komödie in drei Akten*, in: *Nachlaßdramen III.*, S. 17-51,
   hier: S. 39: »*Junges Weib:* Hat mir schon Angst gemacht! 's Wetter draußen. (*schützt sich vor einem Blitz*).« (S. 41) Vgl. zudem Gewitterangst des
   Stadtmädchens Schanerl im Roman *Das Schutzengelhaus* (*GW Romane 2*,
   S. 111-121).

65 Karl Müller, *Probleme männlicher Identität bei Richard Billinger. Homosexualität und Literatur während der NS-Zeit*, in: *Macht Literatur Krieg.
   Österreichische Literatur im Nationalsozialismus*, hrsg. von Uwe Baur /
   Karin Gradwohl-Schlacher / Sabine Fuchs unter Mitarbeit von Helga Mit-
   terbauer, Wien, Köln, Weimar 1998, S. 246-273, hier: S. 255.

66 *Palast der Jugend. Aus dem Leben des Albin Leutgeb* (= *GW Romane 5*),
   S. 77. *Wie in antiker Zeit*: »Dein Göttervater, dieser Jupiter oder Zeus, der
   schwang ganz tüchtig seine blitzende Faust.« (*GW II*, S. 37) Vgl. auch *Stille
   Gäste. Komödie*, in: *GW Dramen 2*, S. 5-122: »Himmelvater is zurnig, rei-
   tet auf Blitze, geißelt Verdammte!« oder »Gott badet sich in Blitzen. Die
   Welt duckt sich im Donner!« (S. 76 f.). *»Traube in der Kelter«. Schauspiel
   in fünf Aufzügen*, in: *GW Dramen 5*, S. 151-237: »Er ist der Zornige. Hat
   grad den Fluch ausgestoßen.« (S. 230). *Der sächsische Prinzenraub. Hörspiel*, in: *GW III*, S. 39-59: »Dich straft der Himmelvater schon einmal, Albrecht, für dein ausgelassenes, übermütiges Herz!« (S. 47). *Begegnung*, in:
   GW 1, S. 123-129: »[...] adamsnackt, dem Urteile des ewigen Richters, des
   blitzemächtigen Herrgottes.« (S. 128). Dazu allgemein Manfred Lurker,
   Wörterbuch biblischer Bilder und Symbole. München 1973, S. 53 f.

fach mit anthropomorphen, genauer: männlichen Zügen ausgestattete
Blitz raubt in durchaus vergleichbarer Weise wie Zeus den Königssohn
Ganymed auch seine irdischen Geliebten, erwählte Männer oder schöne
Jünglinge, die er tötet oder (aus-)zeichnet. »Der Blitz hat den gefan-
gen«, verteidigt Katharina Zitz den Verlust ihres gewittersüchtigen
Jungen, »Der Blitz sucht sich nix Schlechtes!«[67] Der Blitz fungiert im
Prinzip als Scharnier zwischen dem Göttlich-Übermächtigen und dem
Irdisch-Sterblichen. Er verleiht den wegen ihres physischen oder ge-
schlechtlichen Abweichens von der Norm her außergewöhnlichen
Menschen (Männern) erotische Exklusivität und erlaubt ihnen die
lebensvollere Teilhabe am Kosmos. Neben dem homoerotisch umge-
deuteten, mit Wasser, seltener Feuer oder Erde, verschränkten Blitz
kündigen ganz allgemein von ferne aufziehende Gewitter und plötzliche Wetterfühligkeit partnerschaftliche Spannungen an, sind Indika-
toren für emotionale Irritationen oder deuten auf eine zerstörend-
unheilvolle Einflußnahme von Personen und Kräften auf Ehe- und
Liebesbeziehungen. Wie im Heimatfilm, der die Wechselhaftigkeit des
Wetters auf menschliche Schicksale und Befindlichkeit überträgt, operiert auch Billinger mit Metaphern und Vergleichen, welche seelisches
Ringen, Entscheidungsfindung und sinnlich-triebliche Verführungsge-
fahren signalisieren.[68]

67 *Die Muhme*, in: *Die Neue Literatur*, Jg. 42, 1941, Anhang: *Aus neuen*
Büchern S. 11-17, hier: S. 16. Die Stelle findet sich ebenfalls in: *Die Asche*
des Fegefeuers (*GW Romane* 1, S. 17). Das Ganymed(es)-Motiv bringt Billinger selber ein, wenn der schöne Gärtner in *Herz am Abgrund* »Zeus zum
Schwärmer« macht. Vgl. ferner *Der Plumpsack. Schauspiel in fünf Auf-*
zügen, in: *GW Dramen* 6, S. 125-197: Bild vom »entmannten Donner, dem
siechgewordenen Blitz« (S. 171). *Die Asche des Fegefeuers*, in: *GW Ro-*
mane 1, S. 5-136: blitzsüchtiger Bauernsohn tötet den nackten Mäher
(S. 14). *Das nackte Leben. Schauspiel in vier Aufzügen*, in: *GW Dramen* 6,
S. 5-56: der durch Blitzeinwirkung erblindete Vitus erhält durch erneuten
Blitzschlag das Augenlicht wieder (S. 46). *Triumph des Gottes*: der im
Meer badende, vom Ich-Erzähler beobachtete Pieter Brauer, nach Blitzschlag scheintot, wird durch den Kuß seiner Frau wiedererweckt. Seltener
werden auch Frauen vom Blitz berührt. Vgl. *Der Blitz. Erzählung*, in:
GW 1, S. 66-69: blitzefürchtiger Müllersohn und die Geliebte werden im
Hain erschlagen (S. 69). *Das Schutzengelhaus*: Tochter des Waldbauern
vom Blitz getötet (*GW Romane* 2, S. 119).
68 Z.B. *Melusine*, in: *GW Dramen* 3, S. 99-189: »Gewitterbildung des Herzens« (S. 157). *Die Fuchsfalle*, in: ebd., S. 191-276: Kreszenzia deutet die
unheilschwangere Luft (S. 218). *Die Raben. Hörspiel*. In: *GW III*, S. 197-

Was die Verwendung und Wertschätzung vitalistischer Kategorien
betrifft, lassen sich Parallelen bei Zuckmayer finden. Bei ihm löst beispielsweise der überraschende Durchzug einer Gewitterformation »ar-
chaisches Entzücken« aus, er nennt Blitz und Donner eine »Festgabe
des Himmels«, die unverzichtbar »in diese elementarische, immer elek-
trisch knisternde Landschaft gehört ...«.[69] Die in der *Henndorfer
Pastorale* beim Miterleben des Wetterspektakels flugs aus der Versenkung geholten, nebeneinandergesetzten Gedichte *Kosmische Störungen*
oder *Gang im Gewitter* huldigen wie die Randgestalten Billingers auf
anti-intellektuelle, nicht rationale Weise Vitalerscheinungen, wie sie in
Analogie zu den in die Natur gesetzten Zeichen als kraftvolle – bei
Billinger meist Athleten, Schwimmer und durch körperliche Arbeit
trainierte Männer –, mit seltsamen Fähigkeiten begabte Individuen bevölkern. Dahinter steckt eine auf Nietzsches Glorifizierung der
menschlichen Tat zurückführbare Idee ebenso wie die im *Zarathustra*
formulierte Forderung, das Leben als Brunnen zu betrachten, aus dem
die (Lebens-)Lust bezogen werden soll.

Beide Autoren sind nachhaltig von vitalistischen Konzepten beeinflußt, wie sie allmählich im Naturalismus, sprungartig aber zur
Jahrhundertwende im Jugendstil und den Heimat- bzw. Wander- bzw.
Reformbewegungen Popularität erlangten.[70] Sie frönen einem Verständnis von Natur, in deren Gefolge die Elemente – allen voran die ge-
heiligte Erde – pures, von Zivilisationsfesseln und einengender Urbani-
tät unbeeinträchtigtes Leben garantieren. Eingebettet in den unentweg-
ten Kreislauf aus Wachstum und Regeneration, Blüte und Reife, Zeu-

---

208: »*Die Bäuerin:* Ich zünd' die geweihten Kerzen an, tut mir's Herz weh
   auf einmal, als käm ein arg Gewitter!« (S. 202).

69 Zuckmayer, *Die Fastnachtsbeichte*, a.a.O. (Anm. 5), S. 332-335.

70 Billinger gehörte der »Innviertler Künstlergilde« an, die 1928 etwa *Reise
   nach Ursprung* (1925) in ihrem Jahrbuch druckte. Vgl. Böhm, *Richard Billinger*, a.a.O. (Anm. 30), S. 524; Herwegen, *Richard Billinger – ein Porträt*,
   a.a.O. (Anm. 58), S. 56; Max Bauböck, *Hugo von Preen und die Anfänge
   der Innviertler Heimatbewegung*, in: Oberösterreich, Jg. 16, 1966, H. 1/2,
   S. 6-12; Franz Engl, *Die Innviertler Künstlergilde. Die Osternberger
   Künstlergilde*, in: Oberösterreich, Jg. 27, 1977, H. 1, S. 9-16. Zum Vitalismus generell Gunter Martens, *Vitalismus und Expressionismus. Ein
   Beitrag zur Genese und Deutung expressionistischer Stilstrukturen und
   Motive*, Stuttgart, Berlin, Köln, Mainz 1971. Siehe des weiteren das Vor-
   wort bei Rolf Peter Sieferle, *Die Konservative Revolution. Fünf biographi-
   sche Skizzen (Paul Lensch, Werner Sombart, Oswald Spengler, Ernst
   Jünger, Hans Freyer)*, Frankfurt am Main 1995.

gung und Fruchtbarkeit erfolgt an übergeordneter Stelle die Zelebra-
tion des Frühlings und der Jugendlichkeit, erschließen die Protagonisten, die in der Natur enthaltenen vitalen Energien oder bekunden
durch eine – bildlich gesprochen – Umarmung der Naturgeschöpfe ihr
Verlangen nach Teilhabe und Aufnahme. Freilich dominiert bei Zuckmayer viel nachdrücklicher als bei Billinger die pantheistische Erdver-
liebtheit, die die Erde als Ursprung und Ende gleichermaßen anerkennt:

> Ich bin der Mann, aus Erde gemacht, doch größer als Erde.
> Rechts und links meine Hände berühren den sphärischen Pol.[71]

Mit Billinger teilt er auch die Wertschätzung der fließenden und stehenden Gewässer, besonders während oder nach einem Gewitter. Auch für
Zuckmayer stellen sie sich als verwunschene, von Geistern und Sagen-
gestalten beherrschte Orte oder lockende Oasen in der bäuerlichen
Kulturlandschaft dar, ein »bukolische[s] Zauberreich«,[72] in dem sich
Gestalten des klassischen Altertums tummeln. Gleich Billingers Figuren,
die sich wie unter Zwang dem Gewitterregen ausliefern oder, einem inneren Kommando gehorchend, dem verführerischen Wasser zusteuern
und sehr oft ihre plötzliche Leidenschaft mit dem Leben bezahlen müssen, weiß auch Zuckmayer vom »Geheimnis« zu berichten, wonach
»ein Hauch von dämonisch-nymphischer Anziehungskraft, die der erotischen wesenhaft verwandt ist«, Menschen in seinen Bann schlägt. Billingers stark autobiographischer Roman *Palast der Jugend* etwa berichtet von dem gemeinsamen Bad Albins mit seinem »Verführer«, dem
Jesuitenzögling Sebastian, im überlaufenden Regenfaß just in dem Moment, als »'s Wasser […] voller Blitze noch [ist]«.[73] Man könnte etliche
Beispiele für die gemeinsame vitalistische, bei Billinger zusätzlich unter

---

71 *Gesang ins Moos*, in: *GW* 1, S. 62 f., hier: S. 63. Vgl. die im selben Band
   enthaltenen Gedichte *Märzgesänge, Cognac im Frühling, Die Landschaft
   singt* (Sammlung *Der Baum*) oder die Novellen *Die Geschichte eines Bauern aus dem Taunus* bzw. *Die Geschichte einer Entenjagd*. Zu den Motiven
   siehe ausführlicher Herwig Gottwald, *Natur und Naturbegriff in Carl
   Zuckmayers Prosa*, in: *Zuckmayer-Jahrbuch*, Bd. 1, 1998, S. 121-147.
72 Vgl. Das dritte Kapitel der *Henndorfer Pastorale*, das den bezeichnenden
   Titel *Von heimlichen und unheimlichen Gewässern* trägt, in: Zuckmayer,
   Die Fastnachtsbeichte, a.a.O. (Anm. 5), S. 340-353, hier: S. 340 und 347.
73 Vgl. auch: *Palast der Jugend*: »Nacket ist er, das Nackete tut er, wie der
   höllisch Satan selber nackt ist« (*GW Romane* 5, S. 116); *Lehen aus Gottes
   Hand*, ebd., S. 52 f.; *Das verschenkte Leben*, ebd., S. 70; *Der Schwimmer.
   Erzählung*, in: *GW* I, S. 119-123.

homosexuellen Vorzeichen stehende Anschauung aufzählen, was den Umfang dieser Arbeit allerdings sprengen würde. Ein Hinweis sei noch auf Billingers *Götterbild* gestattet, in dem er einen ganzheitlich am Kosmos partizipierenden Menschen entwirft und ein Denkmal für jenen angestrebten Idealtyp setzt, bei dem sich Leben und All durchdringen, wo es in der letzten Strophe heißt:

> Dein Herz entsprießt der Sonne,
> dich trifft der Blitze Wahl,
> der Wolken Regenwonne
> fühlst du vieltausendmal.«[74]

»... seine homosexuelle Veranlagung ...«

Zuckmayer äußert sich im Dossier im Unterschied zu den übrigen veröffentlichten Berichten eingehend zu Billingers Homosexualität, während er über »eine übliche Männerfreundschaft«[75] hinausreichende Beziehung zum ebenfalls schwulen Carl Mayr keineswegs argwöhnte und letztere bloß als eine Allianz zwischen Mäzen und Künstler verstanden wissen wollte. Diese Sichtweise fügt sich nahtlos in den recht ansehnlichen biographischen und literaturkritischen Überlieferungsstrang ein, der bei allen – meist wesenhaft angelegten – Annäherungen der in Billingers Texten vorrangig vermittelten »Erfahrung gleichgeschlechtlicher Liebe und homosexueller Identität«[76] kaum die notwendige Beachtung schenkt. Mitunter lassen diese Stimmen freilich durchsickern, daß der Autor »schon von Natur aus anders geartet [sei] als der normale Mensch«,[77] ohne jedoch die irgendwie schon gefühlte »körper-

---

74 *Götterbild*, in: *Der Pfeil im Wappen*, GW 4, S. 45.

75 Strasser, *Carl Zuckmayer*, a.a.O. (Anm. 2), S. 154.

76 Müller, *Probleme männlicher Identität bei Richard Billinger*, a.a.O. (Anm. 65), S. 246. Bortenschlager spricht weder in seiner Darstellung *Richard Billinger. Leben und Werk*, (a.a.O. [Anm. 12]) noch in der vom Titel her geheimnisvollen Ergänzung *Der unbekannte* [!] *Billinger* die Homosexualität des Autors an; wenigstens erwähnt wird der »Unzuchtsprozeß« bei Heinz Gerstinger, *Richard Billinger. Zum 100. Geburtstag und 25. Todestag des Dichters*, in: *Vierteljahresschrift des Adalbert-Stifter-Institutes des Landes Oberösterreich in Linz*, Jg. 39, 1990, H. 3/4, S. 87-104, hier: S. 89.

77 Vgl. Heinz Gerstingers *Vorwort* zu Richard Billinger, GW Dramen 1, S. 5-9, hier: S. 5 und 7. Ähnliche Ansätze beispielsweise bei Langenbucher, *Richard Billinger*, a.a.O. (Anm. 29).

lich-seelische Eigenart«[78] des Autors weiter zu verfolgen. Statt diesen wesentlichen Antriebsmotor für Billingers schriftstellerische Betätigung anzuerkennen und als solchen zu benennen, konzedieren sie lieber verhüllend ein »dunkle[s] Drängen des Blutes« oder »heißes Lebensgefühl«[79] und rechtfertigen die manchmal ziemlich freimütig geschilderten Begegnungen geschlechtlich Ebenbürtiger ausweichend mit phantastisch-surrealer Triebübersteigerung bzw. ins Irrationale enthobener, dämonisierter Sexualität, ohne am Tabuthema der gleichgeschlechtlichen Liebe rühren zu müssen.

Deswegen sticht nun Zuckmayers rückhaltlose, aber menschlich verletzende Offenlegung deutlich hervor. Sie trachtet danach, aus angeführten charakterlichen Mängeln und sonderbaren Vorlieben Billingers homophile Neigungen als eine generelle geschlechtliche Schwäche zu desavouieren, die auch politische Abwegigkeiten und ideologische Unzuverlässigkeit nach sich zögen. Zuckmayer verschränkt Homosexualität mit Nationalsozialismus und erweckt damit den Anschein, als bedinge das eine das andere, womit er jedoch in Hinblick auf die Causa Billinger nicht ganz unrecht hat, wenngleich sich diese Verbindung auf andere Weise nicht ganz freiwillig und für den Autor auch mit verheerenden Konsequenzen ergeben sollte. Billinger wird hier als selbstverschuldetes Opfer seiner zügellosen Leidenschaften und abwegigen Interessen präsentiert, dessen unbezähmtes Verlangen nach männlicher Leiblichkeit und unstillbare Wollust die Grenzen des Tolerierbaren überschritten hätten. Seine homoerotische Abundanz habe ihn in eine so nicht gesuchte Abhängigkeit zu den politischen Größen geführt, die ihn schließlich als einen zur Agitation innerhalb des totalitären Systems prädestinierten Autor erscheinen ließ. Daß sich die Entscheidungsträger bei der Beurteilung sichtlich schwer taten und infolgedessen Billinger auf sehr gegensätzliche Weise von den obersten Instanzen gemieden und boykottiert, von den untergeordneten Stellen jedoch gefördert und einbezogen worden ist, stellt er dagegen nicht in Rechnung.[80]

78 Hans Mayer, *Außenseiter*, Frankfurt am Main 1981, S. 18.

79 Max Morold, *Richard Billinger*, in: Max Morold, *Dichterbuch. Deutscher Glaube, deutsches Sehnen und deutsches Fühlen in Österreich*, Wien, Berlin, Leipzig 1933, S. 32 f., hier: S. 32.

80 Z.B. unterband die Berliner Hauptstelle kulturpolitisches Archiv mit Hinweis auf den modifizierten Homosexuellenparagraph in einem Schreiben vom 9. März 1939 an die Deutsche Arbeitsfront die Heranziehung Billingers für Aufgaben des Deutschen Volksbildungswerks, während die von derselben pädagogischen Einrichtung abgehaltene »Erste Dichterwoche des Reichsgaues Oberdonau« (17. bis 24. März 1941) unter Patronanz von

Zuckmayer konzentriert sich darauf, Billingers Nachtseite auszuloten und sein extravagantes Liebesleben und Beziehungen zur Halbwelt anzudeuten. Er will überdies Glauben machen, der außerordentlich geschäftstüchtige Autor habe selbst aus dem Prozeß zusätzlich Kapital geschlagen und von dem medialen Wirbel um ihn deutlich profitiert, während ihm in Wirklichkeit die »erotische Verwicklung in die Spionageaffäre«[81] tatsächlich großen Schaden zugefügt haben muß, weshalb sich Billinger wohl darum bemühte, sein stark angekratztes Image durch entsprechende Interviews wieder aufzupolieren. Fast könnte man glauben, Zuckmayer habe an dieser Stelle eine fingierte, weil aus einer Erzählung stammende Einschätzung übernommen, die in der *Affenhochzeit* entwickelte Idee auf Billinger angewendet, für den der zurückliegende »Unzuchtsprozeß« in auffallender Analogie wie für den Kunstmaler Robert zunächst »viel Ärger bereitet, in der Folge aber seinen Namen und Ruf und vor allem die Anziehungskraft seiner Arbeiten ungemein erhöht hatte.«[82]

Gut memoriert hat Zuckmayer die Ereignisse von 1935, wenngleich ihm bei der Wiedergabe einige Fehler unterlaufen. Billingers Inhaftierung im Februar kann als eine Nachwirkung der gereizten Stimmung und Homosexuellenfeindlichkeit rund um den »Röhm-Putsch« (Juni 1934) bezeichnet werden, dem bereits eine mehrmonatige Untersuchungshaft nach einer selbst die Presse polarisierenden Konfrontation mit dem Schriftsteller und Theaterberichterstatter Josef Magnus Wehner um ein Billinger zugeschanztes Gedichtplagiat nach Sonka (d.i. Hugo Sonnenschein) im *Völkischen Beobachter* vom 18. April 1933 vorangegangen war.[83] Billingers Freispruch von der Anklage wegen

---

Gauleiter August Eigruber Billinger sogar in der Begleitbroschüre erstplaziert unter den Autorenporträts mit Photo und *Mein Lebenslauf* bringt (Textheft siehe Billinger-Nachlaß, Slg. Eichinger, Karton 5). Schreiben vom 9. Mai der Hauptstelle Kulturpolitisches Archiv an das Amt Deutsches Volksbildungswerk Abt. III/3 (Zeichen 12 57 71 im Bundesarchiv Koblenz NS 12/32). Siehe auch Edith Rabenstein, *Dichtung zwischen Tradition und Moderne: Richard Billinger. Untersuchungen zur Rezeptionsgeschichte und zum Werk*, Frankfurt, Bern, New York, Paris 1988, S. 101 bzw. S. 106 und ausführlich Müller, *Probleme männlicher Identität bei Richard Billinger*, a.a.O. (Anm. 65), S. 249.

81 Sacken, *Richard Billinger (1890-1965)*, a.a.O. (Anm. 2), S. 79.

82 *GW* 1, S. 255.

83 Dazu Otto Gritschneder, »*Der Führer hat Sie zum Tode verurteilt ...*«. *Hitlers »Röhm-Putsch«-Morde vor Gericht*, München 1993, bes. S. 51 (Rede Hitlers vom 13. Juli 1934 vor dem Deutschen Reichstag). Ausführ-

»widernatürlicher Unzucht« im März 1935 vor dem Münchner Amtsgericht erfolgte wohl nicht so sehr, wie Zuckmayer und andere Stellen behaupten, durch Intervention einflußreicher Stellen und Persönlichkeiten, sondern aufgrund der herrschenden Gesetzeslage: Da den Beschuldigten Richard Billinger und Johann Reil »nicht mit Sicherheit nachgewiesen werden [kann], dass sie sich im Sinne des § 175 RStGB. verfehlt haben« [!] und ihre wechselseitig praktizierte Onanie damals noch nicht strafbar war, kamen beide glimpflich davon.[84] Obwohl

lich Rabenstein, *Dichtung zwischen Tradition und Moderne*, a.a.O. (Anm. 80), S. 81-107, bes. S. 87-93. Erneut abgedruckt (*Richard Billinger und der Nationalsozialismus*) in: *Richard Billinger 1890-1965*, Passau [1990] (Landstrich 13), S. 112-126. Zu 1934 vgl. etwa *Billinger gegen einen Münchner Theaterkritiker* bzw. *Die »Reichspost« und die Billinger-Affäre* in der *Wiener Allgemeinen Zeitung* vom 24. und 26. Januar 1934. Die Gründe für die erneute Festnahme waren nicht für jeden ersichtlich, sie wurde u.a. Billingers vorlautem Mundwerk zugeschrieben (z.B. *Richard Billinger verhaftet*, in: *Wiener Zeitung* vom 25. Februar 1935), oder es konnten keine Gründe angegeben werden. Andernorts findet sich unter 1935 nur der Hinweis auf Wehner, aber nicht auf den »Unzuchtsprozeß«, so bei Bortenschlager (*Richard Billinger*, a.a.O. [Anm. 12], S. 42 bzw. Bortenschlager, *Der unbekannte Billinger*, a.a.O. [Anm. 3], S. 32) und in dessen Gefolge bei Karl Pömer, *Kunst in Oberösterreich*, Bd 2: *Innviertel Alpenvorland Florianer Land*, Wels 1984, S. 109-112, hier: S. 112. Zu »Sonka« vgl. Karl-Markus Gauß, *Der »verkommene Bruder Sonka«. Leben und Werk des vergessenen Dichters Hugo Sonnenschein*, in: *Österreich in Geschichte und Literatur*, Jg. 28, 1984, S. 251-263.
84 Urteil vom 23. März 1935 und beigefügter Begründung (Anz.-Verz. Nr. B II/ 405-406/35) im Staatsarchiv München (AG 43419). Vgl. Günter Grau (Hrsg.), *Homosexualität in der NS-Zeit. Dokumente einer Diskriminierung und Verfolgung*, mit einem Beitrag von Claudia Schoppmann, Frankfurt am Main 1993, S. 55 f. Zum Eintreten für den »völlig unpolitische[n], nur in seine Dramen und Gedichte versponnene[n] österreichische[n] Hüne[n]« siehe Baldur von Schirach, *Ich glaubte an Hitler*, in: *Stern*, Jg. 20, 1967, H. 33, S. 43-46. Schirach irrt, wenn er Billinger KZ-Haft anrechnet; allerdings saß Reil in Dachau ein, während des Prozesses war er dann U-Häftling in Neudeck. Zuckmayers Hinweis, Reil sei hingerichtet worden, kann sich nicht auf diese Anklage beziehen, möglicherweise meint er das Urteil eines im Anschluß gegen Reil angestrengten Prozesses wegen Spionage. Zu Billingers Gefängnisaufenthalt äußert sich auch Katia Mann, »Billinger wurde später von den Nazis eingesperrt, und wenn man ihm etwas schicken wollte, wurde verlangt, daß man als Grund der Haft widernatürliche Unzucht angab« (*Meine ungeschriebenen Memoiren*, hrsg. von Elisabeth Plessen und Michael Mann, Stuttgart 1974, S. 74).

nach der Novellierung des Strafgesetzes vom 28. Juni 1935 mit der damit verbundenen Verschärfung des Homosexuellenparagraphen ein
späteres Edikt Heinrich Himmlers (28. Oktober 1937) für Kunstschaf-
fende und Theaterleute quasi mildernde Ausnahmeregelungen vorsah,
bedeutete die Berührung mit der NS-Jurisprudenz für Billinger dennoch die Verpflichtung, »ein lebenslanges Schweige-Gelübde über die
Verhaftung anzulegen«. Kam die rechtliche Auseinandersetzung einem
Warnschuß vor den Bug gleich, so bewirkte die im Anschluß von Häme
und Vergeltung keineswegs freie öffentliche Debatte zusätzlich einen
Spießrutenlauf, der weitere Kalamitäten des zwischen »Erpressung,
Vertuschung, Todesangst«[85] eingesperrten Autors nach sich zog.

Zuckmayers sehr persönlich gehaltene Darstellung von Billingers
nationalsozialistischer Vergangenheit gleich wie seiner homosexuellen
Korrumpierbarkeit liefert im Grunde kaum unbelastetes Informations-
material, das er im Sinne analytischer Sachlichkeit und vorsichtiger
Ponderation vorbringen könnte. Sicherlich, Zuckmayer trägt sein Wissen puzzleartig aus der Erinnerung zusammen, was vielleicht mit erklären kann, weshalb manche Hinweise merkwürdig eindimensional in
der Betrachtung bleiben und teilweise wichtigere als die eingebrachten
fehlen. So läßt er es mit der recht allgemeinen Feststellung bewenden,
daß Billingers »Verhältnis« eine geschickte Anpassung und ein nicht
unbedingt gewolltes, aber trotzdem vollzogenes Zugeständnis an den
Machtwechsel von 1933 war, erwähnt jedoch keine konkreten Beispiele,
an denen sich Billingers über Jahre hinziehende, im übrigen gut dokumentierte Einschaltung in den NS-Kulturbetrieb ablesen ließe.[86] Andererseits holt er aus der Gedächtnis-Schublade Belege hervor, deren
Glaubwürdigkeit an fehlenden Kommentaren und näheren Begründun-
gen leidet, aber bei flüchtiger Rezeption beweiskräftig genug und im
vorgegebenen Kontext durchaus passabel wirken, erst bei näherer Untersuchung bedenklich erscheinen. Zuckmayer eröffnet innerhalb der
Aktennotiz zusätzliche Konnotationsebenen und Problemfelder, ohne
diese eigentlich mit schlagkräftigen Argumenten zu bestücken. Die von
ihm vermutlich als selbstredend empfundenen und dem Zweck der
Entlarvung Genüge leistenden Beispiele verweigern ihm, was Billingers
Homosexualität betrifft, im Grunde die Gefolgschaft.

85 Müller, *Probleme männlicher Identität bei Richard Billinger*, a.a.O.
   (Anm. 65), S. 248.
86 Vgl. dazu ebd., S. 249 sowie Rabenstein, *Dichtung zwischen Tradition und
   Moderne*, a.a.O. (Anm. 80), Kap. 2.

Der Homosexuelle und »Nazi-Blubo-Dramatiker«

Die Rezeptionsgeschichte zu Billinger ist seit jeher von einem nicht bei-gelegten Streit flankiert worden, ob denn der viel geschmähte Autor der »Blut-und-Boden«-Literatur zuzurechnen sei oder nicht. Oftmals lag den diesbezüglichen Kritiken eine recht verwaschene Vorstellung zugrunde, die sich lediglich der Aufhänger »Blut« bzw. »Boden« be-diente und manchmal ziemlich wahllos alles, was nur irgendwie den »Duft der Scholle« an sich trug, dafür in Beschlag nehmen wollte. Als nach dem Zweiten Weltkrieg auch in Österreich ein ideologisches Großreinemachen anhob und innerhalb des kulturellen Wiederaufbaues eine dringende, allerdings nicht immer mit der erforderlichen Konse-quenz vollzogene Entnazifizierung einsetzte, fruchteten erste Bemühun-gen um Neuansätze, um weiterhin oder wieder gültige Bezüge für die Literatur. Damit verbunden war allerdings die gründliche Bloßstellung und Disqualifizierung all jener »großen und kleinen Schwätzer, ›die dem Aufbruch der Nation‹ und dem daraus sich entwickelnden Blut-rausch Hymnen, Oden, Päane, Dithyramben und andere Lyrik-Kränze gewunden haben«.[87] Zu dem repräsentativen Querschnitt der unüber-sehbaren »Legion« und literarischen »Propagandastaffeln des Dritten Reiches« zählt auch Billinger als Mitläufer und deshalb Mitverant-wortlicher, wenngleich er hier nicht ausdrücklich unter das Verdikt des »Blubo« fällt.

Billinger, der in der Zweiten Republik durch Aufführungen und Prei-se so etwas wie offizielle Anerkennung fand, blieb die konträre Beurtei-lung erhalten. Entweder wurde »dem in all seinen Hervorbringungen supertrivialen, markig-ostmärkischen Saft- und Kraftmeier« die Kon-junktur während des Faschismus zum Verhängnis, dessen Werke nun in der »wohlverdienten Versenkung« schlummern bleiben sollten, oder man erkannte wie Zuckmayer ganz richtig, daß es eigentlich die Natio-nalsozialisten waren, die diese Schriften »als Beitrag zu jenem Blut-und Boden-Mythos« reklamierten und vereinnahmten.[88] Zuletzt bra-chen auch die Billinger-Biographen eine Lanze für den angekreideten

---

87 [Otto Basil], *Vom österreichischen NS-Parnaß*, in: *Plan*, Jg. 1, 1945, H. 1 (Oktober), S. 72-76, hier: S. 72 f.

88 Hugo Huppert, *Rassenseele für die Außenbezirke*, in: *Volksstimme* (Wien) vom 4. November 1969; Reinhold Leitner, *Nazimief am Wiener Volksthea-ter*, in: *Volksstimme* vom 29. Mai 1985; Franz Konrad, *Auch Aufführung spricht gegen Text*, in: *Neue Zeit* vom 11. Juni 1983; Rudolf U. Klaus, *Die Rehabilitierung war fällig*, in: *Wiener Zeitung* vom 7. Juni 1983.

Schriftsteller, indem sie sich auf die Opferthese versteiften und den unpolitischen Künstler hervorkehrten, in dessen Œuvre sie »nirgends
auch nur eine Spur nationalsozialistischen Gedankenguts« enthalten
sahen und ansonsten unschuldiges Heimatlob attestierten: »Seine Liebe
zum Land als Blut- und Bodengesinnung zu bezeichnen, kann nur ein
oberflächlicher Betrachter.«[89]

Uneins zeigte sich aber schon die für das Dossier verbindliche Situation der dreißiger Jahre, wo Zuckmayer einhakt. Glaubte beispielsweise die Wiener *Arbeiter-Zeitung* 1930 noch fest daran, daß Billinger
»keine politische Meinung« vertrete, reiht ihn Ernst Fischer drei Jahre
später in einem wütenden Artikel in »die Parade der Überläufer«:

> Goebbels lud zum Tee – die Schriftsteller, die Musiker, die Maler und
> die Mimen hatten zu wählen: Geist oder Macht, Charakter oder
> Konjunktur, tapfere Isolierung oder feige Gleichschaltung.[90]

Billingers Inkorporation als »Blubo« erfolgte insbesondere über Partei-
blätter oder durch den Nationalsozialisten verpflichtete Gazetten, wobei meist im Rahmen einer arglosen Aufführungsbesprechung die für
ihre Ideologie passenden Aspekte herausgefiltert oder solche überhaupt
erst hereingetragen wurden. Ein beredtes Beispiel dafür liefert ein
Kommentar zum Drama *Der Gigant*, das im Herbst 1937 im Berliner
Staatstheater in der Regie von Jürgen Fehling seine Premiere feierte,
aber erst in der Veit Harlan-Verfilmung *Die goldene Stadt* (1942) über-
deutlich zum »Blut und Boden«-Satz neigen sollte.[91] Diverse für die
Blubo-Lehre relevante Faktoren – der verderblich-tödliche Einfluß der
Stadt auf das Land, der von Generationen bewirtschaftete, vom Ah-
nengeist behütete Hof, der seine Inwohner bindet, die Lage an der
deutsch-tschechischen Sprachgrenze in Mähren, was gleich Assoziationen mit Kulturmission, Bollwerk des Deutschtums im Osten und

---

89 Gerstinger, *Richard Billinger*, a.a.O. (Anm. 76), S. 89; Bortenschlager:
»Daß Billinger vom NS-Regime in Anspruch genommen wurde und daß
man ihm den Stempel der Blut- und Bodendichtung aufdrückte, war nur
insofern seine Schuld, als er dies mit sich geschehen ließ« (*Der unbekannte
Billinger*, a.a.O. [Anm. 3], S. 27 und S. 88-91).

90 D.B., *Ein Dichter und die Zensur*, in: *Arbeiter-Zeitung* (Wien) vom 26. Januar 1930. e.f. [d.i. Ernst Fischer], *Das Dritte Reich braucht Lakaien*, in:
Arbeiter-Zeitung (Wien) vom 30. April 1933.

91 Eine Stellungnahme zur Belgrader Premiere des Films ist enthalten bei
Joseph Wulf, *Theater und Film im Dritten Reich. Eine Dokumentation*,
Frankfurt, Berlin 1989 (Kultur im Dritten Reich 4), S. 350 f.

Abwehrkampf als berechtigt erscheinen ließ – reichten der Kritik offensichtlich, aus dem Drama eine »Entscheidung des Dichters« herauszulesen:

> über dem Geschick der einzelnen steht unausgesprochen die Forderung des überkommenen Blutes, das treu und rein sein will. Sie leben nicht nur ihre Leidenschaften, sie dienen wieder der Ordnung, die sie zurechtweist und mit dem Tode bestraft.

Abschließend heißt es:

> Mit dieser Dichtung hat Billinger sich entschieden. Er hat den Weg fortgesetzt, den alle, die seine ersten Verse liebten, als sein Ziel erhofften. In das Chaos der Leidenschaften ist gebieterisch das Recht der höheren Ordnung getreten. Und es herrscht.[92]

Billinger sei den Verlockungen erlegen und mit offenen Armen von der nationalsozialistischen Großfamilie adoptiert worden. Diesen Gedanken kombiniert Zuckmayer, der in ihm den unter NS-Protektorat gestellten Haus- und Hofsänger und durch den Prozeß zusätzlich Begünstigten sieht, mit der Vorstellung Billingers als homosexuellem Edel-Blubo.

Es kommt wohl nicht von ungefähr, daß Zuckmayer bei der Auswahl seiner Zitate den in der faschistischen Ideologie deutscher Prägung verwendeten Leitbegriff »Blut« benützt, nicht hingegen das Schlagwort »Boden«, das eng mit »Scholle« oder »Erde« verzahnt ist. Letzteres verweist aber genau auf jene Bereiche, die für Zuckmayer selber eine eminente Bedeutung in sich tragen, Begriffe, worunter er in der Lyrik bzw. Prosa Heimat, Ursprung, Einklang mit der Natur oder pantheistische Allgegenwart des Göttlichen subsumiert. Gleichzeitig würde die Chiffre gerade jenen Teil im Werk Billingers belegen, den Zuckmayer wiederholt hervorgehoben, dessen agrarromantische Sicht- und Darstellungsweise er geschätzt hat und der er teilweise, was die Dichtung betrifft, nach wie vor anhängt.

Leichter hat er es da mit dem »Blut«-Begriff, der bei Billinger häufig vorkommt, wobei Zuckmayer allerdings eine gänzlich andere, pejorative Bedeutung des Wortes anpeilt. Deswegen versucht er diesen Bestandteil der aus der »staatlichen und para-staatlichen Propaganda«

---

92 Wilhelm Utermann, *Billinger hat sich entschieden*, in: *Wille und Macht, Führerorgan der Nationalsozialistischen Jugend* (Berlin) vom 1. Januar 1937. Vgl. etwa auch Zeno vom Liebl, *Und das Land siegte über die Stadt ...*, in: *Wiener Mittag* vom 26. April 1941.

hinlänglich bekannten Floskel, in der die Verschmelzung des »rassischen mit dem agrarischen Ideal«[93] angestrebt wurde, in jenen bei Billinger vorwiegend vitalistisch konzipierten Gedanken des Aktivismus zu implizieren, den dieser symbolisch für überbordende Lebenskraft, für den überquellenden Lebensfluß schlechthin verwendet hat. Zuckmayer legt Kostproben vor – eine bislang nicht aufgefundene Passage aus dem *Völkischen Beobachter* und ein Zitat aus den *Rossen*, das sich fast identisch mit der vorgestellten Fasson in der *Rauhnacht* befindet –, die beim Leser Ekel und Abscheu hervorrufen und überdies Billingers perverse Geschmacklosigkeit beweisen sollen, die mit dem Gusto seiner nationalsozialistischen Förderer übereinstimme. Er unterstellt nicht etwa eine »Blut und Boden«-Lastigkeit Billingers, sondern hält lediglich eine Blubo-»Attitüde« fest, die ihm als Beweis für das vom Autor zur Perfektion getriebene ideologische Mimikry gilt. Vielleicht teilt er die Haltung Erich Frieds, der scharfsinnig die Synchronbewegung der Karriere Billingers mit jener der Nationalsozialisten gesehen hat, dem Billingers »heidnisch-blubohafte Art« mißfällt, wenngleich er eingestehen »muß, daß es zum Teil blutvolles Theater ist«.[94] Blutig im Sinne von lebendig, aber keineswegs mit ausdrücklicher Stoßrichtung auf »eine politische Anthropologie«.[95] Billinger öffnet in manchen seiner Dramen, aber auch in einigen Romanen[96] den »Blut und Boden«-

---

93 Mathias Eidenbenz, »*Blut und Boden*«. *Zu Funktion und Genese der Metaphern des Agrarismus und Biologismus in der nationalsozialistischen Bauernpropaganda R. W. Darrés*, Bern, Berlin, New York, Paris, Wien 1993, S. 1.

94 Schreiben Erich Frieds an Otto Basil vom 13. September 1947, zit. nach Volker Kaukoreit, »*... und bitte Sie Kalmer und Kramer von mir zu grüßen.*«. *Otto Basils Kontakt zum englischen Exil nach 1945 am Beispiel von Joseph Kalmer und Erich Fried*, in: *Otto Basil und die Literatur um 1945. Tradition-Kontinuität-Neubeginn*, hrsg. von Volker Kaukoreit / Wendelin Schmidt-Dengler, Wien 1998, S. 91-116, hier: S. 108 f.

95 Eidenbenz, »*Blut und Boden*«, a.a.O. (Anm. 93), S. 10.

96 Dazu bieten sich etwa Formulierungen in *Das verschenkte Leben* (»Peter wehrt sich nicht mehr, daß das Elternhaus mit allem Ding und allem Geschehen ihn wieder tributpflichtig macht. Langsam, Blutschlag um Blutschlag, ordnet es ihn ein, macht ihn sich untertänig.« [S. 52]) oder *Leben aus Gottes Hand* (»Ekard weiß, daß jede Ackerkrume vom Schweiße der Ahnen fruchtbar ward, er glaubt nicht an eine künstliche Ernährung des Bodens [...] kein Knecht und keine Magd hält es im Sundlhof aus, denen es am blutmächtigen Herzen mangelt, die ohne Lachen der Arbeit dienen, die übellaunig und trüben Sinnes den Tag ans Kreuz schlagen.« [S. 38 f.]) an.

Dogmatikern seiner Zeit eine ideologische Einfallsschneise, mittels derer die Vorstellungen von Ländlichkeit und die Sichtweisen von an den heimatlichen Boden gebundenem Bauerntum okkupiert werden konnten. Auf solche Weise ließ sich Billingers Agrarromantik ganz gut mit eugenischen bzw. rassenzüchterischen Vorstellungen vom »Neuadel« kombinieren, die in der autochthonen Agrarbevölkerung »das in Sitten und Lebensweise bessere Volks-Ich«[97] zu sehen verlangten und aus dieser Perspektive dem neu zu gerierenden »reinen« Volkskörper unverfälschte Eigenschaften bereitzustellen vermochten.

Doch noch einmal zurück zu den von Zuckmayer verwendeten Beispielen. Da kolportiert er ein Interview aus dem *Völkischen Beobachter* von »[19]36 oder [19]37«, also jenem Zeitraum nach dem »Unzuchtsprozeß«, als Billinger längst schon in Berlin lebte und dort Fuß zu fassen suchte. Tatsächlich stammen aus der von Zuckmayer erwähnten Periode einige Artikel, die sich mit dem wiedergegebenen Passus durchaus in Einklang bringen lassen, denen jedoch im Unterschied dazu die hier befremdende Blutrünstigkeit fehlt. Im Gegenteil erweisen sich die aufgefundenen Berichte im Umkreis der Erstaufführung des *Giganten* als eher belanglose Stilleben und Interieurschilderungen, die vom Staunen darüber charakterisiert sind, bei Billinger ein in die bürgerlich-mondäne Welt verfrachtetes Bauernzimmer anzutreffen. Was sich hier dem Leser bietet, ist ein alpines Freilichtmuseum mit heimatlichen Requisiten inmitten der Berliner Großstadt, wo mit »Ochsenblut« bemalte »Pferdekummete«[98] hängen und ein mächtiger »Arbeitstisch« den Raum beherrscht. Ergiebiger erweist sich ein ganz ähnlicher Beitrag, der in Käthe Golds Entstehungsgeschichte zum *Giganten* wie nebenher Raumeindrücke einflicht. Die Mimin erwähnt u.a. den »schweren Arbeitstisch, dessen gekerbter und zerhackter Holzplatte unschwer anzusehen ist, daß er vielen Generationen als Metzgertisch diente«, an dem Billinger »im vorigen Sommer«[99] das erwähnte Drama verfaßte. Billinger wird solcherart als im Bannkreis archaischer Gegenstände werkender Künstler gezeigt, der die aus dem Elternhaus und Fleischereibetrieb vertrauten Erinnerungsstücke um sich schart, dessen

97 Eidenbenz, »*Blut und Boden*«, a.a.O. (Anm. 93), S. 76.
98 Herta Zerna, *Seine »Bude« in der Grunewaldstraße ist eine Arbeitsklause*, in: *Berliner Volkszeitung* vom 3. Oktober 1937; siehe auch Abbildung in: Spiel (Hrsg.), *Die zeitgenössische Literatur Österreichs*, a.a.O. (Anm. 30), S. 349.
99 *Wie der »Gigant« entstand. Käthe Gold erzählte einst ein Märchen ... und der Dichter Richard Billinger formte ein Stück daraus*, in: *Das 12 Uhr Blatt* (Berlin) vom 20. Oktober 1937.

rustikale Möblierung aus der bäuerlichen Herkunft verständlich ist.

Ab und an taucht der »Metzgerladen« in den Stücken Billingers auf als jener »Schauplatz, auf dem die Leute naturgemäß zusammenkommen und die Typen aus dem Dorf Revue Passieren«,[100] sind Angestellte der Fleischhauerei mit von der Partie, allen voran der »Metzgerkarl«, die als herkulische Kraftgestalten im Kontext mit Billingers Homosexualität interpretiert werden müssen. Besonders die Komödie *Stille Gäste* vereint geradezu exemplarisch die von Billinger wiederholt und zeichenhaft versammelten homoerotischen Vorstellungen und gleichgeschlechtlichen Sehnsüchte. Inmitten der dörflich-überschaubaren, von Männern dominierten Welt steht der Metzger Lorenz, ein athletisch gebauter »Gott in der Badehose« und durchtrainierter »junge[r], nackte[r] Bauernjünglingskörper«, bei dessen Anblick die (weibliche) Figur Puppi – wohl stellvertretend für den Autor – bekennt: »Ich liebe sehr das Natürliche, das Starke, das Robuste, die Natur ohne, na, ohne Künstelei, ohne Schminke! Das nackte Paradies!«[101]

Allerdings existiert mit der Novelle *Der Karl* ein Text, zu dem Zuckmayers Argumentation gut passen würde. Die mit mehrfachen Titeländerungen an verschiedenen Stellen abgedruckte Erzählung war anläßlich von Hitlers Geburtstag 1941 als Donat an den »Führer« erneut publiziert worden. Der Reichssendeleiter Eugen Hadamovsky im Reichsministerium für Volksaufklärung und Propaganda bezeichnete die Schrift empört als »so primitiv, gemein und geschmacklos, dass sie an einen Rückfall in die Lustmordverherrlichung der Systemzeit erinnert«, und forderte bei den Verantwortlichen der Reichsschrifttumskammer umgehend eine Maßregelung Billingers.[102] Vermutlich entzündete sich der Unwillen an der Szene im Schlachthaus, wo ein Namensvetter des »Metzgerkarl« aus der *Rauhnacht* das auf Sommerurlaub im

---

100 Paul Goldmann, »*Stille Gäste*« *von Richard Billinger*, in: *Neue Freie Presse* (Wien) vom 21. April 1934. Metzger kommen etwa in den Stücken *Das Perchtenspiel* (1928), *Paracelsus* (1943) und *Das Haus* (1949) vor, ferner in den Kurztexten *Der Teufel stellt sich ein* oder *Begegnung*.

101 *GW Dramen* 2, S. 5-122, hier: S. 23, 48 u. 88.

102 Schreiben an den Präsidenten der Reichsschrifttumskammer Hanns Johst vom 29. April 1941 mit beigefügtem Text *Der Karl* aus der Zeitung *Der Sonntag der Z* vom 20. April 1941 (Bundesarchiv Berlin, Bestand »Berlin Document Center«). Vorher war die Erzählung *Karl* in der *Frankfurter Zeitung* (17. April 1938) erschienen und firmierte zeitweise auch als *Der Schwimmer*. Vgl. des weiteren Bortenschlager (*GW* 1, S. 269 f.), der eine »gesäuberte« Version wiedergibt.

Dorf weilende Stadtmädchen Juliane in seiner Eifersucht zum Aus-
ziehen zwingt und durch den Dorftrottel Würzel wie ein Stück Vieh er-
morden läßt, ehe er selbst im Inn ertrinkt. Hier gestaltet Billinger ein
wahrhaft bluttriefendes Szenario, indem er minutiös und fachmännisch
das Schlachten bzw. Zerwirken der Tiere durch abgebrühte Männer
beschreibt, deren Hände »vom unabwaschbaren Blute gefärbt« waren.

Folglich liefert Zuckmayer das Bild eines selbstvergessenen Autors,
der offenbar mit Sensationslust und Geilheit beim Publikum spekuliert.
Wenn er Möglichkeiten sehe, die Gewinnträchtigkeit seiner Arbeiten
zu mehren und den Absatz seiner literarischen Erzeugnisse anzukurbeln,
sei er gerne bereit, die Grenzen des Anstands und guten Geschmacks zu
überschreiten. Die Ursachen dafür schiebt er dem besonderen Naturell
Billingers zu: seiner homosexuellen »Veranlagung«.

Unter diesem Gesichtspunkt erwähnt Zuckmayer außerdem die
Sankt Sebastians-Passage, die vermutlich aus einer älteren als die bekannten Fassungen der *Rauhnacht* stammt, ihm wohl zugänglich oder
wenigstens noch gut in Erinnerung war, die er aber irrtümlich dem
ebenfalls 1931 entstandenen Schauspiel *Rosse* zuordnet. In der *Rauhnacht* wurde allerdings im dritten Aufzug die Figurenkonstellation
verändert. Das vom Inhalt und Sinn her im wesentlichen mit der Dos-
sierstelle übereinstimmende Gespräch erfolgt im Vierakter nicht mehr
zwischen zwei männlichen Protagonisten (Bub und Roßknecht), sondern zwischen dem Bauern Simon Kreuzhalter und der Krämerstochter
Kreszenz Waldhör:

> KRESZENZ: [...] Ja, da auf dem Kasten steht ein Heiliger! – Das ist der
> heilige Sebastian. Ich kenne ihn. Kenne alle, alle Märtyrer und
> Märtyrerinnen.
> *(Singt)*
> [...]
> Das haben 's gesungen, die Märtyrerinnen, bevor 's verbrannt
> worden sind. War ihnen gar nicht bang. Den Sebastian haben die
> römischen Soldaten so hergerichtet. Gemartert. Lauter Pfeile hat
> er auf seinem Leibe. – Warum denn haben 's ihn so gemartert?
> SIMON: Weil sie ihn so mögen haben.[103]

Billinger schenkt diesem Vertreter der Vierzehn Nothelfer, dem besonders in bäuerlichen Kreisen früher verehrten Pestpatron, Beschützer
vor Seuchen und Bewahrer vor Viehkrankheiten außergewöhnliche

---

103 *Rauhnacht. Schauspiel in vier Aufzügen. Mit einem Vorspiel*, in:
    GW Dramen 1, S. 61-152, hier: S. 126.

Aufmerksamkeit, was zum untergeordneten Teil seiner ländlichen Abstammung zuzuschreiben, vor allem jedoch in seiner Homosexualität zu fixieren ist.

Den anläßlich einer puristischen Kirchenerneuerung obdachlos gewordenen »von den Pfeilen beflogenen Sankt Sebastian« gewährt Frau Hornwidder im Roman *Lehen aus Gottes Hand* Asyl in ihrer Stube, während sich im Hörstück *Der Beichtstuhl* ein Sammler von »Sebastians« einer solchen Statue im Antiquitätengeschäft erbarmt, sich jedoch wegen der »aus dem Leib gemerzt[en]« Pfeile pikiert zeigt und deswegen vom Erwerb Abstand nimmt.[104] Sebastian heißt darüber hinaus auch der Gefährte Albins in der Autobiographie *Palast der Jugend*, in der Billinger eigentlich recht unverhohlen mit dem Thema der gleichgeschlechtlichen Liebe verfährt. Albins Werben um den »körperschönen Mitschüler« Albert Dolch in der Priestererziehungsanstalt bewirkt zwar den Rausschmiß aus der Kaderschule, zu Hause in den Ferien hat er mehr Erfolg beim Jesuitenkandidaten Sebastian, dessen Körper er bewundert und dessen Nähe er beim gemeinschaftlichen Bad in der Regentonne genießt. Komplimente auf die maskuline Schönheit, oftmals Frauen in den Mund gelegt,[105] die eingehende Beschäftigung mit den physischen Veränderungen während der Adoleszenz,[106] die wiederholte Beschreibung von Merkmalen der Männlichkeit[107] oder die stille voyeuristische Beobachtung des Favoriten (oft auch durch die weibliche Tarnkappe), dem die Rolle einer aus der jeweiligen Situation ganz zwanglos resultierenden Exhibition zufällt,[108] treten zusammen mit

---

104 *Lehen aus Gottes Hand*, S. 28. *Der Beichtstuhl. Funkballade.* In: *G W* III, S. 209-221, hier: S. 211 f. Vielleicht liegt dem auch ein persönliches Erlebnis zugrunde, denn Billinger erwähnt einmal die zur Jahrhundertwende vorgenommene »Regotisierung« der Kirche seines Geburtsortes Sankt Marienkirchen bei Schärding, bei der die Barockstatuen beseitigt und veräußert wurden; der Autor selber hat Heiligenfiguren gesammelt.

105 *Ruf der Erde. Komödie in fünf Akten.* In: *Nachlaßdramen* III, S. 53-124, hier: S. 92 (»Wurde so ein Marmorparkgott lebendig?«).

106 *Ferienfahrt nach Hartkirchen*, in: *G W* 1, S. 32-37, hier: S. 36.

107 *Asche des Fegefeuers*, S. 50 f. (wichtig der Befehl von der Mutter [!] an den Sohn: »Du mußt beim Franz schlafen!«).

108 Vgl. Texte im Band *Nachlaßdramen* II: *Majolika. Lustspiel in fünf Akten*, S. 155-217, hier: S. 195; Roman *Das Schutzengelhaus*, S. 42; *G W* VI: *Herz am Abgrund. Erzählung*, S. 51-75, bes. S. 62-64; *Triumph des Gottes*, S. 77-124, bes. S. 99 f.; *G W* 1: *Schüsse im Wald. Eine Erzählung*, S. 70-78, hier: S. 74: »Das Nackte ist das Schöne! [...]«; Gedichte (alle *G W* 4): *Der Faun*, S. 77; *Endymion*, S. 92; *Badende Klosterjungen*, S. 125.

entsprechend körperbewußten Figuren überall in Erscheinung. Diese Männergesellschaft kulminiert in der Einbeziehung des als schmächtiger, bis auf ein Lendentuch nackt an einen Stamm gebundener, von Pfeilen durchbohrter Jüngling festgelegten Heiligen, den Billinger in dem aussagekräftigen Gedicht *Sankt Sebastian* verehrt:

> Du einziger, den die Kirche gab,
> nackt ihn zu verehren,
> wirf deine rostigen Lanzen ab,
> die deinen Leib versehren,
> und wandle fröhlich unter uns,
> zeig dich dem Baum, den Flüssen,
> nackt als ein Gott! Schwell als Stern,
> den wir aufflüsternd grüßen!«[109]

Gemäß den Vorstellungen der barocken Affektenlehre strahlt Sebastian prototypisch, ähnlich wie Christus an der Geißelsäule mit zerschundenem, blutüberströmtem Körper einen bewußt antithetisch angelegten »Reiz« auf den Gläubigen aus. Dieser liegt in der geschickten Verbindung von sich noch einmal aufbäumendem Leben und dem schon vom Körper Besitz ergreifenden Tod, im Kontrast von körperlicher Schönheit und Zerstörung. Dazu kommt das Nebeneinander von weißer, makelloser Haut, muskulöser Agilität und strotzender Lebenskraft, welche mit den Spuren der Marterung – ausblutende Wunden und tiefgreifende Verletzungen – und Symptomen des einsetzenden Sterbens korrespondieren. Der so zweifellos drastische Schmerzensrealismus und das krude übersteigerte Leidenspathos, bei dem Ansehnlichkeit und Erotik erträglich mildernd einwirken, sollen den Beschauer aufwühlen, emotional erregen und ihm ein Höchstmaß an mystischem Mitleiden und Nachvollziehbarkeit gewähren.

Im Zweigespann treten Lust und Leid, Erotik und Vanitas auch bei Billinger auf. Bot sich den Künstlern des 17. und 18. Jahrhunderts mit dem Heiligen Sebastian eine Möglichkeit, ja direkt ein Vorwand zur Abbildung des Nackten, eine Chance, ihre Virtuosität und perspektivische Gewandtheit bei der Bewältigung des kurviert-verdrehten Körpers und des verblockt-verrenkten Aktes unter Beweis zu stellen, so liefert

---

109 *Sankt Sebastian*, in: *Gedichte*, Leipzig 1929, zit. nach G W IV, S. 88. Zum hl. Sebastian u.a. *Lexikon der christlichen Ikonographie*, begr. von Engelbert Kirschbaum, hrsg. von Wolfgang Braunfels, Bd. 8, Rom, Freiburg, Basel 1976, Sp. 318-324. Vera Schauber / Hans Michael Schindler, *Heilige und Namenspatrone im Jahreslauf*, Augsburg 1998, S. 27 f.

Sankt Sebastian wie noch einige andere Märtyrer[110] Billinger Gelegenheit, den stigmatisierten, in seiner blutigen Zugerichtetheit – immer
noch oder sollte man sagen: gerade dadurch – attraktiven männlichen
Körper unter dem Vorwand des Andachtsbildes zu betrachten. Ohne
das Terrain des Erlaubten verlassen zu müssen, sozusagen im Schutze
der Maske traditioneller christlicher Ikonographie, verbrüdert er den
Passions-, den Leidensgedanken mit dem der Liebe und Leidenschaft.[111] Das führt außerdem wieder auf die vielen, meist in den Typ
des Schwimmers oder Athleten gesteckten Wunschbilder hin, auf das
Imago des nackten, sich nur mit seiner blanken Haut präsentierenden
Mannes, der bereit ist, sich ähnlich wie Sebastian in seiner unverbrüchlichen Gottesliebe dem anderen, schwulen Ich auszuliefern. Bei Billinger verschmelzen die Liebespein und Gefühlsschmerz auslösenden
Pfeile des blindlings umherschießenden Amorknaben mit denen Sebastians, wenngleich die traditionelle Topik und Konstellation des klassischen Liebespaares beibehalten wird; Blut und Liebe verlaufen inein-
ander, denn »Liebe labt Blut«.[112]

110 Hl. Rochus (entblößtes Knie u. Oberschenkel mit der Pestbeule) in *Das
    verschenkte Leben* oder St. Leonhard in *Der Zentaur* (Schmied namens
    Leonhard erleidet selben Martertod auf dem Feuerrost), Hl. Dreifaltigkeit
    mit dem nackten Gottessohn (*Das verschenkte Leben*). Gerade in seiner
    Innviertler Heimat konnte Billinger genügend Anschauungsmaterial fin-
    den. Einige Darstellungen des Heiligen Sebastian (rechter Seitenaltar von
    Michael und Martin Zürn in St. Georgen a.d. Mattig) bzw. des »Schmer-
    zensmannes« (Plastiken von Meinrad Guggenbichler in St. Wolfgang,
    Oberwang oder Lochen) sind gleichzeitig Spitzenwerke des österrei-
    chisch-süddeutschen Barocks.
111 Es kann kein Zufall sein, daß mehrfach Szenen höchster Liebesnot oder
    seelischer Konflikte mit religiösen Leidensmotiven zusammenprallen:
    Arme Seelen im Fegefeuer (*Die Asche des Fegefeuers*, *Die Muhme*), Maria
    Magdalena am Kreuzesstamm, die den toten Christus berührt (*Das ver-
    schenkte Leben*) oder die Geißelung Christi in Verbindung mit »süßer
    Marterqual« der Liebe (*Lehen aus Gottes Hand*, S. 122).
112 *Sommernacht*, in: *GW IV*, S. 209. Vgl. ferner *Gefährdete Herzen. Schau-
    spiel*, in: *Nachlaßdramen II*, S. 219-259, hier: S. 239: »Bin gegen Venusse,
    Pfeile des Eros. Stiften nur Unruhe, richten den Schaden an«; *Der Herzog
    und die Baderstochter. Hörspiel*, in: *GW III*, S. 5-22, hier: S. 7: »Herzens-
    pfeil«; *Schlaflied*, in: *Holder Morgen. Lieder und Gedichte*, Wien 1942,
    S. 24: »Alle Pfeile, die mich trafen,/ steil mir noch im Herzen stehn.« In
    Melusine spricht er die »andere« (homosexuelle?) Liebe an: »Es gibt auch
    den anderen Amor, den mit den Dämonsflügeln, Feuerlippen, den mit den
    giftigen Pfeilen!« (*GW Dramen 3*, S. 110).

Verbirgt sich hinter der barockkatholischen Emblematik die Vorstellung, mittels Ekstase dem eingeweihten, frommen Menschen »ein visionäres und gleichzeitig passives Erleben und Hingeben«[113] zu ermöglichen, ihm eine pseudoerotische Methode zu offerieren, an dessen Ende die mystische Vereinigung mit Gott steht, so erfolgt hier quasi eine Umlenkung und Herabsetzung auf eine zwischenmenschlich-gleichgeschlechtliche Ebene: Hier bietet die intime Begegnung zwischen Mann und Mann »höchste Lust und größten Schmerz« zugleich.[114] Der durchdringende Pfeil meint folglich nicht die Gewißheit göttlicher Inbrunst, sondern die Verheißung des gottähnlich gesehenen oder erlebten Partners, oder, um es mit den Worten der Therese von Avila auszudrücken, genau jene (bei ihr religiös) erfahrene »Süßigkeit, die von diesem durchdringenden Schmerz erzeugt wird«, der so intensiv ist, »daß man unmöglich wünschen könnte, daß er aufhört«.
Diametral zu der variantenreich durchgespielten Erfahrung, seine Identität in einer Uniform verstecken, die »wahre Haut«[115] unter Tarnkappen verbergen zu müssen und dabei nichts sehnlicher zu wollen, als dieses andere verdrängte, verleugnete oder verbotene Ich allen sichtbar zu zeigen, steht das Verlangen, aus seiner Haut heraus zu wollen. Dieser Gedanke führt zu den im Dossier erwähnten *Rossen* zurück, genauer zu einer Gestalt aus der antiken Mythologie, die Billinger in das Milieu einer Bauernschmiede integriert. *Der Zentaur*, ein 1946 vollendetes Schauspiel, zu dem auch ein Hörspiel existiert, stellt ein Fabelwesen vor, das »zur Halbscheid a Roß«,[116] zur Hälfte ein Mensch

---

113 Fortan siehe Gottfried Biedermann, *»Lust und Leid« – Bemerkungen zum Thema Barock* bzw. Götz Pochat, *Lust und Leid – über die Darstellung der Affekte im Barock*, in: *Lust und Leid. Barocke Kunst – Barocker Alltag*, Katalog der gleichnamigen steiermärkischen Landesausstellung in Schloß Trautenfels, Graz 1992, S. 39-66.

114 Hubert Ratzinger meint ohne Bezugnahme auf Billingers Homosexualität, daß die Texte »Schreie einer wilden Wollust mit Tönen wilden Wehs vereinen [...]«; vgl. *Sankt Sebastian*, in: *Oberösterreichischer Kulturbericht XIX.*, Folgen 24-25, 9. Juli 1965, unpaginiert [S. 5] (Sonderdruck aus der Amtlichen Linzer Zeitung vom 9. Juli 1965).

115 Wolfgang Popp, *Männerliebe. Homosexualität und Literatur*, Stuttgart 1992, S. 133.

116 *Der Zentaur*, in: *GW. Dramen 4*, S. 127-183, hier: S. 136. *Der Zentaur. Hörspiel*. In: *GW III*, S. 223-246. Hermaphrodite Gestalten bevölkern auch das Stück *Melusine* (Nixe), »Roßmenschen«, »Roßmänner« oder damit verwandte »Roßreiter« tauchen auch in *Das verschenkte Leben* bzw. in *Asche des Fegefeuers* auf. Auch Zuckmayer verarbeitet das Motiv

(Mann) ist und aus seinem Zwitterdasein befreit werden will, als Mischwesen zur Gewalttätigkeit und Hinterlist neigt, was ihm auch als Mensch haften bleibt. Der Schmied vollzieht am ungebändigten Tiermenschen die Metamorphose vom Hermaphroditen zum ›richtigen‹ Mann, der fortan ein normales Arbeits- und Familienleben fristet. Mit einem Messer wird ihm die einzwängende Haut vom Leib gezogen, wird ihm eine andere Wesenseinheit verliehen.

Nacktheit und Blut, Haut und Wasser sind bei Billinger als vitalistische Metaphern unter der Prädominanz des Geschlechtlich-Trieblichen zu verstehen, die sich in eigenwillig ausgeformter Bildlichkeit und mehr oder weniger stark verkappten Versuchen niederschlagen, das schwule Ich zu bewältigen.

Schlußbetrachtung

Läßt man sich von der durchgehenden Schärfe des Geheimberichts und der Entschiedenheit, mit der Zuckmayer argumentiert, nicht beirren, erlaubt das Dossier Blicke hinter das offizielle Portrait einer Künstlerbeziehung, gibt Auskünfte sowohl über den von der Kritik wenig Geschonten als auch über den Verfasser selbst. Unter Berücksichtigung der autobiographischen wie literarischen Schriften beider Autoren hilft es mit, exemplarisch den Tiefstand einer Freundschaft anzuzeigen, die im Grunde am Menschlich-Allzumenschlichen gescheitert ist. Möglicherweise liefert Zuckmayer im Text verdeckt einen Hinweis für Gründe, warum die einmal aufgebrochene Kluft zwischen ihm und Billinger letztlich unüberbrückbar geworden war, wenn er seine Distanzierung indirekt damit erklärt, daß der ehemalige Freund »jederzeit zu jedem Verrat bereit« sei, gerade »an solchen Leuten, die er hasst, weil er ihnen etwas zu verdanken hat oder die seine Maske ›primitiver Urwüchsigkeit‹ durchschaut haben«.

im Gedicht *Über die Pferde*: »Herr, laß uns mit unserem Pferd verwachsen zu einem Leib, / Daß uns ein Wesen lebt, mit dem wir das gleiche wollen« (Carl Zuckmayer, *Abschied und Wiederkehr. Gedichte*, Frankfurt am Main 1997, S. 31).

Hans Bänziger

Zur Ablehnung Schaffners durch Zuckmayer

Das Sprichwort vom Propheten, der im eigenen Vaterland nichts gelte, möchte man gern auf Jakob Schaffner beziehen, denn er fühlte sich wirklich als Prophet und wurde aus politischen Gründen von den meisten seiner Landsleute rigoros abgelehnt und nicht mehr gelesen. Der vornehme Historiker Jean-Rudolf von Salis hat allerdings bis zuletzt seine dichterische Bedeutung betont. Weil Schaffner sich aber nicht mit *einem* Vaterland, sondern mit einem Vater- und einem Mutterland verbunden fühlte, kann das Sprichwort bei ihm nicht ohne weiteres zur Charakterisierung seines Wesens und seines Werdegangs herangezogen werden.

Sein Vater war Herrschaftsgärtner bei einem evangelischen Pfarrer in Basel, die katholische Mutter stammte aus einem badischen Dorf in der Nähe der Schweizer Grenze. Sie wanderte, da ihr Mann sehr früh starb, nach Amerika aus und überließ den kleinen Jakob der Obhut der katholischen Verwandten. Bald aber wurde der Knabe in einem vom Geist des Pietismus geprägten Waisenhaus versorgt. Schaffner beschrieb diese Zeit 1922 im Roman *Johannes. Roman einer Jugend*; der Roman wurde von bedeutenden Kritikern im In- und Ausland gelobt. Eduard Korrodi (der weiterum angesehene Feuilletonchef der *Neuen Zürcher Zeitung*) meinte gar, seit den *Buddenbrooks* sei wahrscheinlich keine Erzählung von ähnlicher Menschenfülle erschienen.[1]

Das Schicksal des Waisenknaben namens Johannes Schattenhold hat im Roman (wie in Wirklichkeit für Schaffner) eine traurige, dunkle Kulisse. Fast alle Insassen beherrscht die Ehrfurcht, ja Furcht vor dem patriarchalisch regierenden, streng protestantischen Herrn Vater, und stets plagt den Kleinen das Heimweh nach dem Dorf der lieben Verwandten. Angesichts dieses Dilemmas, in zwei Ländern und damit nirgends zuhause zu sein, denkt man unwillkürlich an vergleichbare Schicksale unglücklicher Schweizer, um das nur oberflächliche Verdikt Zuckmayers besser einzuordnen.

Zunächst ein Wort zum bedeutenden Zeitgenossen Schaffners aus der Suisse Romande Charles Ferdinand Ramuz. Für ihn konnte die

---

[1] Eduard Korrodi, *Schweizerdichtung der Gegenwart*, Frauenfeld 1924, S. 60.

Verlockung durch das große Nachbarland Frankreich nicht so groß
sein wie für Schaffner, der aus einer Mischehe stammte und vom Land
seiner Mutter schon früh fasziniert war. Ramuz schrieb selber im Essay
Besoin de Grandeur (1936) vom ungestillten Bedürfnis mancher
Schweizer, den kleinlichen Verhältnissen zuhause zu entfliehen und
Größe anderswo zu suchen. Er verstand die verlockenden Erneue-
rungsversprechen aus Süden und Norden als wirkliche Versuchung,
blieb ihr gegenüber aber kritisch. Er wußte, daß es auch in früheren
Jahrhunderten, während und nach der Epoche des Reisläufertums, für
arme Eidgenossen ähnliche Verlockungen gab.

Der große Gelehrte Albrecht von Haller – dank seiner Dichtung *Die
Alpen* (1729) hat er seinen Platz auch in der Literaturgeschichte behalten – wurde als Naturwissenschaftler schon früh in aller Welt von Für-
sten und berühmten Männern der Wissenschaft geehrt. Kaiser Franz I.
erhob ihn 1749 in den erblichen Adelsstand; seine Heimatstadt aber
anerkannte seine Talente erst, als er auf die Anerkennung gut hätte verzichten können. Ein Leben lang setzte er sich nicht zuletzt auf Grund
eigener schlimmer Erfahrungen mit dem Phänomen Ruhm und Ehre
auseinander; im sehr langen Gedicht *Über die Ehre* kommen neben
dem Hinweis auf Ehre als einem Grundpfeiler aller Tugend auch ihre
schlimmen Verlockungen zur Sprache. Haller charakterisiert sie unter
anderem als »Irrlicht« und »bezaubernd Unding«. Die Charakterisierung läßt sich leicht auf Jakob Schaffners Leben übertragen.

Im ›Dritten Reich‹ wurde er als Verfasser beliebter Romane mit offenen Armen empfangen, und schon in den zwanziger Jahren versuchte
man, ihn von der neuen Ideologie zu überzeugen. Wenn man zuhause
vor den schönen Versprechungen warnte, meinte er in der Warnung die
Engstirnigkeit spießbürgerlicher Landsleute zu entdecken. Oft verließ
ihn die Souveränität und jener Humor, der vielleicht am überzeugend-
sten im Roman *Die Glücksfischer* (1925) zum Ausdruck kommt. Der
Roman handelt von zwei Schweizer Burschen, die in Deutschland mehr
Glück erwarten und teilweise auch finden. Der eine verliebt sich in die
kluge, mondäne Gattin eines Großindustriellen. Trotz seiner lächer-
lichen Liebedienerei findet die Deutsche ihn sympathisch und weist ihn
schließlich auf seine eigenen Werte zurück. Es gibt im Roman köstliche
Szenen der Gegenüberstellung deutscher Gerissenheit und schweize-
rischer Unbeholfenheit. Doch die lustige Seite von Groß und Klein hatte für Schaffner auch eine traurige Kehrseite.

Seine Veranlagung, die Probleme der Herkunft und die schwierige
Situation des Kleinstaates Schweiz angesichts jenes Deutschland, das seit
den ersten Dezennien des 20. Jahrhunderts wieder Großmacht werden

wollte, prädestinierten ihn zu mancherlei Irrfahrten. Dies ein von ihm selber häufig verwendeter Ausdruck. »Irrfahrten« lautete der Titel des ersten, 1905 bei Samuel Fischer veröffentlichen Romans.

Seine Tragik war, daß er der Ideologie der Nationalsozialisten fast blind zu vertrauen begann. Er hoffte, daß auch die Schweiz aus ihrer »Geschichtslosigkeit« erwache, wie nach ihm noch viele sensible Mitbürger es auf andere Weise ersehnten. Karl Schmid hat dieses »Unbehagen am Kleinstaat« 1963 überzeugend dargestellt.[2]

Im Buch *Kampf und Reife* (1939) erzählt Schaffner unter anderem von seinen Wanderjahren und den Gefühlen des zwischen Heimweh und Fernweh hin und her Gerissenen und drückt die Hoffnung aus, die sich für ihn am Ende des Zweiten Weltkriegs als Illusion erweisen sollte: »In gewisser Hinsicht darf ich sagen, daß mein ganzes Leben seit dem Auszug aus der Heimat eine Vorbereitung zu einer würdigen Rückkehr geworden ist.«[3] Schaffner starb während der Bombardierung Straßburgs im September 1944 in einem Luftschutzkeller.

Carl Zuckmayers Vorwurf, Schaffner sei ein »Nazi-Apostel« gewesen und habe als Schweizer freiwillig »heftige Nazipropaganda gemacht«, muß im Großen und Ganzen akzeptiert werden. Die folgende Behauptung jedoch, Schaffner habe »alles Mögliche versucht, in Artikeln, Büchern, Vorträgen usw. [...] die Eidgenossen zu begeistern und innerlich sturmreif zu machen«, ist falsch; es muß darauf zurückgeführt werden, daß sich der Verfasser für den Fall Schaffner eingestandenermaßen nicht interessierte und offenbar kaum etwas von dessen Schriften gelesen hat. Man darf meines Erachtens Schaffners Äußerung im Bericht *Volk zu Schiff. Zwei Seefahrten mit der KdF-Hochseeflotte* (1936) prinzipiell Vertrauen schenken; Schaffner schreibt, wenn die Deutschen seine Heimat angreifen würden (was seines Erachtens nie geschehen werde, weil die Nationalsozialisten die freie Selbstbestimmung der Völker achteten [sic]), würde er auf die Angreifer schießen, allerdings weiter Nationalsozialist bleiben.[4]

2 Karl Schmid, *Unbehagen am Kleinstaat. Untersuchungen über F.F. Meyer, H.-F. Amiel, J. Schaffner, Max Frisch, Jacob Burckhardt*, Stuttgart 1963.

3 So im letzten Kapitel von *Kampf und Reife*, Stuttgart 1939, S. 577. Das Kapitel beginnt mit dem zitierten Satz. Der Untertitel dazu lautet *Ein Testament*, der letzte Untertitel des Kapitels *Ende der Heimat*.

4 Jakob Schaffner, *Volk zu Schiff. Zwei Seefahrten mit der »KdF«-Hochseeflotte*, Hamburg 1936, S. 10.

Er war nie Mitglied der NSDAP und nur wenige Jahre Frontist,[5] hat aber in unkritischem Vertrauen darauf gehofft, daß die Neuerungen des ›Dritten Reiches‹ Europa und damit auch die Schweiz erwachen lassen. (Die Meinung, er könnte sich vorstellen, daß die Schweiz dereinst im großen deutschen Reich integriert werden könnte, hat übrigens zum Schrecken vieler seiner Freunde ein Jahrhundert zuvor sogar Gottfried Keller einmal ausgesprochen.) Die für die ganze Schweizer Kultur virulente und meist auch fruchtbare Spannung zwischen Heimat und Fremde wurde für ihn zu einem Dilemma mit den schlimmsten Konsequenzen.

[5] Siehe die Belege dazu in: Hans Bänziger, *Heimat und Fremde. Ein Kapitel* »*Tragische Literaturgeschichte*« *in der Schweiz: Jakob Schaffner, Robert Walser, Albin Zollinger*, Bern 1958, vor allem S. 154, Anm. 41.

Heidrun Ehrke-Rotermund

»Ein Vertreter hohen Geistes«, moralisch disqualifiziert?

Gottfried Benn im Urteil Carl Zuckmayers

Obwohl Gottfried Benn zur Gruppe der »negativ« beurteilten Autoren in Carl Zuckmayers Geheimbericht gehört, wird er doch ausdrücklich von ebenfalls dort behandelten »Nazi-Kreaturen« wie Hans Reimann und Sigmund Graff oder »Schubiacks« wie Hans Rehberg und Richard Billinger[1] abgesetzt. Seine Parteinahme von 1933 für das ›Dritte Reich‹ entsprang demnach weder »Opportunismus« und »Anschmeisserei« noch sollte sie »äusseren Erfolg« erkaufen (vgl. S. 74-77). Dieser Befund stimmt mit Benns Selbsteinschätzung in seiner autobiographischen Schrift *Doppelleben* überein.[2] Auch die *Basler Nachrichten* rechneten den Autor 1935, obwohl sie ihn als »Theoretiker des Nationalsozialismus« betrachteten, nicht zu den »Konjunkturrittern«.[3] Dagegen charakterisierte Klaus Mann ihn in seinem Roman *Mephisto* (1936) vermittels der Figur des Lyrikers Benjamin Pelz als »zynische[n] Tatmenschen«:[4]

> Einst war er ein wenig weltfremd gewesen, nun aber wurde er immer gesellschaftsfähiger und gewandter. Er gewöhnte sich rasch an die große Welt, in deren exklusive Zirkel seine hochmoderne Vorliebe für die tiefsten Schichten, die magische Höhle und das süße Parfüm der Verwesung ihm Eintritt verschaffte. Er leitete als Vizepräsident die Geschäfte der Dichterakademie.[5]

Zuckmayers Dossier zufolge war Benns Option für den »neuen Staat« jedoch »ehrlich«. Sie habe sich in den zwanziger Jahren organisch aus

---

1 Vgl. Zuckmayers Beurteilung dieser Autoren im *Geheimreport*, S. 57-73.
2 Gottfried Benn, *Doppelleben. Zwei Selbstdarstellungen*, Wiesbaden 1950, S. 103 f.
3 A.G., *Sparta als Vorbild. Ein Theoretiker des Nationalsozialismus*, in: *Basler Nachrichten* vom 20./21. April 1935, S. 66 f.; vgl. dazu Max Niedermayer, *Gottfried Benns Briefe aus Hannover an Ellinor Büller-Klinkowström*, in: Gottfried Benn, *Den Traum alleine tragen. Neue Texte, Briefe, Dokumente*, hrsg. von Paul Raabe und Max Niedermayer, München 1969, S. 166.
4 Klaus Mann, *Mephisto. Roman einer Karriere*, Reinbek 1980, S. 333.
5 Ebd., S. 303.

seiner echten »geistige[n] Verzweiflung«, seinem »Unbehagen an der
Kultur« entwickelt, welche beide eine legitime Reaktion auf die allgemeine Problematik der Zeit gewesen seien.[6] Schon 1931/32 gebe es in
dem »erschütternden Aufsatz« *Abschied* aus der »›linksradikalen‹
Weltbühne«[7] die Vorstellung von einem »Neuen«, das sich nur um den
Preis der Zerstörung aller bisherigen Kultur und Humanität durchsetzen könne.

6   Vgl. dazu Klaus Manns Brief an Benn vom 9. Mai 1933, in dem die Partei-
    nahme des Autors für die Nazis ebenfalls in einen Zusammenhang mit
    seiner geistigen Entwicklung, insbesondere mit seinem Abscheu vor dem
    »Vulgärmarxismus« eines Siegfried Kracauer, gebracht wird (Brief von
    Klaus Mann an Benn vom 9. Mai 1933, zit. nach Ludwig Greve / Ute Do-
    ster / Jutta Salchow, *Gottfried Benn 1886-1956. Eine Ausstellung des
    Deutschen Literaturarchivs im Schiller-Nationalmuseum Marbach am
    Neckar*, 2. Aufl., Marbach 1986, S. 200 f.).
7   Ein Aufsatz Benns mit dem Titel *Abschied* existiert nicht. In den Jahrgän-
    gen 1929-1933 der *Weltbühne* gibt es nur einen einzigen Beitrag des Au-
    tors. Er heißt *Die neue literarische Saison* (in: *Die Weltbühne*, Jg. 27, 1931,
    Nr. 37, S. 402-408) und wurde am 28. August 1931 im Berliner Sender
    vorgetragen. Hierin finden sich Passagen, die dem Zuckmayerschen Refe-
    rat zugrundeliegen dürften. Es geht um den Gegensatz zwischen dem wah-
    ren Künstler, der »die Zeit durch seine Existenz zeugend legitimiert[]«, und
    den »Literaten«: »Vielleicht wird er [ein Beobachter ›nach weitern hundert
    Jahren‹] dann einen [Künstler] sehn, ich heute sehe ihn nicht. Es müßte ja
    auch ein riesiges Gehirn sein, schon wegen der Wucht des Instichlassens
    [sic!] alles dessen, was bewährt und giltig in unsrer Öffentlichkeit steht.
    [...], [...] langes Schweigen müßte es haben und [...] Hinwegsehn über alle
    Stätten alten Spiels und alten Traums. Salzburg, Wien, den Kurfürstendamm
    [...] müßten vor ihm versinken, ja – so melancholisch es ist, es auszuspre-
    chen, [...]: es müßte auch Paris verlassen. [...]: die wahrhaft große abend-
    ländische Haltung der Latinität, [...] aber wir sind weiter gegangen, haben
    mehr erlebt, [...], als daß wir uns einen Ausdruck bei der gesicherten und
    traditionell gebundenen Form des klassisch-antikisierenden Geistes leihen
    dürften. Es müßte weiter gehn dies große Gehirn: ganz gestimmt auf die
    Fuge des neuen sich ankündigenden Weltgefühls: [...]. Von diesem Blick
    aus, glaube ich, wird sich das neue Menschheitsgefühl entwickeln, von die-
    sem Blick aus wird der Individualismus abgebaut werden, der psychologi-
    sche und intellektualistische unsrer Tage, nicht durch das Gekräusel von
    Literaten und nicht durch soziale Theorien« (ebd., S. 407 f.). Vgl. dazu
    auch Benns Brief an Carl Werckshagen, in dem er seine Berliner Rundfunk-
    rede vom 24. April 1933 erläutert: »Mir liegt daran, zunächst mal öffent-
    lich zu zeigen, daß ein Intellektueller, der Zeit seines Lebens auf Klasse ge-

Dieser relativ ausführliche und verständnisvolle Rekurs auf Benns kulturkritische Vorstellungen erklärt sich bis zu einem gewissen Grade aus Zuckmayers »Annäherung [...] an Positionen jungkonservativer Politiker und Publizisten zu Beginn der dreißiger Jahre«[8] sowie seiner ambivalenten Zuversicht im Hinblick auf eine positive Entwicklung des deutschen Volkes mit dem »Wissen um alles Unmögliche und Ungeheuerliche«[9] vermischenden Haltung in den ersten Jahren nach der nationalsozialistischen »Machtergreifung«. Zuckmayers Verständnis hängt aber auch mit seiner Hochschätzung von Benns »geistigem Niveau« zusammen. Noch die Autobiographie *Als wär's ein Stück von mir* (1966) zeigt durch ihre beiden Zitate aus *Gesänge I-II* am Anfang und Schluß,[10] daß sowohl der junge wie auch der alte Zuckmayer von Benn entscheidende Impulse erhielt. 1917 schreibt er sich »als Weckruf [...] auf die erste Seite [s]eines Arbeitsheftes« einen Vers aus *Fleisch*, der gerade erschienenen dritten Lyriksammlung des Autors:

Verächtlich sind die Liebenden, die Spötter,
Alles Verzweifeln, Sehnsucht, und wer hofft –.[11]

Die Verse waren als Motto für einen neuen Lebensabschnitt gedacht. Sie sollten signalisieren, daß es in Zuckmayers Kopf »hell und klar« geworden war und er begonnen hatte, den Krieg und seine Lage kri-

---

halten hat, trotzdem zum neuen Staat positiv stehen kann, stehen *muß*! Schmerzlich ist natürlich die Absage u Trennung in Bezug auf alte ›liberale‹ Werte u. Personen. Aber das Gesetz der Geschichte ist so völlig klar, m.E., daß kein Zögern möglich ist« (zit. nach Greve/Doster/Salchow, *Gottfried Benn 1886-1956*, a.a.O. [Anm. 6], S. 194).

8 Vgl. Gunther Nickel, *Des Teufels General und die Historisierung des Nationalsozialismus*, in: Gunther Nickel (Hrsg.), *Carl Zuckmayer und die Medien. Beiträge zu einem internationalen Symposion*, Teil 2 (= Zuckmayer-Jahrbuch, Bd. 4,2), S. 608.

9 Brief Zuckmayers an Albrecht Joseph vom 25. November 1935, ebd., S. 609.

10 Carl Zuckmayer, *Als wär's ein Stück von mir. Horen der Freundschaft*, Frankfurt am Main 1997, S. 283, 667. Persönlich scheint Zuckmayer Benn nicht gekannt zu haben, jedenfalls kommt dieser in der Autobiographie nur mit seinen Gedichten vor.

11 Gottfried Benn, *Gesänge I-II* (II,1-2; I,1), in: *Die Aktion*, Jg. 3, 1913, Nr. 9, Sp. 270 (Erstdruck) und in: *Fleisch. Gesammelte Lyrik*, Berlin-Wilmersdorf, [März] 1917, S. 44. Bezeichnenderweise erwähnt Zuckmayer das »Gedichtbuch ›Fleisch‹« im Dossier, um Benn als den »esoterischste[n] Lyriker des Expressionismus« zu charakterisieren.

tisch zu durchdenken, »scharf, logisch, nüchtern, ohne Illusion, ohne
Hoffnung, ohne Selbstbetrug«. Aber was sich gegen jede Art von
»Rausch« richtete, schlägt ins Gegenteil um:

> Ich verachtete mich selbst für jeden Anflug eines Rauschgefühls,
> während sich in mir der neue, chiliastische Rausch, der Glaube an
> die ›letzte Schlacht‹, an den kommenden Völkerfrühling, an eine ver-
> änderte, bessere Welt schon vorbereitete.[12]

An dieser Stelle der Autobiographie scheint der Zuckmayer von 1966
anzudeuten, daß er selbst im Gefolge Benns einmal in Gefahr war, auf
problematische Heilslehren hereinzufallen, auch wenn er ihnen nicht
wie dieser am Ende wirklich erlag. Trotzdem zweifelt er in seinem Gutachten von 1943 nicht daran, »ein[en] Vertreter hohen Geistes« vor
sich zu haben, den bis 1933 Welten von der »völlige[n] Qualitätslosig-
keit« des Nationalsozialismus trennten. In dieser Ansicht stimmte er
mit Klaus Mann überein, der in seinem Brief vom Mai 1933 die »bei-
spiellos[e]« nationalsozialistische »Niveaulosigkeit« in Kontrast zum
Namen Benns als dem »Inbegriff des höchsten Niveaus und einer geradezu fanatischen Reinheit« gesetzt hatte.[13]

Konsequenterweise diagnostizierte Zuckmayer dann aber nach dem
Seitenwechsel bei Benn einen »sofortigen rapiden [...] Sturz seiner
dichterischen Fähigkeiten«. Als Beweis für den Qualitätsverlust dienten ihm die »greulichen Verse[]« des Anfangs von *Dennoch die Schwerter halten* vom August 1933.[14] Mit ihrem Erscheinen in der Berliner
Ausgabe der *Deutschen Allgemeinen Zeitung*[15] habe sich der Autor
zum »Fürsprech« des »Führer- und Hitlermythos« gemacht. Zuckmayer

---

12 Zuckmayer, *Als wär's ein Stück von mir*, a.a.O. (Anm. 10), S. 283.

13 Klaus Mann an Benn, zit. nach Greve/Doster/Salchow, *Gottfried Benn
   1886-1956*, a.a.O. [Anm. 6], S. 199.

14 Zuckmayer datiert die erste Publikation des Gedichtes irrtümlich auf 1934.
   Es erschien aber schon im Sommer 1933. Das ist insofern wichtig, als Mitte
   1934, insbesondere im Zusammenhang mit dem »Röhm-Putsch«, bereits
   Benns Distanzierung vom Nationalsozialismus erfolgte. Auch beim Zitieren unterlaufen Zuckmayer Irrtümer. Er schreibt in der ersten Zeile »Der
   kategorische Nenner« statt »Der soziologische Nenner« und in der zweiten
   Zeile »Jahrhunderte« statt »Jahrtausende«.

15 Gottfried Benn, *Dennoch die Schwerter halten* –, in: *Deutsche Allgemeine
   Zeitung* (Berlin) vom 27. August 1933, Sonntagsbeilage und Gottfried
   Benn, *Gedichte*, in: *Die Literatur. Monatsschrift für Literaturfreunde*,
   Jg. 36, 1933/34 (Oktober 1933), S. 12.

übersah bei dieser Einschätzung, daß das Gedicht trotz seiner »hero-isch-pathetische[n] Töne der Schicksalsbejahung«[16] ausdrücklich das Leiden des Einzelnen[17] in den Mittelpunkt stellte und damit zumindest den Ideologemen des kämpferischen Tat- und Willensmenschen und der Volksgemeinschaft widersprach.[18] Der Gehalt des Gedichts ist da-her nicht so eindeutig und ungebrochen nationalsozialistisch, wie er sich aus der Perspektive des Exils darbot.

Obwohl Zuckmayer in seinem Dossier sich zunächst darum bemüht, die geistige Entwicklung des von ihm als Künstler hochgeschätzten Benn differenziert nachzuzeichnen und dadurch zu erklären, warum ein Dichter von solchem Format sich mit dem Nationalsozialismus ein-ließ, steht er letztlich doch ratlos vor diesem unbegreiflichen Bruch, in dem sich das eigentlich Unvereinbare vereinte. Benn begrüße »›das Neue‹« »auch in seiner verzerrtesten und abscheulichsten Gestalt«. Das Versagen aller Beurteilungskategorien zeigt sich schon in Zuck-mayers Wortwahl, die keinen rationalen Vorgang, sondern eine zwang-hafte Verführung nahelegt. Es bleibt ihm letztlich unbegreiflich, warum Benn »dem Rassenmythus und der Blutmystik« und »sogar dem Füh-

---

16 Friedrich Wilhelm Wodtke, *Gottfried Benn*, 2. Aufl., Stuttgart 1970, S. 55.
17 Das Bekenntnis Benns zu Individualität und Leiden, welches er 1931 in seinem Aufsatz *Die neue literarische Saison* (a.a.O. [Anm. 7], S. 406) dem sowjetischen Kunsttheoretiker Tretjakow entgegenhielt, findet sich ähnlich im Gedicht *Dennoch die Schwerter halten* (a.a.O. [Anm. 15]): »Auch wer nicht weniger radikal als die patentierten Sozialliteraten das nahezu Unfaß-bare, fast Vernichtende unsrer jetzigen Wirtschaftslage, vielleicht unsres Wirtschaftssystems empfindet, muß sich meiner Meinung nach doch zu der Erkenntnis halten, daß der Mensch in allen Wirtschaftssystemen das tra-gische Wesen bleibt, das gespaltene Ich, [...] dessen Dissonanzen nicht sich auflösen im Rhythmus einer Internationale, der das Wesen bleibt, das leidet [...]. Und selbst wenn man die ganze Epoche des Individualismus aus-löschen könnte, die ganze Geschichte der Seele von der Antike bis zum Ex-pressionismus: eine Erfahrung bliebe gegenüber der innern Raumlosigkeit dieser Tretjakow-Vorstellung als große Wahrheit durch alle Saisons, durch alle geschichtlichen Epochen bestehn: wer das Leben organisieren will, wird nie Kunst machen, der darf sich auch nicht zu ihr rechnen; Kunst machen, ob es die Falken von Ägypten sind oder die Romane von Hamsum [sic!], heißt vom Standpunkt der Künstler aus, das Leben ausschließen, es verengen, ja es bekämpfen, um es zu stilisieren«.
18 Vgl. dazu auch Reinhard Alter, *Gottfried Benn. The Artist and Politics (1910-1934)*, Bern, Frankfurt am Main, München 1976, S. 123 f.

rer- und Hitlermythos« – wie es zweimal heißt – »verfiel«.[19] Da er den
Umsturz in Deutschland aber in ähnlicher Weise als »lawinenartig
blinde[s] Geschehen und [...] qualvoll dunklen Volksdrang nach ›mythisch heroischer‹ Verbundenheit« deutet, scheinen mit dieser den eigenen Willen lähmenden Überwältigung und Verführung so etwas wie
mildernde Umstände gegeben zu sein. Und wirklich führt Zuckmayer
noch andere Entlastungsmomente an: So betont er die objektive Hilf-
losigkeit gegenüber »einer sich zerlösenden Geistesepoche« wie der der
Weimarer Republik und weist auch darauf hin, daß die linksradikalen
Intellektuellen die »Kultur« im Falle einer sozialistischen Revolution
ebenso wie Benn geopfert hätten. Darüber hinaus stellt er fest, dessen
Option für den Nationalsozialismus sei zeitlich begrenzt gewesen und
jeder »äussere [...] Erfolg« im ›Dritten Reich‹ wäre »konsequent aus-
[ge]blieb[en]«.
    Es gibt aber für Zuckmayer einen Verstoß Benns, den er als unver-
zeihlich betrachtet und dem er durch eine detailliertere Darstellung am
Schluß besonderes Gewicht verleiht. Gemeint ist der Artikel *Ahnenschwierigkeiten* vom Juni 1934, in dem der Autor u.a. seine »arische«
Herkunft nachzuweisen versuchte.[20] Durch die »hoch peinliche Apolo-
gese – daß er mit dieser Rasse [der jüdischen] nichts zu tun habe« distanzierte sich Benn in Zuckmayers Augen von den verfolgten Juden
und disqualifizierte sich dadurch ein für allemal moralisch.[21] Insbe-

19 Vgl. dazu auch den die eigene Täterschaft negierenden Ausdruck »passieren« im Zusammenhang mit dem Artikel *Ahnenschwierigkeiten*. Dieser
   wird bezeichnet als etwas, das »einem Vertreter hohen Geistes auch in Zeiten der Verdunkelung und Verwirrung nicht hätte passieren dürfen«.
20 Gottfried Benn: *Ahnenschwierigkeiten*, in: *Deutsche Zukunft*, Jg. 2, 1934,
   Nr. 26, S. 1, 2 und 6.
21 Vgl. dazu auch Peter de Mendelssohn: »Auf späteren Seiten des ›Doppelleben‹ [...] werden große Worte gesagt der Dankesschuld und der Verpflichtung gegenüber Deutschlands Juden. Aber, Hand aufs Herz, was kann der-
   lei gelten nach diesem [den Ahnenschwierigkeiten]? In der entscheidenden
   Stunde kannte er sie nicht, hatte nie von ihnen gehört, erklärte, es habe sie
   nie gegeben« (Peter de Mendelssohn, *Der Geist in der Despotie. Versuche
   über die moralischen Möglichkeiten des Intellektuellen in der totalitären
   Gesellschaft*, Berlin-Grunewald 1953, S. 254 f.). Für Benns Haltung den
   verfolgten Juden gegenüber ist aufschlußreich, daß er in seinem für »deutsche Eugenik« und »deutsche[] Züchtung« plädierenden Artikel *Geist und
   Seele künftiger Geschlechter* (in: *Die Woche*, Jg. 35, 1933, Nr. 38, S. 1094,
   1096) vom September 1933 Jüdisches mit keinem Wort erwähnt, sein Begriff »weiße Rasse« vielmehr »das Mittelmeer« einschließt (vgl. dazu auch

sondere die »reinen Quellen« seiner Dichtung sah der Gutachter als »in recht mutloser Weise getrübt« an. Obwohl er nicht so explizit wurde wie Klaus Mann, Egon Erwin Kisch oder Peter de Mendelsohn, warf auch er Benn indirekt unter Hinweis auf diesen Akt eines feigen Konformismus »Verrat am Geist« vor.[22] Sein Gesamturteil fiel daher trotz aller Würdigung der Ehrlichkeit des Autors, trotz aller Bemühung um eine differenzierte Nachzeichnung seiner Entwicklung und Hochschätzung seiner Dichtung negativ und pessimistisch aus. Er hielt Benn letztlich für unverbesserlich und traute ihm keine wirkliche Wandlung zu. Positive Impulse für ein freies Nachkriegsdeutschland könnten von ihm nicht mehr ausgehen.

Benns Weg im ›Dritten Reich‹ wird in Zuckmayers Dossier ohne Detailkenntnisse[23] – aber, was die großen Linien betrifft, durchaus korrekt[24] – nachgezeichnet. Der Hauptakzent liegt allerdings dabei auf den beiden Anfangsjahren des pronationalsozialistischen Engagements. Die die folgenden zehn Jahre prägende Distanz des Autors zum faschistischen Staat kommt dagegen nur in knappen Hinweisen auf die Angriffe des Regimes gegen seine expressionistische Lyrik und die über ihn verhängte völlige öffentliche Nichtbeachtung zum Ausdruck. Hans Mayer hat gerade auch im Hinblick auf Benn von »einer unerlaubt

---

Benn, *Doppelleben,* a.a.O. [Anm. 2], S. 80 ff.). Nur im Zusammenhang mit seinem Existenzkampf wird im Juni 1934 in *Ahnenschwierigkeiten* das Judentum thematisiert. Aus dem Briefwechsel des Autors geht hervor, daß er auch nach 1933 die Kontakte zu seinen jüdischen Freunden weiterführte (Benn, *Den Traum alleine tragen,* a.a.O. [Anm. 3], S. 160, 179, 188 f. und 198): »Nächst dem jüdischen ist mir ja das adlige das liebste Milieu« (Benn an Ellinor Büller-Klinkowström, 4. Dezember 1935, ebd., S. 177).

22 Vgl. dazu Egon Erwin Kisch, *Literatur und Emigration. An Herrn Dr. Gottfried Benn!* in: *Aufruf. Streitschrift für Menschenrechte* (Prag), Jg. 3, 1932/33, Nr. 9 (Juni 1933), S. 7, zit. nach Greve/Doster/Salchow, *Gottfried Benn 1886-1956,* a.a.O. [Anm. 6], S. 206; Klaus Mann an Benn, zit. nach ebd., S. 201; Peter de Mendelsohn, *Der Geist in der Despotie,* a.a.O. (Anm. 21), S. 254.

23 Auch Benns aktive Rolle bei der Selbstgleichschaltung der Berliner Dichterakademie war Zuckmayer offenbar unbekannt, sonst hätte er sie wohl kritisch herausgestellt. Vgl. dazu Werner Mittenzwei, *Der Untergang einer Akademie oder die Mentalität des ewigen Deutschen. Der Einfluß der nationalkonservativen Dichter an der Preußischen Akademie der Künste 1918-1947,* Berlin, Weimar 1992, S. 230-239.

24 Wie in Anm. 14 dargelegt, machte Zuckmayer aber Fehler bei Datierung und Zitat des Gedichtes *Dennoch die Schwerter halten.*

negativen Fehleinschätzung der kulturellen Situation im ›Dritten Reich‹
durch die Exilanten« gesprochen:

> Man war nicht genügend unterrichtet, legte nach etwa zwei Jahren
> Hitlerherrschaft kaum mehr genügend Wert darauf, es genau wissen
> zu wollen. Was Gottfried Benn unter dem Titel *Kunst und Macht* im
> Jahre 1934 geschrieben hatte, vorbereitet durch Rundfunkreden in
> Berlin über den *Neuen Staat und die Intellektuellen*, also gegen die
> Emigranten, blieb bei denen unvergessen. Daß jener Redner über
> *Kunst und Macht* bald darauf selbst vom *Schwarzen Korps* gejagt
> und aus Berlin vertrieben wurde, nahm man ›draußen‹ kaum mehr
> zur Kenntnis, höchstens mit einiger Schadenfreude. Damit war auch
> für die kommenden Jahre alles abgetan, was Benn in seiner ›inneren‹
> Emigration als Arzt der Reichswehr und in Hannover im Weinhaus
> Wolf schreiben und meditieren mochte.[25]

Auf jeden Fall war es Zuckmayer aus der Ferne unmöglich, Benns
gesamte Lage adäquat im Kontext der Diktatur zu analysieren. Daher
erschienen ihm viele Handlungen und Reaktionen unerklärlich und
irrational. Der Artikel *Ahnenschwierigkeiten* beispielsweise steht jedoch in engem Zusammenhang mit dem Kampf des Schriftstellers
um seine berufliche Existenz als Arzt und verliert von dort aus gesehen
einiges von seinem belastenden Charakter: Am 7. Oktober 1933 de-
nunzierte der nationalkonservative Balladendichter Börries Freiherr
von Münchhausen ihn als Exponenten eines unsittlichen, jüdisch dominierten Expressionismus.[26] Der polemische Aufsatz *Die neue Dich-*

---

25 Hans Mayer, *Konfrontation der inneren und äußeren Emigration: Erinne-
    rung und Deutung*, in: *Exil und innere Emigration. Third Wisconsin
    Workshop*, hrsg. von Reinhold Grimm und Jost Hermand, Frankfurt am
    Main 1972, S. 81; vgl. dazu auch Gottfried Willems, *Großstadt- und Be-
    wußtseinspoesie. Über Realismus in der modernen Lyrik, insbesondere im
    lyrischen Spätwerk Gottfried Benns und in der deutschen Lyrik seit 1965*,
    Tübingen 1981, S. 15. Willems geißelt bei der Darstellung der inneren Emi-
    gration Benns die Literaturwissenschaft wegen der in ihr zu beobachtenden
    »Kunst des Einfließenlassens halbwahrer Halbsätze, wie sie zur Aufrecht-
    erhaltung eines bestimmten Benn-Bildes offenbar unentbehrlich ist«.
26 Börries Freiherr von Münchhausen, *Die neue Dichtung*, in: *Deutscher Al-
    manach für das Jahr 1934*, Leipzig: Reclam 1933, S. 28-36. Benn beant-
    wortete Münchhausens Angriff auf die expressionistische Dichtung und
    ihre Repräsentanten mit einem scharfen Protestbrief (Benn an Münchhau-
    sen, 15. Oktober 1933, zit. nach Reinhard Alter, *Gottfried Benn und Bör-
    ries von Münchhausen. Ein Briefwechsel aus den Jahren 1933/34*, in: *Jahr-*

tung[27] wurde von 34 Tageszeitungen nachgedruckt.[28] Im Rahmen dieser Kampagne entzog der nationalsozialistische Ärztebund – unter Hinweis auf den angeblich jüdischen Mädchennamen seiner Mutter – Benn Ende des Jahres das Recht zur Ausstellung »bestimmte[r] Atteste«,[29] wodurch die Privatpraxis in Gefahr geriet. Im Frühjahr 1934 lehnte von Münchhausen es dann in einem Brief an die Geschäftsstelle der »Union nationaler Schriftsteller« auch noch ab, in diese Organisation einzutreten, weil ihr der »fast reinblütig[e] Jude[]« Benn als Vizepräsident vorstehe.[30] Um seine Praxis zu retten, nahm der Autor daher nicht nur an nationalsozialistischen Schulungsabenden teil,[31] sondern drängte von Münchhausen auch im April brieflich dazu, in einer »Erklärung« sein »Ariertum« anzuerkennen. Vor allem suchte er seinem Kontrahenten klarzumachen, daß dieser »staatspolitische[] Begriff« im ›Dritten Reich‹ Rechte »verleih[e] [...] und entzieh[e]«[32]:

[...] ich bestätige Ihnen [Münchhausen] den Eingang Ihres Schreibens vom 21. d. M. und danke Ihnen für die Erklärung, daß Sie mich von jetzt an für einen Arier halten wollen. Ich bedurfte dieser Erklä-

---

buch der Deutschen Schillergesellschaft, hrsg. von Fritz Martini, Walter Müller-Seidel, Bernhard Zeller, Jg. 25, 1981, S. 154 ff.) und im November mit dem Artikel *Bekenntnis zum Expressionismus* (in: *Deutsche Zukunft*, Jg. 1, 1933, Nr. 4, S. 15-17).

27 Alter, *Gottfried Benn und Börries von Münchhausen*, a.a.O. (Anm. 26), S. 139.

28 Harald Steinhagen, *Die statischen Gedichte von Gottfried Benn. Die Vollendung seiner expressionistischen Lyrik*, Stuttgart 1969 (Veröffentlichungen der deutschen Schillergesellschaft Bd. 28), S. 31.

29 Der NS-Ärztebund leitete den Namen »Jequier« vom jüdischen »Jacob« her (Benn, *Doppelleben*, a.a.O. [Anm. 2], S. 106).

30 Vgl. Benn an Münchhausen, 18. April 1934, zit. nach Alter, *Gottfried Benn und Börries von Münchhausen*, a.a.O. (Anm. 26), S. 164. Vgl. dazu auch: »Mir [Münchhausen] ist ganz fabelhaft interessant, daß Sie [Benn] selber nie auf den Verdacht jüdischen Blutes in sich gekommen sind, ja, daß Sie Ihrer Sache so sicher scheinen, daß Sie in der Akademie oder im Pen-Club oder sonst hervortreten und sich jener Kritik aussetzen, der Wir an der Öffentlichkeit alle ausgesetzt sind [...]. – Ich glaube, daß Sie aus Blutmischung ein ›Wanderer zwischen zwei Welten‹ sind, und daß die *Klarheit dieser Erkenntnis Sie zu einem glücklichen Manne machen könnte*« (Münchhausen an Benn, 17. April 1934, zit. nach ebd., S. 163).

31 Benn, *Doppelleben*, a.a.O. (Anm. 2), S. 106 f.

32 Benn an Münchhausen, 18. April 1934, zit. nach Alter, *Gottfried Benn und Börries von Münchhausen*, a.a.O. (Anm. 26), S. 164.

rung unbedingt, hauptsächlich wegen meines ärztlichen Berufs, in dem ich alle Positionen, auf denen meine wirtschaftliche Existenz beruht, verlieren würde, wenn mein Ariertum nicht außer jedem Zweifel stünde.[33]

Nachdem von Münchhausen Benn zweimal öffentlich als Juden angegriffen hatte, suchte dieser in dem Artikel *Ahnenschwierigkeiten* am 30. Juni 1934 ebenso öffentlich, seine »arische« Abstammung mit unwiderlegbaren Gründen nachzuweisen.[34] Aber es gelang ihm auch auf diese Weise nicht mehr, seine berufliche Situation zu wenden. Vielmehr mußte er im Sommer 1934 zunächst neben der Arbeit am Krankenhaus die Vertretung in einer Städtischen Beratungsstelle übernehmen.[35] Nachdem im November darauf seine Bewerbung um eine Anstellung als Hautarzt bei der Stadt Berlin abgelehnt worden war,[36] sah er keine andere Möglichkeit mehr, als sich im April 1935 mit Hilfe eines ehemaligen Studienkameraden als Sanitätsoffizier in der Wehrmacht reaktivieren zu lassen.[37] Man wird diesen Eintritt ins Militär wohl kaum freiwillig nennen können.[38]

33 Benn an Münchhausen, 30. April 1934, zit. nach ebd., S. 167; vgl. dazu auch Benn an Ina Seidel, 30. September 1934, in: Gottfried Benn, *Ausgewählte Briefe*, mit einem Nachwort von Max Rychner, Wiesbaden 1957, S. 59.

34 Benn, *Ahnenschwierigkeiten*, a.a.O. (Anm. 20). Benn spielt in seinem Artikel deutlich auf Münchhausens Denunziation – insbesondere aber auf dessen pseudo-freundschaftliche Briefe an ihn selbst – an, die er in einer Art von Wechselrede wiedergibt. Unverkennbar ist der Hinweis auf den Freiherrn durch dessen zweimalige Apostrophierung als »Freier«.

35 Benn an Ina Seidel, 27. August 1934, in: Benn, *Ausgewählte Briefe*, a.a.O. (Anm. 33), S. 58. Benn an Ina Seidel, 30. September 1934, ebd., S. 60.

36 Benn an Ina Seidel, 12. Dezember 1934, ebd., S. 62. Benns Gesuch kam »nach einigen Wochen wieder mit einem Schreiben ohne Anrede u. Unterschrift: ›Kein Bedarf. Papiere anbei zurück‹« (ebd.).

37 Benn an Tilly Wedekind, 10. Mai 1936, in: Benn, *Den Traum alleine tragen*, a.a.O. (Anm. 3), S. 94.

38 In Briefen beklagte sich Benn wiederholt: »Ich liebe ja nach wie vor die Uniform nicht. Gar nicht« (Benn an Ellinor Büller-Klinkowström, 2. November 1935, zit. nach ebd., S. 173; vgl. ebd. auch S. 96 f., 186). Obwohl seine Kriterien einer existentiellen Notlage auf Benns Situation eigentlich zutreffen, nahm Peter de Mendelssohn den öffentlichen Ariernachweis ausdrücklich davon aus: »Selbstverständlich muß auch ein Intellektueller, muß gar ein Arzt einen ›Arier-Nachweis‹ erbringen, wenn er von der Despotie hierzu genötigt wird und es dabei um Kopf und Kragen, um Brot und

Auch Benns weiteres Schicksal im ›Dritten Reich‹ bedarf der detail-
lierenden und differenzierenden Sicht. Zuckmayers Darstellung, der-
zufolge die Nazis den Autor »zwar unbehelligt, aber auch unbeachtet«
ließen, greift zu kurz. Sie verkennt, daß er nach seiner mit dem »Röhm-
Putsch« abgeschlossenen Desillusionierung[39] nicht abwartete, bis er
aus allen öffentlichen Funktionen vertrieben wurde. Der Eintritt in die
Wehrmacht bot ihm 1935 vielmehr den willkommenen Anlaß, Konsequenzen zu ziehen und seine kulturelle Mitarbeit im »neuen Staat«
selbst zu beenden.[40] Für diese konsequente Lösung »aus allen Bindungen heraus«[41] war die Erkenntnis maßgebend: »So geht es moralisch u.
auch wirtschaftlich nicht weiter«:[42]

Möglich, daß ich hier alles hinter mir lasse: Wohnung, Praxis, Berlin
u. in die Reichswehr zurückkehre, man hat mir von da eine ganz
günstige Offerte gemacht. Dann hätte ich wirtschaftlich etwas Ruhe
u müßte *alle* Verbindungen lösen, die ich hier habe, einschl. Akademie etc – und gerade das ist es, was ich möchte. *Raus* aus allem; u die
R.W. ist die aristokratische Form der Emigrierung! Ein schwerer
Entschluß, Berlin zu verlassen, aber vielleicht tue ich es.[43]

Suppe geht. Man muß ihn beglückwünschen, wenn es ihm gelingt, dieser
unmenschlichen Vorschrift zu genügen. Aber er muß ihn nicht ungenötigt
vor aller Öffentlichkeit anbieten. Und er darf es nicht, wenn das Angebot
nur mit Hilfe einer geistigen Unehrenhaftigkeit möglich ist« (Mendelssohn,
Der Geist in der Despotie, a.a.O. [Anm. 21], S. 255).

39 Vgl. dazu Benns Brief an Ina Seidel vom 27. August 1934: »Ich lebe mit
vollkommen zusammengekniffenen Lippen, innerlich u. äußerlich. Ich kann
nicht mehr mit. Gewisse Dinge haben mir den letzten Stoß gegeben. Schauer-
liche Tragödie! [...]. Wie groß fing das an, wie dreckig sieht es heute aus.
Aber es ist noch lange nicht zu Ende« (Benn, *Ausgewählte Briefe*, a.a.O.
[Anm. 33], S. 58).

40 Unter Hinweis auf seine Wehrmachtsangehörigkeit stellte Benn ab Mai
1936 jede Teilnahme an öffentlichen Veranstaltungen und jede Publikation
ein (Benn, *Doppelleben*, a.a.O. [Anm. 2], S. 125).

41 Laut Werner Mittenzwei kündigte Benn seine Mitgliedschaft in der Akademie allerdings nie auf (Mittenzwei, *Der Untergang einer Akademie*, a.a.O.
[Anm. 23], S. 322, 360, 512).

42 Benn an Ina Seidel, 12. Dezember 1934, in: Benn, *Ausgewählte Briefe*,
a.a.O. (Anm. 33), S. 62.

43 Benn an Friedrich Wilhelm Oelze, 18. November 1934, in: Gottfried Benn,
Briefe an F.W. Oelze 1932-1945, Bd. 1, hrsg. von Harald Steinhagen und
Jürgen Schröder, Wiesbaden, München 1977, S. 39.

Allerdings verband Benn mit dem Eintritt in die Wehrmacht, die er bezeichnenderweise im Brief »Reichswehr« nannte,[44] anfänglich die irrige
Hoffnung, in einen nichtnationalsozialistischen Raum entkommen zu
können. Trotzdem war er aber 1936 bösartigen Angriffen der SS-Wo-
chenzeitung *Das Schwarze Korps* und des *Völkischen Beobachters* gegen seinen neuen Gedichtband sowie seine expressionistische Lyrik insgesamt[45] und 1937 des SS-Malers Wolfgang Willrich in dessen Buch
Säuberung des Kunsttempels ausgesetzt, die sein Verbleiben in der Wehrmacht gefährdeten. Nur mit Hilfe Hanns Johsts, der seinerseits bei dem
ihm befreundeten Heinrich Himmler intervenierte, gelang es, sie zu beenden. Der am 18. März 1938 erfolgende Ausschluß des Autors aus
der Reichsschrifttumskammer wurde dadurch jedoch nicht abgewen-
det.[46] Von nun an war Benn nicht nur das Publizieren, sondern auch
das Schreiben selbst bei Strafe verboten.[47] Heimlich verfaßte er eine
Reihe von äußerst aggressiven Texten.[48] Als er 1940/41 in der Bendler-
straße das satirische Gedicht *Monolog* schrieb und es 1943 in einen illegalen Privatdruck aufnahm, den er unter Bekannten verteilte, brachte
er sich in Lebensgefahr.[49]
    Obwohl Benn seine Existenz 1937 »nur aus Widerspruch« zu seiner
Zeit erklären zu können meinte,[50] hielt er doch nichts von aktivem po-

44 Ebd.
45 Vgl. Tilly Wedekind: *Meine Erinnerungen an Gottfried Benn*, in: Benn,
   Den Traum alleine tragen, a.a.O. (Anm. 3), S. 92-99.
46 Vgl. dazu Heidrun Ehrke-Rotermund / Erwin Rotermund, *Zwischenreiche
   und Gegenwelten. Texte und Vorstudien zur ›Verdeckten Schreibweise‹ im
   ›Dritten Reich‹*, München 1999, S. 565 f.
47 Vgl. den in *Doppelleben* abgedruckten Brief des Präsidenten der Reichsschrifttumskammer vom 18. März 1938 (Benn, *Doppelleben*, a.a.O.
   [Anm. 2], S. 122 f.).
48 Jürgen Schröder nennt die Gedichte *General* (1938) und *Monolog* (1941)
   sowie die Essays *Kunst und Drittes Reich* (1941) und *Zum Thema Ge-
   schichte* (1943) (Jürgen Schröder, »*Es knistert im Gebälk*«. *Gottfried
   Benn – ein Emigrant nach innen*, in: *Aspekte der künstlerischen inneren
   Emigration 1933-1945. Exilforschung. Ein internationales Jahrbuch*,
   Bd. 12, hrsg. von Claus-Dieter Krohn, Erwin Rotermund, Lutz Winckler,
   Wulf Koepke, München 1994, S. 35 f.).
49 Zum illegalen Druck von *Zweiundzwanzig Gedichte (1936-1943)* im
   August 1943 vgl. Ehrke-Rotermund / Rotermund, *Zwischenreiche und
   Gegenwelten*, a.a.O. (Anm. 46), S. 567-570.
50 Benn an Ellinor Büller-Klinkowström, 19. Mai 1937, in: Benn, *Den Traum
   alleine tragen*, a.a.O. (Anm. 3), S. 203.

litischen Widerstand.[51] Vielmehr tarnte er sich im Alltagsleben bewußt hinter »Masken« und »Rolle[n]«, nicht zuletzt den militärischen.[52] Publikationen unter den Bedingungen des ›Dritten Reiches‹ lehnte er verächtlich ab: »Was heute die Lizenz der Schriftleiter u. Lektoren passiert, muß Dreck sein. Anderes wird nicht durchgelassen.« Umso kompromißloser und existenzbedrohender aber waren seine Forderungen an Kunst und Künstler, insbesondere an sich selbst:

> Heute hat überhaupt nur Zweck, mit ganz gefährlichen, rücksichtslosen brutalen Mitteln vorzugehn, wenn man sich den geistigen Fragen nähert. Was nicht direkt ins KZ-Lager führt, ist albern. Verbrennen lassen müßten sich mal wieder ein paar Denker oder Theologen[,] das würde was helfen, mit Papier kommt man Bestien nicht bei.[53]

Die Radikalität seiner verborgenen »literarischen Opposition«[54] stärkte Benns Selbstbewußtsein gegenüber den ihn als Künstler angreifenden NS-Organen.[55] Aber auch den zu erwartenden Remigranten – Zuckmayer natürlich inbegriffen – billigte er ein Urteil über die in Deutschland gebliebenen Schriftsteller, und damit auch über sich selbst und sein Verhalten im ›Dritten Reich‹, nicht zu: »Wer über Deutschland reden u. richten will, muss hier geblieben sein.«[56]

51 Schröder, »*Es knistert im Gebälk*«, a.a.O. (Anm. 48), S. 36.
52 Benn an Ellinor Büller-Klinkowström, 10. November 1935, in: Benn, *Den Traum alleine tragen*, a.a.O. (Anm. 3), S. 175; ebd., 4. Dezember 1935, S. 177.
53 Ebd., 4. April 1937, S. 202; vgl. auch ebd., 22. Februar 1936, S. 182 f.
54 Schröder, »*Es knistert im Gebälk*«, a.a.O. (Anm. 48), S. 37.
55 Benn an Tilly Wedekind, 10. Mai 1936, in: Benn, *Den Traum alleine tragen*, a.a.O. (Anm. 3), S. 94 f.
56 Benn an Friedrich Wilhelm Oelze, 19. März 1945, in: Benn, *Briefe an F. W. Oelze 1932-1945*, a.a.O. (Anm. 43), S. 388. Den im selben Brief geäußerten Plan für einen Essay *Willkommen den literarischen Emigranten* gab Benn schon im nächsten und letzten Kriegsbrief an Oelze auf (ebd., S. 389). In der Nachkriegskontroverse zwischen inneren und äußeren Emigranten (Thomas Mann / Walter von Molo) war er mit keiner der beiden Parteien einverstanden (Schröder, »*Es knistert im Gebälk*«, a.a.O. [Anm. 48], S. 34).

Erwin Rotermund

»Verrat« aus »Über-Erfolgsgier«?
Ernst Glaeser im Urteil Carl Zuckmayers

Carl Zuckmayer hat in seinem *Geheimreport* von 1943/44 den Erfolgsautor Ernst Glaeser besonders nachdrücklich verurteilt. Er berichtet
von der Rückkehr Glaesers, der sich im Schweizer Exil als »gesin-
nungsfesten Emigranten und Antinazi« (vgl. S. 78) aufgespielt habe,
nach Deutschland (April 1939) und qualifiziert diesen »Übergang zu
den Nazis« als »Anschmeisserei«, als »bewusste Spekulation« auf äußere Vorteile ab (vgl. S. 77). Die »Bona fides« wird Glaeser bestritten –
im Unterschied zu dem ebenfalls kritisch gesehenen Gottfried Benn,
dessen Option für »Rassemythos und Blutmystik« er als »ehrlich« ansieht.[1]
   Schwerer noch als das Schimpfwort »Anschmeisser«[2] wiegt der Vorwurf des »Verrats an sich selbst und anderen« (ebd.). Zuckmayer teilt
hiermit das Urteil sozialistischer und liberaler Exilanten, die Glaeser als
Deserteur von der Antihitlerfront ansahen und ihn nach Kriegsende
vor das Forum der literarisch-politischen Öffentlichkeit zu bringen versuchten.[3] Die von Zuckmayer in diesem Zusammenhang referierte Behauptung – er betont, daß ihm dafür »Beweise« fehlen –, Glaeser habe
nach seiner Rückkehr »das Propagandaministerium mit Informationen
und Material gegen die verschiedenen Autoren der literarischen Emigration versehen« (vgl. S. 79), läßt sich allerdings nicht belegen.[4] Anders steht es mit dem Vorwurf, »daß er schon vorher als Spitzel gegen
seine Kameraden im Exil für die Gestapo gearbeitet habe«. Nach Badia
und Geoffroy ist »die Art und Weise, in der Glaeser [in den Jahren
1936 ff.] gegenüber dem Deutschen Generalkonsulat [in Zürich] über

---

1 Vgl. den Beitrag von Heidrun Ehrke-Rotermund in diesem Band.
2 Vgl. die Vorausbemerkungen Zuckmayers (S. 15); die »Gruppe 2: Negativ« besteht für ihn aus »Nazis, Anschmeissern, Nutznießern, Kreaturen«.
3 Vgl. Erwin Rotermund, *Zwischen Exildichtung und Innerer Emigration.
   Ernst Glaesers Erzählung ›Der Pächter‹. Ein Beitrag zum literarischen
   »Niemandsland« 1933-1945 und zur poetischen Vergangenheitsbewältigung*, München 1980, S.16 f.
4 In einem Schreiben des Propagandaministeriums vom 10. August 1939
   wurde Glaeser aber der Besuch des Leiters der deutschen Spionage in der
   Schweiz, Klaus Hügel, angekündigt. Vgl. René Geoffroy, *Ernst Glaeser.
   Essai de biographie intellectuelle*, Paris 1988, S. 562, Anm. 67.

Projekte und Aktivitäten der Emigranten Auskunft gab, [...] geradezu
erschreckend.«⁵ Der Vorwurf des »Verrats an anderen« ist also im
Prinzip zu bestätigen. Nicht verifizieren kann man hingegen den Bericht über Glaesers Pressionen gegen Peter Suhrkamp. Zu korrigieren
ist schließlich die Vermutung, Glaeser habe sich nach seiner Rückkehr
in ein »›Schulungslager‹ für NS-Weltanschauung und Ertüchtigung begeben«. Er lebte vielmehr mit seiner Familie bei seinen Eltern in Darmstadt, später in Heidelberg und hatte, bevor er ab 1941 als Haupt-
schriftleiter der Wehrmachtfrontzeitungen *Adler im Osten* und *Adler
im Süden* wirkte, eine beschränkte Publikationserlaubnis, die er zur
Veröffentlichung von größtenteils auf früheren Arbeiten beruhenden
Beiträgen in verschiedenen Tageszeitungen nutzte.⁶

Um Zuckmayers Beurteilung der spektakulären Rückkehr Glaesers
zu verstehen, muß man sich folgendes vor Augen führen. Mit dem Roman *Jahrgang 1902* war dem sechsundzwanzigjährigen Autor der
Durchbruch zum Welterfolg gelungen; das 1928 erschienene Werk ist
in 24 Sprachen übersetzt worden. Hinzu kam in den letzten Jahren der
Weimarer Republik eine intensive künstlerisch-publizistische Praxis:
von 1928 bis 1930 wirkte Glaeser als literarischer Leiter des Südwest-
deutschen Rundfunks; er war ferner zeitweise Dramaturg am Neuen
Theater in Frankfurt und Mitarbeiter der *Frankfurter Zeitung*.⁷

Für einen noch jungen Autor, der dermaßen vom Erfolg verwöhnt
worden war, mußte die »Warte- oder Wandlungsexistenz der Emigran-
ten« – Zuckmayer verwendet eine im Exil verbreitete Metapher für die
Charakterisierung der Lage der Hitlerflüchtlinge⁸ – in der Tat zum
Problem werden. Zu bedenken ist ein weiterer Aspekt der Glaeserschen
Erfolgsgeschichte, der von Zuckmayer mit dem Begriff »Karriere-
Revolteur« nur angedeutet wird. In den letzten Jahren der Weimarer
Republik hatte sich Glaeser durch verschiedene Aktionen und Stellung-
nahmen eindeutig für den Sozialismus engagiert.⁹ So unterschrieb er

5   Vgl. Gilbert Badia / René Geoffroy, *Ernst Glaeser, ein Antisemit? Eine kri-
     tische Untersuchung des in der Emigration gegen Ernst Glaeser erhobenen
     Vorwurfs des Antisemitismus*, in: *Exilforschung. Ein internationales Jahr-
     buch*, Bd. 1, 1983, S. 300, Anm. 53.
6   Siehe Geoffroy, *Ernst Glaeser*, a.a.O. (Anm. 4), S. 351-361.
7   Rotermund, *Zwischen Exildichtung und Innerer Emigration*, a.a.O. (Anm. 3),
     S. 10; Geoffroy, *Ernst Glaeser*, a.a.O. (Anm. 4), S. 31 ff. und S. 66 ff.
8   Vgl. Lion Feuchtwangers Romantrilogie *Der Wartesaal* (*Erfolg*, 1930; *Die
     Geschwister Oppermann*, 1933; *Exil*, 1940).
9   Rotermund, *Zwischen Exildichtung und Innerer Emigration*, a.a.O.
     (Anm. 9), S. 10 f.; Geoffroy, *Ernst Glaeser*, a.a.O. (Anm. 7), S.109-150.

1930 mit mehreren Repräsentanten der sozialistischen Intelligenz einen Wahlaufruf des Bundes proletarisch-revolutionärer Schriftsteller (BPRS) zugunsten der KPD und publizierte 1931 zusammen mit Franz Carl Weiskopf, einem der aktivsten kommunistischen Schriftsteller jener Zeit, einen Bildband über die Sowjetunion, der den programmatischen Titel *Der Staat ohne Arbeitslose* trägt.[10] Solche Aktivitäten sind honoriert worden: 1930 lud man Glaeser mit Johannes R. Becher und Anna Seghers zur Zweiten Internationalen Konferenz revolutionärer Schriftsteller nach Charkow ein, wo er, der enthusiastisch als »Neuer Zola«[11] Gefeierte, am achten November des Jahres eine Ansprache hielt, die in dem Satz »Alle Hände für die Sowjetunion« kulminierte,[12] und von 1931 bis 1933 war er Mitglied des literarischen Beirats der in Moskau erscheinenden Zeitschrift *Literatur der Weltrevolution*, des Zentralorgans der Internationalen Vereinigung revolutionärer Schriftsteller. Dort publizierte er auch.[13]

Als 1933 nicht die von Glaeser unterstützten sozialistischen Kräfte, sondern deren faschistische Gegner an die Macht kamen – im Mai des Jahres fielen seine Bücher der öffentlichen Verbrennung anheim[14] – löste diese Entwicklung in ihm offenbar Gefühle tiefster sozialer Desintegration aus. Der Status des erfolgreichen, international bekannten linken Autors war bedroht; die überraschend zurückgedrängte sozialistische Bewegung konnte Glaeser keine kollektive Einbettung mehr geben. Dieser Rückhalt war allerdings schon etwas früher brüchig geworden. Folgender Sachverhalt, der Zuckmayer wohl unbekannt war und den er darum nicht als »mildernden Umstand« anführt, darf nicht unerwähnt bleiben.[15] In den Jahren 1932 und 1933 hatte, im Gefolge des »ultralinken« Kurses der KPdSU und der KPD, die offizielle kommunistische Literaturkritik eine scharfe Auseinandersetzung mit den

---

10 *Der Staat ohne Arbeitslose. Drei Jahre »Fünfjahresplan«*, Berlin 1931.

11 Vgl. F(ranz) C(arl) Weiskopf, *Der Fall Ernst Glaeser*, in: *Die Neue Weltbühne*, Jg. 34, 1938, Nr. 21, S. 659.

12 *Literatur der Weltrevolution. Zentralorgan der internationalen Vereinigung revolutionärer Schriftsteller*, Jg. 1, 1931, Sonderheft: Zweite internationale Konferenz der revolutionären Schriftsteller, S. 190.

13 Ebd., Jg. 1, 1931, H. 4, S. 55-58: *Das Märchen von der Freiheit*.

14 Im zweiten »Feuerspruch« wurde Glaeser zusammen mit Erich Kästner und Heinrich Mann namentlich aufgezählt. Vgl. Joseph Wulf, *Literatur und Dichtung im Dritten Reich. Eine Dokumentation*, Reinbek 1966, S. 49.

15 Vgl. zu folgendem: Rotermund, *Zwischen Exildichtung und Innerer Emigration*, a.a.O. (Anm. 3), S. 12 ff.

»linksbürgerlichen«, pauschal unter den Verdacht des »Sozialfaschis-
mus« gestellten Schriftstellern propagiert. Ernst Glaesers Werk ist in
den damaligen Debatten, neben dem Alfred Döblins, zu einem bevorzugten negativen Demonstrationsobjekt gemacht worden. Die Hoffnung, den berühmten Sympathisanten dabei ideologisch belehren zu
können, mußte schon wegen des oft diskriminierenden Tonfalls fehl-
schlagen: offenbar hat die kommunistische Hyperkritik dieses Zeit-
raums bei dem Attackierten eher zum Zerfall des Gefühls kollektiver
Rückendeckung beigetragen und damit die Entwicklung gegensätz-
licher politischer Einstellungen mit vorbereitet.

Der jähe Statuswechsel vom etablierten Erfolgs- zum Exilautor erklärt die Rückkehr Glaesers nach Deutschland jedoch nur bis zu einem
gewissen Grad. Die Tatsache, daß er, im Unterschied zu anderen bekannten Schriftstellern in der gleichen Situation, immer weniger in der
Lage war, die Deprivationen der Emigration zu verarbeiten, macht eine
weiter ausgreifende Begründung notwendig. Verschiedene Exilautoren,
zumal seine Bekannten und Freunde, haben versucht, seine problematische Entwicklung in den 1930er Jahren als Resultat einer »Charakter-
schwäche« zu verstehen. So sprach Franz Carl Weiskopf von Glaesers
»Weichheit«, die ihm auf der einen Seite »das Einfühlen in fremde, ja
gegnerische Typen erleichtert« habe, ihn auf der anderen jedoch »fremden, ja feindlichen Formulierungen und Ideen erliegen ließ«.[16] Auch
Zuckmayer unternimmt eine psychologische Deutung des Autors. Diese folgt offensichtlich der seit den zwanziger Jahren weit verbreiteten
Lehre Alfred Adlers von der Kompensation beziehungsweise Überkom-
pensation eines als Minderwertigkeit empfundenen physisch-somatischen oder psychischen Defizits. Als Motor von Glaesers proble-
matischem Handeln wird ein aus der Nichtteilnahme am Ersten Weltkrieg resultierendes »Ressentiment der ›Erfolglosigkeit‹« angesehen,
das er »mit allen Mitteln auszugleichen« gesucht habe. »Daher« resul-
tiere seine »Über-Erfolgsgier«. Zuckmayer verbindet mithin den individualpsychologischen Ansatz mit jener positiven Interpretation des
Fronterlebnisses, die er bereits 1930 in der Antizensur-Rede *Front der
Unzerstörten* vorgetragen hatte. Darin plädierte er für die Verteidigung
»einer freien deutschen Republik« und beschwor den »wahrhaftigen
Frontgeist«, den »Geist, den uns das […] Erlebnis der Front weckte«:
»Von denen will ich sprechen, denen der Krieg, die Front über Leben
und Tod hinaus ein unverlierbares positives Besitztum geschaffen hat,

---

16 Weiskopf, *Der Fall Ernst Glaeser*, a.a.O. (Anm. 11), S. 660.

nämlich die Freiheit des Denkens, des Blickes und der Verantwortung.«[17] Solche vom Krieg geweckten »positivsten Kräfte des Lebens und Erlebens« vermißte Zuckmayer offenbar bei Glaeser als Angehörigem der in *Jahrgang 1902* dargestellten Generation, die zu jung war, um aktiv am Weltkrieg teilzunehmen. Er geht so weit, Glaeser mit Goebbels zu vergleichen, der zwar schon 1897 geboren wurde, dessen politisches Karrierestreben aber als klassisches Beispiel eines »Ausgleichs von Organminderwertigkeit« (Adler) interpretiert werden konnte.[18] In seiner Autobiographie hat Zuckmayer später eine entsprechende Deutung Goebbels' umrissen, die physisch-somatischen und psychischen Mangel als Quelle von Aggression kombiniert: »Auch der Nachtalb fehlte nicht, der hinkende böse Zwerg, in Gestalt von Joseph Goebbels, der eines Klumpfußes wegen den Krieg nicht hatte mitmachen können und seinen Neid und Haß besonders gegen uns richtete, die verändert und voll neuen Antriebs Heimgekehrten«.[19]

Zuckmayers optimistisch-positive Deutung seines Fronterlebnisses stellte sich explizit gegen Erich Maria Remarques »Bericht von einer Generation«, »die vom Krieg zerstört wurde, auch wenn sie seinen Granaten entging«.[20] Ihre Problematik angesichts der zahllosen Kriegsneurosen[21] liegt auf der Hand. Läßt man sie gelten, muß man weiterhin fragen, ob und inwieweit die (Über-)Kompensationsthese an Glaesers Leben und Werk zu verifizieren ist. In bezug auf die ersten Romane des Kritisierten, *Jahrgang 1902* und *Frieden* (1930), die sich aufgrund stark autobiographischer Züge für eine Analyse von Charakter und

17 Carl Zuckmayer, *Front der Unzerstörten*, in: *Blätter der Carl-Zuckmayer-Gesellschaft*, Jg. 10, 1984, H. 2, S. 88. Eine detaillierte Analyse des Zuckmayerschen Fronterlebnisses hat Ulrich Fröschle vorgelegt: *Die Front der Unzerstörten und der »Pazifismus«. Die politischen Wendungen des Weltkriegserlebnisses beim »Pazifisten« Carl Zuckmayer und beim »Frontschriftsteller« Ernst Jünger*, in: *Zuckmayer-Jahrbuch*, Bd. 2, 1999, S. 307-360.

18 Vgl. auch Zuckmayers Beurteilung des Dramatikers Sigmund Graff: »Er ist ein kleiner, inferiorer Mann, schon rein äußerlich minderwertig und unbedeutend, dem ein beglückter Kadavergehorsam innewohnt« (S. 64).

19 Carl Zuckmayer, *Als wär's ein Stück von mir. Horen der Freundschaft*, Frankfurt am Main 1997, S. 353.

20 Zuckmayer, *Front der Unzerstörten*, a.a.O. (Anm. 17), S. 88. Vgl. auch: Erich Maria Remarque, *Im Westen nichts Neues*, Berlin 1929, S. 5.

21 Alfred Adler, *Die neuen Gesichtspunkte in der Frage der Kriegsneurose*, in: Alfred Adler, *Praxis und Theorie der Individualpsychologie*, 3. Aufl., München 1927, S. 216-226.

Mentalität des jungen Glaeser an sich anbieten, sind einige Zweifel anzumelden. Der gegen Eltern und Schule aufbegehrende jugendliche Ich-Erzähler ist zwar durch Unsicherheit in den zwischenmenschlichen Beziehungen, Passivität und politisch-gesellschaftliche Orientierungslosigkeit gekennzeichnet.[22] Einen manifesten Minderwertigkeitskomplex, welcher der Kompensation bedurft und der zu Fehlkompensationen (»Über-Erfolgsgier«) geführt hätte, kann man aber dieser Figur, deren fiktionale Elemente überdies noch von den autobiographischen abgesetzt werden müßten, kaum ablesen. Möglicherweise beruht Zuckmayers Einschätzung auf einer persönlichen Bekanntschaft mit Glaeser; es hat vermutlich in den Jahren 1926/27 in Zusammenhang mit öffentlichen Querelen um Glaesers Stück Seele über Bord (nicht sehr intensive) Kontakte zwischen den beiden Autoren gegeben.[23]

Aus Zuckmayers eigenwilliger Verbindung des individualpsychologischen Ansatzes mit seiner positiven Auffassung des Frontkämpfertums resultiert, daß er nicht nur Glaesers Verhalten im Exil, sondern auch dessen »›progressiv-linksradikale‹ Zeit«, also sein Wirken in den letzten Jahren der Weimarer Republik skeptisch betrachten muß. Ob er, wie er behauptet, Glaeser »immer für einen Karriere-Revolteur« gehalten hat, ist allerdings fraglich. So zählte er 1929 in seiner Rezension von Erich Maria Remarques Roman Im Westen nichts Neues Glaesers Jahrgang 1902 ohne jede Abwertung zu den Kriegsbüchern, »die reportierten, dokumentierten«.[24] Für sein Mißtrauen dem frühen Glaeser gegenüber führt Zuckmayer im Dossier »literarische, stilistische und physiognomische Gründe« an, ohne diese jedoch auch nur ansatzweise im Sinne seiner psychologisch-zeitgeschichtlichen Erklärung darzu-

---

22 Zur Generationenproblematik bei Glaeser vgl. Thomas Koebner, Ernst Glaeser. Reaktion der »betrogenen« Generation, in: Hans Wagener (Hrsg.), Zeitkritische Romane des 20. Jahrhunderts. Die Gesellschaft in der Kritik der deutschen Literatur, Stuttgart 1975, S. 192-219. Vgl. auch Martin Lindner, Leben in der Krise. Zeitromane der neuen Sachlichkeit und die intellektuelle Mentalität der klassischen Moderne, Stuttgart, Weimar 1994, bes. S. 276-292.

23 Mündliche Auskunft von René Geoffroy. An dem gegen Glaeser wegen Gotteslästerung angestrengten Prozeß in Kassel (3. Januar 1927) haben »Schauspieler und Schriftsteller in großer Anzahl« teilgenommen, vgl. Wolfgang Bardach, Blamage der Frommen, in: Die Weltbühne, Jg. 23, 1927, Nr. 2, S. 57.

24 Carl Zuckmayer, Erich Maria Remarque, »Im Westen nichts Neues«, in: Carl Zuckmayer, Aufruf zum Leben. Porträts und Zeugnisse aus bewegten Zeiten, Frankfurt am Main 1995, S. 99.

legen. Er verzichtet merkwürdigerweise ganz darauf, seinen Verdacht durch Glaesers Werke zu fundieren. Das gilt sowohl für die Produktion der Weimarer Jahre als auch für die nach 1933 im Exil geschriebenen Arbeiten. Dabei wäre in diesem Zusammenhang die Ambivalenz der NS-Darstellung in Glaesers antifaschistischem Zeitroman *Der letzte Zivilist* besonders aufschlußreich gewesen. Dieses 1935 in Paris und Zürich erschienene Werk, wie *Jahrgang 1902* ein internationaler Erfolg, war Zuckmayer vermutlich bekannt, zumal sich im vierten Kapitel des Ersten Buches eine ausführliche Darstellung der Erstaufführung seines *Fröhlichen Weinbergs* in einer deutschen Kleinstadt findet. Diese stimmt zum großen Teil mit dem Bericht überein, den Zuckmayer später in seiner Autobiographie über das »höchst sonderbare Schicksal« seines Volksstückes in der Provinz gegeben hat.[25] An einer wichtigen Veränderung, die Glaeser an dem Aufführungsgeschehen vornimmt, hätte Zuckmayer jedoch die Berechtigung seiner Skepsis gegenüber dem Sozialismus des Autors gut demonstrieren können. Seinen Erinnerungen zufolge gingen die Skandalaktionen gegen sein Stück in der Provinz vor allem von den Nationalsozialisten aus; er hebt jedoch auch die Reaktion studentischer Korporationen und diverser Berufsgruppen sowie den kirchlichen Protest hervor. Im *Letzten Zivilisten* hingegen werden die Aktionen gegen den *Fröhlichen Weinberg* allein von den Nazis inszeniert. Der Eindruck der Geschlossenheit und Stärke der nationalsozialistischen Bewegung, der hierdurch und durch das Auslassen des sozialistischen Widerstandes erzeugt wird, bestimmt das ganze Buch und steht im Widerspruch zu den kritischen Erkenntnissen des Romans (Rolle der Industrie und des Kapitals sowie des Kleinbürgertums, Bedeutung von Gemeinschafts- und Führerideologie u.a.m.).[26] Die besondere Erzählweise Glaesers hat an der ambivalenten Wirkung einen hohen Anteil: es wird größtenteils aus der Sicht der jeweils dargestellten Personen berichtet, wodurch die Vertreter der nationalsozialistischen Seite stark aufgewertet erscheinen, zumal ihre Ansichten zumeist ausführlicher referiert werden als die der Demokraten.

Den »linguistischen« Gründen für sein Mißtrauen an Glaesers früherem sozialistischen Engagement mißt Zuckmayer die größte Bedeutung bei, da sie »aus dem Unbewußten« kämen und »daher unbestech-

---

25 Zuckmayer, *Als wär's ein Stück von mir*, a.a.O. (Anm. 19), S. 483-488.
26 Zur Faschismusdarstellung im *Letzten Zivilisten* vgl. die ausführliche Untersuchung von Sigrid Schneider, *Das Ende Weimars im Exilroman. Literarische Strategien zur Vermittlung von Faschismustheorien*, München 1980, S. 53-124.

lich« seien. Im Unterschied zu den nur aufgezählten »literarischen, stilistischen und physiognomischen Gründen« wird das »linguistische«
Indiz wenigstens ansatzweise erläutert: Zuckmayer schließt von Glaesers nicht-authentischer Verwendung der rheinhessischen Mundart auf
einen zentralen Charaktermangel, auf »eine innere Unsicherheit, Un-
echtheit und eine Anlage zur Täuschung und Maskerei«. Diese These
muß, da der Dialekt in den Werken des Groß-Gerauers kaum eine Rolle
spielt, auf mündlichen Äußerungen beruhen. Zuckmayer will seinen
negativen Eindruck bereits in der Zeit bekommen haben, in welcher
der Kritisierte »das bekannte Antikriegs-Buch *Jahrgang 1902* schrieb«
(vgl. S. 77), also während der erwähnten Bekanntschaft. Daß Glaeser
sich in dieser Situation als erfolgsbegieriger junger Autor gegenüber
dem bereits sehr bekannten rheinhessischen Landsmann, zu dessen Erfolg die literarische Dialektverwendung nicht wenig beigetragen hatte,
als Mundartsprecher günstig präsentieren wollte, würde durchaus
einleuchten.

Angesichts der besonderen Kompetenz, die Zuckmayer als Dialekt-
kenner beanspruchte,[27] und im Blick auf die große Rolle, die der rhein-
hessische Dialekt, aber auch andere Mundarten in seinen Volksstücken
spielen, ist seine Hochschätzung des »linguistischen« Kriteriums nur
plausibel. Es ist aber sehr die Frage, ob sich am fehlerhaften oder unsicheren Dialektgebrauch bestimmte charakterliche Defizite zweifelsfrei erkennen lassen. Glaesers möglicherweise unzulängliche Verwendung der rheinhessischen Mundart erklärt sich wohl eher aus der
sprachlichen Sozialisation in einer bildungsbürgerlichen Familie – seine
Hofmannsthal lesende Mutter kann man sich schlecht als eingefleischte
Dialektsprecherin vorstellen.[28]

Zuckmayers Beurteilung hinterläßt einen zwiespältigen Eindruck.
Sie entspricht in politisch-moralischer Hinsicht der communis opinio
der Exilanten, speziell der Einschätzung ehemaliger enger Bekannter
und Freunde des Rückkehrers von 1939, deren scharfe, keinerlei mildernde Umstände berücksichtigende Verdikte angesichts der maßlosen

27 Diese Kompetenz ist von anderen Autoren anerkannt worden. So ließ ihn
   Stefan Zweig das erste, vom rheinhessischen Dialekt bestimmte Bild aus
   seinem Drama *Adam Lux* umarbeiten (vgl. Zuckmayer, *Als wär's ein Stück
   von mir*, a.a.O. [Anm. 19], S. 60).
28 Ernst Glaeser, *Jahrgang 1902*, Potsdam 1928, S. 180. Nach mündlicher
   Auskunft von Mathilde Glaeser, der zweiten Frau des Autors, war Glaeser
   kein Dialektsprecher. Er hat jedenfalls in den Nachkriegsjahren keinen
   Dialekt (mehr) gesprochen.

Enttäuschung durch den früheren Kombattanten sehr verständlich sind.[29] Fragwürdig erscheint dagegen Zuckmayers Fundierung seines Einstimmens in den Chor der Verurteilenden. Damit sind nicht bestimmte Ungenauigkeiten und sachliche Irrtümer gemeint, die aufgrund des unzulänglichen Informationsstandes in der Emigration kaum zu vermeiden waren. Bedenklich ist vielmehr die wenig stringente Art und Weise, mit der Zuckmayer den seinem Gegenstand – wie sich aus der Kenntnis von Leben und Werk Ernst Glaesers heraus sagen läßt – an sich nicht unangemessenen individualpsychologischen Deutungsansatz entwickelt hat. Befremden muß den heutigen Leser insbesondere dessen Kombination mit Zuckmayers nicht generalisierbarer positiver Deutung seines Fronterlebnisses.

In den Nachkriegsjahren hat sich der damals vielfach angegriffene Ernst Glaeser mit überraschendem Erfolg um eine günstige Einschätzung seitens Zuckmayers bemüht. Am 6. Dezember 1947 besprach er die Frankfurter Premiere von *Des Teufels General* als gelungene »theatralische Kostümierung der moral-pädagogischen Sentenz: Qui mange du diable en meurt« und wandte sich gegen die Behauptung »überwacher Kritiker«, »aus dem Drama des offenen und grundgütigen Carl Zuckmayer atme ungewollt ein militärischer Geist«.[30] Bereits am 7. April 1947 hatte er an seinen alten Freund Bernard von Brentano geschrieben: »Mit Zuckmayer war ich neulich eine Nacht hindurch in gutem Gespräch in Stuttgart. Er ist sehr einsichtig und sehr beeindruckt gewesen. Leider geht er nach USA zurück.« Auf dieses Gespräch nimmt auch ein Brief Zuckmayers an Glaeser vom 9. Februar 1948 positiv Bezug: »Ich hoffe, wir haben Gelegenheit, uns einmal ausführlicher und länger zu sehen, als es voriges Jahr in Stuttgart möglich war.«[31] Ferner dankt Zuckmayer für die Übersendung eines »vorzüglichen Referates«[32] und einer »Streitschrift«[33] Glaesers, die es verdiene, »daß

---

29 Vgl. z.B. den Artikel von Glaesers früherem Freund Ulrich Becher: *Die Seine fließt nicht mehr durch Paris. Portrait eines literarischen Kriegsverbrechers*, in: *Freies Deutschland*, Jg. 3, 1944, Nr. 8 (Juli), S. 27-28. Nachdruck unter dem Titel *Der Fall Ernst Glaeser*, in: *Die Weltbühne*, Jg. 2, 1947, Nr. 3, S. 105-108.

30 *Menschliche Premiere. Carl Zuckmayer: ›Des Teufels General‹ – Albert Camus: ›Caligula‹*, in: *Hessische Nachrichten* vom 6. Dezember 1947.

31 Ich danke Frau Mathilde Glaeser (Wiesbaden) für die Erlaubnis, aus diesem unveröffentlichten Brief zitieren zu dürfen.

32 Es handelt sich wahrscheinlich um *Kreuzweg der Deutschen. Ein Vortrag*, Wiesbaden 1947.

33 *Wider die Bürokratie*, Kassel 1947 (Streitschriften II).

man ausführlich darauf eingeht«; sie rühre »an zentrale Punkte«. In seinem Antwortschreiben vom 20. März 1948 erwähnt Glaeser dann seine ominöse »Rückkehr zu Kriegsbeginn«: »Daß mich der furchtbare Sog der beginnenden deutschen Katastrophe damals nach Hause zurückriß, war eine fast physische Reaktion, für die ich wahrlich schwer zahlen mußte«. Diese mystifizierende Interpretation, die Glaeser auch an anderer Stelle vorgetragen hat,[34] ist von Zuckmayer in dem erwähnten Gespräch offenbar nicht zurückgewiesen worden; denn im Anschluß an die zitierten Sätze heißt es in einer Konsens über die Rückkehr von 1939 voraussetzenden Beiläufigkeit: »Wir sprachen ja einmal in Stuttgart bei Mr. Boxer darüber.«[35] Für ein gutes Einvernehmen der beiden Autoren sprechen noch weitere Stellen in dem Brief. So wird Zuckmayer im handschriftlichen Postskriptum für die Zusendung eines »prachtvollen Gedichtes« gedankt, das in der nächsten Nummer der von Glaeser mitherausgegebenen Monatsschrift *Das Karussell* erscheinen solle. Bezeichnender noch sind zwei von Glaeser geäußerte »persönliche Bitten«. Bei der einen geht es um die Besorgung von »ein paar Vitamin- und Kalkpräparaten« für seine schwangere Frau. Die andere betrifft einen Opponenten gegen Glaesers Anstellung als »literarischer Berater für das Schauspiel« beim Heidelberger Intendanten. »Jedermann in Heidelberg« sei »damit einverstanden«, nur ein auch Zuckmayer bekannter »Herr Henck«[36] nicht: »Er operiert mit meiner Rückkehr zu Kriegsbeginn und schießt quer. Könnten Sie ihm nicht ein paar Zeilen schreiben, damit er sein ärgerliches Treiben einstellt? Ich kann mit jedem Satz meiner Bücher wahrlich aufrecht stehen.« Glaeser

34 Vgl. z.B.: *Wiedergewonnene Dichtung. Wolfgang Langhoff sprach in den Heidelberger Kammerspielen*, in: *Rhein-Neckar-Zeitung* (Heidelberg) vom 31. Oktober 1945: »Andere gingen in das deutsche Schicksal zurück wie in ein dumpfes Gemäuer und ertrugen es mit Tolstoischer Geduld.«

35 Glaeser schreibt irrtümlicherweise: »Ich [!] sprachen ja einmal in Stuttgart bei Mr. Boxer darüber.« John H. Boxer war Offizier bei der Information Control Division (ICD); vgl. Christoph Weisz, *OMGUS-Handbuch. Die amerikanische Militärregierung in Deutschland 1945-1949*, München 1995.

36 D.i. Emil Henk (1893-1969), den Zuckmayer seit der gemeinsamen Heidelberger Zeit zu Beginn der zwanziger Jahre kannte. Henk gehörte am Ende der Weimarer Republik zu den führenden Sozialdemokraten in Baden. 1934-1936 wurde er von den Nationalsozialisten inhaftiert. Carlo Mierendorff hat ihn in den Kreisauer Kreis eingeführt. Nach dem Zweiten Weltkrieg war er Vorsitzender der Stiftung »Hilfswerk 20. Juli 1944«.

also glaubte wohl, in der Sache Rückkehr 1939 bei Zuckmayer Verständnis gefunden zu haben, sonst hätte er ihm nicht zumuten können, zu seinen Gunsten zu intervenieren. Die erste Bitte hat Zuckmayer, wie einem Brief vom 26. März 1948 zu entnehmen ist, erfüllt.[37] Von der zweiten ist in diesem Schreiben nicht die Rede. Zuckmayer berichtet in ihm ausführlich von seinem gesundheitlichen »Collaps«; sein schlechter Zustand ist der Grund, eine für den 18. Mai geplante Matinee in Heidelberg, zu der ihn Glaeser am 20. März 1948 eingeladen hatte, abzusagen.

Die Ausführlichkeit der Absage zeigt jedoch den Grad der Vertrautheit an, den die Beziehung der beiden Autoren inzwischen erreicht hatte:

Ich bin derzeit, wie Sie aus der Adresse sehen, allein in Klausur und in aufge-zwungener ›infirmerie‹, – mir ging es in letzter Zeit gesundheitlich nicht gut, ich muss sogar sagen, ziemlich mau, und obwohl ich damit alle Diejenigen enttäuschen muss, die meinen dass das ›nicht zu mir passe‹ – (zu wem passt es schon!) – ich hatte unerwartete Herz-Attacken und allerlei Nebenerscheinungen. [...] Ich habe mich ganz einfach in den letzten Jahren zu viel aufgeregt, und dabei auch physisch ein überstrapaziöses Leben geführt. Sie werden das verstehn – das Wiedersehen mit Deutschland hat mich viel ärger hergenommen als damals das erzwungene Verlassen – das schlimm genug war. Aber das hat man hinuntergewürgt und sogar aus der Radikalität, der Endgültigkeit die der Schnitt damals hatte, einen gewissen neuen Lebensantrieb genommen. Jetzt gab es kein Hinunterwürgen – es war eher als wenn man, mit gebundenen Händen, vor einem Halb- oder Fastganz-Erwürgten stünde, der noch röchelt, und dem man nicht helfen kann. Wobei man eben auch sich selbst nicht helfen kann. Nun – schliesslich wird man zum Entfesselungskünstler und der Erwürgte zum Fakir, der nach der Totenstarre wieder anfangen wird zu atmen.

Welche Gründe haben Zuckmayer dazu bewegt, in den Nachkriegsjahren seine scharfe Verurteilung von 1943 so umfassend zu revidieren? Man kann darüber nur Vermutungen äußern. Der »offene und grundgütige« Zuckmayer, dessen generelle Versöhnungsbereitschaft offenkundig war, dürfte vor allem durch die Bekundung der Heimatliebe, die Glaeser in jenem nächtlichen Stuttgarter Gespräch Ende März oder Anfang April 1947 sicherlich als Hauptmotiv seiner Rückkehr von

37 Wie Anm. 31.

1939 herausgestellt hat, »beeindruckt« gewesen sein.[38] Glaeser wird
seinen Gesprächspartner dagegen kaum detailliert über seine teilweise
aggressiven Propaganda-Artikel in den Frontzeitungen *Adler im Osten*
und *Adler im Süden*[39] berichtet haben; in seinem Brief vom 20. März
1948 beschränkt er sein Einstehen für seine Produktion der fraglichen
Jahre – offenbar wohlüberlegt – ausdrücklich auf seine Bücher. Zuckmayer gewann aus alledem ein Bild von Glaesers Vergangenheit, das
ihn zur Revision seines Urteils von 1943 und der diesem zugrundeliegenden Kriterien veranlaßte. Es kann vermutet werden, daß dabei auch
die Erinnerung an die eigene ambivalente Sicht des ›Dritten Reiches‹ in
den ersten Jahren nach der »Machtübernahme«[40] eine gewisse Rolle
gespielt hat.

38 Rotermund, *Zwischen Exildichtung und Innerer Emigration*, a.a.O.
   (Anm. 3), S. 25 f. und 72.
39 Geoffroy, *Ernst Glaeser*, a.a.O. (Anm. 4), S. 364-374 und 375-383.
40 Vgl. Gunther Nickel, ›*Des Teufels General*‹ *und die Historisierung des
   Nationalsozialismus*, in: *Zuckmayer-Jahrbuch*, Bd. 4, 2001, bes. S. 608 ff.

Sven Hanuschek

Eine »gewisse rationalistische Beengtheit«?

Carl Zuckmayers Bemerkungen über Erich Kästner

I.

Bevor der Grad an Projektionen in Carl Zuckmayers amerikanischem Geheimreport von 1943 oder dessen Stichhaltigkeit kommentiert werden, bedarf es einiger Bemerkungen über das vorhergehende Verhältnis der beiden Autoren in der Weimarer Republik, das sich auch nach dem Zweiten Weltkrieg und Zuckmayers Rückkehr nach Europa nur kurzzeitig verändert hat. Um es in einen Satz zu fassen: Sie konnten sich nicht leiden. Sie wußten sich aber in der Popularität ihrer Œuvres (bei scharfen Gegensätzen) und in politischen Überzeugungen verbunden und hatten beide so korrekte Umgangsformen, daß sie sich um Freundlichkeit gegenüber Dritten und auch in der spärlichen Korrespondenz bemühten.

Schon der Auftakt ihrer Beziehung war wenig vielversprechend: Kästner rezensierte als junger Lyriker und Kritiker Zuckmayers Kinderstück *Kakadu Kakada* (1930) für die Wochenzeitschrift *Die Weltbühne*, kurz auch noch in einer Sammelrezension für die *Neue Leipziger Zeitung*.[1] Sein Verriß war ungewöhnlich heftig. Er warf dem Dramatiker vor, er biedere sich bei den Kindern an, stilistisch wie moralisch:

> Der Stil ist unecht, schön. Die Gesinnung ist kindisch, schön! Es könnte ja trotzdem ein spannendes Theaterstück sein! Es ist keines. Es hat keine tragende Handlung [...] Das Stück ist ein Schulbeispiel für mangelnde Ökonomie; für instinkt- und planlose Dramaturgie. [...] Langeweile mit Freilauf. Der Autor bricht seinen Charakteren sämtliche Knochen und ersäuft sie im familiären Normalkitsch.[2]

Nach dieser derben Kritik will Kästner Zuckmayer zum ersten Mal persönlich getroffen haben, wie er später in einer Würdigung zum sech-

---

1 *Neue Leipziger Zeitung* vom 23. Januar 1930; vgl. den Abdruck in Erich Kästner, *Gemischte Gefühle. Literarische Publizistik aus der »Neuen Leipziger Zeitung« 1923-1933*, hrsg. von Alfred Klein, Berlin, Weimar 1989, Bd. 2, S. 232-234.
2 *Die Weltbühne*, Jg. 26, 1930, Nr. 5, S. 190.

zigsten Geburtstag des Dramatikers erzählte. In der Künstlerkneipe
Schwanneke habe er an einem nahegelegenen Tisch gesessen und sei
von einem aus Zuckmayers Runde erkannt worden: »Du drehtest Dich
um, sahst mich an, und ich kam mir vor wie bei einem Fotografen, der
mit Kopfstütze arbeitet. Es gibt gemütlichere Situationen.« Zuckmayer
sei an Kästners Tisch getreten und habe, nach einigem Schweigen, gesagt: »Ihnen hat mein Stück nicht gefallen. Mir hat Ihre Kritik nicht
gefallen. Beides kann vorkommen. Ich glaube, wir sind quitt.«[3] Kästner kokettiert bei dieser Anekdote mit seiner eigenen Unbekanntheit –
»Du warst jung und berühmt, und ich war nur jung«.[4] *Emil und die
Detektive* war 1929 erschienen, die Theaterfassung folgte 1930 (also
nach Zuckmayers Kinderstück). Kästners Erstling *Herz auf Taille*
(1928) war so etwas wie ein lyrischer Bestseller gewesen; beider Be-
rühmtheit konnte sich also durchaus das Wasser reichen, und die Besprechung betraf Kästners ureigenes Gebiet (die Kinderliteratur, nicht
das Drama).

Die Rezension von *Kakadu Kakada* war nicht die erste ihrer Art,
vorher wie nachher mochte Kästner Zuckmayer nicht recht als Dramatiker gelten lassen. Er verriß mehr oder weniger unfreundlich die *Rivalen* (nach Maxwell Anderson und Lawrence Stallings), das Drehbuch
zum *Blauen Engel*, den *Schinderhannes*, *Katharina Knie*, den *Hauptmann von Köpenick* und *Kat* (nach *A Farewell to Arms* von Ernest
Hemingway). Seine Vorwürfe ähnelten sich, obwohl der vom Kritiker
förmlich verfolgte Autor allmählich in dessen Achtung gestiegen zu
sein scheint: Zuckmayer sei ein einseitiges Talent, mit einer gewissen
Begabung für Einzelszenen und die Unterhaltung des Publikums, aber
er habe Probleme mit der Handlung, mit der Dramaturgie des Ganzen.
Seine Stücke seien alle »gleich gut, und zwar: nicht sehr gut«, sein
»vollsaftiges Kerndeutsch« sei künstlich und schmecke »nach Maggi«,
die »sentimentale Süße […] nach Sacharin«, die Urwüchsigkeit sei
»nicht echt, sondern nur sehr echt«. Es fehle die »bindende fortreißen-
de Bewegung«, und damit fehle »nur die Hauptsache«.[5] Der *Haupt-*

3   Erich Kästner, *Glückwünsche für Carl Zuckmayer*, in: Erich Kästner, *Werke,
    Bd. 6: Splitter und Balken. Publizistik*, hrsg. von Hans Sarkowicz und
    Franz Josef Görtz in Zusammenarbeit mit Anja Johann, München, Wien
    1998, S. 617 f., hier: S. 618. – Eine ähnliche Zuckmayer-Anekdote hat
    Friedrich Dürrenmatt erzählt (vgl. *Zuckmayer-Jahrbuch*, Bd. 3, S. 284 f.).
4   Ebd., S. 617.
5   Alle Zitate aus der *Neuen Leipziger Zeitung*, zitiert nach: Kästner, *Ge-
    mischte Gefühle*, a.a.O. (Anm. 1), Bd. 2, S. 154, 155, 23.

mann von Köpenick (1930) gefiel Kästner besser als die vorhergehenden Stücke, Zuckmayers Fähigkeiten – »dem Volk aufs Maul« zu schauen und »eindrucksvolle und nachhaltige Bildausschnitte aus dem Leben nachgestalten zu können« – äußerten sich hier »prachtvoll«. Immer noch sei aber Zuckmayer »kein Dramenkonstrukteur« und das Stück nicht gut, immerhin aber biete es einen »abwechslungsreichen und im einzelnen sehr wertvollen Abend«.[6] In der Rezension der Hemingway-Bearbeitung fungiert Zuckmayer schon als »anerkannter Dramatiker«, die Bearbeitung selbst wird aber wieder vollends in den Orkus gestoßen: sie sei »gar keine«, es handle sich um »eines der undramatischsten Stücke, die man je sah«, gar um eine »prinzipielle[] Fehlleistung« mit »zahlreiche[n] Nebenfehler[n]«.[7] Kästner könnte so insistent mit seiner Kritik gewesen sein, weil sie berechtigt war; subjektiv angeschärft war sie aber wohl auch noch durch seine eigene (und à la longue unglückliche) Liebe zum Theater – da war ein Autor, unwesentlich älter als er, der landauf landab gespielt wurde. Die großen Dramatiker der Literaturgeschichte waren die Autoren, die Kästner am meisten bewundert hat; was ihm leicht fiel, mußte er weder bewundern noch derart beharrlich kritisieren, Lyrik, Kinderliteratur, die Neuen Medien der Zeit, später auch längere Prosaformen beherrschte und betrieb er ja selbst überaus erfolgreich.[8]

Zuckmayer hatte also kaum Veranlassung, mit Kästner besonders schonend umzugehen. In seinen späten Erinnerungen *Als wär's ein Stück von mir* (1966) hat er auf die damalige Kritik indirekt und recht souverän reagiert, indem er das Kinderstück und die Bearbeitungen als »Handwerksarbeiten, Fingerübungen, Etüden« bezeichnete[9] – freilich nicht seine Dramen für ›Erwachsene‹. Kästner ist in der Autobiographie nur einmal erwähnt, aufgezählt unter den Freunden, die man nach dem Krieg wieder traf: Kästner, »der das Feuilleton der von den Amerikanern herausgegebenen ›Neuen Zeitung‹ betreute«.[10] Damit ist er nicht stärker hervorgehoben als etwa Ernst Jünger, der im OSS-Dossier

---

6 Ebd., S. 264-266.

7 Ebd., S. 273.

8 Ein ähnlicher Fall, und wohl noch einiges neidbesetzter, war Bertolt Brecht. Vgl. dazu meine Kästner-Biographie *Keiner blickt dir hinter das Gesicht. Das Leben Erich Kästners*, München, Wien 1999, S. 132-134.

9 Carl Zuckmayer, *Als wär's ein Stück von mir. Horen der Freundschaft*, Frankfurt am Main 1997, S. 512.

10 Ebd., S. 644.

um einiges besser wegkommt und nun wirklich Kästners Antipode –
und diesem nie mehr als einen Witz wert war.[11]

II.

Zuckmayer urteilte aus dieser Vorgeschichte heraus über Kästner, noch
dazu als Emigrant über einen im Land gebliebenen Kollegen, der seine
Brötchen weiterhin als Schriftsteller verdienen konnte. Er schränkt von
vornherein die Zuverlässigkeit seines Dossiers ein; die beschriebenen
Personen seien ihm zwar »genau bekannt«, »[b]iographische Details
sind trotzdem in den meisten Fällen nicht aufzubringen [...]. Die
Kenntnis des Verfassers über das Verhalten der betreffenden Personen
unter der Hitler-Diktatur reicht nur bis zum Sommer 1939 oder zum
Eintritt Amerikas in den Krieg.«[12] Dennoch enthält der Geheimreport
nur wenige sachliche Fehler, wohl Erinnerungsfehler: Kästner hat nach
1933 nicht nur Kinderbücher, sondern auch seine Unterhaltungsromane
geschrieben (*Drei Männer im Schnee*, *Die verschwundene Miniatur*,
Der kleine Grenzverkehr); und seine Mutter hörte nicht in Leipzig ihren Sohn im Radio, sondern in Dresden. Kästners Zuckmayer-Verrisse
waren zumeist in der *Neuen Leipziger Zeitung* erschienen, dieser Lap-
sus ließe sich also über die gemeinsame Vorgeschichte erklären. Die
»Schrifttumskammer« allerdings hatte Kästner in Deutschland gar
nichts »erlaubt«. Trotz mehrerer Versuche war er nie aufgenommen
worden, und das heißt, er konnte nach 1933 in Deutschland nicht
mehr veröffentlichen; überdies gehörte er mit *Fabian* (1931) und den
Gedichtbänden zu den Opfern der Bücherverbrennung, stand als einziger Autor sogar am 10. Mai 1933 unter den Berliner Zuschauern. Die
Kinderbücher und Unterhaltungsromane, in der Tat »ganz ›neutral‹ gehalten«, durften aber bis 1937 in Deutschland *verkauft* werden; ge-

---

11 Jünger wird bei Zuckmayer als Träger des »Pour le Mérite« erwähnt, ebd.,
    S. 305. – *Witz:* »Der Kunde zur Gemüsefrau: ›Was lesen Sie denn da, meine
    Liebe? Ein Buch von Ernst Jünger?‹ Die Gemüsefrau zum Kunden: ›Nein,
    ein Buch von Gottfried Benn. Jüngers kristallinische Luzidität ist mir etwas
    zu prätentiös. Benns zerebrale Magie gibt mir mehr.‹« In: Erich Kästner,
    Werke, Bd. 2: Wir sind so frei. Chanson, Kabarett, Kleine Prosa, hrsg. von
    Hermann Kurzke in Zusammenarbeit mit Lena Kurzke, München, Wien
    1998, S. 247.
12 Zitiert nach: Gunther Nickel / Ulrike Weiß, *Carl Zuckmayer 1896-1977.*
    »Ich wollte nur Theater machen«, Marbach 1996 (Marbacher Kataloge
    49), S. 303.

druckt wurden sie mit wenigen Ausnahmen in der Schweiz. Es wird
nicht deutlich, ob Zuckmayer von den Boulevardstücken wußte, die
Kästner zusammen mit verschiedenen Freunden unter gemeinsamen
Pseudonymen geschrieben hatte und die teilweise sehr erfolgreich
waren; die Wendung im Dossier, Kästner habe »ohne politische oder
literarische Aktivität« gelebt, deutet eher auf das Gegenteil. Kästners
Freunde konnten Mitglieder der Reichsschrifttumskammer werden, er
selbst trat nach außen hin als Autor nicht in Erscheinung. Immerhin
scheint Zuckmayer zwei der bisher drei bekannten Co-Autoren gekannt zu haben, Eberhard Keindorff und Werner Buhre.[13]

Zuckmayers Dossier zeigt sein zwiespältiges Verhältnis zum Behandelten offen durch den Schlußabsatz wie auch durch die schwankende
Einordnung in die Typologie der in Deutschland Gebliebenen. Kästner
erscheint doppelt, einmal unter der »Gruppe 1: Positiv«, »vom Nazi-
Einfluß unberührt, widerstrebend, zuverlässig«; und erneut unter der
Gruppe der unsicheren Kantonisten, »Sonderfälle, teils positiv, teils
negativ – nicht ohne weiteres einzuordnen«, dort zusammen mit den
Gebrüdern Jünger, Gustaf Gründgens, den Schauspielern Emil Jannings und Werner Krauß.[14] Der *Münchhausen*-Film (1943), zu dem
Kästner als »Berthold Bürger« das Drehbuch lieferte, kann für Zuckmayers Schwanken aus zeitlichen Gründen keine Rolle gespielt haben,
möglicherweise seine übrigen erfolgreichen Produkte nach 1933 (und
die geschilderte Vorgeschichte).

Zuckmayer entwickelt in seinem Dossier zwei Hypothesen über die
Gründe, aus denen Kästner in Deutschland geblieben ist. Zum einen

13 Der dritte war Martin Kessel (gemeinsames Pseudonym: Hans Brühl). –
Zusammen mit Buhre schrieb Kästner unter dem Pseudonym Robert Neu-
ner die Theaterfassung von *Drei Männer im Schnee* (1934/1940), zusammen mit Keindorff unter dessen Pseudonym Eberhard Foerster die Stücke
Verwandte sind auch Menschen (1937), *Die Frau nach Maß* (1938), *Das
goldene Dach* (1939) und *Seine Majestät Gustav Krause* (1940). Keindorff
steht in Zuckmayers handschriftlicher Liste für das Dossier, ohne dass der
Eintrag ausgeführt worden wäre (siehe das Faksimile in: Nickel/Weiß, *Carl
Zuckmayer*, a.a.O. [Anm. 12], S. 302); ein – allerdings rein formaler – Brief
von Zuckmayer an Buhre, 1950 als Redakteur der Kinderseite bei der *Neuen
Zeitung*, findet sich im Deutschen Literaturarchiv (im folgenden: DLA),
Nachlaß Carl Zuckmayer, Zuckmayer an Buhre, 14. Juli 1950.
14 Vgl. Nickel/Weiß, *Carl Zuckmayer*, a.a.O. [Anm. 12], S. 303 f. – Nach
dem Krieg hat Zuckmayer Werner Krauß (auch öffentlich) verteidigt (vgl.
ebd., S. 327).

»seiner Mutter wegen […], zu der er ein besonders inniges Verhältnis
hatte, – vielleicht war es eine Beziehung die es Beiden unmöglich gemacht hätte, getrennt weiterzuleben.« Zum anderen gehöre Kästner zu
den »wenigen deutschen Nichtnazis von Ruf und Rang, die die heutigen Verhältnisse innerhalb Deutschlands genau kennen und diese
Kenntnis durch alle Phasen der Hitlerherrschaft, ihres Aufstiegs und
Niedergangs hindurch, erweitert haben. Wenn er überlebt, mag er einer
der wichtigen Männer für die Nachkriegsperiode werden.« Diese beiden Thesen treffen exakt die beiden Motive, die Kästner auch nach
dem Krieg behauptet hat, beide können und sollen hier nur knapp skizziert werden. Ein drittes Motiv, das nicht Kästner allein betraf, war die
schlichte Unterschätzung des NS-Regimes und der irrtümliche Glaube,
nach einem Jahr werde der Spuk vorbei sein.

Kästner konnte auch ohne seine Mutter gut weiterleben, das Hin-
und Herschicken der Wäschepakete und der so exzessive wie grenzenlos offene Briefwechsel der beiden hatte schließlich *auch* die Funktion,
»Muttchen« daran zu hindern, ständig in der Wohnung ihres Sohnes
zu sitzen – er hielt sie auch fern.[15] Umgekehrt wurde Ida Kästner tatsächlich endgültig psychisch krank, als 1945 die Postverbindungen zu-
sammenbrachen und danach die Reiserestriktionen des Kalten Krieges
zwischen Ost- und Westzonen griffen; die letzten Jahre bis zu ihrem
Tod 1951 verbrachte sie in einem Sanatorium bei Dresden, ihr Sohn
war in München geblieben.

Kästner berief sich in den ersten Jahren nach dem Krieg auch auf das
Motiv der Zeugenschaft. In seinem Nachlaß finden sich Notizen zu
dem, was »der« Roman des ›Dritten Reiches‹ werden sollte. Schon
während der Nürnberger Prozesse, die er kurz für die *Neue Zeitung*
besuchte, und im Zuge seiner umfassenden Beschäftigung mit dem
Holocaust, als *Leser* der historiographischen Werke der Zeit, muß er
die Frivolität des ursprünglich geplanten Projekts erkannt haben. Seine
anderen Versuche einer Bearbeitung des Jahrzwölfts müssen wohl als
gescheitert angesehen werden: Die allzu parabolische *Schule der Dikta-*
toren (1956) und das hochgradig stilisierte und damit auch verfälschte
Tagebuch *Notabene 45* (1961), das auf die große Synthese verzichtet
und nur subjektives, dafür authentisches Dokument sein will – genau

---

15 Der Briefwechsel ist philologisch notorisch unzuverlässig und stark von der
    Herausgeberin redigiert, aber immer noch am ausführlichsten dokumen-
    tiert in Erich Kästner, *Mein liebes, gutes Muttchen, Du! Dein oller Junge.*
    Briefe und Postkarten aus 30 Jahren, ausgewählt und eingeleitet von Luise-
    lotte Enderle. Hamburg 1981.

das ist es durch Kästners Bearbeitung nicht mehr.[16] Diese überaus heiklen und für einen Autor und sein Selbstbild auch schmerzlichen Aspekte waren Kästner durchaus bewußt; möglicherweise waren sie ein Grund für Äußerungen in seinen letzten Jahren, in denen er die »innere Emigration« für einen Irrtum hielt und glaubte, man könne nicht entscheidend zur Beseitigung einer Diktatur beitragen, indem man bliebe.[17]

Der Schlußabsatz in Zuckmayers Dossier ist eine Gesamtrezension von Kästners Werk. Von einer »gewissen rationalistischen Beengtheit seines Schaffens und seines Weltbilds« ist da die Rede, von »einem im Grund lyrischen Temperament«, einem »erstaunlichen Mangel an unbedingter Schöpferfreude (Zeugungslust) und Welt-Begreifen«, den er »durch Lehrhaftigkeit und Dialektik« ersetze. Die Wertungen beiseite, scheint Zuckmayer auf den ersten Blick so falsch nicht zu liegen: Kästner hat sich überzeugt immer wieder auf die deutsche Aufklärung berufen, er hat sich (durchaus anders als Zuckmayer) nach dem Maßstab der *clarté* in Wort und Gedanke nichts Halbgares, Undeutliches durchgehen lassen. Die unbedingte Klarheit macht einen Großteil seiner Haltbarkeit, stilistischen Prägnanz und Faszination aus, seiner »Popularität« wohl auch. Der pädagogische Eros ist, wie Zuckmayer auch konzediert, durch Ironie und Humor gebremst. Kästner hat anscheinend vergleichsweise wenig produziert und mit den Jahren unter immer größeren Mühen geschrieben. Also tatsächlich ein »Mangel an unbedingter Schöpferfreude (Zeugungslust)«?

Nein, dieses Urteil ist doch ziemlich ungerecht, und zwar gerade für die Jahre bis 1943 (und jetzt nicht an Thießens Logenplätze des Exils denken ...). Kästner hatte diese Zeugungslust, einige Jahre lang; im Jubiläumsjahr 1999 sind ständig neue Arbeiten aufgetaucht, das »erste gedruckte Gedicht« rutschte zeitlich immer weiter nach vorn. Sein publizistisches Werk zwischen 1923 und 1933 umfaßt mehr als 2.000 Artikel, die zu einem großen Teil bis heute nicht nachgedruckt worden sind. Die berühmtesten Bücher Kästners entstanden binnen fünf Jahren, zwischen 1929 und 1933. Auch während des Nationalsozialismus hat er weitergeschrieben, die erwähnten Unterhaltungsromane, dazu Stücke, Drehbücher, Kinderbücher, Tagebücher, Epigramme. Er hat als

---

16 Ausführlich zur *Schule der Diktatoren* in: Hanuschek, *Keiner blickt dir hinter das Gesicht*, a.a.O. (Anm. 8), S. 390-393; zu *Notabene 45* und den Notizen zum nicht geschriebenen ›Zeugenschafts‹-Roman vgl. ebd., S. 305-321.

17 Vgl. ebd., S. 317.

Regimegegner das ›Dritte Reich‹ überlebt, in Deutschland, und das mußte auch bei einem weniger empfindlichen Geist Spuren hinterlassen. Kästners Kurs zwischen Unauffälligkeit und dem Versuch, sich doch nicht untreu zu werden, war ein Spagat, der nicht immer gelingen konnte. Sein Drehbuch zu *Münchhausen* war die letzte Arbeit in ungebrochener Produktivität, und sie war die Ursache für das vollständige Verbot 1943. Seither durfte er nicht mehr publizieren, auch nicht mehr im Ausland. Er lebte zwei Jahre von der Substanz, von früheren Honoraren, ohne zu wissen, wie lange das noch nötig sein würde; seine Berliner Wohnung wurde ausgebombt, er verlor mit ihr seine Möbel, seine Bibliothek, sein Archiv, gerettet wurde nur eine Tasche mit Manuskripten und ein wenig Material, das er in Dresden bei den Eltern untergestellt hatte. In den letzten Monaten vor Kriegsende lebte Kästner unter wechselnden Adressen, zeitweilig halbwegs im Untergrund, und auch der Systemwechsel mit einem UFA-Filmteam im Tirolischen war illegal und bis zuletzt gefährlich.[18] Wie schwer diese zwei Jahre gewesen sein müssen, sieht man den Photos von Kästner aus der unmittelbaren Nachkriegszeit an.

Er hat durch diese Jahre die Leichtigkeit des Produzierens verloren. Nach der Befreiung 1945 war er nochmals publizistisch sehr aktiv, seit 1950 schrieb er unter immer größeren Mühen, mit gelegentlichen angenehmen Unterbrechungen für einige Kinderbücher (auch die fielen ihm nicht alle leicht). Diesen Einschnitt hat Kästner selbst nie so direkt benannt, er konnte mit seinen Arbeiten zwischen 1933 und 1943 nicht souverän umgehen und schrieb häufig von seinem Schreibverbot von 1933 bis 1945, was ja so nicht ganz richtig ist. Er verlor sich an Bearbeitungen eigener Stoffe für den Film. Auch die alte Leichtigkeit der Stoffe gelang ihm nur noch gelegentlich, etwa in weniger bekannten Werken wie dem Kinderbuch *Der kleine Mann* (1963) oder der deutschen Synchronfassung des Hollywoodfilms *All About Eve* (1950) von Joseph Mankiewicz.

Zuckmayer hat also versucht, in seinem Dossier einem Autor Gerechtigkeit angedeihen zu lassen, mit dem er sich nicht verstand; der ein vollkommen anderes Temperament des Produzierens hatte, mit den Jahren zunehmend härter, kontrollierter und eben auch schwerer schrieb. Die Sottisen konnte Zuckmayer nicht ganz unterdrücken, unter dem Druck der zeitgeschichtlichen Umstände versuchte er das aber

---

18 Dazu ausführlich Erich Kästner, *Notabene 45*, in: Kästner, *Werke, Bd. 6*, a.a.O. (Anm. 3), S. 301-480.

wenigstens; und er konnte von einer gemeinsamen politischen Ebene ausgehen, auf die er sich bei Kästner verlassen konnte, auch aus der Distanz des Exils.[19]

III.

Auch nach Kriegsende wußten sich Zuckmayer und Kästner politisch einig. Kästner bestellte Artikel Zuckmayers für die *Neue Zeitung* und die Jugendzeitschrift *Pinguin*. 1949 veranlaßte er, als Generalsekretär des P.E.N., die Zuwahl des Kollegen in den (bis 1951 noch gesamtdeutschen) Club.[20] In den Jahren zwischen 1947 und 1950 sahen sie sich gelegentlich, in München wie in Zürich; nach einem Treffen Ende Oktober 1947 in Zürich duzten sich die beiden. Der Umgang in diesen Jahren war freundschaftlich geworden: Zuckmayers schickten im September 1947 ein »bezauberndes Weihnachtspaket«[21] aus der Schweiz und wurden umgehend bedankt »– wie reizend von Ihnen! Wir haben uns mächtig gefreut; Lotte hat zuviel Haselnüsse gefressen, und nun hat sie Angst, sie könne nicht einschlafen«.[22]

Die Stücke Zuckmayers wurden nun gnädig betrachtet, es fand sogar eine Art Divination des Dramatikers statt, wenn auch in leise ironischem Ton. Kästner rezensierte in der *Neuen Zeitung* die fünfzigste Aufführung von *Des Teufels General* (1946) im Zürcher Schauspielhaus und konstatierte, »die Ansichten über den politischen Nutzen des Stücks und der Aufführung waren außerordentlich geteilt«, obwohl Zuckmayers »antifaschistische Gesinnung doch wohl von niemandem bezweifelt werden dürfte«. Kontroversen entstünden über das Stück, weil die »zwecksprechende[n] Vereinfachungen« eines Tendenzschriftstellers fehlten und Zuckmayer keiner sei:

19 In den Rezensionen Kästners über Zuckmayers Werk wird fast ausschließlich dramaturgische Kritik geübt. Politisch problematisch fand Kästner nur, in seiner ersten Zuckmayer-Besprechung, die Bearbeitung von *Rivalen*, wo die »künstlerische Gestaltung des Kameradschaftsbegriffs« von »gefährlichen Folgen begleitet« sei: »Schon ist man wieder in der Arbeit, ein falsches Heldenideal zu fabrizieren oder doch diese Fabrikation unfreiwillig zu unterstützen« (*Neue Leipziger Zeitung* vom 28. März 1929; zitiert nach: Kästner, *Gemischte Gefühle*, a.a.O. (Anm. 1), Bd. 1, S. 372.

20 DLA, Nachlaß Carl Zuckmayer, Kästner an Zuckmayer, 24. September 1949.

21 DLA, Nachlaß Erich Kästner, Zuckmayer an Kästner, 17. September 1947.

22 DLA, Nachlaß Carl Zuckmayer, Kästner an Zuckmayer, 10. Oktober 1947.

Er wird's nie werden. Es liegt ihm nicht. Dafür liebt er das Leben und die Figuren, die er sich aus diesem wohlassortierten Leihinstitut für Dichter ausborgt, viel zu sehr. Seine Phantasie behandelt die Bösen und die Lauen nicht schlechter als die Guten und Edlen, sondern zuweilen sogar besser. Hierin ähnelt er dem Großen Dichter, der die Menschen erfand, zum Verwechseln ...[23]

Von Dramaturgie ist nicht die Rede, allein die »fruchtbare Diskussion« nach der Aufführung, die unmittelbare politische Wirkung zählt noch, und Kästner wertete sie positiv – könne sie doch Schweizer Studenten vermitteln, was es bedeute, in einem System wie dem nationalsozialistischen aufzuwachsen.

In den frühen fünfziger Jahren schrieb Kästner eine kurze Kabarett-Paraphrase des *Hauptmanns von Köpenick* bzw. der gemeinsamen stofflichen Vorlage;[24] und damit waren die Jahre der engeren Verbindung auch schon wieder vorbei. Für die Zeit bis zu Kästners Tod 1974 finden sich in den Nachlässen beider Autoren nur noch wenige Blätter mit zum Teil öffentlichen, zum Teil privaten Geburtstags- und Gesundheitswünschen und entsprechenden Dankesschreiben; Ende der sechziger Jahre trafen sie sich noch einmal in München, Zuckmayer kündigte seinen Besuch an: »Immerhin wäre es ja gut, wenn wir uns noch einmal in die Pupille schauen würden, bevor wir uns dann gegenseitig Nachrufe schreiben müßten.«[25]

Es ist in den unmittelbaren Nachkriegsjahren eine gewisse persönliche Verbundenheit entstanden, ohne daß sich an der grundsätzlichen Werk-Distanz viel geändert hätte; die Häuser ›verkehrten‹ kaum miteinander. Aus Kästner war kein Dramatiker geworden (trotz der *Schule der Diktatoren*), Zuckmayer war kein Lyriker und Kinderbuchautor, man ging sich nicht im Weg herum – aber die Wege berührten sich dadurch auch kaum noch.

23 Alle Zitate nach: Erich Kästner, *Reise in die Zukunft. Über Studenten und Kinder*, in: *Die Neue Zeitung* (Frankfurt am Main, Berlin) vom 4. Juli 1947, S. 3.

24 Erich Kästner, *Der Hauptmann von Köpenick* (1953), in: Kästner, *Werke*, Bd. 2, a.a.O. (Anm. 11), S. 405-409.

25 DLA, Nachlaß Carl Zuckmayer, Zuckmayer an Kästner, 20. November 1968.

Wolfgang Jacobsen

»Ich habe für diesen Fall keinen Schlüssel«

Zuckmayers Urteil über G. W. Pabst in der NS-Zeit

»Il est temps, Sancho. Il faut partir combattre l'injustice!« Der Regisseur G.W. Pabst läßt seinen Protagonisten in dem Film *Don Quichotte* einen Satz zu dessen engstem Vertrauten sagen, der Pabsts eigener politischer Haltung entsprach. 1932 drehte er in Nizza seinen Film über einen Helden, der die Abenteuer seines Geistes wirklich lebt und den man deshalb auch mit dem Regisseur identifizierte.

G.W. Pabst blieb nach Beendigung der Dreharbeiten zu *Don Quichotte* in Frankreich: ein politisch bewußter Schritt in die Emigration. Er spürte, daß Deutschland durch die nationalsozialistische Machtübernahme politisch instabil geworden war, ahnte die kommenden Veränderungen, die Leben bedrohende Gefahr, die von den Nazis ausging.

In der Weimarer Republik galt Pabst als politisch links stehend, eine Einschätzung, die in NS-Deutschland zu Denunziationen seiner Person führte: Ein Mitarbeiter etwa der »Reichskulturkammer der Landeskulturwalter«, Gau Steiermark, reichte am 10. Februar 1941 an den Präsidenten der Reichsschrifttumskammer in Berlin die Verdächtigung weiter, daß Pabst, seine Familie und Bekannten, »Juden und Kommunisten seien« und daß sie »kommunistische Propaganda betrieben«. Dies alles zusätzlich versehen mit der wohl ehrenrührig gemeinten Bemerkung, daß Pabst auch »ausgedehnte internationale Verbindungen« habe. Immerhin führte diese Denunziation zu einer Anfrage bei der Gestapo.[1]

Pabsts sachlich kühler Blick auf Zeit und Kultur, seine Sujets und deren realistische Inszenierung ließen ihn der zeitgenössischen Rezeption der zwanziger Jahre auch als politischen Avantgardisten erscheinen. Ob Pabst dies wirklich war oder ob er nicht möglicherweise nur ein öffentliches Bild von sich entwarf, dem er gern genügte, weil es seinen Status stärkte, muß offen bleiben. Die von Zuckmayer gebrauchte Charakterisierung eines »Gesinnungs-Künstlers« ist sicher so nicht zutreffend, sondern mit persönlichem Ressentiment belegt. Pabsts Naturell war das Konservative nicht fremd. Er galt als ein Regisseur, der auf

---

1 Bundesarchiv Berlin, Bestand: Berlin Document Center [BDC], Reichskulturkammer [RKK], File 2217.

Disziplin hielt, der mit Akribie und künstlerischer Fürsorge seine Filme vorbereitete, nicht gefürchtet, aber respektiert am Set.

In Zuckmayers kritischer Einschätzung Pabsts findet sich wenig Neues. Es ist eine lebendige, aber natürlich auch eine bewußt subjektive Schilderung, gefärbt auch dadurch, daß Zuckmayer mit Pabst persönlich bekannt war. Es ist keine Erinnerung aus der Distanz, keine Beschreibung eines Unbekannten, sondern in Ton und sprachlichem Gestus der Skizze spiegelt sich die persönliche Enttäuschung Zuckmayers über Pabsts Verhalten im weitesten Sinne. Seine Einschätzung ist mit Fragezeichen versehen, an die sich Mutmaßungen anknüpfen. Diese sind oft gut nachvollziehbar vom Standpunkt Zuckmayers aus. Sein Standpunkt aber ist – jenseits der persönlichen Ratlosigkeit, wie er Pabsts Entscheidung, in das nationalsozialistische Deutschland zurückzukehren, bewerten soll – zusätzlich der des Exilanten, dessen politische Integrität sich im Widerspruch sieht zum Lebensweg eines früheren Bekannten, mit dem er sich in der Einschätzung einer politischen Situation einig wußte.

Zuckmayers letztes Treffen mit Pabst in Paris im Mai 1939 ist in Zuckmayers Erinnerung geprägt auch von den Schilderungen des Regisseurs über seine amerikanischen Arbeitserfahrungen. Pabst war – einem Angebot der Warner Bros. folgend – 1933 in die USA gegangen, nachdem sich seine Hoffnung, in Frankreich weiter Filme drehen zu können, nicht erfüllt hatte. Zu diesem Zeitpunkt stand für Pabst außer Frage, nicht nach Deutschland zurückzukehren. Warner Bros. waren bereits an der Finanzierung von Pabsts Film _Die 3-Groschen-Oper_ nach Bertolt Brecht beteiligt. Als Pabst sich für den Wechsel nach Hollywood entschied, war vorgesehen, daß er Emil Ludwigs Napoleon-Biographie verfilmen sollte. In Hollywood angekommen, stellte sich heraus, daß das Drehbuch noch nicht fertig war. Unvorhergesehen war Pabst ohne Auftrag. Ein anderes Drehbuch lehnte er ab. Erst als drittes Projekt trug man ihm schließlich die Verfilmung von Louis Bromfields Roman _A Modern Hero_ an, einen Film, den er dann unter erheblicher Einflußnahme des Produzenten Hal B. Wallis inszenierte.

Es war keine leichte Arbeitserfahrung für Pabst, den erfolgsverwöhnten, bis dahin künstlerisch weitgehend unabhängig agierenden Regisseur. Die Zwänge des amerikanischen Studiosystems waren für ihn ernüchternd. Nur zwei Tage nach der New Yorker Premiere seines amerikanischen Films am 18. April 1934 stellte vor dem Hintergrund der schwierigen Produktionsbedingungen ein Autor des _Pariser Tageblatts_ in der Rubrik »Aktualitäten« die Frage, ob Pabst bereits »Amerika-müde« sei:

Wie berichtet wird, soll es Pabst in Amerika gar nicht gefallen. Er hat zwar noch nicht die Flucht von Hollywood, aber immerhin die in die Krankheit angetreten. Warner hatten ihm angeblich Stoff und Schauspieler aufgezwungen, die ihm nicht paßten: seine Einwände wurden nicht beachtet, und er mußte seinen ersten Film zu Ende drehen. Ob er drüben noch einen zweiten drehen wird, steht dahin.[2]

Er hat keinen zweiten Film gedreht. Zweieinhalb Jahre war Pabst in Amerika; zwei davon ohne Arbeit. Materiell und persönlich war das ein tiefer Einschnitt. 1937, ein Jahr nachdem er sich zur Rückkehr nach Frankreich entschlossen hatte, schrieb er:

Wenn ein Regisseur einem Film seinen Stempel aufzudrücken vermochte, wie dies in Europa bis vor wenigen Jahren immerhin noch der Fall war (obwohl auch das bei uns inzwischen extrem schwierig geworden ist), so war dies in Hollywood von jeher ausgeschlossen. Dort trägt der Regisseur weder künstlerische noch finanzielle Verantwortung; er ist nur eines von zahlreichen Gliedern einer Kette, aus denen sich die verschiedenen Abteilungen zusammensetzen, die man zur Herstellung eines Films benötigt. [...] Dem Regisseur wird das Sujet des Films in Form eines minutiös ausgearbeiteten Drehbuchs vorgegeben. Er darf weder ein Wort noch einen Aufnahmewinkel ohne Genehmigung verändern.[3]

Obwohl Hal B. Wallis schließlich mit dem Film sehr zufrieden war und glaubte, mit ihm Geld einspielen zu können, was sich nicht einlöste, war die Hollywood-Episode für Pabst beendet. Wie eine Prophezeiung wirkt im Rückblick der Ausruf am Schluß des Films: *Back to Europe this time!*

Die Einschätzung Zuckmayers, daß in diesen Arbeitserfahrungen ein »äusserlicher Schlüssel zum Rückkehrproblem« liegen könne, ist nicht ganz von der Hand zu weisen. Aber ebenso auch nicht, daß Pabst trotz dieser Umstände nicht doch ernsthaft erwog, Amerika als »das einzige Land« anzusehen, »in dem wir überhaupt weiterarbeiten könnten, dass es gar keine andere Wahl gäbe als hinüber zu gehen und dort zu bleiben« (vgl. S. 126). Zurück in Frankreich mußte Pabst Brotarbeiten annehmen. Lohnende Projekte für einen sozial engagierten Regisseur

2 *Pariser Tageblatt* vom 20. April 1934.
3 *Servitude et Grandeur de Hollywood*, in: *Le Rôle Intellectuel du Cinéma*, Paris 1937, zitiert nach: Wolfgang Jacobsen (Hrsg.), *G. W. Pabst*, Berlin 1997 (Übersetzung von Helma Schleif).

boten sich nicht. Die politische Lage verschärfte sich. Pabst plante seine
Emigration nach Amerika.

Es fällt auf, daß Zuckmayer über manches Detail der geplanten Emigration Pabsts in die USA erstaunlich gut informiert ist. Richtig ist, daß
Pabst vorhatte, auf einem deutschen Schiff auszureisen. Und richtig ist
auch, was Zuckmayer von Pabsts Ehefrau als Begründung für diese
von ihm nachträglich negativ bewertete Tatsache (»man wusste dass
auf deutschen Schiffen stramme Nazipropaganda getrieben wurde«;
S. 127) erfahren hatte: daß die Familie die Passage mit auf einem Berliner Konto liegenden, sogenannten »Sperrgeld« bezahlen wollte. Richtig ist auch, daß Pabst nach dem Gespräch mit Zuckmayer in Paris im
Mai 1939 zunächst nach Österreich zurückging und sich im August
1939 noch in der Schweiz bei der Schriftstellerin Winifred Macpherson
aufhielt. Zurück in Österreich, wurde er vom Kriegsausbruch am
1. September des Jahres überrascht. Eine Krankheit erschwerte nun zusätzlich die erneute Ausreise.

Ein Briefwechsel mit Pabsts Anwalt, dem »Devisenberater und Helfer in Steuersachen« Dr. jur. G.W. Grass in Berlin, belegt die Planungen
für die Emigration. Die erhaltene Korrespondenz setzt am 29. Juni
1939 ein und endet mit einem Telegramm vom 4. August des Jahres.
Diskutiert werden die Möglichkeiten für Schiffsrouten und ihre Be-
zahlung mit Hilfe von Devisengeldern, die von einem Sperrkonto
freigegeben werden müßten. Danach ist für den 8. September die Überfahrt nach New York gebucht. Die letztliche telegrafische Bestätigung
dieser Buchung erreichte Pabst »c/o Macpherson Villa« im Schweizerischen Vevey am 4. August 1939.

Zuckmayers Bewertung, daß Pabst seine Emigration nur vorge-
täuscht habe, eigentlich »seine Rückkehr schon gesichert und vorbereitet«
tet« gewesen sei, er »die Rolle des Emigranten vollständig aufrecht«
erhielt, dies aber nicht den Tatsachen entsprochen hätte, weil – so unterstellt Zuckmayer – Pabsts Entschluß, nach Österreich und Deutschland zurückzukehren, zu diesem Zeitpunkt längst festgestanden habe,
müssen angesichts der Fakten dieser Korrespondenz relativiert werden.
Es erscheint unwahrscheinlich, daß all diese Planungen nur unternommen worden sein sollen, um »die Rolle des Emigranten« gegenüber
Freunden und Bekannten »vollständig aufrecht« erhalten zu können.

Daß Pabst dann in Deutschland blieb, veränderte sein Leben und
beschädigte seinen Ruf. Von 1939 an stand sein Leben unter Aufsicht.
Aber war er ein Parteigänger der Nazis?

Was Zuckmayer zum Zeitpunkt seiner Stellungnahme nicht wissen
konnte, war die Stellung Pabsts während der Zeit des ›Dritten Reichs‹,

was er in seinem Text ja auch indirekt einräumt. So originell und lebendig sein Bericht auch ist: ein Mensch, der »mit dem Mund« und angeblich »nie mit den Augen« lacht, ist noch kein Nazi. Zuckmayer hat in
Formulierungen wie dieser zuweilen eine vorgefaßte Meinung. Wohl
will er nicht verurteilen, aber das Unverständnis, die Fremdheit gegenüber einem ehemaligen Bekannten bleibt deutlich spürbar: »Ich habe
für diesen Fall keinen Schlüssel und die verschiedenen Erklärungen,
positiver oder negativer Art, die früher für das Verbleiben exponierter
Persönlichkeiten in Deutschland oder für ihre Rückkehr gesagt wurden, treffen hier alle nicht zu.« Auch der Nachtrag Zuckmayers zeigt,
wie undeutlich ihm letztlich das Verhalten Pabsts bleibt, dessen Hilfsbereitschaft gegenüber in Not Geratenen er doch für erwähnenswert
hält.

In Pabsts Wesen hat es sicher gegensätzliche, auch problematische
Wesenszüge gegeben. Doch am Canossa-Gang Pabsts, um sich eine
Stellung im nationalsozialistischen Deutschland zu sichern, muß man
zweifeln. Seine Position im nationalsozialistischen Deutschland war für
ihn nicht leicht – nicht weil er der Regisseur der *Freudlosen Gasse*, der
3-Groschen-Oper und der Filme *Kameradschaft* und *Westfront 1918*
war, sondern weil er wohl auf einer eigenen Position beharrte, die ihm
den Ruf eines schwierigen Regisseurs einbrachte. In den sechs Jahren
von 1939 bis 1945 hat er zwei Filme in Deutschland gedreht. Von diesen Filmen, wie auch von anderen Stoffen, die er in Vorbereitung hatte,
gibt es mehrere Drehbuchversionen. Das ist einerseits sicher einem
intensiven Vorbereitungsprozeß der Produktionen geschuldet, gibt andererseits aber auch den Hinweis, daß er Änderungen möglicherweise
bewußt erzwungen hat, um Projekte zu verzögern. Das alles hat ihn
nicht davor bewahrt, sich mit dem Regime arrangieren zu müssen. An
den Regisseur Carl Froelich, der auch Präsident der Reichsfilmkammer
war, schrieb er – sich selbst verleugnend – am 15. Februar 1940:

Ich habe mich, was Ihnen als Künstler durchaus verständlich ist, von
praktischer Politik immer fern gehalten und namentlich diesen Gedanken in meiner ausländischen Tätigkeit keinen Raum gewährt,
trotzdem hierfür sicherlich Gelegenheit genügend gewesen wäre. Ich
bin überzeugt, daß Nachforschungen über meine ausländische, stets
unpolitische Tätigkeit, die von hiesigen maßgeblichen Stellen ange-
stellt wurden, den Beweis für diese Behauptungen erbrachten und –
das erscheint mir besonders wichtig – zu der Feststellung geführt
haben, daß ich niemals etwas unternommen habe, was das Ansehen
meines Vaterlandes hätte schädigen können. Im Gegenteil, es ist allen

Kennern des französischen und amerikanischen Marktes bekannt, daß ich derartige Angebote abgelehnt habe, trotzdem man gerade mich als Kenner der deutschen Verhältnisse für derartige Arbeiten als prädestiniert bezeichnete.[4]

Soweit möglich, entzog sich Pabst der Propaganda. Zeitgeist ist in seinen Filmen *Komödianten* und *Paracelsus* aber dennoch zu finden. Es spricht Pabst nicht frei, daß er sich direkten propagandistischen Stoffen entzogen hat oder sich durch glückliche Umstände diesen entziehen konnte. Sein Sündenfall wurden die beiden Filme, die er im national-sozialistischen Deutschland drehte. Sie dienten dem Regime als willkommenes kulturelles Aushängeschild. Längst brannten da in Europa nicht mehr nur Bücher.

Tatsächlich gab es staatlicherseits eine Reihe von Recherchen, die die politische Zuverlässigkeit Pabsts prüfen sollten, und – nach Denunziationen – auch seine »arische Abstammung«. So holte etwa Dr. Walther Müller-Goerne von der »Fachschaft Film« bei der Reichsfilmintendanz in einem Schreiben vom 2. November 1939 an die Staatspolizeileitstelle der Gestapo in Graz Informationen über Pabst ein:

Der Genannte hat sich vor 1933 in Deutschland als Filmregisseur betätigt. Er ist offenbar kurz vor 1933 nach Frankreich ausgewandert, da er in Deutschland fast ausschließlich in jüdischen Kreisen verkehrte. Er selbst gilt als Arier. [...] Ich wäre dankbar, wenn mir über die politische Zuverlässigkeit und den Leumund des Genannten Auskunft erteilt werden könnte.[5]

Andere Schreiben belegen, daß Pabst »in politischer Hinsicht als ziemlich indifferent« galt, so festgehalten in einem Schreiben des Chefs der Sicherheitspolizei und des Sicherheitsdienstes (SD) an die Reichsschrifttumskammer vom 31. Oktober 1941.[6]

Der Fall Pabst, die Tatsache, daß er den Schritt ins Exil letztlich nicht vollzog, wurde auch unter Emigranten diskutiert. Gerüchte wurden kolportiert. Am 8. Dezember 1941 notierte Herbert Kline, amerikanischer Regisseur von Dokumentarfilmen und politisch links engagiert, in einem Brief an Fritz Lang:

I suppose you have heard that Pabst is in Paris as a Captain of the newsreel service – proving the spy charges against him were not un-

---

4 Bundesarchiv Berlin, Bestand: BDC, RKK, File 2217.
5 Ebd.
6 Ebd.

founded, as the Paris assignment is probably his reward, and he has returned as a boss over the people whom he betrayed. What an ending for such a man![7]

Gerade die Gerüchte um eine Spionagetätigkeit Pabsts hielten sich hartnäckig, und man kann vermuten, daß sie auch Zuckmayer zu Ohren gekommen waren.

Selbst nach dem Krieg spielten sie eine Rolle bei der Bewertung von Pabsts Verhalten:

Sicher war er kein Kriegsverbrecher oder Spion, wie die Franzosen jetzt sagen. Aber es bleibt die Tatsache, daß er 1939 nach Nazideutschland ging, um Filme für Goebbels zu machen. Daß er den Weg des geringsten Widerstands einschlug, kann keiner von uns, die wir sein Werk bewundern, so einfach vergessen.[8]

Paul Falkenberg, vor 1933 Assistent von Pabst und in die USA emigriert, formulierte diese Zweifel an Pabsts Integrität, die die Einschätzung seiner Person bis heute überschatten.

War Pabst Opportunist? Man kann diese Frage mit Ja beantworten, wenn man auf den äußeren Verlauf der Biographie schaut. Und der Vorwurf an Pabst, sich opportunistisch verhalten zu haben, schwingt unausgesprochen in Zuckmayers Einschätzung mit. Man kann die einfache Antwort aber auch differenzieren. Deuten die überlieferten Fakten einer geplanten, aber durch persönliche und äußere Umstände verhinderten Emigration nicht auf das Scheitern eines Lebensplans aus persönlicher Schwäche hin? Belastet mit dem öffentlich nie zugegebenen Eingeständnis einer persönlichen Niederlage, in einem entscheidenden Abschnitt der Biographie nicht so gelebt zu haben, wie es die eigenen Ansprüche eigentlich erforderten? »Ich habe für diesen Fall keinen Schlüssel«, gesteht Zuckmayer. Auch im nachhinein sind nur wenige Fakten zu ergänzen, die Bewertungen verschieben können. Seine politische Integrität hat Pabst verloren. Er hat das wohl – gemessen an den Versuchen, sich mit zwei politischen Filmen nach dem Krieg zu rehabilitieren – auch selbst begriffen.

---

7 American Film Institute, Los Angeles, Teilnachlaß Fritz Lang, Box 7.
8 Paul Falkenberg an Mr. Skene, 3. Dezember 1945; Filmmuseum Berlin – Deutsche Kinemathek, Nachlaßarchiv, Sammlung Paul Falkenberg.

Franz Norbert Mennemeier

Gustaf Gründgens, Emil Jannings, Werner Krauß
Zuckmayers Schauspieler-Charakteristiken im Kontext

Zuckmayers »Geheimreport«, Aufzeichnungen über Männer und Frauen der deutschen kulturellen Szene, die, als die Nazis die Macht ergriffen hatten, freiwillig oder unfreiwillig in Deutschland geblieben waren, ist eines der interessantesten Dokumente aus der Zeit des Exils.

Der Autor, ein Zeitzeuge, der wie wenige andere intime Kenntnis der großen und kleinen Akteure von Film, Theater und Verlagswesen im Deutschland der zwanziger und dreißiger Jahre besaß, sah sich durch den Auftrag der US-Behörde in den Stand gesetzt (auch genötigt), in einer Weise über Zeitgenossen zu urteilen, wie sie im allgemeinen im normalen kulturellen Betrieb höchst unüblich ist. Dort wird zwar, wie bekannt, auch permanent geurteilt, aber meist heimlich, nicht selten oder geradezu in der Regel in engster Tuchfühlung mit Gerüchten, Geschwätz, mit wohlwollender oder übler Nachrede. Gewiß, auch die kritischen Charakteristiken und Notizen in Zuckmayers Report sind in der größten Heimlichkeit, überdies für den Gebrauch einer für Heimlichkeit berühmten Institution verfaßt worden. Aber Zuckmayer hat sich hier entschieden über die Sphäre trüben subjektiven Meinens und Daherredens erhoben und, entsprechend seinen Möglichkeiten, den Versuch unternommen, ein unabhängiges Urteil über die von ihm vorgestellten Personen abzugeben.

Bedenkt man, welche seelischen Verletzungen die ins Exil Gezwungenen meist davongetragen hatten, wie sehr eben dadurch ihr Blick für die Realität und die Menschen eingeschränkt war, dann kann man die Art und Weise, wie sich Zuckmayer der ihm aufgetragenen Arbeit entledigt hat, nur als eine auch in sittlicher Hinsicht ungewöhnliche Leistung rühmen. Zuckmayer mußte mit diesen Aufzeichnungen, die eine kritische Beurteilung unabdingbar machten, in gewisser Beziehung über seinen eigenen Charakter hinauswachsen. Das Rühmen fiel ihm im allgemeinen leichter als das Kritisieren und Negieren. Das Exil selber zwang ihn nun dazu, sich schärfer zu äußern, als es seine Art war. Zuckmayer konnte nicht umhin, politisches Bewußtsein, will sagen: eine umfassendere Vorstellung von Feind und Freund, bei sich auszubilden.

Hierzu war er auch schon deshalb genötigt, weil mit den von ihm verlangten Beurteilungen wesentlich der Auftrag verbunden war, Hinweise zu geben, mit welchen Personen nach der Zerschlagung des Nazi-systems eine kulturelle Neuordnung in Deutschland hergestellt werden könnte. Dies gibt dem Report einen partiell geradezu operationell relevanten Aspekt. Mit Blick auf die Tatsache, daß Zuckmayer aus der Ferne des Exils über die neuesten Entwicklungen in Nazi-Deutschland und über die ideologische Orientierung der »Jüngeren und Jüngsten« »nicht so viel auszusagen« vermochte, merkt er bezeichnenderweise einmal an: »Entscheidend ist daß wir einige Vertrauensleute drüben haben, und solche sind ja in diesen Blättern fixiert, auf deren Urteile über die einzelnen Vertreter dieser neuen Künstlergeneration wir uns verlassen können« (S. 183). In solcher Äußerung meldet sich deutlich eine Art organisierendes Bewußtsein. Es ist im Hintergrund der Auf-zeichnungen allenthalben präsent.

Vielfach ging es schon jetzt, wie Zuckmayer ebenfalls bewußt war, durchaus auch darum, über das künftige berufliche Schicksal von Menschen zu entscheiden. Bei einigen z.B., die zu Recht oder Unrecht als Nazis galten und auf die man nach Ansicht des Autors doch nicht verzichten konnte, waren erhebliche Schwierigkeiten vorauszu-sehen.

Man wird noch einen anderen, mehr persönlichen, jedoch in hohem Maß exilspezifischen Aspekt des Reports hervorheben müssen. Etliche Aufzeichnungen reichen durch Brillanz und Intensität der schriftstelle-rischen Mitteilung über die Sphäre der bloßen pragmatisch-politischen Unterrichtung sichtlich hinaus. Der Berichterstatter verwandelt sich da partiell in den Dichter, der, indem er Personen vorstellt, sie mit Hilfe von Intuition und Phantasie zugleich erschafft: als Figuren. Die Zu-ständigen in der Behörde, an welche diese Aufzeichnungen adressiert waren, haben gewiß nicht wenig gestaunt über den stellenweise hier entwickelten, das platte Informationsbedürfnis weit übersteigenden schriftstellerischen Elan.

Für Zuckmayer, der im amerikanischen Exil noch weniger als Brecht reüssierte (ein kurzer Flirt mit den Hollywood-Filmstudios endete im Fiasko), war der an ihn ergangene Auftrag offenbar Anlaß, sich seines schriftstellerischen Vermögens erneut zu versichern. Schreiben als Form des Überlebens. Ferner, wenn Zuckmayer mit seinen Portraits und Notizen unter der Hand gewissermaßen den Umriß einer ganzen Epoche beschwor, einer Welt, die so, wie sie war, nicht mehr wiedererstehen würde, dann läßt sich dies auch als Versuch deuten, sich das Be-drückende seiner damaligen Verhältnisse, das Abgeschnittensein von der lebendigen Historie (nicht nur vom Theater) durch Wort und Er-innerung erträglich zu machen.

Daß – wie angedeutet – bei dieser Bemühung der Blick in die Vergangenheit zugleich, dem gestellten Auftrag zufolge, einer nach vorn, in die Zukunft, auf den kulturellen Wiederaufbau Deutschlands sein mußte, daß insofern das Schreiben sich über das bloße passive Interpretieren und Begutachten hinaus auch als ein spezifisches aktives Handeln darstellte, dies muß der Autor als ein zusätzlich ihn beflügelndes Element verspürt haben; es stärkte nicht nur sein Vertrauen in die durch das Exil bedrohten eigenen Kräfte, sondern konnte auch die Hoffnung auf ein schließlich doch glückliches Ende der aus den Fugen geratenen europäischen Geschichte beleben. – Zuckmayer, das zeigt sich insbesondere in diesem Report, war auch als Exilant seiner seelischen und intellektuellen Verfassung nach ein gänzlich anderer Typus als ein Ernst Toller oder ein Stefan Zweig, die an dem Schicksal der Vertreibung zerbrachen. Die Aufzeichnungen beweisen eindrucksvoll Zuckmayers Vitalität und seine inmitten der Krise bewahrte hellwache Menschlichkeit und Urteilskraft.

In diesem Zusammenhang spielt die liberale Grundeinstellung dieses Autors, mag sie im einzelnen auch nicht leicht zu bestimmen sein, eine wichtige Rolle. Offenheit der Betrachtung und des Urteilens, das Nicht-Festgelegtsein auf bestimmte weltanschauliche und politische Positionen, diese Haltung, die als bürgerlich zu qualifizieren nicht ganz falsch sein dürfte, hat sich in den von Zuckmayer vorgelegten Charakteristiken im ganzen als höchst positive Energie ausgewirkt. Hätte dieser Autor über eine bestimmte Theorie oder einen fest umrissenen Parteistandpunkt verfügt, wäre er weniger imstande gewesen, über Individuen zu urteilen, die den unterschiedlichsten, widersprüchlichsten Tendenzen zuzuordnen sind. Zuckmayer übt hier Toleranz auch gegenüber Gestalten, die ihm von Haus aus eher fernstanden. Gegen Hans Carossa, den damals hoch geschätzten und viel gelesenen konservativ-feinsinnigen Erzähler in der Tradition eines (längst geschwächten) deutschen poetischen Realismus, bringt Zuckmayer z.B. nicht etwa den naheliegenden Vorwurf zur Geltung, durch solche Art humanen Dichtens inmitten inhumanen Nazitums werde dessen Gewaltcharakter kaschiert und indirekt geradezu ermöglicht. Derartiger dialektisch geschulter Kritizismus gehört einer späteren Epoche an. So zu argumentieren war Zuckmayer fremd. Er geht hier wie auch sonst meist von der konkreten Person, nicht vom gesellschaftlichen Prozeß aus. Also liest man über Carossa kurz und bündig nur dies: »Carossa: Einzelgänger von unbedingter Integrität und Noblesse. Wenn der schmutzige Nazinebel weicht, wird auf seinem Bild kein Fleck oder Hauch zurück bleiben« (S. 23).

Überraschend positiv auch die Charakteristik des Grafen Hermann Keyserling (S. 166 f:) mitsamt seinen wunderlich ambitionierten kulturpolitischen Aktivitäten (»Schule der Weisheit« in Darmstadt) und seinen sonstigen »grotesken Clownerien«. Zu Keyserlings aristokratisch-dandyhaftem Satz: »Alle Völker sind selbstverständlich ekelhaft«, bemerkt Zuckmayer: »Eine Feststellung die mir oft sehr berechtigt erscheint.« Das ist ziemlich souverän und nicht unriskant hingesagt, bedenkt man, wer der Adressat dieser Notizen war. Keyserling zählt für den Exilautor Zuckmayer zu den »notorische[n] Erscheinungen des deutschen Kultur- und Geisteslebens«, und eben dieses soll hier wie an anderen Stellen des Reports in manchmal schon werbender Sprache der US-Behörde wie auch mittelbar den späteren Besatzern Deutschlands nahegebracht werden. Verdächtig nazihaft klingende »Schlagwortbegriffe« der Keyserlingschen »Weisheitsschule« wie »Tat«, »Haltung«, »Einsatz« werden entsprechend in ihren eher harmlos-unpolitischen, lebensphilosophischen Zusammenhang gerückt. Resümierend heißt es mit Blick auf die Propheten und Jünger solcher verschrobener, erzdeutsch-idealistischer Umtriebe: »Man sollte sie [diese Kreise] keineswegs, wie es Linksdemokraten sicher tun werden, in Bausch und Bogen als Nazivasallen und Reaktionäre abtun, sondern sehr genau beobachten, wie und in welcher Art diese Kräfte wieder an den Tag treten werden.«

Auch Ernst Jünger, der unter den Deutschen, zumal nach 1945 ewig Umstrittene, findet in Zuckmayer einen engagierten Verteidiger (S. 102 f.). Er sieht das negative Rezeptionsschicksal der Schriften Jüngers klar voraus und erhebt zugleich lebhaft Einspruch gegen das Urteil, das ihn damals wie heute unter die Nazis oder die Faschisten rücken möchte: »Ernst Jünger halte ich für den weitaus begabtesten und bedeutendsten der in Deutschland verbliebenen Autoren.« »Es wäre ein großer Fehler sie [Ernst Jünger und seinen Bruder Friedrich Georg] nicht ernst zu nehmen und ihr Schaffen [nicht] mit größter Aufmerksamkeit und Vorurteilslosigkeit zu beobachten.« Das ist, mitten im Exil, eine alles andere als selbstverständliche Beurteilung. So über Jünger zu sprechen, war ebenso hellsichtig wie couragiert.

Auch wenn Zuckmayer, der liberale, über Parteigrenzen souverän hinwegblickende Kritiker, oft die schöne Neigung erkennen läßt, mit viel Feuer zu loben und selbst an gemischten künstlerischen Erscheinungen immer noch dies und jenes Positive zu finden, so vermag er doch durchaus auch hart und schneidend zu urteilen. Gerade diese Fähigkeit gibt seiner Liberalität Kontur und Charakter. Wie angedeutet, setzt er beim kritischen Urteilen gern bei der konkreten Person, beim Individuum an. Er hat eine gewisse Vorstellung von der Echtheit des

Subjekts, von auch sittlich definierbarer innerer Lebendigkeit, von see-
lischer und intellektueller Kontinuität des Charakters. Am Menschen
schätzt er durchaus auch die Fähigkeit, sich unbewußten, irrationalen
Kräften zu verbinden, Kräften, die er nicht selten als das Eigentliche,
Wahre der Person zu qualifizieren sucht, obwohl er, andererseits, das
Dumpfe, Nebulose keineswegs favorisiert – wie auch seine eigene
Schreibweise in dem Report bemerkenswert prägnant und pointiert,
oft witzig ist.

In den besten der Charakteristiken wird die dichterische Phantasie
wirkungsvoll eingesetzt. Es entstehen, wie eingangs erwähnt, auf diese
Weise, zumal wenn es sich um Personen handelt, mit denen der Autor
sympathisiert, lebendige Figuren, literarische Portraits mit einer Art
autonomer Strahlkraft jenseits des schlicht Informativen und der Pseu-
do-Ähnlichkeit bloßer Steckbriefe. Gestalten, die der Autor der Gruppe
der »Linksradikalen« zurechnet, können jedoch seine Einbildungskraft
im allgemeinen weit weniger positiv stimulieren. Selten, daß er ihnen
politischen Sündenablaß für ihr Umschwenken zu den neuen Herr-
schern gewährt. Besonders heftig, ja geradezu vernichtend fällt etwa
das an den Vorwurf linksradikaler Provenienz sich heftende Portrait
des einst, in der Weimarer Zeit, erfolgreichen Kabarettisten und Sati-
rikers Hans Reimann aus (S. 57-63). Gestalten wie Kurt Heynicke
(S. 100) und Fritz Genschow (S. 97 f.) kommen, mit dem kritischen
Hinweis auf den gleichen, hier vorausgesetzten Kausalzusammenhang
zwischen Linksradikal und Rechtsradikal, kaum besser weg. Selbst der
verdienstvolle Berliner Theaterkritiker Herbert Ihering erscheint in
Zuckmayers Darstellung in ungünstigem Licht (S. 118-121). Ohne daß
Ihering eigentlich Sympathie mit den Nazis unterstellt würde, wird aus
einigen Formulierungen des Portraits deutlich, wieso Zuckmayer generell in der linksradikalen Tendenz eine Prädisposition fürs Umkippen
ins Gegenteil, in Rechtsextremismus und Nazitum, angelegt sah und
weshalb er im besonderen Fall Iherings es für möglich hielt, daß auch
dieser in seiner Art bedeutende linke Kritiker durch die neue Ideologie
infiziert werde. Es heißt da: »Das Doktrinäre, unduldsam Zelotische
des Nazismus lag seiner trocken-lehrhaften, ganz unkünstlerischen
Natur sehr nah, das kollektivistische Element – im ›Stil‹ – schien ihm
wichtiger als der essentielle Gehalt oder die menschliche Haltung.«

Die kritische Position, die Zuckmayer hier wie auch sonst einnimmt,
ist im Kern liberal-individualistisch, sie ist in einem unverdächtigen
Sinn konservativ und bürgerlich. Die positiven Kriterien, die an vielen
Stellen des Reports zur Geltung kommen, basieren auf einer weitgehend offenbar noch unerschütterten Vorstellung von Personhaftig-

keit und sittlichem Charakter. Die damit verbundene Überzeugung, daß auch in Zeiten tiefreichender Krise der Kern menschlichen Wesens bewahrt werden könne und müsse, mag inzwischen altmodisch und naiv scheinen. Aber diese Naivität, wenn es denn eine ist, gehört wesentlich zum Denken Zuckmayers, sie ist ein Basiselement der Durchhaltekräfte, die ihm im Exil und in der Zeit danach das Überleben im geistigen Sinne ermöglichten.

Nicht ausgeschlossen allerdings, daß es bei diesem Autor Neigungen und Strebungen gibt, die in den Begriffen des eben umrissenen Menschenbilds doch nicht ganz aufgehen, Unschärferelationen gewissermaßen, charakteristisch für das Weltbild des liberalen Typus. Sie treten vor allem dann ins Licht, wenn das human-zivilisatorische, liberale Konzept mit der leicht ins Unheimliche spielenden Erscheinung einer bestimmten Art von – nennen wir sie – Über-Menschen konfrontiert wird. Wie fällt dann die Reaktion des zu politisch-aufklärender Kritik aufgerufenen Betrachters aus? – Zuckmayers Charakteristiken einiger der wichtigsten Gestalten des damaligen deutschen Theaters, die zu ihrer Zeit wie selbst heute noch dem Verdacht fatalen Mitläufertums ausgesetzt sind, stellen in dem Zusammenhang sehr aufschlußreiche Dokumente dar. Es sind, über den engeren Exilkontext hinaus, auch Zeugnisse von allgemeinerer politischer, kultureller und anthropologischer Bedeutung.

Es handelt sich um die Portraits des Schauspieler-Regisseurs Gustaf Gründgens (S. 131 f.; 153 f.) und der Schauspieler Emil Jannings (S. 136-145; 153-155) und Werner Krauß (S. 146-152). Einige Passagen aus den Portraits von Jannings und Krauß finden sich, leicht verändert, zum Teil auch wörtlich, in Zuckmayers Autobiographie[1] wieder. Die Aufzeichnungen über Jannings, mit einer Fülle von Details und Anekdoten aufwartend, sind jedoch viel umfangreicher als die entsprechenden Mitteilungen in den »Erinnerungen«, und während in diesen Gründgens' Name nur gelegentlich, im Vorübergehen erwähnt wird, enthält der Report eine knappe zwar, aber außerordentlich eindringlich formulierte Studie über den Charakter dieses Schauspielers und seine Rolle im Terrorsystem der Nazis. (Was Zuckmayers Kenntnis dieses Terrors betrifft, so muß man berücksichtigen, daß seine einschlägigen persönlichen Erfahrungen nur bis etwa 1939 reichten und daß die Nazis bekanntlich erst danach ihr mörderisches Potential in seiner ganzen Gnadenlosigkeit entfalteten. Einige Bemerkungen Zuckmayers im Re-

---

1 Carl Zuckmayer, *Als wär's ein Stück von mir. Horen der Freundschaft*, Frankfurt am Main 1997 (die Erstausgabe erschien 1966).

port zeigen, daß damals bei ihm wie bei manchen anderen, sogar in Deutschland selbst, immer noch ein Rest von Illusionen über das Ausmaß des Nazi-Schreckens überdauerte. Die Aufzeichnungen sind stellenweise durch dieses Noch-nicht-alles-wissen-können ein wenig gefärbt – teils zu Gunsten, teils zu Ungunsten der Beurteilten.)

Vergegenwärtigt man sich noch einmal die Funktion, die dem Report zugedacht war, nämlich Entscheidungshilfe zu leisten angesichts der hoch brisanten Frage, wie die amerikanische Politik nach der Besetzung Deutschlands mit den dort verbliebenen kulturell exponierten Personen verfahren sollte, dann kann man Zuckmayers Äußerungen über Gründgens, Jannings und Krauß als in die Zukunft vorausgreifende Rettungsversuche bezeichnen.

Leicht war diese Aufgabe für den Autor nicht. Alle drei Figuren mußten für einen außenstehenden Betrachter als schwer belastet gelten. Erleichtert und zugleich erschwert wurde Zuckmayer seine Aufgabe durch die Tatsache, daß Jannings und vor allem Krauß zu seinen engsten Freunden gehörten. Zeitweilig wohnten beide in unmittelbarer Nähe von Zuckmayers österreichischem Domizil. Gründgens, zu dem die Verbindung distanzierter war, wird in den »Erinnerungen« neben Peter Suhrkamp und Heinz Hilpert immerhin auch zu »unseren Freunden« gerechnet, auf deren Hilfe die Zuckmayers bei der Vorbereitung ihrer Flucht aus Nazi-Deutschland gegebenenfalls zählen konnten.[2] Trotz der persönlichen Beziehung des Autors zu den vorgestellten Männern erwecken die Charakeristiken jedoch nicht den Eindruck, daß das Urteil des Verfassers durch Motive persönlicher Art bestochen gewesen sei. Intime Kenntnis aufgrund mehr oder weniger freundschaftlicher Verbundenheit hat letzten Endes dafür gesorgt, daß die Darstellungen eine Tiefendimension erhalten haben, welche die intendierte Objektivität durch Lebendigkeit erhöht. Zuckmayer, nicht zu vergessen, war Dramatiker, berühmt für die Fähigkeit, pralle Figuren zu schaffen. So scheinen die drei Freunde hier in der Abbildung in gewisser Weise als Figuren auf jener Bühne zu agieren, welche die Erinnerung schafft. Keine Frage, daß an diesen Charakteristiken die Einsamkeit des exilierten Schriftstellers insgeheim mitgearbeitet hat. Zuckmayer konnte hier ersatzweise einen Umgang pflegen, dessen ihn die Zeitereignisse beraubt hatten.

Das Portrait Gründgens' (S. 131 f.; 153 f.), als Rettungsversuch verstanden, ist in seiner Mischung von rigoroser Entlarvung und Verteidi-

2 Vgl. ebd., S. 94.

gung ein Kabinettstück, wahrscheinlich eine der besten Darstellungen,
die von dieser herausragenden Erscheinung des damaligen deutschen
Theaters angefertigt worden sind. Die Faszination, die, oft bezeugt,
von Gründgens ausging und die längst ein Topos einschlägiger theater-
geschichtlicher Schriften ist, spiegelt sich in gewisser Weise noch in der
schriftstellerischen Faktur des brillanten Plädoyers, das Zuckmayer
hier verfaßt hat. Der Autor gibt von vornherein alle Mängel und Fehler
des Beschuldigten (wie er im vorliegenden Zusammenhang genannt
werden darf) zu. Aber im selben Atemzug läßt er eben jene auch wiederum als bewunderungswürdige Tatbestände erscheinen. Da überdies
auf einige offenbar nachweislich gute Taten Gründgens', vollbracht
unter den schwierigsten Bedingungen, verwiesen werden konnte – er
»hat in seiner Machtposition vielen Künstlern geholfen« – lautet das
Resümee: »Vielleicht werden wir mit ihm noch Überraschungen erleben.« Gemeint ist offenkundig: positive »Überraschungen«. Dieser
Gründgens, das wird deutlich, ist für Zuckmayer von der Art derer, die
man nicht durch irgendein senkrechtes Argument ein für alle Mal erledigen kann. Andere mögen ihn verurteilen, nicht er, Zuckmayer: »Ich
gehöre nicht zu den Calvin's, Cato's oder Robespierre's, die ihn verurteilen und auf die Guillotine schicken würden, – obwohl der St. Just
eine seiner besten Rollen war.«
 Der Satz bezeugt aufs neue den grundliberalen, Rigorismus und Radikalismus programmatisch von sich weisenden Charakter der Zuckmayerschen Kritik. Freilich ist nicht zu übersehen, daß der Autor an
anderen Stellen des Reports durchaus mit Entschiedenheit zu urteilen
versteht, hart insbesondere über Opportunisten, Überläufer, »Umfaller«
(wie er gern sagt). Warum urteilt er in der gleichen Weise nicht auch
über Gründgens, den Umfaller par excellence? In der Tat scheint Zuckmayer den Widerspruch, in den er hier unversehens geraten ist, selber
zu empfinden. In die Enge getrieben, benutzt er, um sich wieder daraus
zu befreien, u.a. ein recht zweifelhaftes Argument, mit dem, allem äußeren Anschein zum Trotz, etwas wie ein einheitlicher, das Handeln
legitimierender Personkern hinter den wechselnden Masken Gründgens' behauptet werden soll. Mit dem Hinweis auf das angeblich »Na-
turgemäße« der besonderen, Gründgensschen Spielart geschwinden
Positionenwechsels sucht er den Schauspieler zu entlasten. Ganz wohl
freilich ist ihm bei diesem argumentativen Kunstgriff nicht – mit dem
Erfolg, daß jener Begriff sogleich in Anführungsstriche gesetzt und also
wieder relativiert wird: »Immerhin ist sein Umschwung vom radikalen
›Kulturbolschewisten‹ zum Götterliebling der Nazis eher begreiflich,
weil ›naturgemäßer‹, als der anderer Gesinnungshelden.«

Das Plädoyer offenbart: Auf der Ebene der Gesinnungen, der Inhalte welcher Art auch immer läßt sich über Gründgens nicht angemessen verhandeln. Auch mit moralischen Kriterien nicht: Wo Gründgens einmal eine »anständige« Handlung vollbringt, heißt es, da geschieht es meist aus einer »Laune« heraus oder »vermutlich sehr subjekiv, nach persönlicher Neigung«, nicht in Befolgung jenes kategorischen Imperativs, der das Rückgrat eigentlich sittlichen Tuns ist. Das Phänomen Gründgens, wie es hier gezeichnet wird, übersteigt offenbar die Grenzen der liberalen Vorstellungswelt. Der Kritiker, der Verteidiger hat es – wie man mit Blick auf Zuckmayers Hinweise wohl sagen darf – mit einem gefährlichen Typus, angesiedelt am Rande des Nihilismus (im Sinne Nietzsches), zu tun. Gründgens – eine Figur, agierend in einem Feld, in dem Recht und Unrecht, Gut und Böse ununterscheidbar ineinanderfließen. Der Versuch, diese ebenso faszinierende wie unheimliche und in gewisser Hinsicht körperlich nicht einmal anziehende Figur – der schöne Gründgens ist »eher ein häßlicher Mensch« – als dennoch positiven, großen Mann herauszustellen, verlangt Zuckmayer, obwohl er hier gewiß nicht als Verteidiger wider Willen angetreten ist, objektiv gleichsam das Äußerste ab. Subjektiv jedoch sieht die Sache anders aus. Mit Leichtigkeit, ja spürbarem Enthusiasmus scheint Zuckmayer die Hürde möglichen Einspruchs gegen sein Plädoyer zu nehmen. In gleichem Maß, wie er Gründgens kritisch durchschaut, ja eigentlich entlarvt, bewundert er ihn nämlich auch.

Das halsbrecherische, in gewisser Weise paradoxe Unternehmen scheint vor allem deshalb erfolgreich durchgeführt werden zu können, weil die Argumentation von Beginn an auf die Ebene nicht einer politischen und moralischen Reflexion, sondern einer ästhetischen gehoben worden ist. Gründgens, der virtuose Spieler auf der Bühne des Lebens wie des Theaters, der Jongleur, Equilibrist usw. – das ist der Tenor des kritischen Rühmens, des rühmenden Kritisierens. Dieser Gründgens, so wird klargemacht, ist schwer zu begreifen, auch schwer zu greifen, nicht einmal von den Nazis. Wenn dieser Meisterspieler, um seine Haut zu retten, gelegentlich untertauchen muß, dann kehrt er, ähnlich wie die ihren Herren haushoch überlegenen Dienerfiguren der Commedia dell'arte, kurz darauf »mit größerer Macht und neu gesicherter Freizügigkeit« auf die Bühne zurück.

Zuckmayer gelangt mit dieser Charakteristik Gründgens' unversehens in unmittelbare Nähe der einige Jahre zuvor von Bertolt Brecht und Walter Benjamin entwickelten These, daß die Nazi-Politik in verhängnisvoller Weise durch Ästhetisierung und Theatralisierung gekennzeichnet sei. Bemerkenswert, wie der Autor die Affinität des

Schauspielers Gründgens zum innersten Charakter des Nationalsozialismus erfaßt: »Aus dieser künstlerisch sublimierten Spielernatur ist seine [Gründgens'] Karriere bei den Nazis zu verstehen, aus der Lust am Gewagten […] am Sprung auf einen schwindelhaften Gipfel, an Wurf und Gewinn, an Repräsentation, großer Schaustellung und fabelhaft beherrschter Maske […].« Eine Art Kongruenztheorie deutet sich an: der Wesensvergleich zwischen einem skrupellosen großartigen Schauspieler und der ebenso skrupellosen, permanent täuschenden Schauspielerei der Nazis. Was hier von Gründgens' Charakter gesagt wird, liest sich fast wie eine Beschreibung der Politik, durch die Hitler und die Seinigen über Jahre hin ihre wahren Absichten vor den ausländischen Mächten, zum Teil auch vor den Menschen im eigenen Land verbargen. Auch die Bemerkung »Seine [Gründgens'] Beziehung zur Macht ist durchaus zynisch und selbstzerstörerisch« scheint im Blick auf die Nazi-Politik und ihre verheerenden Folgen von weiterreichender, symbolischer Bedeutung.

Wenn das virtuose Schauspielertum Gründgens' auf diese Weise dem der Nazis so ähnlich scheint, wie kann jener dann doch wieder davon abgesetzt werden, so daß er als einer vorgestellt werden darf, der wert ist, im künftigen Deutschland noch eine herausgehobene kulturelle Rolle zu spielen? Mit Berufung auf irgendeine substantielle Position, auf irgendeinen Inhalt von Bedeutung ist diese Beweisführung nicht zu leisten. Daran läßt Zuckmayer keinen Zweifel. Seine Diagnose ist in der Hinsicht radikal: Charakteristisch für Gründgens sind »skrupelloser Erfolgsinstinkt, völlige Vorurteils- und Bedenkenlosigkeit«. So bleibt als Argument zu Gunsten des Angeklagten also nur das – in seiner Bodenlosigkeit treffend charakterisierte – Schauspieler- und Künstlertum Gründgens' selber übrig.

In diesem Umstand gründet der Eindruck eines zwischen Irritation und Hingerissenheit oszillierenden Schwebezustands der Beurteilung in diesem Plädoyer. Der heutige Leser wird dieses Gefühl möglicherweise stärker empfinden als seinerzeit der Autor. Aber die Ambivalenz ist zweifellos auch eine des Textes selbst, wenngleich sie von der starken Bewunderung überdeckt wird, die der Autor für seinen extravaganten Protagonisten hegt.

Zuckmayer hat alles darangesetzt, Gründgens als bei allen Schwächen große Figur erscheinen zu lassen. Im Gegensatz zu den Nazis, offenbar den schlechteren Schauspielern, Regisseuren ohne Geschmack und Stil (so darf man Zuckmayers Räsonnement explizieren), verfügt Gründgens über exzellentes »Qualitätsgefühl«, »souveräne Strategie«, ja »Selbstzucht«. Die ästhetische Differenz wird in dieser Betrachtung

zu einer absoluten. Sogar das Individuum Gründgens hinter den wechselnden Masken sucht Zuckmayer, entsprechend seinem liberalen
Menschenbild und fast gegen den Strich seiner eigenen Analyse, doch
noch zu retten. Gründgens, heißt es, hat hinter der Mitläufer-Maske
»seine persönliche Lebensart immer aufrecht erhalten«. Aber – war da
überhaupt noch eine Person? Und wenn es nach Zuckmayers Meinung
»falsch« sein soll, »Görings Luxuschampion« »einfach als den eiskal-
ten Ehrgeizling« (ein vergleichsweise harmloser Charakterzug, beliebt
bei Theaterbösewichtern) zu charakterisieren, hätte man dann vielleicht Grund, weit Unheimlicheres noch zu vermuten? – Das Portrait,
dessen Brillanz durch Fragen solcher Art nicht zu beschädigen ist,
schließt ab mit einem kleinen, im Jahr der Abfassung naheliegenden
Gedankenspiel – komödienhafter Epilog zu einem Meisterstück insze-
nierter Charakterisierungskunst: Angenommen, Gründgens wäre, wie
das Gerücht damals ging, in der Tat zum Einsatz an die Front im Osten
beordert worden, was wäre dann von ihm zu erwarten? Sicher wäre er
in einem »Stabsquartier« gelandet und höchstwahrscheinlich hätte er
den Rückzug »rechtzeitig« versäumt und einen »Saltomortale in das
Kommittee ›Freies Deutschland‹« versucht! Womit für die spätere Wei-
terverwendung Gründgens', diesmal zu gutem politischen Zweck, ein
zusätzliches, vorerst imaginäres Argument ins Spiel gebracht ist, unfreiwillig aber vielleicht auch die ernüchternde Erfahrung bestätigt wird,
daß bei Umstürzen große Mitläufer meist bessere Chancen haben als
die kleinen. Auf die »fabelhaft beherrschte Maske« kommt es eben an.

Zu Emil Jannings hatte Zuckmayer ein gänzlich anderes Verhältnis
als zu Gründgens. Jannings gehörte, weit mehr als Gründgens, zu seinen engeren Freunden. Dennoch wäre es verkehrt, in dem Portrait, das
Zuckmayer in dem Report über Jannings entwirft (S. 136-145; 153-
155), nichts als einen Freundschaftsdienst zu sehen. Ein Rettungsversuch ist allerdings auch diese Charakteristik. Wieder schaut Zuckmayer voraus auf die Lage in Deutschland nach dem zu erwartenden
Sieg der Alliierten. Jannings, obwohl sehr erfolgreich auch in Hollywood, war ins Nazi-Reich zurückgekehrt und machte dort eine steile
Karriere. Bei den deutschen Emigranten galt er deshalb als Verräter.
Gehaßt wurde er insbesondere von den Juden unter ihnen, z.B. von
Ernst Lubitsch, einst sein bester Freund. Für diesen politisch schwer
belasteten Mann, den »Staatsschauspieler« und »Hitlergünstling«,
werbend einzutreten, war äußerst schwierig. Es gehörten Mut und ein
ungewöhnliches Maß an geistiger Unabhängigkeit dazu.

Zuckmayer verschleiert die Fehler und Schwächen des prominenten
Mimen keineswegs. Doch zeigt er unverhohlene Sympathie für den ex-

traordinären menschlichen Typus, der Jannings offensichtlich war. Der
Autor bewundert Jannings' »Riesennatur«, seine »kreatürliche Erscheinung«, auch seine Klugheit und »dämonische Menschenkenntnis«. Eine gewisse Geistesverwandtschaft zwischen den beiden Männern scheint da mit im Spiel. Zuckmayer schätzt an dem Schauspieler
dessen Ursprünglichkeit und Vitalität, seine Unbefangenheit, ja Hem-
mungslosigkeit in der Beziehung zur Genußseite des Lebens. Auffallend
an der Charakteristik ist die gleichzeitige Betonung der Einzigkeit, der
»Einmaligkeit« der Gestalt. Für Zuckmayer verkörpert Jannings (und
das Verb ist hier in seiner ursprünglichen, unmetaphorischen Bedeutung zu verstehen) auf seine Art Universalität. Aber es ist eine Universalität der »niederen Bezirke«. Zur Region der höheren, geistigen Werte hat Jannings Zuckmayer zufolge keinen echten Zugang. Das mag
eine Grenze des Charakters sein, wertet diesen in der Betrachtung, die
Jannings hier zuteil wird, deshalb aber noch keineswegs ab. Der Autor
leistet sich sogar, halb hingerissen, halb ironisch, einen kleinen Ausflug
ins Hyperbolische: Eine ganze Riege der berühmtesten Maler und
Poeten müßte schon tätig werden, sollte ein angemessenes Bild dieser
übergroßen Gestalt mit allen ihren positiven und negativen Facetten
zustandekommen. Man erfährt hier zu seiner Überraschung übrigens,
daß zur überbordenden Vitalität Jannings' offenbar nicht wenige größere und kleinere pathologische Züge gehörten, z.B. Angst, Mißtrauen,
Verfolgungswahn, ständige nervöse Selbstbeobachtung u.ä.
    Alle Einzelheiten, auch die unerfreulichen, scheinen aber nicht die
zentrale Eigenschaft, die hier der Gestalt angesonnen wird, zu tangie-
ren: ihre Größe im emphatischen Sinn. Der Autor bietet seine ganze er-
zählerische Kunst auf, um den so gedeuteten Schauspieler als plastische
Figur vor die Anschauung des Lesers zu bringen. (Man muß sich diesen
nicht unbedingt als Angestellten einer Behörde denken.) Was stattfin-
det, ist ein Rekonstruieren und, untrennbar damit verbunden, ein Kon-
struieren. Jannings, wie er hier umrissen wird, gerät dem Autor fast zur
Bühnenfigur, zur glanzvollen Rolle in einem Theaterstück (natürlich
der Zuckmayerschen Art).
    Der Eingang der Charakteristik ist beschwingt. Mit Vergnügen,
scheint es, macht der Autor sich an die Arbeit. Ohne Umschweife,
kumpelhaft-drastisch bekennt er: »Ich muß vorausschicken, daß ich in
diesem Fall Partei bin. Ich liebe die alte Sau.« Die »Unduldsamkeit der
Gerechten« mit ihrer »humorlosen Strenge« will er gegen den Freund
nicht zur Geltung bringen. (Das erinnert an eine ganz ähnliche liberale
Geste in dem Gründgens-Portrait.) Wie im Spaß erwägt er einen Moment, augenzwinkernd zum Leser gewandt, ob dieser Jannings, »eine

der amüsantesten Creationen in Herrgotts Bestiarium und Tiergarten«, überhaupt ein »Mensch« sei.

Es liegt hier etwas wie Komödie in der Luft. Der Held – wie sieht er aus? »Er trägt auch äußerlich eine Art von schmalzbäckigem Saukopf auf den mächtigen Schultern, der aber auch etwas von der kleinäugigen Verschlagenheit, der leisen Tücke und dem plumpen Charme eines Berner Bären hat.« Keine Frage, betritt eine solche Figur die Szene, kann der Zuschauer nur mit Wohlwollen reagieren. Der komischen Figur werden bekanntlich nicht nur läßliche Sünden gern vergeben. In Zuckmayers Rettungsversuch läßt sich in der Tat etwas von dem emotionalen Repertoire des alt-bewährten Komödienschemas entdecken. Wenn dabei advokatorische Absicht und Rhetorik im Spiel gewesen sein sollten (was nicht sicher ist), dann wäre das unter dem Aspekt einer späteren politischen Prüfung des Falls Jannings jedenfalls keine schlechte Strategie gewesen.

Doch ähnlich wie im Portrait Gründgens' gibt es auch hier eine andere Seite. Trotz der guten Laune, mit der in der Introduktion die komischen und grotesken, insofern verzeihlichen Züge der »kreatürliche[n] Erscheinung« Jannings' hervorgehoben werden, scheint sich allmählich eine gegenläufige Stimmung durchzusetzen. Es läßt sich bald nicht mehr übersehen: Die üppige Komödienfigur ist eine jenseits (oder besser diesseits) der überlieferten Moral; wir haben es mit einer Gestalt zu tun, die partiell in einem vorkulturellen und vorzivilisatorischen Lebensbereich zuhause scheint. Wie im Fall des Gründgens-Portraits erzeugt sich der Eindruck einer Art Ambivalenz, ein Gefühl zwischen Bewunderung und Abneigung. Streckenweise stellt leiser Ekel sich ein, beim Leser, aber offenbar auch beim Autor. Wenn Zuckmayer dazu übergeht, die von ihm als »dämonisch« bezeichnete Geldgier Jannings' zu schildern (von Zeit zu Zeit verspürt dieser den Drang, an seinen »Goldbarren« zu »riechen«), wenn er dessen weit über die Landesgrenzen abgewickelte, zum Teil illegale Geldgeschäfte darlegt, dann kann man über den Mann schon nicht mehr lachen wie über den »Geizigen« der Komödie. Es offenbart sich ein Kapitalist, der selbst einem Kapitalisten das Spekulieren noch beibringen kann.

Auch die bewunderungswürdige Kraft und Virtuosität, mit denen der überaus wendige Jannings mitten in einer Zeit der Unterdrückung und der Verfolgung das Leben bewältigt, haben ihr Unheimliches. Da schält sich in Zuckmayers Darstellung wieder eine Parallele zu dem ähnlich virtuosen Gründgens, dem traumhaft sicheren Spieler, dem Equilibristen, heraus. Aber bei Jannings scheint alles aus der schieren, brutalen, unbewußten Vitalität selber zu wachsen. Bei dem intellektuelleren Gründgens ist es offenbar eher Resultat eines auf die politische Bühne angewandten hoch artistischen Kalküls. Beide sind große Figuren, beide haben etwas Triumphales. Aber beim einen wie beim anderen gibt es Grenzüberschreitungen zum Inhumanen hin. Spätestens wenn Zuckmayer in seiner Charakteristik Jannings' auf das eingangs in heiterer Stimmung angeschlagene Motiv »Sau« zurückkommt, wenn der Leser begreift, daß es jetzt nicht mehr um die Metapher, sondern ganz buchstäblich um das Tier geht, da fallen einige Illusionen, was den Begriff der Größe betrifft. Man bemerkt: Die Lust am Fleischlichen reicht bei Jannings ins Perverse, Obszöne hinunter. Jannings züchtet eifrig Schweine; er freut sich, »fiebrig vor Erregung«, wenn der Tag der Schlachtung näherrückt. Ist diese erfolgt, stellt er sich neben dem toten Tier auf, um sich, das Schlachtermesser in der Hand, in blutbespritzter »Schlächterschürze«, photographieren zu lassen. Mit solch einem Bild, läßt er den Freund verschwörerisch wissen, »kriegt man [...] fast jede Frau ins Bett, besonders die prüden. Kann ich Dir sehr anraten.«

Jannings war reich, international bekannt. Warum blieb er nicht im Ausland, warum »warf« er sich »an die Nazis«? Die entscheidende Frage. Leicht zu stellen, nicht ebenso leicht zu beantworten. Zuckmayer führt verschiedene Gründe an. Es bleibt jedoch ein spekulativer Rest. – Es ging das Gerücht von Jannings' jüdischer Abstammung. Zuckmayer hat die Mutter gelegentlich besucht. »Ich gebe nicht viel auf Aussehen – man täuscht sich da oft genug über ›semitisch‹ oder ›arisch‹, – aber die Mutter Jannings – sah aus. Und zwar nicht arisch.« Wir wissen: Schon ein bloßer Verdacht in dieser Richtung war damals existenzvernichtend, oft tödlich. Jedenfalls bei den kleinen Mitläufern. Für einen Prominenten wie Jannings jedoch, ein Aushängeschild, mit dem die Nazis für sich werben konnten, gab es gewisse Möglichkeiten. Für ihn genügten gegebenenfalls einige Manipulationen mit Urkunden, um sich reinzuwaschen. Überdies verstand es Jannings seit je, das Thema seiner jüdischen Herkunft als Anlaß für ein virtuoses Spiel mit allerlei verbalen und gestischen Requisiten zu benutzen, so daß keiner mehr, vielleicht am Ende auch er selbst nicht, wußte, was Wahrheit war, was nicht. Jannings hatte da nicht allzu viel zu befürchten. – Warum befaßt sich Zuckmayer hier überhaupt mit der Angelegenheit? Vielleicht, um mit dem Hinweis auf Jannings' jüdische Abstammung (die jener dann wahrscheinlich längst selbst schon wieder hervorgekehrt hätte) für die spätere Entnazifizierung schon jetzt ein entlastendes Beweisstück vorzulegen. Vielleicht, weil Zuckmayer, selber ein ›Mischling ersten Grades‹ (so der Nazi-Jargon), in ähnlicher Lage wie Jannings gewesen war, jedoch mit dem Unterschied, daß *er* ins Exil gehen mußte. Vielleicht aber sollte mit dem Bericht auch den amerikanischen Auftraggebern, denen die Ausgrenzung der Juden im eigenen Land wohlbekannt war, das Widerwärtige und Dumme dieser ganzen rassistischen Stammbaum-Erforscherei noch einmal vor Augen gebracht werden.

Auch wenn sich Jannings, was die jüdische Herkunft betrifft, mit den Nazis leicht arrangieren konnte bzw. hätte arrangieren können – es bleibt die Frage, warum er zu erwartenden Schwierigkeiten nicht überhaupt aus dem Weg gegangen ist, warum er, in den USA ein Star, nicht ebendort geblieben ist. Warum also kehrte er in das gefährlich undurchsichtig gewordene Deutschland zurück, unter den Emigranten fortan mit dem Odium des Überläufers, des Renegaten behaftet? – Zuckmayer verweist, eher beiläufig, auf einen Umstand, der in moralisierender Beschäftigung mit jener Epoche manchmal übersehen wird: die berufliche Seite der Künstler in der Emigration. Auch für einen Jannings, inzwischen an die fünfzig Jahre alt, gab es da ein Problem. Erfolg hatte er drüben vor allem in großen Rollen des Stummfilms gehabt. Aber mit dem Sieg des Tonfilms stellte sich die mangelhafte Beherrschung des Englischen als Handicap für die weitere Karriere im Ausland heraus. In Deutschland dagegen konnte er auf der Bühne und im Film spielen, was er wollte, dort konnte er z.B. endlich auch Werner Krauß, seinem alten Rivalen, der es inzwischen zu großem Ansehen gebracht hatte, wieder Konkurrenz machen. – Hinzu kam – wie Zuckmayer hervorhebt – die Faszination der in alle Bereiche des öffentlichen Lebens eindringenden Theatralität, die perfekte »showmanship« der Nazi-Politik. Ihrer Suggestivkraft erlagen damals, wie bekannt, die Massen, aber genauso ein Schauspieler wie Jannings, zumal dieser selber bald zu denen gehörte, denen man zujubelte.

Gegen Ende der Jannings-Charakteristik kommt Zuckmayer noch auf einen anderen Aspekt zu sprechen, auf den seiner Ansicht nach »entscheidenden Grund für Emils Nazifizierung«. Die Passage ist auch für den heutigen Betrachter besonders aufschlußreich. Es werden dort gewisse reflexive, die Einschätzung der geschichtlichen Situation in Deutschland und der Welt betreffende Voraussetzungen sichtbar. Sie können das damalige Verhalten Jannings', implizit aber auch das vieler anderer Mitläufer der Nazis erklären helfen.

Zunächst die »Kleine Janningsanekdote als Nachtrag« zum Portrait (S. 154 f.), Dokument einer am zeitweilig noch schönen Schein der Naziherrschaft sich erbauenden, echten oder gespielten politischen Ahnungslosigkeit. Zuckmayer hatte, eh er 1939 in das Exil ging, noch einige Begegnungen mit Jannings. Jene »Anekdote« bezieht sich auf einen Besuch in Berlin, »im Frühjahr 1936 oder 37«. Es ist »des Führers

Geburtstag«. Überall »Hakenkreuzfahnen und Nazidekorationen«. Jannings äußert sich, einigermaßen wurschtig und jovial, zu der Szene. Der Sinn seiner Rede ist dieser: Der ganze Nazi-Trubel ist bloße Fassade. Im Grunde »ist alles wie früher«, »es hat sich ja garnichts geändert in Berlin«, das »Pilsener ist so gut wie immer« usw.

Gewichtiger als diese frivol anmutende Lagebeurteilung scheinen einige eher ins Globale ausgreifende Äußerungen Jannings', getan bei anderer Gelegenheit. Es offenbart sich da ein Stück rudimentärer politischer Geschichtsphilosophie. Verrottet, wie sie ist, scheint sie doch in gewisser Hinsicht repräsentativ für eine bestimmte gesellschaftliche Klasse, damals wie heute. Jannings war wie wahrscheinlich sehr viele Deutsche überzeugt, daß die Nazis auf Jahre hin Deutschland beherrschen würden. Damit nicht genug. Jannings, die Vorkriegsgegenwart und seine Privilegien genießend, schaute mit Pessimismus (einem faulen, inaktiven und insofern wohl nicht ganz ehrlichen Pessimismus) auf die weitere weltgeschichtliche Entwicklung. Offensichtlich war er, vielleicht auch unter dem Eindruck des Attentismus in der damaligen europäischen Politik, überzeugt, daß die westlichen Demokratien, insbesondere England und die USA (»Ich kenne die Brüder«), nie den Elan aufbringen würden, mit Gewalt und unter Kosten die Hitler-Herrschaft zu beseitigen. Dafür seien jene viel zu sehr durch den Kapitalismus geprägt. (In der Tat, sich in die Seele des Kapitalismus hineinzuversetzen, mußte gerade einem Jannings mit seiner »dämonische[n]« Beziehung zum Geld leichtfallen.) In Hitler, statt ihn zu bekämpfen, sähen jene Demokratien also im Grunde nur den heimlichen Verbündeten, der ihre eigenen Geldinteressen verteidigt. Schlimmer noch: »Die [jene westlichen Demokraten] suchen ja nur nach einem gerissenen Umweg, um selber Nazis zu werden.« »Hier lag der Kern seines Glaubens«, merkt Zuckmayer dazu an.

Was Jannings hier äußert, könnte man als eine Spielart der später so genannten Stamokaptheorie bezeichnen, geboren freilich nicht aus dem akademisch-marxistischen Studium der ökonomischen Verhältnisse, sondern aus konkreter Erfahrung und, allerdings, auch aus der eigenen Unfähigkeit, andere Werte als die der »›niederen Bezirke‹ menschlichen Wesens« (wie es am Anfang der Charakteristik hieß) zu erkennen. – In den Augen Zuckmayers war Jannings kein Nazi, schon gar kein Anhänger der Nazi-Ideologie. Als Mime und Genußmensch war er ein zynischer Profiteur des Systems und als obsessiver Geldspekulant konnte er sich keinen anderen Sieg als den des weltweiten Kapitalismus vorstellen. – Nazitum, westliche Demokratien, der internationale Kapitalismus – der große Schauspieler, wie er hier vorgestellt wird, sah da keinen wesentlichen Unterschied. – Zuckmayers Charakteristik, komödiantisch, ja überschwenglich beginnend, im weiteren Verlauf eher kritisch von der Schattenseite der »einzigartigen Figur« berichtend, verströmt hier am Ende, mit der Betrachtung des Inneren des berühmten Kopfs, nur noch Melancholie.

Von den drei hier vorgestellten Schauspieler-Charakteristiken fällt die über Werner Krauß (S. 146-152), betrachtet rein als schriftstellerische Arbeit (im Genre der kleinen Form), im Niveau etwas ab. Höchst fesselnd jedoch ist das Portrait für den, der – über den im engeren Sinn politischen Aspekt des Plädoyers hinaus (auch hier handelt es sich wieder um einen Rettungsversuch) – eine Vorstellung gewinnen möchte von Zuckmayers Ideal der wahren Schauspielkunst, von seinem Begriff des Dramas und Theaters. Gewissermaßen in nuce manifestiert sich hier eine Dramaturgie, ja Ästhetik, charakteristisch für die Wertvorstellungen und den Geschmack einer ganzen Epoche. Unter dem Nazi-Regime wurden jene über zwei Jahrzehnte hin in pervertierter Weise noch weiter transportiert, zugleich aber aufs rigoroseste ihrer Fundamente beraubt. Zerstörerisch, wenngleich in produktiver Weise, wirkten zugleich die seit den zwanziger Jahren sich durchsetzenden europäischen Avantgardebewegungen. Zuckmayers Theater hat sich dieser Avantgarde gegenüber als weitgehend resistent erwiesen.

Es gab da eine für den Autor zum Teil prekäre Gleichzeitigkeit des Ungleichzeitigen. Eklatant offenbarte sich diese mit der Aufführung des Dramas *Des Teufels General* (1946), das Zuckmayer aus dem Exil mitgebracht hatte. Die faszinierende Mittelpunktsfigur wurde vom Publikum mit Begeisterung aufgenommen. Aber maßgebliche Kritiker waren der Ansicht, daß diese Art der Dramaturgie dem vielschichtigen Thema nicht wirklich angemessen sei, gerade im Hinblick auf die nötige politische Aufklärung und die dringend erforderliche moralische Verarbeitung der jüngsten deutschen Vergangenheit. Man sah in der Konzeption des strahlenden Protagonisten, des Fliegergenerals Harras, einen bedenklichen Rettungsversuch, welcher der vorschnellen Entlastung der vielen Mitläufer und Komplizen der Nazis Vorschub leistete. Es sind in dem Zusammenhang gewiß die verschiedensten Interpretationen denkbar. Keine Frage aber, daß zwischen dem mit Blick auf *Des Teufels General* unterstellten Rettungsversuch und dem, den Zuckmayer im Report zu Gunsten seines Freundes, des von ihm über alle Maßen bewunderten Film- und Theaterschauspielers, unternimmt, eine gewisse Verbindung auf der Ebene der politisch-ästhetischen Voraussetzungen besteht.

Wie Zuckmayer in dem Portrait seinen bei den Nazis ähnlich wie Jannings zu höchstem Ansehen gelangten Freund verteidigt: mit großem Einsatz, ohne Wenn und Aber, alle naheliegenden, politisch wahrlich relevanten Vorwürfe entkräftend – dies stellt der großzügigen Menschlichkeit des Autors, auch seiner Charakterfestigkeit zunächst einmal ein hervorragendes Zeugnis aus. Die hier bezeugte enge Beziehung zweier Männer gehört in einigen wesentlichen Aspekten einer gänzlich un- oder vorpolitischen Sphäre an, sie hat zum Teil ausgesprochen jungenhafte Züge: »Mit mir verband ihn das Indianerspiel, wir hatten ein gemeinsames Apatschengeheul mit dem wir uns begrüßten und rannten als erwachsene Männer in den Wäldern [...] als Trapper und Sioux herum.« Die Erinnerung an solche im Privaten entstandene Gemeinsamkeit zu bewahren, die Forderung: auch unter widrigsten Umständen keinen preiszugeben, dessen innersten, positiven Wert man einmal erkannt zu haben glaubt, solches ›Handeln‹, solche Maximen gehören entschieden zur lebenspraktischen Seite liberaler Humanität. Auch in diesem Fall bedeutet das noch nicht unbedingt, daß Zuckmayers Urteilskraft durch freundschaftliche Gefühle außer Gefecht gesetzt worden sei. Allerdings wird an dem Portrait, das der Autor von Werner Krauß zeichnet, sehr deutlich, welche große Rolle hier wie auch sonst bei ihm das vordringlich am individuellen Charakter sich orientierende Urteilen spielt. (Das äußerst negative Urteil über Heinrich George, einen Schauspieler »mit zweifellos genialische[n] Zügen«, aber »eine unzuverlässige und schwierige, ja gefährliche Bühnenerscheinung« [S. 124], erklärt sich aus solcher Sichtweise.) Politik war bei Zuckmayer eben nicht alles, ja nicht einmal das Wichtigste, und man mag in anderer Betrachtung, für welche die gesamtgesellschaftlichen Entwicklungen zentral sind, darin auch eine Grenze des liberalen Weltbilds erblicken.

Recht großzügig jedenfalls, in heutiger Sicht allzu großzügig, nimmt sich das Plädoyer Zuckmayers in den Passagen aus, in denen er sich mit dem Vorwurf auseinandersetzt, Krauß sei rundum ein Nazi, sogar Antisemit gewesen. (Allerdings ist zu bedenken, daß der Autor die heikelsten Momente in Krauß' Karriere bis in die obersten Ränge der Nazi-Kulturpolik damals nicht mehr zur Kenntnis nehmen konnte.) Zu Beginn des zweiten, eigentlich politischen Teils der Charakteristik heißt es gleich thesenhaft-lapidar, das spätere Urteil vorwegnehmend: »Diesen Schauspieler dürfte die deutsche Bühne nie verlieren, so lang er lebt. Wie er sich im einzelnen in der Nazizeit verhalten hat, mag bei einem Schauspieler wie ihm vielleicht nicht so wichtig sein.« Mit dieser Wendung wird der politische Aspekt in bezeichnender Weise heruntergespielt. Impliziert ist: Der große Schauspieler, das künstlerische Genie steht außerhalb der Normen der politischen Vernunft und genießt Sonderrechte. Daß Krauß Shakespeares Shylock als »ein völlig unmenschliches mauschelndes und gespenstisches Ungetüm gespielt« und sich zu

solcher rassistischer Konzeption auch noch öffentlich bekannt haben
könnte, will Zuckmayer nicht wahrhaben. Auch hier erledigt er den
Vorwurf reichlich pauschal, mit leichter Hand abwiegelnd: »Gottweiß
was in einem intellektuell nicht starken Phantasiekopf wie dem des
Werner Krauß vorgeht.« – Der Antisemitismus-Vorwurf wird detailliert
erörtert. Wenn Krauß Antisemit war, »dann nicht im politischen, höchstens in einem nebelhaft-unklaren, gefühlsmäßigen Sinn. Sicher war er
nie ein ›Judenhasser‹ nach der Nazidoktrin. Es war ein komplizierter
Antisemitismus […]« usw. – Was das »Völkische« betrifft, so liest man:
»Krauß war auch immer ganz ohne Nazis ›völkisch‹ eingestellt und
hatte im Gegensatz zu all den vielen Umfallern nie etwas mit Linksradikalen zu tun – er hatte auch nicht wie Jannings seine Freunde unter den
linken Intellektuellen.«

Die tiefsitzende Abneigung Zuckmayers gegen Linksradikale und
-intellektuelle, im allgemeinen weniger am Inhaltlichen dieser politischen Tendenz sich entzündend als an der Unerbittlichkeit des Tons
ihrer Repräsentanten, schlägt hier wie an anderen Stellen des Reports
wieder durch. Im politischen Meinungsspektrum des Exils äußert sich
damit eher eine Minderheitenposition. Gewiß gab es sehr gute Gründe,
auch eine solche Position (die in heutigen Exildebatten oft zu kurz
kommt) einzunehmen und zu verteidigen. Andererseits, Krauß vom
Verdacht des Nazitums und der »völkischen« Denkweise ausgerechnet
durch eine Argumentation befreien zu wollen, die auf diffizile Unterschiede innerhalb einer rechten Ideologie aufmerksam macht (»›völkisch‹ ohne Nazis« u.ä.), stellte sich zumindest als ein heikles Unterfangen dar. Irgendeine nennenswerte intellektuelle Resistenz des Schauspielers gegen die Nazis war damit schlecht zu beweisen. Gewichtiger
war da in der Tat der – bezeichnenderweise wieder auf die konkrete
Lebenspraxis, aufs Individuelle abhebende – Hinweis darauf, daß
Krauß, als der Antisemitismus in Deutschland flächendeckend populär
wurde, mit Juden seines Bekanntenkreises weiterhin Kontakt gepflegt
und daß er sogar, als über Österreich der Nazi-Terror hereinbrach,
einem prominenten jüdischen Journalisten zur Flucht verholfen habe.
Wenn Zuckmayer versichert, daß Krauß auch ihm, dem Freunde, in
der schlimmen Zeit »wirkliche Treue bewiesen« habe, geht dies in die
gleiche, das Charakterliche herausstreichende Richtung. Die Deutung,
daß es sich bei solchem lobenswert couragiertem Verhalten lediglich
um die humane Ausnahme von der inhumanen Nazi-Regel gehandelt
haben könnte, lag und liegt da immer noch nahe. Bekanntlich waren
längst nicht alle Nazi-Mitläufer persönlich Monstren. Zu effektiven
Nazis wurden selbst die Guten oft durch das bloße Funktionieren im

System. Diesen Aspekt, den eigentlich politischen, faßt Zuckmayer im
Krauß-Portrait nicht ins Auge, vielleicht, weil er seine Verteidigungs-
rede nicht gefährden wollte, vorrangig wohl eher deshalb, weil ihn die
Politik der kleinen, menschlichen Taten letztlich mehr interessierte als
Zusammenhänge der großen Politik.

Alle Betonung in dem Portrait liegt dafür auf dem Thema der Kunst,
der Schauspielkunst. Krauß' politische Verstrickungen spielen lediglich
im argumentativen Zusammenhang des erwähnten Entlastungsplädo-
yers eine Rolle. Auch die besondere Person, die Krauß außerhalb seiner
Kunst ist, findet, von den erwähnten Bemerkungen abgesehen, wenig
Beachtung. Als Individuum sei er, im Gegensatz zu Jannings, dem »Einmaligkeit« bescheinigt wird, eher mittelmäßig, nicht besonders gescheit, sogar ein wenig spießig. Ein Detail allerdings wird aus der Erscheinung herausgesondert: »Sein strahlend helles, cheruskerhaftes
Blau-Auge«, es »ist nicht eigentlich ›falsch‹, aber ungeheuer hinter-
gründig, Niemand kann es durchschauen, es läßt sich nicht ausloten«.
Bei einem liberalen Geist, dessen Prosa in den vorliegenden Charakteristiken durch Witz und Verstand, manchmal auch durch eine Prise Bos-
heit gekennzeichnet ist, äußert sich da eine überraschend unreflektierte
Hingerissenheit (von fern her – man muß es leider sagen – erinnernd an
die, welche das angeblich faszinierende Auge und der Blick des fatal
Größten damaliger deutscher Politik, der auch ein grandioser Schauspieler war, bei vielen Zeitgenossen nachweislich erzeugten).

Krauß, wie er in dem Portrait dargestellt wird, hat überdimensiona-
les Format, nicht zwar als empirische Existenz, wohl aber als Schauspieler. In der Rolle, hinter der Maske »entfalten sich Dämonien, die
weit über das artistische Können hinausgehen«. Zuckmayer verdeutlicht das Phänomen an der Geschichte mit der »sogenannte[n] ›schie-
che[n] Perchtenmaske‹«, einer Art »Negerteufelsmaske«. Es war ein
Test im Familienkreis. Das Gesicht hinter der Maske versteckend, gelingt es Krauß, im Nu die verschiedensten, einander widersprechenden
Gemütszustände so zu erzeugen, daß alle in Bann geschlagen sind. »Es
war wie eine hypnotische oder magische Seance.«

Krauß wurde für seine Verwandlungskunst schon in der Weimarer
Zeit viel gerühmt. Er übertrumpfte damit die meisten seiner Kollegen,
die prinzipiell Gleiches versuchten. Das Publikum, aber auch die Kritiker, jedenfalls die meisten, adorierten ihn. Wie die Charakteristik zeigt,
teilt Zuckmayer diese Begeisterung ohne Vorbehalt. Krauß, der Magier, ist für ihn die Vollendung der Schauspielkunst, ja er verkörpert in
seinen Augen das wahre Theater. Die Bewunderung hielt vor bis ins
Exil und in die Zeit danach. Noch in dem Vorwort zu Krauß' Autobio-

graphie[3] äußert sich Zuckmayer überschwenglich. Den Eindruck, welchen er von Krauß in der Rolle des »Kaisers Rudolf« in einer Inszenierung von Grillparzers *Bruderzwist* (Ende der fünfziger Jahre) empfing, schildert er so: »[...] es war die größte und erhebendste, erhabenste Darstellung einer Dichtergestalt durch einen Schauspieler, die ich je erlebte.«[4]

Einer der zentralen dramaturgischen Begriffe in Zuckmayers Krauß-Charakteristik, aber auch in Krauß' Autobiographie selber ist der Begriff der Maske. Diese spielt in vielen Dramaturgien des 20. Jahrhunderts eine wichtige Rolle, auch in Praxis und Theorie des Avantgardetheaters. In diesem wird sie eingesetzt als Mittel der Distanzierung, der stilisierenden Überhöhung und – z.B. bei Bertolt Brecht – als Mittel der Verfremdung in gesellschaftskritischer Absicht. Keine Frage, für Krauß hatte die Maske eine dezidiert entgegengesetzte Bedeutung. Die Maske (egal, ob im buchstäblichen oder im übertragenen Sinn) bot ihm die Möglichkeit, sich in Charaktere hineinzuversetzen und ihnen eine gewisse geheimnisvolle, über-natürliche Aura zu verleihen. Vor allem Brecht hat mit seinem Konzept eines nicht-aristotelischen, epischen Theaters, mit besonderem Nachdruck auch noch im Exil,[5] unter ähnlichen äußeren Umständen wie Zuckmayer also und wie dieser abgetrennt von konkreter Bühnenpraxis, gegen das von einem Schauspielertypus wie Krauß repräsentierte Theater polemisiert. Brecht, aber auch andere moderne Theaterrevolutionäre suchten die von Zuckmayer und Krauß geschätzte »große Dichtergestalt« (wie es im Report heißt) und ihre durch den genialen Schauspieler verstärkte faszinierende Ausstrahlung von der Bühne zu verbannen bzw. aus deren Zentrum zu verdrängen.

In der erwähnten Autobiographie hat Krauß seinen Umgang mit der Maske als »Zaubern« bezeichnet. (Ähnlich steht es im Report, in der Schilderung der Szene mit der »Perchtenmaske«, zu lesen.) Krauß spricht von der Notwendigkeit der »Autosuggestion« als Vorbereitung

---

3 Werner Krauß, *Das Schauspiel meines Lebens. Einem Freund erzählt*, eingeleitet von Carl Zuckmayer, Stuttgart 1958.

4 Ebd., S. 12. – Vgl. auch die starke Wirkung des Schauspielers Krauß auf den jungen Marcel Reich-Ranicki (Marcel Reich-Ranicki, *Mein Leben*, Stuttgart 1999, S. 118 f.).

5 *Der Messingkauf*, in: Bertolt Brecht, *Werke. Große kommentierte Berliner und Frankfurter Ausgabe*, Berlin, Weimar, Frankfurt am Main 1988-2000, Bd. 22.2, S. 695-793. Vgl. u.a. das Gedicht *Seht, mit wundervoller Bewegung* (bekannt auch unter dem Titel *Die Magier*) in: ebd., Bd. 15, S. 172.

auf die Rolle. Es fällt das Wort »magisch«. »Das sind so Einfühlungs-
dinge, die muß man haben«, heißt es mit gespielter Bescheidenheit.[6]
Eine Begebenheit, die Krauß selber erzählt, ist zusätzlich geeignet, die
Kluft zweier konträr einander entgegengesetzter Konzepte des damaligen Theaters zu beleuchten: eines traditionellen, auf Magie und Einfühlung aufbauenden und eines, das kritische Distanz, die des Schauspielers zum Zuschauer und des Schauspielers zu seiner Rolle, vom
theatralen Vergnügen nicht ausschließt. Krauß, der sich viel zutraute,
glaubte auch den Brechtschen Galilei spielen zu können. Er hatte die
Rolle schon eingeübt, Elisabeth Bergner hatte sich für ihn eingesetzt,
im letzten Augenblick jedoch erreichte ihn ein »Eilbrief von Frau
Brecht«, der verhinderte, daß er die Rolle bekam. Er, Krauß, sei »zwar
ein großer Künstler, aber sie könne nicht gestatten, daß [er] dieses
Stück spiele und auch nie ein anderes ihres Mannes«.[7] Die Weigel dürfte
den Krauß-Stil gekannt haben, seine hypnotischen Effekte, das be-
rühmte »Zaubern« in allen Rollen, wie sie sich gerade anboten (bis hin
zu jenen vier oder fünf, sämtlich von Krauß allein – beklemmend vir-
tuos – gespielten Judenrollen in dem Film *Jud Süß*, 1940).[8] Vielleicht
hatte sie auch gehört, daß Krauß ein paar Tage nach der Premiere des
Robert Koch-Films »im Briefkasten ein Telegramm Hitlers, ein Glück-
wunschtelegramm zum Virchow« vorfand, wie der Schauspieler noch
1958, offenbar nicht ohne Stolz, mitteilt.[9]
Zuckmayers Krauß-Portrait ist das eindrucksvolle Zeugnis einer
Freundschaft, die über das Exil und in gewisser Weise über ganze Epochen hinweg Bestand hatte. Mit der Eloge auf den großen Magier des
Theaters hat der Autor indirekt zugleich sein eigenes, wesentlich auf
der Einfühlung und der großen Rolle basierendes Theater verteidigt.
Jedoch, noch in der schönen, arglosen Begeisterung, mit der dies geschieht, auch in der Art, wie hier der Freund sich schützend vor den
Freund stellt, politisch Bedenklichem wenig Bedeutung beimessend,
gewahrt der rückblickende Betrachter Züge, die ihr Abgründiges
haben und die auf Komplizitäten verweisen, welche mehr im Unbewußten des Zeitgeists der vergangenen Epoche wirkten. – Daß diese
von der heutigen wie durch eine Kluft getrennt sei, wird man nicht behaupten wollen.

6 Krauß, *Das Schauspiel meines Lebens*, a.a.O. (Anm. 4), S. 198.
7 Ebd., S. 194.
8 Vgl. Joseph Wulf, *Theater und Film im Dritten Reich. Eine Dokumentation*, Reinbek 1966. S. 443-455.
9 Ebd., S. 198.

Susanne Schaal-Gotthardt

Wilhelm Furtwängler im Urteil Zuckmayers

Als Adolf Hitler im Januar 1933 zum Reichskanzler ernannt wurde, befand sich Wilhelm Furtwängler auf dem vorläufigen Höhepunkt seiner Karriere. Mit seinem Namen verband sich seit 1922 der des angesehenen Berliner Philharmonischen Orchesters, das sich unter seiner Leitung zu einem auch international renommierten Klangkörper weiterentwickelte. Furtwängler, 1886 als Sohn des berühmten Archäologen Adolf Furtwängler geboren, war seiner Herkunft und Ausbildung nach in einem deutschnationalen, konservativen Umfeld zu Hause. Sein Glaube an die Überlegenheit der deutschen Kultur verband sich mit der grundsätzlichen Überzeugung, daß Kunst und Kunstausübung unabhängig von politischen Meinungen und Bedingungen Existenzberechtigung haben müssen, ja sogar nur in dieser Unabhängigkeit überhaupt als wahre Kunst Bestand haben können. Notwendigerweise kollidierte dieser Kunstbegriff mit dem totalitären Weltbild des Nationalsozialismus, der beanspruchte, »nicht nur das politische und soziale, sondern auch das kulturelle Gewissen der Nation« zu sein.[1] In den Jahren des NS-Regimes mußte Furtwängler zur Kenntnis nehmen, daß eine Trennung von Musik und Politik, wie er sie forderte, nicht durchzuhalten war. Was er unternahm, um dennoch für seine künstlerischen Ziele eintreten zu können, mündete in einen fortwährenden heiklen Balance-Akt, der ihn sowohl in Konflikt mit den Herrschenden brachte als ihm auch die Kritik derer eintrug, die seinen Verbleib in Deutschland als Indiz für seine nazi-freundliche Gesinnung betrachteten. Die kontro-

---

[1] Joseph Goebbels, Rede vor der Reichskulturkammer am 6. Dezember 1934, zit. nach: Joseph Wulf (Hrsg.), *Musik im Dritten Reich. Eine Dokumentation* (1966), Frankfurt am Main, Berlin, Wien 1983, S. 377. – Es gehört zu den Paradoxien der nationalsozialistischen Kulturpolitik, daß es ihr ungeachtet ihres totalitären Anspruchs im Bereich der Musik nie gelang, festzulegen und schlüssig zu begründen, was eigentlich »deutsche« und damit im nationalsozialistischen Sinne »gute« Musik sei. Die Musikpolitik setzte im wesentlichen personalpolitische Entscheidungen um, die antisemitisch, antikommunistisch und antidemokratisch motiviert waren. Musikalische Kriterien wurden kaum formuliert; sie orientierten sich, verschwommen und unklar, an Stilvorstellungen der Spätromantik, oder es wurden Forderungen ex negativo (»nicht atonal«) aufgestellt.

versen Diskussionen, die Furtwänglers Handeln seit dem Jahr 1933 begleiteten, sind bis heute nicht beendet. Die Positionen reichen vom Bestreben, den Dirigenten von allen Verfehlungen freizusprechen, bis hin zu seiner Diskreditierung als willigen Helfershelfer. Eine einseitige Beurteilung erscheint heute allerdings weniger statthaft denn je. Denn mit zunehmender historischer Distanz verstärkt sich der Eindruck einer tiefgreifenden Ambivalenz, von der auch schon Carl Zuckmayers Einschätzung geleitet war. Im folgenden sei exemplarisch an einigen Geschehnissen diese Ambivalenz demonstriert, die sich nicht allein in Furtwänglers Verhaltensweise selbst, sondern auch in der Bandbreite der Interpretationen seines Verhaltens manifestiert. Da der vorliegende Beitrag keine erschöpfende Analyse des umfangreichen Quellenmaterials zu Leben und Wirken Furtwänglers im ›Dritten Reich‹ leisten kann und soll,[2] knüpfen die folgenden Ausführungen an die in Zuckmayers Dossier angedeuteten Aspekte an: Furtwänglers Einsatz für die Juden, sein Engagement im »Fall Hindemith« sowie die Frage nach seiner Rolle als »offizieller Repräsentant Nazideutschlands«.

1.

Auf die immer heftiger werdenden Angriffe gegen Persönlichkeiten des kulturellen Lebens wie etwa gegen den Konzertmeister der Berliner Philharmoniker, Simon Goldberg, gegen Arnold Schönberg oder gegen die Dirigenten Otto Klemperer und Bruno Walter reagierte Furtwängler mit einem offenen Brief an Goebbels, der am 11. April 1933 in der *Vossischen Zeitung* veröffentlicht wurde. Furtwängler mahnte an:

> Kunst und Künstler sind dazu da, zu verbinden, nicht zu trennen.
> Nur einen Trennungsstrich erkenne ich letzten Endes an: den zwischen guter und schlechter Kunst. Während nun aber der Trennungsstrich zwischen Juden und Nichtjuden, auch wo die staatspolitische Haltung des betreffenden keinen Grund zu Klagen gibt, mit geradezu theoretisch unerbittlicher Schärfe gezogen wird, wird jener andere, für unser Musikleben auf die Dauer so wichtige, ja entscheidende Trennungsstrich, der zwischen gut und schlecht, allzu sehr vernachlässigt. [...] Es muß deshalb klar ausgesprochen werden, daß Männer

---

2 Eine umfangreiche Studie hat Fred K. Prieberg, *Kraftprobe. Wilhelm Furtwängler im Dritten Reich*, Wiesbaden 1986, vorgelegt, die als ergiebige Dokumentensammlung von großer Hilfe ist, in vielen Details allerdings einseitige Stellungnahmen liefert.

wie Walter, Klemperer, Reinhardt etc. auch in Zukunft in Deutschland mit ihrer Kunst zu Worte kommen können müssen.[3]

Furtwängler konnte bei dieser Aktion sowohl auf seine eigene Popularität bauen als auch auf die Tatsache, daß sein Orchester als kulturelles Aushängeschild Deutschlands auch für die neue Regierung unentbehrlich war.[4] Goebbels' Antwort, die am selben Tag im *Berliner Lokal-Anzeiger* erschien, war denn auch so formuliert, daß sie den Dirigenten zwar nicht brüskierte, aber dennoch die Position der nationalsozialistischen Regierung unmißverständlich klarstellte:

> Die Kunst soll nicht nur gut sein, sie muß auch volksmäßig bedingt erscheinen oder, besser gesagt, lediglich eine Kunst die aus dem vollen Volkstum selbst schöpft, kann am Ende gut sein und dem Volke, für das sie geschaffen wird, etwas bedeuten. [...] Künstler, die wirklich etwas können, und deren außerhalb der Kunst liegendes Wirken nicht gegen die elementaren Normen von Staat, Politik und Gesellschaft verstößt, werden wie immer in der Vergangenheit so auch in der Zukunft bei uns wärmste Förderung und Unterstützung genießen.

Am Ende des publizistischen Wortwechsels, der in der Presse des In- und Auslandes ausgiebig kommentiert wurde, blieb bei beiden Parteien der Eindruck eines Erfolgs zurück: So würdigten Musiker aus Breslau in einem Brief an Goebbels die »ebenso mutige wie tief einsichtige Stellungnahme zu dem wehleidigen Brief des Herrn Dr. Furtwängler über angebliche Unentbehrlichkeit jüdischer Dirigenten im deutschen Kunstleben«.[5] Furtwängler erreichten dagegen Dankesschreiben dafür, daß er den Mut aufgebracht habe, »sich in Gegensatz zu den heutigen Sachwaltern des kulturellen Lebens in Deutschland zu setzen«.[6] Wie eine Bestätigung für den Erfolg, den Furtwängler in dieser Sache davongetragen zu haben glaubte, wirkte im Juni 1933 der Erlaß des Preußischen Kultusministeriums über die Richtlinien für den deutschen Musikbetrieb, der in wesentlichen Teilen von Furtwängler formuliert worden war. Ein Kerngedanke des Erlasses lautete:

> Indessen muß hervorgehoben werden, daß in der Musik, gleich wie in jeder Kunst, die Leistung stets der ausschlaggebende Faktor blei-

---

3   Zit. nach Wulf, *Musik im Dritten Reich*, a.a.O. (Anm. 1), S. 86 f.

4   Vgl. Fred K. Prieberg, *Kraftprobe*, a.a.O. (Anm. 2), S. 50.

5   Zit. nach Bernhard Wessling, *Furtwängler. Eine kritische Biographie*, Stuttgart 1985, S. 263.

6   Vgl. Prieberg, *Kraftprobe*, a.a.O. (Anm. 2), S. 83.

ben muß; dem Leistungsprinzip gegenüber müssen, wenn erforderlich, andere Gesichtspunkte zurücktreten. Jeder wirkliche Künstler soll in Deutschland tätig sein und nach Maßgabe seiner Fähigkeiten gewürdigt werden können.[7]

Furtwängler glaubte jetzt, kraft seines Einflusses die negativen Auswirkungen der antisemitischen Kulturpolitik der Nationalsozialisten zumindest im Bereich der Musik eindämmen zu können. Tatsächlich konnte er zunächst erreichen, daß die jüdischen Mitglieder des Berliner Philharmonischen Orchesters den Kündigungswellen nicht sogleich zum Opfer fielen. Am 1. August 1933 teilte der Dirigent den Orchestermitgliedern mit, daß er in Verhandlungen mit der Reichsregierung und mit Hitler selbst[8] vereinbart habe, er persönlich sei für alle personellen und künstlerischen Fragen des Orchesters verantwortlich.[9] Doch es war auch unübersehbar, daß seine Einflußmöglichkeiten über seinen unmittelbaren Kompetenzbereich hinaus – das Orchester – äußerst begrenzt blieben: Er konnte weder eine Rehabilitation von Otto Klemperer, Bruno Walter und Max Reinhardt bewirken, auf deren Schicksale er in seinem offenen Brief ausdrücklich hingewiesen hatte, noch war er etwa im Fall Arnold Schönberg erfolgreich, der nach seiner fristlosen Entlassung als Lehrer einer Kompositions-Meisterklasse an der Berliner

---

7 Vgl. ebd., S. 120. – Furtwänglers ursprünglich vorgesehene Formulierung, daß gegenüber dem Leistungsprinzip »alle anderen Gesichtspunkte zurücktreten« müßten, wurde von den ministeriellen Referenten durch den Einschub »wenn erforderlich« inhaltlich abgeschwächt, so daß insbesondere der antisemitische Vorbehalt gewissermaßen »durch die Hintertür« festgeschrieben war, der in dem Dokument ansonsten mit keiner Silbe thematisiert wurde.

8 Hier griff Furtwängler, im Glauben eines sicheren Erfolgs seiner Sache, den Ereignissen vor: Die Unterredung mit Hitler erfolgte erst am 9. August 1933. Vgl. dazu Prieberg, *Kraftprobe*, a.a.O. (Anm. 2), S. 143 ff.

9 Vgl. Peter Muck, *Einhundert Jahre Berliner Philharmonisches Orchester*, Tutzing 1982, Bd. 2: 1922-1982, S. 103. Diese Vereinbarung war im Zusammenhang mit Gesprächen über die Zukunft des Orchesters getroffen worden, die dem vor dem Bankrott stehenden Orchester die vorläufige Existenzsicherung gewährte; Entscheidungen über Rechtsform und Finanzierung der Berliner Philharmoniker wurden zunächst aufgeschoben und erst im Frühjahr 1934 getroffen: Die Anteile der Orchestergesellschaft wurden vom Deutschen Reich erworben, und das Orchester unterstand von nun an dem Ministerium für Volksaufklärung und Propaganda.

Akademie der Künste Furtwängler gebeten hatte, sich wegen einer finanziellen Abfindung für ihn zu verwenden.[10]

Furtwängler fühlte sich indessen ermutigt, auf dem eingeschlagenen Weg weiterzugehen: Im Rahmen seiner Planungen für die Spielzeit 1933/34 richtete er Ende Juni 1933 Einladungsschreiben an namhafte (zum großen Teil jüdische) Künstler des Auslands, so etwa an die Geiger Bronislav Huberman, Fritz Kreisler und Yehudi Menuhin, an den Pianisten Artur Schnabel oder an die Cellisten Pablo Casals und Gregor Piatigorski. Sein ausdrücklicher Verweis auf den Erlaß des Kultusministeriums konnte allerdings die Bedenken der meisten Eingeladenen nicht zerstreuen. Da sie auch nicht Furtwänglers Einschätzung teilten, daß es gelingen könne, »das Gebiet der Kunst rein und unabhängig von politischer Beeinflussung zu erhalten«,[11] und daß demnach ihr Auftreten in Deutschland auch keine politischen Signale aussende, lehnten sie seine Einladung ab.[12]

Furtwänglers Einsatz für jüdische (oder »jüdisch versippte«) Musiker zog sich noch über Jahre hin, ungeachtet der Mißerfolge, die er in diesem Kampf alsbald zu verzeichnen hatte. Unter dem Druck fortwährender Anfeindungen verließen der Konzertmeister Simon Goldberg und der Solo-Cellist Joseph Schuster das Orchester zum 1. Juli 1934; Furtwängler provozierte daraufhin die Hüter der nationalsozialistischen Weltanschauung, indem er darauf beharrte, daß der mit einer Jüdin verheiratete Geiger Hugo Kolberg Goldbergs Nachfolge am Konzertmeisterpult antrat. Noch jahrelang versuchte er Orchestermitglieder vor dem Ausschluß zu bewahren, wie ein Eintrag in Goebbels' Tagebuch von 1937 belegt: »In der Philharmonie sind noch einige Halbjuden. Ich werde versuchen, sie wegzubringen. Leicht wird das nicht sein. Furtwängler sucht sie mit aller Macht zu halten.«[13]

---

10 Der Fall des Geigers Carl Flesch, der dank Furtwänglers Einsatz zunächst nicht entlassen wurde und noch bis Ende September 1934 als Professor der Berliner Musikhochschule tätig bleiben konnte, dokumentiert einmal mehr die Willkür, von der das Handeln der politischen Entscheidungsträger bestimmt war.

11 So formulierte Furtwängler in einem Entwurf zu seinem zweiten Einladungsschreiben an den Geiger Bronislav Huberman; zit. nach Prieberg, *Kraftprobe*, a.a.O. (Anm. 2), S. 148.

12 Vgl. Prieberg, *Kraftprobe*, a.a.O. (Anm. 2), S. 125 ff.

13 Eintrag vom 3. August 1937, zit. nach Ralf Georg Reuth (Hrsg.), *Goebbels' Tagebücher 1924-1945*, Zürich, München 1992, Bd. 3: 1935-1939, S. 1110.

Die Hartnäckigkeit, mit der Furtwängler seine Haltung in der »Judenfrage« vertrat, gehört zu den stärksten Argumenten derer, die den Verbleib des Dirigenten in Nazideutschland zu verteidigen suchen. Sie bildete auch vor der Entnazifizierungskommission, der Furtwängler 1946 Rede und Antwort stehen mußte, ein wichtiges Argument für den späteren Freispruch. Gleichwohl offenbart derselbe Brief von 1933, der so deutlich Position für jüdische Künstler ergreift, ebenso auch jenes Gedankengut, das Goebbels geradezu die benötigten Argumente an die Hand gab, um Verfolgung und Ausgrenzung rechtfertigen zu können:

> Wenn sich der Kampf gegen das Judentum in der Hauptsache gegen jene Künstler richtet, die, selber wurzellos und destruktiv, durch Kitsch, trockenes Virtuosentum und dergl. zu wirken suchen, so ist das nur in Ordnung. Der Kampf gegen sie und den sie verkörpernden Geist, der übrigens auch germanische Vertreter besitzt, kann nicht nachdrücklich und konsequent genug geführt werden.[14]

Ungeachtet des unverhohlenen Antisemitismus, der aus diesen Zeilen spricht, darf man konzedieren, daß im Zentrum von Furtwänglers Blickfeld die Qualität von Musik stand, die er, ganz im Einklang mit seinem eigenen konservativen Verständnis von Kunst, von jedwedem »Experiment« befreit wissen mochte, gleich welcher Provenienz der Künstler war. Doch die von ihm grundsätzlich akzeptierte Berechtigung eines energischen Kampfes gegen »schlechte Kunst« postuliert notwendigerweise auch die Existenz einer Instanz, die über die Zuordnung zu »gut« und »schlecht« entscheidet. Der politischen Willkür im Bereich der Kunst war damit Tür und Tor geöffnet. Noch dazu bot Furtwänglers Hinweis auf die »germanischen Vertreter« unter den »schlechten« Künstlern, gemeint als Argument gegen eine pauschale, an der »Rasse« orientierte Ausgrenzung, Goebbels die Möglichkeit zu einer Entgegnung, die ganz auf der Linie der nationalsozialistischen Ideologie lag: »Das ist aber nur ein Beweis dafür, wie tief die Wurzeln dieser Gefahren schon in den deutschen Volksboden hineingedrungen waren, und wie notwendig es auf der anderen Seite erschien, dagegen Front zu machen.«[15]

2.

Wie willkürlich Entscheidungen darüber getroffen wurden, was im neuen Deutschland als »gute Kunst« betrachtet wurde, konnte Furtwängler am »Fall Hindemith« lernen, der Ende 1934 nicht nur Paul

---

14 Zit. nach Wulf, *Musik im Dritten Reich*, a.a.O. (Anm. 1), S. 87.
15 Ebd., S. 89.

Hindemiths schrittweisen Abschied aus Deutschland einleitete, sondern auch Furtwänglers vorläufigen Rückzug aus seinen Ämtern zur Folge hatte. Hindemith, in den 1920er Jahren als Komponist der Protagonist der musikalischen Avantgarde in Deutschland und als Bratscher einer der erfolgreichsten Solisten seiner Epoche, war schon zu Weimarer Zeiten immer wieder Verunglimpfungen insbesondere von seiten der NS-Organisation »Kampfbund für deutsche Kultur« und ihres Gründers Alfred Rosenberg ausgesetzt. Nach dem Regierungswechsel verstärkte sich diese Tendenz zusehens, und zum Vorwurf des »Kulturbolschewismus« gesellte sich nun auch der der »jüdischen Versippung«: Hindemith war mit Gertrud Rottenberg verheiratet, die als Tochter des ehemaligen Frankfurter Opernkapellmeisters Ludwig Rottenberg unter die rassistische Kategorie »Halbjüdin« fiel. Daß er außerdem nach wie vor gemeinsam mit zwei Juden, dem Geiger Simon Goldberg und dem Cellisten Emanuel Feuermann, konzertierte, machte ihn zusätzlich verdächtig.[16] Seine Lebensumstände veränderten sich einschneidend. Bald kursierten Gerüchte, seine Musik sei offiziell verboten; die daraus resultierende Verunsicherung der Konzertveranstalter führte zu einem starken Rückgang von Aufführungen seiner Werke, und auch Hindemiths solistische Konzerttätigkeit ging deutlich zurück. Doch der Komponist besaß in Nazi-Deutschland nicht nur Gegner, sondern auch Fürsprecher, so etwa in dem Geiger Gustav Havemann, der sich andererseits mit besonderem Fanatismus an die Aufgabe der »Säuberung« der Berliner Musikhochschule machte. Auch »liberal« gesonnene Kulturpolitiker plädierten dafür, daß man sich die Möglichkeit offenhalten solle, das internationale Ansehen des Komponisten und Interpreten propagandistisch zu nutzen. Die Reaktionen auf die Symphonie *»Mathis der Maler«*, die das Berliner Philharmonische Orchester unter Furtwänglers Leitung am 12. März 1934 aus der Taufe hob, waren symptomatisch für diese zwiespältige Haltung gegenüber Hindemith. Allerdings ging es dabei nur vordergründig um den Komponisten und seine Musik: Hinter dem monatelangen publizistischen Schlagabtausch, der nach der Uraufführung einsetzte, standen massive interne Machtkämpfe zwischen verschiedenen Partei- und Regierungsinstitutionen, die um ihre kulturpolitischen Einflußbereiche strit-

16 Das Trio beendete im März 1934 seine Zusammenarbeit; Feuermann (1902-1942), der 1933 seine Stelle an der Berliner Hochschule verlor, emigrierte noch im selben Jahr nach Wien und 1938 in die USA. Goldberg (1909-1993), der 1934 in die Niederlande emigrierte, wurde 1941 während einer Asien-Tournee von den Japanern auf Java interniert und kam von dort aus 1945 in die USA.

ten[17] und sich den prominentesten Vertreter der jüngeren deutschen
Komponistengeneration zu ihrem Spielball auserkoren hatten.[18]

Von den Auseinandersetzungen um Hindemith war auch Furtwängler betroffen, der mit dem Komponisten und dessen Verlagshaus in Verhandlungen über die Uraufführung der Oper *Mathis der Maler* stand.
Seit dem Sommer 1934 bemühte er sich um die offizielle Erlaubnis, das
Werk an der Berliner Staatsoper uraufführen zu können, doch Ge-
sprächstermine und Entscheidungen wurden immer wieder vertagt und
aufgeschoben. Schließlich entschloß sich Furtwängler – in Absprache
mit dem Komponisten[19] – dazu, den monatelangen Querelen um Hindemiths kulturpolitische »Untragbarkeit« mit einem Schritt an die Öffentlichkeit ein Ende zu setzen. Die Überzeugung, daß ihm sein erster
offener Brief an Goebbels einen Erfolg für seine Sache eingebracht
habe, ließ es ihm geraten erscheinen, sich auch diesmal in Form eines
Zeitungsartikels an die kulturpolitisch Verantwortlichen zu wenden.
Unter der Überschrift *Der Fall Hindemith* erschien am 25. November
1934 in der Sonntagsausgabe der *Deutschen Allgemeinen Zeitung* seine Apologie, die spontane Sympathiebekundungen in Kreisen seiner
Anhängerschaft zur Folge hatte.[20] Im Gegenzug provozierte sie allerdings eine um so heftigere Reaktion des Kreises um Alfred Rosenberg
und seine NS-Kulturgemeinde. In den nächsten Tagen nahmen zahlreiche Zeitungsartikel den Komponisten und seinen Verteidiger ins Visier.
Furtwängler, der sich offensichtlich in seiner Ehre zutiefst verletzt fühlte,
bemühte sich an höchster Stelle um Rehabilitation, doch waren diese
Versuche zum Scheitern verurteilt, denn diesmal waren die sonst miteinander konkurrierenden Kulturpolitiker Goebbels und Rosenberg in

17 Zu den Details des Machtkampfes zwischen Alfred Rosenbergs »NS-Kul-
    turgemeinde«, Goebbels' »Reichsmusikkammer« sowie Robert Leys »Deut-
    scher Arbeitsfront« und ihrer Organisation »Kraft durch Freude« vgl.
    Claudia Maurer-Zenck, *Zwischen Boykott und Anpassung an den Cha-
    rakter der Zeit. Über die Schwierigkeiten eines deutschen Komponisten mit
    dem Dritten Reich*, in: Hindemith-Jahrbuch, Jg. 9, 1980, S. 65-129.
18 Man kann davon ausgehen, daß weder Hindemith noch Furtwängler diese
    rein politischen Hintergründe durchschauten.
19 Vgl. die diesbezügliche Korrespondenz Hindemiths mit dem Schott-Verlag
    in Mainz aus dem Jahr 1934 (Kopien der Originale im Hindemith-Institut,
    Frankfurt am Main).
20 Die Beifallskundgebungen bei der Probe am Sonntag und beim Philharmo-
    niker-Konzert am Montag wurden einhellig als Demonstration der Solida-
    rität mit Furtwängler interpretiert; vgl. Prieberg, *Kraftprobe*, a.a.O.
    (Anm. 2), S. 187 f.

seltener Einmütigkeit verbunden. In Parteikreisen wurde ein massiver
»Prestigeverlust« für den Fall befürchtet, daß man Hindemith auch nur
noch einen Schritt entgegenkäme.[21] Um ein Exempel zu statuieren,
mußte deshalb sowohl gegen Hindemith als auch gegen Furtwängler
energisch vorgegangen werden. Vieles spricht dafür, daß Furtwängler
am 4. Dezember 1934 seinen Rücktritt von allen Ämtern (als Vizepräsident der Reichsmusikkammer, als Dirigent der Berliner Philharmoniker sowie als Direktor der Berliner Staatsoper) nicht freiwillig einreichte,
und auch Hindemiths Bitte um Beurlaubung von seinem Posten als
Hochschullehrer, die er am 5. Dezember an den Direktor der Hochschule richtete, war vermutlich unter dem Druck ministerieller Stellen
erfolgt.[22] Bei seiner Rede anläßlich der ersten Jahrestagung der Reichskulturkammer am 6. Dezember zog Goebbels, der sich bis dahin nicht
in die Auseinandersetzungen eingeschaltet hatte, dann nur noch das
Resümee aus den jüngsten Ereignissen. Mit direktem Bezug auf Furtwänglers Artikel verkündete er:

> Gewiß können wir es uns nicht leisten, angesichts der auf der ganzen
> Welt herrschenden, unsäglichen Armut an wahrhaft produktiven
> Künstlern auf einen echten deutschen Künstler zu verzichten. Aber
> es soll dann eben ein wirklicher Künstler sein, kein atonaler Geräu-
> schemacher. Das mußte gesagt werden, um in dem Widerstreit der
> Meinungen Klarheit zu schaffen. Wir haben lange geschwiegen, weil
> wir glaubten, daß es der deutschen Kunst nicht zuträglich sei, alte,
> kaum vernarbte Wunden wieder aufzureißen. Wo es sich aber um
> weltanschauliche Grundforderungen unseres Glaubens handelt, da
> wäre Schweigen Sünde und kampfloses Hinnehmen Aufgabe der ei-
> genen Sache.[23]

21 Vgl. das von H. Stenger signierte Schriftstück aus Hindemiths Personalakte
des Berlin Document Center, zit. in Maurer-Zenck, *Zwischen Boykott und
Anpassung an den Charakter der Zeit*, a.a.O. (Anm. 17), S. 80 f. (Anm. 63).

22 Priebergs Schilderung der Ereignisse um Furtwänglers Rücktritt klingt
plausibel, wird aber nicht in allen Punkten von den von ihm zitierten Do-
kumenten gestützt. Die Vermutung, daß Hindemith zur Einreichung seines
Urlaubs genötigt wurde, läßt sich indirekt aus dem Briefwechsel mit dem
Direktor der Hochschule, Fritz Stein, ableiten (Kopien und Originale im
Hindemith Institut, Frankfurt am Main); daß der preußische Erziehungs-
minister Rust Hindemith eine Beurlaubung nahegelegt habe, wie Prieberg,
Kraftprobe, a.a.O. (Anm. 2), S. 281 angibt, bestätigen die Quellen nicht.

23 Goebbels, Rede vor der Reichskulturkammer am 6. Dezember 1934, zit.
nach dem Bericht der *Frankfurter Zeitung* vom 7. Dezember 1934.

Rosenbergs Artikel *Ästhetik oder Volkskampf?*, der am selben Tag im
Völkischen Beobachter erschien, deutete indessen an, wie Furtwängler
das verlorene Vertrauen in seine Person wiedererlangen könnte:

> Der Nationalsozialismus umfaßt über die Politik hinweg das gesam-
> te Leben, und wenn er es nicht tun würde, wäre er keine große Revo-
> lution. Da er aber ebenso genau weiß, daß eine seelische Umwand-
> lung des Menschen nicht in wenigen Jahren vor sich gehen kann, ist
> er geduldig genug, auf die künstlerische Darstellung seines Wesens
> zu warten. Er fühlt sich deshalb verpflichtet, alle irgendwie ernst
> strebenden Kräfte zusammenzuführen, auch jene, die, vielleicht
> noch gebunden durch die alten Lebensformen, sich nunmehr inner-
> lich und ehrlich bemühen, davon frei zu kommen und auf *ihren* Ge-
> bieten dieser neuen Welt, die doch jeden eindrucksfähigen Menschen
> zutiefst berühren muß, zu *dienen*.[24]

Durch Beschränkung auf das eigene Metier konnte Furtwängler also
auf die gewünschte Rehabilitation hoffen, die ihm die Fortführung seiner künstlerischen Arbeit ermöglichen sollte. Diese Forderung kam
ihm entgegen, glaubte er damit doch die erstrebte Unabhängigkeit der
Kunst von der Politik erreichen zu können. Und auch Goebbels mußte
den Weg zur Einigung begrüßen, den Rosenbergs Artikel vorzeichnete.
Denn der Rücktritt des Dirigenten brachte sowohl dem Berliner Philharmonischen Orchester als auch der Staatsoper neben der Schädigung
des Prestiges auch herbe finanzielle Verluste ein, weil zahlreiche Kon-
zertbesucher aus Solidarität ihre Abonnements gekündigt hatten und
auch das Auftreten von Ersatzdirigenten boykottierten. Am 28. Februar
1935 empfing Goebbels den Dirigenten zu einer klärenden Besprechung,

> in deren Verlauf Dr. Furtwängler erklärte, daß er seinen bekannten
> Artikel über Hindemith vom 25. November 1934 als musikalischer
> Sachverständiger lediglich in der Absicht geschrieben habe, eine
> musikalische Sache vom Standpunkt der Musik aus zu behandeln.
> Er bedaure die Folgen und Folgerungen politischer Art, die an sei-
> nen Artikel geknüpft worden seien, um so mehr, als es ihm völlig
> fern gelegen habe, durch diesen Artikel in die Leitung der Reichs-
> kunstpolitik einzugreifen, die auch nach seiner Auffassung selbstver-

---

24 Alfred Rosenberg, *Ästhetik oder Volkskampf?*, in: *Völkischer Beobachter*;
    Norddeutsche Ausgabe vom 6. Dezember 1934; Hervorhebungen im Ori-
    ginal.

ständlich allein vom Führer und Reichskanzler und dem von ihm beauftragten Fachminister bestimmt würde.[25]

Die deutsche Presse drückte ihre Zufriedenheit darüber aus, »daß der große Musiker im nationalsozialistischen Staat die ihm gebührende Stellung wird wieder einnehmen können«.[26] Wenige Wochen später stand Furtwängler wieder am Dirigentenpult der Berliner Philharmoniker und wurde von einem begeisterten Konzertpublikum geradezu frenetisch umjubelt.[27]

3.

Die in aller Öffentlichkeit vollzogene Demutsgeste gegenüber Hitler und Goebbels zog eine signifikante Veränderung von Furtwänglers Position im ›Dritten Reich‹ nach sich. Bis zu seinem Rücktritt konnte er sein Verhalten immer als Reaktion auf die politischen Verschiebungen im Lande und als Versuch betrachten, eigene Ideale auch unter veränderten politischen Bedingungen durchzusetzen. In diesem Sinne kann auch eine briefliche Äußerung vom September 1934 verstanden werden:

> Es steht heute jeder Deutsche, der eine Stellung innehat, vor der Frage, ob er dieselbe behalten und durchführen will oder nicht. [...] Im Bejahungs-Fall muß er mit der herrschenden Partei irgendwie praktisch paktieren.[28]

Doch vor dem Hintergrund des im Dezember 1934 erfolgten Rücktritts hatte das öffentliche Bekenntnis vom Februar 1935 den Charakter einer aktiven politischen Stellungnahme zum Nationalsozialismus, was insbesondere von den Emigranten auch so verstanden wurde. Furtwängler hingegen glaubte, in einem totalitären Staat an prominenter Stelle auch weiterhin lediglich die Rolle eines »unpolitischen« musikalischen Sach-

25 Pressemitteilung zit. nach Wulf, *Musik im Dritten Reich*, a.a.O. (Anm. 1), S. 378. Der Wortlaut der Pressemitteilung sollte auch Rosenberg in die Schranken weisen, der sich gerne als oberster Hüter der Kultur hätte etablieren wollen.
26 Zit. nach Prieberg, *Kraftprobe*, a.a.O. (Anm. 2), S. 229.
27 Vgl. ebd., S. 233.
28 Brief an den Direktor des Deutschen Archäologischen Instituts in Rom, Furtwänglers ehemaligen Hauslehrer Ludwig Curtius, vom 10. September 1934, zit. nach Michael H. Kater, *Die mißbrauchte Muse*, München, Wien 1998, S. 378.

verständigen auszufüllen. Er war davon überzeugt, daß er sich dabei innerhalb der Grenzen würde bewegen können, die die Wahrung seiner eigenen Integrität gewährleisteten – schließlich übernahm er ja auch kein öffentliches politisches Amt mehr wie das des Vizepräsidenten der Reichsmusikkammer.[29] Wie naiv diese Einschätzung war, geht auch aus einer Notiz hervor, die Goebbels nach der Besprechung mit Furtwängler in sein Tagebuch eintrug: »Diese Künstler sind das merkwürdigste Völkchen auf der Welt. Politisch ohne Schimmer. [...] Nun noch die Sorge, wie wir ihn beschäftigen.«[30]

Furtwängler wurde nun in die Propagandamaschinerie des national-sozialistischen Staates eingespannt. Zwar begab er sich nicht in die Abhängigkeit einer staatlichen Stelle, sondern er arbeitete als freischaffender Dirigent auf der Basis von jährlich abgeschlossenen Saison-Verträgen. Doch als Dirigent der Berliner Philharmoniker hatte er sich unmittelbar mit Goebbels ins Benehmen zu setzen, da das Orchester inzwischen der Verantwortung des Propagandaministeriums unterstellt war. Anhand von Tagebuchnotizen des Ministers lassen sich die Unterredungen mit Furtwängler rekonstruieren, die Aufschluß über das Verhältnis der beiden und die Art ihrer Zusammenarbeit geben. Einige von ihnen verdeutlichen, wie der Dirigent immer wieder seine Kontakte zur obersten Staats- und Parteiführung zu nutzen versuchte, um sich für gefährdete Kollegen einzusetzen. So notierte Goebbels etwa im März 1937:

Lange Unterredung mit Furtwängler: ab Herbst will er wieder die Philharmonie leiten. Sehr gut! 1938 will er mit ihr eine Weltreise machen. Auch gut. Er nimmt wieder ein paar Juden in Schutz und setzt sich für Hindemith ein. Da aber fahre ich auf. Werde richtig wütend. Das verfehlt seine Wirkung nicht. Er gibt ganz klein nach. Ich bleibe darin hart und unerbittlich. Und er wird das auch allmählich einsehen lernen.[31]

29 In seinem Schlußwort vor der Berliner Spruchkammer im Dezember 1946 erklärte Furtwängler: »Ich stellte die Bedingung – sie wurde auch akzeptiert –, daß ich nur noch als freier unpolitischer Künstler tätig sei. Ich bin seit dieser Zeit keinerlei vertragliche Bindungen mit dem Staat mehr eingegangen, ich habe keine Stellung mehr angenommen.« Zit. nach: Karla Höcker, *Wilhelm Furtwängler. Dokumente – Berichte und Bilder – Aufzeichnungen*, Berlin 1968, S. 96.

30 Eintrag vom 2. März 1935, zit. nach Reuth (Hrsg.), *Goebbels Tagebücher*, a.a.O. (Anm. 13), S. 856 f.

31 Eintrag vom 3. März 1937, ebd., S. 1050 f.

Andere Eintragungen erweisen sich dagegen als deprimierende Dokumente von Furtwänglers fortschreitender Anpassung an die Herrschenden. Auch wenn zu berücksichtigen ist, daß Goebbels' Tagebucheintragungen eine starke Neigung zur Selbststilisierung und Selbsttäuschung haben, und auch wenn man konzediert, daß Furtwängler die Kunst der Verstellung gut beherrschte, lesen sich Auslassungen wie die folgenden für den Dirigenten nicht eben schmeichelhaft: »Furtwängler hat sich sehr geändert. Er ist jetzt ein richtig netter Mensch.« (22. Juli 1936) – »Gestern: morgens lange Besprechung mit Furtwängler im Garten von Wahnfried. Er trägt mir all seine Sorgen vor, vernünftig und klug. Er hat viel gelernt und ist ganz bei uns. Ich helfe ihm, wo ich kann. Besonders beim philharm. Orchester.« (27. Juli 1936) Als vollends kompromittierend erscheinen Furtwänglers Versuche, seine eigene Position als »der Einzige« (Zuckmayer) in der Welt der deutschen Musik mit allen Mitteln zu festigen. So scheute er sich nicht, im Konkurrenzkampf mit dem jungen Dirigenten Herbert von Karajan Goebbels regelrecht um Beistand zu bitten:

> Krach Furtwängler gegen Karajan. Karajan läßt sich zu sehr anhimmeln in der Presse. Darin hat Furtwängler recht. Schließlich ist er eine Weltgröße. Ich stelle das ab. (22. Dezember 1940)

Und im Zusammenhang mit dem seit 1936 herrschenden Kritikverbot notierte Goebbels:

> Mit Furtwängler einen heißen Disput über die Freiheit der Kritik. Ich lehne seine Ansichten ab. Er will freie Zeitungskritik, aber wenn sie ihm selbst auch nur mittelbar zu nahe tritt, geht er mich um Hilfe an. Ich sage ihm das auch ganz offen. (21. Januar 1941)

Das nationalsozialistische System funktionalisierte den Musiker Furtwängler in den folgenden Jahren zum kulturellen Botschafter, der im In- und Ausland die Überlegenheit der deutschen Kunst präsentieren sollte, und Furtwängler, in dessen Weltbild – auch schon vor 1933 – genau diese Überlegenheit ein zentrales Element bildete, konnte die Tatsache dieser politischen Funktionalisierung mit dem Verweis auf die eigenen, unverändert gebliebenen künstlerischen Überzeugungen vor sich selbst (und später auch vor anderen) bagatellisieren. Für die Frage nach den politischen Dimensionen seiner Auftritte in Nazi-Deutschland ist dabei nicht entscheidend, ob die von den Nazis betriebene Funktionalisierung der Kunst auch tatsächlich den erwünschten Effekt zeitigte, ob also Furtwängler mit seinen Konzerten wirklich eine regelrechte »Bekehrung zum Nationalsozialismus« erzielte. Ebensowenig

läßt sich etwa eine Aufführung von Wagners *Meistersingern* grundsätzlich als »nationalsozialistische Propaganda« verurteilen. Nicht die Musik als solche ist politisch, sondern Raum und Rahmen, innerhalb derer
sie erklingt, verleihen ihr einen politischen Charakter. Und vor diesem
Hintergrund war etwa Furtwänglers Dirigat der Wagner-Oper im
September 1935 tatsächlich ein Akt von politischer Brisanz: Das Werk
erklang am Abend vor der feierlichen Eröffnung des Nürnberger
Reichsparteitags – jenes Parteitags, auf dem die Rassegesetze verkündet
wurden – in Anwesenheit aller Führungspersönlichkeiten von Partei
und Regierung. Die Aufführung war Bestandteil des offiziellen Partei-
tagsprogramms und erfüllte damit eine politische Funktion, die in der
gleichgeschalteten Presse auch entsprechend kommentiert wurde:
»Wagners Musik zu den *Meistersingern* ist der tönende Ausdruck unserer Rasse. Wir spüren das Raunen und Weben unseres Blutes in der
Musik [...].«[32]
Die Ereignisse um Furtwänglers Auftreten beim Reichsparteitag von
1935 sind ein Paradebeispiel für die Schwierigkeit, die Einschätzung
des Dirigenten über die politischen Dimensionen seiner Rolle angemessen zu interpretieren. So wurde der Umstand, daß er es ablehnte, im
Rahmen einer Kulturtagung während desselben Parteitags Beethovens
Fünfte Symphonie zu dirigieren, als Indiz dafür gewertet, daß er ganz
bewußt gewissermaßen eine ideologische Trennlinie zwischen den beiden Konzertanlässen gezogen habe: Während Wagners *Meistersinger*
zwar in das offizielle Programm integriert waren, aber nicht im zeitlichen Rahmen des eigentlichen Parteitags gespielt wurden, gehörte die
Aufführung der Beethoven-Symphonie zum Programm einer konkreten
Parteitagsveranstaltung, und einer derartigen Vereinnahmung durch
die Partei habe sich Furtwängler durch seine Absage entziehen können.[33]

32 *Erhebende Feierstunden*, in: *Fränkische Tageszeitung* vom 11. September
   1935, zit. nach Prieberg, *Kraftprobe*, a.a.O. (Anm. 2), S. 245.
33 Diese These verficht Prieberg, *Kraftprobe*, a.a.O. (Anm. 2), S. 244 f., freilich ohne anhand von Dokumenten erhärten zu können, daß Furtwängler
   tatsächlich nach dieser Strategie der Verweigerung verfuhr. Furtwängler
   selbst begründete die Ablehnung des von Hitler gewünschten Beethoven-
   Dirigats mit dem – nicht notwendigerweise als Ausrede interpretierbaren –
   Hinweis darauf, daß die musikalische Leitung der *Meistersinger* einer intensiven Vorbereitung bedürfe und die Aufführung noch dazu eine große
   körperliche und geistige Anstrengung bedeute, so daß es ihm nicht zuzu-
   muten sei, am folgenden Tag Beethoven zu dirigieren. Vgl. die von Prieberg
   zitierten Quellen, a.a.O. (Anm. 2), S. 244 f.

Bei verschiedenen anderen Auftritten bleibt allerdings kein Spielraum für solche Argumentationen, so etwa bei Furtwänglers Konzerten für die Parteiorganisation »Kraft durch Freude« oder für die Hitler-Jugend. Ebensowenig können die politischen Dimensionen von Furtwänglers Engagement als Dirigent der Bayreuther Festspiele außer Acht gelassen werden, für deren musikalische Leitung er in den Jahren 1936 bis 1944 mehrmals verantwortlich war: Denn Bayreuth, das aufgrund der Wagner-Verehrung Hitlers und Rosenbergs – und der Hitler-Verehrung von Richard Wagners Schwiegertochter Winifred – bereits zu Beginn der 1920er Jahre gewissermaßen zum musikalischen Zentrum der »Bewegung« aufgestiegen war, wurde im ›Dritten Reich‹ zur völkischen Weihestätte überhöht, den Komponisten Wagner verehrte man als den »Künder der arischen Welt«.[34] Zu den Bayreuther »Kriegsfestspielen«, die Furtwängler 1943 und 1944 leitete, wurden Soldaten auf Heimaturlaub zum Zwecke der Erholung und Erbauung geschickt. Auftritte in Bayreuth waren daher ebensowenig wie die Konzerte für Mitarbeiter der AEG und anderer Rüstungsbetriebe, die Furtwängler in den Jahren 1942 und 1944 mit den Berliner Philharmonikern gab, frei von politischen Konnotationen.

Furtwängler hat hingegen stets betont, daß er in seinem Wirken als Dirigent während der Nazizeit keine politische Bedeutung gesehen habe. In seinem Schlußwort vor der Spruchkammer zur Entnazifizierung unterstrich er:

> Den Versuchen, meine Kunst zu Zwecken der Nazipropaganda politisch mißbrauchen zu lassen, habe ich äußerste Widerstände entgegengesetzt, soweit dies im autoritären Staat überhaupt möglich war. Zwei erzwungenen offiziellen Auftritten innerhalb Deutschlands im Verlauf der letzten zehn Jahre stehen über 60 Absagen gegenüber. Im Kriege habe ich nicht in den eroberten Ländern dirigiert, nicht, weil ich voraussah, einmal in einer Situation wie heute hier vor Ihnen zu stehen, sondern weil es meiner Auffassung dessen, was Kunst ist und sein muß, nicht entsprach. Ich wollte nicht im Gefolge von Tanks in Länder kommen, in denen ich früher zu Gast war. […] Mit Machtpolitik, mit Krieg, mit allem, was dem Völkerhaß entspringt und ihn hervorbringt, hat Kunst nichts zu tun. Sie steht über diesen Gegensätzen.[35]

---

34 So die Überschrift eines Beitrags von Friedrich Baser in: *Die Musik*, Jg. 26, 1933, H. 2 (November), S. 85.

35 Zit. nach Höcker, *Wilhelm Furtwängler*, a.a.O. (Anm. 29), S. 96.

Erst im Januar 1945 entschloß sich Furtwängler dazu, Deutschland zu verlassen. Die Lage hatte sich für ihn inzwischen zugespitzt: Es kursierten Gerüchte, er gehöre zum engeren Kreis der Widerstandsgruppe vom 20. Juli 1944 und sein Leben sei akut gefährdet. Gut informierte Freunde rieten ihm, die Gelegenheit eines Konzertauftritts in Wien dazu zu nutzen, nicht mehr nach Deutschland zurückzukehren.[36] Bis zuletzt war er, seiner Überzeugung folgend, darum bemüht gewesen, »die deutsche Musik, soweit es ging, in ihrem Bestand zu erhalten, mit deutschen Musikern für deutsche Menschen weiterhin Musik zu machen.«[37] Diese Zielsetzung entsprang seinem Selbstverständnis als dezidiert deutscher Dirigent, das er 1935 so formulierte: »Ich bin Kapellmeister nicht für die Literaten und Feinschmecker, nicht für eine Richtung, einen Staat, eine Regierung, wie sie auch sei, sondern für das Volk.«[38] Vor dem Hintergrund dieser Einstellung war es Furtwängler unmöglich, ein Leben außerhalb Deutschlands jemals ernsthaft in Erwägung zu ziehen. Ganz unabhängig von seinem persönlichen Bedürfnis nach künstlerischer Befriedigung schätzte er aber wohl auch seine beruflichen Chancen im Ausland durchaus realistisch ein und konnte sich auch deshalb nicht zur Emigration entschließen. Wie die Lebensgeschichten zahlreicher Emigranten zeigen, wurden sie in der Regel nicht mit offenen Armen empfangen, sie lebten oft am Rande des Existenzminimums oder mußten sich zum Broterwerb auf ganz andere Metiers verlegen. Diese Probleme betrafen Musiker ebenso wie andere Künstler,[39] und zwar ungeachtet der größeren »internationalen Möglichkeiten«, die Zuckmayer der Musik attestierte. Furtwängler sah sich in dieser Hinsicht vor ein besonders großes Problem gestellt. Er hatte bereits während eines Gastkonzerts in Paris im April 1933 erfahren können, wie sehr das Ausland ihn mit Deutschland identifizierte und seine Tätigkeit als Dienst »im Auftrage« betrachtete: in einem Flugblatt wurde er dazu aufgefordert, die Politik der Verfolgung in Deutschland zu bekämpfen. Dadurch, daß er sich zu diesem Zeitpunkt nicht deutlicher

---

36 Vgl. hierzu Prieberg, *Kraftprobe*, a.a.O. (Anm. 2), S. 416 ff.
37 Ebd.
38 Diese Notiz steht im Zusammenhang mit der Aufführung von Wagners *Tristan* durch Furtwängler in Covent Garden zu London im Frühjahr 1935; zit. nach Wilhelm Furtwängler, *Aufzeichnungen 1924-1954*, hrsg. von Elisabeth Furtwängler und Günter Birkner, Wiesbaden 1980, S. 110.
39 Vgl. hierzu die scharfsinnige Betrachtung von Arnold Schönberg, *Ein gefährliches Spiel*, in: ders., *Stil und Gedanke. Aufsätze zur Musik*, hrsg. von Ivan Vojtech, Frankfurt 1976, S. 97 f.

von der neuen Regierung distanzierte, hatte er in den Augen des Auslands seine kulturpolitische Integrität offenbar bereits verloren. Diese Annahme bestätigen die Ereignisse um seine Aussicht auf ein Engagement bei den New Yorker Philharmonikern in der Saison 1936/37, das von einflußreicher (jüdisch-) amerikanischer Seite erfolgreich hintertrieben wurde.[40] Spätestens jetzt mußte Furtwängler klar geworden sein, daß eine Emigration zum Zeichen seines Bekenntnisses gegen das, was in Deutschland geschah, nun zu spät gekommen wäre und daß er mit diesem Schritt das vorläufige Ende seiner beispiellosen Karriere hätte in Kauf nehmen müssen.[41]

Mit seinem Bleiben in Deutschland entschied sich Furtwängler eigenem Bekunden nach dafür, die Sorge um den Bestand der deutschen Musik wichtiger zu nehmen als »die Sorge, vom Nationalsozialismus für seine Propaganda mißbraucht zu werden«.[42] Eine ungemein drastische und zugleich treffende Beschreibung der Zwänge, denen er sich damit aussetzte, formulierte der Emigrant Paul Hindemith mit Blick auf seine eigene Entscheidung, Deutschland zu verlassen:

[...] ich denke mir, wie schrecklich es geworden wäre, wenn man auch in diesem kastrierten Zustand von machtlosem Geschehenlassen und allzu fein versteckter Auflehnung versunken wäre. Seien wir froh, daß wir uns davon freigemacht haben und hoffen wir, daß wir uns auch weiterhin immer dieser Freiheit erfreuen![43]

---

40 Als Reaktion auf die kontroverse Pressekampagne sagte Furtwängler die Vereinbarung mit New York schließlich ab; zu den Einzelheiten der Affäre vgl. Prieberg, *Kraftprobe*, a.a.O. (Anm. 2), S. 256 ff.

41 Dabei muß offenbleiben, ob Furtwängler überhaupt mit dem Gedanken spielte, den geplanten Amerikaaufenthalt zum Ausgangspunkt seiner Emigration zu machen.

42 Aus dem Schlußwort vor der Spruchkammer, zit. nach Höcker, *Wilhelm Furtwängler*, a.a.O. (Anm. 29), S. 96.

43 Paul Hindemith in einem Brief vom 26. Februar 1939, zit. nach Paul Hindemith, *Das private Logbuch. Briefe an seine Frau Gertrud*, hrsg. von Friederike Becker und Giselher Schubert, Mainz, München 1995, S. 323.

Aufsätze

Gregor Streim

Berichterstatterin in den ›Landschaften des Verrats‹

*Margret Boveris Amerika-Darstellungen aus der Kriegs-
und Nachkriegszeit. Mit dem Briefwechsel zwischen
Margret Boveri und Carl Zuckmayer*

Die »hiesige Gegend« scheine ihr »arm an Menschen« und deshalb
erlaube sie sich hier, eine Frage an ihn zu richten, die sie zu Hause in
Europa nicht gestellt hätte: Ob es möglich sei, ihn kennenzulernen.
Mit diesen Worten wendet sich die Nordamerika-Korrespondentin der
Frankfurter Zeitung, Margret Boveri, am 14. September 1941 in einem
Brief an Carl Zuckmayer, der einige Wochen zuvor von New York, wo
er seit seiner Ankunft in den USA im Juni 1939 gelebt hatte, nach Vermont – auf die ›Farm in den grünen Bergen‹ – übergesiedelt war. Zu der
von Boveri gewünschten Begegnung ist es nicht gekommen, wohl aus
demselben Grund, aus dem auch der Briefwechsel, kaum daß er begonnen hatte, schon wieder beendet war. Denn bald nachdem Boveri auf
ihren ersten, werbenden Brief eine freundliche, allerdings mehr allgemein gehaltene Antwort Zuckmayers erhalten und darauf mit einem
wiederum ausführlichen, persönlichen Brief erwidert hatte, erfolgte am
7. Dezember 1941 der japanische Angriff auf Pearl Harbour und der
Kriegseintritt der Vereinigten Staaten, in deren Folge die Journalistin
als Angehörige eines feindlichen Staates mehrere Monate interniert
und dann ausgewiesen wurde.

Trotz seiner Kürze ist der Briefwechsel zwischen Boveri und Zuckmayer ein mentalitätsgeschichtlich außerordentlich interessantes Dokument, das bei einer genauen Lektüre nicht nur Aufschluß über Boveris Haltung im und zum ›Dritten Reich‹ gibt, sondern allgemein über
Einstellungen und Denkmuster der ›Jungen Generation‹, die um 1930
öffentlich hervortrat und deren Karrieren oft ungebrochen durch das
›Dritte Reich‹ hindurch bis in die Nachkriegszeit verliefen.[1] Symptoma-

---

1 Jürgen Habermas hat Boveri in einer Kritik ihres Buches *Der Verrat im
   XX. Jahrhundert* ideologisch im Jungkonservatismus verortet; vgl. Jürgen
   Habermas, *Der Verrat und die Maßstäbe. Wenn Jungkonservative alt werden*, in: *Deutsche Universitätszeitung*, Jg. 11, 1956, H. 19, S. 8-11. Eine
   solche Position läßt sich bei ihr aber erst für die Kriegs- und Nachkriegszeit
   nachweisen, jedoch noch nicht für die dreißiger Jahre. Auf eine Verände-

tisch ist gerade das Private der Briefe, der Plauderton, den sie anschlägt, und auch die Tatsache des Briefschreibens an sich. Denn die
äußeren Umstände – Ort, Zeitpunkt und Stellung der Briefpartner –
machen den privaten Briefwechsel notwendigerweise zu einem Politikum. Zum einen, weil im Krieg und kurz vor dem sich abzeichnenden
Kriegseintritt der USA die Korrespondentin einer deutschen Zeitung an
einen in den USA lebenden Landsmann herantritt, zum anderen, weil
eine national gesinnte Intellektuelle, die fest entschlossen ist, nach
Nazi-Deutschland zurückzukehren, sich an einen Exilanten wendet,
dem dort Verfolgung drohen würde. Ob Zuckmayer die Situation in
dieser Weise als problematisch empfunden hat, wissen wir nicht.[2] Daß
Boveri sie nicht so auffassen wollte – oder konnte –, zeigen ihre Briefe.
Deren Tonlage, Aufbau und Themen lassen sich als Elemente einer diskursiven Strategie beschreiben, die auf die Konzeptualisierung eines
gemeinsamen, die ideologischen Grenzen überspannenden ›Deutschseins‹ zielt.

rung ihres Denkens während des Krieges ist mehrfach hingewiesen worden, wobei sich die Ambivalenz ihrer Haltung gegenüber dem ›Dritten
Reich‹ in unterschiedlichen Bewertungen niederschlug. Ralf Breslau konstatiert, in Einklang mit der Selbsteinschätzung Boveris aus der Nachkriegszeit, eine Wendung von eher »liberalen« Positionen zu denen der
Konservativen Revolution; vgl. Ralf Breslau, *Margret Boveri. Eine deutsche Journalistin im Zeitalter der Ideologien*, in: »*Ich möchte schreiben
und schreiben*«. *Margret Boveri – eine deutsche Journalistin*. Ausstellungskatalog. Staatsbibliothek zu Berlin – Preussischer Kulturbesitz, Berlin
2000, S. 7-35, hier: S. 18. Günther Gillessen kommt dagegen zu dem
Schluß, daß die nach dem Ausscheiden beim *Berliner Tageblatt* 1937 einsetzende »politische Bekehrung« Boveris zur »Realpolitik« »bei näherer
Betrachtung eine Hinwendung zum Nationalsozialismus« war; vgl. Günther Gillessen, *Auf verlorenem Posten. Die Frankfurter Zeitung im Dritten
Reich*, Berlin 1986, S. 388. Zu neusachlichen Zügen in Boveris Texten und
dem Zusammenhang zwischen Sachlichkeit und Nationalismus am Beispiel ihrer Reisereportagen aus den dreißiger Jahren vgl. Gregor Streim,
*Junge Völker und neue Technik. Zur Reisereportage im ›Dritten Reich‹, am
Beispiel von Friedrich Sieburg, Heinrich Hauser und Margret Boveri*, in:
Zeitschrift für Germanistik NF, Jg. 2, 1999, S. 344-359.

2   In Zuckmayers Erinnerungen taucht der Name Boveri nicht auf, genausowenig wie in dem Report, den er 1943 für das amerikanische ›Office of
Strategic Services‹ (OSS) über Vertreter des kulturellen Lebens in Deutschland erstellte. Vgl. die Dokumentation im ersten Teilband dieses Jahrbuchs.

Was den heutigen Leser an Boveris erstem Brief vor allem irritiert, ist die Art, in der sie den zeitgeschichtlichen Kontext ins Nebensächliche verschiebt. Der Krieg, der Zustand Deutschlands und deren Bedeutung für das eigene Leben werden zuerst nur andeutend, wie beiläufig erwähnt (»wie das heutzutage in Deutschland geschieht«; »bin ich in dieses Land gekommen«), werden zu Marginalien in dem von ihr gewählten erzählerischen Topos, welcher heißt: die Begegnung zweier Deutscher in der Fremde. Hierzu gehört die Vergegenwärtigung der heimatlichen Landschaft, die Reminiszenz an daheim gebliebene Freunde und die Evokation der kulturellen Tradition (Barock, J.S. Bach, deutsche Dichtung) ebenso wie die Betonung der Fremdheit der neuen Umgebung, ihrer Sprache (»eine Avenue, der alle Vokale fehlen«) und Menschen (»arm an Menschen«) sowie der implizite Appell an die Solidarität der Landsleute. In diese Erzählung eingelassen und von ihr umrahmt, findet sich dann die Mitteilung über die eigene berufliche und politische Stellung – gewissermaßen als historische Konkretisierung einer, gerade in der deutschen Amerika-Literatur häufig gestalteten, typischen Konstellation. Dabei fällt auf, daß die Schreiberin am Anfang, als sie ihren Stockholm-Aufenthalt im Jahr 1939 erwähnt, noch offenläßt, ob sie selbst Emigrantin ist oder nicht, und erst später, nach dem Appell an die landsmannschaftliche Solidarität, die ›Warnung‹ vor ihrem zweifelhaften Ansehen in den USA nachschiebt, die nun in den Fremdheitsdiskurs integriert ist, so daß das Ansehen der Journalistin als ein Phänomen der amerikanischen Mentalität erscheint, als eine äußere, den Kern ihrer Existenz nicht betreffende Zuschreibung.

Diese Tendenz, die ›äußere‹, politische Einordnung als spezifisch amerikanisches Phänomen zu behandeln, ist der wohl bemerkenswerteste Zug des Briefes. Er begegnet einem in Boveris Texten aus der Nachkriegszeit wieder, in ihrem Protest gegen das ›Fragebogen-System‹ der amerikanischen Militärregierung in Deutschland und in der Beschreibung der amerikanischen Mentalität in ihrer *Amerika-Fibel*. Im Brief an Zuckmayer kommt sie vor allem im distanzierenden Umgang mit der politischen Terminologie zum Tragen. Boveri kritisiert die in den USA übliche pauschale Einordnung aller nicht exilierten Deutschen als »Nazis«. Dies tut sie allerdings nicht, weil sie selbst nach eigener Einschätzung keine Nationalsozialistin ist, sondern weil ihr die klassifikatorische Einteilung in ›Nazi‹ und ›Nicht-Nazi‹ an sich unangemessen, ›amerikanisch‹, erscheint, weshalb sie den Begriff auch nur in Anführungszeichen verwendet. Gleiches gilt für die Unterscheidung zwischen »Refugees« und »noch Zugehörigen« – oder, wie sie zuerst formulierte, »offiziellen Reichsstaatsangehörigen« –, bei der schon die

Verwendung des englischen Refugee das Unpassende, Oktroyierte der Klassifikation andeutet. Die Worte Emigration und Exil tauchen in ihren Briefen bezeichnenderweise nicht auf.

In dieser Weise verbindet sich im Brief eine überaus kritische, das Ideologische in der Sprache aufsuchende Betrachtungsweise mit einem legitimatorischen Interesse. Die scheinbar streng sachliche, ideologiekritische Betrachtung speist sich auch aus einem persönlichen Motiv der Schreiberin, nämlich dem Wunsch, sich und anderen über die eigene Position im politischen Feld keine Rechenschaft geben zu müssen. Und sie führt dabei, ganz entgegen der kritischen Prätention, zu einer starken Einengung des Blickfeldes.

1. Zwei gegensätzliche Konzeptionen des »Deutschseins«

Bevor dem blinden Fleck in Boveris Selbst- und Zeitbetrachtung weiter nachgeforscht wird, ist auf den Adressaten ihres Briefes und dessen Buch *Pro Domo* einzugehen, das sie gleich im ersten Satz erwähnt. Es ist keineswegs zufällig, daß die Journalistin sich mit ihrem Wunsch, deutsche Gemeinsamkeit jenseits der ideologischen Grenzen zu beweisen, gerade an Zuckmayer wendet und sich von ihm offensichtlich Verständnis für ihre »Idee vom Deutschsein« erhofft. In einem Brief an eine Freundin läßt sie sich sogar zu folgender Bemerkung über Zuckmayer hinreißen: »Wenn ich ihn kennen lernen könnte, dann wüsste ich, warum ich in Amerika war.«[3] Zum einen gehörte Zuckmayer nicht zur organisierten Emigration und hielt sich mit öffentlichen politischen

---

3 Brief von Margret Boveri an Elsbeth Beckmann vom 11. Oktober 1941, aus Montauk/Long Island; Staatsbibliothek zu Berlin – Preussischer Kulturbesitz, Nachlaß Boveri, Briefe. Die Zuckmayer betreffende Stelle lautet im ganzen: »Ich hatte übrigens dem Autor vor ein paar Wochen einen Brief geschrieben, einfach, um ihm zu sagen, wie schön ich Pro domo fand; ja glaubte, er sei in New York. Die Antwort, sehr nett, so wie ich sie mir vorgestellt hatte, auch fränkisch, kam aus Vermont, wohin er sich auf eine Farm zurückzog. Es geht ihm wie dem Hans; er kann sich auch nicht so einfach auf den hiesigen Betrieb umstellen. Wenn ich ihn noch kennen lernen könnte, dann wüsste ich, warum ich in Amerika war. Aber Vermont ist arg weit weg. – Und er schreibt an einem Buch.« (Für den Hinweis auf diesen Brief und für kritische Anmerkungen danke ich Heike Görtemaker, Potsdam, die an einer Dissertation mit dem Arbeitstitel *Margret Boveri – Eine Journalistin zwischen den Zeiten 1900-1975* schreibt.)

Stellungnahmen zurück.[4] Zum anderen, und dies dürfte für Boveri ausschlaggebend gewesen sein, galt er als Vertreter einer deutschnationalen Position.

Der Essay *Pro Domo*, in Österreich geschrieben und 1938 bei Bermann Fischer in Stockholm publiziert, ist hauptsächlich eine durch die
nationalsozialistische Deutschtumsideologie provozierte Reflexion des
eigenen Deutschseins und eine sich auf die deutsche Kultur berufende
Kritik des Rassismus und Antisemitismus. Zuckmayer selbst bezeichnet ihn als »Versuch, den eigenen Standort in Beziehung zu den Welt-
und Zeitgeschehnissen, soweit sie uns zu Mitwissern, also zu Mitschul-
digen, haben, zu bestimmen und aufzuklären«.[5] Er argumentiert darin

4 1939 gestattete er Willi Münzenberg den Abdruck einer Passage aus *Pro
   Domo* in der in Paris erscheinenden Zeitschrift *Die Zukunft*, woraufhin
   ihm Friedrich Torberg politische Unbedarftheit vorwarf, da man sich als
   »deutschnationale[s] Rübenschwein« nicht vor den Karren der KP spannen
   lassen dürfe (zit. nach Gunther Nickel / Ulrike Weiß, *Carl Zuckmayer
   1896-1977. »Ich wollte nur Theater machen«*. Ausstellungskatalog, [Mar-
   bacher Kataloge 49], Marbach 1996, S. 268). 1944 publizierte er dann im
   Aufbau einen *Offenen Brief an Erika Mann* (Jg. 10, 1944, Nr. 19, S. 7 f.),
   mit dem er auf einen Artikel reagierte, in dem sie erklärt hatte, nicht mehr
   an die Existenz eines von den Nationalsozialisten unterdrückten »anderen
   Deutschland« glauben zu können. In diesem Offenen Brief begründet er die
   Tatsache, daß er »keiner Gruppe, keinem Ausschuss oder Komitee der
   deutschen oder österreichischen Emigration« angehöre und daß er sich
   »nach gründlicher Überlegung« entschlossen habe, »nicht an Proklamatio-
   nen teilzunehmen und kein Manifest zu unterzeichnen«, zum einen mit seinem Zweifel an Nutzen und Möglichkeit einer »politischen Aktivität der
   Emigrationskreise« und zum anderen mit seiner grundsätzlichen »Abneigung gegen theoretische und doktrinäre Fixierungen«. Gegen Erika Manns
   »Antigermanismus« wendet er ein, daß Völker »aus Menschen zusammen
   gesetzt« seien, Menschen aber immer die beiden »Wesenspole« des Guten
   und des Bösen in sich trügen und deshalb der Reinigung, der »Katharsis«,
   fähig seien. Diese müsse aber »von Innen« kommen und könne nicht durch
   »Zwangsmassnahmen« herbeigeführt werden. (Zit. nach Nickel/Weiß, *Carl
   Zuckmayer 1896-1977*, a.a.O. [Anm. 4], S. 299.) Zu Zuckmayers Glauben an die Existenz eines »anderen Deutschland« und zu seiner schwer
   fixierbaren Position im politischen Feld vgl. Gunther Nickel, *»Des Teufels
   General« und die Historisierung des Nationalsozialismus*, in: *Zuckmayer-
   Jahrbuch*, Bd. 4, 2000, S. 577-612, bes. S. 596 ff.
5 Carl Zuckmayer, *Pro Domo*, Stockholm 1938 (Schriftenreihe »Ausblicke«),
   zit. nach: Carl Zuckmayer, *Die langen Wege. Betrachtungen*, Frankfurt am
   Main 1996, S. 71-132, hier: S. 74.

zum einen mit einem historisch-organologischen Volksbegriff, demzufolge sich das deutsche Volk aus unterschiedlichen Regionalcharakteren zusammensetzt, die sich wiederum in Mischung unterschiedlicher ethnischer und religiöser Elemente herausgebildet haben, und bezeichnet sich – den aus Sicht der Nationalsozialisten sowohl künstlerisch als auch rassisch ›Degenerierten‹ – in diesem Sinne als einen Deutschen »von der ausgesprochen regionalen Prägung des südwestlich-rheinhessischen Schlags«.[6] Zum anderen beruft er sich auf die Weltbürgertumsidee Herders, Lessings und Goethes, auf die Vorstellung vom »Deutschtum« als einer »übergeordneten und unveräußerlichen Gemeinschaft, die sich auf Kultur und Überlieferung« im Geistigen und Musischen gründe und nicht auf einer »Gemeinschaft des Blutes« oder der Ideologie.[7] Den konkurrierenden Weltanschauungen der Epoche – Nationalismus, Sozialismus und Liberalismus –, die bei ihm als verschiedene Spielarten »rationalistischer Denkart«[8] erscheinen, setzt Zuckmayer sein katholisch und nietzscheanisch geprägtes Menschheitspathos entgegen: das Ideal einer »neuen, menschen- und geistnahe[n] Religiosität«,[9] die aber nur auf dem Weg innerer Befreiung der schöpferischen Lebenskräfte erreicht werden könne.

Aufgrund dieser schillernden Argumentationsstruktur konnten sich ganz unterschiedliche Leserkreise innerhalb wie außerhalb des Deutschen Reichs auf *Pro Domo* berufen. Boveri wird sich vor allem durch Zuckmayers Grundsatzkritik an politischen Weltanschauungen und die Rückbindung des Deutschseins an regionale Prägungen angesprochen gefühlt haben, worauf die zahlreichen Anspielungen auf ihre fränkische Herkunft in ihren Briefen hinweisen. Und offensichtlich hat sie sein Buch als ein ihren eigenen Intentionen entsprechendes Unternehmen zur Überwindung oder Unterwanderung politischer Einteilungen begriffen. Tatsächlich konnte der Essay eine Argumentation unterstützen, die sich gegen die Gleichsetzung aller im Deutschen Reich lebenden Deutschen mit den Nazis wandte, was Zuckmayer in seinem Antwortbrief an die Journalistin auch ausdrücklich bestätigte. Allerdings, und hierdurch gerät Boveris Zustimmung zu dem Buch in eine Schieflage, reduziert Zuckmayer die Reflexion der eigenen Stellung zum ›Dritten Reich‹ darin keineswegs auf die Problematisierung terminologischer Zuschreibungen, sondern vollzieht eine eindeutige, inhalt-

---

6 Ebd., S. 73.
7 Ebd., S. 128.
8 Ebd., S. 127.
9 Ebd.

liche Abgrenzung und verurteilt ausdrücklich die Judenverfolgung.[10]
Seine Konzeption des Deutschseins begründet dabei die Opposition
zum nationalsozialistischen Staat.

Eine solche politische Orientierung gebende Wertsphäre jenseits von
Staat und Ideologien, so meine These, existierte für Boveri nicht, weshalb ihre Bemerkung über die »Idee des Deutschseins«, der man »drinnen wie draussen dienen« könne, auch formelhaft bleibt. Anders als
Zuckmayer konnte sie das Deutschsein nicht von der Treue zur Nation
trennen, unterschied für sich dafür aber umgekehrt zwischen nationaler und ideologischer Sphäre, zwischen Deutschem Reich und Hitler.[11]
Gerade weil sie alle politischen Akteure unter radikalen Ideologiever-
dacht stellte – nicht zufällig trägt ihre Geschichte des *Berliner Tageblatts* im ›Dritten Reich‹ den Titel *Wir lügen alle*[12] – und Orientierung,

10 Zuckmayer spricht von der »tiefen Tragik« des Schicksals der deutschen
    Juden unter der gegenwärtigen Politik in Deutschland: »Sie vernichtet mit
    sinnloser Härte den Juden deutscher Nation, den ›bodenständigen‹ ins-
    besondere, wie er in unseren Breiten seit langer Zeit zum Volksganzen ge-
    hörte.« »Ob es irgendeinen weltgeschichtlichen Sinn hat, wenn jetzt im
    Zug keineswegs sinnbedingter Vorgänge eine neue Aussonderung oder gar
    eine eigne Volkwerdung der Juden, von anderer Seite oder auch von ihnen
    selbst angestrebt wird, – und ob sich damit die Notwendigkeit eines tiefe-
    ren, eingeborenen Schicksals erfüllt, kann ich durchaus nicht enträtseln.«
    (Ebd., S. 78)
11 So hat sie sich auch selbst in ihrem autobiographischen Interview mit Uwe
    Johnson geäußert; vgl. Margret Boveri, *Verzweigungen. Eine Autobiogra-
    phie*, hrsg. und mit einem Nachwort versehen von Uwe Johnson, Frankfurt
    am Main 1996 [Erstausgabe 1977], S. 322.
12 Vgl. Margret Boveri, *Wir lügen alle. Eine Hauptstadtzeitung unter Hitler*,
    Olten, Freiburg i. Br. 1965. – Die in der Einleitung zu diesem Buch zum
    Ausdruck gebrachte Überzeugung, daß jede Meinungsäußerung standort-
    gebunden und in diesem Sinne ideologisch sei, findet sich in ganz ähnlicher
    Formulierung schon in einem Brief an Paul Scheffer vom 9. Juli 1939, in
    dem sie ihre Verwirrung angesichts wechselnder Strategien der (englischen)
    Außenpolitik und wechselnder Handlungsbegründungen eingesteht: »An
    wen kann man sich noch halten? – Und je mehr ich zusehe, wie die Dinge
    sich begeben, und nicht begeben, wie sie dargestellt werden, – desto mehr
    komme ich zur Überzeugung: man kann eine Sache so behaupten – aber
    man kann auch das genaue Gegenteil sagen; und wahrscheinlich ist beides
    richtig. Ich, die ichs so mit der Wahrheit habe, und die ich geglaubt habe,
    ich wolle schreiben, um den Leuten noch so viel Wahrheit mitzuteilen, als
    unter den Umständen möglich ist.« (Zit. nach Boveri, *Verzweigungen*,
    a.a.O. [Anm. 11], S. 362.)

ähnlich wie Karl Mannheims Ideologiekritik, in der Transzendierung
der Ideologien suchte, blieb sie mit ihrem Denken und Fühlen an die
Nation fixiert. Deshalb fürchtete sie nichts mehr, als durch Übernahme
einer bestimmten ›Ideologie‹ zur Verräterin an der Nation zu werden –
oder, in ihrer späteren Terminologie, in die »Klüfte« der »Verrats-
Landschaft« zu stürzen.[13] Vielmehr fiel sie umgekehrt in Bewunderung
für ein politisches Handeln, das in ihren Augen rein machtstrategischen
Erwägungen zu folgen schien.[14] Diese sachlich-dezisionistische Mentalität mag sie als ihre »Idee des Deutschseins« verstanden haben, in jedem Fall hilft sie, ihre zwischen Distanz und Affirmation oszillierende
Haltung gegenüber dem ›Dritten Reich‹ zu verstehen und damit auch
die Frage nach den Beweggründen ihres Bleibens zu beantworten, die
vor allem Uwe Johnson so insistierend gestellt hat.[15]

Daß Boveri ihre im Brief an Zuckmayer erwähnte »Idee des
Deutschseins« tatsächlich in dieser Weise konzipierte, läßt sich durch
zwei persönliche Berichte aus dieser Zeit untermauern. Es handelt sich

13 Margret Boveri, *Der Verrat im XX. Jahrhundert. I. Für und gegen die
Nation. Das unsichtbare Geschehen*, Hamburg 1956 (rowohlts deutsche
enzyklopädie 23), S. 35.

14 Diese Einstellung dürfte mit ein Grund dafür gewesen sein, daß sie sich
vom »Coup« des Hitler-Stalin-Pakts einen Moment lang spontan angesprochen fühlte. Vgl. Boveris Brief an Paul Scheffer vom 23. August 1939,
der ebenfalls von Johnson im Nachwort zu ihrer Autobiographie zitiert
wird; Boveri, *Verzweigungen*, a.a.O. (Anm. 11), S. 363. Paul Scheffer,
Boveris Mentor, der im ›Dritten Reich‹ zuerst Chefredakteur des *Berliner
Tageblatts* und dann Amerika-Korrespondent für verschiedene deutsche
Zeitungen war, hat die fundamental-ideologiekritische Betrachtungsweise
Boveris, die auch ihren Ost-West-Vergleich in der Nachkriegszeit prägte, in
einem Brief vom 28. Februar 1947 selbst kritisiert; vgl. Gillessen, *Auf verlorenem Posten*, a.a.O. (Anm. 1), S. 388. Zu Boveris Bewertung von Hitlers Außenpolitik vgl. auch Boveri, *Der Verrat im XX. Jahrhundert I*,
a.a.O. (Anm. 13), S. 40: »Doch hatte Hitler zweimal die ideologischen
Fronten, an deren Verhärtung er selbst so starken Anteil gehabt hat, in Verwirrung gebracht. Das erste Mal in seinem Pakt mit den Sowjets, das zweite Mal mit seinem Überfall auf Sowjet-Rußland.«

15 Zu den möglichen Motiven von Johnsons Insistieren auf der Emigrations-
frage und zu ähnlichen Problemkonstellationen in den *Jahrestagen* vgl. den
instruktiven Aufsatz von Roland Berbig, *Having learned my lesson.
Margret Boveris Autobiographie »Verzweigungen« und ihre Herausgeber
Elisabeth und Uwe Johnson*, in: *Deutsche Vierteljahrsschrift für Literaturwissenschaft und Geistesgeschichte*, Jg. 70, 1996, S. 138-170, bes. S. 165.

zum einen um den tagebuchartigen Bericht über ihre »Gefangenschaft in Ellis Island«, den sie am 2. Januar 1942 als Rundbrief an Freunde versandte.[16] Auf den ersten Blick stellt sich dieser als eine möglichst große Genauigkeit anstrebende Deskription der Umstände der Internierung dar, die sie infolge des Kriegsausbruchs zwischen Deutschland und den USA vorübergehend erleiden mußte. Eine genauere Lektüre läßt aber erkennen, daß auch diese Beschreibung dem am Zuckmayer-Briefwechsel aufgezeigten diskursiven Muster folgt. So stilisiert sie ihre »Gefangenschaft« als ein für ihr Deutschsein erbrachtes Martyrium, als eine Strafe, die ihr die Amerikaner deshalb auferlegten, weil sie sich weigerte, einen Antrag auf Bleiberecht und Einbürgerung zu stellen, was für sie wegen ihrer in den USA lebenden Mutter relativ leicht gewesen wäre.[17] Kennzeichnend dafür ist die Wiedergabe ihres Gesprächs mit einem Beamten, der sie versehentlich als einbürgerungswillige Ausländerin eingestuft hatte: »Er fragte also z.B. ob ich schon meine first papers erhalten hätte, worauf ich sagte ›I have never asked for them‹. Wie ich zu Deutschland stände. Antwort ›I am a loyal German‹, – lauter Dinge, die nicht ganz in sein Konzept passten.«[18] Eine Art Pendant zu diesem Bericht bildet ein Artikel, den sie 1943, ein knappes Jahr nach ihrer Abschiebung, in der *Frankfurter Zeitung* über ihre »Heimkehr aus Amerika« publizierte. Darin nimmt sie den Faden wieder auf, den sie in dem Rundbrief spann, als sie mit großer Wärme die Solidarität schilderte, die die internierten Deutschen ungeachtet aller ideologi-

---

16 Margret Boveri, Rundbrief, White Sulphur Springs vom 2. Januar 1942; Staatsbibliothek zu Berlin – Preussischer Kulturbesitz, Nachlaß Boveri, Briefe K. 4, M. 2. – Dieser Bericht wird auch von Johnson im Nachwort zu den *Verzweigungen* zitiert.

17 Boveri hat die Geschichte ihrer Internierung und ihrer Rückführung nach Europa später auch zum Thema einiger in Lissabon verfaßter Zeitungsartikel gemacht. Vgl. insbesondere M[argret] B[overi], *»Feindliche Ausländer«*, in: *Frankfurter Zeitung* vom 19. Mai 1942. Darin schildert sie die schikanöse Einteilung des Lagers in zwei Klassen von Internierten, nämlich eine »bevorrechtigte Klasse« von »›Passengers‹, Einreisende, deren Visen, Papiere oder Geldverhältnisse nicht in Ordnung sind«, und eine benachteiligte Klasse von »enemy aliens«, zunächst nur Japaner, sowie »potential enemy aliens«, Angehörige der Achsenmächte, die entgegen »internationalem Recht« wie Verbrecher behandelt würden. Vgl. a. M[argret] B[overi], *Tage in »Greenbrier«. Internierungshärten – und wie sie überwunden wurden*, in: *Frankfurter Zeitung* vom 25. Juli 1942.

18 Vgl. dazu a. M[argret] B[overi], *Der Tag von Hawaii*, in: *Frankfurter Zeitung* vom 20. Mai 1942.

schen Fragen untereinander übten. In dem Zeitungsartikel von 1943 wendet sie sich dann aus der Perspektive einer Heimkehrerin an die Menschen in Deutschland, um ihnen aufgrund des eigenen Erlebnisses von Fremdheit und Heimweh deutlich zu machen, wie gering demgegenüber die Probleme im eigenen Land wögen, und ihnen vor Augen zu führen, »daß Deutschland wunderschön ist«. Die Deutschsein genannte Haltung konnotiert sie in diesem Text von 1943 – wohl auch unter dem Einfluß ihrer Lektüre von Ernst Jünger im Jahr 1942 – mit dem Soldatischen:

> Es gibt hier überhaupt mehr zu denken als in Amerika, wo alles in Tatsachen aufgerichtet, rubriziert und statistisch erfaßbar ist. Ein Mann, der mit führenden Offizieren befreundet ist, erzählt, – und die unerbittliche Sachlichkeit, die bei aller Anspannung des Willens fast philosophische Kühle der wiedergegebenen Gedanken, ist wie eine wiederentdeckte Kostbarkeit Deutschlands.[19]

2. Zuckmayer: Die Vereinigten Staaten als »powerful nurse«

Die von Zuckmayer deutlich unterschiedene Konzeptualisierung des Deutschseins bei Boveri und ihre gänzlich andere Haltung zum ›Dritten Reich‹ spiegeln sich in ihrem Amerika-Bild. Ein Vergleich von Boveri mit Zuckmayer ist auch in diesem Fall aufschlußreich, da beide als Amerika-Kenner im Nachkriegsdeutschland eine wichtige Vermittlerrolle einnahmen und jeweils eine Broschüre bzw. einen Vortrag verfaßten, in dem sie den Deutschen die amerikanische Mentalität zu vermitteln versuchten. Interessant daran ist vor allem, daß gerade die auf heutige Leser anti-amerikanisch wirkende *Amerika-Fibel* Boveris 1946 in Deutschland als besonders erhellende Darstellung amerikanischer Wesensart rezipiert worden ist.

Während Boveri die USA trotz – oder, so eine naheliegende psychologische Vermutung, auf die sie selbst im Vorwort ihrer Amerika-Fibel anspielt,[20] gerade wegen – ihrer amerikanischen Mutter nur als fremd

---

19 M[argret] B[overi], *Das Grapefruit-Bäumchen. Eine Heimkehr aus Amerika*, in: *Frankfurter Zeitung* vom 6. Januar 1943.

20 Im Vorwort der *Amerika-Fibel* konstatiert sie, ein Mensch, der Eltern verschiedener Nationalität habe, stünde immer in der Gefahr, daß er, indem er sich für das Land des einen Elternteils entscheidet, ungerecht gegenüber dem anderen wird: »gerade weil er in sich das andere noch stark fühlt und kennt, vielleicht auch, weil er ob der gefallenen Entscheidung ein Gefühl

erleben konnte, konzipierte Zuckmayer seinen Amerika-Aufenthalt –
ungeachtet der kritischen Bemerkungen über den Broadway – als Geschichte einer erfolgreichen, weil auf tief reichender Wahlverwandt-
schaft beruhenden, Assimilation. Vom Tag seiner Ankunft in New
York an äußerte er sich emphatisch über das Land und die amerikanische Mentalität. 1943 stellte er den Antrag auf Einbürgerung, die 1946
vollzogen wurde. Diese Assimilation hat er auch als Konsequenz seines
universalistischen Verständnisses des Deutschseins dargestellt, vor allem
in seiner für amerikanische Leser verfaßten Autobiographie *Second
Wind* von 1940, in der er die Ankunft in New York als Neugeburt und
das Land als »powerful nurse« stilisiert.[21] Seine Privatphilosophie vom
Leben als ›amor fati‹ und permanentem schöpferischem Neubeginn
verbindet er hier mit einer Apologie des amerikanischen Mythos:
»Americans are made by destiny. Nothing falls into their laps, and they
are not born with things; their whole history is that of a continuous
manly mastery over destiny.«[22] Und seine Freundin, die amerikanische
Journalistin Dorothy Thompson, die auch mit Boveri bekannt war, beschreibt ihn in ihrem Vorwort nach dem in *Pro Domo* vorgegebenen
Muster als einen »real world citizen«, der anders als ein Kosmopolit
bodenständig sei: »The world citizen is he who goes down deep enough
into his own culture to find the common spring that feeds all cultures.
The most German Germans are those with the most universal ap-
peal.«[23]

Diesem Muster folgt auch der Vortrag *Amerika ist anders*, den
Zuckmayer zwischen Ende 1948 und 1951 an schweizerischen und
deutschen Universitäten hielt und der Teil seines öffentlichen Werbens

der Schuld nie ganz los wird.« Diese Konfliktlage exemplifiziert sie an dem
britischen Diplomaten Sir Eyre Crowe, der, wie sie vermutet, Deutschland
deshalb so hart bekämpfte, weil er »eine Deutsche als Mutter hatte«, sie
bezieht sie aber genauso auf sich: »Daß dieselbe Gefahr mich seit Jahren
begleitet, ist mir bewußt.« (Margret Boveri, *Amerika-Fibel für erwachsene
Deutsche. Ein Versuch, Unverstandenes zu erklären*, Berlin 1946, S. 8.)
Von hier aus läßt sich eine direkte Linie zum *Verrat im XX. Jahrhundert*
ziehen, wo sie feststellt, daß Menschen, die zu Verrätern wurden, oftmals
aus zerrissenen Familien stammten; vgl. Boveri, *Der Verrat im XX. Jahrhundert I*, a.a.O. (Anm. 13), S. 36.

21 Carl Zuckmayer, *Second Wind*. With an Introduction by Dorothy Thompson (Translated by Elizabeth Reynolds Hapgood), New York 1940, S. 3.

22 Ebd., S. 182.

23 Ebd., S. XV.

um Verständnis für die amerikanische Besatzungsmacht war.[24] Die
Argumentationsstruktur dieses Vortrags ist darauf angelegt, das »europäische Ressentiment gegen Amerika«[25] aufgrund der eigenen Erfahrung als Klischee und Folge falscher Vermittlungen zu widerlegen und
durch ein adäquateres Bild zu ersetzen. Zuckmayer bedient sich dabei
der Grundopposition von Mechanischem und Lebendigem, wobei er
dem nur Mechanischen all die massenkulturellen, ökonomischen und
sozialtechnischen Phänomene zuordnet, die in Europa gängigerweise
als »amerikanisch« identifiziert werden. Dazu zählt er Film, Illustrierte
und Reklame, aber auch das amerikanische Umfragesystem, dem
Boveri so große Bedeutung beimißt, die »systematische Erforschung
der öffentlichen Meinung« in den »polls«.[26] Gegen die Überbewertung
dieser Institution im europäischen Amerika-Bild argumentiert er, daß
diese Umfragen keineswegs sichere Vorhersagen ermöglichten und
für das tatsächliche Handeln ein »ganz anderer, ziemlich irrealer oder
überrationaler Faktor« ausschlaggebend sei, »der aus der menschlichen
Substanz der Amerikaner und ihrem besonderen, eigenartigen Seelen-
klima« stamme und den man als das »gesunde Herz« bezeichnen könne.[27] Dieses lebendige Element, »die enorme Vitalität«[28] in diesem
Land »voll klarer, sauberer, einfacher Menschlichkeit«,[29] die sich in
natürlicher Gastfreundschaft und Solidarität äußere, kennzeichnet das
»andere«, das in seiner Sicht »eigentliche« Amerika. Trotz der vitalistischen Metaphorik erklärt Zuckmayer diese amerikanische Mentalität
nicht mit irrationalen Kräften des Blutes oder der Landschaft. Vielmehr

24 Vgl. dazu Nickel/Weiß, *Carl Zuckmayer 1896-1977*, a.a.O. (Anm. 4),
   S. 316-318.
25 Carl Zuckmayer, *Amerika ist anders. Ein Vortrag, gehalten am 10. November 1948 im Auditorium Maximum der Zürcher Universität*, in: *Neue
   Schweizer Rundschau* NF, Jg. 16, 1948/49, Dezember 1948, S. 451-474.
   (Der Vortrag erschien danach auch als Sonderbeilage der im Auftrag der
   Amerikaner herausgegebenen Zeitschrift *Der Monat*, 1948; jetzt in: Zuckmayer, *Die langen Wege*, a.a.O. [Anm. 5], S. 169-201, hier: S. 177.)
26 Ebd., S. 170.
27 Ebd.
28 Ebd., S. 179. – Zum vitalistischen Amerika-Diskurs in Zuckmayers litera-
   rischem Werk vgl. Viktor Otto, *Mit Karl May wider die Moderne. Zuckmayers Amerika-Bild im Kontext der Amerikanismus-Debatte der Weimarer Republik*, in: *Zuckmayer-Jahrbuch*, Bd. 2, 1999, S. 361-411.
29 So im Erstdruck des Beitrags in der *Neuen Schweizer Rundschau* (vgl.
   Anm. 25), S. 474. Die Passage wurde für den Sonderdruck des *Monats*,
   dem die siebzehnbändige Werkausgabe folgt, geändert.

argumentiert er auf Grundlage einer aufklärerischen Anthropologie, indem er die Wesenszüge des amerikanischen Menschen mit den Grundsätzen der amerikanischen Verfassung, dem Gleichheits- und Freiheitsprinzip, identifiziert. Phänomene wie die Rassendiskriminierung oder den Antisemitismus in den USA bewertet er in diesem Rahmen als Abweichungen, die den positiven Kern des amerikanischen Wesens nicht affizierten.[30]

3. Boveris Korrespondentenberichte in der »Frankfurter Zeitung«

Auf den ersten Blick könnte man denken, daß Boveri, indem sie das Mechanische in der amerikanischen Mentalität betont, dasselbe Muster verwendet wie Zuckmayer und nur die Gewichte verschiebt. Ihre Argumentation folgt aber keineswegs einem vitalistischen Diskurs. Sie operiert weniger mit der Polarität von Mechanischem und Lebendigem als mit der von Ideologie und Sachlichkeit. Und ihr Stil bedient sich keiner organischen Metaphorik, sondern ist deskriptiv-analytisch. Diese Tendenz macht sich vor der *Amerika-Fibel* schon in ihren in den USA verfaßten Korrespondentenberichten für die *Frankfurter Zeitung* bemerkbar.

An den zahlreichen Artikeln, die Boveri vor allem in der ersten Zeit aus den USA an die *Frankfurter Zeitung* schickt – gelegentlich finden sich zwei Artikel von ihr in einer Ausgabe –, fällt auf, daß sie wenig direkt polemische Passagen aufweisen und im Stil einer neutralen Berichterstattung gehalten sind. Diese Zurückhaltung kann allerdings nicht als Verdienst der Journalistin gewertet werden. Vielmehr war die

---

30 »Es ist wahr, daß es, im Süden besonders, Negerdiskrimination gibt und einen ganz krautstarken, saftigen Antisemitismus in weiten Kreisen des Volkes, und das schadet ganz gewiß etwas, es ist sogar eine Schande, für die ich mich heute so sehr schäme, wie ich mich im Jahre 1933 für die Nazis geschämt habe. Aber Amerika enthält nicht nur in seinen besseren Exemplaren, die es Gott sei Dank auch unter den Deutschen gab, sondern in seiner Grundstruktur, in seinem eigentlichsten Wesen, in seinen Herzkammern und in seinem politischen Rüstzeug die Waffen und die Munition, um diese Uebel zu bekämpfen und immer wieder zu bekämpfen. [...] Und ich glaube, es gibt heute noch kein anderes Land auf der Welt, wo dem Menschen, nämlich jedem Menschen, durch Tradition und Bestimmung die Freiheit gegeben ist, zu kämpfen für sein eigenes Recht und für das seines Nachbarn.« (Zitiert nach dem Erstdruck in der *Neuen Schweizer Rundschau* [vgl. Anm. 25], S. 473 f.)

gesamte deutsche Presse bei Kriegsbeginn vom Propagandaministerium
zu äußerster Zurückhaltung in der Berichterstattung über die Vereinigten Staaten verpflichtet worden, weil alles unterlassen werden sollte,
was die Interventionisten in den USA stärken und das Land zur Aufgabe seiner Neutralität veranlassen könnte. Dies betraf vor allem die
Berichterstattung über das amerikanische Militär, über amerikanische
Rüstungslieferungen nach England und über die Präsidentschafts-
wahl.[31] Wie Philipp Gassert in seiner materialreichen Studie zum Amerika-Bild im ›Dritten Reich‹ feststellt, war es für deutsche Journalisten
in dieser Zeit schwer, »überhaupt etwas Interessantes über die USA zu
berichten.«[32] Vor diesem Hintergrund müssen auch Boveris Korre-
spondentenberichte betrachtet werden. Der hier zu beobachtende Verzicht auf Kommentierung und die thematische Konzentration auf die
Mechanismen der Meinungsbildung, auf die Stimmung der Bevölkerung und auf die amerikanische Presse ist auch durch die restriktiven
Presseanweisungen erzwungen. Trotzdem sind diese Artikel jedoch
nicht frei von Klischees und tendenziösen Urteilen. Denn auch sie
zeigen die für Boveri typische ideologiekritische Relativierung aller Be-
gründungen politischen Handelns, die gerade in ihrer vorgeblichen
Neutralität Wertungen impliziert.

Beispielhaft läßt sich dies an ihren Berichten über die die kriegsfüh-
rende Macht Deutschland direkt betreffende Diskussion um amerikanische Waffenlieferungen an England erkennen. Boveri klammert darin
die amerikanische Politik selbst aus und konzentriert sich statt dessen
ganz auf die analytische Beschreibung der diplomatischen und rhetori-
schen Strategien, mit denen England sein Ziel in den USA zu erreichen
sucht.[33] Die Frage nach der Bewilligung der Waffenlieferung reduziert
sich so auf die Frage nach der Effektivität der Propaganda und er-

---

31 Vgl. Philipp Gassert, *Amerika im Dritten Reich. Ideologie, Propaganda
   und Volksmeinung 1933-1945*, Stuttgart 1997 (Transatlantische historische Studien 7), bes. S. 246-296.
32 Ebd., S. 276.
33 Vgl. Boveris Artikel: »*Ein wohlvorbereitetes Stück diplomatischer Strategie*«. *Die englische Propaganda in den Vereinigten Staaten*, in: *Frankfurter
   Zeitung* vom 30. November 1940; *Englands »schwerste Sorge«. Die
   Schiffsbestellungen in den Vereinigten Staaten*, in: *Frankfurter Zeitung*
   vom 11. Dezember 1940; *Die »Sorgen« Englands über die Kriegslieferun-
   gen aus den Vereinigten Staaten*, in: *Frankfurter Zeitung* vom 21. Dezember 1940; *Die unzulängliche Hilfe. Die amerikanischen Schiffsbauten für
   England*, in: *Frankfurter Zeitung* vom 12. Januar 1941; *Englands Schiffs-
   raumnot*, in: *Frankfurter Zeitung* vom 14. Februar 1941.

scheint dabei plötzlich als amerikanisches Phänomen, als ein typisches Beispiel für die das ganze Land, die Ökonomie wie das politische System, beherrschende Reklame. Ihre Amerika-Berichterstattung ist hier deutlich durch ihre grundsätzliche Liberalismuskritik geprägt, denn sie begreift politisches Handeln in einem demokratischen System ausschließlich als ideologische Manipulation. Dies zeigt sich auch in ihren Berichten über den amerikanischen Wahlkampf im Herbst 1940, die vor allem auf Wahlvorhersagen eingehen und die Präsidentschaftswahlen als einen amerikanischen Volkssport vorstellen: »Amerika zählt, rechnet Prozente aus und rechnet von neuem. Der Fahrer auf der Landstraße rechnet, wieviele Roosevelt-Abzeichen, wieviele Wilkie-Abzeichen, wieviele ›No Third Term‹ Sprüche er an den Autos sieht.«[34] Dasselbe Muster weist ein Artikel über die Rekrutierung in den USA auf, den sie mit der Bemerkung einleitet, es stünde »der Wehrdienstgedanke hier zur Zeit in Blüte«, um dann zu erklären, daß die Freiwilligen sich weniger aus Vaterlandsliebe als aus »Abenteuerlust und Arbeitslosigkeit« meldeten. Vor allem sei die hohe Freiwilligenzahl aber ein Effekt erfolgreicher Reklame, denn im »Geburtsland der Reklame« würde hauptsächlich mit diesem Mittel für den Militärdienst geworben.[35] Den Verdacht der Manipulation richtet sie genauso gegen die Gallup-Umfragen, die sie als ein der Reklame eng verwandtes und für die USA ebenso charakteristisches Phänomen darstellt. Auch in diesem Fall entzündet sich ihre Kritik an der Funktion, die diese Umfragen in der öffentlichen Meinungsbildung über Rüstungslieferungen an England und einen möglichen Kriegseintritt der USA spielen. Durch die schematisierte Art der Fragestellung und schon durch die Fragen selbst würde dem Thema eine Bedeutung gegeben, das es im gewöhnlichen Leben der Amerikaner nicht hätte, und es bestünde »die Gefahr, daß die Vereinigten Staaten auf Grund solcher Klischees in den Krieg gezogen« würden.[36]

Boveri hat ihre Berichterstattung über Amerika nach ihrem Rücktransport nach Europa zunächst von Lissabon aus fortgesetzt. Die dort entstandenen Artikel zeigen eine feindlichere Haltung und sind in einem polemischeren Ton gehalten als die in New York verfaßten, was zum einen auf eine durch den Kriegseintritt der USA bei ihr ausgelöste

34 M[argret] B[overi], *Vier Wochen*, in: *Frankfurter Zeitung* vom 16. Oktober 1940.

35 M[argret] B[overi], *»Reisen, Erfahrung, Abenteuer«. Die Rekrutierung in den Vereinigten Staaten*, in: *Frankfurter Zeitung* vom 27. Oktober 1940.

36 M[argret] B[overi], *»Meinungsbarometer«*, in: *Frankfurter Zeitung* vom 18. Mai 1941.

Radikalisierung hindeutet, zum anderen aber auch der strategischen Neuausrichtung der deutschen Amerika-Propaganda entspricht, in der die relative Zurückhaltung mit Hitlers Reichstagsrede zur Kriegserklärung am 11. Dezember 1941 endgültig aufgegeben wurde.[37] Aus der Reihe der in dieser Zeit entstandenen Beiträge fällt einer deutlich heraus, der als einziger der hier untersuchten Artikel die ›Judenfrage‹ thematisiert, und zwar mit antisemitischer Tendenz. Da dieser zugleich Elemente von Boveris Analyse der amerikanischen Demokratie enthält und die Stellung der Juden innerhalb der modernen ›Verratslandschaft‹ zu lokalisieren versucht, soll er hier ausführlicher behandelt werden. Es handelt sich um den Artikel *Landschaft mit doppeltem Boden. Einfluß und Tarnung des amerikanischen Judentums*, der am 28. Mai 1943 in der *Frankfurter Zeitung* erschien. Günther Gillessen hat in seiner Ge-

---

37 Die Neutralitätsverpflichtung der deutschen Presse bei ihrer Amerika-Berichterstattung wurde vom Propagandaministerium schon im März 1941 gelockert, da man zu der Auffassung gelangt war, daß die USA ihre Neutralität aufgeben würden und man die deutsche Bevölkerung allmählich auf einen kriegerischen Konflikt vorbereiten wollte; vgl. Gassert, *Amerika im Dritten Reich*, a.a.O. (Anm. 31), 309-336; vgl. auch Ulrich Ott, *Amerika ist anders. Studien zum Amerika-Bild in deutschen Reiseberichten des 20. Jahrhunderts*, Frankfurt am Main, Bern 1991 (Europäische Hochschulschriften, R. 1, Bd. 1221), S. 252 ff. Zum nationalsozialistischen Ideologem von den Vereinigten Staaten als einer »jüdischen Plutokratie« vgl. beispielhaft den Bestseller des Journalisten und SS-Mannes Giselher Wirsing, *Der maßlose Kontinent. Roosevelts Kampf um Weltherrschaft* (1941), worin sich die für die NS-Propaganda typische Unterstellung findet, Roosevelts Deutschland-Poltik werde durch seine jüdischen Berater und Unterstützer diktiert. Wirsing zufolge kam es in den zwanziger Jahren in den USA zur »Machtergreifung« einer überwiegend jüdischen »Finanzoligarchie«, zur »Herrschaft der Plutokratie«, die sich nun Roosevelts bediene, um die amerikanische Bevölkerung in einen von ihr im Grunde nicht gewünschten Krieg gegen Deutschland zu führen. (Giselher Wirsing, *Der maßlose Kontinent. Roosevelts Kampf um die Weltherrschaft*, 2. Aufl., Jena 1942, S. 82 f.) Von Boveri selbst erschien noch am 22. April 1945 in der letzten Ausgabe der Wochenschrift *Das Reich* (6. Jg., Nr. 16) ein Nachruf unter dem Titel *Ein Feind Deutschlands. Zum Tode Franklin Delano Roosevelts*. Statt des jüdischen Einflusses stellte sie darin allerdings vor allem den persönlichen Haß Roosevelts gegenüber Deutschland als Motivation seines Handelns heraus. Vgl dazu auch Christian Tilitzki, *Margret Boveri und Carl Schmitt – ein lockerer Briefkontakt*, in: *Schmittiana. Beiträge zu Leben und Werk Carl Schmitts*, hrsg. von Piet Tommissen, Bd. VII, Berlin 2001, S. 281-308, hier: S. 285, Anm. 20.

schichte der *Frankfurter Zeitung* im ›Dritten Reich‹ dessen Entstehung beschrieben und nachgewiesen, daß es sich um eine Auftragsarbeit handelte, die Teil der von der Redaktion unternommenen Anstrengungen war, das Verbot der Zeitung abzuwenden. Er hat anhand von Äußerungen Boveris gezeigt, daß sie den Auftrag, über die ›Judenfrage‹ zu schreiben, nur widerwillig übernahm und der Text des von ihr eingesandten Manuskripts entgegen ihrer ausdrücklichen Weisung und zu ihrer großen Verärgerung redaktionell überarbeitet wurde.[38] Diese, im einzelnen nicht rekonstruierbaren Eingriffe in das Manuskript dürften vor allem die antisemitischen Klischees – wie das der jüdischen Weltverschwörung – im Text erklären, die sich bei ihr sonst nicht finden und auch formal aus dem Rahmen ihres journalistischen Stils fallen. Sie betrafen aber wohl nicht den Hauptgang der Argumentation und die analytischen Elemente des Artikels, an denen sich unschwer strukturelle Übereinstimmungen mit anderen Texten der Autorin erkennen lassen. Vor diesem Hintergrund wäre der Artikel auch als Versuch Boveris zu einer ›sachlichen‹ Analyse der Stellung der Juden in den USA zu lesen.

Es liegt auf der Linie des oben beschriebenen Objektivierungsverfahrens der Autorin, daß sie die ›Judenfrage‹ in den Vereinigten Staaten zuerst als ideologisches Phänomen untersucht, indem sie von dem im Land selbst vorhandenen Antisemitismus ausgeht und diesen zum einen als ein von Juden eingesetztes Mittel interner Abgrenzung erklärt und zum anderen, wichtiger noch, als Zeichen für die Brüchigkeit der offiziellen Gleichheitsideologie. Der nur gelegentlich offene, zumeist »versteckte Antisemitismus« in den USA und die gerade für Personen in gehobenen Stellungen typische Zwiespältigkeit von öffentlicher Gleichheitsrhetorik und privatem Antisemitismus – sie nennt dies »Geisterlandschaft mit doppeltem Boden« – stellt sich in ihrer Argumentation als besonderer Fall des amerikanischen Grundwiderspruchs zwischen »Mythos« und »Wirklichkeit«, zwischen verkündeter »Gleichheit aller Menschen« und »tatsächlichem Leben« dar.[39] Boveri fügt in diesem Zusammenhang einen Exkurs über die Geschichte des »großen Schmelztiegels Amerika« und den sich allmählich herausbildenden amerikanischen Menschentyp ein, den sie später auch in die *Amerika-Fibel* übernimmt. Dabei ist festzuhalten, daß sie nicht rassenbiologisch argumentiert, sondern den amerikanischen Menschen in erster Linie

---

38 Vgl. Gillessen, *Auf verlorenem Posten*, a.a.O. (Anm. 1), S. 479 f.
39 M[argret] B[overi], *Landschaft mit doppeltem Boden. Einfluß und Tarnung des amerikanischen Judentums*, in: *Frankfurter Zeitung* vom 28. Mai 1943.

kulturtypologisch beschreibt, also von einer durch soziale und mentale Faktoren geprägten Seelenstruktur ausgeht. Die Juden stellt sie dabei als die einzige ethnische Gruppe vor, die der Einschmelzung zum neuen Menschentyp aufgrund ihrer in langer Geschichte erworbenen Eigenheit widersteht, und von hier aus erklärt sie auch deren Sonderstellung im öffentlichen Leben Amerikas. Zum einen zieht diese Gruppe zwangsläufig die antisemitische Kritik derer auf sich, die die ›Gleichheitsideologie‹ vertreten. Zum anderen spielen die Juden, wenn sie sich – notwendigerweise nur scheinbar – assimilieren, selbst ein Doppelspiel: Wenn sie sich zum amerikanischen Mythos und den Idealen der Französischen Revolution bekennen, verstecken – oder verraten – sie zugleich ihre eigentliche Identität und ihre mit dem Gesamtinteresse der Nation nicht identischen Ziele.

Auch bei einer wohlwollenden Lektüre, die eine sehr weitgehende Bearbeitung durch die Zeitungsredaktion unterstellt, dieser alle offen antisemitischen Passagen zuschreibt und sich auf die argumentative Grundstruktur konzentriert, hinterläßt Boveris Artikel einen mehr als zwiespältigen Eindruck. Denn indem sie das Gleichheitsprinzip als amerikanische Ideologie kritisiert, behauptet sie zugleich die tatsächliche und unaufhebbare Fremdheit der Juden im nationalen Gesamtkörper.[40]

---

40 »Vielleicht wird erst in hundert Jahren zu erkennen sein, wie der neue Menschentyp beschaffen ist, der sich in den Vereinigten Staaten herausbildet. Daß er vom Europäer stark unterschieden sein wird, ist schon heute zu erkennen. Dabei spielt der Boden des Kontinents, auf dem ja auch unsere Blumen und Früchte andere Formen, Düfte und Geschmack annehmen, neben der Blutmischung im Schmelztiegel seine Rolle. Indianische Züge sind in vielen Gesichtern wie in manchen seelischen Anlagen schon zu erkennen. Ein Züricher Psychologe hat angedeutet, daß sich neben indianischen auch Wesenszüge der Neger fänden; dabei handelt es sich um Menschen, die weder Indianer noch Negerblut besitzen. Jedenfalls bringt der neue Typ eine erstaunliche Simplifizierung nicht nur der seelischen, sondern auch der geistigen Vorgänge mit sich. Der Amerikaner ist darauf aus, nicht nur seine Hände, sondern auch sein Hirn durch Maschinenarbeit zu ersetzen – das geht von den Rechen- und Lochmaschinen bis zur besonderen Rolle der Statistik im amerikanischen Leben. Der Weg der jüdischen Rasse hat in entgegengesetzter Richtung geführt. Deshalb wird – das zeigen etwa die Romane Thomas Wolfes – der Jude in viel stärkerem Maß als Fremdkörper empfunden als der primitive, gutmütige Neger, sogar in Gegenden, wo die Negerfrage erkannt ist.« (Ebd.) – Zum Konzept des ethnisch-homogenen Nationalstaats in Boveris Orientreisebuch von 1939 vgl. Streim, *Junge Völker und neue Technik*, a.a.O. (Anm. 1), S. 358 f.

Und vor diesem Hintergrund erscheint dann der ›Umgang‹ mit dem ›Problem‹ in Deutschland »nach dem Jahr 1933«, wo die »Judenfrage« nicht »totgeschwiegen« wird, unwillkürlich als der ehrlichere oder sachlichere.

4. Boveris »Amerika-Fibel« von 1946

Die *Amerika-Fibel für erwachsene Deutsche*, die zuerst 1946 in Berlin und Freiburg erschien,[41] knüpft sowohl in der Darstellungsweise als auch im Inhalt an die Amerika-Berichte vom Beginn der vierziger Jahre an, in Einzelfällen übernimmt sie Textpassagen der Zeitungsartikel.[42] Schon in diesen Artikeln verband Boveri die Berichterstattung über das politische und öffentliche Leben in den USA mit der Absicht, den deutschen Lesern die amerikanische Mentalität nahezubringen, die dann

41 Die *Amerika-Fibel für erwachsene Deutsche* wurde gleichzeitig vom Minerva Verlag in Berlin und vom Badischen Verlag in Freiburg herausgebracht, eine Konstruktion, die in der Zonenteilung und den notwendigen Druckgenehmigungen durch die verschiedenen Besatzungsbehörden begründet war. In Berlin erschien das Buch mit britischer Lizenz, in Freiburg mit französischer. Zwischen beiden Verlagen wurde eine Vereinbarung getroffen, nach der der Badische Verlag für die Auslieferung in der französischen Zone und in der Schweiz zuständig sein sollte. Aus einem Brief des Verlags vom 20. Dezember 1946 geht aber hervor, daß das Buch von Freiburg aus auch an Buchhändler in der amerikanischen Zone ausgeliefert werden sollte. Ein anderer Brief vom 1. März 1947 teilt mit, daß der Badische Verlag bis zu diesem Zeitpunkt 6801 Exemplare abgesetzt hatte. Der Badische Verlag schloß dann einen Lizenzvertrag mit dem in Zürich ansässigen Verlag Fretz und Wasmuth ab, der die Rechte für die Schweiz erwarb und 1947 eine Neuauflage unter dem leicht veränderten Titel *Amerikafibel. Ein Versuch, Unverstandenes zu erklären* herausbrachte. (Vgl. die Briefe des Badischen Verlags an Boveri; Staatsbibliothek zu Berlin – Preussischer Kulturbesitz, Nachlaß Boveri, Briefe, K. 156. Für den Hinweis auf dieses Briefkonvolut wie auch für vielfältige Unterstützung bei der Recherche danke ich Ralf Breslau, Staatsbibliothek zu Berlin – Preussischer Kulturbesitz.) Von Boveri selbst stammt wohl auch die in Kurzbiographien zu findende Information, das Buch sei damals von der amerikanischen Militärregierung verboten worden. Ob es ein solches Verbot gegeben hat und ob Boveri bzw. ein Verlag sich um eine amerikanische Lizenz beworben hat, ließ sich anhand der von mir durchgesehenen Materialien nicht klären.

42 Vgl. neben *Landschaft mit doppeltem Boden* v.a. M[argret] B[overi], *Amerika – Mythos und Wirklichkeit. Inventur einer Autofahrt quer durch die Vereinigten Staaten*, in: *Frankfurter Zeitung* vom 5. Januar 1941.

der ausdrückliche Zweck des Buches von 1946 mit dem aufklärerischen Untertitel »Ein Versuch, Unverstandenes zu erklären« ist. Nur ist 1946 die Aktualität und Dringlichkeit dieses Unternehmens sehr viel größer als zu Beginn der vierziger Jahre. Sie sei, schreibt Boveri im Vorwort, als Amerika-Expertin gebeten worden, dieses Buch zu schreiben, um den Deutschen die Mentalität der Nation zu erklären, mit der sie tagtäglich als Besatzungsmacht konfrontiert seien. Ihr Buch verfolgt also von anderer, deutscher Seite aus scheinbar das gleiche Ziel wie die Reden Zuckmayers, nämlich mehr Verständnis für die Amerikaner zu wecken. Es wendet dabei allerdings eine entgegengesetzte Strategie an. Denn wo Zuckmayer die Einheit der Völker auf vital-menschlicher Ebene betont, setzt Boveri es sich zum Ziel, den Deutschen die wesensmäßige Andersartigkeit der Amerikaner vor Augen zu führen, um, so ihre Begründung, gerade dadurch Mißverständnisse im Umgang vermeiden zu helfen. Die Amerikaner, stellt sie gleich zu Beginn klar, seien keine Europäer:

> Wenn das Wort nicht so mißbraucht worden wäre, würde ich sagen: eine neue Rasse. Ihr Geschichtsbild, ihr Geschmack, ihre Denkprozesse, ihre physischen Bedürfnisse sind andere als die europäischen.[43]

Wie die Zeitungsartikel läßt das Buch in seiner Form ein starkes Bestreben zur Objektivierung erkennen. Dies macht sich vorrangig daran bemerkbar, daß die Autorin ihr Thema historisch und kulturpsychologisch behandelt. Sie erklärt die Besonderheiten des amerikanischen Verhaltens ebenso wie die Grundzüge der amerikanischen Politik, indem sie sie als Ausdruck einer religiös-mythischen Denkform deutet, die ihre Ursache in der Gründung der Vereinigten Staaten hat, in der Besonderheit eines Einwandererstaats. Der ungehemmte Fortschrittsglaube wurzelt demnach in der Geschichtslosigkeit der Neugründung, die Standardisierung im Gleichheitsprinzip der Gründungsväter, der Missionsgedanke in ihrem Puritanismus und die Ablehnung von Geschichte im Gründungsmythos der USA selbst, wonach der Freiheitsdrang Ursache der Auswanderung aus Europa war.

Auffällig an dieser Analyse, die manche auch heute noch gängigen kulturpsychologischen Theoreme enthält, ist nicht so sehr, daß sie viele Erscheinungsformen des Modernisierungsprozesses einem bestimmten Nationalcharakter zuschlägt – was einem tradierten Denkmuster entspricht –, sondern vor allem die Tendenz, das amerikanische Denken

---

43 Boveri, *Amerika-Fibel*, a.a.O. (Anm. 20), S. 7.

und Handeln insgesamt als mythisch bzw. ideologisch darzustellen. Sie trifft sich darin mit dem für die nationalsozialistische Propaganda typischen Muster der ›Entmythisierung‹ der USA.[44] Die besondere Problematik dieses Ansatzes erschließt sich, wenn man den Kontext beachtet, in dem diese Aussagen getroffen wurden. Hier sind die Schulddebatte im Nachkriegsdeutschland zu nennen sowie die von den Alliierten verfolgten Entnazifizierungs- und Umerziehungsprogramme, auf die der einem Schulbuch nachempfundene Titel ironisch Bezug zu nehmen scheint. In diesem Zusammenhang hat Boveris Argumentation eine legitimatorische und entlastende Funktion.

Dies soll mit einigen Beispielen verdeutlicht werden. So stellen sich die Besatzung und die von der Militärregierung unternommenen Befragungen in Boveris Argumentation als Erscheinungsformen des spezifisch amerikanischen Missionierungs- und Standardisierungsdrangs dar und nicht als gegen Deutschland selbst gerichtete oder in deutschen Vorgängen begründete Maßnahmen. Amerika sei »nach amerikanischer Auffassung Heimat und Zentrale einer geistigen Weltmission«,[45] die in der globalen Durchsetzung des Gleichheitsprinzips bestehe. Wenn es eine feindliche Regung der amerikanischen Besatzungssoldaten gegenüber den Deutschen gebe, dann gründe sie darin, daß »die Nationen der alten Welt immer noch nicht gelernt haben, sich von ihren ›machtbedingten‹ Geschichten zu lösen« und das amerikanische Schema zu übernehmen: »Das nehmen alle in Europa stationierten Amerikaner uns übel.«[46] Im Rahmen dieses Missionierungsdrangs verortet Boveri auch das amerikanische Umerziehungsprogramm, das sie in einem Kapitel mit der Überschrift »Conform or starve« untersucht, und genauso die zur Entnazifizierung verwandten Fragebögen, durch die vor allem die Stellung und Tätigkeit des Befragten im ›Dritten Reich‹ ermittelt werden sollte. Die Ambivalenz ihres »Versuchs, Unverstandenes zu erklären« tritt nirgends stärker hervor als in dem Kapitel »Hollerith-Maschinen oder: Der Weg zum Fragebogen«, in dem sie auf diese die deutsche Bevölkerung in dieser Zeit stark emotionalisierende und zahlreiche Proteste auslösende Befragung eingeht.[47] Mit Blick auf

44 Zur Strategie der ›Entmythisierung‹ der USA im ›Dritten Reich‹ vgl. Gassert, *Amerika im Dritten Reich*, a.a.O. (Anm. 31), S. 354.

45 Boveri, *Amerika-Fibel*, a.a.O. (Anm. 20), S. 14.

46 Ebd., S. 16.

47 Boveri selbst füllte den Fragebogen nur unter Protest aus, indem sie unter »Remarks / Bemerkungen« einfügte: »Ich lehne das System der Fragebogen und ihre Anwendung auf die Deutschen im allgemeinen und mich im Be-

die Proteste lehrt sie die Leser, die aktuelle Befragung nicht als speziell für die Deutschen erdachte Schikane zu betrachten, sondern als Teil des von den Amerikanern betriebenen allgemeinen Standardisierungsprozesses. Das Fragebogenwesen wurzele tief in der amerikanischen Mentalität. Der Lochkartenfragebogen und die ihn auswertende Hollerith-Maschine, eine Art Vorläufer des Computers, die in ihrer Darstellung Symbolcharakter erhält, werden als neueste Erscheinung des Zivilisationsprozesses gedeutet, in dem die Amerikaner »viel weiter fortgeschritten« seien und »außerdem ganz neue Wege eingeschlagen« hätten als die Europäer.[48] Mit der Lochkartenerfassung sei die Standardisierung bis zur »Zerlegung des Menschen« durch Errechnung seiner moralischen und geistigen Beschaffenheit fortgeschritten.[49]

Spätestens an dieser Erklärung des Fragebogenwesens wird deutlich, daß Boveris *Amerika-Fibel* trotz ihrer Beteuerung, das Buch wolle »keine Verteidigung der Deutschen sein«,[50] gerade diese Funktion erfüllt: die einer Rechtfertigung und Verteidigung der Deutschen gegenüber den Amerikanern. Durch ihre Deutung des Fragebogens als Phä-

sonderen ab, und habe den vorliegenden nur auf die Bitte von und aus Freundschaft für Herrn Prof. Welter ausgefüllt.« (Zit. nach der Reproduktion in: »*Ich möchte schreiben und schreiben*«, a.a.O. [Anm. 1], S. 21.) Ernst Jünger verweigerte die Beantwortung aus denselben Motiven und mußte dafür ein längeres Publikationsverbot in Kauf nehmen.

48 Boveri, *Amerika-Fibel*, a.a.O. (Anm. 20), S. 42.

49 Ebd., S. 48. – Die Charakterisierung der USA durch die zentralen Merkmale der Standardisierung und Normierung findet sich auch in der antiamerikanischen Propaganda des ›Dritten Reichs‹. So hebt Wirsing die »Normierung des gesamten Lebens« und die »unbeschränkte Diktatur der öffentlichen Meinung« durch die monopolisierte Presse als Hauptzüge des modernen Amerika hervor. Deren Ziel sei die Schaffung eines den Kapitalinteressen entsprechenden »normierte[n] Mensch[en]«. Auch Wirsing geht es darum, die Ideen der Gleichheit und der Freiheit vor diesem Hintergrund als ideologisch zu entlarven: Die »Freiheit der eigenen Meinung« als zentraler Bestandteil des »American Dream« sei »zur bloßen Phrase verkommen«. Im Unterschied zu Boveri betrachtet er den Normierungs- und Standardisierungsprozeß jedoch nicht als Ergebnis des amerikanischen Gründungsmythos, sondern als dessen Perversion bzw. als »Erstarrung des Mythos«, die sich erst infolge der »Machtergreifung« der »jüdischen Hochfinanz« vollzogen habe. Erst dadurch seien »amerikanische Wirklichkeit« und »amerikanische[r] Mythos« auseinander getreten. (Wirsing, *Der maßlose Kontinent*, a.a.O. [Anm. 37], S. 78 f., 89 und 92.)

50 Boveri, *Amerika-Fibel*, a.a.O. (Anm. 20), S. 20.

nomen der amerikanischen Modernisierung enthebt sie die Diskussion
um ihn jeglicher moralischen Dimension und erklärt die konfliktreiche
Beziehung zwischen Besatzungsmacht und Besiegten mit den unterschiedlichen, historisch begründeten Mentalitäten. Und indem sie den
moralischen, sich auf die eigene Unschuld berufenden Protest gegen
den Fragebogen als unbegründet darstellt, gibt sie ihm zugleich indirekt eine andere Begründung und Rechtfertigung: die eines Wider-
standsakts gegen die globale Technisierung und Standardisierung nach
amerikanischem Muster. Die Frage von Schuld oder Unschuld stellt
sich dabei nicht mehr.

Daß die kulturtypologische Analyse gerade dadurch, daß sie das
Problem von der moralischen auf die ›sachliche‹ Ebene verschiebt,
Rechtfertigungsfunktion erhält, läßt sich schließlich auch an Boveris
Behandlung der sie persönlich so stark betreffenden Frage nach den
Gründen des ›Dableibens‹ bzw. des Zurückkehrens nach Deutschland
erkennen. Sie verfährt in diesem Punkt analog zur Behandlung des Fragebogens. Das Unverständnis, mit dem die Amerikaner die Deutschen
betrachten, die ihr Land nicht verließen, erklärt sie ebenfalls national-
charakterologisch, mit der Mentalität einer geschichtslosen Nation von
Auswanderern, bei der die Freiheit in der Wertehierarchie immer über
der Treue zur Heimat rangiert. Der Konflikt wird wiederum objekti-
viert, indem die gegensätzlichen Haltungen historisch-mental begründet werden:

> In der Auseinandersetzung über die Haltung Gerhart Hauptmanns,
> des Gebliebenen, und Thomas Manns, des Ausgewanderten, die des-
> halb so leidenschaftlich betrieben wurde, weil sie für zwei Lebens-
> haltungen symbolisch ist, wird der Amerikaner es immer mit Tho-
> mas Mann halten. Wir dagegen neigen zu Hauptmann, auch wenn
> wir den »Zauberberg« mehr lieben als den »Fuhrmann Henschel«.
> Für den Amerikaner gibt es hier gar keine Möglichkeit der Kontro-
> verse. Im Grunde sieht er in jedem Deutschen einen Menschen, der
> verfehlt hat, um seiner Freiheit willen auszuwandern. Daß Men-
> schen in der eigenen Brust und im Kreis der Freunde Freiheiten fin-
> den können, die ihnen mehr wert sind als die öffentlich proklamier-
> ten; daß Menschen ihr Land zu bösen Zeiten ebensowenig verlassen
> wollen wie eine Mutter ihre gefährlich erkrankten Kinder, auch
> wenn sie nur zusehen und mitleiden, nicht ändern können, das ist
> dem Amerikaner unbegreiflich.[51]

---

51 Ebd., S. 23.

5. *Zur Rezeption der »Amerika-Fibel«*

Daß das in der *Amerika-Fibel* zur Anwendung kommende Verfahren
der Versachlichung entlastende Funktion hatte, läßt sich an der zeitgenössischen Rezeption belegen. Das Buch wurde von den deutschen Rezensenten durchgängig äußerst positiv besprochen, wobei gerade der
unpolemische, nüchterne Gestus hervorgehoben wurde.[52] Boveri halte

---

52 Die positive Rezeption läßt sich auch an den zahlreichen Briefen ablesen,
   die Boveri von Lesern der *Amerika-Fibel* erhielt. Ein prominentes Beispiel
   bildet die Zuschrift Alfred Döblins, der die Journalistin aufgrund seiner
   Lektüre zur Mitarbeit an der von ihm betreuten Zeitschrift *Das Goldene
   Tor* aufforderte: »Ich kenne Ihre Feder nur aus dem Amerikabuch. Aber
   natürlich haben Sie über Amerika noch einiges mehr zu sagen, als Sie in
   Ihrem Buch niederlegten oder niederlegen wollten und konnten. Wieder
   einmal wäre es ganz interessant, etwas Detailliertes über die weibliche
   Grossmacht, über Amerika als kulturellen Amazonenstaat zu hören, und
   wie es darum steht und ob es sich wirklich so verhält.« (Brief Alfred Döblins vom 22. März 1947; Staatsbibliothek zu Berlin – Preussischer Kulturbesitz, Nachlaß Boveri, Briefe.) Zustimmung erhielt die Autorin aber auch
   von ganz anderer Seite. So schrieb ihr Carl Schmitt, er habe ihr Buch zu
   seinem »großen Vorteil und Gewinn« gelesen. (Brief Carl Schmitts vom
   18. Februar 1950; zit. nach Tilitzki, *Margret Boveri und Carl Schmitt*,
   a.a.O. [Anm. 37], S. 290 f.) Und Ernst Jünger nannte die *Amerika-Fibel* ihr
   gegenüber eine »Bestätigung meiner Thesen, da sie eine genaue Beschreibung des ›Typus‹ in seiner amerikanischen Spezies enthält«. (Brief Ernst
   Jüngers vom 16. September 1947; zit. nach ebd., S. 284.) Jünger lobt damit
   gerade das kulturtypologische Verfahren in Boveris Darstellung, das wohl
   durch ihn selbst indirekt stark beeinflußt war, nämlich durch seinen *Arbeiter* (1932), den Boveri 1942 in Lissabon mit großem Interesse gelesen hatte.
   In einem vorangegangenen Brief an Jünger bezieht Boveri sich auch auf
   dessen physiognomische Deutungsmethode in *Sprache und Körperbau*
   (1947), die sie – wiederum im Zusammenhang mit einer Amerika-Darstel-
   lung – auf sich selbst anzuwenden versucht habe: »Ich hatte in dieser Hinsicht folgendes Erlebnis: einige Wochen vorher mußte ich die Fahnen eines
   Europa-Artikels bearbeiten, im Hinblick darauf, was zwischen den Zeilen
   zu starken Anstoss erregen könnte, worin wir ja in den zwölf Jahren nach
   1933 schon eine gute Vorschulung bekamen. Ich hatte geschrieben: ›Der
   Fuß, den es (Amerika) nun zum zweiten Mal auf den alten Kontinent gesetzt hat, steckt im Stiefel der Besatzungsmacht und in den Socken des Ban-
   kiers und Wirtschaftsberaters.‹ Nun hatte ich das Gefühl, hier stecke in
   ›Stiefel‹ und ›Socken‹ etwas Beleidigendes: der Verstand aber sagte: Nein;
   das sind doch ganz respektable Kleidungsstücke. Ihr Buch bestätigt das

sich »fern von jeder Amerika-Legende«, sowohl der »übertrieben er-
wartungsvollen« als auch der »gehässigen der Nazis«, und ginge statt
dessen »auf die amerikanischen Grundtatsachen« ein.[53] Das Buch sei
eine »eminent kluge und auf scharfer Beobachtung fußende Einführung in die amerikanische Welt«,[54] sei von einer schon selbst »etwas
amerikanisch« anmutenden »Nüchternheit«,[55] zeuge von »scharfer Be-
obachtungsgabe«[56] und diene »wirklich« dazu, »die Menschen eines
anderen Volkes verstehen« zu lernen.[57] Der Autorin gelinge es, »Missverständnisse aufzuklären und das Verständnis für die Amerikaner zu
erleichtern«.[58] Der »sichere Takt«, mit dem sie »praktische Völkerpsy-
chologie« betreibe, sei »schlechthin mustergültig«.[59] Ihr klarer, »von
der Oberfläche zur Tiefe« dringender Stil sei »Ausdruck eines journalistischen Temperaments, das kritischen Blick mit Gewissenhaftigkeit
vereint«.[60] Zurückhaltender fällt die Bewertung in der *Neuen Zürcher
Zeitung* aus, deren Rezensent von »einer reichlich nüchternen, zuweilen beinahe lieblosen Sachlichkeit« und einem »im ganzen […] inter-
essanten Beitrag zu Erkenntnis amerikanischen Wesens« spricht.[61]

Gefühl: ›Der Stiefel dagegen gilt als Sinnbild niederer Gewalt, der Diktatoren, Tyranneien, des reinen Säbelregiments.‹« (Konzept eines Briefes an
Ernst Jünger vom 8. September 1947; Staatsbibliothek zu Berlin – Preussischer Kulturbesitz, Nachlaß. Boveri, Briefe.)

53 *Deutsche Rundschau*, Jg. 69, 1946, H. 8, November 1946, S. 139.

54 F.M., in: *Heute*, Nr. 35 vom 1. Mai 1947.

55 Heinz Steinberg, in: *Der Sonntag* (Berlin) vom 1. Dezember 1946.

56 Annie Voigtländer, in: *Aufbau* (Berlin), Jg. 2, 1946, H. 10, S. 1076.

57 Hermann Ziock, in: *Westfälische Nachrichten* (Münster) vom 8. Juni
1948.

58 Z., in: *Die Weltwoche* (Zürich) vom 12. Dezember 1947.

59 Thilo Koch, in: *Neue Zeit* (Berlin) vom 22. Januar 1947.

60 -e-, in: *Der Tagesspiegel* (Berlin) vom 1. Juni 1947. – Im Unterschied zu
den meisten anderen deutschen Rezensenten erlaubte sich der Kritiker des
Tagesspiegel einen vorsichtig kritischen Hinweis auf Boveris journalistische
Tätigkeit im ›Dritten Reich‹: »Margret Boveri vermißt offenbar in Amerika
die ›Seele‹, die sie wiederum Europa, vor allem Deutschland in übertriebe-
nem Maße zugesteht. Das Deutschland Hitlers steht hier natürlich außer
Debatte. Im Deutschland Hitlers sind manche Aufsätze Boveris als anti-
amerikanische Propaganda gedruckt worden. Kritischer Sinn ist nichts
Zeitgebundenes: es ist allerdings ein anderes, ob man das Recht auf Kritik
auch dann ausübt, wenn man sich bewußt sein muß, daß es zu bestimmten
Zwecken gewünscht und gebraucht wird.«

61 *Neue Zürcher Zeitung* vom 5. Dezember 1947, Fernausgabe.

Das Lob der deutschen Rezensenten bezieht sich vor allem auf Boveris historisch-mentale Erklärung des Fragebogens. Boveri lehre, den Fragebogen, der manchem als »besonders ausgedachte Plage«[62] erschienen sei und als Mittel, »mit dem die Besatzungsmacht die Besiegten peinigen wollte«, als »eine der charakteristischen Erscheinungen amerikanischen Lebensstils verstehen«.[63] Am deutlichsten fällt in dieser Hinsicht die Besprechung von Theodor Heuss in der *Rhein-Neckar-Zeitung* aus, der von einer »geradezu seelenbefriedigende[n] Bedeutung« von Boveris Erläuterung spricht. Sie zeige, daß die »Fragebogengeschichten« mitnichten ein Akt von »politischem Sadismus« seien und »mit Besatzungsmethoden gar nichts zu tun« hätten.[64] Und Heuss lobt die Journalistin auch deshalb, weil sie in derselben Art das Unverständnis erklärt habe, mit dem die Amerikaner die Deutschen betrachteten, die ›dageblieben‹ seien. Es ist allerdings auffällig, daß der letzte von Heuss angesprochene Aspekt, die Rechtfertigung des Dableibens, in den anderen Rezensionen kaum erwähnt wird.

Eine negative Bewertung erfuhr die *Amerika-Fibel* und besonders ihre Interpretation des Fragebogens – für Boveri zweifellos wenig überraschend – von amerikanischer Seite.[65] In einer in der *Review of Politics* veröffentlichten Besprechung zeigt sich M.A. Fitzsimons vor allem davon irritiert, daß die enorme Kenntnis der Journalistin und ihre analytische Begabung mit einem vollkommenen Unverständnis für die Funktionsweise der Demokratie und der Ignoranz für wesentliche Faktoren des politischen Lebens einhergehe. Seinen paradoxen Eindruck faßt er in die treffende Formel: »She ist extensively informed […] and remarkably blind.« Besonders auffällig tritt dieser Gegensatz seiner Meinung nach in der Fragebogen-Erklärung zutage:

> She is familiar with the work of Max Weber and is nonetheless amazed by the bureaucracy in American government and business.

---

62 Paul Schwarz, in: *Sonntagsblatt, Staats-Zeitung und Herold* (New York) vom 3. November 1946. (Diese positive Rezension erschien mit dem redaktionellen Vermerk, der Beitrag gebe nicht die Meinung der Redaktion wieder.)

63 N.B., *Die amerikanische Art*, in: *Wirtschafts-Zeitung* (Stuttgart) vom 18. Oktober 1946.

64 Theodor Heuss, in: *Rhein-Neckar-Zeitung* (Heidelberg) vom 20. August 1946.

65 Die offizielle Beurteilung Boveris durch die Vereinigten Staaten spiegelte sich vor allem darin, daß ihr 1950 die Einreise in die USA verweigert wurde. (Auch diese Information verdanke ich Heike Görtemaker.)

This bureaucracy seems largely pointless to her although it does explain the *Fragebogen*. Her comments make it clear that she much more readily understands the more searching and pointed questionnaires of the S-S State.[66]

Fitzsimons Kritik ist polemisch und trifft doch ein Kernproblem von Boveris Argumentation. Denn am amerikanischen Fragebogensystem kritisierte sie vor allem, daß es den einzelnen nicht individuell erfasse, sondern nach äußerlichen Merkmalen klassifiziere, um ihn auf eine allgemeine Norm zu verpflichten. Der Gedanke, daß die formale Gleichbehandlung und die ›Gleichheitsideologie‹ in einer entwickelten Industriegesellschaft die angemessenen Mittel sind, um die Freiheit des einzelnen zu garantieren, war für sie, die in den Kategorien von Treue und Verrat dachte – und noch die Nachkriegszeit als ›Verratslandschaft‹ wahrnahm[67] – nicht nachvollziehbar. In dieser Einstellung liegt wohl auch der Grund dafür, daß die technokratischen Züge des ›Dritten Reichs‹ und die verhängnisvolle Allianz des Nationalsozialismus mit moderner Technik ganz außerhalb ihres Blickfeldes blieben – und scheinbar auch außerhalb des Blickfeldes ihrer zeitgenössischen Leser. So erkennt der spätere Leser mit Verblüffung, daß sich zentrale Punkte von Boveris Beschreibung der ›amerikanischen Moderne‹, wie die Techniken zur psychologischen Massenbeeinflussung, zur Meinungsforschung oder zur statistischen Erfassung, genauso am ›Dritten Reich‹

---

66 M.A. Fitzsimons, in: *The Review of Politics*, Jg. 10, 1948, Nr. 2, S. 254 f.

67 Den theoretisch ambitioniertesten Versuch, Amerikas – und die eigene – Position in den ›Landschaften des Verrats‹ zu verorten, unternahm Boveri in ihrem publizistischen Hauptwerk *Der Verrat im XX. Jahrhundert* (1956-1960). Sie betrachtet die USA darin zum einen als Sonderfall einer auf Ideologie gegründeten Nation, wo die Treue zur Nation eine bestimmte Ideologie impliziert – während sie Deutschland, und zwar nicht nur das Vorkriegs- und das Nachkriegsdeutschland, sondern auch das Hitler-Deutschland, ähnlich wie Jünger, als zwischen den ideologischen Blöcken liegende Nation, gewissermaßen als ›Zwischenfrontstaat‹, ansieht. Zum anderen, und hier argumentiert sie historisch-soziologisch, repräsentieren die USA den am weitesten fortgeschrittenen Prozeß einer Ideologisierung des öffentlichen Lebens, der für die Moderne allgemein kennzeichnend sei. So macht sie schon im Amerika des 19. Jahrhunderts Phänomene – wie beispielsweise die Ideologisierung des Krieges oder Techniken psychologischer Beeinflussung – aus, die dann im 20. Jahrhundert auch die europäische Politik bestimmen. (Vgl. Boveri, *Der Verrat im XX. Jahrhundert I*, a.a.O. [Anm. 13], S. 18-20.)

aufzeigen lassen.[68] Die statistischen und technisch-planerischen Maßnahmen, die die Journalistin in der *Amerika-Fibel* analysiert, waren
kein US-spezifisches Phänomen und nicht an das liberale Denken gebunden, sondern die allgemeine Grundlage technologisch-zweckratio-
naler Wirtschaftssysteme und daher auch im Deutschland der dreißiger
und vierziger Jahre zu finden. Nur daß sie unter den Bedingungen der
NS-Diktatur zur Durchsetzung einer rassistischen und expansionisti-
schen Politik eingesetzt wurden.

Ein besonders anschauliches, durch die jüngste Debatte um die NS-
Verstrickungen des IBM-Konzerns ins Gedächtnis gerufenes Beispiel für
diese Verkennung bietet die in der *Amerika-Fibel* ausführlich behan-
delte ›Hollerith-Maschine‹.[69] Während Boveri diese Maschine als para-
digmatische Erscheinung des typisch amerikanischen Normierungs-
drangs vorstellt, hat der amerikanische Sachbuchautor Edwin Black in
einer vor kurzem erschienenen Studie nachgewiesen, daß die 1890 von
einem deutschstämmigen Ingenieur entwickelte Lochkartenmaschine
von einem deutschen Tochterunternehmen der IBM, der DEHOMAG
(Deutsche Hollerith-Maschinen-Gesellschaft), in Deutschland vertrieben und von den Nazis intensiv genutzt wurde. Hollerith-Maschinen
wurden vor allem zu bevölkerungsstatistischen Zwecken verwendet,
sie kamen bei den Volkszählungen zum Einsatz, wobei sie Daten für die
spätere Vernichtung der jüdischen Mitbürger ermittelten. Sie wurden
von SS-Stellen verwendet, und selbst im KZ Dachau kam eine Maschine
zum Einsatz.[70] Anders als in den USA funktionierte die Hollerith-Maschine im Zusammenhang rassenideologischer Politik als Instrument
zur individuellen ethnischen Identifikation und Aussonderung. Auch
wenn Boveri die Verwendung speziell dieser Maschine in Deutschland
wohl nicht bekannt war, so waren die Techniken der Massenbeeinflus-

---

68 Zur neueren Diskussion des ambivalenten Verhältnisses von Nationalsozialismus und Modernisierung vgl. Axel Schildt, *NS-Regime, Modernisierung und Moderne. Anmerkungen zur Hochkonjunktur einer andauernden Diskussion*, in: Dan Diner (Hrsg.), *Nationalsozialismus aus heutiger
   Perspektive*, Tel Aviv 1994 (Tel Aviver Jahrbuch für deutsche Geschichte 23), S. 3-22.
69 Vgl. Christian Habbe, *Der programmierte Massenmord*, in: *Der Spiegel*,
   Jg. 55, 2001, Nr. 7 vom 12. Februar 2001.
70 Vgl. Edwin Black, *IBM und der Holocaust. Die Verstrickung des Weltkon-
   zerns in die Verbrechen der Nazis*, München 2001. Vgl. auch die früher erschienene Arbeit von Götz Aly und Karl-Heinz Roth, *Die restlose Erfassung. Volkszählen, Identifizieren, Aussondern im Nationalsozialismus*,
   Berlin 1984.

sung und der bevölkerungspolitischen Erfassung, die Maßnahmen der Identifikation, Separation und Elimination im ›Dritten Reich‹ doch überall sichtbar.

Man kann feststellen, daß Boveris Analyse der amerikanischen Mentalität von 1946 ebenfalls durch die fundamentale Liberalismuskritik und durch das Konzept eines anderen, eigenständigen deutschen (oder europäischen) Weges in die Moderne geprägt ist und die Journalistin die amerikanische Besatzungspolitik aufgrund dieser Einstellung ablehnte. Um die generationsspezifischen Züge dieser Denkweise zu profilieren, soll zum Abschluß noch einmal ein vergleichender Blick auf Zuckmayer geworfen werden. Auch Zuckmayer stand der Besatzungspolitik der Amerikaner in der Nachkriegszeit kritisch gegenüber und trat für einen eigenständigen Neubeginn in Deutschland ein. Doch er tat dies unter ganz anderen Prämissen und mit anderen Argumenten. Während Boveris Argumentation sich am Konzept einer nicht-liberalen oder ›reaktionären‹ Moderne ausrichtete und von hier aus die Ansprüche der Amerikaner als Ausdruck einer fremden Mentalität abwehrte, versuchte Zuckmayer das humanistische Denken der klassisch-romantischen Epoche in Deutschland für die Gegenwart zu aktualisieren. Als eine in diesem Sinne programmatische, zeitbezogene Stellungnahme kann seine 1948 bei Suhrkamp erschienene Broschüre *Die Brüder Grimm. Ein deutscher Beitrag zur Humanität* angesehen werden, in der er das romantische Interesse an einer ursprünglichen, gemeinsamen Völkerkindheit und den damit korrespondierenden Humanitätsbegriff als Muster eines ›anderen‹ Deutschseins vorstellt. Dieses geistesgeschichtlich ausgerichtete Erneuerungsprogramm richtete sich indirekt ebenfalls gegen den Universalitätsanspruch des modernen Liberalismus und das Reeducation-Programm der Siegermächte. Denn das weiße Amerika, so stellte Zuckmayer hier fest, sei ein Land ohne »Kindheit«, dem die unbewußte »Tiefenschicht von Mythen, Sagen, Märchen« fehle, in denen die europäischen Völker die urgeschichtlichen »Katastrophen des Kosmos und der Erde«, ihre Erfahrungen von »Untergehen und Überleben oder Neu-Erstehen« verarbeitet hätten und mittels derer, so legt der Autor nahe, auch die jüngste Katastrophe bewältigt werden könne.[71] Bei Zuckmayer rücken der Krieg und das ›Dritte Reich‹ damit in eine kosmologische und naturphilosophische Perspektive.

---

71 Carl Zuckmayer, *Die Brüder Grimm. Ein deutscher Beitrag zur Humanität*, Frankfurt am Main 1948, S. 32, 34 und 33; jetzt in: Carl Zuckmayer, *Aufruf zum Leben. Porträts und Zeugnisse aus bewegten Zeiten*, Frankfurt am Main 1995, S. 243-288, hier: S. 265 f.

Anhang A

Briefwechsel

1 Margret Boveri an Carl Zuckmayer

New York, 113 East 31st Street, den 14. September 1941.

Lieber Herr Zuckmayer!

Im Sommer oder Herbst 1939 fand ich in Stockholm Ihr Buch Pro domo. Ich schickte es in einigen Exemplaren an Freunde in Deutschland. Die fanden es ebenso schön wie ich, reichten es herum, wie das heutzutage in Deutschland geschieht, – und die letzten Seiten wurden vielmals abgeschrieben. Seitdem bin ich in dieses Land gekommen, und heut, am Sonntag, hatte ich das Gefühl, etwas für mich tun zu müssen, – denn um diese Zeit im September, wenn das Grummet gemäht ist und die ersten Herbstzeitlosen heraus kommen, gehöre ich eigentlich in die milde Sonne auf eine Wiese vor einem alten Barockhaus in der Bamberger Gegend – und da holte ich zum Trost Ihr Buch hervor. Ich war auch ein wenig neugierig, ob es nach zwei Jahren Krieg noch dieselbe Gültigkeit für mich haben werde, dieselbe Kraft, mich zu ermutigen und zu bestärken. Die hat es gehabt, ja, manches, über das ich das erste Mal wohl hinweg gelesen hatte, war ganz neu, eindringlich, wie ein ungewohntes Licht über einer altbekannten Landschaft. – Und weil im Winter einmal jemand erwähnt hatte, Sie seien hier, schaute ich im Telefonbuch nach, ob ich Sie finden könne: da sind Sie, in einer Avenue, der alle Vokale fehlen (bis auf einen), die aber der Postbote hoffentlich doch finden wird. – Das wär's, was zu sagen ist. Der Dank ist darin beschlossen. In Europa hätte ich nicht unternommen, an Sie zu schreiben. Aber die hiesige Gegend scheint mir arm an Menschen (das ist wahrscheinlich meine Schuld, indem ich sie nicht aufspüre oder erkenne), und so scheint mir die Frage, ob es möglich wäre, Sie kennen zu lernen, hier erlaubt zu sein. Ich muß aber gleich hinzufügen, daß ich zu einer Gattung gehöre, mit der Sie vielleicht in keine Berührung kommen wollen: in Deutschland würde mich zwar niemand zu den »Nazi« rechnen; aber nach dem hiesigen Sprachgebrauch bin ich es, als Korrespondentin ⟨für⟩ die Frankfurter Zeitung und mit einem deutschen Pass versehen, der mich (wie ich hoffe) wieder heimbegleiten wird, wenn hier der Krieg ausbricht. Ich gehöre halt zu denen, die meinen man könne seiner Idee vom Deutschsein drinnen wie draussen dienen, und die die hier nahezu unüberbrückbare Kluft zwischen »Refugees« und noch Zugehörigen nicht anerkennen. Wenn Sie es anders halten und schweigen, verstehe ich das vollkommen. Und für diesen Fall will ich nur noch sagen, daß ich Ihren »Hauptmann von Köpenick« ganz über die Zeitbedingtheit (die Sie für die Theaterdichtung der Zwanziger Jahre feststellen) hinweg großartig und rührend und zum lachen fand und keinen Zweifel habe, daß es genau wie der fast vergessene J.S. Bach einmal wieder entdeckt wird als zum Dauerbestand deutscher Dichtung gehörend. Und daß ich als Kind in Würzburg auch Kartoffelkomödie spielte und daß ich Ihnen wünsche, daß Sie gut weiter arbeiten und leben mögen. Ihre ergebene

⟨Margret Boveri⟩

2 *Carl Zuckmayer an Margret Boveri*

Barnard, Vermont
25. September 1941

Dear Miss Boveri –
ich mache von dem Vorzug der englischen Sprache Gebrauch, Sie so anzureden, da ich nicht weiss ob Sie »Frau« oder »Fräulein« sind, und auf deutsch nehmen wir das ja genau. Vielen Dank für Ihren Brief! Wie schön, dass es Leute gibt, denen mein »Pro Domo« etwas sagt. In Kreisen der Emigration wurde ich vielfach beschimpft deswegen, weil es ein offenbar unstatthaftes Bekenntnis zum Deutschtum enthält. Die Gleichsetzung von Deutsch und Nazi ist so dumm, dass sich jedes Wort darüber erübrigt. Ich lasse mich bestimmt nicht zu einem Nazi mit umgekehrtem Vorzeichen machen, der sich dann halt »Anti-Nazi« nennt, – wenn ich mir auch darüber klar bin, dass – wer sich des plattesten Parteigängertums enthält – heutzutage sagenhafte Gipfel der Unpopularität zu erklimmen hat. Da gibt es nichts, als dass man seine Arbeit weiter macht.

Zu diesem Zweck bin ich von New York weggezogen und lebe jetzt wieder ganz auf dem Land. Ich kann mich nicht so holterdipolter auf den Broadway »umstellen« und arbeite daher jetzt auf lange Sicht – (zunächst an einem Roman, der im Frühjahr herauskommen soll.) Ich habe eine Farm gemietet, mitten in den Wäldern, die jetzt anfangen in Herbstfarben zu leuchten, – mit 175 acres Land dabei, viel Arbeit, aber herrliches Leben. Momentan werden enorme Holzmengen gestapelt,

da wir hier überwintern werden. Aber ich komme gelegentlich mal
⟨ein⟩ paar Tage nach New York und hoffe sehr, Sie zu sehen!

Verzeihen Sie die Flüchtigkeit dieses Schreibens – es ist wegen der
Herbstarbeit und der Buchschreiberei.

Dank und Gruss

Ihres

Carl Zuckmayer

3 *Margret Boveri an Carl Zuckmayer*

Deep Hollow Ranch,
Montauk, L.S. 13.X.41.

Lieber Herr Zuckmayer!

Ihr Brief hat mich ungeheuer erfreut und befriedigt. Befriedigt: daß Sie
sich nicht so einfach auf den Broadway umstellen können. Es hatte
nämlich jemand behauptet, Sie seien im Begriff zu zweit ein Drama zu
schreiben, und ganz erbost obwohl es mich gar nichts angeht, hatte ich
gesagt »Wenn er's allein machen würde, käme etwas Besseres heraus.«
Dabei sollte es doch eigentlich möglich sein, am Broadway was Rechtes
zustande zu bringen, – wenn die Leute nur erlauben würden, daß einmal etwas nicht haargenau nach ihrem Standarderfolgsmuster zugeschnitten wird. So scheint mir wenigstens. Aber ich habe erst eine New
Yorker Theater Saison miterlebt und kann nicht drüber urteilen. – Jedenfalls, Sie schreiben einen Roman. Und ich wünsche Ihnen dazu einen
wirklich guten Übersetzer. Ich wußte gar nicht, daß Sie, ausser »Pro
domo«, was doch eine Sache für sich ist, Prosa schrieben und geschrieben hatten, bis ich neulich beim vergeblichen Versuch »Pro domo« für
einen Freund zu kaufen, vom Buchhändler ein grünes etwas fleckiges
Bändchen Geschichten von Ihnen angeboten bekam »Ein Bauer aus
dem Taunus«. Die habe ich hierher mitgebracht und bisher ihrer drei
gelesen. Es freut mich, daß Sie Bratze mit einem weichen b schreiben.
Das sind so Sachen, – neben der eigentlichen Essenz der Stücke – an
denen sich wahrscheinlich nur Mainfranken ganz richtig freuen können.
Davon war auch etwas in Ihrem Brief, ebenso wie in allem übrigen,
was ich von Ihnen kenne. Deswegen hat mich der Brief noch über das
hinaus, daß Sie eine Antwort gaben, speziell gefreut.

Ihre Sätze über die Herbstarbeiten und das Holzstapeln haben mich
etwas neidisch gemacht, und zusammen mit der letzten bösesten Hitze-

welle zum Beschluß beigetragen, daß drei Jahre ohne Ferien zuviel sind und daß es nach dem steinernsten Sommer meines Lebens nicht geht, ohne Herbst gradewegs in einen steinerne⟨n⟩ Winter zu fallen. Die Zeitung gewährte Urlaub und das Ergebnis ist eine Woche an dieser Ostspitze Long Islands in einer Holzhütte mit Kamin und dicken brennenden Holzstämmen, und Nachts ein grosser Himmel mit Sternen und der Geruch des Holzfeuerrauchs, und am Tag weite Wege zwischen dem herbstlichen Buschwerk vor dem Meer. Jetzt hoffe ich nur, daß nicht grad diese Woche Sie nach New York gebracht hat, und daß Sie, wenn Sie wirklich kommen, nicht von allen Seiten so beansprucht sind, daß es für mich nimmer langt. Daß ich Ihnen noch einmal so lang schreibe bedeutet nicht, daß ich eine Antwort erwarte. Ich weiß wie es ist, wenn man ein Buch schreibt, vor allem zu einem Termin. Ich wünsche alles Gute dazu und bin mit herzlichem Gruße

Ihre

Margret Boveri.

Zur im Deutschen genau genommenen Anrede: dank den Errungenschaften der deutschen Frauenrechtlerinnen ist beides möglich: obwohl ledig bin ich aufgrund der Examina, die ich hinter mich brachte »berechtigt«, den Titel Frau zu führen. Es amüsiert mich immer, daß es hier genau umgekehrt ist. Mrs. Lewis und Mrs. Luce dürften sich, weil sie es zu etwas gebracht haben, wieder Miss Thompson und Miss Boothe nennen. Bei meinem Bemühen dahinter zu kommen, wieso oder warum die Amerikaner anders sind, frage ich mich, ob das mehr als ein Zufall ist: hier das Erheben der Jungfräulichkeit, dort die Missachtung derselben (denn sonst wären unsere Gertrud Bäumers doch nicht so bestrebt gewesen, sich dieses Titels zu entledigen)?

Anhang B

Kommentar zum Briefwechsel

Die Briefe Boveris an Zuckmayer sind nur in den Vorschriften erhalten, die sich im Nachlaß Boveri in der Staatsbibliothek zu Berlin – Preussischer Kulturbesitz befinden.

1 Hs. Briefvorschrift; Staatsbibliothek zu Berlin – Preussischer Kulturbesitz, Nachlaß Boveri, Briefe, K. 153

Pro domo] Zuckmayer, *Pro Domo*, a.a.O. (Anm. 5).

Barockhaus in der Bamberger Gegend] Gemeint ist das Sommerhaus der Familie Boveri in Höfen bei Bamberg.

würde mich zwar niemand zu den »Nazi« rechnen] Gestrichen: »würde mich niemand ›Nazi‹ nennen«.

noch Zugehörigen] Gestrichen: »offiziellen Reichsstaatsangehörigen«.

die Sie für die Theaterdichtung der Zwanziger Jahre feststellen] Bezieht sich auf eine Passage aus *Pro Domo*, in der Zuckmayer zwar die Zeitbedingtheit der in den zwanziger Jahren entstandenen Kunst feststellt, diese zugleich aber als Ausdruck »schöpferischen Lebens« gegen das nazistische Verdikt der Entartung verteidigt; vgl. Zuckmayer, *Pro Domo*, a.a.O. (Anm. 5), S. 106.

Kartoffelkomödie] Bezieht sich auf das Kapitel ›Zwischenspiel‹ in *Pro Domo*, wo Zuckmayer sich an das ›Kartoffelkomödie‹ genannte Kasperltheaterspielen auf dem Dachboden seines Elternhauses erinnert; vgl. Zuckmayer, *Pro Domo*, a.a.O. (Anm. 5), S. 111-123.

2 Hs. Brief; Staatsbibliothek zu Berlin – Preussischer Kulturbesitz, Nachlaß Boveri, Briefe, K. 153

vielfach beschimpft] Unklar; *Pro Domo* wurde auch in Kreisen der Emigration positiv rezipiert; so druckte Willi Münzenberg mit Zustimmung des Autors eine Passage daraus in der in Paris erscheinenden Exilzeitschrift *Die Zukunft* (17. März 1939) ab; vgl. dazu Nickel/Weiß, *Carl Zuckmayer 1896-1977*, a.a.O. (Anm. 4), S. 266-268.

auf den Broadway »umstellen«] Bezieht sich wohl auf die Zusammenarbeit mit Fritz Kortner und den Mißerfolg von *Somewhere in France*, einer gemeinsam vorgenommenen Anzengruber-Adaption, die bei der Probeaufführung am 28. April 1941 am Broadway durchgefallen war.

an einem Roman] Zuckmayer begann in dieser Zeit mit der Arbeit an der ›Geschichte des Lenchen Demuth‹, einem in der Vormärzzeit situierten Roman über ein Bauernmädchen aus seiner Heimatgegend, die er im März 1942 aber zugunsten des *Vermonter Romans* abbrach; vgl. Zuckmayers

Brief an Albrecht Joseph vom 18. September 1941, in: Nickel/Weiß, *Carl Zuckmayer*, a.a.O. (Anm. 4), S. 290 f.

Farm] Zuckmayer hatte im Spätsommer 1941 nach längerer Suche eine Farm im Bundesstaat Vermont gemietet und war aus New York dorthin übergesiedelt. Seine Frau hat einen anschaulichen Bericht über das gemeinsame Leben auf der Farm verfaßt, der zum Bestseller wurde; vgl. Alice Herdan-Zuckmayer, *Die Farm in den grünen Bergen*, Hamburg 1949.

3 Hs. Briefvorschrift; Staatsbibliothek zu Berlin – Preussischer Kulturbesitz, Nachlaß Boveri, Briefe, K. 153

»*Ein Bauer aus dem Taunus*«] Carl Zuckmayer, *Ein Bauer aus dem Taunus und andere Geschichten*, Berlin 1927, jetzt in:] Carl Zuckmayer, *Ein Bauer aus dem Taunus. Erzählungen 1914-1930*, Frankfurt am Main 1995, S. 153-250.

Bratze] Mundartl. für ›Pranke‹; findet sich in der Erzählung »Die Geschichte von einer Entenjagd«; in: Zuckmayer, *Ein Bauer aus dem Taunus und andere Geschichten*, Berlin 1927, S. 42; in der Ausgabe *Ein Bauer aus dem Taunus. Erzählungen 1914-1930*, Frankfurt am Main 1995, S. 176 wurde »Bratze« dagegen zu »Pratze« emendiert.

Thompson] Dorothy Thompson (1894-1961) war 1924-1934 Deutschlandkorrespondentin amerikanischer Zeitungen. Zuckmayer wurde ihr 1925 in einem Berliner Restaurant von seiner Ehefrau, die sie bereits aus Wien kannte, vorgestellt. 1934 wurde sie wegen ihres Buchs *I Saw Hitler* aus Deutschland ausgewiesen und avancierte daraufhin zu einer der angesehensten Publizistinnen in den Vereinigten Staaten. 1939 ermöglichte sie Zuckmayer durch eine Bürgschaft die Einreise in die USA, wo sie ihn auch weiter finanziell unterstützte (vgl. Carl Zuckmayer, *Die Geschichte der Dorothy Thompson*, in: Zuckmayer, *Aufruf zum Leben*, a.a.O. [Anm. 71], S. 21-33). Dorothy Thompson war von 1928 bis 1942 mit dem Schriftsteller Sinclair Lewis (1885-1951) verheiratet.

Boothe] Claire Boothe Luce (1903-1987), amerikanische Journalistin (u.a. für *Vogue*, *Vanity Fair* und *Life*), Stückeschreiberin und Politikerin, verheiratet mit dem Medienunternehmer Henry R. Luce. Boothe Luce berichtete während des Zweiten Weltkriegs in Zeitschriftenreportagen und ihrem Buch *Europe in the Spring* (1940) vom europäischen Kriegsschauplatz. In den Jahren 1943-1947 war sie republikanische Abgeordnete im US-Repräsentantenhaus, von 1953 bis 1956 US-Botschafterin in Italien und damit die erste Frau an der Spitze einer wichtigen Auslandsvertretung der Vereinigten Staaten.

Gertrud Bäumers] Gertrud Bäumer (1873-1954) war Frauenrechtlerin, Politikerin und Schriftstellerin, von 1919-1933 Reichstagsabgeordnete für die DDP.

Daniela Sannwald

Nicht von Zuckmayer: *Die Weisse Rose*

Carl Zuckmayer, ein Filmprojekt über die Geschwister Scholl und ein Forschungsirrtum [*]

Vor knapp zwanzig Jahren, am 24. September 1982, hatte ein Film Premiere, dessen Produktionsgeschichte fast doppelt so lang ist: *Die weiße Rose*, vom Münchner Regisseur Michael Verhoeven inszeniert und mit einem Bundesfilmpreis ausgezeichnet, war der erfolgreichste und meist diskutierte deutsche Film jenes Jahres. Die Geschwister Hans und Sophie Scholl stehen im Zentrum dieser Geschichte über die letzten Lebensmonate der Münchner Studentengruppe, deren Name zum Synonym für die Existenz des deutschen Widerstandes gegen den Nationalsozialismus geworden ist.

Erst knapp vierzig Jahre nach der Ermordung von sechs Mitgliedern der Weißen Rose im Jahr 1943 konnte ein Film über sie entstehen, obwohl bereits in den allerersten Nachkriegsjahren Pläne für ein solches Projekt geschmiedet worden waren. Im Nachlaß Carl Zuckmayers fand sich gar ein Typoskript zum Thema, das Barbara Schüler in ihrer 2000 publizierten Dissertation[1] Zuckmayer zuschrieb, auf das Jahr 1948 datierte und »Filmentwurf« nannte. In ihrer Edition des Textes im vierten Band des *Zuckmayer-Jahrbuchs* heißt er dann »Filmskript« und ist auf das Jahr 1947 datiert,[2] als der Autor in der Tat begonnen hatte, regelmäßig mit Inge Scholl,[3] der Ältesten der sechs Scholl-Geschwister,[4] zu korrespondieren.

[*] Mein herzlicher Dank gilt Manuel Aicher, der mir Unterlagen aus dem Nachlaß seiner Mutter Inge Aicher-Scholl zur Verfügung stellte, außerdem Elisabeth Hartnagel, Helga und Herbert Wiegandt für Informationen zum Studio Null. Dank für seine Unterstützung auch an Gunther Nickel. Der Fritz-Thyssen-Stiftung danke ich für die finanzielle Förderung der Arbeit.
1 Barbara Schüler, *»Im Geiste der Gemordeten ...«. Die »Weiße Rose« und ihre Wirkung in der Nachkriegszeit*, Paderborn, München, Wien, Zürich 2000.
2 Barbara Schüler (Hrsg.), *Die Weisse Rose. Ein Filmskript von Carl Zuckmayer, ediert, eingeleitet und kommentiert von Barbara Schüler*, in: *Zuckmayer-Jahrbuch*, Bd. 4, 2001, S. 17-134.
3 Inge Scholl (1917-1998) nannte sich seit ihrer Heirat mit Otl Aicher am 7. Juni 1952 Inge Aicher-Scholl. Im Text erscheint sie der Einfachheit halber auch nach diesem Zeitpunkt als Inge Scholl.

Abgesehen davon, daß ich das Dokument allenfalls als Treatment, also eine Art Vorentwurf, oder als Exposé bezeichnen würde – es gibt beispielsweise kaum ausgearbeitete Dialoge oder Szenen, sondern Beschreibungen von Gesprächsinhalten und Stichworte für Gesprächsverläufe scheint es nach Sichtung der gesamten Korrespondenz zwischen Zuckmayer und Inge Scholl,[5] die sich von 1947 an bis in die sechziger Jahre hinein fortsetzt, ausgeschlossen, daß Zuckmayer der Autor dieses Manuskripts ist. Dagegen sprechen im wesentlichen die folgenden Sachverhalte, die weiter unten noch ausführlicher dargestellt werden:

– In der gesamten Korrespondenz zwischen Zuckmayer und Inge Scholl wird ein von Zuckmayer verfaßtes Treatment nicht erwähnt. Angesichts der enthusiastischen Dankesbezeugungen Scholls für Briefe, Interventionen bei anderen und Mitarbeit an kleinen Publikationen der Ulmer Volkshochschule und angesichts der beinahe lückenlos vorliegenden Korrespondenz ist es unwahrscheinlich, daß weder er noch sie darauf hingewiesen hätte.
– In der Korrespondenz existieren hingegen etliche Hinweise auf Materialien über die Weiße-Rose-Aktivitäten, die Inge Scholl an Zuckmayer sandte und auf die dieser in seinen Briefen Bezug nimmt.
– Papier und Schreibmaschinentyp sind mit denen eines Dokumentes identisch, das man als ästhetisches Manifest zur Realisierung des Weiße-Rose-Films bezeichnen könnte und das eindeutig aus dem Kreis der Scholl-Freunde stammt. Der Text wird im Anhang dieses Beitrags erstmals veröffentlicht. Daß Schüler auch dieses Dokument gesehen hat, steht außer Zweifel, sie zitiert in ihrer Dissertation ausführlich daraus.[6]

Im folgenden soll die Autorschaft des Weiße-Rose-Manuskripts zweifelsfrei nachgewiesen und die Produktionsgeschichte des Weiße-Rose-

---

4   Nach dem Krieg lebten nur noch Inge Scholl und ihre 1920 geborene Schwester Elisabeth. Die anderen Geschwister waren Hans (geb. 1918), Sophie (geb. 1921), Werner (geb. 1922) und Thilde (geb. 1925).
5   Zum Teil im Deutschen Literaturarchiv Marbach (im folgenden: DLA), Nachlaß Carl Zuckmayer, zum Teil im Nachlaß Inge Scholls. Wenn nicht anders vermerkt, befinden sich alle im folgenden herangezogenen Briefe im DLA.
6   Schüler, »*Im Geiste der Gemordeten ...*«, a.a.O. (Anm. 1), S. 251 f. Es ist erstaunlich, dass der Autorin selbst diese übereinstimmenden optisch-haptischen Merkmale der beiden Dokumente entgangen sind.

Filmprojekts skizziert werden, wobei freilich zu beachten ist, daß es sich nicht 35 Jahre um das gleiche Vorhaben, sondern um jeweils verschiedene handelte, an denen zum Teil dieselben, zum Teil aber auch immer andere Personen beteiligt waren. Schließlich soll das bereits erwähnte ästhetische Manifest kommentiert werden, das besonders interessant vor dem Hintergrund der gerade beendeten Ära des nationalsozialistischen Films und der beginnenden deutschen Nachkriegsfilmgeschichte scheint, ja ohne diesen Kontext kaum zu verstehen ist.

1. Inge Scholl und das Weiße-Rose-Filmprojekt

Vielleicht hat Carl Zuckmayer tatsächlich bereits an ein Filmprojekt über die Weiße Rose gedacht, als er Inge Scholl im Oktober 1947 schrieb:

> Natürlich wird es der Hauptzweck meines Ulmer Besuches sein, Sie und Ihre Eltern kennenzulernen und mit Ihnen darüber zu sprechen, wie man das Andenken an die Tat und das Opfer Ihrer Geschwister vor der Vergessenheit bewahren und dem Gedächtnis des deutschen Volkes erhalten kann.[7]

Bereits im März 1947 hatte sich Inge Scholl auf Vermittlung von Christoph Dohrn[8] an Zuckmayer gewandt und ihm Informationen über ihre Geschwister und deren Engagement gegen den Nationalsozialismus in Aussicht gestellt, für die er offenbar Interesse bekundet hatte.[9] Zuckmayer, der seit 1938 im US-amerikanischen Exil gelebt und 1946 die amerikanische Staatsbürgerschaft erhalten hatte, war im Auftrag des War Department im November 1946[10] zum ersten Mal wieder nach Deutschland gekommen, und zwar, um »einen ausführlichen Bericht über den Stand aller kulturellen Institutionen sowie Vorschläge für deren Verbesserung und zur Aktivierung des geistigen Lebens in

7 Brief von Zuckmayer an Inge Scholl vom 21. Oktober 1947.
8 Christoph Dohrn war der Bruder von Herta Probst, geb. Dohrn, Ehefrau von Christoph Probst, der zusammen mit Hans und Sophie Scholl am 22. Februar 1943 ermordet wurde. Christoph Dohrn hatte sich Anfang 1947 mit der Bitte um die Vermittlung von amerikanischen Lebensmittelspenden für die Kinder seiner Schwester und des ebenfalls 1943 ermordeten Prof. Kurt Huber an das Ehepaar Zuckmayer gewandt (DLA, Brief von Eckart Peterich an Zuckmayer vom 5. Mai 1947).
9 Brief von Inge Scholl an Zuckmayer vom 4. März 1947.
10 Zuckmayer hielt sich vom 12. November 1946 bis zum 30. März 1947 in Europa auf.

den besetzten Ländern zu machen«.[11] Entgegen der Behauptung Schülers[12] traf Zuckmayer bei dieser Reise Inge Scholl jedoch noch nicht,
wie sein Brief vom Oktober 1947 dokumentiert:

> Als ich im letzten Winter durch Ulm fuhr, wusste ich leider noch
> nicht, dass Sie dort leben, habe aber dann soviel Ausgezeichnetes
> von Ihrer Ulmer Volkshochschule gehört, dass es mir wirklich leid
> tut, Sie nicht besucht zu haben.[13]

Zu einer ersten Begegnung zwischen den beiden, die durch die Korrespondenz vorbereitet war, kam es erst Ende Februar/Anfang März
1948. Am 2. Februar 1948 schrieb Zuckmayer aus der Schweiz:

> Am 20. Februar komme ich nach München, – muss einige Tage zu
> Proben dort sein, am 26. ist dort des »Teufels General«, ein paar
> Tage später eine Diskussion, zu der ich meine Teilnahme verspro-
> chen habe. Ob für Ulm Zeit bleibt, weiss ich noch nicht, – werde es
> versuchen. Sonst – könnten wir uns in München sehn?[14]

Inge Scholl antwortete eine Woche später, es wäre »sehr schön, wenn
Sie auf nur einen Tag nach Ulm kommen könnten«, und bekundete
gleichzeitig ihre Bereitschaft, nach München zu reisen:

> Sonst aber werde ich unter allen Umständen in München sein. [...]
> Ich freue mich sehr, Sie kennen zu lernen [...][15]

Am 23. Februar telegraphierte Zuckmayer an Inge Scholl, seine
Münchner Verpflichtungen hinderten ihn daran, nach Ulm zu kom-

---

11 Vgl. Gunther Nickel / Ulrike Weiß, *Carl Zuckmayer 1896 – 1977. »Ich
   wollte nur Theater machen«*, Marbach 1996 (Marbacher Kataloge 49),
   S. 312 ff.

12 Schüler (Hrsg.), *Die weisse Rose*, a.a.O. (Anm. 2), S. 24: »Auf seiner Reise
   durch Deutschland machte Zuckmayer auch in Ulm Station, wo er auf Inge
   Scholl traf [...].« Merkwürdigerweise widerspricht sich Schüler in diesem
   Punkt jedoch selbst, denn wenige Seiten später schreibt sie: »Noch im
   Februar 1948 kam es zur ersten persönlichen Begegnung zwischen Zuck-
   mayer und den Ulmern.« (ebd., S. 31).

13 Brief von Zuckmayer an Inge Scholl vom 21. Oktober 1947. Diese Stelle
   zitiert auch Schüler (Hrsg.), *Die weisse Rose*, a.a.O. (Anm. 2), S. 28.

14 Brief von Zuckmayer an Inge Scholl vom 2. Februar 1948, aus dem Nachlaß von Inge Scholl.

15 Brief von Inge Scholl an Zuckmayer vom 9. Februar 1948, aus dem Nachlaß von Inge Scholl.

men, und bat sie um ihren Besuch in München, wo er sich bis einschließlich 1. März aufzuhalten gedenke.[16] Schließlich scheint sich das Ehepaar Zuckmayer dann aber doch in Ulm eingefunden zu haben, denn bereits am 5. März 1948 bedankte Carl Zuckmayer sich bei Inge Scholl:

> Wir sind ganz beeindruckt von dem kurzen Besuch in Ihrem Elternhaus und ich hoffe sehr, bald wiederzukommen und länger bei Ihnen zu bleiben.[17]

Damit dürfte die Frage des ersten persönlichen Kontaktes zwischen Zuckmayer und Scholl geklärt sein: Er fand zwischen dem 23. Februar und dem 5. März 1948 statt. Wahrscheinlich kam Inge Scholl zunächst nach München. Auf jeden Fall reiste das Ehepaar Zuckmayer nach Ulm, und zwar höchstwahrscheinlich zwischen dem 1. und 5. März 1948.

Was den in der Korrespondenz immer wieder angesprochenen Austausch über den Widerstand der ermordeten Studenten der Weißen Rose und das Filmprojekt zu diesem Thema betrifft, hat Schüler recht mit ihrer Feststellung, Zuckmayer habe in seinem im Mai 1947 verfaßten *Bericht über das Film- und Theaterleben in Deutschland und Österreich* seinen amerikanischen Auftraggebern den Stoff zur Verfilmung empfohlen:

> Für eine Spielfilmproduktion würde ich die Geschichte des Münchner Studentenaufstands und sein tragisches Schicksal – unter dem Titel »Die weiße Rose« vorschlagen. (Dies war der geheime Name dieser Gruppe).[18]

Entgegen Schülers Behauptung, die Idee zu einem solchen Film sei auf ein Treffen mit Inge Scholl zurückgegangen, ist jedoch wahrscheinlich, daß Christoph Dohrn[19] den Anstoß gab, sich mit dem Thema zu beschäftigen. Und wiederum entgegen Schülers Mutmaßung wußte Inge Scholl natürlich nichts über diesen Vorschlag Zuckmayers an das Department of War. In der Korrespondenz zwischen ihr und Zuckmayer

---

16 Telegramm von Zuckmayer an Inge Scholl vom 23. Februar 1948, aus dem Nachlaß von Inge Scholl.
17 Brief von Zuckmayer an Inge Scholl vom 5. März 1948.
18 Carl Zuckmayer, *Bericht über das Film- und Theaterleben in Deutschland und Österreich*, DLA, Nachlaß Zuckmayer (Original in englischer Sprache).
19 Vgl. Anm. 8.

ist sie es nämlich, die die Möglichkeit eines Films über ihre Geschwister zum ersten Mal erwähnt:

> Die Bavaria[20] trat vor einiger Zeit an mich heran mit der Bitte, ihr Material für einen Film über die Studentenrevolte zu geben. Ich habe es ihr versprochen, einfach um auf alle Fälle Einfluss zu haben und Unmöglichkeiten zu vermeiden und schliesslich halte ich vom Film sehr, sehr viel – trotz seiner momentanen noch zweifelhaften Situation. […] Nun wende ich mich mit der Bitte an Sie, ob Sie nicht irgendeinen guten Drehbuchautor und Regisseur kennen, der sich um die Sache annehmen könnte, damit sie wirklich gut würde.[21]

Außerdem bestätigt Inge Scholl in diesem Brief noch einmal ihre eigene Bereitschaft und die ihrer Geschwister und Freunde, ein solches Filmprojekt zu unterstützen.

> Ich denke, wir würden einmal ein Exposé ausarbeiten, das dann von einem wirklich fähigen Mann als Drehbuch umgestaltet werden könnte. Ich kann und mag Ihnen selbst solch eine grosse Arbeit nicht zumuten, aber in Ihre Hände würde ich sie mit dem größten Vertrauen legen.
> Die Bavaria drängt sehr und möchte unbedingt bis zum Januar ein Exposé in der Hand haben. […]
> Ich wäre Ihnen für möglichst baldige Nachricht sehr dankbar. Vielleicht kann ich Ihnen in nächster Zeit einige Gedanken, wie wir uns den Film denken, zusenden.[22]

Besonders interessant an diesem Brief ist das Postskriptum:

> Ich bin nun doch in der Lage Ihnen die niedergeschriebenen Gedanken über diesen Film gleich beizufügen. […][23]

---

20 Die 1918 in München gegründete Produktionsfirma Bavaria wechselte verschiedentlich Rechtsform und Besitzer. 1938, im Zuge der staatlichen Sanierung, d.h. Vereinnahmung sämtlicher Filmproduktionsfirmen durch die Ufa, wurde sie »auf ausdrücklichen Wunsch des ›Führers‹, der seiner ›Hauptstadt der Bewegung‹ eine Filmfirma erhalten wollte – im Februar 1938 als Bavaria Filmkunst GmbH neu gegründet […].« (Klaus Kreimeier, *Die Ufa-Story*, München, Wien 1992, S. 306). Von dieser Bavaria ist die Rede, denn bereits kurz nach dem Zweiten Weltkrieg durfte sie mit amerikanischer Lizenz und unter Leitung des Tonfilm-Pioniers Fritz Thiery weiter produzieren.
21 Brief von Inge Scholl an Zuckmayer vom 24. November 1947.
22 Ebd.
23 Vgl. Abschnitt 5 dieses Aufsatzes.

Schüler erwähnt und exzerpiert auch diesen Brief, sogar das Postskriptum – »das ›Exposé‹ Inge Scholls und Otl Aichers konnte dem Brief bereits beigelegt werden«[24] – sie erläutert jedoch nicht, um welches Dokument es sich dabei ihrer Ansicht nach handelt, noch was sie zu der Annahme verleitet, es sei von Inge Scholl und Otl Aicher gemeinsam verfaßt worden. Den nächsten Brief Inge Scholls an Zuckmayer vom Januar 1948 hat Schüler vollkommen ignoriert. Darin skizziert Scholl noch einmal das Anliegen der Bavaria und bittet Zuckmayer erneut um seine Mitarbeit:

> Wir haben uns deshalb der Bavaria gegenüber, die unaufhörlich drängt, sehr zurückhaltend verhalten, denn wir wollten unter allen Umständen die Wege für Sie freihalten. [...]
> Ich habe mich, nachdem ich meinen Novemberbrief an Sie abgesandt hatte, mit einem Freund meiner Geschwister auf eine Skihütte zurückgezogen, um in Ruhe alle Briefe und Tagebücher zu sichten und ein Exposé auszuarbeiten, das Ihnen als lebendiges Dokument dienen sollte.[25]

Es sind also zu diesem Zeitpunkt, bevor sich Zuckmayer und Scholl überhaupt zum ersten Mal getroffen haben, bereits die »niedergeschriebenen Gedanken über diesen Film« an Zuckmayer geschickt und ein »Exposé« zumindest erwähnt worden. Es ist anzunehmen, daß mit dem »Freund meiner Geschwister« Otl Aicher gemeint war, der seit seiner Schulzeit ein enger Freund Werner Scholls[26] gewesen war und über ihn auch den Rest der Familie kennengelernt hatte. Aicher war später, wie Christiane Wachsmann berichtet, »sowohl mit Hans als auch mit Sophie eng befreundet«.[27] Auch die von Scholl erwähnte Arbeitsweise – sich mit einem bestimmten Vorhaben im kleinen Kreis in die Natur zurückzuziehen – entsprach der Aicherschen.

Scholls Brief vom 13. Januar 1948 folgte wenige Tage später ein Telegramm, in dem sie Zuckmayer dringend um Nachricht bittet, »da die Filmsache wegen Eintreten besonderer Umstände umgehende Klä-

---

24 Schüler (Hrsg.), *Die weisse Rose*, a.a.O. (Anm. 2), S. 29 f.
25 Brief von Inge Scholl an Zuckmayer vom 13. Januar 1948.
26 Beide sind 1922 geboren.
27 Christiane Wachsmann, *Die Welt zu ordnen und neu zu erdenken. Biografische Notiz zu Otl Aicher*, in: Brigitte Reinhardt / Christiane Wachsmann (Hrsg.), *»die augen sind hungrig, aber oft schon vor dem sehen satt«. Otl Aicher zum 75. Geburtstag*, Ulm 1997, S. 14.

rung erfordert«.[28] Zuckmayer beantwortete beide Briefe und das Telegramm erst am 2. Februar 1948. Dieser Brief wird auch von Schüler zu
weiten Teilen zitiert.[29] Zuckmayer äußert darin erhebliche Bedenken
gegen eine Verfilmung des Weiße-Rose-Sujets.

> Dieser Film darf keine halbe Sache und erst recht kein glattes Scha-
> blonenprodukt werden. Um ihn aber zu einem künstlerischen Doku-
> ment zu machen, nämlich, den Stoff über das rein Dokumentarische
> heraus zu gestalten, seine eigentliche Wahrheit, seine Botschaft, in
> Form und Inhalt gültig werden zu lassen, dazu braucht man Unab-
> hängigkeit.

Seine Bedenken gelten zu diesem Zeitpunkt wohl einerseits der Kontrolle gerade des Wiederaufbaus der deutschen Filmindustrie durch die
amerikanischen Besatzungsbehörden, die ein starkes Interesse daran
hatten, Deutschland als Exportmarkt zu etablieren, und zwar nicht nur
zum Zweck der reeducation. Andererseits hatte Zuckmayer mit Sicherheit auch Vorbehalte gegenüber den Personen, die für die Realisierung
eines solchen Projekts in Frage kamen: Viele Filmschaffende waren wie
er selbst ins Exil[30] gegangen, einige waren ermordet worden. Wer kurz
nach dem Zweiten Weltkrieg in Deutschland fähig war, einen Film zu
realisieren, hatte eine Ufa-Laufbahn hinter sich, auch wenn längst nicht
alle in Deutschland gebliebenen Filmschaffenden Nazi-Propaganda-
filme gedreht hatten. »So wie die Dinge jetzt liegen«, fährt Zuckmayer
fort,

> würde ich einen solchen für Deutschland und für die Welt ungeheuer
> wichtigen Film nicht in Deutschland machen. [...] Ich halte einen
> zeitlichen Aufschub für weniger bedenklich als eine nicht adäquate
> Realisierung. Und für die adäquate sehe ich, wie man auch das Ma-
> nuskript schreiben würde, derzeit keine Garantie.

28 Telegramm von Inge Scholl an Zuckmayer vom 19. Januar 1948, aus dem
   Nachlaß von Inge Scholl.
29 Schüler (Hrsg.), *Die weisse Rose*, a.a.O. (Anm. 2), S. 30 f. Schüler datiert
   den Brief auf den 7. Februar 1948, weil er ihr offenbar in einer mir nicht
   bekannten Abschrift ohne Datierung vorgelegen hat. Das handgeschriebene
   Original, das sich im Nachlaß von Inge Scholl befindet, ist auf den 2. Februar 1948 datiert.
30 So etwa Kurt Bernhardt, Jacob und Luise Fleck, Karl Grune, Josef von
   Sternberg, Richard Oswald, Paul Czinner, Detlef Sierck, Max Ophüls – alle
   Regisseure, mit denen Zuckmayer von Mitte der zwanziger Jahre an in
   Deutschland, von 1935 an in verschiedenen Exilländern bereits zusammengearbeitet hatte.

Die letzte Formulierung beweist zweifelsfrei, daß Zuckmayer zu diesem Zeitpunkt kein Filmmanuskript verfaßt hatte. Damit ist auch Schülers Datierung des Typoskripts auf 1947 im Hinblick auf die Annahme, es stamme von Zuckmayer, widerlegt.

In ihrem Antwortschreiben drückt Scholl ihr Verständnis für Zuckmayers Bedenken aus, behält sich aber die endgültige Entscheidung für ein persönliches Gespräch vor, das, wie bereits erwähnt, kurz darauf stattfinden sollte. Quasi zur Vorbereitung dessen heißt es in diesem Brief:

> Heute möchte ich Ihnen nur in aller Eile die Durchschrift eines Typoskripts senden, das ich zusammen mit einem meinen Geschwistern sehr nahestehenden jungen Freund geschrieben habe, gewissermaßen als dokumentarische Unterlage für das Drehbuch. Die Dialoge usw. stammen aus Briefen, Tagebüchern oder sind rekonstruierte Gespräche.[31]

Daß es sich bei diesem Typoskript um das auf der Skihütte bereits im Januar verfaßte und im Brief vom Januar 1948 erwähnte Exposé handelt, liegt nahe. Und Scholls inhaltliche Beschreibung des Typoskripts paßt sehr gut zu dem vorliegenden, von Schüler Zuckmayer zugeschriebenen. Es wäre somit tatsächlich von Inge Scholl und – höchstwahrscheinlich – Otl Aicher gemeinsam verfaßt worden, und zwar Anfang 1948. Für diese Ansicht ist eine in ihrer Diktion auffällige Stelle des Treatments ein weiteres Indiz:

> Die Angeklagten, bis auf Sophie, sind gefesselt. Ihre Haltung ist von bezwingendem Adel.[32]

In einem Brief von Inge Scholl an Alice Zuckmayer heißt es entsprechend:

> Die Haltung der drei Angeklagten sei von einem unbeschreiblichen Adel und bezwingender Überlegenheit gewesen, so lauten die Berichte mancher Zuschauer.[33]

---

31 Brief von Inge Scholl an Zuckmayer vom 9. Februar 1948.
32 Schüler (Hrsg.), *Die weisse Rose*, a.a.O. (Anm. 2), S. 100.
33 Brief von Inge Scholl an Alice Herdan-Zuckmayer vom 19. Januar 1950. Mit diesem Brief schickte Inge Scholl ein weiteres Typoskript, ihre Geschwister betreffend. Es umfaßt 31 Seiten und richtet sich in pädagogischer Absicht an junge Leser. Es stimmt in Details mit dem Treatment überein und weist mehrere ähnlich lautende Stellen auf.

2. *Das weitere Schicksal des Filmprojekts*

Bei dem Besuch in Ulm trafen Zuckmayers offenbar nicht nur Inge
Scholl und deren Eltern, sondern »auch Herrn Aicher, die andern
Freunde und das ganze Studio Null«,[34] wie Zuckmayer in seinem Brief
erwähnt. Und offenbar hatte man sich darauf geeinigt, Zuckmayer solle
die Bavaria vertrösten und darauf dringen, den Weiße-Rose-Film zu
verschieben. Den entsprechenden Brief an Fritz Thiery, der zu dieser
Zeit Produktionsleiter der Bavaria war, fügte Zuckmayer in Kopie dem
an Inge Scholl bei, und gleichzeitig schickte er eine weitere Kopie an
Herbert Hohenemser, einen Münchner Freund Scholls und Redakteur
beim *Münchner Merkur*. Hohenemser sollte sie offenbar publizistisch
verwenden, da das Filmprojekt bereits öffentlich diskutiert wurde, wie
Schüler richtig referiert.[35]

> Ich lege den Durchschlag des Briefes bei, den ich an Herrn Thiery
> geschrieben habe. Sie können also nach einigen Tagen die geplante
> Publikation vornehmen. Am besten in möglichst knapper, einfacher
> und allgemeiner Weise. Und natürlich, ohne dass dabei eine be-
> stimmte Filmgesellschaft erwähnt wird, da wir ja keinerlei feste Bin-
> dungen haben und auch vorläufig keine eingehen wollen.[36]

In dem Brief an Thiery[37] erklärt Zuckmayer sein »brennendes« Interesse an dem Weiße-Rose-Stoff, den er jedoch nur unter der Voraussetzung der »kompromisslosen, künstlerischen Gestaltung« realisiert
sehen will, die »in der geistigen Linie und im artistischen Niveau über
den Durchschnittsfilm hinausgehen muss«. Zuckmayer bekundet weiterhin, er sei »entschlossen, die Arbeit zu übernehmen«, weist jedoch
darauf hin, daß er vorerst noch an seinem neuen Stück[38] arbeiten
müsse, es aber ohnehin für besser halte, den Film zu verschieben, weil
die Deutschen zu sehr mit ihrem materiellen Elend beschäftigt und für
einen solchen Film nicht bereit seien.

Von April 1948 an erhält Zuckmayer eine Reihe von Briefen mitunter skurrilen Inhalts, die sich auf Zeitungsmeldungen über das Filmprojekt beziehen, zumeist von Lesern, die sich dem Widerstand gegen

---

34 Brief von Zuckmayer an Inge Scholl vom 5. März 1948.
35 Schüler (Hrsg.), *Die weisse Rose*, a.a.O. (Anm. 2), S. 31 f.
36 Brief von Zuckmayer an Herbert Hohenemser vom 5. März 1948.
37 Brief von Zuckmayer an Fritz Thiery vom 4. März 1948.
38 *Barbara Blomberg*.

den Nationalsozialismus verbunden fühlten und sich als Berater anboten. So sieht sich der Münchner Georg Hofmann veranlaßt, Zuckmayer darauf hinzuweisen, daß Hans und Sophie Scholl keine »Märtyrer der katholischen Kirche« gewesen seien, sondern vor ihrer Hinrichtung das evangelische Abendmahl erhalten hätten.[39] Ein ehemaliger Redakteur des *Dortmunder General-Anzeigers* und Gestapohäftling macht Zuckmayer auf seine Materialsammlung zum Thema aufmerksam, versucht jedoch gleichzeitig, ihm ein eigenes Kriegsromanmanuskript anzudienen.[40] Auch von der älteren Schwester des zusammen mit den Scholl-Geschwistern ermordeten Christoph Probst, Angelika, erhält Zuckmayer einen Brief, der ihn darüber aufklärt, daß

> sich bezüglich des Filmprojekts zum ersten Mal grundsätzliche Meinungsverschiedenheiten unter den Angehörigen der Toten herauszubilden scheinen.[41]

Zwei Wochen später schickt sie ihm eine ausführliche Begründung »Warum ich unbedingt dagegen bin, dass die Münchener Studentenbewegung verfilmt wird.«[42] Auf dieses Dokument wird später noch einzugehen sein.

Interessant in diesem Zusammenhang ist auch der Brief des Schauspielers und ehemaligen Konzentrationslager-Häftlings Hellmut Breiding aus Dachau, der zunächst berichtet, was er gelesen hat:

> In der Mai-Ausgabe des »Mitteilungsblattes des Landesausschusses der politisch Verfolgten in Bayern« [...] fand ich unter der Überschrift »Ein Film über die Geschwister Scholl« folgende Notiz: Das Exposé zu einem Film über die Widerstandsbewegung der Münchener Studenten im Jahre 1943, das Inge Scholl und Otto Aicher auf Grund dokumentarischen Materials zusammengestellt haben, wurde jetzt Carl Zuckmayer übergeben, der in den nächsten Monaten das Drehbuch ausarbeiten wird. Zuckmayer will das vorhandene Material durch Ricarda Huchs Buch[43] über die Geschwister Scholl

---

39 Brief von Georg Hofmann an Zuckmayer vom 5. April 1948.
40 Brief von Hanns Weinberg an Zuckmayer vom 19. April 1948.
41 Brief von Angelika Probst an Zuckmayer vom 11. Mai 1948.
42 Anlage zum Brief von Angelika Probst an Zuckmayer vom 25. Mai 1948.
43 Ricarda Huch (1864-1947) hatte seit 1944 Biographien von Widerstandskämpfern gesammelt, die sie zu einem Buch zusammenfassen wollte, vor dessen Fertigstellung sie jedoch starb.

und durch eine eigene Darstellung des Kreisauer Kreises[44] ergänzen.[45]

Breidings Anliegen war es, sich und seine Leidensgenossen als Darsteller für den Scholl-Film zu empfehlen:

> Heute sind 3 Jahre vergangen, seit wir lebend aus diesem Elend her-
> ausgekommen sind. Lassen Sie mich Ihnen ehrlich gestehen: Wir
> sind enttäuscht! Man ist vor lauter »Renazifizierung« [!] der »Pro-
> minenten« gar nicht auf den Gedanken gekommen, auch einmal
> unter denen, deren Namen man jetzt nennen dürfte, – ausgenommen
> die emigrierte Prominenz – Umschau nach geeignetem Material zu
> halten. Könnte es für einen jungen Menschen nach jahrelanger
> Unterdrückung und Knechtung eine schönere »Wiedergutmachung«
> geben, als eine Chance zur Bewährung?

Der Sozialdemokrat Fritz Sänger bezieht sich auf eine Pressenotiz offenbar ähnlichen Wortlauts in der Zeitschrift *Das andere Deutschland*
und bittet Zuckmayer zu berücksichtigen, daß es »nicht nur Offiziere
und Aristokraten« waren, die den Widerstand gegen Hitler bildeten,
und daß jede Menge »Kleinarbeit« geleistet wurde, über die er gern
bereit sei, Auskunft zu geben.[46] Und der Münchner Rechtsanwalt
F.J. Berthold berichtet über seine Bekanntschaft mit dem von den
Scholls verehrten und ebenfalls ermordeten Professor Huber, der ein
begeisterter Volksliedsammler gewesen sei und zusammen mit einem
Bauernmusikanten während des Nationalsozialismus verbotene Jodler-
treffen veranstaltet habe – »derartiges Volksliedsingen und Musizieren
auf einer Alm mit den besten bayr. Liedgruppen und in den schönen
bayr. Trachten würde [...] dem Film vielleicht ein schönes Kolorit
geben«.[47]

Im September 1948 wendet sich der Münchner Publizist Herbert
Hohenemser an Zuckmayer, und nun wird das Filmprojekt noch einmal virulent:

---

44 Zu diesem Komplex vgl. *Späte Freundschaft. Carl Zuckmayer / Karl Barth
  in Briefen*, Zürich 1995.
45 Brief von Hellmut Breiding an Zuckmayer vom 31. Mai 1948. Die hier zitierte Zeitungsnotiz läßt sich als weiterer Beleg dafür lesen, daß das Treatment nicht von Zuckmayer stammt, der offenbar an eine Erweiterung des
  ihm von Scholl und Aicher zur Verfügung gestellten Materials gedacht hatte.
46 Brief von Fritz Sänger an Zuckmayer vom 13. Juni 1948.
47 Brief von F.J. Berthold an Zuckmayer vom 29. August 1948.

Vor ein paar Tagen [...] wurde ich plötzlich von der DEFA-Film-
gesellschaft[48] in Berlin mit Telegrammen, Briefen und Anrufen bom-
bardiert, ob ich nicht eine Vermittlung zwischen der Familie Scholl
und Ihnen einerseits und Herrn Erich Engel andererseits zustande
bringen könnte. Herr Engel, der in den nächsten Tagen selbst nach
München kommen will, interessiert sich offenbar sehr stark dafür,
den Schollfilm zu inszenieren [!] und ich habe [...] Herrn Engel wie
Herrn Uhlich, dem Produktionschef dieser DEFA-Gruppe, nachdrücklich gesagt, dass Verhandlungen und Entscheidungen unmöglich ohne Sie zustande kommen können.[49]

Im September teilt wiederum Zuckmayer Inge Scholl mit:

Gerade bekam ich Nachricht von Hohenemser. Erich Engel ist ein
alter Freund von mir. Wenn man einmal an den Filmplan herangeht,
hätte man in ihm einen Mann von geistigem und künstlerischem
Niveau. Aber ... DEFA?[50]

Außerdem wendet er sich an Erich Engel selbst, der am 13. September
seinerseits an Zuckmayer herangetreten war und eine DEFA-Produk-
tion vorgeschlagen hatte. Dieser Brief, der auszugsweise bereits an zwei
Stellen veröffentlicht wurde,[51] ist vor allem deshalb so interessant, weil
Zuckmayer die Geschichte des Projekts ein wenig umschreibt, um sich
Engel gewogen zu machen, etwa indem er behauptet, daß die Bavaria
ihn für den Film »heranholen« wollte, »aber eben ohne dich«. Inzwischen habe sich auch die Familie Scholl an ihn gewandt – eine Darstellung, die die Chronologie verzerrt. Gleichzeitig legt Zuckmayer Wert
darauf zu betonen, daß ein Weiße-Rose-Film überhaupt nur gemacht
werden könne, wenn er das Drehbuch schriebe, denn die Angehörigen
der Ermordeten würden

---

48 Die DEFA (Deutsche Film-A.G.) wurde 1946 unter Lizenz der sowjetischen
   Militäradministration gegründet. Im gleichen Jahr entstand mit *Die Mörder sind unter uns* (Regie: Wolfgang Staudte) der erste Spielfilm, 1948 inszenierte Erich Engel einen weiteren antifaschistischen Spielfilm, *Affaire
   Blum.* 1949 hatte *Rotation*, wieder von Wolfgang Staudte, Premiere. Danach wurde die DEFA die einzige Filmgesellschaft der DDR.
49 Brief von Herbert Hohenemser an Zuckmayer vom 8. September 1948.
50 Brief von Zuckmayer an Inge Scholl vom 14. September 1948, Nachlaß
   Inge Scholl.
51 Vgl. Nickel/Weiß *Carl Zuckmayer*, a.a.O. (Anm. 11), S. 323 f., und Schüler
   (Hrsg.), *Die weisse Rose*, a.a.O. (Anm. 2), S. 34.

ihr Material und auch ihre Mitarbeit oder Beratung nur einem Film zur Verfügung stellen [...], der von mir geschrieben und entscheidend beeinflusst [wird].[52]

Mit seinem Schreiben versucht Zuckmayer, Engel mit sanftem Druck – »juristische Klauseln [...], falls es in diesem Punkt zu keiner Einigung käme« – davon zu überzeugen, das Filmprojekt zu verschieben, einerseits weil er – in diesem Fall auch als Sprachrohr der Angehörigen – in Anbetracht der unsicheren Lage Deutschlands den Zeitpunkt nicht für günstig hält, andererseits weil er schlicht keine Zeit hat, das Drehbuch zu schreiben. Erich Engel reagierte zunächst mit einem Telegramm folgenden Wortlauts:

> Versuche Verschiebung bei DEFA durchzusetzen. Falls es aber nicht glückt, könnte ich endgültige Wahl des bereits erwähnten Autors[53] nicht verhindern.[54]

Doch nur wenig später nimmt Engel diese Nachricht zurück:

> Habe mich doch entschlossen, Scholl zu verschieben und auf dich zu warten.[55]

Ein Brief Inge Scholls gibt Auskunft darüber, wie Erich Engels Sinneswandel zustande gekommen sein könnte:

> In der Zwischenzeit arrangierte Dr. Hohenemser mal eine Zusammenkunft zwischen Erich Engel und uns. Wir haben einen sehr guten Eindruck von ihm gewonnen. In einer gründlichen Aussprache haben wir uns nach wie vor auf den Standpunkt gestellt, dass wir, ohne uns mit Ihnen verständigt zu haben, keinerlei Entscheidungen treffen könnten, da wir Ihnen die ganze Sache anvertraut hätten. Zunächst drängte Erich Engel sehr [...]. In einer weiteren Besprechung mit Dr. Hohenemser, vor Engels Abreise nach Berlin, hat er offenbar sehr darum gebeten, Sie für seinen Plan zu gewinnen.[56]

---

52 Brief von Zuckmayer an Erich Engel vom 26. September 1948.
53 Damit könnte evtl. der zu dieser Zeit für die DEFA arbeitende Regisseur und Drehbuchautor Peter Pewas gemeint sein, der seinerseits ein Filmprojekt über den deutschen Widerstand realisieren wollte. Vgl. den Artikel über Peter Pewas in: Hans-Michael Bock (Hrsg.), *Cinegraph*, München 1984 ff., Lieferung 22, Mai 1993.
54 Telegramm von Erich Engel an Zuckmayer vom 16. Oktober 1948.
55 Telegramm von Erich Engel an Zuckmayer vom 8. November 1948.
56 Brief von Inge Scholl an Zuckmayer vom 18. November 1948.

Von Ende 1948 bis Mitte 1949, während Zuckmayers Krankheit und monatelanger Rekonvaleszenzzeit, liegt die Korrespondenz im wesentlichen brach. Scholl und Otl Aicher besuchen die Zuckmayers im Sommer, und in der Folge beginnt Inge Scholl auch mit Alice Zuckmayer Briefe zu wechseln, konzentriert sich aber jetzt auf die Leitung der Ulmer Volkshochschule, deren Aktivitäten sie ständig erweitert und in die sie auch die Zuckmayers immer wieder einbindet.

Erst Ende 1952 erwähnt Inge Scholl, die inzwischen längst mit dem Aufbau einer Hochschule für Gestaltung beschäftigt ist, für deren Gründung sie Spenden sammelt und unter anderen auch Zuckmayers Kontakte nutzt, wieder einmal das Filmprojekt:

> Die Filmsache habe ich, so hoffe ich, abgestellt. Im Augenblick gibt es für mich nur eins: versuchen sie zurückzustellen bzw. sie abzudecken. Solange der deutsche Film noch so miserabel ist, kann er sich an einen solchen Stoff nicht heranwagen.[57]

1953 kündigte der Berliner Filmproduzent Artur Brauner an, seine Produktionsfirma CCC werde einen Film über die Weiße Rose realisieren. Dieser Plan löste eine breite öffentliche Diskussion aus, und mehrere Zeitungen druckten offene Briefe ab. Inge Scholl bat auch Zuckmayer um Unterstützung:

> Man denkt allen Ernstes daran, das Schicksal meiner Geschwister und ihrer Freunde noch in diesem Jahr zu verfilmen. Die rechtlichen Aussichten, ein solches Unternehmen zu verhindern, sind sehr gering. Es hilft nur noch ein moralischer Appell. [...] Die politische Verantwortung ist hier so groß, dass ich Dich sehr herzlich bitte, mit uns einen Weg zu finden und raschestens einen Riegel vorzuschieben.[58]

Zuckmayer, der sich zu der Zeit in den USA aufhielt und Inge Scholls Hilferuf erst mit sechswöchiger Verspätung bekam, verfaßte dennoch einen Brief mit einer allgemeinen Einschätzung des Filmprojekts, die er ihr zur weiteren Verwendung zur Verfügung stellte.

> Eine Verfilmung kann derzeit nur daneben gehen, selbst wenn die Hersteller ernsthafte Absichten haben. Ein Film von dem Wahrheitsgehalt, dem sittlichen Ernst Deiner »Weissen Rose« ist undenkbar, wenn er nicht ausserhalb der Geschäftsindustrie, von einer völlig un-

---

57 Brief von Inge Scholl an Zuckmayer vom 23. September 1952.
58 Brief von Inge Scholl an Zuckmayer vom 24. Februar 1953.

abhängigen Arbeitsgemeinschaft, mit äusserster Behutsamkeit und gleichzeitig Kühnheit in der Anwendung der künstlerischen Mittel hergestellt wird.[59]

Ob Zuckmayers Intervention noch ihren Zweck erfüllte oder nicht: Es schien zunächst fast aussichtslos, das Projekt, das bereits kurz vor Drehbeginn stand, zu verhindern, denn man hatte es in Antizipation eines Rechtsstreits »Geschwister Haller« genannt und bereits mit einer Doppelbürgschaft, teilweise vom Bund, teilweise vom Berliner Senat, vorfinanziert. Nach dem vehementen öffentlichen Protest von Inge Scholl, anderen Angehörigen der Ermordeten und prominenten deutschen Intellektuellen zogen sich die Bürgschaftsgeber jedoch zurück.[60] Drei Jahrzehnte später sollte Artur Brauner dann doch noch Mitproduzent von *Die weiße Rose* werden.

Von 1953 an bindet Inge Scholl Zuckmayer in die Gründungsaktivitäten der Ulmer Hochschule für Gestaltung ein, die aus der Geschwister-Scholl-Stiftung entstand, die wiederum als Manifestation und Fortführung der Aktivitäten des Studio Null und der seit 1946 bestehenden Ulmer Volkshochschule angesehen werden kann. Zuckmayer wird Mitglied des Kuratoriums und Verwaltungsrates der Geschwister-Scholl-Stiftung. Inge Scholl hat ihn als prominenten Fürsprecher und Gewährsmann für ihr Anliegen und dessen Finanzierung immer wieder eingeschaltet.[61] Der Aufbau der Hochschule, die am 2. Oktober 1955 schließlich offiziell eröffnet wird, nimmt sie zeitlich so sehr in Anspruch, daß ihre Briefe an Zuckmayer seltener werden. Der wiederum ist mit dem Verfassen von Theaterstücken und Proben und mit den Vorarbeiten zu Verfilmungen seiner Stoffe beschäftigt; außerdem reist er zwischendurch wiederholt in die USA. Nach 1953 ist im Briefwechsel zwischen Inge Scholl und Carl Zuckmayer von einem Weiße-Rose-Filmprojekt nicht mehr die Rede.

59 Brief von Zuckmayer an Inge Scholl vom 8. April 1953, aus dem Nachlaß von Inge Scholl.

60 Vgl. zu diesem Komplex Claudia Dillmann-Kühn, *Artur Brauner und die CCC. Filmgeschäft, Produktionsalltag, Studiogeschichte 1946-1990*, Frankfurt 1990, S. 81 f.

61 Ausführliche Darstellungen der HfG Ulm geben z.B. Herbert Lindinger, *Hochschule für Gestaltung Ulm. Die Moral der Gegenstände*, Berlin 1987, und Eva von Seckendorf, *Die Hochschule für Gestaltung Ulm. Gründung und Ära Max Bill*, Hamburg 1986.

3. Anmerkungen zu Verhoevens Film »Die Weiße Rose«[62]

Zwar gab es auch nach dem Eklat von 1953 Bemühungen, das Weiße-Rose-Projekt zu realisieren; es gibt jedoch nicht, wie Schüler andeutet, »andere Filme über die ›Weiße Rose‹«.[63] Undifferenziert ist auch Schülers Erläuterung der Filmvorhaben; sie nennt in einem Atemzug den Produzenten Artur Brauner, die Drehbuchautoren Axel Eggebrecht und Erich Kuby, die Regisseure Falk Harnack, Hans W. Geissendörfer und Volker Schlöndorff, die »den Stoff verfilmen« wollten. Auch die auf den von Michael Verhoeven[64] schließlich realisierten Film gemünzte Formulierung »wurde 1982 ausgestrahlt« trifft den Sachverhalt nicht: Verhoevens Film war zwar vom Hessischen Rundfunk koproduziert, jedoch von vornherein als Kinofilm konzipiert und hatte am 24. September 1982 Premiere in mehreren deutschen Städten.[65]

62 Das Drehbuch zu diesem Film findet sich im Nachlaßarchiv des Filmmuseums Berlin / Deutsche Kinemathek, Nachlaß Michael Fengler. Dank an Gerrit Thies, der es mir zugänglich machte.

63 Schüler (Hrsg.), *Die weisse Rose*, a.a.O. (Anm. 2), S. 23. Eine Ausnahme ist der halbdokumentarische Film *Studenten aufs Schafott* von Gustav Ehmck, der 1972 in Venedig gezeigt wurde, gegen den die Angehörigen der Ermordeten jedoch erfolgreich juristisch vorgingen, so daß er in der Bundesrepublik nie zur Aufführung kam. Ehmck (geb. 1937) wurde vage dem Neuen Deutschen Film zugerechnet, reüssierte jedoch weder mit seinen kolportagehaften, leicht schlüpfrigen, als Sozialstudien getarnten Filmen (*Die Spalte*, 1971; *Heiß und Kalt*, 1972), noch mit seinen *Räuber-Hotzenplotz*-Inszenierungen (*Der Räuber Hotzenplotz*, 1973; *Neues vom Räuber Hotzenplotz*, 1979).

64 Michael Verhoeven (geb. 1938) war zunächst Schauspieler und Theaterregisseur, bevor er zusammen mit seiner Frau Senta Berger 1967 eine Filmproduktionsfirma gründete und Drehbücher schrieb, die er selbst inszenierte. Am bekanntesten ist vermutlich sein 1970 gedrehter Film *O.K.*, eine nach Bayern verlegte Parabel über den Vietnamkrieg, der 1970 im Wettbewerb der Internationalen Filmfestspiele Berlin als anti-amerikanisch verunglimpft wurde, was nach den Statuten der Festspiele die Aufnahme des Films in den Wettbewerb hätte verhindern müssen. Es entbrannte ein heftiger Streit, in dessen Folge die Filmfestspiele vorzeitig abgebrochen wurden. Verhoeven hat viel fürs Fernsehen gearbeitet; seine Filme sind ästhetisch konventionell und narrativ geradlinig, kritisieren jedoch engagiert sozialpolitische Mißstände.

65 Seine Uraufführung erlebte der Film bereits im Juli 1982 auf dem Festival in Karlovy Vary.

Verhoeven ist in Interviews[66] und in seinem Buch zum Film immer
wieder auf die gescheiterten Versuche seiner Vorgänger eingegangen.
Seine Darstellung ist die folgende:

> Der Regisseur Falk Harnack[67] [...] scheiterte am Einspruch der be-
> troffenen Familien. [...] Volker Schlöndorff hat mir von seinem nicht
> zustandgekommenen Projekt erzählt. Sein Co-Autor sollte damals
> [...] Erich Kuby sein.
>   In den fünfziger Jahren hat Axel Eggebrecht[68] für Artur Brauner
> ein Drehbuch geschrieben. Brauner hat es mir zum Lesen gegeben.
> Kein Film für mich. Ein anderes Drehbuch, ebenfalls von Brauner in
> Auftrag gegeben, hat Günther Weisenborn geschrieben. Gustav
> Ehmck[69] drehte in den siebziger Jahren einen Film über die »Weiße
> Rose«, dessen Aufführung aber nicht zustande kam.

---

66 Ein ausführliches Interview findet sich im Presseheft zum Film, das im
   Schriftgutarchiv des Filmmuseums Berlin/Deutsche Kinemathek archiviert
   ist. Dank an Regina Hoffmann, die es mir zugänglich machte.
67 Falk Harnack (1913-1991) tritt als Figur sowohl im Treatment als auch in
   Verhoevens Film auf. Er war Theaterregisseur, bis er 1941 eingezogen wurde. Harnack, dessen Bruder Arvid und Schwägerin Mildred 1942 als Mitglieder der Widerstandsgruppe »Die rote Kapelle« hingerichtet wurden,
   hatte Kontakt zur Weißen Rose und sollte Verbindungen zum militärischen
   Widerstand herstellen. Nach dem Krieg war er Hörspielautor, Dramaturg
   und Theaterregisseur; 1949 wurde er künstlerischer Direktor der DEFA, die
   er 1952 wieder verließ. Von 1953 bis 1956 war Harnack Regisseur bei Artur Brauners CCC, der ihn für das Weiße-Rose-Projekt verpflichten wollte.
   1955 realisierte Harnack mit Günter Weisenborn als Drehbuchautor *Der
   20. Juli*, und auch danach widmete er sich in seinen Filmen, die die im bundesdeutschen Film der 1950er Jahre übliche Realitätsverdrängung konter-
   karierten, regelmäßig Themen aus der jüngsten deutschen Geschichte.
68 Axel Eggebrecht (1899-1991) hatte sich als Journalist stark gegen den Nationalsozialismus engagiert, wurde mehrfach verhaftet und im Konzentrationslager inhaftiert. Als Journalist daraufhin mit Berufsverbot belegt,
   schrieb er Drehbücher für »unpolitische« Unterhaltungsfilme, vor allem
   immer wieder für Willi Forst. Für *Der Verlorene*, 1951 vom Remigranten
   Peter Lorre inszeniert und eine der herausragenden Produktionen der
   Nachkriegszeit, schrieb er zusammen mit Lorre und Benno Vigny das
   Drehbuch. Gemeinsam mit Carl Zuckmayer schrieb er den von Rudolf
   Jugert inszenierten Film *Eine Liebesgeschichte* (1954).
69 Vgl. Anm. 63.

Hans Geissendörfer[70] hat 1980 nach vielen Monaten Vorarbeit sein Filmvorhaben »Weiße Rose« aufgegeben, als er in Erfahrung brachte, dass ich ebenfalls an dem Thema arbeitete.[71]

Verhoevens Film beginnt mit Sophie Scholls Ankunft zum Studium in München und endet mit ihrem Tod; dennoch hat er eigentlich sechs Hauptfiguren: Sophie und Hans Scholl, Alexander Schmorell, Willi Graf, Christoph Probst und Professor Kurt Huber – die sechs, die 1943 infolge der Flugblattverteilung ermordet wurden. Die Besetzungsliste nennt die realen Namen der historischen Figuren, also die restliche Familie Scholl, Herta Probst, Clara Huber usw. Große Bedeutung kommt in Verhoevens Film dem Aspekt der Normalität zu. Die jungen Leute werden beim Musizieren, Essen und Trinken, beim fröhlichen Feiern und Herumalbern gezeigt; angedeutet werden Hans Scholls Romanzen mit Traute Lafrenz und Gisela Schertling, Sophies Verhältnis zu ihrem Verlobten Fritz Hartnagel, Christoph Probsts Familienleben. Dramatische Höhepunkte sind Meinungsverschiedenheiten innerhalb der Gruppe – etwa eine Auseinandersetzung zwischen Christoph, der einen Flugblattentwurf mit einem Aufruf zur Sabotage ablehnt, und dem Rest der Gruppe, oder ein Streit mit Professor Huber, der nicht mit anders motivierten Widerstandsgruppen zusammenarbeiten will; häufig wird auch das Risiko thematisiert, dem man sich in unterschiedlichem Maße auszusetzen bereit ist. Die Fronterfahrungen der jungen Männer und Sophies Einsatz in der Rüstungsfabrik katalysieren deren Aktivitäten im Wintersemester 1942/43, in der Zeitspanne, auf die sich Verhoevens Film konzentriert. Weitere wichtige Ereignisse im Film sind das Treffen mit Falk Harnack, die Ansprache des Gauleiters, schließlich die Nachricht der Niederlage von Stalingrad, die nicht, wie die Studierenden hoffen, zu einem Aufbegehren des Volkes führt. Im Film bereitet diese Nachricht das Ende vor: Huber schreibt zum ersten Mal ein Flugblatt, während die Jungen »Nieder mit Hitler!«-Parolen auf Hauswände malen, schließlich der Flugblattabwurf in der Universität.

70 Hans W. Geissendörfer (geb. 1941) gilt seit den 1960er Jahren als einer der interessantesten deutschen Fernsehregisseure, hat aber auch fürs Kino inszeniert, so Literaturverfilmungen nach Anzengruber (*Sternsteinhof*, 1976), Ibsen (*Die Wildente*, 1976) und Patricia Highsmith (*Die gläserne Zelle*, 1977; *Ediths Tagebuch*, 1983).
71 Michael Verhoeven, *Annäherung*, in: Michael Verhoeven / Mario Krebs, *Die Weiße Rose. Der Widerstand Münchner Studenten gegen Hitler. Informationen zum Film*, Frankfurt am Main 1982, S. 190 f.

Darauf folgen nur noch wenige, sehr unspektakuläre Verhör- und Gefängnisszenen, eine Gerichtssequenz, der Besuch der Eltern und des Bruders Werner, eine letzte Zigarette, die Christoph, Hans und Sophie sich teilen, bevor Sophie abgeführt wird und eine Tür zuschlägt.

Verhoevens Inszenierung ist insgesamt zurückhaltend, leise, beiläufig, auch ohne pädagogischen Zeigefinger. Er verzichtet auf Dämonisierungen: So gibt es zwar einige Szenen, die zeigen, wie sich im Gestapohauptquartier in München die Fahnder und Spitzel die Köpfe zerbrechen und sich in Spekulationen über die Verfasser der Flugblätter gegenseitig überbieten, aber da über diesen Szenen stets dichte Schwaden von Zigarettenrauch liegen, bleiben die einzelnen Figuren praktisch anonym, undeutlich. Selbst in den Verhörsequenzen wirken die Vernehmenden müder als die Vernommenen, farbloser sowieso. Die Nazi-Schergen in diesem Film sind keine profilierten Figuren, sondern Repräsentanten des Systems, und sie stehen für die graue Masse der zum Wegsehen und -hören entschlossenen Mitläufer, die keine Ungeheuer, sondern durchschnittliche Deutsche waren.

Visuell unterscheiden sich besonders die Außenaufnahmen in der Natur, aber auch die Tageslicht-Aufnahmen in der Stadt, durch klare Sichtverhältnisse: ideologischer Nebel versus Clairvoyance. Davon wiederum sind die nächtlichen Szenen deutlich abgesetzt: Besonders das Atelier, der Ort der Flugblattherstellung, und die Wohnungen der Freunde sind – wegen der Verdunkelungspflicht – spärlich erleuchtete Höhlen, die aber weniger Gefahr als Geborgenheit vermitteln. Die Nacht,[72] so scheint es, schützt die Rechtschaffenen, nicht jedoch der Luftschutzkeller: Es gibt zwei Szenen, in denen die jungen Leute den Fliegeralarm ignorieren und – allein, aber fröhlich – auf der Straße zurückbleiben. Die Farben des Films sind eher blaß und matt mit Ausnahme der leuchtend roten Robe des Volksgerichtshof-Präsidenten Freisler, der wiederum – im Sinne der Verhoevenschen Strategie, die Nazis weder zu individualisieren noch zu dämonisieren – als Figur nur fragmentarisch zu sehen ist: angeschnitten, von hinten oder halb im Schatten. Die glänzende rote Robe genügt, um zu signalisieren, daß Blut vergossen wurde und werden wird und daß keine Rettung möglich ist.

Verhoeven hat auch sonst auf Bilder des Elends und des Schreckens verzichtet; seine Inszenierung des linear erzählten Drehbuchs legt nahe,

---

72 In einer dem Treatment beigefügten Liste, einer Art Vorschlagsliste für zentrale Themen des Films wird »Die Nacht als Schutzmantel der Empörung« genannt. In dem weiter unten ausführlich behandelten ästhetischen Manifest heißt es einmal: »Die Untergrundbewegung bedient sich der Nacht.«

daß die Münchner Studierenden nicht mehr sahen und hörten als alle anderen Deutschen auch, daß sie jedoch genauer hinguckten als die meisten von ihnen, weil sie sehen wollten. Verhoeven zeichnet die jungen Leute und Professor Huber weder als Helden noch als Märtyrer, weniger überlegen als überlegt, weniger mutig als selbstbewußt. Verhoeven kommt schließlich ohne Pathos und ohne Posen aus; gegen seinen bescheidenen und unprätentiösen Film ist kaum etwas einzuwenden, und die Angehörigen der Ermordeten, die sich jahrelang so erfolgreich gegen die Verfilmung des Weiße-Rose-Stoffs gewehrt hatten, konnten zufrieden sein. Ihre berechtigten Befürchtungen bezüglich einer Verfilmung waren nicht eingetreten.

4. Die Vorbehalte gegen das Filmprojekt

Wie der Briefwechsel zwischen Inge Scholl und Zuckmayer belegt, hatte Scholl zunächst – im Gegensatz beispielsweise zu Angelika Probst – keine grundsätzlichen Einwände gegen das Medium Film, um die Geschichte der Weißen Rose zu erzählen:

> [...] schließlich halte ich vom Film sehr, sehr viel – trotz seiner momentanen noch zweifelhaften Situation. Ich bin überzeugt, dass man daraus einen sehr guten Film drehen könnte, der vor allem der deutschen Jugend manche Antworten auf manche brennenden Fragen geben könnte.[73]

Angelika Probst aber schreibt:

> Selbst wenn wir [...] nur daran dächten, die aufrufende und aufrüttelnde Wirkung jener Geschehnisse möglichst vielen dumpfen und stumpfen Herzen zugute kommen zu lassen, so scheint mir immer noch das Kino der allerunmöglichste Ort dafür. Wollen wir auf die Ebene der Nazis herabsteigen? Vor kurzem noch hat man uns auf der Leinwand Bismarck,[74] Friedrich den Großen,[75] den Hitlerjungen

---

73 Brief von Inge Scholl an Carl Zuckmayer vom 24. November 1947.
74 *Bismarck* (1940) und *Die Entlassung* (1942), beide von Wolfgang Liebeneiner inszeniert, stellen den »Eisernen Kanzler« im Grunde als Vorläufer Hitlers dar und implizieren, Hitler habe dessen politisches Erbe angetreten.
75 Gemeint sind hier die Preußenfilme, die, mit Otto Gebühr in der Rolle Friedrichs II., das Preußentum in den Dienst des Nationalsozialismus stellten, besonders Veit Harlans Prestige-Propagandafilm *Der große König* (1941/42) dürfte Angelika Probst noch im Gedächtnis gewesen sein.

Quex[76] etc. verherrlicht, und heute sollen die unseren dort »ab-
rollen«?[77]

Die Sichtweisen der beiden Frauen sind so unterschiedlich, weil die eine
nach vorn schaut und die andere zurück. Während Inge Scholl auf eine
Produktionssituation hofft – im Jahr 1947 schien ein Neuanfang auf
dem Gebiet des Films möglich –, in der sich ihre Vorstellungen von einem
Weiße-Rose-Film realisieren lassen würden, steht Angelika Probst noch
vollkommen im Bann des nationalsozialistischen Films, der gerade
während des Krieges zum wichtigsten Instrument zur Propagierung
von heroischen Durchhalte- und Verzichtshaltungen draußen und an
der Heimatfront geworden war.

Daß Inge Scholl zumindest noch 1947 in Zuckmayer einen Gewährsmann für einen Film in ihrem Sinne sah, ist verständlich: Lagen
doch in den ersten Nachkriegsjahren die Hoffnungen der Intellektuellen und Kulturbeflissenen hinsichtlich des geistigen Wiederaufbaus
auch auf den Emigranten, die zum Teil in offizieller Funktion wie
Zuckmayer, zum Teil aus privaten Gründen, nach Jahren des Exils erstmals wieder deutschen Boden betraten.

> Von den Remigranten hätte, als rettenden Prinzen, die Erlösung des
> deutschen Kinos kommen sollen, das den Schlaf suchte, um den
> Fluch der Vergangenheit zu meiden; sie sollten als Garanten der Er-
> neuerung fungieren, ihre Unbeflecktheit, ihr Leiden im Exil, an
> Deutschland, hätte das deutsche Kino retten und reinigen und erneu-
> ern sollen.[78]

Die wenigen Remigranten, die tatsächlich in ihrem alten Heimatland
Filme inszenierten[79] – Robert Siodmak, John (Hans) Brahm, später
dann auch Fritz Lang, um die wichtigsten zu nennen – kamen in den
fünfziger Jahren und blieben nicht. Man sieht ihren Filmen noch heute
an, warum nicht. Sie sind geprägt vom Unbehagen, das ihre Regisseure

---

76 *Hitlerjunge Quex* (1933, Regie: Hans Steinhoff) war einer der ersten Pro-
    pagandafilme des nationalsozialistischen Regimes. Sein Titelheld, Sohn
    eines Kommunisten, stirbt als Märtyrer der Hitlerjugend im Kampf gegen
    kommunistische Jugendverbände.
77 Anlage zum Brief von Angelika Probst an Zuckmayer vom 25. Mai 1948.
78 Fritz Göttler, *Westdeutscher Nachkriegsfilm. Land der Väter*, in: Wolfgang
    Jacobsen / Anton Kaes / Hans Helmut Prinzler, *Geschichte des deutschen
    Films*, Stuttgart 1993, S. 193.
79 Fast alle für Artur Brauners CCC.

angesichts der hastig hergestellten bundesdeutschen Normalität ergriffen haben muß, und sie blieben gerade deshalb im Nachkriegskino Ausnahmeerscheinungen.

Direkt nach dem Zweiten Weltkrieg freilich gab es so etwas wie eine Hoffnung auf einen deutschen Neorealismus, für den der nachträglich so genannte Trümmer- oder Zeitfilm stand. Noch unter Lizenz der Alliierten konnten Wolfgang Staudte mit *Die Mörder sind unter uns* (1946) und Helmut Käutner mit *In jenen Tagen* (1947) die bekanntesten Beispiele realisieren. Ihre Geschichten spielen in Ruinenlandschaften – in halbzerstörten Häusern und Straßenzügen, die im Nichts enden. Obschon in den Dialogen nur verschwommen von »schweren Zeiten« die Rede ist und davon, daß es einzelnen gelang, während dieser Periode nach ihrem inneren moralisch-ethischen Bezugssystem zu handeln, zeigen doch diese Außenaufnahmen ein solch eklatantes Ausmaß an Zerstörung, daß die Nachkriegsrealität als Folge von nationalsozialistischer Diktatur und Zweitem Weltkrieg ständig präsent ist. Deshalb war der Trümmerfilm bei dem direkt nach dem Krieg in Scharen ins Kino strömenden zeitgenössischen Publikum wenig beliebt; es bevorzugte die von den Alliierten als unpolitisch beurteilten Unterhaltungsfilme der Ufa und Importe aus dem Ausland.[80]

Auch weil sie – offenbar mit gutem Grund – dem durch die nationalsozialistische Propagandamaschinerie sozialisierten Publikum nicht traute, hatte Inge Scholl Vorbehalte gegen die Verfilmung des Weiße-Rose-Stoffes, die dann Zuckmayer nach Gesprächen mit ihr in seinem Brief an den Produktionsleiter der Bavaria folgendermaßen formulierte:

Ich glaube, dass dieser Stoff erst dann in Deutschland voll wirksam werden und seine künstlerische Gestaltung eine fruchtbare Aufnahme finden kann, wenn sich die äusseren Verhältnisse soweit gebessert haben, dass der Versuch innerer Erneuerung nicht gleich von vornherein in allgemeiner Stumpfheit oder Ablehnung erstickt wird.[81]

---

80 Vgl. dazu Schüler (Hrsg.), *Die weisse Rose*, a.a.O. (Anm. 2), S. 31 f. und Thomas Brandlmeier, *Von Hitler zu Adenauer. Deutsche Trümmerfilme*, in: Hilmar Hoffmann / Walter Schobert, *Zwischen Gestern und Morgen. Westdeutscher Nachkriegsfilm 1946-1962*, Frankfurt am Main 1989, S. 32 ff., sowie Daniela Sannwald, *Von der Filmkrise zum Neuen Deutschen Film. Filmausbildung an der Hochschule für Gestaltung Ulm 1958-1968*, Berlin 1997, S. 12 ff.

81 Brief von Zuckmayer an Fritz Thiery vom 4. März 1948.

Während also Scholls größte Bedenken hinsichtlich der Verfilmung dem Publikum galten, dessen Mangel an moralischer Reife die Produzenten natürlich bedienen mußten, weshalb ein in ihrem Sinne gestalteter Film wenig Aussichten auf Realisierung hätte, waren Angelika Probsts Einwände gegen das Projekt eher grundsätzlich gegen das Medium gerichtet.[82] Beide Frauen fürchteten aber auch, die »Ideenwelt«, die »geistigen und religiösen Hintergründe«, die das Handeln ihrer Angehörigen motivierten, könnten nicht adäquat wiedergegeben werden. So scheint es nur ein weiteres Mal folgerichtig, daß Inge Scholl genau diese Hintergründe recherchierte und dokumentierte, um sie Zuckmayer zur Verfügung zu stellen, dem sie wegen seiner intellektuellen Nähe zu anderen Widerstandsgruppen und sicher auch wegen seines Exilantenstatus' zutraute, mit dem Material verständig und einfühlsam umzugehen. Die Anerkennung der Tatsache, daß Inge Scholl und Otl Aicher das sogenannte Filmskript verfaßt haben und Inge Scholl es mit Schreiben vom 9. Februar 1948 an Zuckmayer übersandte,[83] heißt ebenfalls anzuerkennen, daß Schülers Schlußfolgerungen gegenstandslos werden. Natürlich wußten Inge Scholl und Otl Aicher, der mit Hans und Sophie Scholl eng befreundet war, um die Genese von deren Geisteshaltung. Genau um die ging es schließlich Inge Scholl bei ihren Bedenken gegen die Verfilmung der Geschichte ihrer Geschwister. Schülers Ergebnis, daß der Widerstand der Geschwister Scholl nicht spontan und als Folge der Vorlesungen Professor Hubers, sondern aus einer re-

---

82 Es ist interessant, daß Angelika Probst als Beispiel für einen »verhältnismässig guten historischen Film« *Friedrich Schiller – Triumph eines Genies* (1940, Regie: Herbert Maisch) erwähnt, der dem von den Nationalsozialisten geschätzten Genie-Kult Vorschub leistet, auch wenn gelegentliche oppositionelle Anklänge darin zu finden sind. Als zweiten Referenzfilm nennt sie die während der Zeit der deutschen Besatzung entstandene französische Produktion *Les enfants du paradis / Kinder des Olymp* (1939, Regie: Marcel Carné), in dem kinematographische und theatrale Formen eine gelungene Synthese eingehen, weil sein Sujet das Theater ist. Auch Inge Scholl nennt in ihrem Brief vom 23. September 1952 an Zuckmayer Filme, die ihrer Meinung nach gelungen seien: *A Place in the Sun / Ein Platz an der Sonne* (USA 1951, Regie: George Stevens) nach Theodore Dreiser, in dem Montgomery Clift einen skrupellosen sozialen Aufsteiger spielt, der für sein moralisches Versagen mit dem Tod büßen muß, und *Le journal d'un curé de campagne / Tagebuch eines Landpfarrers* (F 1950, Regie: Robert Bresson) nach Georges Bernanos, der in einfachen, klaren Bildern den seelischen Kampf eines krebskranken Priesters schildert.

83 Vgl. Anm. 31.

ligiös geprägten Sozialisation, aus der Auseinandersetzung mit Eltern und den Mentoren Muth und Haecker entstanden sei, ist nicht uninteressant, aber – ohnehin und erst recht unter den geänderten Prämissen – nicht spektakulär.[84] Die von ihr als Filmskript edierte, von Inge Scholl und Otl Aicher zusammengestellte Materialsammlung kann jedoch als Quelle und Grundlage für weitere Forschungsarbeiten über die Geschwister Scholl verwendet werden.

5. Das ästhetische Manifest von Inge Scholl und Otl Aicher

Abgesehen von den inhaltlichen, bisher Zuckmayer zugeschriebenen Vorgaben haben Inge Scholl und Otl Aicher auch Gedanken zur angemessenen ästhetischen Behandlung des Sujets niedergelegt. Daß gerade die Arbeitsweise des Graphikers zum Vergleich mit der des Filmkünstlers herangezogen wird, weist zumindest auf die starke Beteiligung Aichers an diesem Dokument hin. Genannt wird als Urheber lediglich das »Studio Null«; es läßt sich also nicht feststellen, wer von den beiden welchen Anteil an der Autorenschaft hat, bzw. ob womöglich Ideen anderer Mitglieder des Studios Null mit in diesen Text eingeflossen sind. Er ist höchstwahrscheinlich als Anlage zu Inge Scholls Brief vom 24. November 1947[85] an Zuckmayer geschickt worden; »niedergeschriebene Gedanken über diesen Film« nennt Inge Scholl dieses Dokument; ich möchte es wegen seines grundsätzlichen Charakters im folgenden als Manifest bezeichnen. Darin werden abstrakte und konkrete ästhetische Forderungen aufgestellt, und da aus den unmittelbaren Nachkriegsjahren keine Überlegungen zur formalen Innovation des Mediums Film überliefert sind – man mußte sich, da die Produktion erst gerade wieder anlief, um Lizenzen, Drehgenehmigungen, Equipment und Studiokapazitäten kümmern –, ist dieses Dokument aus filmhistorischer Sicht aufsehenerregend. Daß es so lange unentdeckt blieb und nicht beispielsweise in den fünfziger Jahren im Rahmen der Überlegungen zum Aufbau einer Filmabteilung an der Hochschule für Gestaltung Ulm wenigstens intern publiziert wurde, mag damit zusammenhängen, daß Filmgestaltung weder in der Ulmer Volkshochschule

---

84 Manuel Aicher hat mich außerdem darauf hingewiesen, dass Muth und Haecker nicht die zentrale Bedeutung als Mentoren zukomme, die Schüler ihnen beimißt.

85 Vgl. Anm. 21 und 22.

noch unter den Angehörigen des Studio Null[86] zu den vorrangig diskutierten Themen gehört hatte und daß die Überlegungen im Zusammenhang mit dem Weiße-Rose-Projekt entstanden und mit dessen vorläufigem Scheitern wahrscheinlich in Vergessenheit geraten sind.

Das Manifest beginnt mit der Feststellung, ein Film, »der die Tat der Geschwister Scholl behandeln will«, müsse quasi eine inhaltliche und ästhetische Einheit bilden. Es geht den Verfassern dabei um eine genuine Kunst, die gerade nicht im Abbilden oder Nachahmen der Realität besteht, sondern sie interpretiert, verfremdet. Damit erkennen die Verfasser den Film als künstlerisches Medium an, was nicht selbstverständlich ist, dominierte doch die Frage, ob Film, vor allem wegen seiner kollektiven Herstellungsweise und unendlichen Reproduzierbarkeit, überhaupt Kunst sein könne, seit seinen Anfängen immer wieder die ästhetische Diskussion um ihn, gerade in Krisenzeiten. Andererseits ist es kein Wunder, daß gerade in einem Moment des Neubeginns, den viele deutsche Intellektuelle – und ganz bestimmt die Protagonisten des (nomen est omen) Studio Null – als Tabula-rasa-Situation begriffen, eine Kunstform, die sich gründlich und unzweideutig kompromittiert hatte, besonders empfänglich und geeignet für ästhetische Innovationen schien.

Mit ihren Ausführungen stellen sich Aicher und Scholl in die Tradition etwa von Rudolf Arnheim und Béla Balázs,[87] die die Stärke des Films darin sehen, daß er die Wirklichkeit mit den ihm eigenen Mitteln neu definiere, ja interpretiere, und nicht etwa abbilde, da diese von der menschlichen Wahrnehmung abwichen.

Genau diesen Aspekt betonen die Verfasser des Manifests. Sie wenden sich gerade gegen »Dokument, Reportage, Abziehbildchen und Ab-

86 In einem *entwurf zu einem manifest* genannten Text, den Inge Scholl am 2. August 1948 einem Brief an Zuckmayer beifügte, werden die Mitglieder des Studio Null beschrieben: »[...] eine gruppe junger menschen, alle um dreissig jahre herum. der eine ist jurist [Fritz Hartnagel], der andere bildhauer [Sven Lindström], ein dritter ist redakteur bei einer tageszeitung [Herbert Hohenemser]. einer kommt aus der industrie [Kurt Deschler], ein anderer aus dem handwerk [Friedo Kotz], und wieder einer ist graphiker und maler [Otl Aicher], einer bibliothekar [Herbert Wiegandt]. eine kindergärtnerin [Elisabeth Hartnagel] gehört dazu, eine modezeichnerin [Irm Lindström], dann die leiterin der ulmer volkshochschule [Inge Scholl], eine journalistin [Annelie Hohenemser] und eine junge frau aus dem politischen leben [Helga Wiegandt].«

87 Z.B. Rudolf Arnheim, *Film als Kunst*, Berlin 1932, und Béla Balázs, *Schriften zum Film*, Bd. 1, Halle 1926, und Bd. 2, ebd. 1930.

klatsch«, gegen die bloße Nachahmung der Realität und fordern dazu
eine Besinnung auf die »ureigensten Mittel« der Filmkunst, jedoch:

> Der bisherige Film liegt uns zu sehr im Weg, um sie rasch auffinden
> zu können. War er bisher nicht ein Stück Theater, ein Stück Wirk-
> lichkeit, ein Stück Bild? War er nicht Kopie und Abbild? War er
> nicht ein neutraler Beobachter? War er nicht ein Auge ohne Seele?
> Ein Auge, das nicht mit Gehirn, Herz und Niere verbunden war, son-
> dern auf einem Stativ sass und kalt notierte und registrierte?[88]

»Wir fordern«, so fahren die Verfasser fort, »den künstlerischen Film.«
Und dann gehen sie dazu über, die einzelnen Komponenten, aus denen
ein Film besteht, zu erläutern. Vorrangig wenden sie sich dem Licht zu,
in dem sie »bisher in erster Linie eine Beleuchtungshilfe« zu entdecken
glaubten. Auch hier zeigt sich, daß Aicher und Scholl vor dem Hintergrund des nationalsozialistischen Ufa-Films argumentieren und die elaborierten und gegensätzlichen Lichtkonzeptionen beispielsweise in den
Filmen Fritz Langs und Friedrich Wilhelm Murnaus nicht kannten.[89]
Auch in der um 1950 einsetzenden publizistischen Diskussion um die
sogenannte Filmkrise wird der »Ufa-Stil« des (dann westdeutschen)
Nachkriegsfilms bemängelt, der aber nur die während des Nationalsozialismus entstandenen Ufa-Filme meint. Die Filme der zwanziger
und erst recht der zehner Jahre des 20. Jahrhunderts sollten noch lange
ihrer Wiederentdeckung harren.

Und Aicher und Scholl konnten natürlich auch nicht wissen, daß in den
USA gerade die Bedeutung des Lichts wiederentdeckt wurde: Der von
späteren Filmhistorikern auf die Jahre zwischen 1941 und 1958 datierte,
Film noir genannte Stil, der sich ästhetisch vor allem durch extreme
Beleuchtungsstrategien und eine von Licht und Schatten bestimmte
Dramaturgie auszeichnet, wird als direkter Reflex auf Kriegserfahrung,
Desorientierung der Veteranen und kollektive Traumata interpretiert.[90]

---

88 Hier zeigt sich, daß die 1917 bzw. 1922 geborenen Verfasser des Manifests
    sich nur auf den nationalsozialistischen Unterhaltungsfilm beziehen, den
    sie allein kennen konnten. Und ihre starke Ablehnung des Dokumentari-
    schen erklärt sich wahrscheinlich aus der Erinnerung an die nicht sehr lang
    zurückliegenden Kriegswochenschauen der Ufa, die natürlich alles andere
    taten, als neutral zu beobachten, wenngleich sie sich den Anschein gaben.
89 Vgl. Robert Müller, *Lichtbildner. Zur Arbeit des Kameramannes*, in: *Glei-
    ßende Schatten. Kamerapioniere der zwanziger Jahre*, hrsg. von Cinema
    Quadrat e.V., Mannheim, Berlin 1994, S. 35 ff.
90 Vgl. Paul Schrader, *Notizen zum Film noir*, in: *Filmkritik*, Nr. 238, Okto-
    ber 1976, S. 463 ff.

In Westdeutschland hat eine solche künstlerische Verarbeitung der
Kriegserlebnisse zumindest auf dem Gebiet des Films lange nicht stattgefunden. Daß sich dazu in der Tat die konventionellen und allzu abge-
nutzt, ja auch mißbraucht erscheinenden Mittel nicht eignen konnten,
postulieren Aicher und Scholl in ihrem Manifest. Eine Lichtgebung,
wie sie sie beschreiben, ist vielleicht am ehesten in den hilflos in die
Kategorie »Avantgarde« eingeordneten Außenseiterproduktionen der
Nachkriegszeit zu finden:

> So wird das Licht selbst mitspielen. Als wandernder Punkt, als hu-
> schender Fleck, als Streifen durch alle Formen von Gitter, wo es auf-
> tritt mit rauher, mit leiser, mit zarter oder mit mächtiger Stimme.
> Nicht mehr nur der Schauspieler wird den zukünftigen Film spielen,
> sondern auch das Licht. Es wird [...] ihn zerreissen, herausblenden,
> bewegen, überfluten oder es wird ihn tragen, ihm beistehen, ihn um-
> hüllen.

Als krasse Außenseiter haben sich – allerdings auch erst in den fünfziger Jahren – beispielsweise Herbert Vesely mit *nicht mehr fliehen*
(1955) und Ottomar Domnick mit *Jonas* (1957) in die westdeutsche
Nachkriegsfilmgeschichte eingeschrieben. Beide Filme erregten schon
allein deshalb Aufsehen bei der zeitgenössischen Kritik, weil sie sich als
Schwarzweiß-Filme mit zeitgenössischer Musik und Verfremdungs-
effekten auf der Tonspur von der einheitlich hell ausgeleuchteten,
farbenfrohen, plappernden Postkartenwelt des Fünfziger-Jahre-Kinos
abhoben. Auffällig sind bei beiden Filmen die visuellen stilistischen
Merkmale, zu denen eine starke Betonung von Kontrasten gehört, die
den sorgfältigen, elaborierten Umgang mit Licht und Schatten impliziert. *nicht mehr fliehen* besteht aus kargen, ästhetisierenden Bild-
kompositionen, die jedoch im Grunde ihren rein dekorativen Charakter nicht verleugnen; *Jonas,* an dem Herbert Vesely beratend mitwirkte,
ist von graphisch und stilisiert wirkenden Bildern aus dem zeitgenössischen Stuttgart geprägt, die die Wahrnehmung der psychisch kranken
Titelfigur wiedergeben sollen. Beide Filme sind allerdings an Original-
schauplätzen und mit Laiendarstellern in den Nebenrollen gedreht,
was zu ihrer verblüffenden Wirkung auf die Zeitgenossen beigetragen
haben mag. Und beide Filme, so artifiziell sie wirken mögen, setzen
sich, zumindest indirekt, mit deutscher Geschichte und Gegenwart auseinander: Veselys Film wurde als existentialistische Parabel vom Welt-
untergang im Atomzeitalter verstanden. Domnicks Protagonist ist
traumatisiert durch eine gemeinsam mit einem Freund unternommene
Flucht (aus einem Lager, so wird vage angedeutet), die jener nicht

überlebte, und leidet akut an der Reizüberflutung in der sich gerade
zum Wirtschaftswunder aufschwingenden Bundesrepublik. Damit, so
könnte man spekulieren, würden diese beiden Filme unter Umständen
der Forderung nach Einheit von Inhalt und Form genügen, die Aicher
und Scholl am Anfang ihres Manifests aufstellen.

Beide Regisseure waren aber Außenseiter vor allem in Bezug auf die
Filmindustrie, von der unabhängig sie ihre Filme produzierten. Innerhalb dieser Industrie, das hat Inge Scholl ja sowohl bereits 1947 als
auch 1953 richtig gesehen, hätten solche Filme nicht realisiert werden
können.

Das nächste »Urmittel« des Films, das Aicher und Scholl nennen, ist
»Bewegung«. Damit ist gemeint, was in der professionellen Terminologie mit Kamerabewegung und Kadrage (das Auswählen eines Bild-
ausschnitts) bezeichnet wird:

> Im Film bewegen wir uns selbst. Wir gehen mit, wir umkreisen die
> Dinge, wir schieben uns dazwischen, wir rücken an sie heran und
> fliehen vor ihnen.

Im weiteren Text wird deutlich, daß die Verfasser auch die Montage
(die Aneinanderreihung von Bildern und Szenen) unter den Begriff »Bewegung« subsumieren. In diesem Zusammenhang wird noch einmal
sehr deutlich darauf hingewiesen, daß es ihnen lediglich um die Verfilmung des Weiße-Rose-Sujets geht, was man angesichts der Allgemein-
gültigkeit, Klarheit und Plausibilität ihrer Ausführungen vergessen
kann – gerade aus der Retrospektive und im Wissen um die Rat- und
Mutlosigkeit der deutschen Filmschaffenden nach dem Zweiten Weltkrieg, die dazu führte, daß der westdeutsche Film erst Mitte der sechziger Jahre international überhaupt wahrgenommen wurde, obwohl
er in den fünfziger Jahren, vor der Verbreitung des Fernsehens, wirtschaftlich noch einmal einen Boom erlebte. Bei Aicher und Scholl
heißt es:

> Für den Film für die Geschwister Scholl hat man von Filmfachleuten
> in einer fachmännischen Selbstsicherheit zuerst den Vorschlag ge-
> macht, die zerstörte Universitätshalle nachzubauen, um den Flug-
> blätterabwurf in der Universität filmen zu können. [...]
> Wird die Bewegung als eigenes Mittel verstanden, dann braucht
> man nicht zuerst daranzudenken [!], eine Universitätskulisse zu bauen.
> Sie erübrigt sich unter Umständen. Das Entscheidende an diesem
> Flugblattabwurf lag nicht zuerst am Raum, sondern in der seelischen
> Bewegung, die sich währenddessen vollzog. Eine Hoffnung, eine Tat
> löst sich aus. Eine Bewegung beginnt in diesem Augenblick zu fluten,

fallende Blätter, sich dehnende Treppen, wirbelnde Fetzen und der Sog und die Befreiung im Herzen ... dies alles löst eine spontane ineinandergreifende Bewegung aus. Und eine solche Bewegung gälte es festzuhalten.

Hier klingt noch einmal an, daß die Verfasser jeden Versuch, die Ereignisse nachzustellen, ablehnen. Ihre Forderungen können entweder als Plädoyer für eine Visualisierung durch Symbole oder durch die Einführung einer subjektiven Perspektive verstanden werden, vielleicht für eine Mischung von beidem. Dafür spricht der folgende Satz:

Die Kamera muss solche seelischen und im inwendigen Geschehen selbst liegende Bewertungen nachvollziehen, indem sie sich selbst bewegt und dreht und dem Bild Bewegung verleiht.

Der einzige Referenzfilm, der in diesem Dokument zur Sprache kommt, ist *Michelangelo. Das Leben eines Titanen* (1938), eine als »Kulturfilm« von einer Schweizer Firma produzierte Künstlerbiographie, die fast ausschließlich aus Aufnahmen seiner Werke besteht, inszeniert von Curt Oertel.[91] Aicher und Scholl beschreiben das für sie Faszinierende an diesem Film so:

Hier beginnt die Kamera, sich die Freiheit eines Flugzeuges anzueignen, das einen bestimmten Punkt sucht und ihn umkreist in dauerndem Ausdehnen und Verdichten, im Verengen und Nähern.

Die weiteren Ausführungen sind wieder allgemeiner und beschäftigen sich noch einmal mit der Visualisierung von subjektiven Perspekti-

---

91 In Deutschland hatte dieser 1938 bei den Filmfestspielen in Venedig ausgezeichnete Film erst 1940 Premiere, als aufgrund der politischen Beziehungen zwischen Rom und Berlin auch hier ein italienischer Künstler gefeiert werden durfte. Da der Film durch die deutsche Tobis koproduziert worden war, ließ er sich – wenn auch mühsam – vor den Karren des nationalsozialistischen Geniekults spannen. So erklärt sich auch der pompöse Untertitel *Das Leben eines Titanen*. Die nationalsozialistische Presse reagierte verhalten, denn ein Künstlerfilm ohne die physische Präsenz eines visionären Genies war unüblich. – Curt Oertel (1890-1960) rechnet man eher dem dokumentarischen Bereich zu, wenngleich er auch Spielfilme inszenierte, allerdings als Dokudramen. Mit Schauspielern arbeitete er kaum. Von den Zeitgenossen wurde er für seinen unkonventionellen Umgang – zugleich photographisch dokumentieren und filmisch inszenieren – mit einem formal eher starren Genre gelobt. Vgl. dazu den Artikel über Curt Oertel in: Hans-Michael Bock (Hrsg.), *Cinegraph*, Lieferung 30, Juni 1998.

ven.[92] Interessant ist, daß es in den späten vierziger Jahren auch international eine Tendenz zur Betonung von subjektiven Perspektiven gab, ganz besonders im Film noir. Eines der inhaltlichen Hauptmotive dieses Filmkorpus' ist die Amnesie, die mittels Subjektivierungsstrategien visualisiert wird, je radikaler, desto eindrücklicher.

Die Kamera kommt mit den Standpunkten nicht mehr aus. Sie muss beweglich werden. Und zwar nicht beweglich, um Abwechslung zu schaffen, sondern beweglich, um den inneren Gehalt des Geschehens zu umkreisen. Sie muss auf den Spuren des schleichenden Diebes gehen und die Dinge mit ihrem Herzen umkreisen. Was bedrängend ist, muss sie pressen und Befreites muss sie befreien. Ihre fliessenden und sich verschiebenden Perspektiven sind die Monologe des Theaters. [… Die Kamera] hat ein bürgerliches Auge, das kein Gefühl hat, dass sich die Welt vom Elend aus gesehen anders ausnimmt, als von den Sesseln eines Buik [!]. Eine Kellerlichtperspektive gibt andere Bilder, andere Perspektiven, rein optisch gesehen, als der Blick des aufrechtgehenden, wohlsituierten Mannes.

Die Kamera muss sich ihres bürgerlichen Blickes entledigen.

In diesem letzten Satz klingt fast so etwas wie ein Plädoyer für eine propagandistische Verwendung visueller Stilmittel an,[93] die ja eine als sol-

---

92　Die radikalste Form der subjektiven Perspektive ist die, in der die Kamera eine Filmfigur darstellt, die dann natürlich selbst nicht im Bild erscheint, außer bei Aufnahmen im Spiegel. Ein Beispiel ist *The Lady in the Lake* (USA 1946, Regie: Robert Montgomery). Eine weitaus geläufigere Methode der Subjektivierung ist die Schilderung des Geschehens aus der Perspektive eines Beteiligten, der quasi selbst mitspielt, die dann von der eines anderen konterkariert wird. Außerdem können Träume, Halluzinationen, kurzfristige Realitätsverluste, Stimmungen, drogenbeeinflußte Wahrnehmung usw. auf diese Weise visualisiert werden. Bemerkenswert ist immerhin, daß auch der Trümmerfilm *In jenen Tagen* solche Strategien verwendet: Der Off-Erzähler ist ein Auto. Es kann natürlich nur berichten, was in seiner unmittelbaren Nähe geschah. Damit vermied Helmut Käutner, der das Auto auf die jüngste Vergangenheit zurückblicken läßt, jedes Konfliktpotential. Die winzigen Szenen sozialen Lebens, die das Auto als Chronist des Nationalsozialismus wahrnehmen kann, zeigen ausschließlich die »guten« Deutschen, die während jener »schlimmen Zeiten Menschen geblieben« sind. Diese Einschränkung der Perspektive durch Subjektivierung meinten Aicher und Scholl sicher nicht.

93　Etwa im Sinne des sowjetischen Revolutionskinos und Eisensteinscher Montageprinzipien, deren wichtigste Repräsentanten, *Panzerkreuzer Potemkin* (1926) und *Oktober* (1928), durchaus Agitpropfilme sind.

che ausgewiesene subjektive Perspektive eher konterkariert. Nur die göttliche, also die konventionell-auktoriale Perspektive gibt Neutralität gegenüber dem Geschehen vor. Der Manipulation des Publikums ist damit eher Vorschub geleistet als mit dem eindeutigen Eingeständnis eines persönlichen Blicks auf Ereignisse, die jederzeit auch anders gesehen werden könnten. So sind die immer detaillierter werdenden Ausführungen von Aicher und Scholl zu verstehen, die sich noch einmal ausdrücklich gegen die – ohnehin unmögliche – Neutralität wenden, die sie »naturgetreu, objektiv und korrekt« nennen und verwerfen.

Ein zusätzliches Augenmerk der Verfasser gilt dem Ton als zwar nicht visuelles, aber bedeutsames Stilmittel des Films.

> Der Ton ist das Valeur des Films. Er muss als Eigenmittel aufgespürt werden. Ein tropfender Wasserhahn, wenn er als selbständiges Mittel verstanden wird, ist mehr als eine Untermalung.

Die Verfasser verlangen die Integration von Geräuschen und Musik in ein ganzes Tongefüge, in dem die Sprache nur eine untergeordnete Rolle spielt. Ihre Ausführungen wenden sich gegen den sterilen Studioton, implizieren eine experimentelle Tongestaltung, wie sie später vielleicht ansatzweise in den Filmen von Herbert Vesely oder Ottomar Domnick zu finden ist.

Damit ist man wieder beim Begriffsfeld der Avantgarde angekommen. Und tatsächlich formulieren Aicher und Scholl als Schlußfolgerung ein Bekenntnis zum »absoluten Film«, aber sicherlich ohne zu wissen, daß dieser Begriff in den zwanziger Jahren im Zusammenhang mit Filmschaffenden[94] aufgekommen war, die – wie immer in solchen Fällen aus Verlegenheit um einen präzisen Terminus – damals als »Avantgardisten« galten. Als absolute Filme bezeichnet man in der Regel solche, die reale Gegenstände abbilden, jedoch ohne sie narrativ zu organisieren. Aicher und Scholl haben den Begriff im Kontext ihres Anliegens neu definiert:

> Es geht um den absoluten Film. Nicht zuerst der Inhalt macht den Film, sondern die Kunst des Filmischen selbst. […] Einst hatte die

---

94 1925 zeigte ein Zusammenschluß von Künstlern aus mehreren Sparten Filme, die aus Farben, animierten geometrischen Mustern und Kompositionen aus realen Gegenständen bestanden. Für Künstler wie Viking Eggeling, Ludwig Hirschfeld-Mack und Fernand Leger war Film nicht die bevorzugte Ausdrucksform; Walter Ruttmann und René Clair hingegen wandten sich später konventionelleren Filmformen zu.

Malerei dieselbe Aufgabe des Erzählens, wie sie den meisten Filmen heute eigen ist. Heute gibt es eine pure Malerei und damit eigentlich Kunst.

Ganz zum Ende verankern die Verfasser ihre Ausführungen noch einmal im Aktuellen. Die Repräsentanten des Studios Null geben ihrer Hoffnung Ausdruck, nun bei Null anfangen zu können.

> Gewiss liegt in der Zertrümmerung unserer Welt auch eine Zertrümmerung der filmischen Wirklichkeit und der filmischen Umgebung. Die Ruinen befreien das innere Geschehen dieser Welt. Es tritt hervor und beschäftigt uns mehr als das Leben in einem Tanzlokal oder bei einem Millionär. [...] So kann in der Zertrümmerung unserer Welt eine Chance liegen.

Die nicht nur von Otl Aicher, Inge Scholl und dem Studio Null so sehnlich herbeigewünschte Chance wurde, zumindest was den deutschen Film betraf, verpaßt. Das Manifest war im Moment seiner Entstehung seiner Zeit weit voraus. Die meisten Deutschen machten sich keine Gedanken über ästhetische Fragen, sondern sorgten sich ums tägliche Brot. Erst 1950 begann eine von Filmpublizisten und Schriftstellern vehement geführte und im Grunde fünfzehn Jahre andauernde öffentliche Auseinandersetzung über die »Filmkrise« und die Notwendigkeit, einen »neuen deutschen Film« zu schaffen.[95] Diese Debatte wiederum floß in das 1962 publizierte sogenannte »Oberhausener Manifest« ein, in dem die erste Nachkriegsgeneration von Filmschaffenden grundsätzliche Forderungen nach Ausbildung und Filmförderung stellte. Da zu der Zeit das Ansehen des deutschen Films im Ausland einen Tiefpunkt erreicht hatte und viele kleinere Produktionsfirmen in Konkurs gegangen waren, fiel das Anliegen der jungen Filmschaffenden auf fruchtbaren Boden. Das Bundesinnenministerium stellte Produktionsmittel zur Verfügung, die Filmausbildung wurde institutionalisiert – konsequenterweise auch an der von Inge Scholl und Otl Aicher gegründeten HfG Ulm –, die Kinemathek gegründet. Von 1966 an sorgten die Filme von Regisseuren wie Edgar Reitz, Alexander Kluge, Volker Schlöndorff, Peter Schamoni, Ula Stöckl, Jean-Marie Straub und vielen anderen für einen einige Jahre lang andauernden deutschen Filmboom, der zunächst »Junger Deutscher Film« und später »Neuer Deutscher Film« genannt wurde.

---

95 Vgl. Sannwald, *Von der Filmkrise zum Neuen Deutschen Film*, a.a.O. (Anm. 80), S. 34 ff.

Die Veröffentlichung eines so klaren und kenntnisreichen Textes über Filmästhetik zum richtigen Zeitpunkt hätte die Entwicklung vielleicht beschleunigen können. Denn es waren auch mangelndes Ausdrucksvermögen, fehlende Visionen und schlichte Unkenntnis, die die Publizistik um die Filmkrise immer wieder auszeichnete. Otl Aicher und Inge Scholl aber mischten sich in die Diskussion in den fünfziger Jahren nicht mehr ein. Sie waren zu sehr mit dem Aufbau der HfG Ulm beschäftigt und hatten, wie die Korrespondenz belegt, das Filmprojekt 1953 endgültig zu den Akten gelegt. Die im Kontext dieses Filmprojekts entstandene und über viele Jahre gepflegte Korrespondenz zwischen Inge Scholl und Carl und gelegentlich auch Alice Zuckmayer wirft allerdings Licht auf die immensen kulturellen Aktivitäten des späteren Ehepaars Aicher und Scholl. Die von ihnen konzipierte Hochschule gehörte damals auf den Gebieten der graphischen und der Produktgestaltung zu den international renommiertesten Institutionen, wurde von Studenten und Dozenten aus der ganzen Welt frequentiert und war mit seinen fortschrittlichen pädagogischen Prinzipien und unkonventionellem Lehrangebot konservativen Kulturpolitikern und Publizisten von Anfang an ein Dorn im Auge. Gerade in der restaurativen Adenauer-Ära war die Hochschule eine Ausnahmeerscheinung.

Daß Carl Zuckmayer nicht nur in die intellektuellen Planungsprozesse im Vorfeld der Gründung, sondern auch in die strategischen Überlegungen um die Beschaffung von Geldern, die Gewinnung von Repräsentationsfiguren und schließlich die schlichte Organisation in unterschiedlichem Maß eingebunden war, steht außer Frage. Eine Forschungsarbeit, die Zuckmayers intellektuelle Positionen ins Verhältnis zu denen der Protagonisten der HfG Ulm setzt und sein erhebliches Engagement im Kontext der Aufbauarbeiten an der Nachkriegskultur untersucht, könnte ein interessanter Beitrag zur Kulturgeschichte der Bundesrepublik Deutschland sein.

Anhang

⟨*Otl Aicher / Inge Scholl*⟩

⟨Manifest zu einem Film über die Weisse Rose⟩

Ein Film, der die Tat der Geschwister Scholl behandeln will, muss auch den Anforderungen, die sie an den Film als Kunst gestellt hatten und heute stellen würden, gerecht werden. Oder aber er blieb besser ungedreht. Ein Film, der nur thematisch ihren Geist festhalten wollte und ihn als Film selbst zugleich verleugnen würde, wäre eine Verhöhnung ihres Vermächtnisses. Und selbst wenn ein solcher Film ein künstlerisches Wagnis wäre, wie es ihre Tat im Bereich des Politischen war, müsste er ihrem künstlerischen Wollen und Streben angemessen sein und den Forderungen, die sie an die Kunst stellten, Ausdruck geben. Es müsste ein Film werden, den sie selbst sehen könnten, wenn sie heute wieder zu uns kämen.

Es kann nicht einmal so sehr darauf ankommen, den Geist der Stadt München oder den Geist des Studentenlebens in einem solchen Film festzuhalten, als vielmehr darauf, ihrem Geist Ausdruck zu geben.

Und das sollte gerade im Filmischen selbst herausgestaltet werden. Eher könnten am tatsächlichen Geschehen, das diesem Film zugrunde liegen würde, Veränderungen gemacht werden, als dass auch nur ein Abstrich an dem Geist gemacht werden könnte, der hinter ihrem Leben stand. Wenn man zu einer Verfilmung ihrer Tat schreitet, so muss gerade im Film als einem eigenen Kunstmittel ihr Geist lebendig werden. So kann nur von dem dieser Film gedreht werden, der dafür bürgt, dass er ihrem künstlerischen Wollen entspricht und es lebendig erhält. Gerade im Film als solchen.

Aus diesem Grund verlangt »Studio Null«, das den Kreis der Geschwister Scholl fortführt, dass ihm die letzten Entscheidungen über diesen Film obliegen und dass er durch eine Zusammenarbeit mit ihm zustande kommt. Es kann freilich nicht Aufgabe dieses Studios sein, an der Herstellung dieses Films als solchem mitzuarbeiten, vielmehr behält es sich das Recht vor, den letzten entscheidenden Einfluss wenigstens dahin zu behalten, dass ihm die Entscheidungen über die Auswahl der Mitarbeit⟨er⟩ anheim gegeben wird.

Der Film ist wie jede Kunst zuerst eine Kunst der Mittel. Das Wie ist für die Kunst zunächst entscheidender als das Was. Ein Maler kann einen Baum oder eine Gurke malen. Wie er es macht, macht den Grad seiner Kunst aus. Ein Schriftsteller kann sich erlauben über was immer zu schreiben, wenn er über die Sprache verfügt und über sie Macht hat, wird gerade die Macht der Sprache dem Gegenstand Leben verleihen. Das Gedicht ist oft von belanglosem Inhalt. Form, Rhythmus und Wortwahl machen das Poetische an ihm aus. Nicht anders ist es beim Film. Auch hier ist es das Wie, das seine Grösse bestimmt. Und diesem Wie ist die erste Aufmerksamkeit zu schenken. Wenn sich der Film ihm zuwendet, wird er zur Kunst. Anders bleibt er Dokument, Reportage, Abziehbildchen und Abklatsch.

In dem Masse als sich das eigene Wie jeder Kunst herauskristallisiert, gewinnt sie ihre Reinheit und Grösse. Die Musik wurde zur Musik durch die Kontrapunktik. Das Theater wurde erst zum Theater, als es die Moritatensängerei aufgab, als es seine Mittel, die Bretter der Bühne, die Leinwand und das Holz der Kulissen entdeckte und mit Bühnenarbeitern, mit Scheinwerfern selbst, mit dem Intendanten, mit dem ganzen Theater spielte. Die Malerei wurde zur absoluten Malerei, als sie das Bild vergass und Farbe, Linie und Fläche als solche zu ihrer Grundlage nahm.

In den ureigensten Mitteln jeder Kunst liegt das Geheimnis ihres Wie, das Geheimnis ihrer Entschlüsselung. Im Gesetz der Mittel liegt für die Kunst der Schlüssel zur Eröffnung der Welt. Das Theater kann nicht das Leben nachmachen wollen. Es muss Theater, es muss Bühne, Bretter, Leinwand und Farbe sein. Will es die Natur nachahmen, wird es peinlich, wie die Symphonie, die das Plätschern eines Bächleins nachahmen will. Das Bild, das die Farbfotografie ersetzen will, hat mit Kunst nichts zu tun. In der Beherrschung des Vierecks, in der Intensität und im Auftrag der Farbe, in der Linie und in der Komposition liegt seine Kraft. Sobald die Musik in Richtung auf das Instrument geschrieben wird, statt auf die Nachahmung eines Vogelrufes, wird sie absolut und rein. Und statt zu vergleichen hört man ihr zu. Sobald die Plastik vom Material ausgeht, ist sie der Entgleisung eher enthoben als wenn sie vom Modell herkommt.

Fragen wir nun den Film, welches seine Mittel sind.

Das ist nicht so leicht zu sagen. Welches sind die Mittel des Films? Der bisherige Film liegt uns zu sehr im Weg, um sie rasch auffinden zu können. War er bisher nicht ein Stück Theater, ein Stück Wirklichkeit, ein Stück Bild? War er nicht Kopie und Abbild? War er nicht ein neutraler Beobachter? War er nicht wie ein Auge ohne Seele? Ein Auge, das nicht mit Gehirn, Herz und Niere verbunden war, sondern auf einem Stativ sass und kalt notierte und registrierte? Hatte der Film als solcher eigene, nur ihm selbst gehörende Mittel? War es nicht nur der Seismograph eines Geschehens, der Knecht eines Themas, eines Amusements oder einer Tendenz? War der Film nicht nur eine Technik, wo er eine Kunst hätte sein sollen?

Wir fordern den künstlerischen Film. Und diesen werden wir erst haben, wenn wir seine eigenen Gesetze, seine eigenen Mittel herauskristallisiert haben und über ihre Kraft verfügen können. So mögen ein paar bescheidene Versuche helfen, unsere Aufmerksamkeit den eigenen Kunstgesetzen des Films zuzuwenden.

Der Film ist ein laufendes Bild.

Seine Ursubstanz ist das Licht. Das Licht ist der Zaubermeister der Dinge. Er lässt sie erscheinen. So oder so. Ja, dass sie überhaupt sichtbar werden, verdanken wir dem Licht. Aber dieses Licht war bisher in erster Linie eine Beleuchtungshilfe. Man brauchte das Licht, um fotographieren zu können. Man brauchte es zwar geschickt mit Spitzen, mit Schattierungen, aber nicht als selbständiges Mittel. Die Sprache des Lichts ist noch kaum entdeckt. Nur vereinzelt scheint man es als etwas Eigenes, Selbständiges zu verstehen. Licht und Schatten ist nicht nur an etwas. Es ist selbst etwas. Beide haben ihr eigenes Leben und sie wollen in ihrer Rolle auftreten. Die Farbe in der modernen Malerei ist nicht zuerst Farbe von etwas, sondern zuerst Farbe als Farbe. So ist das Licht eben Licht und man muss ihm endlich seine eigene Rolle zu spielen überlassen, auf die es so lange wartet.

Das Licht ist im Film das Licht des Herzens und der Schatten ist der Beweger der Seele. Das Licht muss selbständige Formen annehmen. Die Formen des Scheinwerferlichtes, das durch ein Geländer, durch ein Sieb fällt. Das Licht des Films ist ja zuerst das Licht des Scheinwerfers. Aus dem Rund des Scheinwerfers stammt die Form seines Zugriffes. Der Kegel seines Strahles trifft das Entscheidende und lässt es im Schatten herausgehoben erscheinen. Man müsste eine Grammatik des Lichtes schreiben, eine Grammatik des künstlerischen Lichtes, des Filmlichtes, des Scheinwerferlichtes. Noch hat man bisher das Licht gebraucht, um die Dinge zu bescheinen. Man wird es gebrauchen als eigene Sprache, als Sprache mit eigener Grammatik.

Einst hat man die Kulisse im Theater gebraucht, um etwas darzustellen. Heute spielen die Kulissen selber mit. So wird das Licht selbst mitspielen. Als wandernder Punkt, als huschender Fleck, als Streifen durch alle Formen von Gitter, wo es auftritt mit rauher, mit leiser, mit zarter oder mit mächtiger Stimme. Nicht mehr nur der Schauspieler wird den zukünftigen Film spielen, sondern auch das Licht. Es wird sein selbständiger Gegenspieler oder sein Partner sein. Es wird ihn zerreissen, herausblenden, bewegen, überfluten oder es wird ihn tragen, ihm beistehen, ihn umhüllen. Der Film wird diesem neuen Spieler eigenen Auftritt gewähren. Die Zuckungen des Geschehens, die Zusammenballungen der Mächte und die Drohungen des Unheimlichen selbst werden durch das Licht und den Schatten auftreten können. In eigenen Formen und Bewegungen.

Kinder nehmen zu ihren Zeichnungen auf der Strasse Brocken von Ziegelsteinen oder Gipsstücke. Der Graphiker dagegen hat X Arten von Bleistiften, von Kohlestiften, Silberstiften u.s.w. Unser heutiger Beleuchter gleicht diesen Kindern. Morgen wird der Scheinwerfer nur die Quelle des Lichtes sein, nur sein Ursprung. Es wird modelliert, gesiebt, gebündelt, zentriert, zerstreut, geformt und beschnitten werden. Es wird sich bewegen, es wird sich drehen, es wird huschen und fliehen. Eigene Mechanismen werden konstruiert werden müssen, um ihm diese Sprache zu geben, eigene Apparaturen, die mit noch grösserer Freiheit das Licht abwandeln können, als es die Wolken mit dem Licht der Sonne tun. So wird das Licht seine eigenen Vokale und Konsonanten erhalten. Eigene Worte wird es bilden. Eigene Sätze. Und so wird es zu einem selbständigen Spieler werden.

Ein noch bezeichnenderes Urmittel des Films ist die Bewegung. Ihr Gesetz scheint man indessen umsoweniger verstanden zu haben. Hier bewahrheitet es sich noch deutlicher, dass der Film fotographiertes Theater war. Sogar ein schlecht verstandenes Theater. Aber die Leinwand öffnet das Gesichtsfeld für jeden einzelnen Zuschauer. Da vorn sind seine eigenen Augen. Die Bühne unterscheidet sich von der Leinwand vor allem darin, dass im Theater meine Augen bei mir bleiben, dass die Bühne etwas Objektives bleibt, während der Film mich von meinem Platz fortnimmt, mich hinwegführt, mich in Bewegung bringt. Das Theater lebt von der Gestik und Mimik. Der Film von der Bewegung. Im Theater bewegt sich die Szene. Im Film bewegen wir uns selbst. Wir gehen mit, wir umkreisen die Dinge, wir schieben uns dazwischen, wir rücken an sie heran und fliehen vor ihnen. Hier sind radikale Unterschiede. Das Theater hat freilich auch eine gebundene Bewegung. Ihm fehlt die eigentliche freizügige Bewegung, die uns allem so nahe bringt als es der Kontakt des Erlebens verlangt.

Ist nun die Bewegung nur ein Hilfsmittel, einem Kuss auf Reichweite nahezukommen, oder einem fahrenden Zug folgen zu können? Ist sie ein Hilfsmittel oder ist auch sie von selbständiger, autonomer Ausdruckskraft wie das Licht?

Für den Film für die Geschwister Scholl hat man von Filmfachleuten in einer fachmännischen Selbstsicherheit zuerst den Vorschlag gemacht, die zerstörte Universitätshalle nachzubauen, um den Flugblätterabwurf in der Universität filmen zu können. Nichts offenbart die Armseligkeit des heutigen Filmes deutlicher als dass man zuerst an solche Dinge denkt, wenn man die Möglichkeit einer Verfilmung erwägt. Man baut alles auf, wie es war. Und die Bewegung, die in der Szene liegt, liegt für diese Leute nur in der Abwechslung der Blickpunkte. Einmal von der Seite, einmal von oben, einmal nah, einmal weit. Aber immer die Verfilmung von exakter Wirklichkeit. So ist der Film heute ein klägliches Gehopse. Die Bewegung ist ein abgerissenes Hin und Her.

Wird die Bewegung als eigenes Mittel verstanden, dann braucht man nicht zuerst daranzudenken, eine Universitätskulisse zu bauen. Sie erübrigt sich unter Umständen. Das Entscheidende an diesem Flugblattabwurf lag nicht zuerst am Raum, sondern in der seelischen Bewegung, die sich währenddessen vollzog. Eine Hoffnung, eine Tat löst sich aus. Eine Bewegung beginnt in diesem Augenblick zu fluten, fallende Blätter, sich dehnende Treppen, wirbelnde Fetzen und der Sog und die Befreiung im Herzen ... dies alles löst eine spontane ineinandergreifende Bewegung aus. Und eine solche Bewegung gälte es festzuhalten, nicht die Kulisse der Universität. Vielleicht bräuchte man sie unter Umständen. Wahrscheinlicher ist, dass die Verfilmung dieses Augenblicks in dem Masse gewinnt, als die Umgebung zurücktritt. Aber es ist bezeichnend für die heutige Situation des Films, dass man zuerst die wirklichkeitstreue Kulisse im Auge hat.

Die Kamera muss solche seelischen und im inwendigen Geschehen selbst liegende Bewegungen nachvollziehen, indem sie sich selbst bewegt und dreht und dem Bild Bewegung verleiht. Einen Ansatzpunkt dazu scheint uns in Kurt Oerthels Film »Michelangelo« gegeben zu sein. Hier beginnt die Kamera, sich die Freiheit eines Flugzeuges anzueignen, das einen bestimmten Punkt sucht und ihn umkreist in dauerndem Ausdehnen und Verdichten, im Verengen und Nähern. Was im Geschehen vor sich geht, muss zuerst die Bewegung entbinden, nicht das Wort. Was das Gedicht durch den Rhythmus gewinnt, muss hier die Handlung durch die Bewegung erreichen. Die Kamera kommt mit den Standpunkten nicht mehr aus. Sie muss beweglich werden. Und zwar nicht beweglich, um Abwechslung zu schaffen, sondern beweglich, um den inneren Gehalt des Geschehens zu umkreisen. Sie muss auf den Spuren des schleichenden Diebes gehen und die Dinge mit ihrem Herzen umkreisen. Was bedrängend ist, muss sie pressen und Befreites muss sie befreien. Ihre fliessenden und sich verschiebenden Perspektiven sind die Monologe des Theaters. Oh, wer hat im Film schon einmal wirkliche Perspektiven gesehen! Die Kamera hat das stupide Auge eines Reiseführers oder Kunsthistorikers. Sie hat ein bürgerliches Auge, das kein Gefühl hat, dass sich die Welt vom Elend aus gesehen anders ausnimmt, als von den Sesseln eines Buik. Eine Kellerlichtperspektive gibt andere Bilder, andere Perspektiven, rein optisch gesehen, als der Blick des aufrechtgehenden, wohlsituierten Mannes.

Die Kamera muss sich ihres bürgerlichen Blickes entledigen. In dem Moment, wo sie Objektive und Linsen verwendet, wo sich die Dinge ein wenig verschieben, wie bei van Gogh die Sonne erst zur rechten Sonne wird, wo sie etwas grösser wurde, gewinnt sie das innere Auge. Dann wird die Kamera zum inwendigen Beobachter, zum Symbolisten. Nach einer eigenen Choreographie muss sie dann in dauernder Bewegung sein und das Geschehen zum Atmen bringen. Im Fluss von nah und fern, von schräg und gerade, von oben und unten, von fern und seitwärts verdichtet und entwickelt sich der Vollzug und bringt die Dinge und die Handlung in das Koordinatensystem ihres Ausdrucks.

Die Kamera hat die Aufgabe, uns zu bewegen. Der Film hat ja die Macht, uns mitzunehmen, uns fortzutragen und fortzuführen. Wir sind die Aufgabe der Kamera und wir wollen nicht beobachten, sondern erleben. Wir schauen nicht nur mit den Augen, wir nehmen Anteil. So darf die Kamera nicht nur zur Unfallstelle hineilen, sie muss die Bewegung des Mitleides entbinden. Sie muss sich bewegen, wie sich das Mitleid in mir erhebt. Man sagt nicht umsonst: das bewegt mich, ich werde bewegt. Und genau diese Bewegung müsste auf der Leinwand zum Ausdruck kommen. Die Kamera ist kein neutraler Beobachter in Stativhöhe. Was an sich schräg ist, muss sie auch schräg sehen aus allen Lagen des Raumes. Was auf einen zukommt, muss sie auf einen zukommen lassen, was einen bedrängt, muss sie bedrängend machen. Wem sich etwas entgegenstemmt, dem muss sie sich selber entgegenstemmen, wie eine Barriere. Sie muss die Macht der Perspektive gegen ihn aufrichten. Bisher war der Film eine naturgetreue Aufrisszeichnung, er war objektiv und korrekt. Morgen wird er den Dingen nicht mehr in der Entfernung der Augen gegenüberstehen, sondern in der des bewegten Herzens. Das Auge, wo es vom Herzen und vom Menschen getrennt ist, wird zur mechanischen Linse.

Aber der Film ist nicht nur bewegtes Bild. Er ist auch ein tönendes Bild.

Kultur hat immer den Beisinn von Kultivierung, Züchtung und Verselbständigung, Verabsolutierung. Um aus den Tönen eine Kunst zu machen, braucht man kein Symphonieorchester. Jedes Geräusch verabsolutiert, selber sprechend, ist, richtig eingesetzt, ein Kunstmittel. Der Film lebt nicht von der Musik, nicht von der Sprache, sondern von dem

Ton schlechthin. Auch dem Ton liegt eine autonome, ihm selbst einge-
hauchte Macht zugrunde. Er kann nicht nur Begleiter sein, er ersetzt
Worte, Bilder und Auftritte. So hat die Sprache im Film nur dann ihren
Sinn, wenn sie zum Ton wird, zu einem Bestandteil des Tongefüges, das
als Ganzes das Geschehen freigibt und auslöst. Gewiss ist die Sprache
Mitteilung. Aber entscheidend ist das Wie dieser Mitteilung. Entscheidend ist, ob sie das Tongefüge sprengt oder sich darüberhinwegsetzt
oder ob sie sich in den Tonkörper des Filmes einordnet. Der Film
spricht nicht für das Auge oder das Ohr. Er spricht zum Menschen. Er
ist keine Mitteilung, kein Dokument, keine Befriedigung der Neugierde, er ist eine Kunst. Und wenn er dies sein will, verlangt er vom Ton,
dass er spricht, wie die Farbe des Malers. Man kann ein Bild auch beschreiben und sagen, das Boot ist rot angemalt. Man kann auch im
Film sagen, es regnet, es ist kalt, es ist unheimlich. Aber wo immer erklärt werden muss, versickert die Kunst.

Der Ton ist das Valeur des Films. Er muss als Eigenmittel aufgespürt
werden. Ein tropfender Wasserhahn, wenn er als selbständiges Mittel
verstanden wird, ist mehr als eine Untermalung. Seine Sprache bekommt Macht. Es ist niemals zu sagen und auszudrücken oder zu
sehen, was in seiner Sprache liegen kann.

Es geht um den absoluten Film. Nicht zuerst der Inhalt macht den
Film, sondern die Kunst des Filmischen selbst. Der behandelnde Gegenstand ist nur das Demonstrationsobjekt, auf dem die Mittel zum
Aufleuchten kommen. Einst hatte die Malerei dieselbe Aufgabe des Erzählens, wie sie den meisten Filmen heute eigen ist. Heute gibt es eine
pure Malerei und damit eigentlich Kunst. Der Inhalt ist nur Träger, ist
nur Skelett. Und dementsprechend kann auch die Sprache im Film
nicht zuerst Mitteilung sein, sondern Bestandteil des Tonvaleurs.

Die Einheit des Filmes aus allen diesen Mitteln läßt sich nun nicht
erreichen, indem man die einzelnen Mittel einander unterordnet. Im
Gegenteil: Je mehr man sie verselbständigt, je mehr man sie heraus-
arbeitet und sie in einer Komposition zueinander ordnet, umsomehr
gewinnt der Film an Stärke und Macht. Eine solche Herausarbeitung
der dem Film eigenen Kunstmittel soll aber nicht heissen, dass der Film
unbedingt zur Filmkulisse greifen muss. Dass er so etwas wie eine filmische Stilbühne errichtet, seine Mittel zu verdichten. Gewiss liegt in der
Zertrümmerung unserer Welt auch eine Zertrümmerung der filmischen
Wirklichkeit und der filmischen Umgebung. Die Ruinen befreien das
innere Geschehen dieser Welt. Es tritt hervor und beschäftigt uns mehr
als das Leben in einem Tanzlokal oder bei einem Millionär. Und sicherlich werden wir auf manche wirklichkeitsgetreuen Kulissen verzichten

und in der Dunkelkammer eines abstrakten Raumes das Geschehen
entwickeln. Das Lichtempfindlichste braucht die Verdunkelung. Das
Wirklichkeitsnahe braucht die Verhüllung der Gegenstände. So erst
wird mitunter der Prozess deutlich gemacht werden können, der das
Leben anleitet. Die Untergrundbewegung bedient sich der Nacht. Auch
die untergründige Bewegung des Lebens und des Geschehens verzichtet
auf die Gesellschaft der Wirklichkeit. So kann in der Zertrümmerung
unserer Welt eine Chance liegen. Aber das eigentliche Feld des Films ist
doch die Wirklichkeit, wie das Feld des Theaters die Bühne ist und deshalb mit Brettern, Holz und Stoff spielen muss. Der Film arbeitet im
Wirklichen. Der Filmraum ist nicht zu vergleichen mit der Leinwand
des Malers und nicht mit dem Geviert der Bühne. Der Filmraum ist die
tatsächliche Welt. So müssen denn auch die einzelnen Filmmittel aus
ihr genommen werden. Die Welt zwingt ihnen ihr Gesetz auf. Im
Grund genommen ist sie aber doch nur der Stoff, das Material: Nun
kommt es darauf an, wie es gemeistert wird, wie wir es beherrschen.
Nun kommt es darauf an, was wir mit den filmischen Mitteln gewinnen. Diese Mittel müssen zur Waffe der Eroberung, zu Augen der
Lauer, zu Händen der Beherrschung werden. Ihr Mass öffnet uns das
Innere der Welt. Nun kommt es darauf an.

Carl Zuckmayer

Oktober-Narr

Oktoberlicht! Oktoberbrand!
Oktobermond. Oktoberland.
Oktoberdunst. Oktoberstrahl.
Oktoberhimmels Frühopal!
Oktoberabends Rauchtopas.
Oktoberlaub. Oktobergras.
Oktobrisch leis, oktobrisch hold,
Oktobrisch rot, Oktobergold.
Oktoberschnee! Oktoberblau!
Oktoberweh. Oktoberfrau.
Oktober-Ruch. Oktober-Traum.
Oktoberfrucht. Oktoberflaum.
Oktoberschrei. Oktoberblut.
Oktoberhirsch. Oktoberwut.
Oktoberrausch! Oktoberflug!
Oktobermost! Oktoberkrug!
Oktoberton – Oktoberschwan –
Oktober-Gott! Oktober-Pan!!
Oktobertod. Oktoberflut.
Oktobersaat. Oktoberbrut.
Oktoberkeim. Oktoberkern.
Glanz, Strahl und Wunsch – Oktoberstern!

Eugen Gomringer

Der Oktober-Narr

In die Gedichtsammlung *Abschied und Wiederkehr (Gedichte 1917-1976)* nahm Carl Zuckmayer ein Gedicht auf, das erstaunlich aus dem Rahmen fällt. Selbst da, wo der übliche vierzeilige Strophenbau nicht zur Anwendung gelangt, aber dennoch erinnert wird, findet sich kein zweites Gedicht, das sich ähnlich leidenschaftlich mit einem einzigen Begriff befaßt und in seiner Bauform dadurch derart beeinflußt wird. Das außergewöhnliche Gedicht hat den Titel *Oktober-Narr*. Man fragt sich, ob es das Thema »Oktober« war, das den Dichter verleitete, Struktur und Erscheinungsbild geradezu radikal anders zu wählen? Dieser Frage nachzugehen, sieht sich wahrscheinlich vor allem der mit der Konkreten Poesie Befaßte gefordert – ist doch die Ähnlichkeit mit Konkreten Konzepten gegeben.

Selbstverständlich überlegt man zuerst, was Zuckmayer mit dem Oktober besonders verbunden hat, um sich sogar als *Oktober-Narr* einzuführen? Auch wenn das Zuckmayer-Gedicht generell als ein erlebnisnahes, sozusagen impulsiv entstandenes Gedicht gelten darf – sie sind alle irgendwie »Stücke von ihm« – so ekstatisch-hymnisch aus voller Lunge sind die Gedichte dennoch selten. Viele Dichter von Rang haben einen – oder »ihren« – Monat mit Versen gewürdigt. Wem blieb es nicht im Sinn: »Wir Kinder im Juni geboren« von Hermann Hesse. Aber es stellt sich nicht leicht eine andere Würdigung ein, die einen Monat ähnlich verherrlicht. Daß sich in derselben Gedichtsammlung von Zuckmayer auch noch *Märzgesänge* finden, kann nicht zum Vergleich herangezogen werden. Der »März« als Vokabel tritt da kein einziges Mal in Erscheinung!

Man nehme also den Text immanent: die zweiundzwanzig Zeilen, die sich paarweise reimen (immerhin!). Ihre Mehrheit – auch das ganz und gar ungewöhnlich – besteht nur aus zwei Wörtern: jeweils aus einem Oktoberkompositum. Man stelle sich vor, selbst das Gedicht vor Augen habend, daß da Zeile und Zeile, mit wenigen Ausnahmen, zweimal mit Oktober ansetzt. Das drückt dem ganzen Sprachgebilde den Stempel auf: lauter O-Anfänge und, wie gesagt, das pro Zeile gleich zweimal. Ein rauschhaftes Unterfangen! Der »Oktoberrausch« kommt denn ja auch tatsächlich vor! Hat man das O-Bild einmal genossen, sucht man zweifellos nach der inhaltlichen Identität. Gibt es Abstimmungen in der Reihenfolge der Begriffe? Ja, wenn auf Oktoberschrei in

der folgenden Zeile der Oktoberhirsch folgt, auf Frühopal der Rauchtopas, auf Oktobermost der Oktoberkrug, auf Oktoberschnee das Oktoberweh – nein, wenn der Rauchtopas gefolgt wird von Oktobergras,
die Oktoberflut von Oktoberbrut, der Oktoberflug vom Oktoberkrug.
Es ist Zuckmayer ungewöhnlich viel zum Oktober eingefallen. Es hat
sich ihm direkt angehäuft, und er versuchte, der Menge Herr zu
werden. Es hätte noch mehr sein können. Aber dann suchte er den
Abschluß und fand ihn mit dem Wort »Glanz, Strahl und Wunsch –
Oktoberstern!«, was sich nicht gerade einfallsreich mit dem »kern« der
vorgängigen Zeile reimt. Immerhin, es mag selten ein Dichter für einen
Monat so viele Charakteristika zusammengetragen haben. Er ist eben
ein richtiger Oktober-Narr.

Nun kommt man in Versuchung, Zuckmayer mit experimenteller
Poesie in Verbindung zu bringen, vor allem mit den Kurzzeilen von
August Stramm, Martin Gumpert oder mit Gedichten des Dadaisten
Otto Nebel, Dichter, deren Jahrgänge dem seinen im Blickfeld lagen.
Oder man schwenkt direkt hinüber ins Lager der Konkreten Dichter.
Da finden sich Kurzzeilen und Vertikalität des Gedichtbildes zu Hauf.
Für den Konkreten Dichter bedeutet die Kurzzeile, bestehend aus einem,
zwei oder drei Wörtern, Fokussierung, Herausstellen, vors Auge brin-
gen, um Sinn und Bedeutung gewahr werden zu lassen. Wobei das
»Weniger ist Mehr« der Architekten und Designer durchaus auch für
die experimentelle Dichtung gilt. Es ist verlockend, das Oktober-O, das
sich im Gedicht von Zuckmayer geradezu massenhaft aufdrängt, in
Konkreten Kategorien zu sehen. Der Befund könnte etwa lauten: Man
müßte das Gedicht reinigen, aus der Häufung, die mit der Zwei-Wör-
ter-pro-Zeile-Ordnung doch keine richtige Häufung ist, eine identische
Inhalt-Form-Ordnung herstellen, wahrscheinlich mit dem Wechsel von
Ein- und Zweiwort-Zeilen? Aber dann wäre es kein Zuckmayer-Gedicht mehr. Das Zuckmayer-Gedicht, so wie es in der Anthologie steht,
ist ein Sündenfall, der im Hinblick auf das Ganze – »als wär's ein Stück
von mir« – verzeihlich ist. Es ist eben nicht sein bestes Stück. Man
wage doch mal den Versuch, einfach nur die beiden ersten Wörter auf
ein weißes Stück Papier zu schreiben: »Oktoberlicht!« und »Oktoberbrand!« Und dann eventuell mit dem einen und anderen aus dem Gedicht fortzufahren – und dann aufzuhören, bevor sich alle im Wege stehen. Die Information wird eher dichter. Was man jedoch wirklich dem
Gedicht zu Gute halten kann: Es fällt aus dem Rahmen.

Volker Klotz

Schoppestecher und schwarzer Skandinavier

Anekdotische Erläuterung
zu einem wiedergefundenen Brief von Carl Zuckmayer*

Herbst 1969 lernten wir einander kennen, in Stockholm. Anlaß: ein Kongreß über Exilliteratur in der Nazizeit, veranstaltet vom damals sehr regen germanistischen Institut der Stockholmer Universität. Zuckmayer als leibhaftiger Exilautor nahm mit einem Vortrag teil, ich als Gastprofessor und Diskutant. Auf dem Flughafen fand unser erstes Treffen statt. Um den berühmten Angereisten dort abzuholen, hatte der Leiter des Kongresses – der Kollege und Freund Gustav Korlén – mich gebeten, mit hinzukommen. Nicht ganz selbstlos. Immerhin hatte ich, im Unterschied zu ihm, ein Auto, sogar einen schwedischen Volvo. Außerdem war mit beträchtlichem Reisegepäck zu rechnen.

In der Ankunftshalle geschah das, worauf der Briefschreiber im letzten Absatz mit dem »schwarzen Skandinavier, (Seeräubertyp)« und den »Gepäckstücken« etwas kryptisch anspielt. Eine drastische Verkennungs-Szene, wie der Dramatiker Zuckmayer sie in seinen besten Stücken genüßlich ausgespielt hat, im *Fröhlichen Weinberg* und im *Hauptmann von Köpenick*. Nämlich: der Reisende C.Z. war ohnehin

---

* Anmerkung der Herausgeber: Als wir vor fünf Jahren das *Zuckmayer-Jahrbuch* ins Leben riefen, fragten wir auch Volker Klotz, ob er sich einmal mit einem Beitrag an diesem Projekt beteiligen könne. Nein, lautete die Antwort, in nächster Zeit nicht, er habe soviele andere Pläne. Später vielleicht einmal. Er könne sich übrigens noch gut an eine ziemlich kuriose Begegnung mit Zuckmayer erinnern, habe auch einen Brief von ihm, von dem er aber gar nicht wüßte, wo der eigentlich abgeblieben sei. Vielleicht sei mit diesem Brief, wenn er ihn fände, ja etwas Brauchbares zu machen. Er melde sich dann – vielleicht. Der Brief fand sich, Volker Klotz meldete sich und überließ das Original zusammen mit dem hier abgedruckten Beitrag dem Deutschen Literaturarchiv Marbach zur Ergänzung des Zuckmayer-Nachlasses. Daß er sich inzwischen mit Zuckmayer doch beschäftigt, genauer gesagt mit der Uniform im *Hauptmann von Köpenick*, darauf sei bei dieser Gelegenheit wenigstens hingewiesen: Volker Klotz, *Gegenstand als Gegenspieler. Widersacher auf der Bühne: Dinge, Briefe, aber auch Barbiere*, Wien 2000, S. 73-81.

schon erregt, nachdem er bereits am Zürcher Flughafen verdächtige
Gestalten seine Koffer hatte umschleichen sehen. Und hier, gleich nach
der Landung, erwischte er einen ähnlichen Kerl, nun sogar auf frischer
Tat. Einen, der sich jetzt gerade handgreiflich seiner sehr markanten
Gepäckstücke bemächtigte, während sie, Zuckmayer und Gemahlin,
von Gustav Korlén herzlich begrüßt wurden. Der Kerl mit den Koffern
war besagter schwarzer Skandinavier (Seeräubertyp). Vermutlich sogar
der Drahtzieher einer internationalen Diebesbande.

Der Kerl war ich, der dazumal, anno 1969, glaubte, man müsse sich
durch äußere Aufmachung dem Proletariat annähern. Dabei sah es so
ja gar nicht aus: am Kopf eine Zottelmähne, seitlich Koteletten, wie
von Mäusen angefressen; am Leib einen abgeschabten dumpfgrünen
Overall, wie ihn Berliner Elektriker trugen. Grimmig brüllte Zuckmayer auf, deutlich zur Selbsthilfe gesonnen. Ganz Mannsbild und
Poet zugleich. Denn auch in Volksstücken und Lokalpossen, die er
schätzte, ziehen die handfesten Helden von jeher der Polizei den eigenen Bizeps vor. Doch die Gemahlin und Korlén konnten ihn rechtzeitig
besänftigen. So durfte ich dann doch das Gepäck im Kofferraum ver-
stauen, eigenhändig.

Arg peinlich war dem Dichter die Verdächtigung. Mir nicht: Hauptsache, man wird für keinen bläßlichen Akademiker gehalten. Es folgte
ein gemeinsames munteres Abendmahl, inklusive Besäufnis. Ein Mords-
honorar, meinte Zuckmayer, sei ihm sicher. Ob es – bei den maßlosen
Preisen im anti-alkoholischen Staat Schweden – auch nur halbwegs für
die aufgetischten Whiskeymengen reichte, war zweifelhaft. Unentwegt,
aber vergebens bremste Frau Zuckmayer, besorgt um sein schwaches
Herz. Er dagegen wußte sicher, unser aller Suff sei das beste Heilmittel.
Der Arzt habe es ihm insgeheim ans Herz gelegt.

Was den fröhlichen Zuckmayer besonders entzückte: weder einen
schwarzen Skandinavier noch einen Professor in mir zu erkennen, vielmehr einen südhessischen Landsmann. Allerdings einen sprachlich vor-
nehmeren Pinkel aus der großherzoglichen Residenzstadt Darmstadt.
Und mit so was – so die Frotzelei auch im Brief – könne sich die Maul-
art seines Geburtsorts Nackem alias Nackenum alias Nackenheim
nicht messen. Ungeachtet dessen haben wir bis in die Stockholmer
Nacht hinein nur noch hessisch palavert. Vor allem über Karl Mays
Abenteuerromane. Kreuz und quer und bis in die kleinsten Details.
Ganz ohne Zank, obwohl Zuckmayers Leidenschaft mehr den wild-
westlichen, meine mehr den orientalischen Szenerien galt. Dorther kom-
men auch jene Vokabeln im Brief: vom »Sidhi«, den Mescaleros und
»Og'llalah« (Unterstämme der Apatschen und der Sioux), den »Had-

dedihn« (Beduinenstamm) und den »Dschesidi« (Sekte der sogenannten Teufelsanbeter).

Mein »sprechendes Babbier« (Papier) war ein Essay über Karl May,
den ich Zuckmayer im Anschluß an unser Treffen geschickt hatte. Desgleichen eine kommentierte Ausgabe des *Datterich*, der vielgeliebten
›Localposse in der Mundart der Darmstädter‹, 1841 gedichtet von
Ernst Elias Niebergall, dem »alt Schoppestecher« (Weinsäufer, halb-
literweise). Zu Darmstadt gehört auch, topographisch, die angesprochene »Ludwigshöh«, ein Hügel im Süden, und der »große Woog«, ein
kleiner See im Osten der Stadt.

Weshalb die Gegend von Zuckmayers Heimatort Nackenheim »Kisselrhein« heißt, weiß ich nicht. Ebenso wenig, wieso unser erquick-
licher Kontakt nicht fortgeführt wurde. Ein Jammer. Wie oft denn schon
trifft unsereins eine so herzhaft zupackende, völlig unverstellte Person
wie diesen Carl Zuckmayer, der ernst machte mit der Heiterkeit?[1]

---

[1] Daß der Briefschreiber den anlautenden Konsonanten des adressierten Na-
mensträgers von K zu G verweichlicht, ist keine Infamie. Es ist abermals
südhessischer Zungenschlag. Der Post zuliebe steht auf dem Briefumschlag
das authentische K.

Anhang

Carl Zuckmayer an Volker Klotz

Saas-Fee, 10. Juli 1970

Lieber Herr Glotz,
des is arch lang her, ich glaab es war noch vor de letzte Weihnachde, da hawwe Sie mir en scharmande Brief geschriwwe, un ich Blooges hun mich noch immer net bedankt for den Ur-Datterich, (ei was hätt sich der alt Schoppestecher, der Niebergall, iwwer Ihne Ihre Akkuradess gefreid), un for Ihr schprechendes Babbier iwwer unser aller »Ich«, den Sihdi, Effendi un Häuptling der Mescaleros, mit dem mir uns ja all emol identifiziert hawwe. Den hawwe Sie so gut belauscht, als ob Sie selwer die Sprach der Og'llalah, Haddedihn oder Dschesidi verstehe deede. Was die Sprach aalangt, so müsse Sie mei Ausdrucksweis entschuldige, weil ich ja nur von Nackem bin, uff hochdeitsch Nackenum genennt, un das feine Dammstädtisch net kann, wo unsern Grosserzog mit de Herrn Offisehr uff der Ludwigshöh gebawwelt hot. Also nix for ungut, dass ich so spät schreib, wir vom Kisselrhein san immer e bisje langsamer gewese wie die vom Grosse Woog.

Um in denaturiertem Schriftdeutsch fortzufahren: ich habe mit grösstem Interesse Ihren Aufsatz »Weltordnung im Märchen« in der sonst so langweiligen »Neuen Rundschau« gelesen, er kam mir gut zupass, da ich im Frühjahr gerade mit einer Neufassung meiner älteren Arbeit über die Brüder Grimm beschäftigt war, deren Extrakt, stark gekürzt, ich Anfang Juni in Bonn (bei der Kapiteltagung des Ordens »Pour le Mérite«) zum Vortrag brachte. Natürlich habe ich mir auch die Vorrede Wilhelms zur Märchenausgabe von 1812 noch einmal vorgenommen. Mich überzeugt Ihre These: die Weltordnung des Märchens als Gegenentwurf zur geschichtlichen, – als eine rein »harmonische« zu verstehen, jenseits von Gut und Böse.

Ich würde mich sehr freuen, den »schwarzen Skandinavier«, (Seeräubertyp), auch ohne Gepäckstücke des Herrn Pestalozzi (als Prise), wieder und ausführlicher zu begegnen.

Mit herzlichen Grüßen
Ihr Carl Zuckmayer

Rezensionen

Carl Michael Bellmans Werke. Übersetzt und herausgegeben von Klaus-Rüdiger Utschick. Band 1: Fredmans Episteln. »*Von Liebeslust und Qual und dem vollen Pokal*«*. München: Anacreon-Verlag 1998. 420 Seiten. 34,70 €.*

»*Türen auf, Geigen her!*« *Carl Michael Bellman: Fredmans Episteln. Übersetzt und herausgegeben von Ernst List. Kaufungen: Verlag Wortwechsel 2001. 320 Seiten. 35,75 €.*

»Mit diesen Überlegungen sei gesagt, daß das Werk, dessen erster Teil nun der Allgemeinheit zugänglich gemacht wird, kein unbesehen zusammengerührter Brei ist von allem, was der Autor verfaßt hat, vielmehr eine Ausgabe für den gebildeten Leser, eine vom Dichter selbst und gemeinsam mit seinen Freunden überarbeitete, geprüfte und ausgewählte Sammlung seiner unsterblichen Arbeiten.« – So schrieb Johan Henrik Kellgren, einer der großen schwedischen Dichter des ausgehenden 18. Jahrhunderts, im Vorwort zur 1790 erschienenen Erstausgabe von Carl Michael Bellmans Hauptwerk *Fredmans Epistlar*. Die Episteln, ein Zyklus von 82 kleinen Komödien und Tragödien in Liedform, in denen Bellmans »lyrisches Ich«, der heruntergekommene Schumacher Fredman, seine Stockholmer Mitmenschen, die Trinker, Freudenmädchen und biederen Bürger portraitierte, sind in zwei deutschsprachigen Neuausgaben erschienen.

Im Rahmen einer umfassenden Ausgabe der Werke Bellmans legte der Münchner Anacreon-Verlag 1998 als ersten Band die Episteln vor, übersetzt und herausgegeben von Verlagschef Klaus-Rüdiger Utschick. Die schön ausgestattete Edition mit Lesebändchen und Schutzumschlag enthält alle Gedichttexte sowie sämtliche Melodien im Faksimile des Notendrucks von 1790. Eine Einführung von Hans Ritte unter der Überschrift *Carl Michael Bellman und seine Zeit* sowie ein Anhang mit Erläuterungen zu Personen, Orten und Begriffen ergänzen den Band. Illustriert wird die Ausgabe durch Zeichnungen und Lithographien des schwedischen Malers Peter Dahl, die auf Anregung der Bellman-Gesellschaft entstanden sind und in denen die Gedankenwelt des Dichters auf eindrucksvolle Weise nachgezeichnet wird. Dies gilt, solange man etwas erkennen kann, denn die Freude an den Illustrationen wird durch die zum Teil miserable Druckqualität leider getrübt.

Ein paar Worte zum Verlag: Unter dem bezeichnenden Namen »Anacreon-Verlag« wurde er im April 1997 von Ursula Menn-Utschick, Klaus-Rüdiger Utschick und Hans-Peter Riermeier gegründet, mit dem Ziel, »Werke schwedischer Dichter des 18., 19. und 20. Jahrhunderts sowie Sekundärliteratur zu diesen Werken, ihren

Autoren und ihrer Zeit zu publizieren«. Erschienen ist bisher neben
den Werken Bellmans und der wichtigsten Bellman-Biographie in deutscher Sprache von Paul Britten Austin (siehe *Zuckmayer-Jahrbuch*,
Bd. 3, 2000, S. 524 ff.) auch eine CD-Edition aller Lieder mit verschiedenen Interpreten, letztere in Zusammenarbeit mit dem schwedischen
Label Proprius. Seit Anfang 2001 gibt der Anacreon-Verlag ferner in
Zusammenarbeit mit der Bellman-Society in Berlin eine kleine Schriftenreihe mit dem Titel *Beiträge zu Bellman* heraus, in der namhafte
Forscher Leben, Werk und Umfeld des Dichters unter die Lupe nehmen.

Eine beeindruckende und umfassende Beschäftigung also mit dem
»Swenske Anacreon«, dem »Schwedischen Anacreon«, wie man Bellman bereits in jungen Jahren nannte, für die der Verlag immerhin mit
einem Extrapreis und einem Stipendium der Schwedischen Akademie
ausgezeichnet wurde.

Die zweite hier zu besprechende Ausgabe von *Fredmans Episteln* ist
im Verlag Wortwechsel erschienen. Übersetzt und herausgegeben wurden die Texte von Ernst List, der sich seit über 30 Jahren mit dem
schwedischen Dichter beschäftigt und viele seiner Lieder selbst gesungen und aufgeführt hat. Auch diese Ausgabe enthält alle Texte sowie
die kompletten Melodien, allerdings nicht im Faksimile, sondern im
modernen Computersatz. Auf die Begleitstimme der Originalausgabe
wurde verzichtet, statt dessen entschied man sich für Akkordsymbole
über der Melodielinie. Auch hier ist Kellgrens Vorwort aus der Erstausgabe vorangestellt, ein Anhang mit Erläuterungen fehlt jedoch leider.
Dafür kann man wenigstens anhand vierfarbiger Photos einige der in
den Episteln besungenen historischen Orte im heutigen Stockholm
wiederentdecken.

Insgesamt ist auch diese Ausgabe ansprechend gestaltet, ärgerlich ist
allerdings die Tatsache, daß stellenweise Gesangstext, Noten und Akkordsymbole zu eng gesetzt sind und daher fast ineinanderlaufen. Man
fragt sich da schon, warum der Notentext (wie zum Beispiel auf den
Seiten 185 oder 225) nicht etwas großzügiger und dadurch deutlicher
lesbar plaziert wurde, zumal, wenn die folgende Seite leer blieb. In Vorbereitung ist im Verlag Wortwechsel zur Zeit der zweite Band mit Fredmans Gesängen, der voraussichtlich im Mai 2002 erscheinen wird.

Thomas Sick

Werner Richard Heymann / Hubert Ortkemper (Hrsg.): »*Liebling, mein Herz läßt dich grüßen*«. *Der erfolgreichste Filmkomponist der großen Ufa-Zeit erinnert sich. Mit CD. Berlin 2001, 304 S. 25,– €.*

Sie sind 1896 geboren, haben die zwanziger Jahre des 20. Jahrhunderts mehr oder weniger in Berlin verbracht, begannen 1926, für den Film zu arbeiten, gingen bereits 1933 ins Exil und landeten schließlich beide in den USA: Die Biographien des Schriftstellers Zuckmayer und des Komponisten Werner Richard Heymann weisen so viele Parallelen auf, daß man denkt, sie müßten sich häufiger begegnet sein, als es wohl tatsächlich der Fall war. Nebeneinander gelesen, dokumentieren die beiden Lebenserinnerungen dann doch eher die Unterschiedlichkeit der einzelnen Intellektuellen-Schicksale, die allerdings, und darin liegt wiederum eine der vielen strukturellen Ähnlichkeiten, beide auch auf die vielen Möglichkeiten des Scheiterns im Exil verweisen.

Fest steht, daß Heymann für Zuckmayers »Seiltänzerstück« *Katharina Knie*, das am 21. Dezember 1928 im Berliner Lessingtheater Premiere hatte, die Bühnenmusik beisteuerte. Und noch eine zweite der raren Bühnenmusiken, die Heymann schrieb, hatte erstaunlicherweise mit Zuckmayer zu tun, wie Heymann selbst schilderte:

Ende 1951 wünschte sich die Münchner Kleine Komödie von mir die Musik zu einem Stück *Professor Unrat* nach Heinrich Mann. Ich wunderte mich. Das sei doch das Sujet vom *Blauen Engel*, und dazu existiere bekanntlich eine wundervolle Musik von Friedrich Hollaender. Aber der Theaterdirektor meinte, das Stück sei bei ihm ganz anders. Ohne die Ufa-Süßigkeit, ohne Vollmoeller und Zuckmayer (die Drehbuchautoren des Films).

Der in eine reiche Königsberger Kaufmannsfamilie hineingeborene Heymann war ein musikalisches Wunderkind und wurde entsprechend gefördert. Bereits als Teenager begann er zu komponieren; Lieder und Chansons, Kammer- und Orchesterstücke und Operetten. Da er großen Erfolg als Stummfilmkomponist hatte – seine Begleitmusiken wurden in den Berliner Kinopalästen der zwanziger Jahre von speziellen Orchestern aufgeführt – lag es nahe, ihn auch für den Tonfilm zu verpflichten. *Melodie des Herzens* hieß der 1929 entstandene erste Tonfilm der Ufa, in dem bereits Willy Fritsch mitspielte: Der sollte in den nächsten Jahren einer der Stars des neuen Mediums werden, mit den Liedern von Werner Richard Heymann. *Die Drei von der Tankstelle, Der Kongreß tanzt, Ich bei Tag und du bei Nacht*, so hießen die enorm erfolgreichen Filme der frühen dreißiger Jahre: Das im wesentlichen von Heymann und seinem Kollegen Friedrich Hollaender neu geschaffene Genre Tonfilmoperette war schwungvoll und aktuell: Es nahm auf die Nöte der Weltwirtschaftskrise direkt Bezug und vermittelte dabei so viel Optimismus, daß das Kinopublikum die Alltagssorgen für einige Stunden vergaß. Nach dem Machtantritt der Nationalsozialisten verschwand das Genre innerhalb von wenigen Monaten aus den Kinos; waren doch die meisten der daran beteiligten Filmschaffenden – wie auch Heymann – Juden. Heymann, der gleich 1933 emigrierte, zuerst nach Frankreich und schon 1934 in die USA, war immer auf dem Sprung zurück. Tatsächlich probierte er es 1935 noch einmal in Frankreich, obwohl der spanische Bürgerkrieg sich bereits ankündigte. Ein Angebot der Warner Brothers holte ihn fürs erste endgültig nach Hollywood, wo er bis 1950 als Filmkomponist, unter anderen für Ernst Lubitsch und Preston Sturges, arbeitete. 1951 kehrte er, wie vor ihm Zuckmayer und viele andere seiner emigrierten Kollegen nach Europa zurück, bis zu seinem Tod 1961 lebte er sogar wieder in Deutschland.

Die nun vorliegenden Lebenserinnerungen hat Werner Richard Heymann in den fünfziger Jahren diktiert, allerdings reichen sie nur bis zum Jahr 1928. Danach hat der Herausgeber Rundfunkinterviews und Briefe als Originalquellen benutzt; Photos und sogar eine CD ergänzen den Text, der zusätzlich mit Kommentaren und Anmerkungen versehen ist. Diese in zur leichteren Unterscheidung vom Haupttext in einer anderen Schrift gesetzten Passagen konterkarieren Heymanns mitunter altherrenhaft-anekdotischen Duktus mit nüchterner Sachkenntnis. So werden etwa von Heymann erwähnte Personen erläutert und Situationsbeschreibungen um die Perspektiven anderer Beteiligter ergänzt; auch Zeitungsartikel, Kritiken, Briefe und andere Dokumente hat der Herausgeber mitunter eingefügt. Am Ende des Buches finden sich ein Werkverzeichnis und ein ausführliches Personenregister mit den wichtigsten biografischen Angaben. Durch die sorgfältige editorische Arbeit geht *Liebling, mein Herz lässt dich grüßen* über eine individuelle Autobiografie weit hinaus und bleibt dabei ein spannendes, amüsantes Geschichten-, aber auch Geschichtsbuch.

Daniela Sannwald

Siglinde Bolbecher / Konstantin Kaiser: Lexikon der österreichischen Exilliteratur. Wien, München: Franz Deuticke Verlagsgesellschaft m.b.H. 2000. 41,93 €.

Ein Nachschlagewerk, das unter anderem mit Daten Autoren aufwartet, die – wie der Klappentext mit pleonastischem Nachdruck mitteilt – »nahezu vergessen« und »fast verschollen« sind, dürfte jeder als Bereicherung empfinden, der einmal mühevoll schwer zugängliche Angaben wenig bekannter Schriftsteller recherchieren mußte. Mit dem 763 Seiten starken Lexikon, das Siglinde Bolbecher und Konstantin Kaiser vorgelegt haben, wird man indes nicht recht glücklich. Über die Naivität, mit der die beiden Herausgeber aufwarten, staunt man schon bei der Lektüre der ersten Seite ihrer Einleitung. Zwar nennt sich das Buch *Lexikon der österreichischen Exilliteratur*, aber dem Leser wird hier nun ungeniert und ganz treuherzig erklärt, daß es sich dabei um eine Mogelpackung handelt: »Nicht getrennt«, liest man dort,

> wird in diesem Lexikon zwischen den Autorinnen und Autoren, die ins Exil gingen, und denen, die sich dem Widerstand anschlossen, denen die Flucht nicht gelang, die in den Konzentrationslagern ermordet wurden oder durch glückliche Umstände überlebt haben. Die Literatur des Widerstands und die Literatur des Exils werden als eine geistige Einheit verstanden, die politisch durch die gemeinsame Ablehnung von Faschismus und Nationalsozialismus hergestellt ist.

Schön und gut, aber wer ein solches Nachschlagewerk konzipiert, sollte ihm vielleicht auch einen passenden Titel geben. *Österreichische Schriftsteller als Gegner und Opfer des Nationalsozialismus – ein Lexikon* hätte er zum Beispiel lauten können. So aber wird Camill Hoffmann als Exilautor verbucht, obwohl er nie ins Exil geflohen ist, sondern im KZ Auschwitz ermordet wurde. Auch die Bücher Ruth Klügers, die bis 1945 gleichfalls in Auschwitz interniert war und erst 1947 in die USA auswanderte, gehören auf diese dubiose Weise zur Exilliteratur, ebenso jene H.G. Adlers, der bis 1945 in einem Außenlager des KZs Buchenwald gefangen gehalten wurde und 1947 von Prag, seiner Geburtsstadt, nach London übersiedelte. Zu den Exilanten wird des weiteren ein poeta minor wie Karl Gugerell gerechnet, der seit 1944 an der Ostfront vermißt wird, sowie ein Schriftsteller wie Michael Guttenbrunner, der von 1940 bis zum Ende des Zweiten Weltkriegs ein zwangsweise rekrutierter Soldat der Wehrmacht war, zuletzt in der SS-Strafbrigade »Dirlewanger«. Kein Mensch, der sich über Ruth Klüger, keiner der sich über Adler, keiner der sich über Gugerell und auch keiner, der sich über Guttenbrunner kundig machen will, dürfte einen Anlaß sehen, zu einem Nachschlagewerk über Exilliteratur zu greifen. Sie haben in einem Buch diesen Titels einfach nichts zu suchen.

Während die Namen zahlreicher Schriftsteller aufgenommen wurden, bei denen die Bezeichnung Exilautor vollkommen irreführend ist, wurden andere, bei denen das nicht der Fall ist, weggelassen. Dazu heißt es in einer Passage der Einleitung:

> Nicht aufgenommen in dieses Lexikon sind AutorInnen, die uns ausschließlich durch journalistische Arbeiten bekannt geworden sind. Ebenso AutorInnen, die ausschließlich für den Film arbeiteten – bis auf eine einzige begründete Ausnahme (Carl Mayer).

Die Begründung für diese Ausnahme sucht man vergeblich, es fehlt auch eine Erklärung für die Entscheidung, Filmautoren und literarische Publizisten auszusondern und ihnen damit gleichsam den Status des Schriftstellers abzusprechen. Das verwundert besonders, wenn man als nächstes erfährt, daß Literaturvermittler und -wissenschaftler berücksichtigt wurden:

> Verzeichnet sind jedoch etliche AutorInnen, die in erster Linie als WissenschaftlerInnen, als Verleger oder Literaturagenten gewirkt haben; sie waren zumindest in einer Phase ihres Lebens literarisch tätig und standen in einem besonderen Naheverhältnis zur österreichischen Exilliteratur.

Abgesehen davon, daß nicht klar wird, warum es »WissenschaftlerInnen«, nicht aber analog »VerlegerInnen« und »LiteraturagentInnen« heißt: Es ist nicht plausibel und nur Ausdruck eines hoffnungslos antiquierten Literaturverständnisses, Schriftsteller, die ausschließlich als »Medienarbeiter« tätig waren, durch Mißachtung zu stigmatisieren. Apropos *political correctness* im Sprachgebrauch: Wenn der Artikel über Helen Adolf verschweigt, daß diese renommierte Germanistin Professorin war, aber registriert, ihr Gedicht *Belvedere in Wien* sei »von Prof. Richard Stoehr« vertont worden, spätestens dann erweist sich die ohnehin inkonsequente Anwendung feministischer Sprachregelungen als eine Farce.

Damit sind der Ungereimtheiten aber noch keineswegs genug. Denn es folgt die immer wieder spannende Frage, wie bestimmt wird, wer eigentlich ein österreichischer Autor ist. Das müsse, heißt es in der Einleitung, »individuell entschieden werden und nicht aufgrund einer fragwürdigen Typologie des ›Österreichischen‹«. Eine solche Typologie wäre in der Tat fragwürdig. Aber hätte man nicht erläutern können, nach welchen Kriterien die »individuellen« Entscheidungen denn nun

statt dessen vorgenommen worden sind? Oder gab es keine? Allzu gern
wüßte man zum Beispiel, warum man sich im Fall Zuckmayers zur
Aufnahme in das Lexikon entschlossen hat. Was Zuckmayer selbst von
einer solchen Einordnung dachte, nämlich gar nichts, spielte dabei offensichtlich keine Rolle, wird jedenfalls nicht vermerkt. Und den thematisch einschlägigen Aufsatz »*Auch bin ich ja eigentlich gar kein
›österreichischer Künstler‹*«, den Anja Massoth 1999 im zweiten Band
des *Zuckmayer-Jahrbuchs* veröffentlicht hat und den man zu dieser
Frage hätte konsultieren sollen, haben die Lexikographen übersehen.

Leider sind nicht nur die Auswahlkriterien dubios, sondern auch die
Angaben in den einzelnen Artikeln unzuverlässig. So heißt es etwa im
Artikel über Elisabeth Freundlich, sie sei am 22. Mai 1940 von Frankreich nach Spanien geflohen. In ihrer Autobiographie berichtet sie jedoch, nur aufgrund der Nachricht von Walter Benjamins angeblichem
Selbstmord habe sie die Grenze passieren können. Benjamin starb
jedoch nicht im Mai, sondern erst im September 1940. Hätte die Lexikographen nicht ohnedies stutzig machen müssen, daß die Datierung
auf Mai bedeuten würde, daß Elisabeth Freundlich schon vor der
Besetzung Frankreichs durch deutsche Truppen nach Spanien geflüch-
tet wäre? Nebenbei stimmt es auch nicht, daß ihr Nachlaß im Deutschen Literaturarchiv Marbach nur »einige Briefe« enthält. Er umfaßt
41 Kästen, davon 18 mit Korrespondenz.

Wäre der Band sorgfältig gearbeitet, ließe man sich vielleicht die vor
Platitüden strotzende Einleitung gefallen. Die Herausgeber stellen dort
etwa, als sei dies eine stupende Erkenntnis, fest: »Eine Literaturgeschichte des 20. Jahrhunderts ohne Berücksichtigung der Exilliteratur
und des 1938 eingetretenen kulturellen Bruchs ist nicht vorstellbar.«
Wie wahr! Und seit vielen Jahren selbstverständlich! Wird hier, fragt
man sich, etwa gegen Windmühlen gekämpft?

Gunther Nickel

Anschriften der Mitarbeiterinnen und Mitarbeiter

Prof. Dr. Friedbert Aspetsberger, Universitätsstraße 65-67, A-9022 Klagenfurt

Prof. Dr. Hans Bänziger, Feldeggstrasse 4, CH-8590 Romanshorn

Prof. Dr. Dagmar Barnouw, Department of German, University of Southern California, THH 402, Los Angeles CA 90089-0351

Priv.-Doz. Dr. Rolf Düsterberg, Universität Osnabrück, Fachbereich Sprach- und Literaturwissenschaft, Neuer Graben 40, 49069 Osnabrück

Dr. Heidrun Ehrke-Rotermund, Grenzweg 7, 55130 Mainz

Eugen Gomringer, Institut für Konstruktive Kunst und Konkrete Poesie, Kirchgasse 4, 95111 Rehau

Dr. Sven Hanuschek, Institut für Deutsche Philologie, Schellingstraße 3, 80799 München

Wolfgang Jacobsen, Filmmuseum Berlin – Deutsche Kinemathek, Potsdamer Straße 2, 10785 Berlin

Arnold Klaffenböck, Am Sonnenhang 241, A-5350 Strobl

Prof. Dr. Volker Klotz, Institut für Literaturwissenschaft, Neuere Deutsche Literatur II, Keplerstraße 17, 70174 Stuttgart

Prof. Dr. Michaela Krützen, Hochschule für Fernsehen und Film, Abteilung I: Kommunikations- und Medienwissenschaft, Frankenthaler Straße 23, 81539 München

Prof. Dr. Franz Norbert Mennemeier, Bettelpfad 56, 55130 Mainz

Dr. Daniela Sannwald, Postfach 610479, 10928 Berlin

Dr. Susanne Schaal-Gotthardt, Paul-Hindemith-Institut, Eschersheimer Landstraße 29-39, 60322 Frankfurt am Main

Prof. Dr. Günter Scholdt, Universität des Saarlandes, Literaturarchiv Saar-Lor-Lux Elsaß, Postfach 15 11 41, 66041 Saarbrücken

Thomas Sick, Friedhofstraße 10, 66129 Saarbrücken

Dr. Gregor Streim, Zentrum für Literaturforschung – Geisteswissenschaftliche Zentren Berlin, Jägerstr. 10/11, 10117 Berlin

Dr. Hans-Ulrich Wagner, Universität Hamburg, Fachbereich 7, Institut für Germanistik II, Von-Melle-Park 6, 20146 Hamburg

Anschriften der Herausgeber

Dr. Gunther Nickel, Deutscher Literaturfonds e.V., Alexandraweg 23, 64287 Darmstadt

Prof. Dr. Erwin Rotermund, Johannes-Gutenberg-Universität Mainz, Fachbereich 13, Philologie 1, Deutsches Institut, 55099 Mainz

Prof. Dr. Hans Wagener, University of California, Los Angeles, Department of Germanic Languages, Box 951539, Los Angeles, CA 90095-1539, USA

Personenregister

Carl Zuckmayer
Geheimreport

Hg. von Gunther Nickel und Johanna Schrön

Zuckmayer-Schriften. Im Auftrag der Carl-Zuckmayer-Gesellschaft
hrsg. von Gunther Nickel, Erwin Rotermund und Hans Wagener

528 S., 38 Abb., Leinen, Schutzumschlag
€ 32,– (D); € 32,90 (A); SFr 54,–
ISBN 3-89244-599-0

Niemals hat ein Geheimdienst sein Geld sinnvoller unter die Leute
gebracht.
Klaus Harpprecht, Die ZEIT

Zuckmayer will verstehen, warum sich viele seiner Freunde mit den
Nazis eingelassen haben. Vor allem dies macht den Geheimreport zu
einem ungemein aufregenden literarischen Text.
Tilman Spreckelsen, FAZ

Der »Geheimreport« ist ein Triumph der Psychologie über die Gesell-
schaftstheorie.
Gustav Seibt, Süddeutsche Zeitung

Es handelt sich bei diesem »Geheimreport« um das farbigste »Who is
who«, was sich denken läßt. Und es sollte ein Anstoß sein, Zuckmayer
neu zu entdecken. (...) Keine Diskussion um die Verstrickung in den
Nationalsozialismus sollte in Zukunft Zuckmayers Studie aussparen.
Tilman Krause, Die Welt

Eine mustergültig kommentierte Edition.
Krauses Klartext, Die Welt

Ein aufregendes Buch.
Heiko Postma, Hannoversche Allgemeine Zeitung

Wallstein
www.wallstein-verlag.de